D1720365

Die Fachbildung
des Preussischen
Gewerbe- und Handelsstandes
im 18. und 19. Jahrhundert

nach den Bestimmungen des Gewerberechts und der
Verfassung des gewerblichen Unterrichtswesens

von

OSKAR SIMON

Unveränderter Nachdruck der Ausgabe
Berlin 1902
in zwei Bänden

Mit einer Einleitung
herausgegeben von

WOLFDIETRICH JOST

Band II
Zweiter Abschnitt

1990
BÖHLAU VERLAG KÖLN · WIEN

Unveränderter fotomechanischer Nachdruck der bei J.J. Heines, Berlin 1902, erschienenen Ausgabe

CIP-Kurztitelaufnahme der Deutschen Bibliothek

Simon, Oskar:
Die Fachbildung des Preussischen Gewerbe- und Handelsstandes im 18. und 19. Jahrhundert nach den Bestimmungen des Gewerberechts und der Verfassung des gewerblichen Unterrichtswesens / von Oskar Simon. — Unveränd. Nachdr. d. Ausg. Berlin, Heines, 1902 in 2. Bd. / mit e. Einl. hrsg. von Wolfdietrich Jost. — Köln; Wien: Böhlau
ISBN 3-412-06785-7
Bd. 2. Zweiter Abschnitt. — 1990

Copyright © 1990 by Böhlau Verlag GmbH & Cie, Köln

Alle Rechte vorbehalten

Ohne schriftliche Genehmigung des Verlages ist es nicht gestattet, das Werk unter Verwendung mechanischer, elektronischer und anderer Systeme in irgendeiner Weise zu verarbeiten und zu verbreiten. Insbesondere vorbehalten sind die Rechte der Vervielfältigung — auch von Teilen des Werkes — auf photomechanischem oder ähnlichem Wege, der tontechnischen Wiedergabe, des Vortrags, der Funk- und Fernsehsendung, der Speicherung in Datenverarbeitungsanlagen, der Übersetzung und der literarischen oder anderweitigen Bearbeitung.

Satz: A,D,W GmbH, Fotosatz und Verlag-Service, Köln
Gesamtherstellung: SDK-Systemdruck GmbH, Köln

Printed in Germany
ISBN 3-412-06785-7

Oskar Simon

Die Fachbildung des Preussischen
Gewerbe- und Handelsstandes
im 18. und 19. Jahrhundert

II

Zweiter Abschnitt.

Das gewerbliche Unterrichtswesen.

Erstes Kapitel.

Die gewerblichen Unterrichtsanstalten im achtzehnten Jahrhundert.

---

1. Die allgemeinen Bildungsanstalten im achtzehnten Jahrhundert, die Sonntagsschule, die mathematische Handwerksschule (mathematische und mechanische Realschule) zu Halle a. S. von Christoph Semler und die Realschule zu Berlin von Johann Julius Hecker.

Im Anfange des achtzehnten Jahrhunderts gab es in Preussen nur zwei Schulgattungen, die „Latein- oder Gelehrten-Schule" und die Volksschule, die im Gegensatz zur ersteren auch „Deutsche Schule" oder weil sie, wenigstens in den Städten, meist von Handwerkern besucht war, „Handwerksschule" genannt wurde. Beide Schularten waren mit grossen Mängeln behaftet und jedenfalls völlig ungeeignet für eine zweckmässige Vorbildung des Gewerbe- und Handelsstandes.

Die Volksschulen wurden überhaupt erst seit Friedrich Wilhelm I. in wirksamer Weise gefördert. Er gründete mehr als 2000 Volksschulen und schenkte namentlich auch der Lehrerausbildung grosse Aufmerksamkeit.[1]) Besonders wünschte er die Religiosität gefördert zu sehen, denn „wenn ich baue und bessere das Land und mache keine Christen, so hilft mir Alles nichts", sagte er in seiner Kabinets-Ordre an die Ostpreussische Regierung vom 31. Januar 1722. Deshalb sollte auch nach der „Evangelisch-Reformirten Inspections-Presbyterial-Classical-Gymnasien und Schulordnung" vom 24. Oktober 1713 hauptsächlich darauf gesehen werden, dass der Jugend die Furcht des Herrn, als der Weisheit Anfang, beigebracht werde, dass sie vor allen Dingen Gott lieben lerne,

---

[1]) Keller, Geschichte des Preussischen Volksschulwesens, Berlin 1873, S. 64 ff. Rönne, Das Unterrichtswesen des Preussischen Staates, Berlin 1855, Bd. I, S. 57 ff.

dem Gebet fleissig abwarte, auch in den Gründen des Christenthums und nach Anleitung des Heidelbergischen Katechismus, fleissig unterrichtet werde. Das General-Edikt vom 28. September 1717 und das erneuerte Edikt vom 29. September 1736 bestimmten, dass die Eltern ihre Kinder vom fünften bis zwölften Jahre im Winter täglich, im Sommer aber wenigstens ein- oder zweimal in der Woche, gegen 6 Pfennige wöchentliches Schulgeld, zur Schule schicken sollten. Wären sie arm, so sollte das Schulgeld aus des Orts Almosen gedeckt werden. Der Besserung der Lehrerverhältnisse galten namentlich die Instruktion vom 5. März 1715, die den Superintendenten und Pröpsten in der Kurmark aufgab, sich der Präparation tüchtiger Schulmeister entweder selbst oder unter ihrer Leitung durch geschickte Schulkollegen anzunehmen und gute Schulmeister dem Propste anzuzeigen, ferner das Edikt vom 29. September 1736, das von den Inspektoren bei Strafe der Kassation verlangte, alljährlich Konduitenlisten über das Leben und Wirken der Schulmeister dem Konsistorium einzureichen, und die Errichtung einzelner Lehrerseminare. Ein solches wurde vom Prediger Joh. Christ. Schinmeier zu Stettin, im Jahre 1735 auf der Lastadie, einer Vorstadt von Stettin, begründet, wovon der König wohlgefällig Kenntniss nahm. Er richtete auch unter dem 5. Dezember 1736 eine Kabinets-Ordre an den Abt Steinmetz zu Kloster Bergen bei Magdeburg, dort ebenfalls ein Seminar zu errichten, was auch geschah. Welche Art Lehrer damals freilich ausgebildet wurden, erhellt aus dem Berichte des Abts aus dem folgenden Jahre, welcher rühmt, „dass Magdeburg durch seine Handwerksburschen eine gute Quelle zur Erlangung von Seminaristen sei, und dass die adligen jungen Herren, welche auf dem Pädagogium zu Kloster Bergen wären, ihre Diener, anstatt sie mit auf die Universität zu nehmen, lieber als Seminaristen hinter sich liessen." Unter diesen Umständen können denn auch die Lehrerverhältnisse jener Zeit nicht anders als trostlos bezeichnet werden. Bezeichend für die damaligen Zustände ist es, dass durch Patent vom 10. November 1722 bestimmt wird, dass zu Küstern und Schulmeistern auf dem platten Lande ausser Schneidern, Leinwebern, Schmieden, Radmachern und Zimmerleuten sonst keine anderen Handwerker, welche nach dem Edikte vom 4. Juni 1718 nicht auf dem Lande wohnen durften, sondern in die Städte ziehen mussten, gewonnen werden sollten,[1] dass ferner eine Deklaration vom 2. Mai 1736 vorschrieb, „dass die Dorfküster und Schulmeister, welche das Schneiderhandwerk als Meister trieben, nicht mehr als zwei Gesellen halten und keine andern als Bauernkleider verfertigen sollten"; — und dass noch unterm 17. September 1738 ein Rescript erging wider die herumlaufenden Schneider und Fuscher,

---

[1] S. o. S. 4 und 5.

auch das Hausiren, und dass auf dem platten Lande, ausser dem Küster und Schulmeister gar kein Schneider geduldet werden sollte. Das Haupthinderniss, das der Heranbildung einer tüchtigen Lehrerschaft entgegenstand, war der Geldmangel, namentlich bei den Schulen auf dem Lande. In Pommern sollten z. B. nach dem Rescripte vom 18. September 1737 nur solche Schulmeister angenommen werden, welche nebenher arbeiten und sich etwas verdienen könnten, um der Gemeinde nicht ganz und gar zur Last zu fallen. In dem General-Schulplan für das Königreich Preussen hiess es: „Ist der Schulmeister ein Handwerker, kann er sich schon ernähren, ist er keiner, wird ihm erlaubt, in der Ernte sechs Wochen auf Tagelohn zu arbeiten." [1]

Als Joh. Jul. Hecker im Jahre 1739 die deutschen Schulen zu Berlin in der Gemeinde der Dreifaltigkeitskirche übernahm, fand er sie „schlechter, als er's sich jemals vorstellen konnte". Ohne Zweifel, so schrieb er, [2] hatte man aus altüblicher aber schädlicher Barmherzigkeit die Unterweisung der Kinder einem unvermögenden betagten Einwohner, einer alten Frau und einem Unteroffizier überlassen. Ihnen war es gestattet, alle und jede Kinder ohne Unterschied in die Schule aufzunehmen, so dass Ein Lehrer Kinder zu unterrichten hatte, die theils im A. B. C., theils im Buchstabiren, theils im Lesen, theils im Schreiben, theils im Rechnen, theils in anderen Stücken in Einer Klasse und in einerlei Stunden informirt werden sollten." Der Unterricht wurde zu jener Zeit in der Weise ertheilt, dass jedes Schulkind einzeln zum Lehrer kommen und vor ihm sein Pensum aufsagen musste; in der Zwischenzeit sassen die übrigen Kinder müssig da. Hecker nahm damals eine gründliche Reform der Deutschen Schulen in Berlin vor, auf die unten noch zurückzukommen sein wird. [3]

Für die Förderung des Volksschulwesens im Preussischen Staate war es von Wichtigkeit, dass Hecker ein einflussreicher Berather Friedrichs des Grossen wurde. Er gründete am 14. Dezember 1748 das Kurmärkische Küster- und Schul-Seminar, mit dessen Zöglingen nach einer Entscheidung des Königs möglichst alle zur Erledigung kommenden Königlichen Küster- und Schullehrerstellen besetzt

---

[1] Vgl. auch die unten (S. 605) folgenden Bestimmungen im kathol. Schulreglement f. Schlesien vom 3. November 1765.

[2] J. J. Hecker, Nachricht vom Anfang und itzigen Zustand der Schulen bey der Dreyfaltigkeits-Kirche, Berlin, 1746.

[3] Wie wenig übrigens zu jener Zeit von den Schulen verlangt wurde, geht aus dem „Reglement für die deutschen Privatschulen in den Städten und Vorstädten Berlins" vom 16. Oktober 1738 (Vormbaum, Evangelische Schulordnungen, Bd. III, S. 440, Gütersloh 1864) hervor, in dem es heisst: „Die Kinder müssen nicht eher aus der Schule genommen werden, bis sie fertig lesen, den Katechismus können und wenigstens zur Noth schreiben gelernt; alsdann haben die Eltern dahin Sorge zu tragen, dass die Kinder zu Haus nicht wieder vergessen, was sie in der Schule gelernt haben, und bei der Präparation zum Abendmahl mit ihnen nicht wieder von vorn angefangen werden muss."

werden sollten und verfasste auch das „General-Landschul-Reglement" vom 12. August 1763, die umfassendste, eingehendste
und wohl auch beste aller bis dahin erlassenen Schulordnungen.
In diesem Reglement wurde gleich im Eingang an dem damaligen
Stand des Schulwesens auf dem Lande eine herbe Kritik geübt.
„Demnach Wir zu Unserem höchsten Misfallen selbst wahrgenommen," so heisst es dort,[1]) dass das Schulwesen und die Erziehung der Jugend auf dem Lande bisher in äussersten Verfall
gerathen und insonderheit durch die Unerfahrenheit der mehresten
Küster und Schulmeister die jungen Leute auf den Dörfern in Unwissenheit und Dummheit auf wachsen: so ist Unser so wohl-
bedachter als ernster Wille, dass das Schulwesen auf dem Lande
in allen unseren Provinzen auf einen besseren Fuss als bishero gesetzet und verfasset werden soll. Denn so angelegentlich Wir nach
wieder hergestellter Ruhe und allgemeinen Frieden das wahre Wohl-
seyn Unserer Länder in allen Ständen Uns zum Augenmerk machen:
so nöthig und heilsam erachten Wir es auch zu seyn, den guten
Grund dazu durch eine vernünftige sowohl als christliche Unterweisung der Jugend zur wahren Gottesfurcht und anderen nützlichen
Dingen in den Schulen legen zu lassen". Den Behörden wird sodann „allergnädigst und ernstlichst" anbefohlen, auf das General-
Land-Schul-Reglement „veste zu halten und alles ins künftige danach
einzurichten, damit der so höchstschädlichen und dem Christenthum unanständigen Unwissenheit vorgebeuget und abgeholfen werde,
um auf die folgende Zeit in den Schulen geschicktere und bessere
Unterthanen bilden und erziehen zu können." Aus dem sehr eingehenden, 26 Paragraphen füllenden Reglement seien noch folgende
Bestimmungen mitgetheilt:

Zunächst wird vorgeschrieben, dass die Eltern, Vormünder u. s. w. ihre
Kinder, Knaben oder Mädchen, spätestens vom fünften Jahre an in die Schule
schicken, „auch damit ordentlich bis in's Dreyzehente und Vierzehente Jahr con-
tinuiren und sie so lange zur Schule halten sollen, bis sie nicht nur das Nöthigste
vom Christenthum gefasset haben und fertig lesen und schreiben, sondern auch
von demjenigen Red' und Antwort geben können, was ihnen nach den von Unsern
Consistoriis verordneten und approbirten Lehrbüchern beygebracht werden soll".
Wenn Schulkinder vor dem dreizehnten oder vierzehnten Lebensjahr das Lehrziel
erreichen, so können dieselben mit Genehmigung des Superintendens, Präpositus
oder Inspector vom weiteren Schulbesuch befreit werden; doch müssen auch
solche Kinder „der Wiederholungs-Stunde des Sonntags nicht nur bey
dem Prediger in der Kirche, sondern auch bei dem Schulmeister in
der Schule fleissig beywohnen." Im Winter wird in allen Wochentagen
Vormittags von 8 bis 11 Uhr und Nachmittags, Mittwoch und Sonnabend ausgenommen, von 1 bis 4 Uhr unterrichtet, im Sommer nur drei Stunden täglich.

Des Sonntags soll ausser der Catechisations- oder Wiederholungs-
Stunde des Predigers in der Kirche, auch vom Schulmeister eine Wieder-
holungsstunde in der Schule mit den noch unverheiratheten Personen
im Dorf gehalten werden. In diesem Sonntags-Unterricht — in dem man die

---

[1]) Rönne a. a. O. S. 64 ff.

Anfänge unserer gegenwärtigen Fortbildungsschulen zu erblicken pflegt — sollten sich die jungen Leute theils im Lesen, theils im Schreiben üben. „Das Lesen geschieht in dem Neuen Testament oder einem anderen erbaulichen Buche. und zur Uebung im Schreiben können ein Paar Sprüche oder die Epistel und das Evangelium genommen werden. An den Orten, wo der Schulmeister nicht zugleich Küster ist und die Filiale mit dem Prediger bereisen darf, soll der Schulmeister überdem gehalten seyn, entweder Vor- oder Nachmittags mit den Kindern in der Kirche zu singen, sie den Catechismum hersagen zu lassen und aus demselben und der Ordnung des Heils ihnen leichte Fragen zur Beantwortung vorzulegen. Solte ein Küster oder Schulmeister des Catechisirens noch nicht recht erfahren seyn, so muss der Prediger ihm dasjenige, was er catechisiren und fragen soll, nach den Lehrbüchern vorschreiben und aufgeben: damit auf solche Weise die Alten, welche mit gegenwärtig sein solten, nebst den Kindern erbauet und in der Erkenntniss befördert werden mögen."

Es dürfen keine Küster und Schulmeister ins Amt eingewiesen werden, die nicht von den Inspectoribus examiniret, im Examine tüchtig befunden und ein Zeugniss der Tüchtigkeit erhalten haben. „Was inzwischen unsere eigene Land-Schulen bei den Amts-Städten und in den Amtsdörfern anbelanget, so haben Wir in unserer Chur-Marck schon hiebevor die Verordnung ergehen lassen, wiederholen auch solche hiedurch so gnädig als ernstlich, dass keine zu Schulmeister und Küster angenommen werden solten, als welche in dem Chur-Märkischen Küster- und Schul-Seminaris zu Berlin eine zeitlang gewesen, und darinnen den Seiden-Bau sowol, als die vortheilhafte und bey den teutschen Schulen der Dreyfaltigkeits-Kirche eingeführte Methode des Schulhaltens gefasset haben." „Diesem nach müssen sich auf dem Lande sowol in den Flecken und Dörfern als auch in den Amts- und kleinen Land-Städten keine Personen des Schulhaltens anmassen, welche nicht als ordentliche Schulmeister auf vorgedachte Art den Beruf und die Freyheit zu informiren erhalten haben. Daher denn alle Winckel-Schulen, sie mögen von Manns- oder Weibs-Personen gehalten werden, hiedurch bey Strafe gänzlich verboten seyn sollen. Unter dessen bleibet es wohlhabenden Eltern nach wie vor erlaubt, für ihr Haus und Kinder Privat-Informatores zu halten, jedoch so, dass nicht anderer Leute Kinder, die noch nicht in höheren Wissenschaften unterrichtet werden können, von der ordentlichen Schule zurückgehalten und in dergleichen Privat-Unterricht hineingezogen werden." „So wenig einem Schulmeister erlaubt ist, unter der Schule die Schul-Kinder zu seiner Haus-Arbeit zu gebrauchen, so wenig soll er sich auch unterstehen, in den gewöhnlichen und angesetzten Schul-Stunden seiner Haus-Arbeit oder anderen Geschäften nachzugehen, oder seine Frau unterdessen informiren zu lassen: welches jedoch alsdann geschehen kan, wenn er zwar seine Schul-Stunden ordentlich abwartet, aber wegen Menge der Kinder bey den Kleinen durch dieselbe oder eine andere Person helfen lässet."

Eine Ergänzung fand dieses für die evangelischen Schulen massgebende Reglement durch das katholische Schul-Reglement für Schlesien vom 3. November 1765,[1]) das die Errichtung von Schullehrer-Seminaren zu Breslau, Grüssau, Ratibor, Rauden und Habelschwerdt anordnete und unter Anderem folgende, die damaligen Zustände im Schulwesen grell beleuchtenden Vorschriften enthielt:

Es ist bekannt, wie sehr Kinder am Lernen gehindert und zerstreut werden, wenn in der Stube, wo ihnen Unterricht gegeben wird, Weib und Kind, und öfters noch andere Verwandte des Schulmeisters ihr Gewerbe treiben; diesem Uebel zu begegnen, soll künftig bey Erbauung aller neuen Schulgebäude in Städten und in Dörfern die Schulstube des Schulmeisters abgesondert, und zum Unterricht eine eigene und zwar recht lichte, und nach der Anzahl der dahin gehörigen

---

[1]) Rönne a. a. O., S. 131.

Kinder proportionirte Stube, in Städten aber, wo mehr Schulleute sind, die sich nothwendig stöhren müssen, wenn sie zusammen auf einmahl an einem Orte unterrichten solten, für jeden eine besondere zu Ertheilung des Unterrichtes erbauet, solche auch unter keinerley Vorwand zu anderem Gebrauch von den Schulleuten angewendet werden. An den Orten, wo der Gehalt des Schulmeisters so schlecht ist, dass er davon nicht leben kann, haben die Kriegs- und Domänenkammern dafür zu sorgen, dass von den Dominiis und den katholischen Unterthanen ein „convenabler Unterhalt bestimmet und richtig gereichet werde. An Orten, wo die Anzahl der katholischen Einwohner sehr klein und folglich der Gehalt, ohne die Unterthanen zu beschweren, nicht den Bedürfnissen des Schulmeisters gemäss auszumitteln seyn möchte, wollen Wir zwar geschehen lassen, dass der Schulmeister zu seiner besseren Subsistenz ein Handwerk, als etwann die Schneider-Profession, das Würcken und dergleichen treibe. Es soll ihm aber nicht gestattet seyn, solches in der Schul-Stube und zur Schul-Zeit zu treiben. Unter die dergl. Schulmeistern vergönneten Handwercke soll aber keineswegs das Bier- und Branndtweinschencken, Handeln oder das Aufwarten in den Kretschamen mit Music gerechnet werden. Die Erfahrung lehret, wie sehr durch ein Gewerbe ersterer Art ein Schulmeister zerstreuet, beschäftiget und von Schul-Verrichtungen abgezogen, durch die Music aber und die Schanck-Wirthschaft die besten Schulleute verdorben, zum Sauffen und Müssiggang verführet werden."

Von den weiteren Vorschriften interessirt hier die Bestimmung, dass in grösseren Städten, wo an einer Schule zwei oder drei Lehrer angestellt sind, ausser den Anfangsgründen (Lesen, Schreiben, Rechnen) auch schwierigere Aufgaben gelehrt werden sollen, namentlich Briefschreiben, Aufstellung und Revision von Rechnungen, die welsche Practic (für diejenigen, welche „von der Feder Profession machen wollen"), die Anfangsgründe des Französischen und Lateinischen, Geschichte, Geographie. „Wir werden auch", heisst es unter Ziffer 22, „um der Jugend einen Vorschmack von Dingen zu geben, die einen Staat blühend, und die Unterthanen glücklich machen, ein kurzes Lehrbuch in tabellarischer Form verfassen lassen, in welchem das nöthigste und brauchbarste aus der Physik und einige vorläufige Erkenntniss von den wesentlichsten Dingen enthalten ist, darauf es bey der Land- und Stadt-Wirtschafft, bey Künsten, Gewerben, Manufacturen, und dem Handel ankommt." Ferner enthält das Reglement in Ziffer 27 und 28 wiederum Bestimmungen über den Sonntags-Unterricht: „In Absicht auf die älteren Dorfkinder, welche Eltern zum Hüten ihres Viehes und anderen Wirthschaftlichen Geschäften brauchen können, wollen Wir geschehen lassen, dass solche, ... von St. Georgii Tag bis zu Martini aus der Schule bleiben können. Sie sollen aber gehalten seyn, vom Sonntage nach Georgii Tag bis Sonntag nach Michaelis der Christlichen Lehre am Sonntage Nachmittags, und nach solcher in der Schule durch zwei Stunden der Uebung im Lesen und Schreiben beyzuwohnen, welche der Schulmeister unter der Direction des Pfarrers dergestalt anzuordnen hat, damit sie den Schülern recht nützlich werde; hierzu müssen sich auch diejenigen, welche die Schule bereits verlassen, das zwanzigste Jahr aber noch nicht zurückgelegt haben, einzufinden verbunden seyn, wenn sie gleich auf Herrschaftlichen Höfen oder bey Bauern in Diensten stehen, und ihre Brodherrn sind schuldig, sie zu dieser Zeit in die Schule zu schicken, um das ehedem erlernte zu wiederholen, und dem Vergessen so nöthiger Dinge vorzubauen. Der Schulmeister muss über Personen, so zu diesen sämtlichen Wiederholungs-Stunden gehören, ein schriftliches Verzeichniss machen, darinnen die Anwesenden vermerken und die Abwesenden zu gehöriger Vorkehrung an den Pfarrer anzeigen." In Abänderung bezw. Ergänzung dieser Vorschriften über die Sonntagsschule bestimmt das „Schul-Reglement vom 18. Mai 1801 für die niederen katholischen Schulen in den Städten und auf dem platten Lande von Schlesien und der Grafschaft Glatz" unter Ziffer 40: Die sonntäglichen Wiederholungs-Stunden, welche das Schul-Reglement von 1765, § 28, besonders vorschreibt, sollen auch von den Kindern, welche bereits aus der Schule entlassen sind, bis zu ihrem 16. Jahre besucht werden. In Städten müssen die Lehrburschen der Handwerker diese Wiederholungsstunden an den Sonntagen ebenfalls besuchen, und keiner dieser Lehrlinge, katholischer Religion, soll bei drei Thlr. Strafe zur Schulkasse, welche aus der Mittelslade zu bezahlen sind, freigesprochen werden, der sich nicht durch das Zeugniss legitimirt hat, dass er die Wiederholungsstunden oder die Sonntagsschule frequendirt hat. In Breslau und in Städten, wo mehrere Schulen existiren, muss der Lehrling den Wiederholungs-stunden in derjenigen Schule beiwohnen, zu der das Haus gehört, in dem er wohnt. [1]

Schliesslich sei noch des Reglements für die deutschen Reformirten Schulen des Herzogthums Cleve und der Graf-schaft Marck vom 10. Mai 1782 gedacht,[2] das Friedrich der Grosse erliess, da ihm für diese Landestheile das General-Landschul-Reglement nicht genügend erschien und er auch möglichst praktische Gegenstände in den Kreis der Schule gezogen wissen wollte, so Unterweisung im Schreiben von Briefen und anderen im gemeinen Leben vorkommenden nützlichen Aufsätzen, im gemeinen Buchhalten, in der Abfassung leichter Rechnungs-tabellen. —

Trotz aller dieser löblichen Bestrebungen blieb das niedere Schulwesen in Preussen während des ganzen achtzehnten Jahrhunderts fast überall auf der untersten Stufe stehen. Es fehlte eben zu einer durchgreifenden Besserung der Verhältnisse am Nöthigsten, am Gelde, ferner an dem guten Willen und der nothwendigen Mitarbeit der Betheiligten selbst, vor Allem der Eltern, die das Schulgeld nicht zahlen konnten oder wollten, und die ihre Kinder, statt sie zur Schule zu schicken, lieber zu häuslichen Dienstleistungen ge-brauchten. Andere Hindernisse lagen in der Persönlichkeit der Lehrer, welche vielfach weder Neigung noch Befähigung zum Unterricht zeigten, verfehlte Existenzen, die den Lehrerberuf nur in der dringendsten Noth als letzten Rettungsanker ergriffen hatten. In der Hauptsache mochte auf fast alle niederen Schulen jener Zeit die Schilderung zutreffen, die Bergius in seinem im Jahre 1774 erschienenen „Policey und Cameral-Magazin" (Band VIII, S. 87) entwarf. Diese Schilderung bezog sich zwar in erster Linie auf die Landschulen, doch meinte Bergius selbst, dass diese mit den kleinen Leseschulen in den Städten von „einerlei Beschaffenheit"

---

[1] Vgl. auch §§ 43—45 Tit. 12, Thl. II. d. Allgemeinen Landrechts: Jeder Einwohner, welcher den nöthigen Unterricht für seine Kinder in seinem Hause nicht besorgen kann oder will, ist schuldig, dieselben nach zurückgelegtem fünften Jahre zur Schule zu schicken. Nur unter Genehmigung der Obrigkeit und des geistlichen Schulvorstehers kann ein Kind länger von der Schule zurückgehalten oder der Schulunterricht desselben, wegen vorkommender Hindernisse, für einige Zeit ausgesetzt werden. Zum Besten derjenigen Kinder, welche wegen häuslicher Geschäfte die ordinären Schulstunden zu gewisser nothwendiger Arbeit gewidmeten Jahreszeiten, nicht mehr ununterbrochen besuchen können, soll alle Sonntage in den Feierstunden zwischen der Arbeit und zu anderen schicklichen Zeiten be-sonderer Unterricht gegeben werden.

[2] Rönne a. a. O. S. 182.

seien. „Man findet", so schrieb er, „fast allenthalben die elendesten und schlechtesten Schulmeister. Man wendet auf dieselben nichts; kaum, dass man ihnen einige wenige Thaler zur Besoldung auswirft. Man verweiset sie auf die Schulgelder, so die Eltern vor ihre Kinder bezahlen müssen; diese Schulgelder sind aber so geringe, dass sie kaum in Betrachtung kommen. An vielen Orten haben sie nicht einmal eine freie Wohnung. Betrachtet man die Schulmeister selbst, so sind es gemeiniglich schlechte Leute, alte abgedankte Soldaten, Dorfschneider oder Leinweber, welche das Schulamt als ein Nebengewerbe treiben, oder andere arme Leute, die sonst auf eine andere Art ihr tägliches Brod nicht zu erwerben wissen. Wie kann man nun von solchen schlechten Leuten, die öfters selbst kaum lesen, schreiben und rechnen können, verlangen, dass sie die Herzen der Jugend bilden sollen, da sie dazu nicht die geringste Geschicklichkeit besitzen. Die ganze Schulanstalt bestehet darin: Nachdem ein Knabe drei bis vier Jahre zubringt, ehe er lesen lernet, eine Sache, die ein jeder redlicher und vernünftiger Schulmeister einem jeden Kinde in sechs Wochen lernen könnte; so bringet man eben so viel Jahre zu, denen Kindern den Catechismus, den Psalter und biblische Sprüche lernen zu lassen, die zu Besserung ihres Herzens, eben so viel beytragen, als wenn man ihnen den Alcoran auswendig lernen liesse, weil sie solche, ohne allen Begriff und Verstand von der Sache, als ein blosses Gedächtniswerk herschnattern lernen, ohne dass sich der Schulmeister, der es öfters nicht einmahl verstehet, im geringsten Mühe giebt, ihr Herz zu rühren, und demselben Eindrücke der Tugend und Gerechtigkeit beyzubringen. Hierzu kommt noch, dass man deren Eltern allzuviel nachsiehet, und ihnen die Freiheit gestattet, ob und wenn sie ihre Kinder in die Schule schicken oder sie zu Hause behalten wollen."[1]

So waren die Anstalten beschaffen, auf denen die meisten Preussischen Gewerbetreibenden, namentlich aber die Handwerker, im achtzehnten Jahrhundert ihre erste und, von seltenen Ausnahmen abgesehen, auch einzige Schulbildung genossen. Kein Wunder, dass ihre Kenntnisse fast durchweg überaus dürftig blieben und dass sie nur in den seltensten Fällen über die ersten Anfänge im Lesen, Schreiben und Rechnen hinauskamen. Dadurch wird auch erklärlich, was A. J. Hecker[2] berichtet, dass nämlich im Anfange des acht-

---

[1] Vgl. auch v. Justi, Policey-Wissenschaft, Königsberg und Leipzig 1761, Bd. II, S. 114 ff und Resewitz, Gedanken, Berlin und Stettin, 1786, Bd. V, Stück 4. S. 7/8: „Die Erziehung und Bildung der grossen Masse der Staatsbürger, wird ... beynahe allein dem Willkühr und Verfahren solcher Menschen überlassen, welche für andere Fächer der Betriebsamkeit verdorben sind, und in jedem anderen Erwerb verunglückt oder untauglich dazu, durch Unterricht der gemeinen Jugend ihr Brod au pis aller suchen wollen ... Grossentheils beschränkt sich ihr Unterricht dahin, dass die Kinder unter vieljähriger Mühe und Plagen die unverstandenen Worte des Katechismus auswendig lernen, und kümmerlich lesen und schreiben lernen."

[2] A. J. Hecker, Etwas über die Entstehung der Realschulen, Berlin, 1801.

zehnten Jahrhunderts die angesehensten Bürger einer Stadt kaum lesen konnten, dass sie im Schreiben gewöhnlich ganz unerfahren waren und vom Rechnen höchstens soviel wussten, als sie durch eigene blos mechanische Uebung bei ihren Haus- und Handwerksgeschäften erlernt hatten. Die Richtigkeit dieser Behauptung erfährt eine Bestätigung durch die Mittheilung des Staatsraths Kunth, wonach noch im Jahre 1820 selbst in Berlin Baumwollenfabriken von 100—200 Stühlen, d. h. mit einem Umsatze von 50—100000 Thlr. unter Verlegern bestanden, die mit Mühe ihren Namen schreiben, ihre einfachen Bücher nicht abschliessen konnten, denen die Erde mit Potsdam und Frankfurt a. O. begrenzt war, die in Zeiten der Stockung nichts zu sagen wussten, als dass Stockung sei, der die Regierung abhelfen müsse und die von der Möglichkeit und Nothwendigkeit weiterer Bildung keine Ahnung hatten. Von mehr als 900 selbständigen zünftigen Tuchmachermeistern in Grünberg, deren grosse Waarenmasse dem Welthandel angehörte, mochte damals ein Drittel seinen Namen gar nicht, ein zweites Drittel ihn kaum leserlich schreiben können. Noch 1818 besuchten in Berlin von 27000 schulpflichtigen Kindern 8000 überhaupt keine Schule.[1] —

Allerdings gab es für die wohlhabendere und weiter strebende Jugend, auch abgesehen von der Möglichkeit des Privatunterrichts, noch eine Gelegenheit, sich eine höhere Bildung zu verschaffen, nämlich der Besuch der in vielen Städten vorhandenen Latein- oder Gelehrtenschulen. Diese Schulen waren indessen, wie schon ihr Name besagt, für die gelehrten Berufe, nicht aber für den Gewerbe- und Handelsstand bestimmt. Sie gingen in der Mehrzahl von der Auffassung aus, dass das Lateinische und Griechische die Grundlage aller wahren Bildung sei und dass daher das Studium der alten Sprachen den Hauptgegenstand, den Mittelpunkt im ganzen Schulunterricht bilden müsse. Die Urkunden der Religion, sagte man, das römische Recht, die ersten Grundsätze der Heilkunde, die Philosophie, die Theorien und Muster der Rhetorik und Poesie, die Geschichte — Alles ist aus Griechenland und Rom zu uns gekommen. Wer also aus der Quelle schöpfen will, muss die Sprachen kennen. Das Sprachstudium ist schon an sich betrachtet ein Bildungsmittel des Verstandes; recht betriebene Philologie setzt die mannigfaltigsten Seelenkräfte in Thätigkeit; sie hat also wenigstens einen formalen Nutzen. Je treuer eine Nation dem Studium der Alten geblieben ist, desto schöner hat sich die Blüthe ihres eigenen Geschmackes entwickelt. Unwissenheit darin rächt sich immer auf irgend eine Art an ihren Verächtern. Das grammatische Studium muss dem philosophischen, historischen, ästhetischen vorangehen. Ohne

---

[1] F. und P. Goldschmidt, das Leben des Staatsraths Kunth, Berlin 1881, S. 35. Grumbach, Die Entwicklung des berlinischen Fortbildungsschulwesens, Berlin 1898, S. 7. —

Grammatik bekommt die Sprachkenntniss keine Sicherheit. Die Anwendung der gewöhnlichen Methode, wonach man neuere Sprachen lernt, passt nicht. Diese sind lebende, jene todte. Eine todte Sprache wird nur von ganz Wenigen richtig und schön gesprochen. Die Uebungs- oder Sprachmethode würde also nur eine schlechte Sprachkenntniss zur Folge haben. Lateinische auch griechische Stilübungen, selbst poetische Versuche, haben nicht blos den Nutzen, dass man Latein schreiben, sondern auch lateinische Schriftsteller besser verstehen lernt. Zu frühes Treiben der Realien schadet dem gründlichen Erlernen der Sprachen. Die Sachkenntnisse müssen kurz und beiläufig, erst in den reiferen Jahren ausführlich getrieben werden. Die Sprachen gehören auf die Schulen, die Wissenschaften auf die Universitäten. Das zu frühe Treiben aller möglichen Wissenschaften auf Schulen erzieht seichte Köpfe. Sie werden in keinem Stück gründlich. Ausser der philologischen giebt es keine gründliche Bildung.[1])

Diese pädagogischen Grundsätze der im achtzehnten Jahrhundert vorherrschenden humanistischen Schule sind gewiss sehr beachtenswerth: bei der Art indessen, wie sie in die Praxis übertragen wurden, konnte von einer Erreichung der mit ihnen angestrebten idealen Ziele kaum die Rede sein. Ein anschauliches Bild von dieser Art des Unterrichts giebt der Buchhändler Nicolai, der die lateinische Schule in Berlin besuchte,[2]) in seiner Schrift „Ueber meine gelehrte Bildung“. Er schreibt: „Ich lernte nichts als lateinische und griechische Wörter, wunderbar zusammengeknetet in alle Prädikamente einer pedantischen Grammatik. Es ward deklinirt, konjugirt, exponirt, analysirt, phraseologisirt und wer weiss was mehr; auch ward uns die lateinische Prosodie aufgegeben, so dass wir bald wussten lateinische Verse zu skandiren, und, nach der Elle, dergleichen selbst zu verfertigen. Dabey lernte ich ein bischen Geschichte aus Hübners Fragen oder Curas Historie (beide in Fragen und Antworten, die wir auswendig hersagten), ehe ich einigen Begriff hatte, was Menschen und Staat sind, mit einer undeutlichen Chronologie, ehe ich wusste, wie man Zeit abmisst, und auch nur einen Begriff von der Berechnung Eines Jahres hatte. Dabey ward nebenher eine ganz unverständliche verkehrte Geographie gelehrt, von Spanien und Asien und Nubien und Palästina; aber von der Mark Brandenburg ward so viel als nichts gesagt. Auch wurden uns nicht die geringsten mathematischen oder physikalischen Begriffe von der Erdkugel gegeben. Ich wusste weiter nichts von der Erde überhaupt, als

---

[1]) A. H. Niemeyer, Grundsätze der Erziehung und des Unterrichts, Thl. III, S. 582, Halle, 1835.

[2]) Fr. Nicolai, Ueber meine gelehrte Bildung, über meine Kenntniss der kritischen Philosophie und meine Schriften dieselben betreffend und über die Herren Kant, J. B. Erhard, und Fichte, Berlin und Stettin, 1799, S. 9 ff.

dass vier Welttheile wären und dass eine Landkarte von Europa
vor mir lag, von der ich auf Befragen, warum sie so bunt wäre,
die Nachricht erhielt, jeder bunte Fleck zeige ein anderes Königreich oder Kaiserthum an. Nun wusste ich weiter nicht, was ein
König oder ein Kaiser für ein Ding sein möchte, als dass in Rom,
nach Aufhebung der Republik — (welches Wort für mich auch
ein blosses Wort war, ob ich gleich aus Nicuportii Ritus Romanorum
recht fein auf viele Fragen antworten konnte) — zwölf römische
Kaiser im ersten Jahrhundert gewesen wären, welche ich namentlich
herzusagen verstand; und sodann lernte ich zu Hause die Könige von
Juda kennen, wovon mir die Physiognomie des Königs Josias in
einer alten Wittenbergischen Bibel, woraus ich meinem Vater täglich
vorlesen musste, besonders interessant war. Ueberdies hörte ich in
der Schule zu Berlin einigemal beyläufig, dass der König von
Frankreich, vor 60—80 Jahren viele seiner Unterthanen dei Religion
wegen aus Frankreich gejagt hätte, welche nunmehr in Berlin
wären; dass der Pater la Chaise Schuld daran gewesen, ohne dass
ich wusste, was ein Pater sey, und dass der französische Marschall
Luxemburg bucklicht gewesen, und einen Bund mit dem Teufel
gehabt hätte, welches uns der Professor der Geschichte ganz ernst-
haft erzählte; doch mag es auch wohl im Hübner oder Curas gestanden haben. . Ausserdem erfuhren wir auch noch, dass der
König von Preussen viel Schlachten gewänne, aber ohne dass ich
recht wusste, wie das zuginge; nur so viel war in unserer Schule
allgemein bekannt, dass die ungarischen Insurgenten und Tolpatschen
hässliche Menschen wären, was aber Insurgiren heisse, wussten wir
nicht . . . . Ich armes Kind wusste nicht, wozu ich die lateinischen
Worte so mühsam zusammendrehen und aufdrehen sollte. Es mag
das mühsame Exponiren und Analysiren, und wie es weiter heisst,
uns unbewusst, zur besseren Kenntniss der Sprache auch in der
Folge einigen Nutzen hinterlassen haben. Aber man beschäftigte
uns mit nichts als damit, und so musste das Lateinische, und mit
ihm alles Studiren, gerade den hellsten und fähigsten Köpfen zuerst,
sehr widerlich werden. Die Bücher, woraus die lateinischen Wörter
genommen waren, den Cornelius, Curtius und Justinus, konnte ich
vermöge meiner natürlichen Fähigkeit sehr bald geläufig lesen und
leidlich verstehen; nur wenn ich sie nun gelesen hatte, wusste ich
nicht, was damit zu machen wäre, und die Historie und Geographie,
und das Rechnen war mir nun vollends ganz uninteressant, weil
sie, vermöge der Methode, wie ich sie lernen musste, lauter fremd-
artige und oft unverständliche Begriffe enthielten . . ."[1])

---

[1]) August Hermann Francke klagte über die Studenten in Halle (nach
v. Raumer, Geschichte der Pädagogik, Thl. II, S. 146, Stuttgart 1843): „Es schreibet
selten einer eine gute Hand, wenn er von Schulen kommt. Ich finde, dass wenig
Studiosi Theologiae sind, die einen teutschen Brief recht orthographice schreiben
können. Sie impingiren fast in allen Zeilen wider die Orthographie. Daher ich

Dass solche Schulen dem Handels- und Gewerbestande nichts nützen konnten, bedarf keiner weiteren Ausführung. Sie schadeten vielmehr insofern, als sie viele jungen Leute dem geschäftlichen Leben entfremdeten und sie, auch wenn sie nach ihren Fähigkeiten und ihrer ganzen sozialen und wirthschaftlichen Lage hierzu gar nicht geeignet waren, in den Gelehrtenberuf hineinzogen. Auf diese Schüler bezog sich das folgende Edikt Friedrichs I. vom 25. August 1708:

„Nachdem bereits von vielen Seiten her geklagt worden, dass die Studia in allen Facultäten dadurch in Abgang und fast in Verachtung gerathen, weilen ein jeder, bis auf Handwerker und Bauern, seine Söhne, ohne Unterschied der Ingeniorum und Capacität studiren und auf Universitäten und hohen Schulen sumptibus publicis unterhalten lassen will, doch dem gemeinen Wesen viel mehr daran gelegen, wann dergleichen zu denen Studiis unfähige Ingenia bei Manufacturen, Handwerkern und der Miliz, ja gar bei dem Ackerbau nach eines jeden Condition und natürlicher Zuneigung angewendet, und sie dergestalt ihres Lebens Unterhalt zu verdienen unterwiesen

auch Exempel weiss, dass, wenn manche in ein Amt gekommen, und etwas haben wollen drucken lassen, fast nöthig gewesen wäre, dass man ihr Manuscript, welches sie eingesendet, in allen Zeilen erst corrigiret hätte; so dass man ihnen hat anzeigen müssen, sie soltens von einem, der die Orthographie verstehet, erst abschreiben lassen, damit es ohne Anstoss gelesen werde könnte . . . Dieser defectus pflegt insgemein auf Schulen daher zu kommen, weil nur die lateinische Uebersetzung der exercitiorum corrigiret wird, das Teutsche aber nicht; daher lernet man keine Orthographie. Man lernt voces distinctas, als: er war, die Waar, es ist wahr u. dgl. nicht im Schreiben distinguiren, weil man die teutschen exercitia nur so ohnehin schreibt." Mit Bezug auf die Kenntnisse im Lateinischen schrieb er: „Wenn manche einen lateinischen Brief machen sollen, so findet man, dass sie auch die Grammatic nicht recht gelernet haben und daher manche Fehler begehen." In der griechischen Grammatik seien die abgehenden Schüler auch nicht fest; ebenso wenig in Luthers Katechismus. „Ingleichen findet sich's selten, dass einer eine Wissenschaft von der Arithmetica vulgari mitbringet, deren Gebrauch doch im gemeinen Leben immer vorfället." Die Professoren der Theologie in Halle hätten mit grosser Betrübniss wahrnehmen müssen, dass die meisten Schulen so übel bestellet sein, dass von denselben Leute zu ihnen kämen, die wohl zwanzig Jahre alt seien und darüber und denen man in den Fundamentis der lateinischen, griechischen und hebräischen Sprache besondere Information geben müsse, wenn man wolle, dass sie die Collegia mit Nutzen frequentirten. Auch andere Universitäten machten die traurige Erfahrung, „viele untüchtige und unnütze Leute zu überkommen, aus denen nichts zu machen." — Joh. Jul. Hecker schrieb 1748 (J. H. Hecker, Sammlung der Schulnachrichten, Berlin 1749, S. 59): „Es wird nicht nöthig sein, dass wir uns in eine weitläufige Untersuchung einlassen, ob die mehrste Schulen von der ersten Art — d. h. die Lateinschulen — in einer genauen Verbindung mit den Universitäten stehen: ich meine, ob die Jugend in den lateinischen Schulen durch die nöthige Vorbereitungswissenschaften in den Stand gesetzet werde, mit gesegnetem Nutzen ihre akademischen Jahre zuzubringen. Die vielfältigen Klagen der Lehrer auf Universitäten bezeugen es, dass sie von den meisten Schulen Leute, die zu den höheren Wissenschaften unreif sind, häufig bekommen. Denn wenn manche einen kümmerlichen Vorrath von lateinischen Wörtern gesammelt, einen schlechten Grund in der griechischen Sprache geleget, einen mageren Unterricht von der Geographie und Historie gehöret und ein elendes Seelet von einer Vernunft-Lehre abgeschrieben, so denken sie ein Ueberflüssiges mitzubringen, wodurch sie den gantzen übrigen Schatz der Gelehrsamkeit erhandeln können. Wie dies in allen Ständen für Schaden verursacht, liegt am Tage: indem auf solche Weise die Republic mit vielen unnützen Leuten belästiget wird, welche zu nichts rechtes können gebrauchet werden." —

Vgl. auch Justi, Policey-Wissenschaft, Bd. II, Königsberg und Leipzig, 1761, S. 114 ff.

würden: so befehlen Se. K. Majestät dahero allergnädigst und ernstlich, dass Magisträte in Städten, und fürnehmlich diejenigen, welchen die Aufsicht der Schulen anvertraut ist, auf die Jugend in selbigen fleissig Acht haben, solche zum öftern visitiren, unter den Ingeniis, welche sich zum Studiren wohl anlassen, und von ihrer Fähigkeit gute Proben geben, einen Selectum machen, und diesen in ihrem Zweck beförderlich sein; diejenigen aber, welche entweder wegen Stupidität, Trägheit oder anderen Ursachen zum Studium unfähig sein, in Zeiten davon ab und zu Erlernung einer Manufactur, Handwerks oder anderen redlichen Profession, anweisen, selbige auch nicht weiter als im Christenthum, auch im Lesen, Schreiben und Rechnen einformiren lassen, damit nicht Schüler von 20 bis 30 Jahren dem Publico und ihnen selbst zur Last und den Informatoren zur Verkleinerung erfunden werden mögen." [1]

Wenngleich die Erkenntniss von der Nothwendigkeit, bei der Organisation des öffentlichen Schulwesens auch die Bedürfnisse des praktischen Lebens und des Handels- und Gewerbestandes in grösserem Masse zu berücksichtigen, erst im neunzehnten Jahrhundert zum vollen Durchbruch kam und zur Errichtung zahlreicher diesen Bedürfnissen Rechnung tragender Unterrichtsanstalten führte, so treten uns doch die ersten praktischen Versuche, gegenüber der humanistischen

---

[1] Vgl. auch Justus Möser, Patriotische Phantasien, herausgegeben von Voigts, Berlin 1842, Thl. III, S. 125: „Also soll man das Studiren nicht verbieten." (1775); Möser verwirft dort ein Verbot des Studirens, das verhüten solle, „dass alle Unterthanen ihre Kinder studiren lassen." Ein solches Verbot würde zu den grössten Ungerechtigkeiten führen und die Leute vom geringen Stande am ersten treffen; und dennoch gingen aus diesem Stande die dauerhaftesten, fleissigsten und arbeitsamsten Männer hervor. Er erkennt aber an, dass das viele Studiren ein Missbrauch sei und dass viele Eltern besser thäten, ihre Kinder ein Handwerk lernen zu lassen. Seiner Meinung nach liegt der Fehler darin, „dass die wenigsten Eltern mit ihren Kindern bis ins 14. Jahr was anzufangen wissen, und sie in die lateinische Schule schicken, um sie nur vom Müssiggange abzuhalten. Sie sehen die Schulen wie einen Nothstall an, worin sie die wilden Knaben alle Tage sechs bis acht Stunden sicher aufstallen können, und denken, er hört doch wohl noch eine gute Lehre, oder lernt ein Wort Latein, was ihm doch immer minder schadet, als Alles, was er wie ein Gassenläufer lernen würde. Nun treten die Jahre heran, worin die Knaben entweder zur Handlung oder zum Handwerk bestimmt werden sollen; und da hält es denn, nachdem die Umstände sind, bei den Eltern und Lehrherrn, sowie bei den jungen Studenten schwer, ihn aus der Gesellschaft seiner lateinischen Freunde in eine andere, oder in eine Werkstatt zu bringen. Dieser üblen Folge kann nicht anders als durch Realschulen vorgebeugt werden; und ich bin versichert, die Hälfte von den Kindern, welche von den Eltern in den lateinischen Nothstall geschickt werden, werden mit Freuden hieher gehen, und nachdem sie die Vorkenntnisse von anderer Art erhalten haben, sich nachwärts ohne Zwang zu nützlichen Künsten und Handwerken bestimmen, besonders wenn in denselben nicht blos der Kaufmann und Handwerker, sondern auch, so wie zu Berlin geschieht, ein tüchtiger Offizier und ein geschickter Kammerrath gebildet wird." — Siehe auch Resewitz, Gedanken, Berlin und Stettin 1786, Bd. V, Stück 4, S. 8: „Die öffentlichen Schulen in den Städten sind und bleiben leider noch immer lateinische Schulen; und es wird noch nicht daran gedacht, noch weniger Hand angelegt, sie dem Geist und den Bedürfnissen der Zeiten umzuformen. Da ist beynahe kein noch so unbedeutendes Städtchen, das nicht seine lateinische Schule hätte, und seine Ehre darin setzte, eine zu haben. Seltsam genug, da doch unter hundert Kindern, die darin unterrichtet werden, etwa nur Einer ein sogenannter Gelehrter oder Lateiner wird oder werden soll . . . So treffend es in's Auge fällt, dass die meisten Zöglinge nicht Latein, sondern irgend etwas, das zu ihrem künftigen Leben brauchbar sey, lernen müssen, so wird doch nicht der geringste Versuch gemacht, um aus der unförmlichen und unzweckmässigen Masse dieser lateinischen Schulen eine Anstalt zu schaffen, die 99 verwahroseten Knaben unter hunderten zu Gute kommen könnte."

auch die realistische Richtung in den Lehrplänen der Schulen zur Geltung zu bringen, schon im achtzehnten Jahrhundert mehrfach entgegen. Dass in den Schulreglements von 1765 und 1782 versucht wurde, wenigstens in den grösseren Städten beim Unterricht in der Volksschule nicht nur Religion, Lesen und Schreiben zu berücksichtigen, sondern auch die Abfassung von Briefen, Geschäftsaufsätzen, Rechnungen, Buchhaltung, Geschichte, Geographie und solche Dinge zu lehren, worauf es „bei Künsten, Gewerben, Manufacturen, und dem Handel ankommt", wurde oben schon mitgetheilt. [1] Zwar werden diese Bestimmungen unter den damaligen Verhältnissen kaum eine grosse praktische Bedeutung erlangt haben; immerhin beweisen sie, dass auch die staatlichen und kirchlichen Behörden das Bedürfniss nach einem solchen Unterrichte, sogar bei den niederen Schulen, anerkannten. Schon erheblich früher, am Anfang des achtzehnten Jahrhunderts, hatte es der bekannte Begründer des Halle'schen Waisenhauses, August Hermann Francke, den Anregungen von Comenius, Locke und Spener folgend, unternommen, in der mit dem Waisenhause verbundenen deutschen und lateinischen Schule eine neue Lehrmethode einzuführen. Seine Hauptgrundsätze waren etwa folgende: [2] Bei aller Erziehung muss eine lebendige Erkenntniss Gottes und ein rechtschaffenes Christenthum der letzte Zweck sein; ohne echte Frömmigkeit ist alles Wissen, alle Klugheit, alle Weltbildung mehr schädlich als nützlich. Alles, was die Erreichung dieses Zweckes mittelbar oder unmittelbar aufhält, ist von der Jugend zu entfernen, namentlich zerstreuende, wenn auch an sich erlaubte Vergnügungen und zu anhaltende und zu einseitige Beschäftigung mit den Klassikern, von denen einige gar nicht, andere nur stückweise in Chrestomatien in die Hände der Jugend gelangen dürfen. Bei allem Unterricht muss man den Stand und die künftige Bestimmung im Auge behalten. In der Unterweisung derer, welche zu bürgerlichen Gewerben, Handwerkern u. s. w. bestimmt sind, kommt es zwar, nächst dem Religionsunterricht, hauptsächlich auf die unentbehrlichen Kenntnisse, Lesen, Schreiben, Rechnen an; aber auch die Elemente anderer Wissenschaften, namentlich Anleitung zur Kenntniss der Natur, der Geographie, Geschichte, der Landespolizeiordnung, sollten nicht versäumt, jedoch mehr beiläufig und später beigebracht, als ex professo gelehrt werden. Für die Studirenden sind die alten Sprachen zwar die Hauptsache, doch dürfen ihnen auch Geographie, Geschichte, Mathematik, Astronomie, Naturgeschichte und Naturlehre nicht fremd bleiben; auf diese Kenntnisse müssen die Schulen viel mehr Gewicht als bisher legen. Beim Unterricht sind vor Allem Anschauungsmittel zu benutzen; alle Gegenstände, die sich veranschaulichen lassen, suche man zu

---

[1] Siehe S. 606, 607.
[2] Niemeyer a. a. O. S. 566.

veranschaulichen. Das muss das Augenmerk des Lehrers sogar bei
Vergnügungen, bei Spaziergängen sein. Kinder müssen besonders
die sie umgebende Natur, die Geschäfte des menschlichen
Lebens, die Werkstätten der Handwerker kennen lernen;
eigene Stunden sind zu ihrem Besuch anzusetzen; Naturalien-
kammern sind anzulegen. Die Jugend bedarf Vergnügen und Erholung
(„Recreation" war der gewöhnliche Ausdruck); diese findet sie theils
in körperlichen Bewegungen, theils in angenehmen und zugleich
nützlichen, besonders mechanischen Beschäftigungen (Zeichnen,
Drechseln, Glasschleifen u. s. w.).

Diese Ideen fanden in kurzer Zeit Anhänger und Nachahmer,
die im Gegensatz zu den „Humanisten" mit dem Namen der „Pietisten"
bezeichnet zu werden pflegen. Auf dem Gebiete des Fachschulwesens wirkten von ihnen besonders Christoph Semler
und Johann Julius Hecker, von denen der erstere die „mathematische Handwerksschule" zu Halle und der letztere die erste „Realschule" zu Berlin begründet hat: Religiöse Erziehung, sorgfältige Berücksichtigung des Berufs der Schüler bei Festsetzung des Lehrstoffs,
ausgiebige Behandlung der Realien und der im späteren Berufsleben
unmittelbar verwerthbaren Kenntnisse, intensive Pflege des An-
schauungsunterrichts durch ausgedehnte Benutzung von Modellen,
Kunst- und Naturalien-Sammlungen, Besuche von Werkstätten, das
waren die Grundsätze, auf denen diese Pädagogen ihre Schulanstalten aufbauten, wobei sie allerdings unter Berufung auf den
Spruch: „Non scholae sed vitae discimus" dem reinen „Nützlichkeits-
prinzip" in ausgedehntem Masse huldigten und ihm eine weit grössere
Berechtigung als Francke einräumten. Sehen wir uns diese beiden
Unterrichtsanstalten etwas näher an.

Christop Semler, Prediger und „Inspektor der gemeinen
teutschen Schulen" zu Halle a. S., stellte sich die Aufgabe, seinen
Schülern, soweit sie für das Handwerk bestimmt waren, die für
ihren Beruf erforderlichen theoretischen Fachkenntnisse, und zwar
noch während des letzten Jahres ihrer Schulzeit, in besonderen dafür
festgesetzten Stunden beizubringen. Im Jahre 1705 legte er seine Ansichten in einer kleinen Schrift nieder, die schon in ihrem Titel seinen
ganzen Plan erkennen lässt: „Nützliche Vorschläge von Aufrichtung einer
mathematischen Handwercksschule bei der Stadt Halle, in welcher
allen denjenigen Knaben, die Handwerker lernen sollen, ein Jahr
vorher, ehe sie auf's Handwerk kommen, aus der Mathematic der
Circul und Lineal, die Bewegungskunst und alle Arten derer Gewichte, Maasse und Münzen; und aus den mechanischen Künsten
alle Arten von Materialien, so die Handwerker verarbeiten, in natura
vor Augen geleget und erkläret; auch die bei der Stadt verfertigte
Meisterstücke gezeiget werden; Alles aus dem Absehen, damit die
Wunder der Allmacht und Weisheit Gottes desto besser erkannt

und gepreiset, die Stadt mit guten Künsten und geschickten Arbeitern erfüllet und die gemeine Jugend durch so nützliche Wissenschaften präpariret werde, bei ihrer künftigen Handthierung desto besser, Gott und den Nächsten zu dienen".

Der Fachunterricht sollte in der Zeit, wo die Schulstunden zu Ende seien, zwischen 10 und 12 Uhr Vormittags und 4 und 6 Uhr Nachmittags, je nachdem es die Umstände fordern, stattfinden. Dass dies nicht zu viel für die Schüler werde, bewirke die anzuwendende Methode, welche durch Anschauung in Gegenwart des Objecti lehre und daher nur erfreue, erfrische und belebe; dagegen werde dem verderblichen Müssiggange in den Mussestunden gewehrt. Durch den Unterricht sollen die Schüler einen allgemeinen Ueberblick über sämmtliche Handwerke erhalten, indem man ihnen alle Arten von Holz, Leder, Tuch, Seide, Wolle, Garn, Glas, Papier, Thon, Gyps, Farben, Metall vorlege und sie über Gebrauch, Verarbeitung und die Preise dieser Gegenstände aufkläre. Auch der mathematische Unterricht soll nur vom Standpunkt des Handwerkers aufgefasst werden; man belehre die Schüler durch Anschauung über das, was ein Zoll, eine Spanne, ein Fuss, eine Elle, Klafter, Ruthe, was ein Punkt, was ein Perpendicular und Horizontal-Linie u. s. w., was ein Dreieck, Quadrat, Cylinder u. s. w. sei, und zwar so, dass alle diese Wörter ihnen völlig geläufig werden. Sie lernen, was ein Massstab, ein Transporteur sei, welche Gewichte, Maasse und Münzen es gebe, wie sich das Gewicht der Fleischer, Apotheker, Krämer u. s. w. unterscheide. Man lege ihnen Grundrisse von Gebäuden, einen Plan der Stadt Halle vor und belehre sie über die Gassen, Thore, die nächsten Dörfer und Städte. Denn sonst lernen wir zwar, wo Cindad Rodrigo, Civita vecchia, Kaminiec, Dublin und Plymouth liegen, und gleichwohl, wenn wir uns einmal im Felde oder auch nur in unserer Stadt verirren, können wir nicht einmal uns wieder durch die Gassen zurecht finden. Die Schüler sollen ferner eine deutliche Vorstellung des Himmels und der Erde bekommen, denn es müssen nicht nur, die einmal studiren, sondern billig alle Menschen, wess Standes sie auch sind, zum wenigsten doch eine generalem notitiam von der vortrefflichen Structur-Ordnung und Eintheilung unserer grossen und allgemeinen Wohnung, nehmlich der Welt haben, auch um wahrer Erkenntniss Gottes Werks. Auch Zeichenunterricht soll ertheilt und für neue Erfindungen und Vervollkommnung des bisher schon Bekannten die Stiftung von Preisen in Aussicht genommen werden. Damit die Schüler nicht wieder vergessen, was sie gelernt haben, soll ein eigenes Buch in Frageform verfasst werden, in welchem die Principia mathematica und mechanica übersichtlich enthalten sind, dass sie nach zehn oder zwanzig Jahren sich wieder in das Gedächtniss zurückrufen können, was sie in der Schule gelernt und gesehen haben. Als Lehrmittel

sollen namentlich Modelle dienen, so das Modell einer Festung, ein
Mikroskop, Perspectiv, eine Camera obscura, Laterna magica, ein
speculum concavum, eine vollständige Sammlung von Werkzeugen
der Handwerker, eine Maschine, welche alle Bergwerkssachen
repräsentirt, ein Schiff, ein menschliches Skelet.

Von einer solchen Schule versprach sich Semler grossen Nutzen.
Namentlich würden die Kinder darauf aufmerksam gemacht werden,
was zu jedem Handwerk besonders erforderlich sei, ob Geld oder
Leibeskräfte, ein scharfes Gesicht, tiefes Nachsinnen u. s. w.; jeder
Knabe könne sich dann stets prüfen, wozu er passe; man giebt dem
Kinde eine Uebersicht der verschiedenen Handwerke, damit die
Wahl eines derselben nicht dem Zufall überlassen bleibt, sondern
eigene Prüfung der Lust und Neigung entscheidet. Schon vor dem
Eintritt in die Lehre lerne der Knabe die Werkzeuge kennen, mit
denen er künftig arbeiten solle, er sehe die Meisterstücke, die damit
ausgeführt seien, erfahre die Mittel und Wege, wie ein Handwerk
fortschreiten könne. Die Meister würden bessere Knaben in die
Lehre bekommen, sich die passendsten aus der Schule auswählen
können und selbst ermuntert werden, ihr Handwerk mit immer mehr
Geschick und Einsicht zu betreiben; die Handwerke selbst würden
sich heben, die Stadt und das Vaterland dadurch gewinnen, die Absichten des Königs, welche er bei Stiftung der Königlichen Sozietät
der Wissenschaften vor Augen gehabt habe, sich mehr und mehr
erfüllen. „Wenn nun unter Gottes Segen und dem mathematischen
Unterricht gute Künstler entstehen, so werden wir mit der Zeit die
künstliche und wohl verfertigte Arbeit nicht mit so grosser Mühe
und mit so schweren Kosten dürfen aus anderen Städten und
Ländern holen; denn liegt Holland, Augsburg und Nürnberg allein
unter einem so glückseligen Himmel, dass sie so reich sind an
herrlichen Ingeniis und guten Intentionen, also dass ihre Arbeit
überall in Deutschland und im ganzen Europa berühmt?"

Die Regierung in Magdeburg, der Semler seinen Plan mittheilte,
fand, „dass solches eine Sache, daraus vor das gemeine Wesen ein
grosser und augenscheinlicher Nutzen zu erwarten;" sie beauftragte
daher den Rath der Stadt Halle, die Angelegenheit „nach ihrer
Wichtigkeit zu überlegen, auch mit aller Sorgfalt zu erwägen und
zu berichten, woher die Kosten zu Fassung und Erhaltung des Werks
mit Grunde und Hoffnung einer Beständigkeit zu nehmen sein
möchten." Der Rath erbat sich zunächst ein Gutachten vom Collegium
Scholarchale des Halle'schen Gymnasiums, und da in diesem die
Ansichten getheilt waren, ersuchte er die Regierung in Magdeburg,
„zu Entscheidung derer entstandenen Dubiorum ein Responsum der
Königl. Sozietät der Wissenschaften zu Berlin einzuholen." Die
Sozietät sprach sich unterm 15. Dezember 1706 zu Gunsten
des Planes aus, mit der Begründung: „dass, gleich wie die

hohen und niedrigen Schulen auch die Ritterschulen und Akademien zu dem Ende gestiftet worden, damit diejenigen,
so dermaleins dem gemeinen Wesen in Officiis Ecclesiasticis
und Politicis, Civilibus und Militaribus dienen sollen von Jugend
auf dazu vorbereitet und Stuffenweis geschickt gemacht werden
mögen; also auch allerdings rathsam und thunlich sei, die Knaben,
so zu Handwerkern sich begeben sollen, und bisshero meistentheils
in nichts als höchstens in Lesen, Schreiben und Rechnen bei den
teutschen Schulen unterwiesen worden, künftig bei einer gewissen
Mechanischen Schule, in denen zu solchen ihren Vorhaben und
künftigen Stande dienlichen, theils allgemeinen, theils bey vielen
Handwerckern zustatten kommenden Lehren, Nachrichten und
Uebungen unterweisen und abrichten zu lassen; damit ihnen der
Verstand und Sinnen mehr geöffnet werden, und sie insonderheit
die nöthigen Materialien und Objecta, samt deren Güte und Preiss
erkennen; dann den gemeinen, wie auch proportional-Circul, Lineal,
Winckelmass und Gewicht, wie nicht weniger auch andere Masse
und Massstäbe, Wage und nach Gelegenheit das schlechte globular-
Microscopium zu genauer Einsicht der Körper, und sonst andere
nützliche Instrumenta, samt Werck- und Heb-Zeugen, verstehen und
gebrauchen lernen, mithin sich diese Erkäntnis hernach zu besserer
Begreiff und Ausübung ihres Handwercks, auch Ersinnung nützlicher
Handgriffe bedienen mögen. Dabey unter anderen auch hauptsächlich
dahin zu sehen wäre, dass von den Lehrlingen im Werck selbst
ein gutes Augen-Mass, stätige Hand und andere dergleichen, in
einem geschärfften Gebrauch der äusserlichen Sinne bestehende
Grund-Vortheile aller Arbeiten, so die Natur darbeut, und die Uebung
perficirt, erlanget werden."

Trotz dieser warmen Empfehlung fiel es Semler schwer, die
zur Begründung und Unterhaltung der Schule erforderlichen Mittel
zusammenzubringen. Der Rath verwies ihn an das Almosenamt, das
seiner Bitte, „wöchentlich zu etlicher armen Kinder Information etwas
weniges anzuwenden" auch entsprach. Unter Zuhülfenahme freiwilliger Spenden wurde die Schule im Jahre 1707 in Semlers Haus
eröffnet. Zunächst fand nur Mittwochs und Sonnabends, und zwar

---

[1] Der vollständige Titel dieses Berichts lautet: „Neueröffnete Mathematische und
Mechanische Real-Schule, in welcher praesenter gezeiget und nach allen Theilen erklähret
wird, das Uhrwerck, das Modell eines Hauses, das Kriegs-Schiff, die Vestung, Saltz-
Koth-Mühle, Bergwerck, Chymisch Laboratorium, Pferd- und Pferde-Schmuck. Brau-
Hauss, Baum-Garten, Blumen-Garten, Honig-Bau, Wagen, Pflug, Ege und Ackerbau;
ferner alle Arten derer Gewichte, inländische Müntzen, Maasse, gemeine Steine,
Edelgesteine; alle Arten der Wolle und Seyde, die Gewürze, Saamen. Wurtzeln,
Kräuter. Mineralien, Thiere, Vogel, Fische Sceleton; Inglcichen die Geometrischen
und Optischen Instrumenta, die Rüst-Zeuge der Bewegungs-Kunst; die Arten der
Wetter-Gläser und Wasser-Künste, der Magnet, Compass, das Wapen. Grund-Riss
eines Gebäudes, Topographie der Stadt Halle, Fürstellung derer Sphären des
Himmels u. a. m.

von 11 bis 12 Uhr Vormittags „mit denen armen Kindern", und
von 2 bis 3 Uhr Nachmittags „mit denen, so etwas geben" statt.
Semler liess sich dabei von einer „in solchen Wissenschaften wohl
versireten Person", Namens Christian Benit unterstützen. Ueber den
Unterricht in den ersten beiden Jahren erstattete Semler selbst einen
ausführlichen Bericht.[1]) In ihm heisst es u. A.:

„So geschahe denn im Namen Gottes mit einigen armen Knaben
der Anfang der Information, bei welcher denn das Objectum allemal
präsenter gezeiget, alle Theile desselben genennet, und der Werth,
Güte, Nutz und andere Umstände jedes Stückes ihnen deutlich er-
kläret wurden. Folgende Objecta wurden demonstrirt: Das Uhrwerk,
Modell eines Hauses, Wagens, Pflug, Egge, Walze, Modell eines
Tuchmacher-Stuhls, alle Arten der Wolle, der Tuche, wollenen,
leinenen und seidenen Zeuge, alle Arten der Seide, Bänder und
Borten, alle Arten der Gewichte, Maasse, Münzen, Farben, gemeinen
Steine, Edelgesteine, Modell eines Kriegsschiffes, einer Festung, eines
Saltz-Kothes, Mühle, Bergwerks, Drechselbank, Grundriss der Stadt
Halle, Modell einer Glashütte, Sceleton, das Pferd- und Pferdeschmuck,
alle Arten der Kalender, die Samen, Wurzeln, Kräuter, Mineralien,
Gewürze, Leder, die Arten der Hölzer, Vogel, Fische, Thiere,
die geometrischen Instrumenta, die führnehmsten Städte in Kupfer-
stück, die optischen Instrumenta, Grundriss eines Gebäudes, die
Rüstzeuge in der Mechanika, die Arten der Wettergläser, die Wasser-
Künste, Systema und Vorstellung der Welt, das Wapen, Modell der
Stadt mit ihren Mauern, Wällen und Graben, die unterschiedenen
Arten der Papiere, Hobelbank, Kompass, Modell eines chemischen
Laboratorii, Backhaus, Brauhaus, von der Viehzucht, von Honigbau,
der Blumengarten, Baum-Garten, von Ackerbau.

Eine systematische Reihenfolge konnte man bei der Demonstration
dieser Objecta nicht innehalten, da man sich danach richten musste,
wie man ein Stück nach dem andern hatte anschaffen können. „Wie
denn der grosse Gott, der das Gute fördert, an den hiezu erforderten
Kosten, welche zu erreichen anfänglich so schwer geschienen, es
auch nicht hat ermangeln lassen. Denn es hatte der mildreiche Gott den
vormaligen freiwilligen Beitrag einiger Gönner allhier zum Schul-
Gelde für arme Kinder dermassen gesegnet, dass jährlich ein und
andere Thaler übrig geblieben, also dass der vorhandene Vorrath
weit über hundert Thaler hinaufgestiegen. Von denselben wurden
nun einige Bücher und andere Nothwendigkeiten in die Schulen
geschaffet, auch einige Knaben in der Zeichnung unterwiesen, ingleichen eine Nähschule angelegt, und insonderheit auch praescitu
superiorum zu Erkaufung einiger Objectorum, so zu diesem unseren
Instituto gehörig, einiger Anfang gemacht.

Gegen den Vorwurf des „Zu viel", der bei einer solchen Fülle
von „Objecten" und Vorträgen aus den verschiedensten Gebieten

der Technik und des wirthschaftlichen Lebens nahe lag, besonders wenn man bedenkt, dass es sich um Kinder von 12 bis 14 Jahren handelte und dass wöchentlich nur in zwei Stunden unterrichtet wurde, sucht sich Semler in folgender Weise zu vertheidigen: „Es sind deren Objecta zwar viel, jedoch darf man nicht besorgen, dass dadurch das Gemüth obruiret werde, denn alle Realität ist leicht und die Menge und Mannigfaltigkeit ·so vieler Sachen wecket das Gemüth auf und insonderheit facilitiret die Gegenwart des Objecti bei der Demonstration alles unausdenklicher Weise, weil es auf solche Art dem Gedächtniss sehr lebhaft imprimiret und also auch desto leichter gefasset und behalten wird".

Die dem Pietismus eigenthümliche, bei jeder Gelegenheit zur Schau getragene Frömmigkeit kam auch im Unterricht fortgesetzt zur Geltung; so wurde z. B. bei der Glashütte von der Zerbrechlichkeit und Vergänglichkeit alles Irdischen, beim Skelett von der Demuth, bei den Metallen und Mineralien von Gottes Allmacht, Weisheit und Güte gesprochen.

Zum Schlusse hebt Semler noch einmal den realistischen Charakter seiner Schule hervor, indem er schreibt: „Und indem wir nun also aus getreuem Gemüthe bemühet ist, der Jugend zu demonstriren, sowohl was Gott erschaffen, als auch was die Kunst und Klugheit der Menschen nützliches erfunden, so wird offenbarlich in dem allen Gottes Macht und Weisheit erkannt, die Jugend aber kräftig dadurch excitiret und an eine wahre Realität gewöhnt werden. Denn hier sind keine leere Speculationes oder unnütze Subtilitäten, sondern es sind ipsissimae res, es sind Dei opera und solche Maschinen, welche in der Welt täglichen und unaussprechlichen Nutzen prästiren. Denn der Augenschein wird zeigen, dass man nicht sowohl auf Exotica und curiosa, als fürnehmlich auf quotidiana und necessaria gesehen und was praesentissimam utilitatem im Leben mit sich führet."

Die Schule bestand indessen nur kurze Zeit, da die geringen Mittel aus dem Almosenkasten zu ihrer Unterhaltung nicht ausreichten, die freiwilligen Beiträge immer spärlicher flossen und auch die betheiligten Kreise der Bevölkerung der Anstalt nicht das nöthige Interesse und die erforderliche Unterstützung angedeihen liessen. Ein von Semler später unternommener erneuter Versuch schlug ebenfalls fehl; er starb 1740, ohne seine Ideen verwirklichen zu können. Dies gelang erst Johann Julius Hecker.

Letzterer übernahm im Jahre 1739 das Amt als erster lutherischer Prediger an der neu erbauten Dreifaltigkeitskirche zu Berlin, nachdem er vorher als Lehrer beim Pädagogium des Halle'schen Waisenhauses und von 1735 ab als Prediger und Schulinspektor beim

Militärwaisenhaus in Potsdam gewirkt hatte.[1]) In seiner neuen
Stellung hatte er auch die Pflicht, für das Schulwesen innerhalb
seiner Parochie zu sorgen. In welchem Zustande sich dasselbe beim
Antritt seines Amtes befand, ist schon oben mitgetheilt worden:[2]) In
der einen der drei vorhandenen Schulen unterrichtete ein betagter
Bürger, den seine Profession nicht mehr ernähren konnte, in der
zweiten ein alter invalider Unteroffizier, dem dieser Posten als eine
Versorgung angewiesen worden war, und in der dritten ein altes Weib.
Hecker machte sich zunächst daran, diese — deutschen — Schulen
gründlich zu reformiren und sie zugleich durch allmähliche Erweiterung

---

[1]) Johann Julius Hecker wurde am 2. November 1707 zu Werden an der
Ruhr in der Grafschaft Mark geboren, wo sein Vater Rektor und Stadtsekretär war;
auch sein Grossvater war Schulmann, nämlich Rektor der Schule in Wesel; seine
Mutter war die Tochter des Bürgermeisters Godefedei zu Werden. Mit der
grössten Sorgfalt wurde er erzogen, namentlich zur Frömmigkeit angehalten. Da
er gute Anlagen und Trieb zu ernster wissenschaftlicher Beschäftigung zeigte, die
Schule zu Werden aber für seine weitere Ausbildung nicht genügte, so brachte ihn
der Vater nach Essen, wo er bis zu seinem neunzehnten Lebensjahre das Gymnasium besuchte. Hier bewegte er sich in einem Kreise, der der häuslichen Erziehung ebenso sehr, wie seiner künftigen geistigen Entwickelung entsprach, insofern die christliche Richtung, die er im Elternhause erhalten, genährt, die vorhandene Neigung zum Studium der Theologie vergrössert, aber auch seine Kenntniss der Naturgegenstände und seine Liebe zu ihrem eingehenden Studium sehr
gefördert wurden. In letzterer Beziehung war es namentlich von Bedeutung, dass
er in einer Apotheke wohnte, wo er in seinen Mussestunden im Laboratorium
arbeitete, die verlangten Heilmittel bereiten half und Gelegenheit zu eingehenden
botanischen Studien fand. Ostern 1726 kam er auf die Universität Halle, um
Theologie zu studiren; er hörte die Vorlesungen von August Hermann Francke mit
grosser Begeisterung und studirte eifrig die hebräische Sprache, Ethik, Polemik, Moral,
Hermeneutik, Kirchengeschichte, Mathematik, Naturlehre und Alterthümer. Im
Jahre 1729 trat er als Lehrer im Pädagogium des Waisenhauses ein, wo er in
Religion, Hebräisch, Latein, Griechisch, Geschichte, Rechnen, Botanik und Anatomie
unterrichtete. Der Geist und die Grundsätze, die Hecker dort kennen lernte, sind
auf sein späteres Wirken von entscheidenem Einfluss gewesen. Auch die Bekanntschaft mit dem berühmten Arzte Hoffmann, der in einer Vorrede zu Heckers
„Kräuterkunde" aussprach, dass „nächst der Verbesserung des Willens auf Schulen
nichts nöthiger sei, als dass der Verstand durch solche Wahrheiten und Wissenschaften excoliret werde, die auch im gemeinen Leben ihren grossen
Nutzen haben und zur Erlangung der zeitlichen Wohlfahrt und Glückseligkeit dienen," hat seine Wirkung auf Hecker nicht verfehlt. Im Jahre 1735
wurde er von Friedrich Wilhelm I. als Prediger und Schulinspektor an das Militärwaisenhaus in Potsdam und im Jahre 1738 als erster lutherischer Prediger an die
Dreifaltigkeitskirche nach Berlin berufen, welche Stellung er indessen, da der
Bau der Kirche noch nicht beendigt war, erst 1739 antrat. Für sein neues Amt
hatte ihm der König selbst nach einer von ihm gehaltenen Predigt die Direktive
gegeben: „Nun, er soll bei der neu erbauten Dreifaltigkeitskirche in Berlin Prediger
sein; Er muss aber, wie er heute gethan, den Leuten auf der Friedrichsstadt den
Herrn Jesum predigen und sich der Jugend recht annehmen; denn daran
ist das meiste gelegen." Auf letztere Aufgabe wies ihn auch der Probst und
Konsistorialrath Reinbeck bei seiner Einführung mit folgenden Worten hin: „Ein
Lehrer hat es nicht allein mit erwachsenen Personen, sondern auch mit der Jugend
zu thun. Beide sollen zur Erkenntniss Gottes angeführet und in derselben fort-
geleitet werden. Sein Lehramt hat er bisher mehrenteils bey der Jugend geführet und
dabei Treue bewiesen . . . Er wird bei uns in Berlin eine sehr unartige und
verwilderte Jugend antreffen. Um destomehr lasse er sich angelegen sein, nach-

---

des Lehrplans zu Vorschulen für die lateinischen Schulen auszubauen. Dabei war er von vornherein bestrebt, den Lehrplan möglichst praktisch zu gestalten und seinen Schülern namentlich solche Kenntnisse beizubringen, die sie in ihrem späteren Leben unmittelbarer verwerthen konnten. Nach dem von ihm verfassten Lehrplan[1]) sollten zum Lesenlernen nicht nur das sogenannte Lehrbüchlein, der Katechismus, das Neue Testament und die Bibel benutzt werden, sondern auch andere Bücher, so Arnds Wahres Christenthum, Luthers kleine erbauliche Schriften; ferner sollten auch geschriebene Briefe und die Berlinischen Zeitungen gelesen und dabei den Kindern die Welttheile, die vornehmsten Länder und Städte bekannt gemacht werden, „damit sie solche mit mehrerem Verstande lesen können." Im Schreiben ist Kalligraphie, Orthographie und Interpunktion zu üben, ausserdem aber auch Anleitung zur Abfassung von Briefen, Quittungen, Frachtbriefen u. s. w. zu geben. Im Rechnen soll darauf gesehen werden, dass die Knaben „nicht, wie gemeiniglich geschieht, nur eine Menge ungewöhnlicher Exempel zusammen schreiben, sondern dass nach den leichtesten und besten Gründen ihnen die Rechenkunst beygebracht werde." Es sind daher zunächst vorzunehmen die Rechnungen, welche im gemeinen Leben und in der Haushaltung täglich vorkommen, sodann diejenigen, welche bei Aemtern u. s. w. üblich sind und endlich diejenigen, welche bei der Kaufmannschaft gebräuchlich sind; „denn es ist bekant, dass wenn Kinder ein gantzes Rechenbuch durchgerechnet oder ein Buch von viel hundert Exempeln zusammen geschmieret haben, dennoch gemeiniglich nicht im Stande sind, einem eine Rechnung zu verfertigen. Unterrichtet wurde im Winter und Sommer von 8 bis 11 und von 2 bis 4 Uhr; von 4 bis 7 Uhr Nachmittags war Unterricht theils für solche, die die ordentlichen Schulstunden nicht besuchen konnten, theils für solche, die sich im Rechnen, Lateinischen, Französischen u. s. w. für die lateinischen Schulen vorbereiten wollten."

---

aller Möglichkeit an den jungen Gemüthern zu arbeiten, damit ihnen die Furcht des lebendigen Gottes eingeprägt werde. Er besuche zu dem Ende fleissig die Schulen und halte auch selbst mit den Kindern fleissige Examina in seinem Hause, damit der Segen seines Lehramts sich über kleine und grosse erstrecken möge." — Vgl. Ranke, Joh. Jul. Hecker, der Gründer der k. Realschule zu Berlin, Einladungsschrift zur ersten Säkularfeier, Berlin 1847; J. J. Hecker, Samml. der Nachrichten v. d. Schulanstalten bei der Dreifaltigkeitskirche auf der Friedrichsstadt, 1749; A. J. Hecker, Kurzer Abriss der Geschichte der K. Realschule zu Berlin, 1797; Nachtrag dazu 1798; Schulz, Geschichte der K. Realschule und Elisabethschule zu Berlin, 1857; Bachmann, Geschichte der K. Elisabethschule zu Berlin, 1897; Simon, Abriss der Geschichte der K. Realschule zu Berlin, I, 1747—1814, 1897; Rein, Encyklopädisches Handbuch der Pädagogik, Bd. VI, S. 739 ff. und die dort zugegebene Literatur.

[1]) „Kurze Nachricht von der vortheilhaften Lehrart, welche in den Friedrichstädtischen teutschen Schulen beobachtet wird u. s. w.", ertheilet vom Evangelisch-Lutherischen Ministerio auf der Friedrichsstadt, Berlin 1739.

Nachdem es Hecker auf diese Weise in verhältnissmässig kurzer Zeit gelungen war, trotz grösster, namentlich finanzieller Schwierigkeiten — er war fast ausschliesslich auf das Schulgeld und die freiwilligen Beiträge seiner, allerdings zahlreichen, Gönner angewiesen — seine deutschen Schulen so in die Höhe zu bringen, dass sie in ihrer Organisation und ihrem inneren Gehalt die ähnlichen Anstalten anderer Städte weit überragten, kam er auf die Semler'schen Pläne zurück, die ihn seit seinem Scheiden von Halle fortgesetzt beschäftigt hatten und die zu verwirklichen sein sehnlicher Wunsch war. Zwar ging er an die Ausführung derselben nach den Misserfolgen Semlers nicht ohne Zagen und ernste Besorgnisse. Er selbst bekannte später in einer Schulschrift,[1] dass die „Fata des seligen Herrn Semlers, Archidiaconi an der Ulrichs-Kirche in Halle, ihn freilich hätten abschrecken können, etwas zu unternehmen. Dieser ums gemeine Beste der Jugend sehr besorgte Mann hätte mehr als einmal die nöthigen Anstalten zur Realschule gemacht, viele Modelle dazu verfertigen, auch den Unterricht selbst anfangen lassen: allein, er musste es bald wieder aufgeben." Und als Hecker am 19. Dezember 1746 zuerst mit seinem „Vorschlage von Anlegung einer mechanischen Real-Classe bey einer Schule" öffentlich hervortrat,[2] hielt er es für nöthig, hinzuzufügen, „dass zwar tausenderley Schwierigkeiten in den Weg kämen; allein dadurch lasse er sich nicht abschrecken, etwas nützliches auf gegenwärtige und zukünftige Zeiten einzurichten." Unterm 13. Februar 1747 unterbreitete er seinen Vorschlag dem Oberkuratorium der Schulen der Dreifaltigkeits-Kirchengemeinde in folgender Eingabe:

„Man findet in den Naturalien-Cabinets unter anderen auch zuweilen Modelle von Gebäuden, Wasser-Künsten, Instrumenten u.s.w., welche wenig Nutzen schaffen, weil sie nur den Fremden und Passagiers als Curiosa gezeiget werden. Dis hat mir Gelegenheit gegeben, seit einigen Jahren darauf zu dencken, wie dergleichen Dinge zum gemeinen Besten nutzbar möchten gebrauchet werden: welches gewiss zu erwarten, wenn nach Beschaffenheit eines Orts dergleichen Dinge der Jugend gezeiget und ihr dabei das nöthige von Handwercken, Künsten und Professionen auf eine leicht begreifliche und historische Weise beygebracht würde. Bey wohl eingerichteten Schulen kann die Sache am leichtesten angehen, insonderheit in grossen Städten, wenn zu besserer Aufnahme und Erhaltung der Künste und Professionen eine eigene Klasse angeleget wird, wozu in dem letzten Schul-Jahr diejenigen Knaben vornehmlich zu admittiren, welche auf eine Profession sollen gebracht werden.

---

[1] Abgedruckt in den Leipziger Sammlungen von 1748, Stück 55, S. 889 ff.
[2] Leipz. Samml. 1747, Stück 42, S. 670 ff.

Dergleichen mechanische Real-Classe müste denn eigentlich darinnen bestehen, dass der Jugend theils in Rissen und Zeichnungen, theils in allerhand accuraten Modellen, theils auch durch wirklichen Besuch der Handwerker und Künstler ein Unterricht gegeben würde vom Gebrauch des Lineals, Circuls, verjüngten Maasstab u. s. w., von den Materialien, welche bey den Handwerken und Professionen verarbeitet werden: imgleichen von den Instrumenten der Künstler und dem Handwercks-Geräthe, wie solches beym Gebrauch recht zu appliciren. Der Nutzen hievon ist offenbar und lieget klar vor Augen, denn

1. es werden junge Leute, wenn sie solchen Unterricht empfangen, alsdenn desto eher eine solche Profession ergreiffen, wozu sie einen rechten Trieb und natürliche Neigung haben. Da sonsten, wenn die Knaben, wie gemeiniglich geschieht, ohne Ueberlegung blindlings zu dieser oder jener Profession gebracht werden, entweder von einem zum andern lauffen oder Fuscher und Stümpler werden.

2. Wenn junge Leute etwas von mechanischen Handgriffen wissen, und mit dem Lineal, Circul und verjüngten Maasstab u. s. w. umgehen können, so sind sie nicht nur im Stande, eine Sache eher und besser zu fassen, sondern können auch in ihrem Handwerck auf manchen Vortheil dencken. Innentis facile est aliquid addere.

3. Wenn auf solche Art im Lande selbst in allerhand Professionen geschickte Leute erzogen werden, so ist solches weit vortheilhafter, als wenn man sie anderweitig verschreiben oder ihre gearbeitete Sachen aus anderen Ländern herholen muss.

4. Und wenn auch diejenige, die solchen Unterricht in Schulen bekommen, nachher studiren sollen, so wird ihnen derselbe hernach in allen Ständen mehr Nutzen bringen, als ihr Gerundium und Supinum, das sie aus der Grammatic, und ihr Barbara celarent, das sie aus der Logik erlernet haben. Manche würden hernach nicht mit fremden Augen sehen dürfen und von einer zur Untersuchung gebrachten Sache richtiger urtheilen können.

An der Möglichkeit, eine solche Classe anzulegen und zum beständigen Nutzen einzurichten, ist gar nicht zu zweifeln. Man muss die Sache probiren, vorerst im Kleinen anfangen und mit der Zeit weiter fortgehen. Diejenige, welche mit rechter Attention in fremde Länder gereiset, werden in Holland, England und Frankreich zu diesem Zwecke allerhand Anordnungen wahrgenommen haben. Auch ist nicht unbekant, dass in Frankreich selbst die Königliche Kinder nach dieser Methode zur Erkenntniss reeller Dinge informiret werden.

Da nun unser Berlin der Ort, wo es aus manchen Ursachen
leichter als je in einer anderen Stadt anzufangen ist, so steht zu
bedenken, ob es rathsam und vortheilhaft, wenn Zeit und Unkosten
darauf verwendet werden?"

Heckers Vorschlag fand die Billigung der Oberkuratoren und
nun entwickelte und begründete er in einer zum Frühjahrs-Examen
veröffentlichten Schulschrift vom 1. Mai 1747 sein ganzes Programm
vor der Oeffentlichkeit in der eingehendsten Weise. Die Grundgedanken dieser wichtigen Schrift, die den Titel führt, „Nachricht
von einer Oekonomisch-Mathematischen Realschule, welche bei den
Schulanstalten der Dreyfaltigkeitskirche im Anfang des Maymonats 1747
eröffnet werden soll", sind in der Hauptsache folgende:

So grossen Werth auch die Lateinischen und die Deutschen
Schulen haben, so ist doch noch eine dritte Schulart ein dringendes
Bedürfniss, nämlich die „Oekonomische und Mathematische Realschule", woran es in Deutschland zum grossen Schaden vieler tausend
Menschen noch immer fehlt. Sie soll solche Schüler aufnehmen,
die nicht studiren wollen, aber doch so viel Streben und Fähigkeiten besitzen, um in einer anderen Lebensstellung brauchbare und
werthvolle Mitglieder der menschlichen Gesellschaft zu werden, sei
es „durch die Feder, durch die Handlung, durch Pachten, durch
Wirthschaften auf dem Lande, durch schöne Künste, durch gute
Manufakturen und Professionen." Der Nutzen einer solchen Schule
besteht darin, dass „grosse Herren dadurch den wichtigen Vortheil
gewinnen, in ihren Staaten geschickte Leute zu finden; dass sie
selbige nicht erst mit grossen Kosten aus fremden Ländern dürfen
verschreiben lassen; dass die Gelder, welche dergleichen Leute verdienen, im Lande bleiben; dass die Treue der Unterthanen gegen
ihren Landesherrn jederzeit einen merklichen Vorzug behält; dass
die Professions-Verwandte, sie mögen Namen haben wie sie wollen,
dadurch wohl vorbereitete Knaben in die Lehre bekommen und viel
Mühe und Verdruss ersparen;[1] dass junge Gemüther, die sich der
Handlung, den Künsten, Handwerken u. s. w. widmen sollen, nicht
erst, wie es sehr oft geschieht, zu spät und mit Schaden klug
werden; dass sie, wenn sie sich auf Reisen begeben, im Stande
sind, sich auch in entfernten Landen recht um das wesentliche zu
bekümmern; dass sie in der Fremde mit Ersparung der Zeit und
Unkosten das, was zu ihrem Zwecke eigentlich dient, bald erlernen;
dass sie durch ihren Fleiss von der teutschen Nation den bitteren

[1] Im Programm von 1748 verwahrt sich übrigens Hecker dagegen, dass beabsichtigt
sei, die jungen Leute, wie manche befürchtet hätten, „zu gewissen Professionen
ganz fertig zu machen"; der Zweck gehe vielmehr dahin, „sie durch die Vorbereitungswissenschaften tüchtiger zu machen, in ihrem künftigen Metier das
nöthige besser und geschwinder zu fassen, auf allerhand Vortheile zu denken und
die in den Schulen aus der Naturlehre und Mathematic erlernten Sachen auf ihre
Umstände zu appliciren."

und falschen Vorwurf der Ausländer ablehnen, als ob die Natur
in Austheilung ihrer Gaben gegen uns allzu karg gewesen sei und
dass sie, mit einem Wort, unserem Vaterland Ehre, der Republic
wahren Nutzen, sich selbst aber guten Vortheil bringen und endlich
der Nachkommenschaft ein reitzendes Beyspiel hinterlassen, der
edlen Bahn ihrer Vorfahren mit Vernunft, Eifer und Fleiss immer
weiter nachzugehen."

Diese neue Schule, welche zwar einen wesentlichen Be-
standtheil der Schulen der Dreifaltigkeitskirche bilden, aber doch
insofern selbständig sein sollte, als sie auch solchen Schülern
offen stand, die weder der deutschen, noch der — inzwischen aus
den höheren Klassen der letzteren entwickelten — lateinischen
Schule angehörten, sollte nach und nach acht Klassen erhalten:
1. eine mathematische, 2. eine geometrische, 3. eine Architektur-
und Bauklasse, 4. eine geographische, 5. eine physikalische oder
Naturalien-Klasse, 6. eine Manufaktur-, Kommerzien- und Handlungs-
Klasse, 7. eine ökonomische, 8. eine Curiositäten- oder Extraklasse.

Die Wahl der Unterrichtsfächer sollte den Schülern oder ihren
Eltern im Allgemeinen freistehen; Voraussetzung war nur, dass
die Schüler die nöthigen Vorkenntnisse besitzen, um dem Unterricht
folgen zu können. „Vernünftige Eltern werden sich von selbst
bescheiden, nicht zu verlangen, dass man ihre Söhne in diese und
jene Classen, wie sie es etwa nach ihrer Meinung für gut finden,
hinein setzen sollte. Denn z. E. zum Zeichnen können wir keinen
admittiren, der in der Calligraphie und Rechnen versäumet ist; und
in die mathematischen Klassen kann ebenfalls keiner aufgenommen
werden, der noch nicht rechnen kann."

Für jede Klasse hatte Hecker einen genauen Lehrplan entworfen. In der Klasse für Mechanik sollte unterrichtet werden
über Instrumente und Handwerksgeräthe, Kupfer, Messing- und Eisen-
hammer, Uhren, Getreide-, Papier-, Wasser-, Ross-, Wind-, Walkmühlen, Pflüge und andere zum Ackerbau nöthige Instrumente.
Zum besseren Verständniss sind Besuche von Werksätten in Aussicht genommen; die Meisterstücke sollen von den Gewerken als
Lehrmittel erbeten werden; von Gegenständen, die nicht in Natur
gezeigt werden können, sind Modelle und Zeichnungen zu beschaffen.
In der geometrischen Klasse wird gelehrt: Gebrauch des Lineals,
Zirkels und verjüngten Massstabs, Längen, Flächen- und Körperberechnung. In der Architektur- und Bauklasse: Zeichnung
der Säulenordnungen, Häuser, Kirchen- und anderer Gebäude; Baukunde, Bau- und Zimmerkonstruktion. In der geographischen
Klasse: Politische und Handelsgeographie. „Unser Hauptzweck
soll sein, sorgfältig zu beobachten, was ein jedes Land vorzüglich
an Naturalien besitzet, was für Professionen und Künste darinnen
blühen, wo gute Fabriken und Manufakturen zu finden sind und

wo man etwa die besten Sorten von den bekannten Waaren antrifft. Zugleich werden wir auf die Beschaffenheit der Flüsse sehen, ob sie schiffbar sind oder nicht, ob man sie durch Schleussen und Kanäle schiffbar gemacht hat oder noch machen kann. Nicht weniger wollen wir an manchen Orten, das Merkwürdige, was in die Architektur läuft, mitnehmen." In der Naturalien- oder Physikalischen Klasse: Die drei Naturreiche, Beschaffenheit und Erhaltung des menschlichen Körpers, Feuer, Wasser, Luft, Erde; Untersuchung von Nahrungsmitteln; Scheidung der Metalle; Destillir-, Schmelz- und Kalköfen; Bergwerke. In der Manufaktur-, Commerzien- und Handlungsklasse: „Hier wird man bey den vorkommenden Handwerckern weisen, wozu die Materialien aus dem Naturreiche gebrauchet und wie selbige von den Künstlern insgemein verarbeitet werden. Man wird hier einen klaren und nützlichen Unterricht geben von Vergleichung der Müntzen, Maasse und Gewichte, von den aus den Materialien gemachten Zeugen und Stoffen in Wolle, Leinen, Baumwolle und Seide, von der bey der Kauffmannschaft üblichen Correspondenz, wie nemlich ein Brief, ein Fracht-Brief, eine Quittung u. s. w. abzufassen sind. Hierdurch kann es geschehen, dass, wenn junge Leute gebraucht werden sollen, sie nicht ein paar Jahre bloss zur Aufwartung dienen und die allen Menschen so unschätzbare Zeit verschwenden dürfen, sondern in der Handlung und bey den Manufakturen selbst sogleich Hand anlegen können. Auch wird man in dieser Klasse Nachricht ertheilen, was für Waaren in unserem eigenen Lande gemacht, und welche von anderen Orten müssen verschrieben werden." In der ökonomischen Klasse: Land-, Stadt und Hauswirthschaft; Ackerbau, Viehzucht, Weinbau, Seidenbau. In der Curiositäten- oder Extraklasse: Alles, was nicht unter obige Klassen fällt, z. B. Heraldik, Reisebeschreibungen, Astronomie, Kalenderwesen.

Ausserdem sollte nach Bedarf im Zeichnen unterrichtet werden, da das Zeichnen bei vielen Künsten und Handwerken unentbehrlich sei. „Baumeister, Bildhauer, Maurer, Zimmerleute, Tischler, Drechsler, Schlosser u. dgl. werden nichts von Wichtigkeit unternehmen können, wo es ihnen in diesem Stück fehlt."

Schliesslich kam Hecker noch, wie er selbst sagt, „auf die Hauptsache" zu sprechen: „Woher nehmen wir die unentbehrlichen Geldmittel? Geld wird erfordert zur Besoldung der Lehrmeister, zur Anschaffung der Materialien, Bücher, Instrumente, Maschinen, Modelle u. s. w. Es hat dies freilich schon manche abgeschreckt, ein solches ernstlich anzugreifen. Eben deswegen musste die Anlegung einer ökonomisch-mathematischen Real-Schule ihren Platz unter den piis desideriis noch immer behalten. Allein unser Anfang geschieht im kleinen und das im Namen Gottes und im völligen Vertrauen auf seine Vorsorge und seinen Beistand." Hecker rechnete,

abgesehen vom Schulgeld, auf die Einnahmen der ihm im Interesse
der Schule genehmigten Bücher-Lotterie und die freiwilligen Beiträge, die ihm bisher noch immer im reichen Masse zugeflossen
waren; besonders hoffte er auch auf die Schenkung oder leihweise
Ueberlassung von Modellen.

Und er hatte sich nicht getäuscht. Seine neue Schule
fand so viel Beifall, dass sie von allen Seiten lebhaft unterstützt wurde. Im Mai 1747 waren die Realklassen eröffnet worden
und am 8. Oktober 1748 wiesen sie schon die für die damaligen
Verhältnisse ganz ansehnliche Zahl von 67 Schülern auf; 1750 finden
wir bereits vier Zeichen, zwei Mathematik-, drei Briefschreibe-
Klassen und je eine anatomische, physikalische, ökonomische, Manu-
faktur-, Buchhaltungs-, Mechanik-, Perspektiv-, Civil- und Militär-
bauklasse in vollem Betriebe. Freilich war dabei an eine völlige
und gründliche Durcharbeitung des ganzen oben erwähnten Lehrstoffs nicht zu denken. Das erkannte Hecker selbst, weshalb er
auch fortgesetzt bemüht blieb, den Unterricht möglichst zu verbessern, ihn gründlicher und anziehender zu gestalten. So wandte
er sich in dem Programm vom Jahre 1752 an die „angesehenen
und reichen Kaufleute" der Stadt mit der Bitte um Stipendia und
Legata zum Etablissement einer vollständigen Handlungsschule,
damit er in den Stand gesetzt werde, „der Handelschaft durch die
Schulen besser die Hand bieten zu können." Auch suchte er sich
ein tüchtiges Lehrpersonal heranzubilden. Für den Unterricht in
der Oekonomie gewann er einen ehemaligen Verwalter; zwei Lehrer
schickte er zu einem Berliner Kaufmann, damit sie die kaufmännischen Geschäfte praktisch erlernten; im Jahre 1749 liess er
einen Lehrer nach Thüringen und dem Harz reisen, um die Berg-
werkskunde zu studiren, einen anderen sandte er zu dem gleichen
Zwecke nach Halle; dort liess er auch einen Lehrer Vorlesungen
über Anatomie und Botanik hören; ein anderer wurde auf Kosten
der Schule im Glasschleifen und der Drechslerei unterwiesen. Er
verlangte auch von den Lehrern, dass sie sich selbst ernstlich be-
mühten, um die nöthigen technischen Kenntnisse zu erwerben. Sie
sollten es sich nicht verdriessen lassen, auch die schmutzigste Werkstätte zu durchkriechen und sich von den Handwerkern belehren zu
lassen. Die Schwierigkeit, die darin liegt, „dass viele Handwerker
theils ihre Kunst nicht recht von sich geben können, theils auch dieselbe, besonders was die Kunstgriffe betrifft, geheim halten," wurde
zwar anerkannt; „doch wird der Lehrer vielleicht einige Geschickte
und Dienstbeflissene darunter antreffen. Er muss verschiedene von
einerlei Art zu seinem Orakel machen, damit er das bei dem zweiten
und dritten erlerne, was ihm der erste nicht sagen könne oder wolle."[1]

[1] Abhandlung des Inspektors der Realschule von Einem über „Glückselige
Schulen", Berlin 1762.

Bei zeitweisem Mangel eigener ausreichender Lehrkräfte suchte Hecker einzelne Fachleute zu bestimmen, in den späteren Nachmittagsstunden gegen ein geringes Entgelt zu unterrichten: so gewann er namentlich tüchtige Lehrer für Mechanik und Architektur aus der Praxis.

Besonderes Gewicht legte Hecker auf die Modellsammlung, da in seiner Lehrmethode, wie bemerkt, die Anschauung eine grosse Rolle spielte. Dabei verfiel man denn freilich auch auf Stücke, die kaum einen Lehrzweck haben konnten, sondern lediglich als Spielerei angesehen werden müssen. Bald befanden sich in der Sammlung mehrere hundert Instrumente der verschiedensten Handwerker, ein jonisches Portal aus Holz, ein zwölf Fuss hohes Gerüst mit sechs Säulen verschiedener Ordnungen, ein Modell des Pantheons (drei Fuss hoch und drei Fuss im Durchmesser) mit römischen Götterstatuen, ein Palais mit den wichtigsten Einrichtungen, ein Landhaus mit Schloss und sämmtlichen Wirthschaftsgebäuden, ein Bergwerk mit vielen Materialien, einer ganzen Schaar ausgerüsteter Bergknappen, Läden mit den gangbarsten Ledersorten, verschiedenen Wollen- und Seidenwaaren, einer vollständigen Apothekeneinrichtung; eine gangbare Buchdruckerpresse, ein viersitziger Wagen mit allen Stellmacher-, Schmiede-, Sattlerarbeiten im Kleinen, ein Pflug und andere Werkzeuge des Landbaus, eine Uhr mit Glockenspiel, ein Hebel, eine schiefe Fläche, eine Schraube ohne Ende, ein Flaschenzug, sechs Arten von Rädern, eine Luftpumpe u. s. w. Auch für die Ausstattung der Bibliothek sorgte Hecker, soweit die Mittel reichten; den Grundstock hierzu legte einer seiner zahlreichen Gönner.

Es ist interessant zu erfahren, wie der Buchhändler Nicolai, der sich so absprechend über den Unterricht in den gelehrten Schulen geäussert hat, über die Art des Unterrichts in der neuen „Realschule" urtheilte, in die er kurz nach ihrer Eröffnung aufgenommen wurde.

„Weil nun noch kein Ort ausgefunden war, wo ich die Handlung lernen könnte", so schrieb er[1]), „so brachte man mich inzwischen in die neue Schule in Pension, in der Meinung, was andere künftige Ungelehrte dort lernen könnten, würde mir auch nicht schaden. Das Schicksal hat gewollt, dass ich in dem Einen Jahre, welches ich in dieser nicht gelehrten Schule zubrachte, weit mehr von den Anfangsgründen wahrer Gelehrsamkeit lernte, als vorher in fünf Jahren auf zwei berühmten gelehrten Schulen .... Ich kam in der Realschule in eine ganz neue Welt. So uninteressant und unbedeutend mir alles auf den vorigen gelehrten Schulen war, so interessant und mannigfaltig erschien mir alles, was ich hier lernte, so dass ich mich schon im ersten Monate vor Freude nicht zu lassen wusste.

Die Botanik ward hier gelehrt, und vom Frühlinge bis in den Herbst wurden botanische Spaziergänge gemacht, die Kräuter, Blüthen und Blätter zu Hause getragen, getrocknet, in Herbarien verwahret und botanisch benannt. Die Anatomie lernten wir an Skeletten und aus Kupferstichen; doch wurden wir auch im Winter ein paar mal auf das anatomische Theater geführt, um an Kadavern von der Lage

---

[1]) Nicolai a. a. O. S. 15 ff. Nicolai hatte zunächst die Gelehrtenschulen in Berlin und Halle besucht und wurde dann, da er nicht studiren, sondern die Buchhandlung erlernen sollte, von Halle zurückgeholt und in die kurz vorher begründete Berliner Realschule geschickt. — Vgl. oben S. 610.

der Eingeweide und der Substanz des Gehirns einen allgemeinen und anschauenden Begriff zu bekommen. Die Oekonomie lehrte ein ehemaliger Verwalter, welcher uns, die wir nie eine Stadt verlassen hatten, nicht nur einen uns ganz neuen Begriff von Feldarbeiten machte, sondern uns auch einigemale nach benachbarten Dörfern führte, wo wir die Ackergeräthschaften und ihren Gebrauch sahen, und die Ställe durchwanderten. Von der Naturlehre ward ein allgemeiner Begriff gegeben, und viele Versuche hinzugefügt. Es waren da eine Luftpumpe, die Vorrichtungen, um das Steigen des Wassers in Röhren von verschiedener Weite und Höhe zu zeigen, desgleichen Barometer und Thermometer, nebst andern physikalischen Instrumenten. Die Elektrizität war damals noch etwas ganz Neues; doch wurden wir an Orte geführt, wo eine Elektrische Maschine war, und sahen die vornehmsten damals bekannten Versuche. Krügers zu der Zeit sehr beliebte Naturlehre ward uns zum Nachlesen gegeben. Wir lernten menschliche Figuren zeichnen nach Kupferstichen, nach Gips und zuletzt einen Monat lang nach dem Leben. Wir wurden angewiesen, architektonische Zeichnungen aller Art zu machen, und mussten das ziemlich grosse Gebäude der Realschule ausmessen, und dasselbe nach seinen einzelnen Theilen und im Ganzen, in Grundriss und Aufriss bringen, und ins Reine zeichnen. Vom Feldmessen ward ein guter Begriff gegeben, und verschiedenemale auf dem Felde selbst Messungen angestellt. Die Astrognosie ward gelehrt nach Zimmermanns Koniglobien, und im Winter gingen wir an sternhellen Abenden aus, um die Sternbilder am Himmel zu finden. Wir wurden einigemale aufs Observatorium der Akademie geführt, um einen Begriff zu bekommen von astronomischen Instrumenten und von Observationen. Das Himmelssystem lernten wir aus Fontenellens Gesprächen kennen, und observirten nach unserer Art die totale Sonnenfinsterniss im Jahre 1748 nebst einigen Mondfinsternissen. Die Hauptprinzipien der Mechanik wurden, nach damaliger Art, schon im ersten Anfange der Naturlehre gelehrt und sie wurden uns noch ferner aus einander gesetzt, insofern sie zu den vornehmsten Gewerben nöthig sind; besonders wurden von Mühlen aller Art durch Modelle und Besichtigungen im Grossen richtige Begriffe gemacht. Vorzüglich interessant war die Manufakturenklasse. Derselben mussten, vermöge einer Königl. Verordnung, die Meisterstücke aller Handwerker, welche in Berlin Meister werden wollten, vorgezeigt werden; und die ganze Klasse ward zweimal in der Woche in mancherlei in Berlin befindliche Manufakturen und Fabriken herumgeführt, jedoch nach einer gewissen Ordnung. Jeder von uns musste beschreiben, was er gesehen hatte, welches zugleich zur Uebung in der Fertigkeit diente, gute und deutliche Aufsätze zu machen. Wo es nöthig war, wurden Zeichnungen beigefügt. Während des Jahres meiner Anwesenheit wurden die sämmtlichen Tuch- und Wollenzeug-Manufakturen absolvirt, vom Waschen und Spinnen der Wolle an bis zum Bereiten des Tuches und dem Appretiren der wollenen Zeuge, desgleichen die Hutmanufaktur und die Arbeiten der Gold- und Silbermanufaktur von dem Ziehen des Drahts an bis zu den Tressen und Posamenturarbeiten aller Art . . . ."

Von grosser Bedeutung für die Entwicklung der Schule war es, dass sich Friedrich der Grosse von Anfang an für sie interessirte und ihr seine Unterstützung zu Theil werden liess. Als Hecker ihm im Dezember 1747 über die Einrichtung der Realklassen berichtete, theilte der König ihm mit, dass ihm „diese zum augenscheinlichen Besten des Publici abzielende sehr löbliche Bemühung zu besonders gnädigstem Gefallen gereiche" und dass es ihm „auch recht angenehm sein werde, wenn er weiter mit aller ersinnlichen Attention darauf arbeite, dieses so nützliche Werk zur möglichsten Vollkommenheit zu befördern." Auch befahl er dem Oberkuratorium, „dieses dem Publikum so

heilsame und nützliche Werk auf alle nur mögliche Weise pflicht-
mässig befördern zu helfen".

Bei diesem Wohlwollen des Königs und seiner Behörden, bei
dem unermüdlichen und zielbewussten, vor keiner Schwierigkeit
zurückschreckenden, durch reiche Kenntnisse und Erfahrungen unterstützten Vorgehen Heckers, und namentlich bei der Gunst, die die
Bevölkerung der neuen Schuleinrichtung entgegenbrachte, welche
nicht nur den Reiz der Neuheit für sich hatte, sondern auch eine
schon seit Jahrzehnten in weiten Kreisen, namentlich im Handels-
und Gewerbestande tief empfundene Lücke im öffentlichen Unterrichtswesen ausfüllte, ist der Aufschwung, den die Realschule alsbald nach ihrer Begründung nahm und der rege Besuch, dessen sie
sich dauernd zu erfreuen hatte, wohl erklärlich. 1748 wurden in
den vereinigten Anstalten 749 Kinder unterrichtet, von denen 119
die lateinische Schule und 67 die Realklassen besuchten; 1749 betrug
die Gesammtzahl 808, 1750 über 1000 und 1767, ein Jahr nach
Heckers Tode 1267, wovon 355 die Realklassen besuchten; 62 Lehrer
hatten bis dahin in ihnen unterrichtet, 16 waren damals noch im Amte.

Heckers Verdienst ist es, dass sich die Erkenntniss immer mehr
Bahn gebrochen hat, wie der Handels- und Gewerbestand einer
höheren, aber von der herkömmlichen humanistischen Bildung ab-
weichenden, auf der Kenntniss und Bearbeitung der realen Wissenschaften beruhenden Schulung seines Geistes bedarf und dass ihm
daneben eine gründliche fachliche Bildung Noth thut,
die nicht allein in der Lehre und in der Praxis, sondern
auch durch einen diese vorbereitenden, ergänzenden und
vertiefenden planmässigen Schulunterricht gewonnen
werden muss. Noch grösser ist das Verdienst, dass es ihm
gelungen ist, in kurzer Zeit und unter den schwierigsten Verhältnissen eine Schulanstalt zu schaffen, die diesen Anforderungen in
weitgehendem Masse gerecht wurde und dass er damit den Ideen,
die damals gleichsam in der Luft schwebten, greifbare Gestalt gab.
Er hat auf diese Weise für das Wohl der schaffenden und
erwerbenden Stände, nicht nur, wie manche vor ihm, durch Worte,
sondern auch durch die That gewirkt; er hat den Grund zu den
gegenwärtigen Realschulen und zu den landwirthschaftlichen
und gewerblichen Fachschulen gelegt, deren Keime fast alle in
seiner Anstalt geborgen lagen; er hat damit die Wege gewiesen,
die gegangen werden müssen, um die Handels- und Gewerbetreibenden
zu Wohlstand, Ansehen und Einfluss zu bringen und ihnen neben
den übrigen Ständen die gebührende Stellung in Staat und Gesellschaft zu erringen und zu erhalten. Hecker fand daher mit seinen
Bestrebungen in weiten Kreisen Lob und Anerkennung, nicht nur
bei den tiefer gebildeten Männern der Praxis, sondern besonders
auch bei den Fürsten, Staatsmännern und Nationalökonomen, deren

merkantilistische, dem Handel und der Industrie günstige Lehren jene Zeit beherrschten. An vielen Orten wurden Schulen nach dem Berliner Muster gegründet und umgestaltet. Dass die Hecker'schen Schöpfungen manches Unreife, manches Verbesserungsbedürftige, ja manches nach den heutigen pädagogischen Anschauungen geradezu Verkehrte enthielten, kann nicht verkannt werden; doch ist dies bei einem solchen ersten Versuch erklärlich und um so entschuldbarer, als dabei die grössten finanziellen, praktischen und lehrtechnischen Schwierigkeiten zu überwinden, zahlreiche überkommene, vom Publikum und von hervorragenden Gelehrten getheilte Vorurtheile zu berücksichtigen waren. Seine Grundideen waren jedenfalls — das hat seither die Geschichte gezeigt — richtig und die Formen, in denen sie von ihm verwirklicht wurden, unter den damaligen Verhältnissen und Zeitanschauungen vielleicht die einzig möglichen. Selbstverständlich konnte eine solche Universalschule nicht von langer Dauer sein. Ihre einheitliche Leitung war überhaupt nur unter einem an Kenntnissen, pädagogischen Erfahrungen so reichen, organisatorisch so befähigten Manne denkbar wie Hecker, der das Ganze von seinen ersten Anfängen nach seinen eigenen Ideen geschaffen hatte, es bis in alle Einzelheiten durchschaute und mit seinem Geiste belebte. Die weitere Entwickelung des Unterrichtswesens und die gesteigerten Ansprüche, die an Wissen und Können des Einzelnen gestellt wurden, drängten naturgemäss zu einer Theilung in verschiedene selbständige Schulen hin, deren jede einzelne eines der verschiedenen, früher vereinigten Unterrichtsgebiete in ihre besondere Pflege nahm. Daher versuchte schon der Nachfolger Heckers, Silberschlag, in das Schulsystem, wenn auch noch unter möglichster Wahrung seiner Einheit, etwas „Ordnung" hineinzubringen; er unterschied das „Pädagogium" für die gelehrten Berufe, die „Kunstschule" für diejenigen, welche zur Handlung, Oekonomie, Architektur, Bildhauerkunst, Malerei u. s. w. übergehen wollten, und die „Handwerker- oder deutsche Schule" als Elementar- und eventuell auch Vorschule für die beiden ersteren. Der Direktor A. J. Hecker, der Neffe des Begründers, ging noch weiter. Er arbeitete auch auf eine äussere Trennung hin und erreichte es, dass das Pädagogium im Jahre 1797 gelegentlich der fünfzigjährigen Jubelfeier von Friedrich Wilhelm II. zum „Friedrich-Wilhelms-Gymnasium" erhoben wurde. Die „Kunstschule" streifte darauf nach und nach ihren besonderen fachlichen Charakter ab und wurde unter dem Direktor Spillecke eine Realschule im modernen Sinne, später Oberrealschule und ist jetzt Realgymnasium. Der eigentliche Fachunterricht ging seit dem letzten Dritten des achtzehnten Jahrhunderts immer mehr ein und auf die besonderen Fachschulen über.

Schliesslich sei noch erwähnt, dass Hecker an seinen Schulen auch eine besondere Mädchen-Abtheilung einrichtete, in der nicht nur in den Elementarfächern, Religion, Lesen, Schreiben und Rechnen,

sondern auch im Zeichnen, Französisch, in Geschichte und in den
verschiedenen Arten von Handarbeiten, wie Nähen, Stricken,
Plätten, im Anfertigen von Blumen und Wachsfrüchten
u. s. w. unterrichtet wurde. Aus ihr ist die gegenwärtige Königl.
Elisabethschule hervorgegangen.

2. Die Industrieschulen.

Bevor wir zu den eigentlichen Fachschulen übergehen, ist noch
einer anderen Schulart, der sogenannten Industrieschulen, zu
gedenken, in denen zwar ebenso, wie in den Hecker'schen Anstalten,
allgemein bildender und technischer Unterricht vereinigt war, in
denen aber ausserdem die Schüler und Schülerinnen zu einer bestimmten gewerblichen Thätigkeit angelernt und angehalten wurden,
die sie schon während der Schulzeit praktisch ausüben mussten.
Während die oben besprochenen Schulen für den Beruf lediglich vorbereiten wollten, sollte in den Industrieschulen schon „gearbeitet",
„verdient", „erworben" werden, weshalb diese Schulen auch
„Arbeits"- oder „Erwerbsschulen" hiessen. Es waren dies in der
Hauptsache Veranstaltungen der Armen- und Waisenpflege, um den in
den Waisenhäusern, den Armen- und Freischulen untergebrachten
Kindern sowohl die nöthigsten elementaren Kenntnisse in Religion,
Lesen, Schreiben und Rechnen beizubringen, als ihnen auch so rasch
wie möglich zu einem selbständigen, ihren Lebensunterhalt sichernden
Erwerb zu verhelfen. Dabei waltete zugleich die Absicht ob, die
Kinder in ihrer Freizeit angemessen und nützlich zu beschäftigen,
ihre Arbeitskräfte im finanziellen Interesse der meist auf geringe
Einnahmen, in der Regel nur milde Beiträge angewiesenen Anstalten
zu verwerthen und endlich auch die heimische Industrie, besonders
die Manufakturen, durch Anlernung und Bereitstellung von billigen
Arbeitern und Arbeiterinnen zu unterstützen. Je nach den verschiedenen, bei der Gründung verfolgten und festgelegten Absichten
der Stifter, den wechselnden pädagogischen und wirthschaftlichen
Auffassungen der Anstaltsleiter, den gemachten Erfahrungen und
hervortretenden Bedürfnissen der einzelnen Schulen trat bald der
eine, bald der andere Zweck mehr in den Vordergrund.

Die Knaben wurden meistens zu einem Handwerk, die Mädchen
zum Gesindedienst und einfachen häuslichen und gewerblichen Beschäftigungen angeleitet. An Arbeiten kamen vor: Nähen, stricken,
flicken, stopfen, spinnen, zwirnen, Wolle sortiren, kratzen, krempeln,
Garnwickeln, Strümpfe walken, scheeren, appretiren, weben, flechten,
sticken, Federn reissen, Spitzenklöppeln, Spitzennähen, schneidern,
kochen, waschen, plätten, Glasschleifen, Holzsägen, Schuhe machen,
backen, schnitzen, ferner Baumzucht, Seidenzucht, Bienenzucht u. s. w.
Bald wurde in den Anstalten selbst, bald ausserhalb derselben, bald

für Rechnung der ersteren, bald für fremde Rechnung, bald in
Zeitlohn, bald in Akkord gearbeitet, je nachdem es das Interesse
der Schule, das ihrer Zöglinge oder sonstige Rücksichten erforderten.

Um ein klares Bild von diesen Unterrichtsanstalten zu erhalten,
soll auf den technischen Unterricht im Militärwaisenhause zu
Potsdam, — bei dem freilich auch noch militärische Rücksichten
obwalteten — und den in den Berliner Erwerbsschulen etwas
näher eingegangen und dabei des Zusammenhangs halber auch sogleich
die spätere Entwickelung im neunzehnten Jahrhundert berücksichtigt
werden. In beiden Fällen handelt es sich übrigens schon um ent-
wickeltere Formen von Industrieschulen.

Das Militärwaisenhaus in Potsdam ist von Friedrich Wilhelm I., der hiezu durch die Francke'schen Stiftungen in Halle angeregt
war, im Jahre 1724 begründet worden.[1] Nach dem General-Reglement
vom 1. November 1724 sollten in ihm „Grenadier- und Soldaten-
kinder nicht allein wohl versorget und in ihrem Christenthum,
Schreiben und Rechnen gehörig informiret, sondern hiernächst auch
zu einer annehmlichen Profession gebracht werden, damit sie nicht
allein einmal zu Gottes Ehren leben, sondern sich auch ihr Brodt
wie es Christlichen und rechtschaffenen Unterthanen eignet und
gebühret, mit ihrer Hände Arbeit hiernächst schaffen können."
Dabei war in erster Linie bei den Knaben an ein Handwerk, bei
den Mädchen an den Gesindedienst gedacht; doch wurden sehr bald
auch andere, theils gewerbliche, theils häusliche Beschäftigungen
angenommen, sowohl im Interesse der Anstalt, als auch zur Förderung
der von Friedrich Wilhelm I. und mehr noch von Friedrich II. angestrebten Entwickelung der Preussischen Industrie. Auch der
Landwirthschaft wurden vorübergehend Zöglinge zugeführt, namentlich nach dem siebenjährigen Kriege, um einerseits das damals
stark überfüllte, von Krankheiten heimgesuchte Waisenhaus zu entlasten, andererseits das durch die Kriege stark entvölkerte platte
Land mit ausreichenden Arbeitskräften zu versehen.

Die Ausbildung der Knaben zu Handwerkern erfolgte theils
ausserhalb des Waisenhauses bei den zu dem Zwecke besonders
ausgesuchten Meistern, theils in der Anstalt selbst. In letzterer
waren nämlich nach Bedarf Bäcker, Schuhmacher, Schneider, Schlächter,
Maurer angestellt, um die für das Waisenhaus erforderlichen Arbeiten
auszuführen und Waaren herzustellen. Ihnen wurden aus der Zahl
der Waisenknaben so viel Lehrlinge zugetheilt, als sie gebrauchten.
Hatten diese ausgelernt, so kamen sie zunächst, wenn sie brauchbar
waren, zum Militär, andernfalls erhielten sie einen Wanderpass auf

---

[1] Vgl. „Geschichte des Königl. Potsdam'schen Militärwaisenhauses
von seiner Entstehung bis auf die jetzige Zeit", Berlin und Posen 1824; ferner:
„Das Königl. Potsdam'sche Grosse Militärwaisenhaus in den Jahren
1824 bis 1874. Berlin 1874.

vorläufig ein Jahr mit der Verpflichtung, nicht ausser Landes zu gehen und sich nach Ablauf der Wanderzeit wieder zu stellen; waren sie dann noch nicht brauchbar, so wurde der Pass verlängert. Nach dem Ausscheiden aus dem Militärdienst oder der endgültigen Befreiung von ihm durften sie das erlernte Handwerk selbständig ausüben. Waren die Lehrlinge Meistern ausserhalb der Anstalt überwiesen worden, so hatten diese einen Revers auszustellen, dass sie die Knaben, wenn sie ausgelernt, wieder stellen wollten, „worüber sich der Capitaine ein accurates Buch zu halten hatte, damit man wisse, wo und bei welchem Meister sie sich aufhielten."

Die Zahl der in der Anstalt selbst auszubildenden Lehrlinge war in der Regel ziemlich gross. Im Jahre 1742 waren 6 Bäcker-, 44 Schneider-, 3 Schlächter- und 12 Schuhmacher-Lehrlinge vorhanden, 1788 waren es sogar 12 Bäcker-, 48 Schneider-, 4 Schlächter- und 32 Schuhmacherlehrlinge. Man machte indessen mit der Anstalts-Ausbildung keine guten Erfahrungen; die Knaben blieben theils wegen der zu grossen Zahl, in der sie den Meistern beigegeben waren, theils auch, weil sie in der Regel nur zu ganz einfachen und einförmigen Arbeiten, meist Flickereien, herangezogen wurden, fast immer Stümper. Auch kamen wiederholt Ungehörigkeiten und Excesse vor, die auf die Disciplin in der Anstalt ungünstig einwirkten. In Folge dessen wurde diese Art der Lehrlingsausbildung nach und nach eingeschränkt; zu Anfang des neunzehnten Jahrhunderts hörte sie ganz auf.

Aber auch die Ausbildung der Lehrlinge bei den auswärtigen Meistern gab wiederholt zu Klagen und Bedenken Anlass, und als eine im Jahre 1824 angestellte Revision ergab, dass viele dieser Lehrlinge bei ihren Meistern „physisch und moralisch verkommen waren", entschloss man sich, es nochmals mit der Ausbildung in der Anstalt selbst, jedoch in anderer Weise als früher zu versuchen. In den 1829 durch Verlegung der Mädchen-Abtheilung nach Schloss Pretzsch freigewordenen Räumen wurde eine „Handwerksschule" mit fünf Werkstätten für Schneider, Schuhmacher, Sattler, Büchsenmacher und Steindrucker eingerichtet. Ihr wurden die Knaben überwiesen, die sich für eines dieser Handwerke entschieden, das fünfzehnte Lebensjahr erreicht, die nöthige Schulbildung erworben hatten und — da aus ihnen die Oekonomie-Handwerker hervorgingen — diensttauglich waren. Die Zahl der Schüler war auf höchstens 138 berechnet, die ganze Abtheilung militärisch organisirt. Die praktische Ausbildung lag in den Händen besonderer, in der Anstalt wohnender Meister. Die Zeiteintheilung der Zöglinge war so geregelt, dass wöchentlich auf den Schulunterricht zwölf Stunden, auf körperliche, insbesondere militärische Uebungen etwa zehn und auf den Werkstätten-Unterricht etwa 30 Stunden entfielen. Die für die Handwerksschule bestimmten Zöglinge hatten ferner sechs bis zwölf Monate vor ihrem Eintritt einen täglich zweistündigen Vorbereitungs-Unterricht in dem von ihnen gewählten Handwerk durchzumachen. In der Schneiderwerkstatt wurde die gesammte Bekleidung für die Knaben der Anstalt hergestellt, in der Schuhmacherwerkstatt der ganze Bedarf für die Knaben und der Bedarf an neuen Schuhen für die Mädchen; in den anderen Werkstätten wurde für Rechnung der angestellten Meister gearbeitet. Den Schülern wurde das erforderliche Werkzeug geliefert, die Lehrzeit dauerte drei Jahre, der Entlassung ging eine Prüfung voraus, bei der auch die Probestücke vorgelegt wurden. Im Jahre 1834 waren 114 Zöglinge vorhanden, nämlich 37 Schneider, 43 Schuhmacher, 15 Sattler, 10 Büchsenmacher und 9 Steindrucker. Auch diese Einrichtung bestand indessen nur kurze Zeit: im Jahre 1845 wurde sie aufgehoben, nachdem man die Wahrnehmung gemacht hatte, „dass die Schüler in den Werkstätten Mangels feinerer Arbeiten in der Regel nicht eine solche Ausbildung erlangten, um als Gesellen auf ein sicheres Unterkommen bei bürgerlichen Meistern rechnen zu können." Während des fünfundzwanzigjährigen Bestehens der Handwerkerschule sind im Ganzen etwa 1000 Schüler ausgebildet worden.

Wie schon oben bemerkt, wurden die Knaben auch mit anderen praktischen Arbeiten, theils für die Anstalt selbst, theils für gewerbliche Unternehmer beschäftigt; das letztere geschah — wie auch bei den Mädchen, worauf unten noch zurückzukommen sein wird —, namentlich dann, wenn es sich um die Einbürgerung neuer und die Kräftigung bestehender Industriezweige in Preussen handelte. So berief man bald nach der Begründung des Waisenhauses je einen Meister für Spinnerei und Stickerei aus der Schweiz und aus Frankreich, um die Zöglinge in diesen Techniken anzulernen. Der erstere war ein sogenannter „spanischer" Spinnmeister, der die Knaben in der Maschinenspinnerei und der Zubereitung der spanischen Wolle zu unterrichten hatte; die aus dieser Wolle gefertigten Gespinnste wurden an das Lagerhaus in Berlin verkauft. Der Strickmeister unterrichtete die Knaben im Stricken, damit sie die Strümpfe sowohl für das Waisenhaus als auch für das Militär stricken konnten. Auch Potsdamer Sammetfabrikanten wurden Zöglinge überwiesen, wobei die Arbeitszeit, sowie die sonstigen Bedingungen genau vereinbart waren. In der Regel betrug die Lehrzeit drei Jahre; als Entgelt für die Arbeit der Lehrlinge hatten die Unternehmer im ersten Jahre nichts, im zweiten monatlich 8 Gr., im dritten monatlich 12 Gr. für jeden Zögling an das Waisenhaus abzuführen. Im Jahre 1762 standen 12, 1767 21, später 40—50 Sammetmacher auf diese Weise mit dem Waisenhause in geschäftlicher Verbindung. Ebenso erhielten die Inhaber von Wollenmanufakturen Waisenknaben nach Bedarf zur Erlernung und weiteren Beschäftigung überwiesen.

Die Mädchen wurden in allen im Haushalt gewöhnlich vorkommenden Arbeiten, wie Kochen, Waschen, Plätten, Nähen, Flicken, Zimmerreinigen u. s. w. angeleitet. Ausserdem aber wurden auch sie zu **industriellen Arbeiterinnen** herangebildet. **Friedrich Wilhelm I.** bewog im Jahre 1727 einen Sächsischen Fabrikanten Geissel, nach Potsdam zu kommen, um daselbst eine Crepon- und Barakon-Fabrik anzulegen. Er sollte zur Unterweisung der Mädchen im Spinnen fünf bis sechs Lehrmeisterinnen in das Waisenhaus schicken, denen freie Wohnung, freier Unterhalt, sowie jährlich 12 Thlr. Lohn zugesagt wurden; für das fertiggestellte Garn war ein vereinbarter Preis an die Anstalt zu bezahlen. Ferner wurde im Jahre 1731 die Woll- und Floretspinnerei begonnen. Friedrich der Grosse interessirte sich besonders für die Einbürgerung der Spitzenklöppelei. Im Jahre 1743 betraute er damit die Frau eines invaliden Offiziers, eine Französin, Namens Du Vigneau. Sie wurde als Lehrerin im Waisenhause angestellt, erhielt besondere Räume für den Unterricht angewiesen, freie Wohnung und Kost und unter dem Namen einer Pension ein jährliches Gehalt von 100 Thalern; auch wurden ihr die Mittel bewilligt, um sich zwei Mädchen aus Brabant kommen zu lassen, die sie beim Unterricht unterstützen sollten. Dieser Versuch misslang indessen, da sich die Du Vigneau als unfähig und unzuverlässig erwies. In einem aus dem Jahre 1749 stammenden Revisionsbericht heisst es, „dass kein einziges der als ausgelernt entlassenen vierzig jungen Mädchen soweit gekommen sei, dass es mit dieser Arbeit auch nur Salz und Brod verdienen könne, dass in den sechs Jahren des Bestehens der Klöppelschule 24 Mädchen davongelaufen seien, eine andere nicht unbeträchtliche Zahl wegen Unfähigkeit und bedenklicher Unordnungen habe entlassen werden müssen und dass zwar zur Zeit 40 Mädchen beschäftigt würden, dass diese aber im Allgemeinen einen grossen Widerwillen gegen diese Arbeit bekundeten." Die Waisenhausverwaltung wollte in Folge dessen schon die ganze Klöppelei eingehen lassen, als der König befahl, sie an zwei Kaufleute, Ephraim und Gumpertz zu Berlin, in Enteprise zu geben. Mit ihnen wurde unterm 1. November 1749 ein Vertrag abgeschlossen, dessen wichtigste Bestimmungen lauteten:

1. Das Waisenhaus giebt 200 Mädchen und die erforderlichen Räume nebst Heizung und Beleuchtung her, um die Fabrik einzurichten. Diese Mädchen werden auf Kosten des Waisenhauses unterhalten.

2. Die Unternehmer stellen 8 Lehrerinnen oder Faktoressen an, die im Waisenhause freie Wohnung erhalten. Für jede derselben werden ihnen von der Anstalt zur ordentlichen Besoldung 12 Thlr., zusammen jährlich 1152 Thlr. bezahlt, die sie nach freiem Ermessen vertheilen können. Sie sollen diese Summe auch dann erhalten, wenn einige Lehrerinnen

an der festgesetzten Zahl fehlen sollten. Ausserdem werden ihnen 200 Thlr. zur Annahme eines Buchhalters zugesichert.

3. Die Lehrzeit beträgt sieben Jahre. Die Mädchen müssen täglich von 8—12 und von 2—7 Uhr auf den Fabrikstuben arbeiten. Die ersten fünf Jahre sind Freijahre, d. h. die Unternehmer erhalten die Arbeit umsonst, während der nächsten zwei Jahre entrichten sie für jedes ausgelernte Mädchen monatlich 12 Groschen an die Anstalt.

4. Den Zwirn und die übrigen Zuthaten liefern die Unternehmer, die angefertigte Waare gehört ihnen.

5. Der Vertrag wird auf 14 Jahre abgeschlossen; während dieser Zeit soll in Preussen keinem Anderen die Genehmigung zur Anlage einer Kantenfabrik ertheilt werden.

6. Endlich verlangen die Unternehmer „für die viele Mühe und Kosten, so sie zur Etablirung dieser Kantenfabrik anwenden wollen und die dem Lande dadurch effektuirten Vortheile einen proportionirlichen Rekompens und wollen dieses Punktes wegen bei Sr. Königlichen Majestät selbst Ansuchung und allerunterthänigste Vorstellung thun."

Dieser Vertrag wurde vom König selbst vollzogen. Die Unternehmer nahmen sich der Sache mit Eifer an und brachten die Kantenfabrik bald in Schwung. In den Jahren 1753 bis 1755 wurden acht grosse Klöppelsäle eingerichtet. Als 1763 der Vertrag ablief, wurde er mit Ephraim allein auf zwanzig Jahre erneuert, wobei neben einigen Aenderungen auch die Aufnahme der Gold- und Silber-Spitzenarbeit vorgesehen wurde. Die Zahl der für Ephraim arbeitenden Mädchen wuchs fortgesetzt, sie betrug im Jahre 1769 352 Mädchen, wovon 162 mit brabantischen Kanten, 100 mit Gold- und Silber-Spitzen-Arbeit, 60 in der Blondenfabrik und 30 mit Seidenwickeln beschäftigt waren. Im Jahre 1777 befahl der König, der sich für das Unternehmen fortgesetzt interessirte, dass die eingesegneten Mädchen nach ihren sieben Lehrjahren nicht entlassen, sondern noch weitere zwei Jahre bei Ephraim arbeiten sollten, „um sich in ihrer Kunst zu vervollkommnen." Dem anfänglichen Aufschwung folgte indessen in den achtziger Jahren ein starker Rückschlag. Der Vertrag wurde zwar noch zweimal auf kürzere Zeit erneuert, doch sank die Zahl der Mädchen, die beschäftigt wurden und nach der Geschäftslage gewinnbringend beschäftigt werden konnten, immer mehr. Die Klöppelsäle und Faktoressen wurden nach und nach vermindert und im Jahre 1795 musste man die Klöppelfabrik schliessen, nachdem man sich davon überzeugt hatte, dass die beabsichtigten und erwarteten Vortheile weder für den Staat, noch für das Waisenhaus, noch für die Kinder selbst daraus hervorgegangen waren. Nach einer Berechnung vom Jahre 1792 hatte die Fabrik in den voraufgegangenen sechs Jahren — Kleidung, Speisung und die übrigen

Unterhaltungskosten der Mädchen, sowie Heizung, Beleuchtung und Räume in Geld umgerechnet — dem Waisenhause 84624 Thaler gekostet.

Auch in der Joël'schen Nähfabrik waren Mädchen beschäftigt. Hier wurden sie mit dem feinen Ausnähen und Sticken von Nesseltuch und Battist in weisser und bunter Ausführung unterwiesen. Der Anfang ward schon 1747 gemacht, ein förmlicher Vertrag mit dem Fabrikanten Joël zu Potsdam aber erst 1753 abgeschlossen. Die Bedingungen waren im Wesentlichen folgende:

1. Das Waisenhaus stellt zu jeder Art der Ausnäherei, der bunten sowohl als der weissen, 50 Waisenmädchen zur Verfügung, welche in dieser Kunstfertigkeit durch zwei Faktoressen zu unterrichten sind. Die Mädchen werden auf Kosten des Waisenhauses unterhalten; auch giebt dasselbe die erforderlichen Räume nebst Heizung unentgeltlich her.

2. Die beiden Lehrerinnen erhalten Wohnung im Waisenhause, werden aber im Uebrigen vom Unternehmer unterhalten und besoldet. Letzterer hat auch die erforderlichen Utensilien für den Unterricht zu beschaffen.

3. Die Lehrzeit der Mädchen dauert 4½ Jahre, nach deren Verlauf der Unternehmer keinen Anspruch mehr auf sie hat. Die drei ersten Jahre sind Freijahre; später hat der Unternehmer eine Vergütung für die geleistete Arbeit zu zahlen. Die Arbeitszeit ist täglich auf 8—12 und 2—7 Uhr festzusetzen.

Dieses Unternehmen entwickelte sich recht gut, so dass der Vertrag 1770 erneuert und dabei bestimmt wurde, dass der Fabrikant für jedes Mädchen ohne Unterschied der Lernzeit monatlich 9 Gr. zu bezahlen habe, was später dahin abgeändert wurde, dass ihm 110 Mädchen gegen eine feste Entschädigung von monatlich 25 Thlr. zur Verfügung zu stellen waren. Im Jahre 1780 fand nochmals eine Verlängerung auf zehn Jahre und 1790 eine weitere auf fünf Jahre statt, wobei der Preis für die Arbeiterinnen erhöht wurde.

Auch mit anderen Unternehmern wurden ähnliche Vereinbarungen getroffen. So erhielt im Jahre 1759 ein gewisser Burchard die Erlaubniss, 8 bis 15 Mädchen für seine Strohhutfabrik anzulernen, wobei die Mädchen indessen nicht beim Nähen der Hüte, sondern nur beim Flechten der Strohbänder Verwendung fanden. Sie gingen zu ihm in's Haus, mussten 4½ Jahre lernen, erhielten die ersten drei Jahre nichts, das darauf folgende Jahr monatlich 8 Groschen und zuletzt 10 Groschen, die jedoch in die Anstaltskasse des Waisenhauses für den Unterhalt der Mädchen flossen. In der Zeit von 1753 bis 1761 wurden ferner Arbeiterinnen für eine Stepp- und Schattirfabrik angelernt. Wie begehrt damals die Waisenkinder waren, geht am besten daraus hervor, dass sich fast kein Fabrikant in Potsdam oder Berlin niederliess, der nicht mit entsprechenden Anträgen an das Waisenhaus herantrat. Die Angebote lauteten fast immer dahin: Das Waisenhaus giebt die Kinder und unterhält sie, der Unternehmer übernimmt „aus Patriotismus", ohne jeden oder nur geringen Entgelt die Ausbildung in der betreffenden Kunstfertigkeit.[1]

Gegen Ende des achtzehnten Jahrhunderts wurde die ganze gewerbliche Arbeit bei Knaben und Mädchen nach und nach eingestellt, nicht nur, weil sie zu ungünstigen finanziellen Ergebnissen geführt, sondern mehr noch, weil sich herausgestellt hatte, dass sie die Gesundheit und Erziehung in der bedenklichsten Weise beeinträchtigte.

Die Berliner Erwerbschulen wurden 1793 als private Wohlthätigkeits-Anstalten gegründet und haben bis in die zweite Hälfte des neunzehnten Jahrhunderts hinein bestanden. Sie sind, wie es in einer Darstellung ihrer Entwickelungsgeschichte aus dem Jahre 1843 heisst,[2] „Armen-Unterrichts-Anstalten" und gehören daher sowohl dem Armen- wie dem Schulwesen an und haben als Erwerbschulen zugleich eine Beziehung zur Industrie." Der Plan zur Errichtung der Schulen ging von dem Geheimen Ober-Appellationsgerichts-Rath Gossler aus, der auch bei ihrer Begründung und Fortbildung lebhaft mitwirkte. Die Stifter traten mit ihrem Vorhaben zuerst in einer vom 18. März 1793 datirten gedruckten Ansprache öffentlich hervor. In ihr heisst es: „Gegenwärtig wünscht man den Anfang damit zu machen, dass eine Gesellschaft sich verbinde, arme Kinder zwischen sechs und vierzehn Jahren zu erziehen. Der erste Schritt zur besseren Armenpflege ist die Sorge für die Jugend; dabei ist auch die wenigste Schwierigkeit und man kann den sichersten Nutzen schaffen." Hierauf wird das Vorhaben dahin näher erläutert, dass beabsichtigt werde, durch die „wohlthätige Beihülfe des Publikums" nach und nach eine hinreichende Anzahl von Erwerbschulen in den verschiedenen Gegenden der Stadt anzulegen. In jeder dieser Schulen sollten ungefähr 50 arme Kinder beiderlei Geschlechts, in zwei Klassen getheilt, einige Stunden am Tage in den nöthigen Kenntnissen unterrichtet und in der übrigen Zeit unter den Augen besonderer Aufseher mit einer ihren Kräften und Fähigkeiten angemessenen Arbeit beschäftigt und zugleich durch wohlgewählte

---

[1] Auch andere Waisenhäuser wurden von Friedrich dem Grossen angewiesen, seine auf die Beförderung der Industrie gerichteten Bestrebungen zu unterstützen. So musste z. B. das Waisenhaus zu Frankfurt a. O. Seidenbau treiben, eine Lederfabrik und eine Wachsbleiche unterhalten. Als die Stadt Frankfurt diese Unternehmungen im Jahre 1753, weil unrentabel, eingehen lassen wollte, gab der König dem Magistrat sein Missfallen zu erkennen. „Da dieses ein Beweiss ist, dass erwehnter Magistrat weder zu arbeiten noch die inländischen Fabriken nach Seiner Königlichen Majestät ernstlichen Intentionen zu soutenircn Lust habe, so wird derselbe nochmals auf die deshalb vorhin ergangenen Verordnungen verwiesen und erinnert, solchen die gehörige Folge zu leisten oder einer unangenehmen Verfügung unfehlbar zu gewärtigen." Bieder, Geschichte des Lutherischen Waisenhauses zu Frankfurt a. O. S. 12, 13.

[2] Geschichte der Erwerbschulen in Berlin, eine Jubelschrift. Berlin 1843, bei Decker; vgl. auch die verschiedenen Jahresberichte dieser Anstalten.

körperliche Uebungen ermuntert und gestärkt werden. „Von demjenigen, was die Kinder durch ihre Arbeit verdienen, wird ihnen ein Theil überlassen und zu ihren Bedürfnissen verwendet oder den Eltern und Vormündern ausgehändigt. Wenn nach vollendetem vierzehnten Lebensjahre ein Kind den nöthigen Unterricht erhalten hat, wird es auf eine seinen Fähigkeiten und Neigungen gemässe Art untergebracht, ein Knabe bei einem Meister, ein Mädchen bei einer Herrschaft. Die Stiftung versieht sie noch mit der nöthigen Kleidung und Wäsche und bezahlt auch allenfalls für Knaben, welche in die Lehre gebracht werden, das Lehrgeld." Die Beiträge flossen so zahlreich, dass noch im achtzehnten Jahrhundert acht Erwerbschulen eröffnet werden konnten, die erste im Juli 1793, die zweite bis fünfte noch im Laufe desselben Jahres, die sechste 1796, die siebente 1797 und die achte 1799; eine neunte kam 1829 hinzu, in welchem Jahre auch bestimmt wurde, dass fortan nur Mädchen aufgenommen werden sollten, da sich ergeben hatte, dass die Knaben in der Regel wenig oder gar keine Neigung, meist auch kein Geschick zu denjenigen Handarbeiten zeigten, welche in den Erwerbschulen gelehrt wurden. Die Arbeiten bestanden nämlich im Spinnen, Stricken, Stopfen, Nähen, Wäsche- und Kleider-Ausbessern und Zuschneiden; Musterstopfen und sauberes Nähen eines feinen Hemdes sollte das höchste Ziel sein, bis zu dem die Erwerbschülerinnen geführt werden durften. In der ersten Zeit war den Lehrerinnen auch gestattet worden, solche Kinder, welche sich hiezu besonders befähigt erwiesen, zur Anfertigung feinerer Hand- und Putzarbeiten anzuleiten. Da diese Arbeiten unterhaltender waren und besser bezahlt wurden, als die groben, so drängten sich nicht nur viele Kinder zu ihnen, sondern die Lehrerinnen, denen mit Rücksicht auf ihr geringes Einkommen gestattet war, die Kinder ausser der Schulzeit für ihre Rechnung arbeiten zu lassen, fanden es auch in ihrem Interesse, möglichst viele Kinder mit den feineren Arbeiten zu beschäftigen. So kam es, dass die Erwerbschulen, wie es in einer Denkschrift des Bischofs Sack vom 16. Oktober 1805 heisst, Gefahr liefen, „nicht mehr Anstalten zur zweckmässigen Erziehung künftiger brauchbarer Dienstboten und Handwerksburschen zu sein, sondern in merkantilistische Institute für Putzmacherinnen und Kammerjungfern auszuarten." Für die Folge wurde daher die Unterweisung der Kinder in „Putz- und Prunkarbeiten" verboten und ausserdem bestimmt, dass die Lehrerinnen für eigene Rechnung gar keine und für Rechnung der Schule nur solche Arbeiten übernehmen und durch die Schüler anfertigen lassen durften, deren Annahme von den Vorsteherinnen genehmigt und wozu von den Bestellern das Material geliefert worden war. Dasjenige, was die Kinder durch ihre Arbeit verdienten, wurde ihnen überlassen; für die Festsetzung des Preises war eine von Sachverständigen aufgestellte Taxe massgebend. Aus späterer Zeit stammt die Bestimmung, dass Schülerinnen, die ohne ausdrückliche Genehmigung der Direktion die Schule im Laufe eines Vierteljahres verlassen, des etwa verbliebenen Guthabens an Arbeitslohn verlustig gehen.

Der Andrang zu den Schulen war von Anfang sehr gross. Die ursprünglich vorgesehene Beschränkung der Zahl der Zöglinge auf 50 für jede Schule konnte nicht aufrecht erhalten werden, die Statuten von 1798 liessen bereits 60 bis 70 Kinder zu, später waren es sogar 80 bis 90; dabei mussten noch zahlreiche Aufnahmegesuche zurückgewiesen werden. Aus den Jahren 1834 bis 1842 liegen Verdienstlisten vor, nach denen sich der Werth der von den Erwerbschülerinnen angefertigten Handarbeiten belief:

im Jahre		1834	auf	1709	Thlr.	im Jahre		1839	auf	2808	Thlr.
„	„	1835	„	1901	„	„	„	1840	„	2792	„
„	„	1836	„	2120	„	„	„	1841	„	2645	„
„	„	1837	„	2240	„	„	„	1842	„	2565	„
„	„	1838	„	2580	„						

Weiter kann auf diese, mehr in das Gebiet des Armen- als des Fachschulwesens fallende Einrichtungen hier nicht eingegangen werden.

3. Die Akademie der Künste, die Bauakademie und die Provinzialkunstschulen.[1]

Schon der Grosse Kurfürst war bestrebt gewesen, die heimische Kunst zu heben, indem er nicht nur tüchtige Künstler aus dem Auslande, namentlich Holland, heranzog, sondern auch begabten Inländern durch Verleihung von Stipendien eine künstlerische Ausbildung in Frankreich, Holland und Italien ermöglichte. Sein Nachfolger, der Kurfürst Friedrich III. und spätere König Friedrich I., ein begeisterter Kunstfreund, setzte diese Bestrebungen mit besonderem Eifer, unter Aufwendung reichlicherer Mittel und mit grösserem Erfolge fort. Sein Plan ging dahin, die Künstler nicht mehr im Auslande, sondern in der Heimath heranzubilden und für sie zu dem Zwecke eine besondere Ausbildungsstätte, eine „Akademie", zu begründen. Er hatte dabei eine Anstalt im Auge, welche, wie es in den vorbereitenden Reglements heisst, werden sollte: „eine recht wohl geordnete Akademie oder Kunstschule, nicht aber eine gemeine Maler- oder Bildhauer-Akademie, wie deren allerorten bestehen, wo man allein nach einem lebenden Modell oder nach gipsernen Bildern zeichnet, sondern eine hohe Kunstschule oder Kunstuniversität gleich den Akademien zu Rom und Paris, in denen ein wohlgeordnetes

---

[1] Kgl. Akademische Hochschule für die bildenden Künste zu Berlin, 1696—1896, „Festschrift zur Jubelfeier", Berlin 1896; Müller, Die Königliche Akademie der Künste zu Berlin, 1696—1896, Erster Theil, Berlin 1896; Chronik der Königlichen Technischen Hochschule zu Berlin, 1799—1899, Berlin 1899.

Reglement, sowohl der akademischen Ordnungsgesetze wegen, als wegen nützlicher Kunstlehre, zum Aufwachsen und zur Fortpflanzung eines richtigen und wohlständigen Kunstwesens angesetzt und unterhalten wird. Es ist also hier nicht zu verstehen, dass diese Akademie ein Gymnasium oder eine Lehrschule für die jungen, ersten Anfänger des Zeichnens sei; vielmehr müssen Anfänger, die den festen Vorsatz haben, sich in der Kunst zu perfektioniren, vor ihrer Aufnahme in die Klassen und den Modellsaal der Akademie, bei einem sauberen Zeichner oder guten Maler zu Hause den Anfang legen, fleissig und sicher nach dem Augenmass zu zeichnen üben, Fertigkeit in der Behandlung der Kreide erlangen und sich einem akademischen Examen unterwerfen, um alsdann gleich den Studenten auf der Universität in der einen oder anderen Kunstfakultät der Akademie sich weiter zu bilden und zu vervollkommnen". Auch zur Förderung des Kunsthandwerks, zunächst bei den Arbeiten für den Hof, sollte die Anstalt dienen, weshalb der Direktor „über alle Unsere Kunstarbeith, alss nemlich Zierwerck an Unseren Gebäuden, Tapizereyen, Bildhauereyen, Goldschmiedereyen, Schreinwerkereyen und anderen dergleichen sachen, wo Zierwerk erfordert wird, die Direction haben, und denen, welche daran arbeiten, mit rhat und that, Zeichnungen, Mustern und Sckezen jedesmahl an die Hand gehen, und dahin sehen sollte, dass alles wolständig, gebührend und nach Unserer gnädigsten intention verfertigt, und so viel an ihm ist exequiret werde.' (Aus dem Patent für den ersten Direktor der Akademie, Joseph Werner, vom 4. Juli 1695.)

Nachdem die nöthigen Vorbereitungen getroffen, wurde die neue Akademie am 1. Juli 1696 eröffnet und am 1. Juli 1699, dem Geburtstage des Kurfürsten, in seiner und des ganzen Hofstaates Gegenwart mit grossem Gepränge feierlich eingeweiht. Als Unterrichtsräume wurden ihr die vorderen Zimmer im zweiten Gehöft des neu erbauten Königlichen Marstalls nach den Linden zu überwiesen. Das „Reglement" der Akademie stammte vom 20. März 1699, es war vom Könige selbst unterschrieben und begann mit den Worten: „Wir Friedrich der Dritte, von Gottes Gnaden u. s. w. Haben zu mehrerer étabilirung und desto nützlicher Fortpflanzung aller Künste und Wissenschafften in allen Unseren Landen, in Unseren hiesigen Residentzien, eine Kunst-Academie, zum Aufnehmen der Mahler-, Bildhauer- und Architectur-Kunst aufrichten wollen; wovon Wir dieses Reglement und nöthige Eintheilung vorher gehen lassen, darnach sich so wohl die Lehrer, Director, Rectores und sämtliche Mitglieder, als die Lernende und Scholaren schuldigst zu achten hätten." Nach diesem Reglement (§ 1) steht an der Spitze der Akademie ein „Protector" und dessen Substitut, der die Oberaufsicht zu führen und namentlich darauf zu achten hat, dass der bei der Gründung angestrebte Zweck erreicht werde. Sodann folgt der

„Director", „welcher ohne Special-Befehl oder Verordnung keine Neuerung machen, sondern sich bemühen sol, dass die neben ihnen stehende Rectores, Professores und Adjuncti, ihre zur Information gewidmete Stunden gebührlich abwarten, auch treu und fleissig jeglicher in seiner Profession, lehren möge." Er hat ferner die Kassenführung zu überwachen, die Lehrmittel anzuschaffen und zu unterhalten, Streitigkeiten zu schlichten, die ausgesetzten Preise zu vertheilen und für die Wiederbesetzung der erledigten Stellen Sorge zu tragen. Das Amt des Directors soll alljährlich unter den vier Rectoren wechseln, sofern es dem Kurfürsten nicht „auf der Academie unterthänigstes Vorstellen gefällig wäre, jemand diese Würde auf länger zu lassen." Nach ihm kommt der „Decanus" (§ 3), der schon Director gewesen sein soll, ehe er zu dieser Dignität gelangt und der die „Akademischen Siegel bewahren und alle Freyheiten und Acta mit unterzeichnen muss." Das Amt wurde, weil überflüssig, schon im Jahre 1700 wieder eingezogen. Für die Leitung des Unterrichts ist bestimmt, dass vier „Rectoren" (§ 4) monatlich das Modell zu stellen und die Woche zweimal, Mittwoch und Freitag Abend von 5 bis 7 Uhr, Unterricht im Zeichnen nach dem Leben zu ertheilen haben. Dabei sollen sie die Lernenden mündlich informiren, in den Gewändern, Antiquitäten und lebendigen Modellen corrigiren, auch alljährlich eine solche Zeichnung — von reicher Invention — hinterlassen, welche würdig ist, von den Classen nachgezeichnet, in Kupfer gestochen und aufbewahrt zu werden. Zur Rectoratsstelle kann nur gelangen, wer seine Fähigkeit durch eine Probe im Zeichnen dargethan und von der ganzen Akademie für tauglich befunden ist. Ferner müssen „Professores" erwählet werden, welche „die Architectur, Geometrie, Perspective und Anatomie an einem gewissen Tag in der Wochen dociren." Den vier Rectoren stehen zu ihrer Vertretung vier „Adjuncten" zur Seite (§ 6), ausserdem zwei „Extraordinair-Adjuncti", die wöchentlich zweimal in der ersten Classe informiren. Aus den Adjuncten gehen in der Regel die Rectoren hervor. Zu den Adjuncten kamen seit 1702 noch „Classen-Informatoren". Die §§ 7, 8 und 9 handeln von den Pflichten des Secretärs, des Cassirers und des Castellans.

Während die vorstehenden Bestimmungen sich mehr auf die Akademie als Schule beziehen, betreffen die folgenden Paragraphen die Vereinigung der Mitglieder als solche. Aus ihrem Kreise ging später der Senat hervor, der durch die Verordnung Friedrich Wilhelms II. vom Jahre 1790 formell eingeführt wurde, nachdem er seit 1786 bereits provisorisch unter dem Vorsitz des Kurators von Heinitz gewirkt hatte. Die §§ 10—14 lauteten: § 10. Wann jemand der Academie incorporiret und Freyheit haben wil, sich selbiger Privilegien und Praerogativen zu gebrauchen, sol er sich dessfalls bey dem Directore angeben, welcher nach gehaltener Conferenz mit denen

Academischen Mitgliedern, von seiner Capacität urtheilen wird; wo
er selbiges würdig, bekommt er ein Patent vom Directore, Decano
und den sämtlichen Rectoren unterschrieben, auch mit dem Academischen Siegel bezeichnet. § 11. Und versichern Wir hiemit
gnädigst alle Künstler und Kunst-Beflissene, die Mitglieder dieser
Academie sind, dass durch sie nicht allein bey Abgang der all-
bereits bey Unserm Hofe in Gage stehenden Künstler, absonderlich
und zuvor die erledigten Stellen besetzet, sondern auch, wo
jemand von denselben sich an was für einem Orth in allen
Unsern Churfürstl. Ländern es wäre setzen oder étabiliren
wolte, er Krafft dieses seines Academischen Patents,
ungehindert und frey, ohngeachtet aller Zünfte und Gülden
Einwenden oder Widersprechen, wie sie immer Nahmen
haben mögen, seine Profession sicher zu treiben und
fortzusetzen privilegiret und berechtigt sein sol. § 12. So
können auch Kunstliebende Subjecta, die dann und wann die Academie
frequentiren, durch einhellige Zustimmung der Academischen Mitglieder zu Assessoren dieser Unserer Academie benennet, etlichen
auch Session und Votum, auf der jährlich grossen Zusammenkunfft
am 1ten Juli gestattet und conferiret werden. § 19. Sol ein jedweder
Mahler oder Künstler Jährlich ein Kunststück von seiner Profession
machen, welches bey der Academie bleiben sol; wann er solches nicht thut,
wird man ihn deshalb gebührend ansehen. § 14. Ein jeder Künstler,
welcher als ein Mitglied der Academie wil aufgenommen seyn, sol,
wenn Er zuvor wegen seines Wohlverhaltens an anderen Oerthern
beglaubte Attestata wird beygebracht haben, gehöriger massen in
Eyd und Pflicht genommen werden; Bevor er aber recipiret wird,
sol er ein Probe-Stücke seiner Kunst machen, welches der Academie
zu examiniren sol vorgeleget und folgends daselbst bewahret werden.
Im letzten Paragraphen (§ 15) wird „in des Directoris und deren
zur Academischen Conferenz behörigen Mitgliedern vernünfftigen
Gutdünken und Disposition gestellet“, zu bestimmen, was sonst noch
in Bezug auf Stunden- und Lehrplan oder zum Nutzen oder zur
Verbesserung der Academie nöthig sein sollte. Auch wird den
Mitgliedern gestattet, Aenderungen und Ergänzungen des Reglements
mit Zustimmung des Protectors vorzunehmen.

Solcher Aenderungen und Ergänzungen wurden mehrere in den
nächsten Jahren eingeführt. Dazu gehören namentlich die Schulordnungen vom 6. Oktober und 10. Dezember 1700 und die Reglements
vom 2. und 9. Dezember 1700 über die Abhaltung der akademischen
Konferenzen, die durch Beschlüsse vom 15. August und 19. September 1705 ergänzt wurden. Um reichhaltiges Unterrichtsmaterial
zu beschaffen, erging ferner eine Verordnung vom 4. Juni 1707, wonach
jeder Adjunkt eines Rektors für Zeichenvorlagen eine Zeichnung nach dem
Modell oder einer Statue während seiner Dienstmonate anfertigen sollte.

Interessant sind auch ein Stundenplan vom 2. Dezember 1700 und ein Lehrplan vom 8. April 1706, die für die eigentlichen Schüler bestimmt waren. Nach ersterem wird Montag Nachmittag von 2—4 Uhr die Perspective gelehrt, Dienstag Vormittag von 10—12 Uhr die Geometrie und Fortifikation, Mittwoch Nachmittag von 2—4 Uhr Zeichnen, von 4—5 Uhr Anatomie, von 5—7 Uhr Zeichnen nach dem Leben, Donnerstag Nachmittag von 2—4 Uhr Zeichnen, Freitag Vormittag von 10—12 Uhr Geometrie und Fortifikation, Nachmittag von 2—4 Uhr Zeichnen, von 4—5 Uhr Anatomie, von 5—7 Uhr Zeichnen nach dem Leben und Sonnabend Nachmittag von 2—4 Uhr Architektur. Ausser diesen Stunden wurde auch noch Extraordinarie nach dem Gewand und den bei der Akademie befindlichen antiken Statuen und Basreliefs gezeichnet, „weshalb man sich aber bei dem Direktor zu melden und um Erlaubniss zu bitten hat".

Der Lehrplan lautete:

Das Collegium in der Anatomie: Selbiges wird, in so weit die Anatomie denen Mahlern, Bildhauern und Zeichnern zu ihrem Zwecke dienet, theils nach denen Anatomischen Zeichnungen und Rissen, theils nach denen Antiquen Statuen, und theils auch nach dem lebendigen Modell in folgender Ordnung tractiret werden: 1. Wird das Sceleton, als der Grund der Anatomischen Wissenschaften vorgenommen werden, dabey man nur die Eintheilung des Sceletons, die Benennung eines jeden Knochens, desselben Lager und Verbindung mit anderen Theilen des Leibes, und endlich desselben vollständige Figur betrachten wird. 2. Werden alle natürliche und ungezwungene Bewegungen, so aus der Verbindung der Knochen fliessen, und darbey die Erkäntnis der lebendigen und erstorbenen Actionen, und der Gewichts - Stand des gantzen Menschlichen Cörpers angewiesen werden. 3. Werden die in der Oberfläche des Leibes, von Forne, Hinten und von der Seite liegende und zusammen verbundene fleischige Theile oder Musculen, als Werckzeuge aller natürlichen Bewegungen, und darbey dieselben nach ihren Nahmen und natürlichen Lager, item nach ihrer Figur, und würckenden Action, gezeiget werden. 4. Wenn also der völlige Bestand des Menschlichen Leibes in seiner Oberfläche angewiesen worden, so sol auch desselben Symmetrie und Proportion, so wol nach seiner völligen Befassung, als nach allen seinen Theilen demonstriret werden. Und endlich sollen 5. Obige Stücke noch in Praxi, durch würckliche Nachzeichnung derer Anatomischen Risse Antiquen und lebendigen Modells gezeiget alles aber nach dem bey der Academie publicirten Anatomischen Unterricht, des Jahres zwey mahl durchgegangen und absolviret werden: Wie denn das erstere Collegium mit dem Monat Januario, das letztere aber mit dem Monat Augusto seinen Anfang nehmen wird. [1)]

Das Collegium in der Perspektive: Es wird solches in nachfolgenden sechs Monath abgehandelt werden, und zwar: Im November wird gelehrt die Einleitung zur Theorie, und werden die definitiones, axiomata und theoremata in der Perspective erklärt werden. Im December schreitet man zu deren Anwendung in Praxi und deduciret solche erstlich nur in Ichnographischen Exempeln. Im Januario aber auch in Orthographischen und Im Februario in Orthographischen Exempeln aus der Architectur. Im Martio wird die Irreguliere Perspective in allerhand Flächen und Werckstücken und endlich: Im April von Licht und Schatten in denen Perspectivischen Wercken gehandelt werden.

[1)] 1706 erschien zu Berlin Franz Tortebats, Kurze Verfassung der Anatomie wie selbige zur Mahlerey und Bildhauerey erfordert wird.

Das Collegium in Architectura civili: Im Monat Januario und Februario wird denen Auditoribus eine generale Idee von der Bau-Kunst und deren Eintheilung beygebracht, auch werden die Autores, welche davon Unterricht geben können, denenselben bekant gemacht. Hierauf wird vom ersten Theil der Architectur, nemlich von der Commoditaet oder Gemächlichkeit im Bauen gehandelt, und weilen selbige nach Art eines jeden Landes, so wol der Lufft und Witterung als auch anderer besonderer Umstände halber ihre eigene Lehr-Sätze hat, nur die generale Regeln dieses Stücks und wie man vorfallender Praxi, die specialen Regeln jedem Lande gemäss erforschen und beobachten müsse, gelehret und angewiesen werden. Im Martio und April wird der zweite Theil der Bau-Kunst, nemlich die Soliditaet und Festigkeit oder wie auf die Dauer zu bauen sey, abgehandelt werden, und zwar erstlich nur überhaupt, und was in anderen Orten der Welt thunlich, folgends aber was absonderlich dieser Landes-Art eigen und hierselbst gebräuchlich ist; Worbey zugleich Nachricht ertheilet wird, was vor andre Wissenschafften zu diesem Theile der Bau-Kunst nothwendig zu wissen erfordert werden. Im Majo und folgenden Monaten bis zu Ende des Jahres wird der dritte Theil der Bau-Kunst, nemlich die Decoration oder Auszierung der Gebäude und ihrer Theile, so weitläufftig als es die Zeit leiden wird, tractiret werden. Und weilen alle berühmte Meister, welche von diesem Theile der Bau-Kunst geschrieben, in ihren Schrifften gar leicht mögen verstanden werden, wenn man nur einen derselben vorhero gründlich erkläret, als wird in diesem Collegio der Vignola, darzu genommen und darüber gelesen, zugleich auch von denen Autoribus, welche die Paralelen der übrigen Architecten zusammen getragen, denen Auditoribus, damit sie selbige ihnen nach Nothdurfft bekant machen können, Bericht ertheilet werden. Endlich wird auch noch, was man zu Auszierung der Facciaten-Gemächer, Treppen und sonst anderer Architectonischen Werckstücke ihrem Charakter gemäss, zu wissen von nöthen hat, vornehmlich aber, was die Mahler und Bildhauer aus diesem Theil der Bau-Kunst zu accompagnirung ihrer Werke, ihnen bekant machen müssen, gelehret und angewiesen werden.

Das Collegium in der Geometrie: Die Eintheilung ist folgende: In denen drey ersten Monaten Januario, Februario und Martio, wird die Decimal-Rechnung, bestehend aus denen 4 Speciebus, Radice Quadrata und Cubica auch Regula de Try, absolviret, und werden die vornehmste Propositiones Euclidis, denen Auditoribus erkläret werden. In folgenden drey Monaten April, Majo und Junio wird die Longimetrie und Trigonometrie, gehandelt. Im Monat Julio, Augusto und September, wird die Planimetrie, Stereometrie und Geometrie in genere und endlich: In denen Monaten October, November und December die Fortification mit allen ihren Beschaffenheiten, tractiret und zu Ende gebracht werden.

Die neue Anstalt entwickelte sich von Anfang an in erfreulicher Weise. Die Zahl der Schüler und Hospitanten wurde bald so gross, dass schon am 2. September 1700 ein Erlass erging, der verhindern sollte, dass der „Numerus der Studirenden zu stark anwachse." Im Jahre 1706 war der Andrang der Schüler so stark, dass neben den vorhandenen drei Zeichenklassen noch eine vierte eingerichtet werden musste; sogar ein neues, selbständiges Gebäude wurde in Aussicht gestellt. Das Lehrpersonal musste nach und nach vermehrt werden. Im Jahre 1707 wirkten an der Akademie nach dem Adresskalender[1]): 1 Protektor (Graf von Wartenberg), 1 Substitutus Protektoris (Kammerherr Johann Wilhelm von Tettau), 1 Direktor (Wilhelm Friedrich von Roye, Hofmaler), 4 Rektoren (Josef Werner, Hofmaler, Augustin

---

[1]) Bei Müller a. a. O., S. 52.

Trowesten, Hofmaler, Andreas Schlüter (Ober-Schloss-Baudirektor), Samuel Theodor Gericke (Hofmaler), 1 Rektor Substitutus, 4 Professoren, 9 Adjunkten, 1 Sekretär, 1 Castellan und 1 Pedell. Diese Lehrkräfte waren für die damalige Zeit recht ansehnlich besoldet, zumal sie fast alle noch besondere Gehälter als Hofbedienstete bezogen, wie denn überhaupt Friedrich I. sich angelegentlich bemühte, die Akademie und die an ihr angestellten Lehrer in finanzieller Beziehung möglichst sicher zu stellen. Das äussere Ansehen der Akademie wurde namentlich dadurch gehoben, dass sie in grossem Umfange zur Begutachtung aller künstlerischen Aufgaben und Aufträge des Staates herangezogen wurde. Ihr Einfluss machte sich denn auch bald im Handwerkerstande bemerkbar, wenigstens berichtet der Chronist A. B. König in seiner Regierungs- und Staatsgeschichte des Kurfürsten Friedrich III.[1]): „Der schon im Jahre 1696 entworfene Plan, eine Bildhauer- und Mahlerakademie zu errichten ward — im Jahre 1699 — völlig ausgeführt .... Die Einweihung dieses schönen und nützlichen Instituts geschahe am 1ten Julius als am Geburtstage des Churfürsten. Die von denselben ernannten Protektor, Direktor, Rektoren und Mitglieder waren meistentheils Männer von Geschmack, Kenntnissen und in der ausübenden Kunst erfahren. Solche konnten diese Anstalt in Aufnahme bringen, die sonst nicht allein für die beträchtliche Zahl der sich in Berlin befindenden Künstler, sondern auch für die Ausbildung junger Leute von Kopf und Fähigkeiten so nöthig als nützlich war .... Das Reglement dieser Akademie erschien den 20. März und bestand aus 15 Paragraphen. Der Churfürst, dem es viel Vergnügen machte, unter seinen Augen die bildenden Künste, welche bisher in den nordischen Gegenden so wenig bekannt gewesen waren, blühen zu sehen, unterzeichnete es selbst. Diese Anstalt kam auch gar bald in Ruf und zog nicht allein eine Menge Fremde nach Berlin, welche hier die Künste studiren wollten, sondern sie hatte auch den guten Einfluss auf die Handwerker und den Kunstfleiss, welche dadurch zu mehrerer Kenntniss und grösserer Vollkommenheit gelangten. Die Arbeiten erhielten bessere und angenehmere Formen, und so wurde das Nützliche mit dem Schönen in Verbindung gebracht."

Diese erste Blüthezeit war indessen nur von kurzer Dauer. Friedrich Wilhelm I. zeigte kein Interesse für diese Schöpfung seines Vaters, die er für einen Luxus hielt; er beabsichtigte sogar eine Zeit lang, sie, ebenso wie die Akademie der Wissenschaften, eingehen zu lassen. Wenn er auch hiervon, wahrscheinlich unter dem Einfluss einer Denkschrift des Generals von Grumbkow schliesslich absah, so beschränkte er doch die staatlichen Aufwendungen für das Institut ganz erheblich; er.kürzte die Gehälter und verringerte

---

[1]) Bei Müller a. a. O., S. 38.

das Lehrpersonal. Schon im Jahre 1715 war dasselbe auf einen Direktor, drei Rektoren, zwei Adjunkten und einen Professor herabgesunken, im Jahre 1740, dem letzten Lebensjahre Friedrich Wilhelms I., war es sogar auf einen Direktor, einen Adjunkten und zwei Professoren zusammengeschrumpft. Im Jahre 1713 wurde ein Theil der von der Akademie bisher innegehabten Räume auf lange Zeiten hinaus vermiethet. Dennoch verlor die Akademie nicht ganz ihren Werth, wenn sie naturgemäss auch den weitgehenden Absichten und hochfliegenden Plänen ihres Gründers nicht mehr gerecht werden konnte. Sie wurde eine Ausbildungsstätte für Handwerker, eine Zeichenschule, in der neben solchen, die das Zeichnen aus Liebhaberei trieben, Maler, Bildhauer, Architekten, Medailleurs, Kupferstecher, Ingenieure, Conducteurs, Mechanici, Landmesser, Feuerwerker, Chirurge, Goldschmiede, Glasschmiede, Uhrmacher, Petschierstecher, Tapeten- und Seidensticker, Kleinschmiede, Tischler, Stellmacher, Maurer u. s. w. ihre gewerbliche und kunstgewerbliche Ausbildung suchten.[1]) Mechaniker, Instrumentenmacher, Uhrmacher wurden sogar als Ehrenmitglieder aufgenommen.

Auch Friedrich der Grosse brachte der Akademie kein besonderes Interesse entgegen, wenn er für sie auch nach dem Brande im Jahre 1743, wo das ganze Vordergebäude nebst allen Kunstsammlungen, Lehrmitteln, Archiven und Registraturen ein Raub der Flammen wurde, durch den Wiederaufbau des Flügels geeignete Unterkunftsräume beschafft hatte. Aus seiner Zeit stammen die ersten Zahlen über den Besuch der Anstalt; die folgende Tabelle giebt einen Ueberblick über die Zahl der jährlich neu hinzugekommenen Schüler:

		420		787	
1757:	42	1767:	25	1777:	51
1758:	41	1768:	34	1778:	33
1759:	52	1769:	34	1779:	54
1760:	44	1770:	41	1780:	71
1761:	40	1771:	31	1781:	47
1762:	42	1772:	33	1782:	63
1763:	50	1773:	34	1783:	64
1764:	37	1774:	39	1784:	74
1765:	38	1775:	52	1785:	73
1766:	34	1776:	44	1786:	76
Zus.:	420		787		1393

Eine Zählung der Präsenzlisten ergab für das Vierteljahr Januar—April 1772: 90, für das Jahr 1775: 142 Schüler.

Im Jahre 1770 liess Friedrich der Grosse die Frage erwägen,

---

[1]) Georg Gottfried Küster, Das Alte und Neue Berlin, dritte Abtheilung, Berlin 1756, bei Müller a. a. O., S. 102.

ob es nicht zweckmässig sei, die Akademie mit dem Oberbau-
departement zu vereinigen, da das Zeichnen einen Einfluss auf alle
Künste und Wissenschaften habe und besonders bei der Mathematik
und Architektur unentbehrlich sei, auch bei der Einrichtung des
Ober-Bau-Departements beabsichtigt gewesen sei, „das schöne und
angenehme mit dem nützlichen und nöthigen zu vereinigen." In
dem hierüber vom Ober-Bau-Departement am 30. Mai 1772 erstatteten
Bericht wurde ausgeführt,[1] dass die Maler-Akademie nach dem
ganzen Umfange ihrer Absichten und Beschäftigungen mit dem
Ober-Bau-Departement in eine „unmittelbare und durchgängige Verbindung" nicht gebracht werden könne, da z. B. das Portraitmalen
und was sich darauf beziehe, mit dem Bauwesen nichts gemein habe.
Es liessen sich indessen für einzelne Theile der Zeichen-, Kupfer-
stecher- und Bildhauerkunst Berührungspunkte mit der Civilbaukunst
finden, wenn man dabei nicht auf die Gebäude allein, sondern alle
Arten von Hausgeräthen und die dafür bestimmten Tischler, Schlosser,
Töpfer, Porzellan- und Fayence-Fabriken, Rothgiesser, Zinngiesser,
Goldschmiede, Drechsler, Tapeten-Fabriken, Glashütten und Spiegel-
rahmen-Arbeiten Rücksicht nehme. Bei allen diesen Arbeiten würden
Zeichnungen gebraucht, welche die Arbeiter selten selbst anfertigten,
und wenn sie es thäten, so zeige es sich, dass sie kaum im Stande
seien, auch nur den einfachsten Regeln der Schönheit, Symmetrie,
Ordnung und des äusseren Ansehens zu genügen, sich aber dennoch
so theuer bezahlen liessen, als wenn sie nach guten Zeichnungen
und nach allen Regeln des guten Geschmacks gearbeitet hätten.
„Die Maler Academie könte nun", so heisst es in dem Bericht, „sehr
viel dazu beitragen. Sie ist von Anfang her dazu gewidmet, Eleves
zu ziehen. Es ist ferner ihrem instituto gemäss, dass sie, wenigstens
durch Kupferstiche ihre Erfindungen und was sie zur Verbesserung
des Geschmacks in guten Zeichnungen beiträgt, dem publico bekant
mache, auch allenfalls dazu dienende Anweisungen, Vorteile und
Regeln in öffentlichem Drucke erscheinen lasse. Endlich solle man
sich auch bei derselben in Sachen, wo wolgeratene Zeichnungen
zum Grunde gelegt und vorläufig beurteilt und verbessert werden
müssen, Rahts erholen und ihr Gutachten erhalten können." Der
Bericht führt dann weiter aus, dass und warum die Akademie diesen
Anforderungen nicht gerecht werden könne. Einmal sei die Modellsammlung vor Jahren in Feuer aufgegangen und nicht wieder erneuert worden, sodann aber bedürfe es einer wesentlichen Ver-
stärkung der Geldmittel, um die Künstler angemessen bezahlen,
Prämien aussetzen zu können u. s. w. Die erforderlichen Künstler
seien an der Akademie schon vorhanden, denn die Buchhändler
wüssten schon längst, dass ihre Bücher mehr Käufer fänden, wenn

---

[1] Siehe den wörtlichen Bericht bei Müller, a. a. O., S. 130.

die in ihnen enthaltenen Zeichnungen von Meil oder Chodowiecki [1])
seien. Durch solche Meister in der Kunst könne Berlin den Ruf
erhalten, den die Römischen und Flammändischen Schulen ehemals
gehabt hätten. „Auch ohne Rücksicht auf die, diesen Künsten eigene
Meisterstücke, auf Papier, Leinwand und Marmor", so führt der
Bericht weiter aus, „können sie in anderen Manufacturen einen sehr
wichtigen Einfluss haben. Paris hat keinen geringen Vortheil, dass
seine haute et basse-lisse Tapeten von Meisterhänden gezeichnet
und gestickt werden. Auch weniger künstliche Tapeten von Wolle,
Cattun, Leder, Pappier, Leinwand, auch jede geblümte Stoffe gewinnen
dabei, wenn die Zeichnungen und ihre Ausführung an sich schon
die Künstler herbeiziehen. Von Verzierung und Ausbildung der
porcellain Stücke hängt grösstentheils ihr Preis und der schnelle
Debit ab, und beides kan, zumal durch neue und gut ausgedachte
Zeichnungen und Modelle noch weit höher getrieben werden. Bei
guten Zeichnern fehlt es nur an einem habilen Medailleur, um aus wol
ausgesonnenen Medaillen eine, durch ganz Europa verkäufliche
Waare zu machen. Künstliche und mit gutem Geschmack gebildete
Gläser, Spiegelrahmen, Schnitzwerke, eingelegte Tischler-Arbeit,
Wagen, Chaisen, Kaleschen und sehr viele andere Arbeiten gewinnen
dabei auch ausser Landes mehreren Debit, wenn Figur, Form, Ausbildung und Malerey von einem guten Zeichner herrührt." Mit
Rücksicht auf die „Weitläufigkeit der Sache" nahm das Ober-Bau-
Departement vor der Hand Anstand, ihre Ideen bis ins Einzelne zu
entwickeln, sie beschränkte sich vielmehr zunächst auf sieben Vorschläge, über deren Ausführung sie auf des Königs Wunsch zunächst
mit der Akademie und den betheiligten Mitgliedern verhandeln

---

[1]) Meil und Chodowiecki waren Mitglieder der Akademie. Johann Wilhelm
Meil, zum Unterschied von seinem Bruder Johann Heinrich Meil, „der Jüngere"
genannt, war am 23. Oktober 1733 zu Altenburg geboren, wo sein Vater Hof-
bildhauer war. Da der Vater früh starb, bildete er sich ganz aus sich selbst heraus.
1752 kam er, nachdem er in Leipzig die Universität besucht hatte, nach Berlin
und wurde bald, ohne, wie es scheint, jemals zu malen, einer der geschätztesten
Zeichner und Radierer des ganzen Zeitraums, dessen Spezialität namentlich Entwürfe zu allen möglichen Vorlagen für Vignetten, Goldschmiedearbeiten, Stickereien,
Vasen, Dekorationen, Statuen, Theaterkostüme und dergl. bildeten. Besonders
beliebt waren seine Arbeiten für Taschenkalender und Almanachs. Während
Chodowieckis Direktorat war er Rektor, seit dessen Tode Direktor. Er starb am
2. Februar 1805. — Daniel Chodowiecki wurde am 16. Oktober 1726 in Danzig
geboren und wuchs in einer angesehenen und gebildeten Kaufmannsfamilie heran.
Nach dem Tode des Vaters, im Jahre 1740, gleichfalls für den Kaufmannsstand
bestimmt, widmete er sich zunächst in seiner Vaterstadt, dann zu Berlin im Geschäfte seines Oheims diesem Beruf. Immer mächtiger aber kamen seine künstlerischen Neigungen zum Durchbruch, so dass er die kaufmännische Thätigkeit im
Jahre 1754 aufgab und sich ganz der Malerei widmete. Er war damals schon in
weiteren Kreisen bekannt, namentlich als Portraitmaler in Miniatur, in Wasserfarben
und in Emaille; als solcher wurde er auch in die Akademie aufgenommen. Später
schuf er besonders Bilder aus dem kleinbürgerlichen Leben, Illustrationen für zeit-
genössische Lieblingsbücher. Er starb am 7. Februar 1801. S. seine Lebens-
beschreibung von Wolfgang von Oetlingen, Berlin, 1895. — Müller a. a. O.,
S. 111 bis 114; Festschrift S. 49, 50.

wolle. Diese auf die Hebung des Kunstgewerbes gerichteten Vorschläge lauteten:

1. Es ist nicht nöthig, die Maler-Akademie, nach allen ihren
besonderen Fächern betrachtet, mit Sachen zu beschäftigen,
die in das Bauwesen und verschiedene Gewerke, Künste
und Manufacturen einen Einfluss haben;

2. Es ist vielmehr vor der Hand genug, auf einige Mitglieder
dieser Akademie Rücksicht zu nehmen, die in der verlangten
und bereits umständlich erwähnten Art von Zeichnungen
und Ausbildungen eine besondere Geschicklichkeit haben.
Dabei würden ausser den schon erwähnten Kupferstechern
und Malern Meil und Chodowiecki noch der Historienmaler
Rode und der Bildhauer Meyer in Frage kommen.[1]

3. Das aus diesen Mitgliedern bestehende und dem General-
Direktorium zu unterstellende Kollegium müsste zunächst
die Schüler der Akademie zu geeigneten Künstlern heranbilden;

4. Sodann hätte es, wenn künftig für die Anfertigung besonders hervorragender kunstgewerblicher Erzeugnisse Prämien ausgesetzt werden, Gutachten abzugeben; ferner

5. Müsste dieses Kollegium dahin angehalten werden, dass es
aus der Verbesserung und Erfindung jeder in den Fabriken,
Manufakturen, Gewerken, Künsten und Handwerkern nöthigen
Zeichnungen sich eine Hauptbeschäftigung mache, und
jährlich das Beste davon in besonderen Sammlungen publi-
zire, doch so, dass auch die übrigen Mitglieder der Akademie, besonders die bereits und künftig pensionirten, das
Ihrige dazu beitragen;

6. Jeder Fabrikantarbeiter soll bei diesem Maler-Kollegio sich
wegen Auswahl und Verbesserung seiner zu gebrauchenden
Modelle und Zeichnungen Raths erholen können, jedoch
nach Befinden der auf die Beurtheilung und Verbesserung
zu verwendenden Mühe, gegen Erstattung der Unkosten
und einer proportionirten Belohnung; endlich kann

7. nach dem guten Fortgang dieses Anfangs die Sache dahin
gedeihen, dass nicht nur diejenigen, die bei Fabriken, Gewerben u. s. w. zu Zeichnungen gebraucht werden wollen,

---

[1] Christian Bernhard Rode war der Sohn eines Berliner Goldschmieds
und entfaltete eine überaus reiche Thätigkeit als Freskomaler, Oelmaler, Zeichner,
Radirer, Stecher, ein gewandter, mehr flotter als korrekter Schnellmaler seiner
Zeit, der auch in seinem Hause eine Art Privatakademie einrichtete, die eine Zeit
lang gut besucht, bald aber wieder gemieden wurde, da es ihm ebensowenig gegeben
war, ordentlich zeichnen zu lehren, wie selbst gewissenhaft zu zeichnen. Er fertigte
namentlich die Wand- und Deckenmalereien für Kirchen, Privatpaläste und den
Hof. — Friedrich Elias Meyer (1723—1785) war Modellmeister auf der Berliner
Porzellan-Manufactur, er wurde am 8. Mai 1783 in der Akademie gewählt und bewährte sich als fleissiger Bildhauer. Müller a. a. O., S. 115, 116, 129; Festschrift S. 30.

sich bei dem Maler-Kollegio examiniren lassen, sondern auch die Fabrikanten selbst ihre Zeichnungen, zumal von schönern Stücken, zum Examine und Verbesserung, gegen eine kleine Gebühr einschicken. —

Diesem Plane wurde indessen keine weitere Folge gegeben, so dass die Wirksamkeit der Akademie auch in den nächsten Jahren in der Hauptsache auf den Unterricht in der Zeichenschule beschränkt blieb. Um von dieser unfähige und unfleissige Schüler fernhalten und ausschliessen zu können, auch der damals eintretenden Ueberfüllung der Klassen zu begegnen, erging am 18. August 1781 eine „Nachricht an diejenigen Eltern, Vormünder, Vorgesetzten u. s. w., die ihre Kinder, Untergebene u. s. w. die Zeichenclasse bey der Königlichen Mahler-Academie allhier besuchen lassen, oder besuchen lassen wollen". Ihr ist unter Anderem folgendes zu entnehmen: 1. Die Zahl der Schüler wird auf 100 herabgesetzt. Niemand wird eher zugelassen, als bis ein Platz frei ist.[1]) 2. Niemand soll unter dem zwölften Jahre angenommen werden, „weil mehrentheils vor diesem Alter jede Jugend einen weit heftigeren Hang zu Spielgeschäften als Zeichenlust bezeiget, und der äusserliche Trieb noch mit keiner richtigen Beurtheilungskraft verbunden seyn kann." 3. Jeder Schüler hat alle drei Monate eine Probearbeit anzufertigen und bei der Akademie niederzulegen. Nach Ablauf eines Jahres wird auf Grund dieser Zeichnungen vom Direktor und einigen Mitgliedern entschieden, ob der Schüler sich auch ferner an dem Unterricht betheiligen darf ... Um Parteilichkeiten zu vermeiden, sollen die Probezeichnungen nicht den Namen, sondern nur die Zahl enthalten, unter der der Schüler in der Liste der Akademie eingetragen ist. 4. Ueber den Lehr- und Stundenplan wird bestimmt: a) Die zum Unterrichte im Zeichnen festgesetzten Tage sind Mittwochs und Sonnabends von 9—11 Uhr Vormittags und von 2—4 Uhr Nachmittags. Jeder Lernende muss sich zu der ihm angewiesenen Zeit richtig einstellen, sintemalen es keinem erlaubt ist, wüllkürlich entweder des Vor- und Nachmittags zugleich, oder auch bald Vorbald Nachmittags sich einzufinden. b) In den vier Sommermonaten Majo, Junio, Julio und Augusto wird Mittwochs und Sonnabend Nachmittags von 4—6 Uhr nach denen bey der Academie befindlichen Antiquen, Statuen und Bas-Reliefs gezeichnet und ein jeder Lustbegierige in diesem Fache, wenn er hinlänglich Fähigkeit hiezu hat, wird nach vorgesehener Meldung bey dem Directore herzu-

---

[1]) Im Jahre 1783 waren nach einem Immediatberichte des Direktors Rode in den drei untersten Klassen schon wieder 160 Schüler vorhanden. In diesem Bericht findet sich die bemerkenswerthe Stelle: „In diesen unteren Classen haben sich viele geschickte Zeichner gebildet, worunter verschiedene von Ew. Königl. Majestät Artillerie-Corps sind und augenscheinlich hat dieser unterricht sehr geschickte Kunst- und Fabrik-Arbeiter hervorgebracht und viel Einfluss auf den guten Geschmack in allerley Arbeit gehabt."

gelassen. c. Nach dem lebendigen Modelle hingegen wird Winters in den vier Monaten Novembri, Decembri, Januario und Februario, und zwar des Dienstags, Mittwochs, Donnerstags und Freytags Abends von 5—7 Uhr, studirt, jede Woche aber dem Modelle eine andere Stellung gegeben. Diejenigen, die sich den bildenden Künsten widmen oder sonst nach Vergnügen sich hierin befleissigen wollen, haben sich vor der gesetzten Zeit bey dem Directore zu melden. d. Die Collegia der Mathematic, die bey der Academie gehalten werden und worin alle, die sich den bildenden Künsten widmen, nothwendig unterrichtet seyn müssen, sind: 1. Die Geometrie, welche Mittwochs und Sonnabends Nachmittags von 2—4 Uhr gelehrt wird und mit dem Monathe Octobri anfängt. 2. Die Architectura civilis, welche Mittwochs und Sonnabends Vormittags von 9—11 Uhr gelehrt wird und mit dem Monathe Octobri anfängt. 3. Die Perspectiva nebst der Optic, welche Mittwochs und Sonnabends Vormittags von 9—11 Uhr gelehrt wird und mit dem Monathe Majo anfängt. Es wird aber niemand zu einem dieser letzteren collegiorum zugelassen, bevor er nicht die Geometrie erlernet hat."

Einen neuen Aufschwung nahm die Akademie, als Friedrich der Grosse durch Kabinetsordre vom 25. Januar 1786 dem Geheimen Staats-, Kriegs- und wirklichen dirigirenden Minister und Ober-Berghauptmann Friedrich Anton Freiherrn von Heinitz die Oberaufsicht über die Anstalt übertrug. Dessen Streben war, den Absichten entsprechend, die dem König schon bei dem Gedanken der Vereinigung mit dem Ober-Bau-Departement vorgeschwebt hatten, die Akademie nicht nur in künstlerischer Beziehung zu beleben, ihr Ansehen und ihre Bedeutung nach innen und aussen zu heben, sondern sie auch mehr als bisher in den Dienst der Allgemeinheit, der Volkswohlfahrt zu stellen. „Wir haben keinen anderen Zweck und keinen anderen Wunsch", sagte er bei der Aufnahme des Ministers, Grafen von Hertzberg in die Akademie im Jahre 1788, „als die National-Industrie zu erhöhen und, sowie England und Frankreich in den westlichen, Italien in den südlichen Provinzen Europas die Künste zur wichtigen Quelle eines einträglichen Finanzzustandes machen, so Berlin und die Preussische Monarchie zum Depot derselben in den nördlichen Gegenden unseres Welttheils vorzubereiten. Auf diesen wichtigen Zweck zielt alles, was jetzt bei uns zur Verbesserung der Zeichenschulen und der Bildhauerkunst geschieht, alle ausserordentlichen Belohnungen der Kunst des Kupferstechers, die Errichtung einer Kunst- und Buchhandlung der Akademie, die öffentlichen Kunstausstellungen und dergleichen."[1])

---

[1]) Monatsschrift der Akademie der Künste und mechan. Wissenschaften, Berlin 1788, S. 149. — Seinen Reform-Absichten hat Heinitz auch gelegentlich der Ausarbeitung des neuen Reglements für die Akademie vom 26. Januar 1790 (s. unten) in folgenden Worten Ausdruck gegeben: „Die Absicht der Akademie muss sein, 1. den Künstlern durchs Leben Zeichnen und durch die Lehrstunden

Schon am 1. Februar 1786 erstattete Heinitz dem König einen ausführlichen Bericht, in dem er darlegte, dass die Akademie nach genauer Untersuchung bei dem so geringen Fonds von jährlich 200 Thalern dem Verfall ganz nahe sei, dass diese Anstalt aber dem Staate sehr nützlich werden könne, wenn man darauf sehe, nicht nur Maler, Bildhauer und Kupferstecher auszubilden, sondern ausserdem mehr auf besseren Unterricht solcher Handwerker Bedacht nehme, die bei ihren Arbeiten Ordnung, Geschmack und Belehrung nöthig hätten, wie dergleichen Akademien in Nürnberg, Augsburg, England und Frankreich wären. An diesen würden den Handwerkern gute Modelle von ausländischen Erfindungen vorgezeigt, man muntere sie durch Preise auf, selbst zu erfinden; ferner würde bei diesen auch alljährlich eine Ausstellung von Kunstsachen angeordnet, in der das Publikum Gelegenheit hätte, gute Meister in ihrem Fache kennen zu lernen und die Arbeiten der Künstler zu beur-

---

alle Hülfs-Mittel, soviel möglich ohnentgeldlich zu verschaffen, nicht aber zu viel Mahler und Bildhauer anzuziehen, die dem Staate zuletzt nichts nutzen können; wohl aber Kupferstecher, Mahler und Modelleure bey der Porcellan-Fabrique sowie auch dessinateure für fabriquen zu bilden, 2. die Akademie für fremde hierher kommende Künstler nutzbar zu machen, welche, um ihre Studien, beym Gebrauch der Galerien von Gemälden in Statuen der Antiquitäten-Sammlungen etc. fortzusetzen, sich gewis hierher begeben werden, 3. Hauptsächlich aber die Handwerks-Schule so einzuleiten, damit ein jeder in seinem Fach mit dem regelmässigen und Einfachen darin bekannt werde. 4. Die hiesige Academie muss sich bemühen, selbst strenger aber auch unpartheiischer Kunstrichter zu seyn. 5. Durch ihre academischen Schriften sich selbst und andere mit dem wissenschaftlichen Unterricht und was ihr von fremden und eigenen producten bekannt wird, gemeinnützig zu machen. 6. Bey den Ausstellungen, ausser den Mahler- und Bildhauer-Arbeiten, das Publicum auch mit anderen guten und geschmackvollen, demselben öfters unbekandten Arte factis bekannt zu machen." — Heinitz war am 14. Mai 1725 in Dröschkau geboren, wurde bis zu seinem achten Lebensjahr im väterlichen Hause durch Hauslehrer sehr sorgfältig erzogen, kam dann nach Schulpforta. 1743 nach Kösen zu dem Bergrath Borlach, in dessen Haus er ein halbes Jahr lang im Zeichnen, Modelliren, der Mechanik und dem ganzen Salzwerkshaushalt Unterricht erhielt. In der nächsten Zeit machte er sich in Dresden und Freiberg theoretisch mit dem Bergbau bekannt, worauf er bergmännische Studienreisen in Böhmen und Sachsen ausführte. Von 1747 bis 1763 stand er im Braunschweigischen Bergdienste, während welcher Zeit er Studienreisen nach Dänemark, Schweden und Ungarn unternahm. Im Jahre 1763 berief ihn Kurfürst Friedrich Christian als Geheimen Kammer- und Bergrath nach Dresden, welchen Posten er 1764 übernahm; 1765 begründete er die Bergakademie Freiberg. Nach dem Austritt aus sächsischen Diensten bereiste er 1775 bis 1777 Westdeutschland, Frankreich und England. Im Februar 1777 wandte sich Friedrich der Grosse an ihn mit der Anfrage, ob er an Stelle des Staatsministers Weitz Freiherrn von Eschen als Chef des Bergwerks- und Hüttendepartements und als Oberberghauptmann in seine Dienste treten wolle. Im April desselben Jahres kamen die Unterhandlungen zum Abschluss, im September übernahm er sein Amt; 1783 wurde er auch zum Chef des Accise-, Zoll- und Fabriken-Departements, 1786 zum Kurator der Kunstakademie ernannt. Friedrich Wilhelm II. übertrug ihm 1787 das Provinzial-Department von Westfalen und Neuschatel und nachher auch das Salzdepartement, das bis 1795 mit dem Bergwerksdepartement vereinigt blieb. — Siehe Näheres in der Vorrede zur Beschreibung der Kunstwerke auf der Ausstellung der Akademie von 1802 S. VII—XXXV, Berlin 1802.

theilen. Um der Berliner Akademie nach dieser Richtung hin zu
Hülfe zu kommen, schlug Heinitz vor, den Ueberschuss der Berg-
werks- und Hüttenkasse oder auch nur die Hälfte davon dem akademischen Fonds zur Unterstützung zu geben. Auf diesen letzteren
Vorschlag ging der König nicht ein, da er diese Gelder nicht entbehren könne, wohl aber willfahrte er der weiteren am 4. Februar von
Heinitz an ihn gerichteten Bitte, die freigewordenen Pensionen der
verstorbenen Maler Dubuission und Calau im Betrage von 400 Thalern
zur Aufbesserung der Lehrergehälter und zu der Bestreitung der
Unkosten für Preise und Modelle, namentlich lebende Modelle,
dauernd zur Verfügung zu stellen.

Am 11. Februar 1786 berief Heinitz alle noch vorhandenen
Mitglieder und Lehrer der Akademie in seine Wohnung, um mit
ihnen über die nothwendigen Reformen zu berathschlagen. In dieser
Konferenz wurde eine Anzahl wichtiger Beschlüsse gefasst. Statt
des früheren Protektors und Substituten übernahm der Minister von
Heinitz die Oberaufsicht und das Curatorium der Akademie, der
jährliche Wechsel im Rektorat wurde abgeschafft und die Direktor-
stelle für „perpetuirlich" erklärt, die Zahl der Rektorstellen wurde
von vier auf sechs erhöht, die ehemaligen Adjunkten blieben mit
Rücksicht auf diese Vermehrung der Rektoren vor der Hand ausser
Betracht, die drei vorhandenen Professoren der Mathematik und
Zeichenkünste wurden aufs neue bestätigt und für das Zeichnen
noch ein Gehülfe angenommen, diejenigen, die ausschliesslich in
den Zeichenklassen unterrichten, sollten nur „Informatores" heissen,
ohne die Rechte, den Rang und den Titel der Professoren. Die
Aufnahme „kunstliebender Subjecta" als Ehrenmitglieder wurde beschlossen, da dies nicht nur zur Ausbreitung des Ruhmes der Akademie,
sondern auch zur Beförderung ihres wahren Nutzens gereichen würde.
Die Bestimmung des alten Statuts, nach welcher jeder Künstler
jährlich ein Kunstwerk seines Faches für die Akademie anfertigen
sollte, wurde aufgehoben und statt dessen die Veranstaltung jährlicher öffentlicher Ausstellungen von Kunstwerken beschlossen. Die
ausgestellten Werke sollten „beurtheilt und mit Prämien, allenfalls
auch, nach befinden der Umstände mit denen ad § 11 (des Statuts)
erwähnten akademischen Patenten" ausgezeichnet werden. Ferner
setzte man Näheres fest über die monatlich, vierteljährlich und
jährlich abzuhaltenden verschiedenen Konferenzen, über die Einrichtung des Zeichnens nach dem Leben, worüber noch weitere
Vorschläge nach dem bei der Pariser Akademie zu ihrer Zeit eingeführten Modum mitgetheilt werden sollen, über die Besoldung der
Professoren, die Erhöhung der Aufnahmegebühren, die akademischen
Gesetze, die Rangordnung u. s. w. Alle diese Beschlüsse wurden
vom Könige gebilligt, der ferner durch Dekret vom 29. April 1786
die im § 11 des Statuts den akademischen Künstlern gegebenen

Privilegien nicht nur bestätigte, sondern auch „die von ihnen verfertigten und von der Akademie anerkannten Kunststücke" gegen unbefugte Nachahmung schützte.

Vor Allem aber suchte Heinitz den Wünschen des Königs gemäss die Akademie unmittelbar für die Hebung des Gewerbestandes nutzbar zu machen. Es wurde zu dem Zwecke die Einrichtung der sogenannten „Akademischen Künstler" geschaffen. Darunter verstand man Kunst- und Gewerbetreibende aus dem höheren Handwerks- und Fabrikbetriebe, die sich für das Schöne empfänglich zeigten, selbst Erfindungskraft hatten und ihre Arbeiten in höhere Sphären rücken wollten; sie reihten sich, nicht als Mitglieder der Akademie, — dies konnten auch in der Folge nur ausübende Künstler werden, — sondern als von der Kunst anerkannte Meister ihres Gewerkes durch die ihnen ertheilten Patente der Akademie an und erhielten dadurch Privilegien.[1]

Des Weiteren forderte Heinitz unter dem 10. April 1786 die Rektoren der Akademie auf, Vorschläge zu machen, „auf was für Art eine Zeichenschule für diejenige Jugend, welche sich einem Metier zu widmen gedenkt, der Königlichen Akademie beygefügt werden könne". Hierüber berichteten J. C. Frisch am 29. September 1786 und Meil der Jüngere am 26. Februar 1787.[2] Frisch führte unter Anderem aus: Seitdem die Engländer die schönsten Kunstwerke der Alten so ausnehmend schätzen, und ihre Künstler selbige zum einzigen Ziele der Nachahmung erwählen; seitdem liefern auch die Englischen Fabriken nur solche Sachen, welche sich dem besten Geschmacke nähern. Seitdem diese Nation einen West, eine Angelica so vorzüglich ehrt, welche beyde die Kunst im edelsten Style üben, seitdem hat sich ihr Geschmack ausserordentlich verfeinert, und ihre Fabriken bringen jetzt Kunst- und Mechanische Arbeiten hervor, die von allen anderen Nationen mit Recht so sehr geliebt und gesucht werden.[3]

---

[1] Müller a. a. O., S. 161.

[2] J. C. Frisch, Fragment über die Idee, eine Akademie der Künste in Bezug auf Fabriken und Gewerke gemeinnütziger zu machen. Den 29. September 1786 in einer ausserordentlichen Versammlung der Akademie der bildenden Künste gelesen, welche zur Feier des Geburtstages Sr. Maj. des Königs gehalten worden. J. W. Weil, Gedanken zu einer, unter Aufsicht der Königl. Akademie der Künste u. s. w. zu errichtenden Zeichenschule für Handwerker. Vorgelesen den 26. Februar 1787. Monatsschrift der Akademie, 1788, 1789, S. 67, 154. — Johann Christof Frisch, der 1770 in die Akademie eintrat, später Rektor und nach Meils Tode Direktor wurde, war am 9. Februar 1738 in Berlin geboren. Er war von Rode ausgebildet, studirte in Paris und Rom vornehmlich die Antike und die Werke Raphaels, war von Friedrich dem Grossen sehr geschätzt, für den er manche Aufträge in den Schlössern, besonders an den Decken des Neuen Palais und im Marmorpalais zu Potsdam, ausführte, ein guter Leiter und Lehrer und Verfasser zahlreicher Gutachten und Abhandlungen über die Kunst. Er starb am 18. Februar 1815. — Ueber Meil s. o. S. 651.

[3] West, geb. 10. Oktober 1738, gest. 11. März 1820, englischer Maler, Begründer und Präsident der Königl. Kunstakademie, war ein Anhänger der Antike und der klassischen Erzeugnisse der italienischen Schule.

Dieses vorausgesetzt, wird es auch unserer Akademie zur Pflicht, darauf zu denken, auf welche Art es für Berlin am angemessensten sein könnte, diesen Einfluss der Künste auf den Geschmack überhaupt, und besonders auf die Arbeiten der Gewerke, zu befördern. An geschickten Künstlern, grossen Gönnern und Liebhabern der Künste fehlt es unserer Akademie nicht. Das Studium derselben wird nach den besten Grundsätzen betrieben, wovon auch schon rühmliche Zeugnisse abgelegt sind . . . Hauptveränderungen in den Einrichtungen unserer Akademie würde daher dieser Endzweck nicht nothwendig machen. Es würde blos erfordert werden, dass noch bei derselben in besonderen Klassen ein Unterricht im freien Handzeichnen solchen jungen Leuten ertheilt werde, welche sich blos Professionen oder solchen mechanischen Künsten widmen, bei welchen Zirkel und Lineal unentbehrlich, oder doch hinreichend zu dem, was sie bewirken sollen, sind; oder welche, wenn ihre Arbeiten Ungezwungenheit erfordern, solche sonst nur im Mechanismus derselben sehr unvollkommen erlernen. Es scheint, dass eins der Haupthindernisse in Ansehung des Geschmacks bei einigen Professionen, welchen das Handzeichnen unentbehrlich ist, darin bestanden hat, dass selbige eigene Zeichenschulen hielten, in welchen einer aus dem Gewerke in gewissen Stunden der Feiertage Unterricht im Zeichnen ertheilte; entweder weil man glaubte, Niemand könne die Sache besser lehren als derjenige, auf dessen Gewerbe sie Bezug hat oder auch blos aus Mangel einer besseren Gelegenheit. Dies gab also einigen Gewerken ihre eigenen Zeichenschulen, in welchen die Lehrer beständig (welches übrigens nicht ganz zu tadeln ist) Rücksicht auf die Materialien, in denen sie arbeiten, und auf den Mechanismus ihrer Profession nehmen, ohne jedoch jemals, wenn es nicht von ungefähr geschah, eine Idee von edler Simplicität und Einheit in der Mannigfaltigkeit zu haben. Daher der verworrene und kleine Geschmack, welcher durch eine Belastung von Zierrathen die ehemals so geschmacklosen deutschen Arbeiten auszeichnete, welche wir vorzüglich aus Augsburg und Nürnberg erhielten.

Diesem Uebel wird eine Akademie der bildenden Künste gewiss Schranken setzen können, wenn sie alle jungen Leute, die sich Professionen widmen, zu Eleven aufnimmt, und dieselben, bis zum Figurenkopiren nach Handzeichnungen, niemals in der Art des Unterrichts von denjenigen trennt, welche sich den Künsten widmen. Denn da die eigentlichen Gestalten aller Gegenstände gewissermassen von Linien umschrieben werden, da diese äusseren Linien auch das am meisten Bezeichnende derselben sind, und in der Richtung und Schwingung dieser Linien alles dem Auge Gefällige oder Missfällige enthalten ist, so wird es sehr begreiflich, wie das Nachzeichnen der Umrisse des menschlichen Körpers, welcher unter allen Gestalten, die die Natur hervorbringt, die mehreste Schönheit und Mannigfaltigkeit enthält, sowohl das Auge als die Hand übt, diese schönen, auseinander fliessenden und dennoch kontrastirenden Linien darzustellen . . . Frisch verlangt dann, dass die Erzeugnisse der Gewerbetreibenden folgenden Forderungen des Geschmacks genügen: Das Ganze soll eine einfache und schöne Form darstellen; die Theile in ihren Grössen abwechseln und kontrastiren; das Symmetrische so viel als möglich, und das Schwere ganz vermieden sein; hingegen ein gewisses Gleichgewicht beständig beobachtet, auch grosse Massen, die dem Auge einen Ruhepunkt geben, sorgfältig angebracht sein, der Gegenstand mag Leichtigkeit oder Festigkeit zum Hauptendzweck haben.

„Nach solchen Grundsätzen also würde", so fährt Frisch fort, „einem Professor der Akademie, unter dessen Aufsicht Jünglinge, welche sich einer mechanischen Arbeit widmen, und die bisher im Kopiren nach Zeichnungen menschlicher Figuren, oder wenigstens des Kopfes (entweder blos in Umrissen oder nach Schatten und Licht, je nachdem es ihre Bestimmung erfordert) einige Fertigkeit erlangt haben, obliegen, dieselben nunmehr nach anderen, ihrer Bestimmung angemessenen Vorbildern zeichnen zu lassen." Was nun diese Vorbilder betrifft, sollen solche von zweierlei Art sein, da man auch alle Metiers in zwei Klassen theilen könne. Zur ersten Klasse gehören diejenigen Gewerke, deren Arbeiten Festigkeit, Ebenmass und Gleichgewicht in bestimmten Formen darstellen und die ebenso zum Nutzen wie zur Zierde dienen (Mechaniker, Metall-, Stein- und Holzarbeiter), zur zweiten diejenigen, deren Arbeiten mehr zur Zierde als zum Bedürfniss dienen und Leichtigkeit und Ungezwungenheit zeigen müssen (Arbeiter in Seide, auch Lakirer, Ebenisten, Tapezirer, Musterzeichner, Konditoren und Kantenarbeiter). Bei den zur ersten Klasse gehörenden Gewerbetreibenden müsste der theoretische Unterricht in der Architektur, sowie er in der Akademie ertheilt wird, zu Grunde gelegt und sie müssten demnächst angeleitet werden, aus freier Hand alle Verzierungen der Baukunst nachzuzeichnen, desgleichen alle Arten sogenannter Etrurischer und sonst noch vorhandener antiker Vasen, „wie auch Altäre, Dreyfüsse, und was sonst noch von geschmackvollem Hausgeräthe aus der schönen Zeit Griechenlands auf uns gekommen." Die zweite Klasse der Gewerbetreibenden müsste hingegen Gegenstände nachzeichnen, „welche gerade nach der Natur copiret und in dieser Absicht gewählt worden: als Blumen, Früchte, Vögel, Insekten, Festons und auch gefaltete Gewänder. Auch wäre noch hinzuzusetzen, dass in dieser Klasse einige Anleitung zum Mahlen in Wasserfarben oder colorirtem Zeichnen gegeben würde." Besonders betont Frisch noch, „dass eine Akademie nie in den Irrthum verfallen müsse, dergleichen Eleven in denjenigen Hülfsmitteln, welche sie eigentlich von ihren Meistern zu erlernen haben, Unterricht ertheilen zu wollen. Deswegen müssten auch diejenigen, welche bestimmt sind, meist symmetrisch und regulär zu arbeiten, wie Tischler, Steinmetzen u. s. w. dahin angewiesen werden, ohne Zirkel und Lineal, aus freier Hand die architektonischen Verzierungen nachzuzeichnen"; denn der Mann von Geschmack, und selbst der Künstler messe und beurtheile schöne Verhältnisse in der Baukunst richtig, ohne den Zirkel in der Hand, blos mit geübtem Auge.

Die Fragen, welche Stunden für diesen Unterricht zu bestimmen seien, namentlich für solche, die schon in Lehrjahren oder in Arbeit bei Professionisten stehen, ob die Gewerke genöthigt werden könnten, ihren Lehrlingen wöchentlich einige Stunden hierzu frei zu geben, und wie die nothwendigen Vorbilder zu beschaffen seien, wirft Frisch nur auf, ohne sie zu beantworten; er überlässt dies seinem Kollegen Meil.

Meil unterscheidet zunächst zwischen den Aufgaben, die den zur Akademie gehörigen Künstlern und denjenigen, die den Handwerkern obliegen. Nach seiner Ansicht hat sich die Akademie zu bemühen, „das Schöne und Neue allgemein zu bearbeiten und Muster davon aufzustellen"; die Handwerker hingegen „werden es, durch die im Zeichnen erlangte Fertigkeit, in ihre Fabricaten übertragen und bey Verfertigung derselben mit Nutzen anzuwenden wissen." Hiernach würden auch die Verhältnisse der Akademie zu einer Zeichenschule und besonders die Grenzen der letzteren zu bestimmen sein. Der Plan zu einer solchen Zeichenschule ist nach Weils Meinung ganz einfach; er wird immer mit solchen Einrichtungen übereinkommen, welche man schon hie und da in Zeichenschulen hat. Er fliesst aus der Natur der Sache selbst. Denn um Kunst-Fabrikate zu verschönen, braucht man gewöhnlich

1. alle Glieder der Baukunst, welche durch mannigfaltige Verbindung mit andern Körpern, neue Gegenstände der Kunst hervorbringen, und auch ausser den Gebäuden, in allen nur erdenklichen Hausgeräthen angebracht werden,
2. alle leblosen Gegenstände der Natur, insofern sie durch die von der Natur erhaltene eigene schöne Gestalt hiezu benutzt werden können; und endlich
3. alle lebendigen Gegenstände der Natur, von der untersten Klasse bis zum Menschen, insofern sie, unter gewisser Einschränkung, für Handwerker hieher gehören.

Hieraus ergeben sich zwei Klassen, die sogenannte „Reissklasse" für das Zeichnen zu 1, und die „Freihand-Zeichenklasse" für das Zeichnen zu 2 und 3. Als dritte Klasse kommt für diejenigen Gewerbetreibenden, welche „körperliche Fabrikate" anfertigen, die „Bossirklasse" hinzu. In der Reissklasse wird so viel von der Geometrie gelehrt, „dass sich die Lehrlinge einen deutlichen Begriff von den geometrischen Linien, von ihrer Lage gegen einander und von ihrer

Eintheilung machen lernen; dass sie ferner allerlei Fussmass einzutheilen und dieses aus dem Grossen ins Kleine und aus dem Kleinen ins Grosse zu übertragen wissen, dass sie mit Zirkel, Lineal und Reissfedern umgehen und die fünf Säulen-Ordnungen nebst ihren Verzierungen reinlich zeichnen und schattiren lernen, und dass ihnen endlich in dieser Klasse alles erklärt werde, was zur Verfertigung eines architektonischen Grund- und Aufrisses, sowohl im weitläufigen als engeren Verstande gehört, damit Tischler, Maurer, Steinmetz, Zimmerleute u. s. w. und überhaupt alle Metiers, welche körperliche Gegenstände zu bearbeiten haben, sich ihre nöthigen Zeichnungen selbst anfertigen können." In der Freihandzeichenklasse soll „mit den Anfangsgründen der Geometrie und des Zeichnens aus freier Hand begonnen, dann zum Nachzeichnen ganzer Gegenstände, entweder nach Vorzeichnungen des Lehrers oder nach guten Kupferstichen geschritten und dabei so lange verweilt werden, bis die Hand so viel Fertigkeit erlangt hat, dass sie alles, was von Zeichnungen oder Kupferstichen dem Auge vorgelegt wird, bestimmt und mit Leichtigkeit nachzuzeichnen im Stande ist. Alsdann werden die Lehrlinge mit den Körpern selbst bekannt gemacht und endlich zu selbständigen Entwürfen geführt. Am Unterricht in der Bossirklasse, und zwar sowohl in Thon als Wachs, nehmen Gelbgiesser, Gürtler, Schwerdtfeger, Töpfer u. s. w. Theil. Ihnen können die bei der Akademie befindlichen Gipsabgüsse der antiken Simswerke, Basreliefs und anderer Verzierungen, so wie sie sich zu jedem Metier schicken, zum Nachbossiren vorgelegt werden.

Wenn auch alle Gegenstände sowohl der lebenden als leblosen Natur sich zu Verzierungen eignen und deshalb gezeichnet werden sollen, so müssen doch beim Nachzeichnen des Menschen durch den Schüler gewisse Grenzen innegehalten werden. Es ist genug, wenn ihnen die Eintheilung des Menschen bekannt gemacht wird und wenn sie im Nachzeichnen einzelner Theile desselben, wäre es auch nur nach blossen Umrissen, geübt werden. Denn obschon der Mensch, sowohl bei seinen äusseren Umrissen, als auch bei den zusammenlaufenden Muskeln dem Auge des Zeichners die mannigfaltigsten Schönheitslinien darbietet und seiner Hand bei fleissiger Uebung im Nachzeichnen derselben die Fertigkeit verschafft, alle übrigen Gegenstände der Natur weit leichter nachzuzeichnen, so gehört doch, ehe es der Zeichner zu dieser Fertigkeit bringt, durch welche er diese Linien einsehen und anwenden lernet, sehr viel Zeit dazu. Diese Zeit kann ein Handwerker nicht darauf verwenden; er muss vielmehr, will man dem Zwecke, dass dieser Unterricht blos für Handwerker bestimmt sein soll, treu bleiben, auf dem kürzesten Wege seinem Meister zugeführt werden. Es liegen in den Umrissen antiker Gefässe und Urnen, in den Blumen und Pflanzen, und in dem aus diesen letzteren zusammengesetzten Laub-

werke so viel mannigfaltige Formen und Schönheitslinien zur Uebung
für Auge und Hand, dass ein Nachzeichner, wenn er sich dieselben
gehörig zu eigen gemacht hat, schon hinlängliche Schätze besitzt,
seine Arbeiten damit zu verfeinern. Geht man mit einem für ein
Handwerk bestimmten Knaben weiter, und zwar so weit, dass er
die Gestalt des Menschen richtig und gut nachzeichnen und den
Werth derselben hat einsehen lernen, dann wird der Reiz zur Kunst
für ihn schon zu gross, und er wird nun aus Stolz kein Handwerker,
weil er sich dadurch zu erniedrigen glaubt. Man muss daher die
Knaben, wenn sie nicht ausserordentliche Fäkigkeiten zur Kunst
zeigen, vor diesen Reizen zu hüten suchen, weil es doch allemal
weit besser ist, dem Staate viele arbeitende Handwerker, als viele
müssige sogenannte Künstler zu erziehen. [1])

---

[1]) Aehnliche Gedanken finden sich bei Heinr. Meyer in seiner in den
Propyläen von Goethe abgedruckten sehr beachtenswerthen Schrift „Ueber Lehranstalten
zu Gunsten der bildenden Künste": Die Lehranstalten für zeichnende Künste
müssen, wenn sie ihre Absicht nicht verfehlen sollen, von zweierlei Art sein, welche
beide nie miteinander vermischt werden dürfen. Die einen nennen wir hohe
Schulen der Kunst oder Akademien, wo Künstler erzogen, wo die bildenden
Künste alle, im ausgedehntesten, höchsten und strengsten Sinne gelehrt werden.
Die anderen sind Zeichenschulen, wo die Jugend überhaupt im Geschmack, in
Nachbildung der Formen, das Nothwendige und Nützliche, was im gemeinen Leben
anwendbar und in den mancherlei Geschäften desselben zu brauchen ist, erlernen
kann. Kunstakademien sind in grosser Anzahl weder möglich noch nöthig, sie erfordern beträchtlichen Aufwand an Besoldungen nebst einem kostbaren und
seltenen Apparat und die gegenwärtige Zeit vermag nicht viele Künstler zu beschäftigen. Der Welt wird in jedem überflüssigen Maler oder Bildhauer ein nützlicher
Bürger entzogen; darum ist es allerdings schon genug, wenn sich jederzeit nur so
viele Talente zur Kunst ausbilden, als erforderlich sind, den Geschmack im Allgemeinen aufrecht zu erhalten und die untergeordneten Institute der Zeichenschulen mit tüchtigen Lehrern zu versehen. Die letztere Art von Anstalten ist
hingegen überall nothwendig und sollte, so viel als möglich ist, noch vermehrt
werden; denn kaum ist ein Städtchen, eine Gemeinde so gering und klein, wo eine
Zeichenschule überflüssig scheinen könnte, weil kaum ein Handwerk, eine bürgerliche Beschäftigung ist, bei welcher ein angemessener Unterricht im Zeichnen nicht
nützlich sein sollte. Wenn der Handwerker einen gewissen Kunstbegriff mit seiner
Arbeit verbindet, so wird er Alles mit mehr Zierlichkeit und Genauigkeit machen.
Nicht nur die äusseren Formen seiner Werke, sondern auch die übrigen wesentlichen Eigenschaften der Bequemlichkeit und Dauerhaftigkeit werden dabei gewinnen.
Man klagt so viel über die schiefen Linien, unrichtigen Winkel u. s. w. an den
Arbeiten der Zimmerleute, Tischler, Tüncher, Glaser, Schlosser, Schmiede,
Wagner u. s. w. und wie leicht wäre es, diesem Uebel zu steuern, dadurch, dass
die Handwerker überhaupt im Zeichnen mit einiger Sorgfalt unterrichtet würden,
damit ihnen das Schiefe, Krumme in dem Auge selbst weh thäte und sie das Un-
schickliche, Abgeschmackte hassen lernten.

Indem nun aber unsere Handwerker selten einen Unterricht in den ersten Grundsätzen des Nothwendigen, Gehörigen, Geschmackvollen erhalten, so sind sie sogar
genöthigt, dass sie durchaus Selbsterfinder sein müssen; oder kaum finden sich
hier und da, bei grossen Fabriken, schlechte Halbkünstler angestellt, welche die
Modelle verfertigen. Vormals war dieses anders, denn wir sehen öfters an
geringem Hausgeräthe der Alten die Schöpfung eines schönen Geistes, Gedanken
und Erfindungen vorzüglicher Künstler, und so sollte es auch bei uns sein! Denn
indem wir den Handwerker zum Erfinden nöthigen, machen wir ihn zum Pfuscher, weil
er den ihm angewiesenen Bezirk überschreiten muss. Er sollte sich blos mit der mechanischen Ausführung zu beschäftigen haben, nach Vorschriften arbeiten, aber äusserst

Besonderes Gewicht legte endlich Meil darauf, dass sich auch die Gesellen am Unterrichte betheiligen; nur müsste man mit diesen Leuten, welche insgemein wenig müssige Zeit haben, einen kürzeren Weg gehen und ihnen sowohl beim Zeichnen als Bossiren dasjenige vorzüglich vorlegen, was sie bei ihrem Metier sogleich benutzen könnten. Denn ein Geselle, der sein Metier bereits gelernt habe und sich demungeachtet entschliesse, gleichsam von Neuem in die Lehre zu gehen, müsse schon grosse Liebe zur Kunst haben und von derselben viel Nutzen für sein Metier erwarten. Diese Erwartung müsse man dadurch zu befriedigen suchen, dass man ihnen die Mittel, sich einen solchen Nutzen zu verschaffen, möglichst erleichtere.

Schon im April 1787 wurde die Kunst-Zeichenschule eröffnet. Sie stand unter unmittelbarer Aufsicht des Direktors B. Rode, die ersten Lehrer waren die Professoren Krüger und Eckert.[1] Im Sommerhalbjahr, von April bis Ende September, wurde der Unterricht an vier Tagen in der Woche, Nachmittags von $4^1/_2$ bis 7 Uhr ertheilt; seit 1789 waren die Zeichenstunden Montags und Donnerstags von $4^1/_2$ bis 7 Uhr, die mathematischen Stunden Mittwochs und Sonnabends von 5 bis 6 Uhr; von 1790 ab war Sonntags-Unterricht eineingeführt. Man knüpfte an das neue Unternehmen grosse Hoffnungen, zumal sich schon im ersten Halbjahre 55 Gesellen und 57 Lehrburschen am Unterricht betheiligten. Bergrath Moelter, der am Geburtstage Friedrich Wilhelms II. am 5. Oktober 1787 eine aus-

---

sauber und genau, gefügig, passend, dauerhaft. Dieses sind unerlässliche Forderungen; um aber solche erfüllen zu können, muss er eine Zeichnung, einen Grund- und Aufriss verstehen, mit Zirkel, Lineal und Winkel umgehen lernen. Deswegen und auf dass ein jeder einigermassen gebildet werde, Gefühl und Erkenntniss vom Besseren und Schlechteren der Formen, vom Zweckmässigen, vom Schicklichen erlange und den Künstler verstehen und schätzen lerne, soll er im Zeichnen unterrichtet werden . . . Der Unterricht selbst muss den Fähigkeiten, und vorzüglich der Bestimmung der Schüler gemäss eingerichtet werden. Der Meister verliert seine Zeit und der Schüler die Frucht seiner Bemühungen, wenn man hierauf nicht sorgfältig achtet. Ein Knabe, der ein mechanisches Handwerk treiben soll, darf weder Landschaften noch Figuren zeichnen, sondern er soll seinen Fleiss auf Dinge wenden, die ihm unmittelbar nützen können. Maurer, Zimmerleute und dergleichen sollen vornehmlich mit Winkeln, Lineal und Zirkel umgehen lernen; Steinhauer, Schlosser, Tischler, Wagner bedürfen schon etwas mehr, man muss ihnen, wenn sie erst jenes begriffen haben, Zierrathen und Laubwerk vorlegen, weil sie bei ihrer Arbeit oft dergleichen bedürfen. Schnitzer, Stuckaturarbeiter und Goldschmiede nähern sich bereits den Künstlern und müssen es, im Fach der Ornamente, bis zu einem gewissen Grad der Meisterschaft gebracht haben . . . .

[1] Professor Johann Konrad Krüger war vom 23. Juni 1770 ab als Maler mit einem Gehalt von 10 Thlr. vierteljährlich beschäftigt, seit Februar 1771 erhielt er 15 Thlr., seit 1775 20 Thlr. Er war am 6. Januar 1733 in Dessau geboren, lernte bei Thomas Huber, hielt sich einige Zeit in Dresden und Polen auf und kam 1768 nach Berlin. Ausser mehreren Oelporträts rühren von ihm eine grössere Anzahl von Kupferplatten zu Schröks Weltgeschichte und Ansichten von Rheinsberg her. Krüger wurde am 12. Juli 1788 auf seinen eigenen Antrag, da mit zunehmendem Alter „sein mürrisches Wesen" wachse, im Fach der Ornamente, unter Anerkennung seiner Verdienste pensionirt. — Heinrich Gottlieb Eckert war nach Müller ein „mittelmässiger, aber eifriger" Kupferstecher; geboren zu Berlin am 13. Februar 1751, gestorben am 19. Februar 1817 ebenda. Müller a. a. O., S. 127, 128.

führliche Festrede hielt, führte, nachdem er zuvor auf die vielfachen Gnadenbeweise, die der König der Akademie habe angedeihen lassen, hingewiesen hatte, in Bezug auf die vor einem halben Jahre eröffnete Schule aus:

Es ist in die Augen leuchtend, was für grosse und wichtige Fortschritte sich die vaterländische Kunst von dieser Gnade unseres vielgeliebten Königs versprechen darf! Aber nicht blos auf die eigentlichen Künstler, sondern selbst für Handwerker, und zwar für diejenigen, welche zu mehrerer Vervollkommnung ihrer Arbeiten in irgend einer Beziehung Kunstkenntnisse nöthig haben, erstreckt sich die Sorgfalt der Akademie. Der patriotische Curator derselben suchte diesen Wirkungskreis auf eine für den Staat gewiss sehr nützliche Art dadurch zu erweitern, dass er in dem verwichenen Jahre bey der Akademie eine Kunst-Zeichenschule für Handwerker errichtete, deren Arbeiten sich vorzüglich durch Schönheit, Ungezwungenheit und Leichtigkeit empfehlen, wie auch für diejenigen unter denselben, die zwar ihren Arbeiten den vorzüglichsten Werth. durch Festigkeit und Ebenmass geben müssen, aber doch diesen Werth durch Anmuth der Formen und Geschmack in den Verzierungen ausnehmend erhöhen können. Nach einem gut durchdachten, zweckmässigen Plane wurde diese Kunstzeichenschule im April dieses Jahres eröffnet, in welcher, unter der unmittelbaren Aufsicht unseres verdienstvollen Herrn Direktors Rode, die Herren Professoren Krüger und Eckert bereits sechs Monate hindurch, mit dem rühmlichsten Fleisse den fasslichsten und lehrreichsten Unterricht ertheilt haben. Diesen Unterricht erhalten die Zöglinge dieses Instituts nicht nur ganz frei, sondern es werden ihnen sogar auf Kosten der Akademie alle zum Zeichnen nöthigen Erfordernisse, als Papier, Crayon und dergleichen unentgeltlich gereicht. Und da diese Anstalt hauptsächlich für die Gesellen und die schon einige Jahre bey ihren Meistern in der Lehre gestandenen Burschen errichtet worden, so hat man zugleich, damit diese nicht zu viel in ihren eigentlichen Brodgeschäften versäumen, solche Zeiten und Stunden zu ihrem Unterricht bestimmt, welche ihnen die wenigste Versäumniss in ihren gewöhnlichen Arbeiten verursachen.

Es sind nemlich zu diesem Unterrichte jährlich sechs Monate, vom April bis zu Ende Septembers und in diesen wöchentlich vier Tage, als Montag, Mittwoch, Donnerstag und Sonnabend, des Nachmittags von $4\frac{1}{2}$ bis 7 Uhr, dergestalt bestimmt, dass ein jeder von diesen vier angesetzten Tagen sich die für ihn bequemsten erwählen kann.

Zu dem für dieses Jahr bereits geschlossenen Unterricht sind von nachstehenden Fabricanten und Handwerkern, als:

1. Lackirern, 2. Ebenisten, 3. Tapezirern, 4. Decorateurs, 5. Conditors, 6. Gärtnern, 7. Seidenwürkern, 8. Posamentirern, 9. Blumenfabricanten, 10. Lein- und Damastwebern, 11. Täschnern, 12. Glasern, 13. Stuccateur-Arbeitern, 14. Gold- und Silberarbeitern, 15. Schlossern, 16. Gelbgiessern, 17. Gürtlern, 18. Kupferschmieden, 19. Klempnern, 20. Stellmachern, 21. Sattlern und Riemern, 22. Tischlern, 23. Drechslern, 24. Maurern, 25. Englischen Stuhlmachern, 26. Musicalischen Instrumentenmachern, 27. Büchsenmachern, 28. Büchsenschäftern,

55 Gesellen und 57 Lehrburschen, mithin überhaupt 112 zugelassen worden, und in der kurzen Zeit dieses Unterrichts ist schon so weit gekommen, dass sie die ihnen nöthigen Zeichnungen gehörig anzufangen und zu vollenden wissen, und dass sie die Arbeit selbst schon mit ziemlicher Leichtigkeit verfertigen: desto mehr können wir hoffen, dass späterhin, wenn dieses Institut zu mehrerer Consistenz gekommen, die wohlthätigen Folgen sich in dem Staate verbreiten werden.

So hat die Akademie, unterstützt und belebt durch die wohlthätige Gnade ihres königlichen Beschützers und geleitet durch die einsichtsvolle Führung unseres würdigen Curators, für Alles gesorgt, was sie ihrer Sorge würdig finden konnte, und sollte es noch an irgend einer Art von nützlichem Unterrichte fehlen, die sich ihrer Aufmerksamkeit hätte entziehen können, so ist es gewiss, dass sie denselben mit dem bereitwilligsten Vergnügen veranstalten werde, sobald irgend ein Vorschlag zur Nützlichkeit ihr deshalb gethan wird.

Was den anderen Zweck der Akademie anlanget, theoretische und praktische Beweise ihrer Kunstkenntnisse darzulegen, so ist das verwichene Jahr daran einigermassen fruchtbar gewesen. Die Acten der Akademie liefern davon redende Beweise. Es finden sich in denselben Abhandlungen und Vorschläge einiger unserer akademischen Mitglieder, die der Welt vorgelegt zu werden verdienen, und die ihr auch nicht sollen vorenthalten werden. Nur, um zu zeigen, dass die Bemühungen dieser Männer bereits einen reellen Nutzen bewirkt haben, erwähne ich hier der vortrefflichen Arbeiten eines Frisch über die Idee, eine Akademie der Künste, in Bezug auf Fabriken und Gewerke gemeinnütziger zu machen, und eines Meil, der eben diesen Gegenstand ebenso vortrefflich bearbeitet und den darin zum Grunde liegenden Plan der nun mit so gutem Erfolge errichteten Kunst-Zeichenschule gleichfalls ausgeführt hat . . . .

Nach einem „Tableau von dem Personale der Akademie der schönen Künste und mechanischen Wissenschaften zu Berlin" vom Jahre 1788 waren an der Kunst- und Zeichenschule beschäftigt: Professor Wagner (für die Anfangsgründe der Geometrie, Perspektive und Baukunst), Professor Eckert und Maler Graetsch (für die Zeichnung ganzer Figuren), Zeichenlehrer Sachler und Eleve Kollmann (für die Anfangsgründe im Zeichnen)[1]. —

Ihren vorläufigen Abschluss fand die Reorganisation der Akademie in einem neuen Reglement, das nach sorgfältigen Vorarbeiten, wobei nicht nur die von der Akademie selbst gemachten Erfahrungen, sondern namentlich auch die Einrichtungen und Erfahrungen der auswärtigen Akademien, in Wien, Augsburg, Kopenhagen, Parma und Florenz berücksichtigt worden waren, unterm 26. Januar 1790 von Friedrich Wilhelm II. erlassen wurde.[2])

In den Eingangsworten zu diesem Reglement wird zunächst der „Endzweck" der Akademie dahin zusammengefasst, „dass sie auf der einen Seite zum Flor der Künste sowohl überhaupt beytrage, als insbesondere den vaterländischen Kunstfleiss erwecke, befördere, und durch Einfluss auf Manufakturen und Gewerbe dergestalt ver-

---

[1]) Für die kunstgewerbliche Bedeutung der Akademie spricht es, dass ferner folgende ordentliche Assessoren des Akademischen Senats vorhanden waren: Etatsminister von Wöllner (Justizminister und Chef des geistlichen Departements), Kanzler von Hoffmann, Oberschulräthe Gedike und Meieroth (wegen der anzulegenden Provinzialkunstschulen und die beiden letzteren wegen der öffentlichen Inschriften), Major von Gontard und Geh. Ober-Bau-Rath Riedel (wegen des Bauwesens), der Operndekorateur Verona (wegen der geschmackvollen Operndekorationen), der Geheime Finanzrath Gerhard (wegen der chinesischen Kunst-Bedürfnisse), der Medailleur Loos (wegen der Medaillen und Stempel zu den Münzen), der Ober-Berg-Rath Rosenstiel, als dritter Commissarius der Porzellanmanufaktur, die Vorsteher der Malerei, der Modellmeister. S. auch S. 668, 669.

[2]) Rode arbeitete mit Meil dem Jüngeren, Frisch, Meil dem Aelteren, Berger, Puhlmann, Schadow und Chodowiecki zusammen ein umfangreiches Schriftstück von 61 Folioseiten aus, in dem Reglements für die Zeichen-, Gips-, Anatomie-, Geometrie-, Architektur- und Perspektivklassen entworfen waren, mit einem Anhang, Reglement für die Kunstschule der Handwerker. Chodowiecki machte weitere „unmassgebliche Vorschläge" zu einem Reglement für das Examen der Studirenden in den Zeichenklassen.

edle, dass einheimische Künstler in geschmackvollen Arbeiten jeder Art den auswärtigen nicht ferner nachstehen; auf der anderen Seite aber diese Akademie, als eine hohe Schule für die bildenden Künste sich in sich selber immer mehr vervollkommne, um in Sachen des Geschmacks, deren Beurtheilung ihr obliegt, durch vorzügliche Kunstwerke jeder Art selbst Muster seyn zu können." Von den in 61 Paragraphen zusammengefassten Bestimmungen des Reglements sind hier folgende von besonderem Interesse:

In § 1 behält sich der König vor, selbst Protektor der Akademie zu sein und einen Kurator zu bestellen, der „zu Ausbreitung eines nützlichen Wirkungskreises der Akademie jedesmal einer Unserer wirklichen Staats-Minister seyn soll, und welcher nicht nur die Oberaufsicht über die Akademie haben, sondern auch die Aufnahme und das Beste derselben auf alle Weise beobachten, bey den wöchentlichen Sessionen des akademischen Senats das Präsidium führen und Sorge tragen soll, dass diese wöchentlichen Berathschlagungen besonders wirksam sind, um den einheimischen Kunstfleiss in Sachen des Geschmacks, allenthalben in Unsern Staaten zu erwecken und zu veredeln." §§ 2 und 3 handeln vom Konsulenten (Justitiarius) und Kassen-Kurator. § 4, der die Aufgaben des Direktors bestimmt, lautet: Von Seiten der Akademie aber folgt unmittelbar auf den Kurator der Direktor, welcher ohne Spezialbefehl oder Verordnung keine Neuerung machen, sondern dahin sehen soll, dass die neben ihm sitzenden Mitglieder des akademischen Senats, sich zu den wöchentlichen Sessionen, wobey er selber in Abwesenheit des Kurators den Vorsitz haben soll, gehörig und zu rechter Zeit einfinden. Wenn aber in Abwesenheit des Kurators Sachen von Wichtigkeit vorfallen, dürfen solche ohne dessen Vorwissen von dem Direktor und dem akademischen Senat nicht abgemacht werden. In Ansehung derjenigen Mitglieder, welche die höheren Lehrämter bey der Akademie selbst bekleiden, soll er darauf halten, dass sie von den Fortschritten ihrer Zöglinge dem akademischen Senat gehörig Bericht abstatten. Bei den Lehrern der Kunst- und Zeichenschule aber soll er dahin sehen, dass sie ihre zum Unterricht gewidmete Stunden gebührlich abwarten. Auch soll er die Aufsicht beim Zeichnen nach dem Leben haben, und nicht nur in den ersten zwey Wochen, sondern auch nachher, so oft ihn wieder die Reihe trift, das Modell stellen. Und sollen alle akademische Patente und Matrikel für die Scholaren und Eleven von ihm mit unterschrieben seyn. Was aber die Dauer des Direktorats betrift, so behalten Wir Uns vor, dasselbe jedesmal nach Befinden der Umstände entweder unter den Mitgliedern des akademischen Senats alljährlich umwechseln zu lassen oder es einem vorzüglich geschickten und berühmten Künstler auf Lebenslang zu ertheilen. Durch § 5 wird an Stelle des ehemaligen Dekanus ein Vizedirektor eingesetzt. Der akademische Senat soll nach § 6 „nur aus deren von dem Kuratorio erwählten Mitgliedern bestehen, und es muss in deren Zahl niemand aufgenommen werden, wer nicht eines der höheren Kunstfächer bey der Akademie selbst bearbeitet oder eine der höheren Lehrstellen bei derselben bekleidet, wobey entweder Uebersicht des Ganzen der Kunst oder doch der akademischen Einrichtungen vorausgesetzt wird. In den wöchentlichen Sitzungen des akademischen Senats (§ 7) sollen die Mitglieder die eingesandten Kunstsachen beurtheilen, über die besten Mittel, den guten Geschmack zu verbreiten, sich berathschlagen und sonstige akademische Geschäfte ordnungsmässig erledigen. Sie sollen sich zu dem Zwecke in die verschiedenen Fächer der Manufakturen und Gewerbe, welche des Einflusses der schönen Künste bedürfen, dergestalt theilen, dass einer zum Beispiel auf die geschmackvolle Verzierung der Tischler-, Stuhlmacher-, Stellmacherarbeiten u. s. w., ein anderer der Stuckatur-, Schnitzer- oder Drechslerarbeiten u. s. w. und wieder ein anderer auf die Arbeiten der Kupferschmiede, Zinngiesser, Töpfer u. s. w. sein vorzügliches Augenmerk richte, seine Vorschläge und Zeichnungen dem akademischen Senate zur Prüfung vorlege, und dieser alsdann durch den Unterricht in der hiesigen Kunstschule, und den anzulegenden Provinzial-Kunstschulen, dieselben gemeinnützig zu machen suche. Die §§ 8 bis 20 treffen Bestimmungen über den Unterricht in der Malerei, Bildhauerkunst, Architektur, den mechanischen Wissenschaften, der Kupferstecherkunst, Formschneidekunst, Komposition, in der Theorie der schönen Künste und Alterthumskunde, der Landschaftsmalerei und Prospektzeichnung, dem Zeichnen nach dem Leben, nach Gipsabgüssen und in der Anatomie. § 21 regelt die Obliegenheiten des Sekretärs. Die §§ 23 bis 25 betreffen die Kunstschule, die Provinzial-Kunstschulen und die Vorrechte der Scholaren; sie lauten:

§ 23. Die Lehrlinge und Gesellen solcher Handwerker und Fabrikanten, die zu geschmackvollen Formen und Verzierungen ihrer Arbeiten des Unterrichts im Zeichnen oder in der Geometrie und Architektur bedürfen, als Damastweber, Seidenweber, Florweber, Tapetenwirker, Bortenwirker, Sticker, Spitzenfabrikanten, Kartenmacher, Formschneider, bei Kattunfabriken, Papiertapetenmacher, Bildgiesser, Gypsbossirer, Drechsler, Stuckaturarbeiter, Schnitzer, Steindrechsler, Goldarbeiter, Konditor, Gelbgiesser, Rothgiesser, Kupferschmiede, Zinngiesser, Klempner, Töpfer, Fayencetöpfer, Steingutfabrikanten, Zimmerleute, Maurer, Ofensetzer, Tischler, Stuhlmacher, Stellmacher u. s. w. sollen in der Kunstschule während der Monate April, Mai, Juni, Juli, August und September, zweymal die Woche von halb fünf bis sieben Uhr Nachmittags, im Zeichnen sowohl, als in den Anfangsgründen der Mathematik, in so fern ihnen beydes zu ihrem Metier nützlich ist, unentgeltlich unterrichtet; für diejenigen,

denen es nützlich ist, bossiren zu lernen, auf der Akademie ein
eigener Unterricht veranstaltet und alles, was sie beim Unterricht
brauchen, als Papier, Kreide, Thon, Bossirhölzer u. s. w. ihnen umsonst
gereicht werden.

§ 24. Damit aber der gute Geschmack allenthalben in Unseren
Staaten gleichmässig verbreitet werde, so sollen auch vorzüglich in
denen Gegenden, wo beträchtliche Manufacturen und Fabriken sind,
bey denen es auf eine geschmackvolle Bearbeitung der Sachen
ankommt, Provinzial-Kunstschulen angelegt werden, und zu dem
Ende die bey dem ordentlichen Provinzialschulen und Gymnasien
schon angesetzten Zeichenlehrer einen mässigen Zuschuss aus der
akademischen Kasse erhalten, um den Lehrlingen und Gesellen
solcher Handwerker, welche zu ihrem Metier des Zeichnens bedürfen,
den Sommer über wöchentlich zweimal unentgeltlich Unterricht im
Zeichnen zu ertheilen; und sollen diese Zeichenlehrer künftig aus
der Zahl der akademischen Eleven in Vorschlag gebracht und dieselben mit den nöthigen Originalzeichnungen von der Akademie
versehen werden. Und haben die Lehrer der Provinzial-Kunstschulen
für obige Remuneration von den Fortschritten ihrer Schüler der
Akademie vierteljährlich Bericht abzustatten.

§ 25. Von den Professionisten aber, welche sich wegen ihrer
Arbeiten am nächsten an die schönen Künste anschliessen, und
welche als Scholaren der Kunstschule ihren Kursum bey der Akademie
oder in den Provinzialkunstschulen gehörig vollendet, sollen diejenigen, welche sich vorzüglich ausgezeichnet haben, namentlich in
die akademische Matrikel eingetragen werden, und als unter dem
Schutz der Akademie stehende, und bei ihr immatrikulirte Künstler,
nach der Verordnung vom 29. April 1786,[1] allem Gewerkszwange
entnommen seyn; und soll die Akademie von denjenigen Manufakturisten, bey welchen es auf das Geschmackvolle in der Arbeit
ankommt, und welche sich bey ihr oder nach ihr gebildet haben,
die Geschicktesten zu den Arbeiten für den Hof mit in Vorschlag
bringen.

Im Zusammenhang mit diesen Bestimmungen steht § 28,[2] wonach
mit Zustimmung des das Oberschulkollegium dirigirenden Chefs, ein
oder mehrere Räthe des Oberschulkollegiums zu ordentlichen Assessoren
der Akademie gewählt werden sollen, mit denen sich die Akademie
sowohl über die Bedürfnisse und zweckmässige Einrichtung der

---

[1] S. o. S. 656.

[2] Die §§ 29 bis 31 handeln von den übrigen „Assessoren" (Bauräthen,
Chemiker, Operndekorateur, Direktor der Porzellainfabrik, Hofmedailleur bei der
Münze), welche (nach § 27) „nicht nur als Künstler oder Dilettanten, sondern zugleich
auch wegen der öffentlichen Aemter, die sie bekleiden, mit der Akademie in einer
natürlichen Verbindung stehen und an den Verhandlungen derselben einen näheren
Antheil nehmen, um mit ihr gemeinschaftlich die Verbreitung des guten Geschmacks
in Unsern Staaten zu behörden."

Provinzialkunstschulen, als auch überhaupt über die Verbreitung des guten Geschmacks durch den öffentlichen Unterricht berathschlagen soll;[1] ferner § 38, wonach die Eleven der Akademie, das sind diejenigen, welche nicht blos am Unterricht in der Zeichenschule, sondern am höheren akademischen Unterricht theilnehmen und für fähig erkannt sind, mit nach dem Leben zu zeichnen, wechselsweise die Unteraufsicht über die Scholaren der Zeichenschule führen sollen, und der § 43, der, „da der Unterricht in der Kunstschule nur in den Sommermonaten ertheilt wird", bestimmt, dass kurz vor dem Schluss desselben, Anfangs September, eine öffentliche Prüfung der jungen Professionisten vor dem akademischen Senat und dessen beständigen Assessoren mit Zuziehung einiger Ehrenmitglieder der Akademie zu veranstalten ist und die Namen derer, die sich besonders ausgezeichnet, protokollirt werden. Nach §§ 32 bis 37 zerfallen die Mitglieder in „Ordentliche Mitglieder", „Ehrenmitglieder", „Ausserordentliche Mitglieder" und „Akademische Künstler." Zu letzteren können diejenigen ernannt werden, „welche in untergeordneten Kunstfächern, die mit den schönen Künsten in der nächsten Verwandtschaft stehen, sich auszeichnen, als zum Beyspiel, Gypsbossirer, Stuckaturarbeiter, Schnitzer u. s. w." Die den akademischen Künstlern durch § 11 des Reglements vom 20. März 1699 und die Verordnung vom 29. April 1786 eingeräumten Rechte[2] werden in den §§ 50 und 51 auf's Neue bestätigt. Die §§ 38, 41, 42, 54, 55, 57 handeln von der Unterweisung der akademischen Eleven, die §§ 26, 39, 40 von den Beamten (Oekonomischer Inspektor, Kastellan, Pedell), §§ 45, 46 von den öffentlichen Ausstellungen und Prämienvertheilungen, § 47 von den Einkünften, § 48 von der „Wohnung" (bis zur Vollendung eines eigenen für sie zu errichtenden Gebäudes sind hiezu die über und neben dem Marstall auf der Dorotheenstadt ihr angewiesenen Zimmer bestimmt) § 49 vom gerichtlichen Forum, §§ 52, 53, 56, 58, 59 von einigen Befreiungen und Vergünstigungen, § 60 von der alljährlichen Verlesung des Reglements und § 61 von dessen Aenderung und Ergänzung.

Die Akademie liess es sich nun angelegen sein, die in diesem Reglement vorgesehenen Provinzial-Kunstschulen zu begründen, wobei sie theilweise an die in einzelnen Städten vorhandenen privaten Zeichen- und Kunstschulen anknüpfen konnte. Schon am 18. September 1790 wurde die Königliche „Kunst- und Handwerksschule" in Königsberg i. Pr. unter der Leitung des von Berlin dorthin gesandten Dekorationsmalers, Professor Janson, eröffnet; 1791 erfolgte die Umwandlung der im Jahre 1782 vom Professor C. F. Prange in Halle a. S. begründeten privaten Zeichenschule in eine Königliche

[1] S. o. S. 665, Anm. 1.
[2] S. o. S. 645, 656.

Kunstschule; am 1. Dezember desselben Jahres begann unter der Direktion des ebenfalls von der Berliner Akademie entsandten Professors Bach der Unterricht an der Kunstschule in Breslau; am 6. Oktober 1793 erfolgte die Eröffnung einer solchen Schule in Magdeburg und zehn Jahre später in Danzig;[1]) die Direktion der letzteren Anstalt übernahm der frühere Lehrer an der Kunstschule in Magde-

---

[1]) K. Levezow bezeichnet in seiner „Geschichte der K. Akademie der bildenden Künste und mechanischen Wissenschaften zu Berlin" (Stettin und Leipzig 1808, S. 38), 1796 als das Eröffnungsjahr der Magdeburger und 1804 als Eröffnungsjahr der Danziger Schule; dabei bemerkt er, dass die Magdeburger Anstalt aus einer Privatzeichenschule hervorgegangen und vom Geheimen Rath von Vangerow gestiftet sei; — von Czihak nimmt in seiner Geschichte der Kunstschule zu Königsberg (Bericht der Königl. Kunst- und Gewerkschule, Königsberg 1900, S. 5) als Gründungsjahr für Magdeburg 1793 und für Danzig 1804 an; er führt ausserdem noch eine Schule in Stettin auf, ohne das Jahr ihrer Begründung zu nennen. Die oben mitgetheilten Zahlen sind Berichten an das Preuss. Handelsministerium entnommen; ob sie indessen unbedingt zuverlässig sind, ist zweifelhaft. Es ist z. B. sehr wohl möglich, dass in Magdeburg die private Zeichenschule am 6. Oktober 1793 eröffnet, und ihre Umwandlung in eine Provinzial-Kunstschule erst 1795 erfolgt ist; so Behrend (Das kaufmännische Unterrichtswesen in Magdeburg, Beilage zu den Verhandlungen und Mittheilungen der Handelskammer, Jahrgang 1901, No. 1), oder dass die Privatschule 1793 gegründet ist, die Umwandlung in eine Kunstschule aber erst 1796 stattgefunden hat. Ueber die Schule in Halle vergl. M. C. F. Prange, Gedanken über die Nothwendigkeit einer öffentlichen Zeichenschule und deren Einrichtung (Halle, 1782). Dort heisst es unter Anderem (S. 23 ff.): „Schon vor einigen Jahren war ich bedacht, die hier studirende Jugend zu mehrerer Kenntniss der bildenden Künste, sowol durch öffentlichen als Privatunterricht anzuführen. Jetzt aber, da sich günstigere Umstände für mich gezeigt, bin ich bemüht, eine so nützliche Kunst noch weiter auszubreiten, als es bisher durch verschiedene Hindernisse hat geschehen können. Jedermann glaubt zwar, dass die Stiftung einer Pflanzschule für Künstler etwas sehr kostbares und wichtiges sey, und dass zur Anlegung und Unterhaltung derselben ein Aufwand erfordert wird, den nur grosse und mächtige Fürsten bestreiten können. Es ist dieses mehr als zu wahr, wenn man sich unter einer Zeichenschule eine Anstalt vorstellt, in welcher die Schüler zum ausgebreiteten Studium der plastischen Natur, der Historie, der Antike, des Costüms, des erhabenen Ideals, wie auch zum hohen Flug der Einbildungskraft, zur komponirten Erfindung u. d. m. angeführt werden sollen. Allein dieses ist nicht der Hauptendzweck meines Plans, welcher auch nur Schüler von glänzendem Genie erfordert. Man kann, wenn man mehr auf das Gemeinnützige sieht, mit mittelmässigen Kosten eine Akademie oder Schule errichten und unterhalten, welcher nichts von den nothwendigsten Stücken der Einrichtung fehlet, und wo dem Lehrlinge blos die Anfangsgründe und so viel praktische Kenntnisse vom Handzeichnen beygebracht werden, als er allenfalls zu seinen künftigen Wissenschaften, Metier, Negoce oder Handwerk gebraucht. Sieht man also besonders auf das Nützliche in dem bürgerlichen Leben, so findet eine solche Anstalt allemal auch bei Schülern von mittelmässigen Talenten statt, ja noch mehr, sie bahnt nicht allein den Weg zu jener, sondern kann auch eben deswegen, weil grosse Genies seltener sind, als mittelmässige, „für gemeinnütziger und ausgebreiteter angesehen werden". Prange macht dann nähere Angaben über die „Grenzen" seiner Zeichenschule, worunter in der Hauptsache ihr Lehrplan zu verstehen ist. Er stellte dabei folgende Grundsätze auf:

Zunächst soll gelehrt werden, eine vorgelegte Zeichnung treffend zu kopiren; dabei ist auf den Endzweck, den der Schüler beim Erlernen des Zeichnens verfolgt und auf seine Neigung Rücksicht zu nehmen. Man soll den Lehrling nicht gleich Anfangs mit dem Zeichnen menschlicher Figuren plagen, denn sie machen hauptsächlich das Studium der bildenden Künstlers aus. Es kann einer ein in seiner Art geschickter Zeichner werden, ohne vorher ganze Folianten voll Nasen, Ohren, Hände, Füsse und

burg, Professor Breyssig. Ferner entstanden durch Umwandlung der seit 1785 bestehenden Privatzeichenschule von Professor Wendel 1804 die Provinzial-Kunstschule in Erfurt und schliesslich in Schlesien, als Unteranstalten von Breslau, kleinere Zeichenschulen in Proskau, Bunzlau, Schweidnitz, Brieg, Hirschberg, Liegnitz und Schmiedeberg.[1])

Köpfe gezeichnet zu haben. Einem Handwerksmann dienen besonders solche Zeichnungen, welche das Augenmass schärfen, schöne Muster von solchen Arbeiten, wovon er in Zukunft sein Brod haben kann. Die Erlernung der Architektur und ihrer Verzierungen ist fast allgemein anzurathen. Um aber auch das Gemüth durch Abwechslung in beständiger Lust zu erhalten, soll der Schüler bisweilen eine schöne Landschaft oder ein Blumenstück nachahmen. Bei allem Zeichnen ist Grundsatz, den Zirkel so wenig zu gebrauchen und die schon abgezeichneten Gegenstände ohne Vorlage „aus der Phantasie von neuem zu entwerfen oder selbst zu erfinden." Die schon Geübteren sollen alle Arten von Gegenständen in der Natur richtig abbilden, wobei eine Sammlung von Gipsabgüssen nach Antiken benutzt wird. Wer Vergnügen an der Malerei findet, soll darin unterrichtet werden; auch ist Prange bereit, dem zukünftigen Kupferstecher, Bildhauer und Architekten „Mittel an die Hand zu geben, wie er sich in Zukunft weiter zu verhalten habe." Das vierteljährliche Schulgeld beträgt 1 Thlr. 8 Gr., wofür wöchentlich drei Stunden Unterricht ertheilt werden.

[1]) Kühn berichtet über diese Unteranstalten in seiner Schrift über „die Entwickelung der Königlichen Kunst- und Kunstgewerbeschule zu Breslau von 1791 bis 1891" (Breslau 1892, S. 22 bis 25) Folgendes: „Am 28. August 1798 fragt Professor Bach (beim Schlesischen Minister Grafen von Hoym) an, wie es wäre, wenn man „an solchen Oertern, wo Fabriquen vorhanden, und wo die Fabricate wegen ihrer Materie berühmt sind, und guten Absatz haben, kleine Zeichenschulen anlegte, und die Meister durch schmeichelhaftes Zureden zu bewegen suchte, selbst diese Schulen zu besuchen. Ich würde dann eine solche Schule mit den gehörigen Zeichnungen und Mustern zum nachzeichnen versehen, und mich mit dem Lehrer nach meiner angenommenen Methode besprechen . . ."

(In Bunzlau hat Bach diese Idee mit dem Direktor Liebner besprochen und Zustimmung gefunden) . . . . „Der Handel mit diesem (Bunzlauer) Gefässen ist von grosser Wichtigkeit und verdient aufmerksamer beachtet zu werden. In ganz Europa, sogar nach China werden die Bunzlauer Gefässe versendet, weil sie nirgends, als blos am Ort, wegen ihres eigenthümlichen Thons und Glasur Erde verfertigt werden können, und es scheint, als wäre der Coffée blos vor diese Gefässe bestimmt. denn bey Herrschaften, wo Silber und Porzellan im Ueberfluss ist, bedient man sich bey dem Coffée der Bunzlauer Gefässe. Die dortigen Töpfer, welche bis jetzt keine Ideen von Zeichnungen und schöne Formen besitzen, liefern ungestaltete und geschmacklose Gefässe und haben blos wegen der Dauerhaftigkeit und schönem Ansehen dieser Gefässe Absatz gefunden. Brächte man denselben nunmehr Mannigfaltigkeit und schöne Formen bey, so würde der Handel in dieser Branche sich nicht nur ansehnlich erweitern, sondern diese neue Bearbeitung der Gefässe würde auch der Provinz viel Ehre machen und im Auslande weit besser bezahlt werden, wodurch der Töpfer alterum tantum dabey verdienen, und der Staat ungeheure Summen Geldes an sich ziehen würde. — Ja man kann den Bunzlauer Gefässen ganz das hetrurische Ansehen geben, dass sie ihnen zur Seite gesetzt werden können. Ein hetrurisches Gefäss, was zu einem Potpori Topf, zu einer Vase auf einem Pied d'estal dienen kann, wird mit 20 bis 30 Ducaten bezahlt, und ein solch' Gefäss in dieser Gattung bearbeitet, dass es jenem ganz ähnlich ist, würde höchstens $1/4$ so theuer sein, als jenes, und der Ouvrier doch genügsamen Verdienst daran haben. — In Bunzlau könnte man den ersten Anfang zu einer solchen kleinen Zeichenschule machen, in welcher Lust habende junge Meister, Gesellen und Lehrlinge gratis zeichnen lernen könnten. Der Herr Senator Wollmann daselbst, der in seiner Jugend Gelegenheit gehabt hat, die Zeichenkunst zu üben,

Die Grundsätze, die für die Verwaltung der Provinzial-Kunst-schulen massgebend sein sollten, ergeben sich aus folgender „Instruktion", die das Curatorium der Academie der Künste und mechanischen Wissenschaften dem Direktor der Breslauer Kunstschule, Bach, unterm 28. April 1791 zugehen lies:.[1])

1. Generaliter muss der p. Bach alles, was zum Nutzen der Breslauschen Kunst-Schule gereichen und derselben Vortheil bringen kann, bestens zu befördern, Schaden und Nachtheil hingegen stets abzuwenden, sich pflicht-mässig angelegen seyn lassen, und jederzeit mit Treue, Eifer, Unver-

---

und den besten Willen für die Sache selbst mit den gehörigen Kenntnissen besitzt, will die Mühe über sich nehmen, die Woche über zwei Zeichenstunden daselbst zu geben, die Stube und Holz zum Einheizen will der Magistrat selbst hergeben. Was die übrigen dabei vorkommenden Auslagen anbetrifft, die dem Herrn Senator Wollmann zu vergüten wären, so würden solche jährlich etwa 40 bis 50 Thlr. betragen, und aus einer Königlichen Casse zu bezahlen sein. — Die Realisirung dieses verabredeten Projects hängt lediglich von Ew. Hochgräflichen Excellenz gnädigen Bewilligung ab, und ich versichere . . ., dass man in kurzer Zeit den erwünschten und vortheil-haften Erfolg davon gewahr werden wird. Einen hinlänglichen Beweis davon giebt die Proskauer Fayance Fabrique, bey welcher auch eine kleine Zeichenschule an-gelegt ist, und von den in dem hiesigen Zeichnungs-Institut gelernten, dorthin ge-kommenen jungen Leuten, nach meinen Zeichnungen mit dem bestem Erfolg betrieben wird.

Am 17. September 1798 schreibt Graf. v. Hoym über diese Angelegenheit der Kammer in Glogau . . . . „Bereits vor einigen Jahren habe ich es versucht, die dortigen (Bunzlauer) Töpfer zu Verbesserungen in den Formen ihrer Gefässe zu disponiren, allein vergeblich, ich habe dahero auch wenig Hoffnung, dass durch die vorgeschlagene Anlegung der Zeichenschule etwas besonders erspriessliches bewirkt werden dürfte, da die ehemalige Antwort der Töpfer: dass sie mehr Absatz hätten, als sie bestreiten könnten, und die neuen Formen nur dazu dienten, sie in der Arbeit aufzuhalten, ohne ihnen andere Vortheile zu gewähren, — auch wohl jetzt wieder eintreffen dürfte . . . . Indess die Kammer möge diese Angelegenheit erwägen. Auf ihren Bericht genehmigt Graf Hoym am 3. September 1799 die Errichtung einer Zeichenschule zu Bunzlau für sechs Schüler.

Ausser diesen Zeichenschulen in Proskau und Bunzlau bestanden ähnliche Anstalten zu Schweidnitz, Brieg, Liegnitz, Hirschberg und Schmiedeberg, die alle ihr Entstehen dem energischen Vorgehen des Hofraths Bach verdankten. Ueber diese Schule heisst es in einem Revisionsbericht von 1810: „In einem Rescript des Grafen von Hoym vom 4. Dezember 1801 wurde der Vorschlag Bach's voll-kommen genehmigt, jedoch mit der Bedingung: „Dass die Errichtung dieser Unter-anstalten ohne alle Kosten geschehen müsse." Dem Hofrath Bach wurden zugleich 120 Thlr. Diäten bewilligt, ihm aber auch zur Pflicht gemacht: die Fabriken in beiden Schlesischen Departements (d. i. Breslau und Glogau) zu bereisen. In einem Rescript vom 15. Dezember 1801 wurde er von der Regierung zum Fabriken-dessinateur ernannt, und ihm die Vorsorge über die Damast- und Schleyerweberei, die Zitz- und Cattun-Druckerei u. s. w. vorzüglich empfohlen. — So viel Schwierig-keiten sich auch der Errichtung dieser Unteranstalten entgegensetzten, da sie ohne Kosten geschehen musste, so erwarb sich der p. Bach dennoch das Verdienst, die oben genannten wirklich in Thätigkeit zu setzen. Schon unterm 25. Mai 1802 be-stätigte die Regierung zu Glogau die Anstalten zu Hirschberg, Bunzlau, Schmiedeberg und Liegnitz förmlich und trug dem p. Bach insbesondere die Vorsorge für die Glasschleifereien des Gebirges auf. Auch versprach sie die Vorschläge des p. Bach wegen besserer Schlemmung des Thons zu Bunzlau und der zweckmässigen Ein-richtung der dortigen Oefen zu berücksichtigen. Wir können daher pflichtmässig nicht anders urtheilen, als dass diese Anstalten zum Besten der Industrie Schlesiens viel beigetragen haben."

[1]) Kühn a. a. O. S. 10—14. — Nach einer Willensäusserung des Königs an von Hoym vom 23. Mai 1801 sollte das gesamte Kunstschulwesen in Preussen nach ein und demselben Plane betrieben werden. Ebenda S. 30.

drossenheit, Rechtschaffenheit und Uneigennützigkeit seiner Obliegenheiten wahrnehmen.

2. Specialiter hat derselbe bey dem Unterricht seiner Lehrlinge, sich dahin zu bestreben, ihnen anfänglich durch Umrisse, die zu ihrem Métier gehörige Formen, verschönert bekandt zu machen, solche von ihnen, aus freyer Hand, nachzeichnen zu lassen, und nach Beschaffenheit der Umstände und der Fähigkeiten eines jeden, die simplesten Formen zuerst zu wählen.

3. Wird es der eigenen Beurtheilung des p. Bach überlassen, seine Schüler nach Massgabe ihrer Bestimmung und Fähigkeiten selbst zu classificiren und darnach die Art des eigentlichen Unterrichts einzurichten, jedoch müssen

4. die Schüler hauptsächlich mit allen Gliedern der architectur, welche durch mannigfaltige Verbindung mit anderen Körpern, neue Gegenstände des Geschmackes hervorbringen und in allen nur erdenklichen Haussgeräth angebracht werden, ferner mit allen leblosen Gegenständen der Natur, insofern sie, durch die von der Natur erhaltene eigene schöne Gestalt, hierzu benutzt werden können, und endlich mit allen lebendigen Gegenständen der Natur, in wieweit sie, unter gewisser Einschränkung, für Handwerker hierher gehören, dergestalt bekandt gemacht werden, dass diejenigen, welche sich einem Métier widmen, das der Verschönerung in seinen fabricatis fähig ist, die ihnen dazu dienenden Vorbilder an Zeichnungen und Gipssachen, theils einfach theils unter einander verbunden, mit Fertigkeit nachzeichnen lernen.

5. Damit die Kunst-Schule blos mit gesetzten und in ihrem Fache einigermassen schon geübten Leuten zu thun habe, hat der p. Bach keine andere als würkliche Lehr-Bursche und zwar nur solche anzunehmen, welche wenigstens in ihrem dritten Lehrjahre stehen und Zeugnisse ihres guten bisherigen Verhaltens aufweisen können. Mit den Meister-Söhnen und denjenigen jungen Leuten, welche schon Vorkenntnisse im Zeichnen besitzen, kann nach den Umständen, eine Ausnahme gemacht werden.

6. Wegen Annahme der Gesellen muss der p. Bach vorzüglich dahin sehen, den Landes Kindern überhaupt, insbesondere aber denjenigen den Vorzug zu geben, welche von ihren Lehrherrn in Absicht ihrer Conduite, ihres Fleisses und ihrer Fähigkeiten, die besten Zeugnisse produciren können.

7. Da der Endzweck der Provinzial-Kunst-Schule verfehlt werden würde, wenn auf einmal mehr Lehrlinge aufgenommen würden, als der Lehrer zu übersehen im Stande ist, so muss der Numerus derselben sich höchstens nicht über 80 belaufen. Zu dem Ende müssen die sich meldenden, nach ihrer anciennetät aufgeschrieben und die sich am meisten qualificirende und mit guten Zeugnissen versehene, bis auf 80 angenommene, die später sich meldende aber, nur so, wie einige von den ersten abgehen, ihrer Tour nach aufgenommen werden.

8. Wenn der p. Bach nach Verlauf eines Cursus von 6 Monathen finden sollte, dass die mit Fleiss unterrichteten Schüler gar keine Anlage verrathen, so dass man bey ihnen von dem Unterricht keinen reellen Nutzen verspüret, so hat derselbe ein nahmentliches Verzeichnis solcher Subjecte bey der academie durch den Herrn Grafen von Hoym, welchem die specielle Aufsicht über dieses Institut anvertraut worden, zu überreichen, damit die unfähigen Leute removirt werden und besseren Platz machen können.

9. Sämtliche vorbenannte Lehrlinge müssen ganz freyen Unterricht geniessen, und bezahlen auch keine Einschreib-Gebühren, auch solten, wenn es die Umstände erlauben, den ganz armen und fähigen Subjecten die erforderlichen Materialien an Bley, rothstifte und Papier frey verabfolgt werden; die bemittelten aber müssen sich solche selbst anschaffen.

10. Der öffentliche Unterricht muss drey Tage in der Woche, nehmlich Montag, Mitwoch und Sonnabend, jeden Tag zwey Stunden lang ertheilt werden; und da die Abendstunden für den Handwerker am bequemsten sind, so soll im Sommer von 5 bis 7 Uhr, im Winter aber von 6 bis 8 Uhr unterrichtet werden. Für diejenigen Lehrburschen und Gesellen aber, welche in der Woche von den Meistern nicht abkommen und sich Armuths wegen mit ihnen, wegen der Versäumniss, nicht abfinden können, soll annoch des Sonntags zwey Stunden, nach der Nachmittags-Kirche, Unterricht gegeben werden. [1])

11. Solte, in dem öffentlichen Unterricht, der Numerus der Handwerker und Fabricanten, welchen, der Königlichen Allerhöchsten Absicht gemäss, in diesem für sie eigentlich gestifteten Institute vor allen anderen schlechterdings der Vorzug gegeben werden muss, sich nicht auf 80 belaufen, so können, aber blos in diesem Falle, in denen dem öffentlichen Unterricht der Kunstschule eigentlich gewidmeten Lehrstunden, auch ausser den Handwerkern und Fabricanten, auch andere, welche das Zeichnen zu ihrer mehreren Ausbildung erlernen wollen, admittiret werden, und es stehet dem p. Bach frey, von diesen, bei ihrer Annahme 1 Thlr. Einschreibegeld und für den Unterricht selbst monatlich 1 Thlr. zu nehmen.

12. Wenn ausser den öffentlichen Lehrstunden einiger privat Unterricht im Zeichnen von dem p. Bach verlanget wird, so stehet es ihm frey. solchen, in so fern nur der öffentliche Unterricht nicht darunter leidet. zu ertheilen, und sich, wegen des honorarii, so gut er kann, mit seinen Schülern zu einigen.

13. Da die Lehrer sämmtlicher Provincial-Kunst-Schulen von der Academie der Künste angestellt werden, so stehen sie auch in allen, die Kunst-Schule betreffenden Sachen, unter der p. Academie. Der p. Bach hat sich also allen ihren desfalsigen Anordnungen zu unterwerfen und denselben die gebührende Folge zu leisten. Da indess, wie oben erwähnt ist, dem Grafen von Hoym die specielle Aufsicht über dieses Institut übertragen worden; so hat der p. Bach nicht nur dessen Anordnungen in Ansehung aller, die innere Einrichtung der Kunst-Schule betreffende Sachen, gebührende Folge zu leisten, sondern auch alle, die Kunst-Schule betreffende Rapports und Vorschläge dem Grafen von Hoym zu übergeben, von welchem solche als dann, weiter anhero, an das Curatorium befördert werden, und durch welchen auch die Beschlüsse des Curatorii an den p. Bach ergehen sollen.

14. Hat der p. Bach alle sechs Monathe einen vollständigen Rapport von sämmtlichen Lehrlingen der Kunst-Schule, nach dem hier angeschlossenen Schemate — nach dem Schema sollten über Name, Alter, Geburtsort. Stand der Eltern, Profession und Fortschritte Auskunft gegeben werden, — anzufertigen und solchen zur weiteren Beförderung an die Academie unausbleiblich dem Herrn Grafen von Hoym einzureichen. Er begleitet solchen mit sachdienlichen Bemerkungen, auch Vorschlägen, was ihm zu besserer Aufnahme des ihm anvertrauten Instituts, nützlich und nöthig zu sein scheint, worauf dann die p. Academie das erforderliche veranstalten wird, so wie sie sich auch vorbehält, von Zeit zu Zeit durch

---

[1]) Im § 23 des Reglements vom 26. Januar 1790 waren nur zwei mal wöchentlich je zwei und eine halbe Stunde, und dies auch nur in den Sommermonaten, vorgesehen. S. o. S. 667. Es war offenbar angenommen, dass nicht jeder Schüler alle sechs Stunden, sondern nur einen Theil davon besucht; darauf lässt auch die Maximalzahl von 80 Schülern schliessen. — An der Magdeburger Kunstschule fand der Unterricht Sonntags in 5 Stunden (Vormittags von 8—11 und Nachmittags von 1—3 Uhr), ferner Mittwoch und Sonnabend Nachmittag in je 3 Stunden statt. Behrend a. a. O. S. 2.

einen ihrer anderen Mitglieder, den Zustand der Kunst-Schule in loco selbst untersuchen zu lassen.

15. Uebrigens wird verhoffet, der p. Bach werde diese seine Instruction in allen Stücken zu erfüllen suchen und sich, bey dem ihm anvertrauten Institute, so verhalten, wie es einem getreuen und redlichen und fleissigen Königlichen Diener eignet und gebühret, da er sich blos dadurch der Königlichen Gnade und Zufriedenheit der p. Academie versichert halten kann.

Wie bei der Berliner Kunstschule, so war auch bei den Provinzial-Kunstschulen in den ersten Jahren der Andrang verhältnissmässig gross; Gesellen wie Lehrlinge ergriffen mit Freuden die Gelegenheit, sich kostenfrei für ihren Beruf auch in zeichnerischer Beziehung vorzubilden. Die Schule in Breslau hatte durchschnittlich 70 bis 80 Schüler, die Königsberger unter dem Direktorat Janson etwa 50, die Magdeburger 1799 sogar 203 Schüler. Freilich wurde ihnen der Besuch häufig recht schwer gemacht, denn die Meister standen den neuen Schulen in der Mehrzahl keineswegs wohlwollend gegenüber; sie weigerten sich sogar vielfach, ihren lernbegierigen Gesellen und Lehrlingen die zum regelmässigen Schulbesuch erforderliche Zeit zu gewähren. Die staatlichen und städtischen Behörden liessen es zwar an fortgesetzten und eindringlichen Ermahnungen in dieser Beziehung nicht fehlen, doch hatten sie damit wenig Erfolg; wenn die Meister auch scheinbar nachgaben, so führten sie den Kampf im geheimen doch fort.

Die Leistungen der Schulen scheinen im Allgemeinen befriedigt zu haben. So berichtete der Kirchen- und Schulrath Busolt über die Königsberger Anstalt[1] in einer im Jahre 1829 erschienenen Schrift, dass trotz des Widerstrebens der Gewerke die gute Sache den Sieg davon getragen habe. Der Direktor Janson „weckte und bildete durch seine Zimmerverzierungen nicht nur einen bessern Geschmack überhaupt, sondern erregte auch ein allgemeines Interesse für die Sache. Schon hatte er über 50 Schüler, als er den 15. März 1794 starb." Die in der Breslauer Anstalt gefertigten, im Jahre 1795 an die Berliner Akademie zur Begutachtung eingesandten Zeichnungen fanden besondere Anerkennung. Der Minister von Heinitz theilte dies der Schule in einem Erlasse vom 3. Juli 1795 mit, in dem es hiess,[2] „dass, da die eingesandten Probezeichnungen der Schüler, und die verschiedenen Modelle von dem versammelten akademischen Senat mit vielem Beifall beurtheilt worden, das Curatorium von den Fortschritten und dem Einfluss der dortigen Kunstschule auf die verschiedenen Zweige der Industrie, in den hiesigen öffentlichen Blättern zur wohlverdienten Belohnung des

---

[1] Ueber den Zweck und das Wesen der Königl. Provinzial-Kunst- und Handwerksschule zu Königsberg, Ein Resultat dreissigjähriger Erfahrungen u. s. w. Königsberg, 1829.

[2] Kühn a. a. O. S. 21.

Herrn Professor (Bach) und seiner Zöglinge und besonders den
übrigen Kunstschulen zum Beispiel, rühmliche Erwähnung gethan,
welches dem Herrn Professor zu dessen Aufmunterung, und mit
der Eröffnung bekannt zu machen: die Preise der eingesandten
Sachen zu melden, und zugleich anzuzeigen, ob und für
welche Preise derselbe noch mehrere dergleichen geschmackvolle
Sachen von anderem genre zum Hierbleiben, gegen die bevor-
stehende Ausstellung einschicken könne." Auch die übrigen Schulen
fanden die Anerkennung der Behörden, die sich übrigens durchweg
der jungen Schöpfungen, in denen sie wichtige Stützen für den
Gewerbestand erblickten, mit grossem Interesse annahmen. Wenn
auch das Lob, das diesen Anstalten gezollt wurde, manchmal übertrieben gewesen sein mag, so muss doch anerkannt werden, dass
Direktoren und Lehrer fast durchweg ihre volle Schuldigkeit thaten
und sich die grösste Mühe gaben, die ihnen gestellte schwierige
Aufgabe so gut wie möglich zu lösen. Dass es daneben auch
weniger gewissenhafte Lehrkräfte gab, ist selbstverständlich. So
soll in Königsberg der Nachfolger Jansons, Professor Darckow,
„kaum 10 Schüler gehabt und für die allgemeine Ausbildung der
Künstler und Handwerker wenig gethan haben". Selbst an der
Berliner Kunstschule war nicht Alles so, wie es sein sollte; das
geht aus folgender Schilderung des ersten Direktors der Berliner
Gewerbeschule, von Klöden, hervor, der im Jahre 1801 als Gold-
arbeiter-Lehrling in Berlin lernte:[1] „Das Zeichnen", so schrieb er,
„gehörte zum Geschäft, und da ich mich darin noch schwach fühlte,
und nie eine Unterweisung gehabt hatte, bat ich meinen Oheim
(bei dem er in der Lehre stand), mir zu erlauben, an dem unentgeltlichen Zeichenunterrichte Theil nehmen zu dürfen, der in der
Kunst- und Gewerksschule der Königlichen Akademie ertheilt wurde.
Es waren Mittwochs und Sonnabends einige Nachmittagsstunden
dazu bestimmt. Nach einigem Bedenken willigte er ein. Mit grossem
Vergnügen machte ich mich an die Sache, obgleich der Unterricht
wenig bedeutete. Die Vorlageblätter lagen an der Seite des Saales
auf einem Haufen; es waren Blumenstücke, Arabesken, Armaturen.
Jeder Schüler wählte sich eins und fing an, es nachzuzeichnen.
Der Professor Ringk, ein geschickter Kupferstecher, sass in dem
Saale und las Journale. War einer fertig oder wusste er nicht
weiter, so ging er zu ihm, zeigte seine Zeichnung und das Vorlageblatt, und nun sagte ihm der Professor in wenigen Worten, was
zu thun sei, oder erlaubte ihm, ein anderes Blatt zu nehmen. Wurde

---

[1] Jugenderinnerungen Karl Friedrichs von Klöden, Herausgegeben
von Max Jöhns, Leipzig 1874. — Uebrigens klagt auch G. Schadow unterm
8. August 1813, dass die Eleven, welche nach § 38 des Reglements von 1790 die
Schüler der Zeichenschule zu beaufsichtigen hatten, „statt auf die Schüler Obacht zu
haben, die Anfänger in der ersten Anlage zu unterweisen und zu leiten, in einem
Buche lesen, gleichsam um die Langeweile zu vertreiben".

es im Saale zu laut, so gebot er Stille. Im Grunde beaufsichtigte
er nur die Schüler, ohne sie zu unterrichten. Dennoch waren mir
diese Stunden sehr lieb. Ich machte gute Fortschritte und erwarb
mir das Wohlwollen des Professors Ringk, so dass er eines Tages
öffentlich in der Klasse äusserte: Wenn Alle so viel Lust und
Liebe zum Zeichnen hätten, wie ich und einige andere, so würde
man bessere Fortschritte machen, als bisher. Gegen den Herbst
zeichnete ich ein grosses antikes Basrelief nach einem Vorlageblatt,
und er war so sehr damit zufrieden, dass er mir sagte: er habe ge-
hofft, mir die Medaille zuwenden zu können, wenn nicht zufällig
ein Schüler gekommen wäre, dessen Arbeit noch hervorstechender
sei."

Der Geldaufwand für die Kunstschulen war nicht sehr gross,
doch müssen die zur Verfügung gestellten Mittel für die damaligen
Verhältnisse und unter Berücksichtigung des Umstandes, dass es
sich doch immerhin um kleine, noch junge Anstalten handelte, als
ausreichend bezeichnet werden. Der Etat der Breslauer Schule, die
von 70—80 Schülern besucht war, schloss für das Jahr 1794 mit
780 Thalern ab, die sich auf die verschiedenen Bedürfnisse in
folgender Weise vertheilten:

1. Direktor . . . . 500 Thlr.
2. Heizung . . . . 63 „
3. Pedell . . . . 60 „
4. Beleuchtung . . . . 80 „
5. Miethe für den Lehrsaal . . . . 40 „
6. Ausstellungen und Prämien . . . . 12 „
7. Drucksachen, Porto, Schulfeiern . . . . 20 „
8. Zur Unterhaltung des Lehrsaals und der Geräthschaften 5 „

Zusammen: 780 Thlr.

Hiervon übernahm der Staat das Gehalt des Direktors mit
500 Thlr., während der Rest mit 280 Thlr. von der Stadt aufzubringen war. —

Es wurde oben[1]) schon mitgetheilt, dass Friedrich der Grosse im
Jahre 1770 die Absicht hatte, die Akademie mit dem damals geschaffenen Ober-Bau-Departement zu vereinigen, da das Zeichnen
besonders bei der Architektur unentbehrlich sei, er auch bey Etablirung des Ober-Bau-Departements die Willensmeinung gehabt habe,
das Schöne und Angenehme mit dem Nützlichen und Nöthigen zu
vereinigen. In Folge des darauf erstatteten Berichts des Ober-Bau-
Departements vom 30. Mai 1772 sah der König von der weiteren
Verfolgung des Planes ab. In den siebziger Jahren schwebten sodann Verhandlungen über die Errichtung einer Bauschule für Hoch-
und Tiefbau, die, wie auch die spätere Bauakademie, vorwiegend zur

---

[1]) S. o. S. 649.

Ausbildung von Baubeamten dienen sollte. Das Ober-Bau-Departement hatte nämlich bei den Prüfungen die Erfahrung gemacht, dass die für den Feld- und Landmesser, sowie den Bau-Dienst bestimmten jungen Leute „bei allen natürlichen Fähigkeiten und Lust zum Lernen, durch die Schuld ihrer Lehr-Meister gar sehr zurückgeblieben" seien.[1] Die in Folge dessen eingeleiteten Verhandlungen führten zur Errichtung einer „Ecole de génie et d'architecture", die im Jahre 1776 in einem Saale des Berliner Schlosses eröffnet wurde. Der Etat dieser Schule war vom Minister Zedlitz auf 3800 Thlr. veranschlagt, (je 1000 Thlr. für den Lehrer der Mathematik und der Architektur, 500 Thlr. für den Zeichenmeister und Modellirer, 900 Thlr. für sechs Eleven, 200 Thlr. für Holz, Papier, encre de Chine, 200 Thlr. für Bücher, Modelle, Zeichnungen). Für den Unterricht in der Architektur wurde bestimmt, dass der Professor der Architecture sich nicht blos bei dem Häuserbau aufzuhalten, sondern sein Augenmerk besonders auf solche Werke zu richten habe, „die keinen allgemeinen und zu erlernenden Regeln unterworfen sind, sondern wo in jedem besonderen Falle, nach Massgabe der Lokalität, Erfindung und Anwendung der Theorie verschiedener mathematischer, mechanischer und physischer Kenntnisse erforderlich ist; als da sind Kanäle, Schleussen, Dämme, See-Hafen, Ableitung der Flüsse, Brücken, Austrocknung der Moräste, Anlegung der Landstrassen . . ." Die sechs „Eleven" oder „Pensionairs" — für mehr Schüler war die Anstalt nicht bestimmt — sollten Leute sein, welche von Natur vorzügliches Genie zu mathematischen Erfindungen und zur höheren Mathematik haben, die schon einige Kenntnisse in diesen Wissenschaften besitzen und „auf Universitäten ausgesucht und allhier vor ihrer An-

---

[1] Bericht des General-, Ober-, Finanz-, Kriegs- und Domänen-Direktoriums zu Berlin an den Wirklichen Geheimen Etats- und Justizminister Freiherrn von Zedlitz vom 4. Juni 1771. Das Oberbau-Departement wollte zunächst vom Minister Zedlitz nur erfahren, „was für Lektionen und von welchen Lehrern solche in den Mathematischen, zum Feld- und Land-Messen, auch Bau-Kunst nöthigen Wissenschaften auf sämmtlichen unter seiner Aufsicht stehenden Universitäten, Gymnasien und Schulen öffentlich gegeben werden", um „den Eltern und Vormündern, welche ihre Kinder und Pflegebefohlenen der Land- und Feldmess-, auch Bau-Kunst widmen wollen, in Ansehung dessen, was sie zu erlernen haben, durch öffentliche Publicanda Nachricht zu geben, auch die geschicktesten Lehrer in den dahin gehörigen Wissenschaften bekannt zu machen". Zedlitz war aber der Ansicht, dass „alle Hoffnung, von Universitäten oder Schulen gute und brauchbare Architekten zu erhalten, fehlschlagen dürfte, weil nur wenige Bau-Bedienungen vorhanden und aus dem Grunde unter denen Studirenden sich nur selten welche finden, die darauf dächten, in diesem Fach dermal einst ihre Versorgung zu erhalten . . . ." Er wandte sich deshalb unterm 2. August 1771 mit einem Antrage an den König, „eine Pflantz-Schule von Architekten anzulegen. Diese Schule sollte nicht für die höhere Baukunst, sondern für „solche Bau-Anstalten errichtet werden, die auf allgemeine Landes-Verbesserungen abzielen", also namentlich für den Unterricht im Bau von Brücken, Kanälen, Schleusen, Dämmen, in der Austrocknung der Moräste, der Schiffbarmachung der Ströme und dgl. m. Georg Galland, Eine Technische Hochschule Friedrichs des Grossen, in der Sonntagsbeilage Nr. 39 zur Vossischen Zeitung, Nr. 449, Jahrg. 1899.

nahme examiniret werden." Jeder erhält ein Jahresstipendium von
50 Thlr., wovon ihm aber ein Theil für eine, am Schluss der Studienzeit zu unternehmende Studienreise zurückbehalten werden soll. Die
Eleven bleiben „so lange in dieser Anstalt, bis sie als Landbaumeister oder Ingenieur placirt werden." Von den Eleven gehören
drei zur „Classe de genie" (für Ingenieuroffiziere) und drei zur
„Classe d'architecture". Im Anfangsjahre sollte blos je Einer aufgenommen werden. Wie sich diese Schule entwickelt und wie
lange sie bestanden hat, ist nicht bekannt. —

In dem neuen Reglement für die Akademie vom 26. Januar
1790 war auch der Architektur in einem besonderen Paragraphen gedacht. „Und da die Werke der Baukunst", so hiess es im § 11,
„vorzüglich den Geschmack der Nation bestimmen, so sollen auch
der jedesmalige Direktor des Bau-Wesens in Unseren Residenzen
und einer der Ober-Hof-Bau-Räthe, welcher den öffentlichen Unterricht in der Architektur ertheilet, in dem akademischen Senat, als
Mitglieder desselben, Sitz und Stimme haben, und sollen von den
jährlich aufzuführenden Gebäuden diejenigen Zeichnungen und Modelle, welche der Chef des Ober-Hof-Bau-Amts für gut finden wird,
der Akademie vorzulegen, in den Versammlungen derselben genau
geprüft und beurtheilt, und hiervon vorzüglich Veranlassung genommen werden, über die wahren und einfachen Grundsätze des
Schönen seine Ideen sich mitzutheilen, und über die besten Mittel
zur Verbreitung des guten Geschmacks sich gemeinschaftlich zu berathschlagen. Auch sollen in diesen Sitzungen die Fortschritte der
Eleven in der Baukunst gemeinschaftlich untersucht, und Uns die
fähigsten davon zur Unterstützung, um auf Reisen zu gehen, und
an den vorzüglichsten Werken der Alten und Neueren selbst die
Kunst zu studiren, in Vorschlag gebracht werden."

Im Jahre 1790 wurde die „Architektonische Lehranstalt bey
der Akademie" begründet; sie stand unter der Leitung des Ober-Hof-
Bauraths Brecherer. In ihr wurde über die Konstruktion und Veran-
schlagung der Stadtgebäude, über Geschichte und den guten Geschmack
in der Baukunst Vortrag gehalten, Unterricht im architektonischen
Zeichnen ertheilt, und durch „besonderen Unterricht vorzüglich auf
die Bildung der Gewerkleute" gewirkt. Daneben vereinigten sich
vier Mitglieder des Ober-Bau-Departements, um in den Wintermonaten
den angehenden Kameralbaumeistern Vorlesungen über den Schleusen-,
Brücken- und Hafenbau, die Konstruktion der Gebäude, die ökonomische Baukunst, Statik, Hydrostatik, Maschinenlehre, Deich- und
Strombaukunst, Arithmetik, Geometrie, Trigonometrie, Feldmesskunst,
zu halten und sie im architektonischen Zeichnen zu unterrichten.[1]

---

[1] Eytelwein, Nachricht von der Errichtung der Königl. Bauakademie zu
Berlin, in der „Sammlung von Aufsätzen und Nachrichten, die Baukunst betreffend",
Jahrgang 1799, S. 28 ff.

Das Bedürfniss nach einem gründlicheren Unterricht, in dem nicht
nur die „Pracht", sondern auch die „Oekonomie-Baukunst" ausreichende Berücksichtigung fand, machte sich indessen durch den
fortgesetzten Mangel an guten Baubedienten immer fühlbarer, denn
die Akademie musste ihrer ganzen Bestimmung nach in der Hauptsache mehr die Regeln der Schönheit, als die Gesetze der Konstruktion
und Technik in den Vordergrund stellen und beim Unterricht berücksichtigen, und die eben erwähnte private Vereinigung erfüllte auch
nur sehr nothdürftig ihren Zweck, da die Mitglieder des Ober-Bau-
Departements durch andere Dienstgeschäfte vielfach an der Abhaltung ihrer Vorlesungen verhindert waren. In Folge dessen liess
das Ober-Bau-Departement durch die Geheimen Räthe Riedel, Gilly
und Eytelwein einen Plan zu einer Lehranstalt für angehende Baukünstler
ausarbeiten, der demnächst von einer Kommission, bestehend aus
Mitgliedern des Ober-Bau-Departements, des Ober-Hof-Bauamts und
der Akademie der Künste unter dem Vorsitze des Königlichen
Kanzlers und Geheimraths von Hoffmann in allen seinen Theilen
geprüft und danach umgearbeitet wurde. Bei diesem neuen Plane
wurde angenommen, „dass die bereits bei der Königl. Akademie der
Künste bestehende architektonische Lehranstalt erweitert, in eine allgemeine Bauunterrichtsanstalt, unter dem Namen einer Bauakademie
umgewandelt werde und mit der Akademie der Künste und mechanischen Wissenschaften in Verbindung bleibe." Die Bildung der
Bauhandwerker sollte ferner durch die Kunstschulen bewirkt werden,
wie solches auch jetzt in Berlin, Königsberg, Breslau, Magdeburg
und Halle der Fall sei und auf deren Erweiterung noch Bedacht
genommen werde.

Der König erklärte in der Kabinets-Ordre vom 18. März 1799[1])
zu der in Verbindung mit der Akademie der Künste zu errichtenden
Bauakademie seine Zustimmung. Er versprach ferner, dass er die
zur ersten Einrichtung ein für allemahl erforderliche Summe von
dreytausend Vierhundert Thalern zu seiner Zeit assigniren werde,
approbirte nicht minder, dass zur Unterhaltung dieser Anstalt von
dem Geldbetrag sämmtlicher zur Revision an das Oberbaudepartement
eingehenden Bauanschläge derselben zugestanden werde", behielt sich
aber vor, die auf 8000 Thlr. jährlich berechneten Unterhaltungskosten, die ihm auf alle Fälle zu hoch erschienen, zu ermässigen.
Durch die Ordre vom 13. April 1799 wurden sodann die für die
Einrichtung der Akademie massgebenden „Grundsätze" bestätigt;
dabei ward gleichzeitig bestimmt, dass die Provinzialkunstschulen
vervollkommnet, erweitert und so eingerichtet werden sollten, dass
sie der Bauakademie mit Nutzen vorarbeiten können; zu diesem

---

[1]) Abgedruckt im „Zentralblatt der Bauverwaltung", XIX. Jahrgang,
1899, S. 238.

Zwecke sollte das eine Prozent der zur Revision gelangenden Bau-Anschlagssummen mit verwandt werden. [1]

Nach diesen „Grundsätzen" ist die Bauakademie „ein zugehöriger Theil von der Akademie der Künste und stehet unter dem gemeinschaftlichen Kuratorio des Chefs der Kunstakademie und des Ober-Bau-Departements. Der besondere Zweck geht auf die theoretische und praktische Bildung tüchtiger Feldmesser, Land- und Wasserbaumeister, auch Bauhandwerker mittelst der Kunstschulen." Zur Erreichung dieses Zweckes „und zur Beförderung eines reinen Geschmacks in der Architektur", wird in nachstehenden Wissenschaften und Künsten in den vorgeschriebenen Grenzen, [2] Unterricht ertheilt:

1. Arithmetik, 2. Algebra, 3. Geometrie, 4. Optik, 5. Perspektive, 6. Feldmesskunst und Nivelliren, 7. Statik fester Körper, 8. Hydrostatik, 9. Mechanik fester Körper, 10. Hydraulik, 11. Maschinenlehre, 12. Bauphysik, 13. Uebersicht von den Baumaterialien und Bauhandwerken, von den vorzüglichsten Arbeiten bei der Ausführung eines Baues nebst der Konstruktion einzelner Theile eines Gebäudes und Einleitung in die gesammte Baukunst. 14. Oekonomische Landbaukunst, 15. Stadtbaukunst, 16. Strom- und Deichbaukunst, 17. Schleusen-, Hafen-, Brücken- und Wegebaukunst, 18. Kritische Geschichte der Baukunst, 19. Unterricht im Geschäftsstil, 20. Freie Handzeichnung und Bauverzierungen, 21. Architektonische Zeichnung, 22. Situation und Kartenzeichnung, 23. Maschinenzeichnung.

Damit der Unterricht zweckmässig ertheilt werde und die Baueleven unter der nöthigen Aufsicht stehen, damit ferner dafür gesorgt werde, dass besonders für das Cameralbauwesen tüchtige und geschickte Baumeister herangebildet werden, so wird ein eigenes „Direktorium sämmtlicher Lehranstalten der Bauakademie" eingerichtet, das aus vier Mitgliedern besteht, unter denen das Präsidium jährlich nach der durch das Loos bestimmten Reihenfolge wechselt. Diejenigen Direktoren, welche zugleich Mitglieder des Ober-Bau-Departements sind, sollen bei ihren jährlichen Baubereisungen die Provinzial-Kunstschulen mit Beziehung auf den zweckmässigen Unterricht für die Baugewerksleute revidiren, zur Abstellung etwa gefundener Mängel zweckmässige Vorschläge

---

[1] Abgedr. ebenda S. 170. — Nach Dobbert (Chronik der Königlichen Technischen Hochschule zu Berlin, 1799—1899, Berlin 1899, S. 25, Anm. 2) soll in der Kabinetsordre auch festgesetzt sein, „dass jetzt und in der Folge von der gesammten Einnahme des jährlichen Bauakademieetats der vierte Theil zum Kunstschulwesen insofern verwendet werden soll, als solches ohne Nachtheil der Bauakademie geschehen kann. In dieser Rücksicht habt aber Ihr, der Etatsminister Freiherr von Heinitz, bei Vervollkommnung und Erweiterung der Provincial-Kunstschulen für Baubediente, Bau- und andere Handwerker dahin zu streben, dass diese Kunstschulen der Bauakademie in die Hand arbeiten."

[2] In den „Grundsätzen" ist der Lehrstoff bei jedem Lehrgegenstand kurz angegeben.

machen und ihren Revisionsbericht an das Curatorium der Kunstakademie erstatten. Sie sind zugleich Mitglieder der Kunstakademie
und deren Senats, „um dadurch eine desto genauere Verbindung
der Bauakademie mit der Kunstakademie, besonders in Ansehung
des Provinzial-Kunst-Schulwesens und dessen zweckmässiger Bearbeitung zu bewirken."

Ein jeder Eleve, welcher die Bauakademie besuchen will, muss
ein Alter von 15 Jahren erreicht haben; in ausserordentlichen Fällen
kann das Direktorium Ausnahmen zulassen. Ausserdem muss er
eine gute leserliche Handschrift haben, über einen ihm zu bestimmenden Gegenstand einen orthographisch richtigen Aufsatz anfertigen können, eine Grundlage in der lateinischen und französischen
Sprache besitzen, mit Fertigkeit alle Rechnungen des gemeinen
Lebens verrichten können und sich den Gesetzen der Akademie
unterwerfen.

Die Dauer des Studiums beträgt für Feldmesser 1½ Jahre,
für Baukünstler vier Jahre. Weil es der Königl. Dienst erfordert,
dass vorzüglich tüchtige Feldmesser gebildet und bey Vermessungen
angestellt werden, so kann jeder Eleve, der sich in der Feldmesskunst die nöthigen Kenntnisse erworben hat, die Bauakademie verlassen und zur Vollendung seiner Baustudien nach einer beliebigen
Zeit wieder eintreten.

Den Schluss bildet folgende Bestimmung über die Aufnahme
der Kunstschüler in die Bauakademie:

„Für die Ausbildung der Bauhandwerker ist zwar durch den
ihnen in den Provinzial-Kunstschulen zu gebenden zweckmässigen
Unterricht gesorgt; es können aber auch solche Baugewerksleute,
welche vorzügliche Fähigkeiten und Talente besitzen, und deshalb
mit guten Zeugnissen von den Kunstschulen versehen sind, den
freyen und unentgeltlichen Unterricht zu denjenigen Vorlesungen
der Bauakademie, welche ihnen vorzüglich nützlich sind, erhalten;
weshalb sie sich mit den von den Kunstschulen erhaltenen Attesten,
an das Direktorium der Bauakademie wenden, welches nach vorheriger Beurtheilung, inwieweit es ihnen nützlich und vortheilhaft
ist, dieses oder jenes Collegium vor anderen zu besuchen, den dazu
nöthigen Erlaubnissschein unentgeldlich ertheilt."

Die vorstehenden Grundsätze für die Bauakademie fanden ihre
Ergänzung durch folgende vom Könige genehmigten

Grundsätze
zur zweckmässigen Organisation der bereits existirenden und neu
zu errichtenden Kunst- und Handwerks-Schulen mit besonderer
Hinsicht auf die Unterweisung der Bauhandwerker
vom 27. Juni 1800.

1. Seiner Königl. Majestät allerhöchste Intention bei Vervollkommnung und
Erweiterung des gesammten Provinzial-Kunst-Schul-Wesens, gehet dahin, dass sowohl die bereits existirenden, als noch ferner zu etablirenden Provinzial-Kunst- und

Handwerksschulen dergestalt eingerichtet werden sollen, dass ausser der bisherigen Unterweisung derjenigen Fabrikanten, Manufacturisten und Handwerker, bei denen es auf eine geschmackvolle Bearbeitung der Sachen ankommt, vorzüglich auch auf die Bildung der Bauhandwerker Rücksicht genommen werde, damit sie der Bauakademie in die Hand arbeiten, und das Ihrige zur Anziehung geschickter Bauhandwerker mit beitragen können.

II. Zur Erreichung dieses Endzwecks ist es nothwendig, dass bei sämmtlichen Provinzial-Kunstschulen nachstehender Unterricht in den vorgeschriebenen Grenzen ertheilt werde.

1. **Anfangsgründe der Arithmetik und Geometrie, nebst Unterricht im geometrischen Zeichnen.**

In der Arithmetik wird das Rechnen mit Brüchen, die Lehre von den Verhältnissen und Proportionen, und die damit verbundene Regel de Tri und ähnliche Rechnungen erläutert. Die bei dem Bau in den verschiedenen Provinzen vorkommenden Masse und Gewichte werden erklärt, und alle diejenigen Sätze aus Rechnungen auseinandergesetzt, welche bei der Verfertigung eines Anschlages erforderlich sind. Hierauf folgt der Gebrauch des Lineals und Triangels, des Zirkels und der Reissfeder. Es werden gerade Linien und Kreise mit der Reissfeder gezogen, und wenn der Zögling hinlänglich mit dem Gebrauche der Werkzeuge bekannt ist, so wird mit dem Zeichnen der rechten und schiefen Winkel nach Graden, der Parallellinien und geometrischen Figuren, der regulairen Vierecke, Ovale, gedrückten Bögen und andern Figuren, welche aus geraden Linien und Zirkelbögen zusammengesetzt sind, der Anfang gemacht. Bei Gelegenheit des Zeichnens werden die Benennungen der vorzüglichsten Figuren beigebracht, und die Eigenschaften derselben, aber ohne strenge mathematische Beweise, erläutert. Kann der Anfänger die Figuren zeichnen, so wird ihm zugleich die Berechnung derselben, nachdem er zuvor einen Massstab zu zeichnen und zu gebrauchen gelehrt worden, durch mehrere Beispiele gezeigt.

Hierauf folgt der Uebergang zur Körperlehre, wo ihm durch Vorzeigung von Modellen die mathematischen Körper erklärt, ihre Zeichnung gelehrt, und hierauf die vorzüglichsten Eigenschaften und ihre Berechnung erläutert wird.

Das Zeichnen der geometrischen Körper geschieht nach guten Vorbildungen, wobei der Schüler auf Schatten und Licht aufmerksam gemacht wird, und einen leichten Unterricht im Zeichnen körperlicher Figuren erhält, bei welchem letzteren jedoch der Lehrer seine Schüler zugleich auf die Gründe und Ausführung der ersten Regeln der Perspective aufmerksam machen muss.

2. Anfangsgründe der Mechanik.

Hier wird durch Vorzeigung von Modellen, der beste und vortheilhafteste Gebrauch der einfachen Rüsszeuge, welche sich auf den Hebel, der Rolle, schiefe Fläche, Schraube, Winde, Räderwerk, u. s. w. gründen, gelehrt, wobey das Verhältniss der Kraft, gegen die zu überwältigende Last angeführt und durch Versuche bestimmt wird. Ebenso gehört die Lehre von denjenigen zusammengesetzten Maschinen hierher, welche in der Ausübung am meisten vorkommen; so wie auch ein besonderer Unterricht darüber zu ertheilen ist, unter welchen Umständen man diese oder jene Maschine mit mehrerem Vortheil anbringen kann.

3. Freie Handzeichnung.

Der Unterricht hiervon soll vorzüglich in der Bildung des Auges und der Hand bestehen, wobei besonders auf Uebungen im Zeichnen der einfachsten Formen und simplen Bauverzierungen Rücksicht zu nehmen, wozu man sich des Lineals und der Reissfeder nicht bedient.

4. Architektonische Zeichnungen und weitere Ausführung der vorigen Zeichnungsarten für bestimmte Zwecke.

Wenn der Lehrling geometrische Figuren zeichnen kann, demnächst in der freien Handzeichnung einige Fertigkeit erlangt hat, so endet sich hier der allen

Gewerben gemeinschaftliche Unterricht, und die Architektonische Zeichnenklasse, worin ausser den Gliedern und Ordnungen der Baukunst, und derselben Verzierungen Anweisung gegeben wird, enthält zugleich Vorschriften, welche nur besonders Tischler, Zimmerleute, Maurer, Steinmetzger, Schlösser, Klempner, Silberarbeiter, Schiffs-Baumeister, Sattler, Stellmacher, Töpfer, Stuhlmacher u. s. w. angehen, und der Lehrer hat bei der Auswahl dieser Vorschriften das Metier in Betracht zu ziehen, welchem sich der Lehrling widmet.

5. Architektonischer Unterricht.

Dieser wird von Maurern, Zimmerleuten und Tischlern vorzüglich besucht, und kommt alles darauf an, den Vortrag ihrem Fassungsvermögen angemessen einzurichten.

Es soll hier nicht gelehrt werden, wie der Zimmermann die Axt, der Maurer die Kelle führen soll, eben so wenig wie die Entwerfung grosser Paläste und Ausführung ausserordentlicher Gebäude hierher gehört. Dieser Unterricht muss vielmehr mit der Zusammensetzung der einzelnen Theile eines gewöhnlichen Gebäudes anfangen. Bei dieser Gelegenheit muss auf Bequemlichkeit, Schicklichkeit, Festigkeit und Ersparniss an Holz, Kalk und gebrannten Materialien aufmerksam gemacht werden, und wenn die verschiedenen Einrichtungen der Stadt, Land- und vorzüglich der Wirthschafts-Gebäude durchgegangen sind, so werden die Zöglinge darin geübt, eigene Entwürfe nach bestimmten Zwecken und nach angegebener Lokalität zu entwerfen, nicht nur das ganze Gebäude nach allen Seiten und Durchschnitten zu zeichnen, sondern auch von denjenigen einzelnen Theilen, welche zu ihrem Handwerke gehören, nach einem vergrösserten Massstabe genaue Zeichnungen anzufertigen. Die architektonische Klasse muss vorzüglich mit guten Modellen versehen sein, damit der Unterricht so viel wie möglich versinnlicht wird. Auch ist es gut, wenn die Zöglinge eine halbe Stunde vor und nach dem Unterrichte die Erlaubniss erhalten, die Modelle zu besehen, und sich schon vorläufig mit ihrer Zusammensetzung bekannt gemacht haben. Dieser architektonische Unterricht darf nur im Winter ertheilt werden, weil sonst zu fürchten ist, dass Maurer und Zimmerleute, welche im Sommer so viel verdienen müssen, damit sie im Winter subsistiren können, nicht in dem Grade Antheil nehmen möchten, wie es die Erreichung des vorgesetzten Endzwecks erfordert.

6. Modelliren und Bossiren.

Das Modelliren in Holz, Thon und Gips wird hier sowohl für Baugewerke als auch des Sonntags für Steinmetzger, Bildhauer und die übrigen Künstler in einem solchen Umfange gelehrt, so weit es in letzterer Hinsicht die Bedürfnisse der Provinzialstädte erfordern. Vollkommene und weitere Ausbildung hierinnen lässt sich von den Provinzial-Kunstschulen nach ihrem jetzigen Umfange nicht fordern, und würde überall nicht für zweckmässig zu halten sein; dagegen bleibt es einem jeden überlassen, sich selbst weiter auszubilden, oder zu diesem Ende an dem Unterrichte und den Hülfsmitteln der Bau- und Kunst-Akademie in Berlin Theil zu nehmen.

Uebrigens gehören zwar Perspective und Malerei nicht zu dem allgemein nothwendigen Unterricht bei den Provinzial Kunstschulen, damit aber die wenigen in den Provinzen, welche sich der Malerei besonders widmen möchten, oder solche, die zu ihrer eigenen Vervollkommnung und bei hinlänglichen Anlagen weitere Fortschritte in den zeichnenden Künsten machen wollen, Gelegenheit haben, auch bei den Provinzial-Kunstschulen einen leichten Unterricht im perspectivischen Zeichnen und demnächst in dem malerischen Zeichnen und Koloriren zu erhalten, so muss ein jeder Lehrer der freien Handzeichnung bei den Kunstschulen diese Kenntnisse besitzen, und es bleibt ihm überlassen, diese Kenntnisse durch Privatunterricht zu verbreiten.

III. Zur Vereinfachung und Ersparung der Kosten sollen vor der Hand, und bis eine etwaige künftige Vermehrung des Fonds eine mehrere Ausdehnung verstattet, bei jeder Provinzial-Kunstschule nur zwei besoldete Lehrer, nämlich

1. ein Lehrer der architektonischen Wissenschaften, und
2. ein Lehrer der freien Handzeichnung

angestellt werden.

Ersterem soll der Unterricht:

    a) in der Arithmetik, Geometrie und geometrischen Zeichnen,
    b) in den Anfangsgründen der Mechanik,
    c) in den architektonischen Zeichnungen, und
    d) in den, dem Bauhandwerker nöthigen architektonischen Wissenschaften,

Letzterem aber

    a) in den freien Handzeichnungen,
    b) im Modelliren und Bossiren, und
    c) in der Perspective und Malerei

übertragen werden; wohingegen es Seiner Königl. Majestät zu einem besondern allergnädigsten Wohlgefallen gereichen wird, wenn nach dem rühmlichen Beispiele einiger patriotischer Männer zu Königsberg und Magdeburg, die sich bereits aus eigenem Triebe zur Ertheilung eines unentgeldlichen Unterrichts bei den dortigen Kunstschulen angeboten haben, sich mehrere patriotisch gesinnte Geschäftsmänner entschliessen, auch ihrer Seits, durch freiwilligen unentgeldlichen Unterricht, das allgemein Besste mit befördern zu helfen, und werden Allerhöchst dieselben unvergessen sein, auf die weitere Beförderung solcher, durch Thätigkeit und Gemeinnützigkeit sich auszeichnenden Männer vorzüglich Rücksicht zu nehmen.

IV. Die Ernennung der Lehrer, welche hauptsächlich aus den geschicktesten Eleven der Kunst- und Bau-Academie zu Berlin erwählt werden sollen, bleibt dem pflichtmässigen Ermessen des Kuratorii der Academie überlassen, jedoch dergestalt, dass in Ansehung des architektonischen Fachs alle dahin einschlagende Sachen von den Directoren der Bauakademie bei dem Senat der Academie der Künste, bei dem sie deshalb als ordentliche Mitglieder aufgenommen worden sind, in pleno vorgetragen, und deshalb gemeinschaftlich entschieden werden sollen.

V. Damit aber durch die Lehrer der Unterricht zweckmässig ertheilt werde, und diese sowohl als die Zöglinge unter der nöthigen Aufsicht stehen, soll bei jeder Provinzial-Kunstschule eine besondere Provinzial-Direction konstituirt werden, deren Obliegenheiten hauptsächlich darin bestehen sollen:

1. generaliter, diese Unterrichtsanstalt in allen ihren Theilen in beständiger Aufsicht zu haben; und die immermehr zweckmässigere Einrichtung, Fortführung und Verbesserung derselben sich nach möglichsten Kräften angelegen sein zu lassen.

Specialiter aber:

2. die Lehrfächer so zu leiten, damit nicht nur der durch die Provinzial-Kunst- und Handwerksschulen beabsichtigte Zweck im Ganzen erreicht, sondern dabei auch auf die Eigenheiten der Provinz, für welche diese Anstalt etablirt ist, besonders Rücksicht genommen, und deren specielle Bedürfnisse vor allen Dingen befriedigt werden. Zu dem Ende müssen die Provinzial-Direktionen nicht nur:

3. über die dahin einschlagende wichtige Gegenstände sich dem Befinden nach mit den Magisträten, Steuerräthen und Krieges- und Domainen-Kammern in Korrespondenz setzen, und die zum Bessten des ihnen anvertrauten Instituts gereichende Resultate bei dem Kuratorio zur weiteren Verfügung einreichen, sondern sie müssen auch:

4. so oft sie es nöthig und nützlich finden, eine Zusammenkunft mit Zuziehung der Lehrer veranstalten, um alle die Kunstschule betreffende Angelegenheiten mit ihnen gemeinschaftlich zu überlegen. Dahin gehört

besonders die Bestimmung und Festsetzung der Tage und Stunden, an welchen der Unterricht nach der Lokalität und nach dem Bedürfniss der Lehrlinge am zweckmässigsten zu ertheilen sei; ferner die Auswahl der zweckmässigsten Lehrbücher, welche bei dem Unterrichte zum Grunde zu legen sind. In Ermangelung derselben müssen die Provinzial-Directionen durch die Lehrer einen Grundriss ausarbeiten lassen, solchen dem Befinden nach rectificiren, und dem Kuratorio zur Approbation überreichen, damit darnach, wenn die Materialien von sämmtlichen Provinzial-Directionen vollständig beisammen sind, ein zweckmässiges, für die Absicht völlig brauchbares Lehrbuch ausgearbeitet, und bei dem Unterrichte der Provinzial-Kunstschulen als Elementarbuch zum Grunde gelegt werden kann.

5. Müssen die Mitglieder der Provinzial-Direction, die Kunstschule selbst während des Unterrichts von Zeit zu Zeit persönlich besuchen, um sich zu überzeugen, ob die Lehrer ihre Schuldigkeit thun, und die Lehrlinge wirkliche Fortschritte machen; auch demnächst in jedem Jahre eine öffentliche Prüfung der Eleven veranstalten, ihr selbst beiwohnen, und dafür sorgen, dass zu den öffentlichen Ausstellungen, welche bei der Academie der Künste zu Berlin gehalten werden, die bessten Probearbeiten der Kunstschüler, zur gehörigen Zeit nach Berlin gesandt, und mit dem namentlichen Verzeichnisse der Verfertiger begleitet werden.

6. Bei Einsendung dieser Probearbeiten haben die Directoren zugleich, nach der ihnen von dem Kuratorio zu ertheilenden speciellen Vorschrift, an dasselbe einen vollständigen Jahresbericht über den Zustand der ihrer Aufsicht anvertrauten Kunstschulen zu erstatten, und darinnen das Verhalten der Lehrer sowohl, als der Lehrlinge, gewissenhaft anzuzeigen, auch zur Abhelfung der etwaigen Mängel, und über alles, was sonst zur Vervollkommnung der Anstalt gereichen kann, zweckdienliche Vorschläge zu thun, und soll, wenn die Berichte sämmtlicher Directionen beisammen sind, das Kuratorium daraus alljährlich Seiner Königl. Majestät alljährlich einen Hauptbericht erstatten, damit dieselben Allerhöchstselbst erfahren, welche Fortschritte diese Anstalten von Zeit zu Zeit gewinnen, und ob der durch sie beabsichtigte Endzweck auch wirklich erreicht werde.

Endlich liegt

7. den Provinzial-Directoren ob, nicht nur für die reinliche und sichere Aufbewahrung der Vorbilder, Zeichnungen, Bücher, Modelle und aller zur Provinzial-Kunstschule gehörigen Geräthschaften zu sorgen, und darüber ein vollständiges Inventarium zu halten, sondern auch die, zur Erhaltung der Provinzial-Kunstschulen bestimmten Fonds, nach Vorschrift des Kuratorii zu verwalten, genaue Rechnung darüber zu führen, und solche zu den bestimmten Zeiten abzulegen.

VI. Die Konstituirung der Provinzial-Directionen, und die Ernennung des dazu gehörigen Personals bleibt den nähern Anordnungen des Kuratorii dergestalt überlassen, dass ein sich dazu schickendes Mitglied aus dem Präsidio der Krieges- und Domainenkammern, oder von einem dazu in Vorschlag gebrachten Krieges- und Domainenrath oder auch Landbaumeister dirigirt werden soll, weil letzterem die speciellen Bedürfnisse des Fabriken-, Manufaktur- und Handwerksstandes, und besonders des Bauwesens, durch ihre Geschäftsführung am genauesten bekannt sind.

Da jedoch bei einigen Provinzial-Kunstschulen, und zwar
a) zu Halle, der Kanzler von Hofmann, und
b) zu Magdeburg der Regierungspräsident von Vangerow
vorher schon die Direction aus wahrem Patriotismus ganz unentgeltlich übernommen, und derselben bisher rühmlichst vorgestanden haben, so soll es auch in Ansehung dieser beiden Kunstschulen ferner dabei, jedoch dergestalt verbleiben, dass in

wichtigen, das allgemeine Bessto der Provinz betreffenden Kunstschulangelegenheiten das Präsidium der Kammer mit in Konkurrenz gesetzt, und mit demselben gemeinschaftlich von den Directionen an das Kuratorium berichtet werden muss.

Uebrigens aber erwarten Sr. Königl. Majestät von dem gesammten Personali der übrigen Provinzial-Kunstschulen-Directionen, dass sie, nach dem rühmlichen Beispiele jener Männer, vereint durch Gemeinsinn und Patriotismus ihre Verpflichtungen ohne Hinsicht auf eine pekuniäre Belohnung gern und willig übernehmen, und nur in dem Gefühl, Gutes befördert und gemeinnützige Kenntnisse verbreitet zu haben, ihre vorzüglichste Belohnung finden werden.

VII. Was aber die Remuneration der Lehrer für den, von ihnen zu ertheilenden Unterricht betrifft, so soll es

a) in Ansehung der bisher schon angestellt gewesenen Lehrer bei dem etatsmässig fixirten Gehalte derselben so lange verbleiben, als sie den ihnen obliegenden Pflichten bei Verwaltung ihres Lehramts ein vollständiges Genüge leisten, und also durch Vernachlässigung ihres Amtes nicht selbst zu einer nothwendigen Veränderung Anlass geben.

b) Dahingegen soll keinem, der nun an bei den Provinzial-Kunstschulen anzustellenden Lehrer ein beständiges Gehalt zugesichert, sondern nur lediglich die Bezahlung für den Unterricht eines Jahres, ohne sich an die Person zu binden, geleistet werden, damit das Kuratorium freie Hände behalten, auf die pflichtmässige Anzeige der Provinzial-Kunstschulen-Directionen über den Mangel an Fleiss und Fähigkeiten der Lehrer, die unfleissigen und minder geschickten mit besseren Subjecten zu vertauschen.

VIII. Bey sämmtlichen Provinzial-Kunstschulen soll der gesammte Unterricht, sowohl in der freien Handzeichnung, als auch in den architektonischen Wissenschaften, den Meistern, Gesellen und Lehrlingen des Fabriken- und Handwerksstandes in der Regel ganz unentgeltlich ertheilt, auch kein Einschreibegeld, oder wie es sonst Namen haben mag, von ihnen gefordert werden.

Dahingegen soll von bekanntlich wohlhabenden Fabrikanten und Professionisten oder blossen Dilettanten, welche den Unterricht in den Provinzial-Kunst-Schulen zu ihrer mehreren Uebung benutzen wollen, nach dem pflichtmässigen Ermessen der Provinzial-Direction für den Receptionsschein ein für allemal 1 Thlr. und für den Unterricht selbst, ein ihren Vermögensumständen angemessener Beitrag, der jedoch nicht über 16 Gr. monatlich ansteigen darf, entrichtet werden. Zu dem Ende müssen sich alle diejenigen, welche am dem Unterrichte der Provinzial Kunst- und Handwerksschulen Theil nehmen wollen, zunächst an die Provinzial-Direction wenden, welche dem Aufzunehmenden einen gedruckten Receptionsschein, den Umständen nach, entweder gratis, oder gegen Erlegung der obgedachten Gebühren ertheilt wird.

IX. Die durch die Receptions- und Informations-Gelder entstehende Einnahme, soll von der Direction zur General Kunstschulen Casse berechnet, und nachdem daraus die speciellen Unterhaltungskosten, für Feuerung, Beleuchtung, Aufwartung und Miethe bestritten worden, nach ihren pflichtmässigen Vorschlägen, theils zu Prämien für die vorzüglich fleissigen und geschickten Zöglinge, theils zur extraordinairen Renumeration und Aufmunterung derjenigen Lehrer, welche sich durch Thätigkeit und Gemeinnützigkeit bei Verwaltung ihres Lehramtes auszeichnen, nach der Bestimmung des Kuratorii verwandt werden.

X. Alle zum Zeichnen erforderlichen Materialien müssen sich die Zöglinge der Provinzial-Kunst- und Handwerksschulen in der Regel selbst auf ihre eigene Kosten anschaffen; nur Armen, welche ihr Unvermögen dazu bescheinigen, besonders wenn sie sich durch Fähigkeit und Sittlichkeit auszeichnen, sollen die nothwendigen Materialien aus der Provinzial Schul-Casse gereicht werden.

XI. Sämmtliche Provinzial Kunstschulen sollen für jetzt mit den zu ihrer erweiterten Einrichtung erforderlichen Vorbildern, Modellen, Büchern, Geräthschaften und Utensilien versorgt werden, zu welchem Ende jede Provinzial-Direction eine Designation davon nach dem Bedürfnisse der ihrer Aufsicht anvertrauten Kunstschule an das Kuratorium einreichen muss, welches authorisirt wird, die dazu erforderlichen Kosten aus den Beständen der General Kunstschul-Casse zu bestreiten.

Für die Zukunft aber soll eine, aus den geschicktesten Künstlern der Kunst- und Bau-Academie eigens dazu zu ernennende Komitté, die den Zweckumständen nach die zweckmässigsten Vorbilder für die Provinzial Kunst- und Handwerksschulen vorschlagen, und theils selbst zeichnen, theils solche nach ihren Erfindungen und Angaben, durch die geschicktesten Eleven bei der Academie zeichnen lassen, damit solche durch die akademische Kupferstecherei und Formschneiderei dergestalt vervielfältigt werden kann, dass man ausser der Versorgung der Provinzial Kunstschulen, auch selbst den Fabrikanten und Handwerkern geschmackvollere Zeichnungen und Muster, zu ihren verschiedenen Arbeiten, für einen, in Verhältniss des ausländischen, weit geringeren Preis, in die Hände geben, und solchergestalt mit Verhütung eines nicht unbeträchtlichen baaren Geldausflusses nach dem Auslande, selbst die Fonds des Kunstschulwesens eine, zu mehrerer Ausbreitung desselben, nützliche Einnahme verschaffen kann. [1]

---

[1] Im Jahre 1803 gab die Akademie ein „Elementar-Zeichenwerk zum Gebrauch der Kunst- und Gewerckschulen der Preussischen Staaten" heraus. In der Vorrede hiezu heisst es: „Schon längst fühlte die K. Preuss. Akademie der bildenden Künste und mechanischen Wissenschaften, dass es für die von ihr abhängenden und ihrer Leitung anvertrauten Provinzial-Kunst- und Gewerckschulen, welche nach und nach in den meisten Provinzen des Preussischen Staates nicht ohne sichtbaren, guten Erfolg für alle kunstverwandten Gewerbe zu Stande gebracht sind, ein nothwendiges Bedürfniss sey, den darin zu ertheilenden praktischen Zeichenunterricht nach einer festen, systematischen Stufenfolge zu ordnen und ganzen Unterricht nach einer Vorbilder zu leiten, welche sicherer, als es sonst wohl der Fall in diesen Stücken zu seyn pflegt, die Hauptzwecke des Unterrichts: Korrektheit der Zeichnung und Geschmack in der Behandlung derselben, bey den Lehrlingen begründen. Denn jene Provinzial-Kunst- und Gewerks-schulen sind nicht dazu bestimmt, aus ihrer Mitte eigentlich sogenannte Künstler hervorgehen zu lassen; ihre nächste Bestimmung ist, den Lehrburschen und Gesellen solcher Gewerke, denen theils das architektonische Zeichnen, theils Fertigkeit im freien Handzeichnen nothwendig ist, einen für sie hinreichenden Unterricht unentgeltlich zu gewähren. Aber diese Schulen sollen auch allen denen offen stehen, welche den lobenswerthen Trieb in sich fühlen, ihren Verstand für richtiges Auffassen der eigenthümlichen Form der Gegenstände überhaupt und ihr Gefühl zunächst für die Schönheit der Formen mit Hülfe des praktischen Zeichnens auszubilden und sich dadurch zugleich eine Fertigkeit zu erwerben, die sie in den Stand setzt, ihre eigenen besseren Ideen in Bildern mit Hülfe der Zeichenkunst richtig vor- und geschmackvoll darzustellen. Und dieser Grad der Verstandes- und Gefühlsbildung, diese Fertigkeit müsste wohl billig tiefgefühltes Bedürfniss bey jedem Werkmann, jedem Handwerker, Manufakturisten, Fabrikanten, ja sogar bey jedem Schullehrer, am meisten aber jedem angehenden Künstler seyn, der sich vor dem grossen Haufen seiner Geschäftsgenossen löblich auszeichnen und sich dadurch die Achtung der übrigen gebildeten Stände erwerben will. Für diese untergeordneten Zwecke bedarf es nun keines erschöpfenden Unterrichts über alle Theile der bildenden Kunst. Dieser bleibt natürlich nur dem vorbehalten, der sich mit dem dazu erforderlichen Genie ausgerüstet fühlt und angestrengt der Kunst im höheren Sinne des Wortes widmet. Er kann im preussischen Staate nur allein öffentlich in Berlin in der K. Akademie selbst zweckmässig und vollständig ertheilt werden. Aber jener allgemeine, propädeutische und Elementar-Unterricht wird zugleich so beschaffen seyn können und müssen, dass er zur ersten Grundlage jeder höheren Kunstbildung dienen kann, um unter veränderten Umständen bey regelmässig beabsichtigten höheren Zwecken darauf das

XII. Was die jährliche Unterhaltung der bereits etablirten, und in der Folge noch zu etablirenden Provinzial Kunst- und Handwerksschulen anbetrifft, so soll, behufs der zweckmässigen Verwendung der von Sr. Königl. Majestät dazu ausgesetzten Fonds, Sr. Königl. Majestät von dem Kuratorio der Kunst- und Bau-Akademie alljährlich ein, den jedesmaligen Zeitumständen und Bedürfnissen dieser Partie angemessener Etat, zu Höchstdero eigenen Vollziehung überreicht, und die darnach zu führende Jahresrechnung zur Justifikation bei der Ober-Rechen-Kammer überreicht werden.

XIII. Diejenigen Provinzial Kunst- und Handwerksschulen, besonders die jetzt und in der Folge noch zu etablirenden, für welche noch kein eigenes kostenfreies Emplacement ausgemittelt ist, sollen, so viel als möglich, in öffentliche, dem Staate zugehörige Gebäude kostenfrei untergebracht werden, worüber Seine Königl. Majestät die gemeinschaftlichen Vorschläge des General-Directorii und des Kuratorii der Kunst- und Bau-Akademie erwarten.

XIV. Seine Königl. Majestät bestätigen nicht nur im Allgemeinen denen sämmtlichen, jetzt schon etablirten und noch ferner zu etablirenden Provinzial Kunstschulen, die ihnen in dem Kunstakademie Reglement vom 26. Januar 1790 zugesicherten Vorrechte, sondern wollen auch, dass ausser der, dem gesammten Provincial-Kunst-Schulwesen durch die Kabinets-Ordre vom 13. April 1799 bewilligten Portofreiheit, alle dasselbe betreffende Avertissements und Publikanda unentgeltlich sowohl in den Berliner als auch in den Provinzial Zeitungen und Intelligenz-Blättern eingerückt werden sollen.

---

vollendete Gebäude eigentlicher Kunstkenntniss und Kunstbildung durch weiter getriebenes höheres Studium aufzuführen. Dessen ungeachtet ist es angelegentlicher Wunsch der K. Akademie, dass junge Leute durch einen in jenen Kunst- und Handwerksschulen erworbenen gewissen Grad von Geschicklichkeit im Zeichnen, sich nicht verführen lassen mögen, zu glauben, dadurch schon den Beruf zum Künstler im höheren Sinn des Wortes in sich zu tragen. Sie wünscht vielmehr eifrigst, dass junge Leute den Stand des Handwerksmanns als ehrenvoll betrachten mögen, als einen Stand, in welchem man durch Fleiss, Sorgfalt und sinnreiches Benehmen, wodurch man die Werke seiner Arbeit auf einen solchen Grad von Vortrefflichkeit bringt, dass sie in ihrer Art als Meisterwerke, gleichsam als Kunstwerke angesehen werden können, sich sehr unentbehrlich und geschätzt machen kann. Diese Art der Werthschätzung hat die K. Akademie auch schon zum öfteren solchen vorzüglichen Arbeitern und Handwerkern durch Ertheilung eines Patentes, worin sie zu akademischen Künstlern ernannt wurden, zu erkennen gegeben.

Sich in der Provinz zu eigentlichen Künstlern bilden zu wollen, möchte jungen Leuten überhaupt ganz abzurathen sein. Aus leicht begreiflichen Gründen wird man einsehen, dass dort nicht die rechte Gelegenheit sein kann und dass zu ehrenvoller, zweckmässiger Uebung der Kunst noch weit, weit mehr gehört, als eine bloss praktische Geschicklichkeit im Zeichnen und im Gebrauche der Farben.

Sich aber durch einen übereilt gefassten, nicht wohl verstandenen und geprüften Entschluss bey anderweitigen guten Fähigkeiten einem für die Welt und das Leben nützlichen und noch weit mehr unentbehrlichen Geschäfte zu entziehen, ist eine Thorheit, die man späterhin nicht selten bitter bereuen muss. Der geschickte, fleissige Meister in irgend einem nützlichen Handwerke oder mechanischen Geschäfte ist viel mehr werth, ist auch ein glücklicherer Mensch als ein Stümper in der Kunst, dem so wenig Ehre als Brod zu Theil wird.

Um nun jene Kunst- und Handwerksschulen für ihre untergeordneten Zwecke mit den nöthigsten und zweckmässigsten Vorbildern zu versorgen, vereinigte sich auf höheren Befehl eine Auswahl von Mitgliedern der K. Akademie der Künste. Nachdem dieselben über das, was zuerst nach jenen oben angegebenen Rücksichten unumgänglich erforderlich war, einig geworden, schritt man zur Ausführung und übergab den verschiedenen Kunstschulen unseres Landes diese Hefte, von denen man sehr wohl weiss, dass sie noch nicht vollständig genannt werden können. Man kann aber auch hinzufügen, dass man fortfahren wird, durch Musterzeichnungen dem noch vorhandenen Mangel in manchen Fächern abzuhelfen und sie so nach

XV. Schliesslich wollen Seine Königl. Majestät, dass obige Grundsätze bei dem Maniement des gesammten Provinzial-Kunstschulwesens, in so fern die Lokalität nicht hier oder da, nach dem Ermessen des Kuratorii, eine Abänderung erfordert, einstweilen und so lange zum Anhalten dienen sollen, bis hinlängliche Erfahrungen vollständige Data an die Hand geben werden, um darnach mit völliger Ueberzeugung, ein überall zweckmässiges und ausführliches Reglement für das gesammte Provinzial Kunstschulwesen auszuarbeiten, in welchem besonders auch zur Verdrängung des, der National-Industrie so nachtheiligen Gewerkszwanges, und der, in Ansehung der Meisterstücke damit verbundenen Handwerksmissbräuche, der Wirkungskreis der Provinzial Kunstschulen, so wie auch die Vorrechte der Zöglinge derselben, mit Bezug auf § 25 des Reglements der Kunstakademie vom 26. Januar 1790 näher bestimmt und festgesetzt werden sollen.

Hierzu werden die Provinzial Kunstschulen Direktionen bei ihrer speziellen Leitung des Kunstschulwesens am leichtesten die zweckmässigsten Materialien zu sammeln und zu ordnen im Stande sein, weshalb es Sr. Königl. Majestät zum allergnädigsten Wohlgefallen gereichen wird, wenn dieselben zum Wohl des allgemeinen Bessten, sich diesem Geschäfte mit Eifer unterziehen, und bleibt es denselben überlassen, sich, was die Abstellung des Gewerkszwanges und der bisherigen Handwerksmissbräuchen bei Anfertigung der Meisterstücke anbetrifft, des Raths und der Einsicht vernünftiger, vorurtheilsfreier, und in ihrem Fache vorzüglich geschickter Handwerksmeister zu bedienen, welche zu diesem Ende bei den Direktionen selbst, dem Befinden nach, als Assessor oder Vorsteher der Handwerksschulen mit angesetzt werden können.

Das Kuratorium hat demnächst das vollständige Reglement für das gesammte Provinzial-Kunstschulwesen Seiner Königl. Majestät zu dero Genehmigung und Höchsteigener Vollziehung vorzulegen.

---

und nach zu ergänzen. Da es natürlich nicht angehen konnte, dass man zu den Vorbildern Gegenstände aus dem Wirkungskreise aller Gewerbe und mechanischen Künste wählte, so musste man sich mit Recht auf solche Dinge einschränken, durch deren Nachbildung auf dem Papier eines Jeden Zeichenanlage überhaupt geübt und der Geschmack an Formen im allgemeinen gebildet werden kann. Auch an unserem Theile das Streben nach möglichster Vollkommenheit in gewissen Rücksichten bei der thätigsten und unentbehrlichsten Klasse unserer Mitbürger zu wecken und zu verhindern, dass der Kunstfleiss sich nicht zu zwecklosen Spielereien verliere, ist eine unserer Hauptabsichten bei diesem Werke. —

Der ganze Unterricht ist in fünf Abschnitte und demnach in fünf Hefte von Zeichnungen vertheilt, denen eine wörtliche Anleitung beigefügt ist. Sie enthalten Gegenstände 1. der Geometrie und Perspektive, 2. der verschiedenen Säulen-Ordnungen, 3. aus der Technologie, in Bezug auf die Baugewerke: 4. Pflanzen, Laubwerk und Thiere, in zwei Abtheilungen a und b, 5. Zeichnungen, die menschliche Figur betreffend. Um die Muster beim Unterricht möglichst zu vervollständigen, so sind auch, ausser den in den fünf Heften gegebenen gezeichneten Vorbildern, Gyps-Modelle von Ornamenten bey den Provinzial-Kunstschulen niedergelegt, welche den geübteren Zöglingen von den Lehrern zum Nachzeichnen und Bossiren vorgelegt werden.

Von jedem der fünf Abschnitte erscheint fürs Erste ein Heft; diese Hefte werden von Zeit zu Zeit vervollständigt und für mehrere Gewerbe ausgedehnt werden.

In den Provinzial-Kunstschulen sollten nur die ersten vier Hefte benutzt werden; der gründliche Unterricht in der freien Handzeichnung der menschlichen Figur ist mit so grossen Schwierigkeiten verknüpft, dass er nur in der Kunst-Akademie der Hauptstadt ertheilt werden kann. Blosse Handwerker möchten, wenn sie sich in den Provinzen, ohne die dazu erforderliche Unterstützung zu haben, darauf einlassen wollten, nur aus ihrer Sphäre gelockt werden und dennoch nur etwas stümperhaftes darin liefern können.

4. Die kaufmännischen Unterrichtsanstalten. [1])

Schon oben wurde erwähnt, dass Hecker in der von ihm begründeten Realschule bei der Feststellung des Lehrplans auf die Bedürfnisse des Kaufmannsstandes Rücksicht nahm und später auch eine besondere „Manufaktur-Commerzien- und Handlungsklasse" einrichtete, deren zweckmässige Ausgestaltung er sich besonders angelegen sein liess. Er wandte sich daher in seinem Programm von 1756 auch an die angesehenen und reichen Kaufleute Berlins mit der Bitte um „Stipendia und Legata zum Etablissement einer vollständigen Handlungs-Schule", damit er „der Handelschaft durch die Schulen besser die Hand bieten könne; vorläufig müsse er sich leider noch „mit Erlernung der Gemeinen- und Kaufmanns-Rechnung, mit dem ordentlichen Buchhalten, der Einsicht allerhand Professionen, welche in der Handlung Einfluss haben, der Erkenntniss der Materialien- und Handlungs-Spezien, der Anleitung im Briefschreiben und in der Italienischen und Französischen Sprache begnügen." Wie sich Hecker den Lehrstoff dieser „vollständigen Handlungs-Schule" dachte, geht aus einer Programmarbeit seines Schul-Inspektors von Einem über „Glückselige Schulen" hervor. Einem verlangt, dass die Jugend in „Künsten" und „Handwerken" vorbereitet werde. Die Künste theilt er ein in „schöne" oder „freie" und „mechanische"; zu ersteren zählt er die Schreibekunst, die Redekunst, die Dichtkunst, die Musik, die Zeichenkunst, die Baukunst, die Bildhauerkunst, die Kunst, wohlanständige Stellungen des Leibes anzunehmen u. s. w., zu den mechanischen Künsten die Wirthschaftskunst, die Handlung und das Buchhalten, die Buchdruckerkunst, das Kupferstechen, die Kriegskunst, die Kunst, Instrumente zu verfertigen, die Apothekerkunst, die Chirurgie, die Uhrmacherkunst, die Goldschmiedekunst, die Farbekunst u. s. w. Er verlangt nun zwar nicht, dass in der Schule alle diese Künste ausführlich vorgetragen oder gar ausgeübt werden, doch wünscht er, dass die „Theorie" der meisten dieser Künste gelehrt und die „allgemeine Kenntniss" derselben angestrebt werde, und zwar bei allen denjenigen Schülern, denen sie später nützen könnten. Einem bespricht dann die Art und den Umfang des Unterrichts im Einzelnen und führt in Bezug auf „die Handlung und das Buchhalten", die mit der „Wirthschaftskunst", wozu er Feld- und Wiesenbau, Land-, Haus- und Stadtwirthschaft, Viehzucht, Gärtnerei u. s. w. rechnet, „in ziemlich genauem Verhältnisse" ständen, etwa Folgendes aus:

---

[1]) Vgl. insbesondere B. Zieger, Zur Geschichte der Handelsschulen in der Gewerbeschau (Sächsische Gewerbezeitung), Jahrgang XXVIII, Dresden 1896, S. 18ff. Derselbe, in Rein's Encyclopädie, 1897, Bd. III, S. 289 und „Ein sächsischer Merkantilist über Handelsschulen;" Zimmermann, Handelsschulen, in den Veröffentlichungen des Deutschen Verbandes für das kaufmännische Unterrichtswesen, Bd. VIII, Thl. 1.

Die Anweisung zur Handlung und zum Buchhalten gewährt denen die angenehmsten Vortheile, die Banquiers werden oder sich der Handelschaft widmen wollen. Sie lernen alle Arten des Handels kennen und werden fähig gemacht, diejenige zu wählen, die ihnen am besten gefällt und ihren Umständen am gemässesten ist. Und wenn sie sich hernach zu einer besonderen Gattung des Handels entschliessen, so sind sie doch auch in den übrigen nicht ganz unerfahren. Ueberdies begreifen sie, wenn sie zu einem Herrn kommen, alles viel leichter, sind ihm bald brauchbar und gelangen eher zu ihrem Zwecke. Den zu behandelnden Lehrstoff theilt er in kaufmännische Haupt- und Nebenwissenschaften; zu ersteren rechnet er die Waarenkunde und den Waarenhandel, zu letzteren, „was der Kaufmann von anderen Wissenschaften zu erlernen hat, um desto vollkommener zu werden", z. B. Arithmetik, das Schön-, Recht- und Schnellschreiben, die Münzwissenschaft, die Mass-, Wage- und Gewichtskunde, die Kaufmannsgeographie, das Handlungsrecht, die Waarenzeichnungskunst, kaufmännische Kryptographie und kaufmännischen Sprachgebrauch, kaufmännische Korrespondenz, bei welchem Unterrichtsgegenstand sich die beherzigenswerthe Mahnung findet: „Nur wäre zu wünschen, dass die Herren Kaufleute sich einer deutschen Schreibart beflissen; sie würden dabei selbst weniger zu lernen haben. Einem Anfänger muss ihre Terminologie zuweilen fürchterlich vorkommen." Bei der Anweisung zur Anfertigung von Kaufmannsbriefen sollen durchgenommen werden Einkaufsbriefe, Frachtbriefe, Speditionsbriefe, Seebriefe oder Connossemente, Wechsel-, Commissions-, Verkaufsbriefe, Assignationen, Vollmachten, Verzichtbriefe, Kontraktbriefe, Abschiedsbriefe, Pareren. Vom Handel sind alle Art zu besprechen: In- und ausländischer Handel, Propre-, Commissions- und Compagnie-Handlung, der Handel mit wollenen, Manufaktur- und Fabrikwaaren, der Seidenhandel, der Tausch- und Kaufhandel, die Wechsel- und Speditions-Handlung, der Spezerei-, Holz- und Weinhandel u. s. w. Ferner müssen die Schüler einen hinlänglichen Begriff bekommen von den „Waaren, Abgaben, Zoll und Accise, Credit, Schuld, Zahlung, Bankerotten, Ein- und Verkauf der Waaren, handelsfähigen Personen, Handelsorten, Stapel- und Niederlassungsstädten, Börsen, Wagen, Märkten, Contoirs, Läden, Gewölben." Aus jedem Laden sollen „Modelle" angeschafft werden, damit die jungen Leute die Waaren kennen lernen. „Endlich wäre es auch dienlich, wenn sich die jungen Leute auf die Wappenkunst, Naturlehre, Naturgeschichte, Mechanik, Visirkunst u. s. w. legten." Er verlangt, dass junge Leute nicht eher in die Handlungsklasse eintreten, als bis sie die Vorbereitungswissenschaften erlernt haben. Im Buchhalten sollen das „einfache Buchhalten" und das „Italienische Buchhalten", die „Hauptbücher" und die „Nebenbücher" zur Behandlung kommen.

Wenn auch kaum anzunehmen ist, dass der Handels-Unterricht in der Berliner Realschule jemals in dieser umfassenden Weise thatsächlich ertheilt worden ist, so ist doch sicher, dass er mit einer Gründlichkeit betrieben wurde, die gegen die oberflächliche Art in den Privatschulen der damals zahlreich vorhandenen privilegirten „Schreib- und Rechenmeister" vortheilhaft abstach. Auch unter den Nachfolgern Heckers fand der kaufmännische Unterricht besondere Beachtung. Silberschlag wies ihn bei der Theilung der Schule in „Pädagogium", „Kunstschule" und „Deutsche Schule" der Kunstschule zu, in der die französische Sprache, die Zeichen- und Reisskunst, die praktische Mathematik, die Kaufmanns-Rechenkunst, die Oekonomie, die Handlungswissenschaften und das Briefschreiben „Hauptlectionen" waren. Ebenso blieb unter dem Neffen des Begründers, A. J. Hecker, der Unterricht in der „Handlungswissenschaft" und im „Buchhalten" bestehen, dem zusammen sieben Stunden wöchentlich gewidmet wurden. Dabei sollte „zuvörderst eine grössere Fertigkeit in den sogenannten kaufmännischen Rechnungen erzielt werden, sodann Kenntniss der vornehmsten Münz-, Maass- und Gewichtsarten, ihres Verhältnisses zu einander, der Beschaffenheit des Wechselkurses und selbst des Wechselrechts, ebenso Uebung im Buchhalten und für den Manufakturisten namentlich auch einer allgemeinen Kenntniss der Waaren, der natürlichen Produkte, ihrer Verarbeitungsart und der Spedition derselben, sowie auch ausserdem eine vorzügliche Kenntniss der Fabriken und ihrer Einrichtung u. s. w." Erst bei der Reorganisation der Schule unter Spillecke im Anfang der zwanziger Jahre des neunzehnten Jahrhunderts fiel der eigentliche Fachunterricht und damit auch der kaufmännische Unterricht fort, der freilich auch schon während der Kriegsjahre, die auf den ganzen Schulbetrieb, namentlich der Kunstschule einen unheilvollen Einfuss ausübten, kaum von besonderer Bedeutung gewesen sein wird.[1])

---

[1]) Vgl. Schulze in seiner Geschichte der Schule, S. 90. Während der Kriegsjahre hatte die Anstalt schwer zu leiden, wenn auch der Schulbetrieb niemals ganz geruht hatte. Selbst am Tage des feindlichen Einmarsches am 24. und 25. Oktober 1806 nahmen die Lektionen ihren ungestörten Fortgang. Da indessen die Staatssubventionen ausblieben, so entstanden Verlegenheiten aller Art: Man sah sich genöthigt, einige Lehrerstellen einstweilen einzuziehen und weniger besuchte Klassen zu kombiniren. Alles, was sonst zu Prämien für die Zöglinge, zur Vermehrung der Bibliothek, der Sammlungen und sonstigen Lehrmittel bestimmt war, musste seinem eigentlichen Zwecke entzogen und zur Bezahlung der Lehrergehälter verwandt werden. Erst nach 1809 traten allmählich wieder bessere Verhältnisse ein; die Anweisungen aus den Königlichen Kassen erfolgten wieder, die rückständigen Gehälter der Lehrer wurden nachgezahlt, die Lehrerstellen sämmtlich wieder besetzt, die kombinirten Klassen getrennt und neue Klassen eingeführt, namentlich im Gymnasium, das seit der im Jahre 1811 erfolgten völligen Lostrennung von der Realschule eine fortgesetzt steigende Frequenz aufwies. Eine neue erhebliche Störung im Unterrichtsbetriebe brachten die Freiheitskriege, die Alt und Jung, Lehrer und Schüler zu den Waffen riefen. Diejenigen, die nicht einberufen wurden, wurden zu Waffenübungen, Schanzarbeiten und anderen Dienstleistungen des Landsturms herangezogen. Den wenigen noch in den Klassen zusammengehaltenen Schülern fehlten Fleiss, Aufmerksamkeit und Lust zur Arbeit; andere traten frühreif in Kaufläden und Werkstätten ein, um die zum Kampf fürs Vaterland ausgezogenen Gesellen, Gehülfen und Lehrlinge zu ersetzen. Die Folgen dieser Zustände dauerten naturgemäss noch einige Jahre nach den Freiheitskriegen fort. Als Hecker im Jahre 1819 starb, hatten die Anstalten sich noch kaum erholt, die meisten Lehrer schmachteten bei einem nur dürftigen Gehalte oder unterlagen beinahe der Last der Privatarbeiten, welchen sie sich unterziehen mussten, um sich und ihre Familien nothdürftig durchzuschlagen. Dabei waren sie zu 32 bis 36 öffentlichen Lehrstunden mit einem Gehalte, das bei den ältesten kaum 500 Thlr. erreichte, verpflichtet. Eine Korrektur der häuslichen Arbeiten war so gut wie unmöglich geworden. Durch diese und ähnliche Umstände mussten natürlich diese Anstalten in den Augen des Publikums sehr in ihrem inneren Werthe und äusserem Ansehen verlieren, um so mehr, als in der Realschule sehr viele Freischüler, namentlich viele Kinder der Gehülfen der K. Porzellan-Manufaktur, die sog. Porzellan-Kinder und die Mitglieder des Singchors der Dreifaltigkeitskirche waren. Viele dieser Kinder gehörten den niederen Ständen, der eigentlichen Klasse der Arbeiter an und übten einen keineswegs vortheilhaften Einfluss auf ihre Mitschüler aus, so dass gebildete, anständige Eltern von feineren Sitten Anstand nahmen, ihre Kinder der Leitung einer Anstalt anzuvertrauen, in der ein so augenfälliges Gemisch von Kindern verschiedener Stände zu finden war.

Dass in den nach dem Vorbilde der Berliner Realschule begründeten Unterrichtsanstalten Preussens ebenfalls kaufmännische Wissenschaften, wenn auch nicht in dem Umfange und mit der Gründlichkeit wie in Berlin betrieben wurden, lässt sich wohl annehmen; sicher war dies in Breslau der Fall, wo die Handlungsklasse noch bis zum Jahre 1810 bestanden hat.

Neben dieser Pflege des kaufmännischen Unterrichts in den allgemeinen Bildungsanstalten machte sich in der zweiten Hälfte des achtzehnten Jahrhunderts auch das Verlangen nach besonderen, lediglich für die Ausbildung der Kaufleute bestimmten Schulen geltend, namentlich nachdem in Hamburg durch J. G. Büsch und Ebeling im Jahre 1771 unter dem Namen „Hamburger Institut zur Erziehung und Vorübung des jungen Kaufmanns" eine Handelsschule begründet worden war, die neben einer guten Allgemeinbildung auch eine gediegene kaufmännische Fachbildung vermitteln sollte, und deren Lehrplan sich daher auf neuere Geschichte und Erläuterungen über den jetzigen Zustand der Handlung, Französisch, Englisch, Italienisch, Deutsch, Rechnen, Buchhaltung, Waarenkalkulation, Waarenkentniss in dem Unterricht eines Maklers, Religion, allgemeine Grundsätze der Handlung, Naturhistorie und Schreiben erstreckte. In Preussen war es besonders Friedrich Gabriel Resewitz, der in seinen „Gedanken, Vorschlägen und Wünschen zur Verbesserung der öffentlichen Erziehung"[1] nachdrücklich für die Errichtung von Handelsschulen eintrat. Er betonte, dass, da jeder Stand des menschlichen Lebens seine eigene Zubereitung und Bildung erfordere, auch jeder Stand seine eigene Pflanzschule haben und der Staat dafür sorgen müsse, dass ein Jeder seiner bürgerlichen Bestimmung gemäss unterrichtet und erzogen werde. Kunst- und Handelsschulen sollten in einer jeden grossen Stadt sein, deren Lage und Betriebsamkeit Mittel und Gelegenheit zu einem ausgebreiteten Gewerbe darbieten. „Aber wo sind sie", so klagt er, „und durch welche Verfügungen des Staats ist für die Erziehung dieses wichtigen Theils seiner Bürger zur Vermehrung und Verbesserung der Industrie und ihrer zahlreichen Zweige gesorgt worden? In mancher Stadt ist man noch mit einem privilegirten Schreib- und Rechenmeister zufrieden, der für Junge und Alte Nothelfer ist . . . Nur ein Büsch wagte es, vor einigen zwanzig Jahren die Idee einer Handlungsschule ohne Unterstützung und auf eigene Gefahr zu realisiren; aber es gehörte auch sein umfassender Geist und sein ausdauernder Muth dazu, widerstrebende Vorurtheile zu besiegen, unter vielen Schwierigkeiten und Hindernissen das Werk seines Genies zu erhalten und mit Hülfe seines getreuen und gewandten Ebelings demselben Werth, Achtung und Nutzbarkeit zu verschaffen. Diese Privatstiftung eines patriotischen

---

[1] Bd. V, Stück 4, S. 3 ff., Berlin und Stettin, 1786.

Mannes hat Nachahmer gehabt, die mit löblichem Eifer eine so
gemeinnützige Unternehmung auf gleiche Weise in's Werk zu setzen
versucht haben, und glücklich genug gewesen sind, den Weg einzuschlagen, der zur richtigen Behandlung junger Leute für diesen
bestimmten Zweck hinführen kann. Es gehört indessen viel dazu,
in dieser Behandlungsart den ersten Punkt zu treffen, wo man ausgehen, wohin man zielen, und wo man endigen soll; es ist schwer,
Lehrer zu finden, die den zu diesem Behuf angemessenen Stoff des
Unterrichts kennen oder zweckmässig auszuwählen und vorzutragen
wissen; es fehlt an Lehrbüchern, die für die Fassung und Bestimmung
gerade dieser Jugend gerecht wären, es fehlt an Hülfsmitteln, Werkzeugen und vielerlei Vorkehrungen, um die zweckmässig nutzbare
Kenntnisse für das Anschauen der Jugend zu bringen; und es ist
so schwer und selten, dass der gelehrte und theoretische Kenner
alles dessen, was zur Aufklärung des Künstlers oder des Mannes
von Geschäften erforderlich sein kann, auch zugleich die Kunst besitze, praktischen Unterricht darüber zu ertheilen, der zur Anwendung
und Befolgung doch nur allein brauchbar sein kann."

Die „Nachahmer" von Büsch, die hier Resewitz erwähnt, fanden
sich in vielen grösseren Städten wie Magdeburg, Crefeld, Düsseldorf,
Elberfeld, Berlin, doch sind von diesen Schulen nur diejenigen in
Magdeburg und Berlin zur grösseren Bedeutung gelangt, wenngleich
auch sie nur verhältnissmässig kurze Zeit bestanden haben. [1]

---

[1] Einige von diesen Schulen scheinen sogar recht minderwerthig gewesen zu sein.
Vgl. z. B. O. Schell, Geschichte der Stadt Elberfeld, Elberfeld 1900, S. 280:
„Wie schon bemerkt wurde, kam die Elberfelder Lateinschule den Bedürfnissen
der hiesigen Kaufmanns- und Handelswelt zu wenig entgegen. Sie erzog künftige
Gelehrten, aber keine Kaufleute. Daher war der Besuch dieser Schule am Ende
des 18. Jahrhunderts sehr gering, zählte sie meistens doch noch nicht einmal sechs
Schüler. Bei dieser Sachlage war der Kaufmann genöthigt, seine Söhne nach auswärtigen Lehranstalten zu schicken, was allerdings erhebliche Geldopfer erforderte.
Zwar waren wiederholte Versuche gemacht worden, „Kaufmannsschulen" hier in's
Leben zu rufen. Im Jahre 1792 beklagten sich Rektor Ossenbick und der Pfarr-
schulmeister Aschmann beim Konsistorium über „das in hiesige Stadt errichtet
werdende Institut des Kurtz und Weissenstein". Das Konsistorium entschied in
dieser Angelegenheit dahin, dass man gegen dieses Institut um so weniger ein-
schreiten könne, „weil es merkantilischer Natur und Bestimmung sei". Eine
Reihe derartiger Institute entstand damals. Aber diese hoffnungsvollen Aussichten
waren stets nur von kurzer Dauer, da die Männer, von welchen derartige Bestrebungen ausgingen, durchweg auswärtige, meist verbummelte Genies waren, die
zu ernster Arbeit unfähig und obendrein, wie nicht anders zu erwarten, moralisch
untüchtig waren." — Ueber die Schule in Düsseldorf heisst es in den „Jülich-
Bergischen Nachrichten" vom 23. April 1776: Dem Publikum wird hiermit bekant
gemacht, dass der öffentliche Unterricht, zum Nutzen hiesiger Stadt-Jugend, in
der Churfürstl. privilegirten Handlungs-Academie auf der Citadelle auf den ersten May
den Anfang nehmen wird.

Zu besserer Bequemlichkeit werden die Lehrlinge in zwey Classen abgetheilet;
In der ersten Classe wird gelehret: Rechnen, Schreiben, die französische Sprache,
und die einem wohl erzogenen Menschen so nöthige Geographie und Historie, wobei die Jugend nicht nur zum zierlichen Briefwechsel angeführet wird, sondern
man übet auch die zur Handlung gewidmeten in verschiedenen Comtoir arbeiten,
und flösset ihnen allgemeine Begriffe von der Handlung ein. In der zweyten

Die Schule in Magdeburg[1]) wurde am 1. Juni 1778 von dem ehemaligen Elbschiffer und Kaufmann Joh. Friedrich Keller, einem Mann, dem ausgebreitete Handlungskenntnisse und die Geschicklichkeit, diese Kenntnisse durch einen fasslichen Vortrag anderen mitzutheilen, sowie grosse Uebung im Rechnungsfache nachgerühmt wurden, zunächst als Privatanstalt begründet. Die Unterrichtsfächer waren: Schreiben, Rechnen, Kaufmännische Wissenschaften, Deutsch, Französisch. Die Schule wurde mit drei Lehrern und vier Schülern eröffnet; im Jahre 1781 wurde damit für auswärtige Schüler eine Pensionsanstalt verbunden. Nach der „Schulnachricht" von Ostern 1782 hatte sich Keller in Folge der mit einem jeden Jahre stärker anwachsenden Anzahl von Lehrlingen, welche die Schule besuchten, und von Pensionären, die auswärtige Kaufleute diesem Institute zur Erziehung übergaben, sowie in Folge seiner durch Aufsicht, Unterricht und Briefwechsel vermehrten Arbeiten genöthigt gesehen, ein Kuratorium zu suchen, „welches das Direktorium dieses Institutes übernehmen und für eine bessere äussere und innere Einrichtung desselben sorgen möchte." In das Kuratorium traten ein Consistorialrath Brack, Bürgermeister und Kaufmann Sulzer, Rathmann und Kaufmann Focke und die Kaufleute Cuny und Willer. Diese entwarfen einen Plan, nach dem sie die Schule leiten wollten, überreichten ihn dem Oberkurator der Schulen in den Preussischen Staaten, dem Staatsminister Freiherrn von Zedlitz, der dafür sorgte, „dass von dem Königl. Hohen Geheimen Staatsrathe Plan und Kuratorium im October 1781 allergnädigst bestätigt ward. Hierdurch

---

Classe wird gelehret: Erstens die Englisch- und Italiänische Sprache, zweytens die Ausarbeitung der schwersten Rechnungs-Ausgaben, und besonders die wegen ihrer Kürze, so beliebt als nützliche Ketten-Regel, drittens die doppelte oder sogenante Italiänische Buchhaltung, viertens Geographie und Historie, fünftens werden die Academisten in der zweyten Classe in den wichtigsten Geschäften der Handlung unterwiesen, als in Kenntniss aller in- und ausländischen Waaren, in Beurtheilung dieser und jener Conjuncturen zur Speculations Handlung, in Erwerbung von Commissions Geschäften, in Assecuranzen und dahin gehörigen Schaden Berechnungen, und vieler andern einem Kauffmanne nützlichen Dingen, welche anzuführen hier zu weitläuffig fallen würden. Die gedruckte ausführliche Nachricht von der Einrichtung der Academie, welche in hiesiger Hofbuchhandlung zu bekommen ist, zeiget das Nähere an. Im übrigen stehet es jedem frey, entweder alle beyde, oder nur eine von den angeführten Classen zu nutzen. Wegen der Eintheilung der Stunden, wie auch wegen des Preises, welcher sehr leydlich gesetzet werden wird, kan ein jeder in der bemeldeten Academie auf der Citadelle von dem Directeur derselben, genauere Erläuterung bekommen. Auswärtige werden darinnen gegen ein billiges in Pension genommen.

[1]) Vgl. die verschiedenen „Nachrichten an das Publikum, die Magdeburgische Handlungsschule betreffend", die „Gesetze für die Handlungsschule" und Holzapfel, Kurze Geschichte der Höheren Gewerbe- und Handelsschule, jetzigen Realschule I. Ordnung zu Magdeburg, Beilage zum Osterprogramm, Magdeburg 1870. S. 1—6. — Die Einrichtungen der Magdeburger Schule sind, wie das Kuratorium wiederholt in den „Nachrichten" bemerkt, den Vorschlägen von Resewitz angepasst.

ward dieses Privatinstitut eine öffentliche Schule, welche unmittelbar unter dem Schutze des geistlichen Departements steht."[1])

Die erste Sorge des Kuratoriums war, der Schule ein eigenes und geräumiges Haus zu verschaffen, was auch Dank der Unterstützung Magdeburger und auswärtiger Kaufleute gelang. Am 9. April 1782 wurde das „Handlungsschulhaus" bezogen. Sodann wurden „Gesetze" für die Bedürfnisse der Eleven festgestellt, um sie an Fleiss, gute Sitten, Ordnung und Reinlichkeit in den Geschäften zu gewöhnen. Damit diese Gesetze genau befolgt würden, sollte jeder der Kuratoren die besondere Aufsicht über das Institut einen Monat hindurch übernehmen, die Schule wöchentlich besuchen, den Fleiss und die Sitten der Zöglinge beobachten und über seine Wahrnehmungen in der alle 14 Tage abzuhaltenden Konferenz dem Kuratorium berichten. „In der Konferenz wird nach diesem Berichte und dem Konduitenbuche, in welches ein jeder Lehrer den Fleiss und Sitten der Eleven einträgt, das Betragen derselben untersucht, Strafen oder Belohnung vertheilt, über Aufmunterung und Verbesserungen berathschlaget, und alles, was zur äusseren oder inneren Vervollkommnung des Instituts etwas beitragen kann, in Ueberlegung genommen und festgestellt". Ueber den „Zweck des Instituts und den in demselben zu ertheilenden Unterricht" heisst es in der „Nachricht" von 1782:

„Das Institut ist bestimmt, jungen Leuten, die Kaufleute, Oekonome oder Künstler werden wollen, ohne Unterschied der Religion, in allen ihnen nöthigen Kenntnissen Unterricht zu geben, und sie zu guten Bürgern im Staat zu erziehen. In Rücksicht auf das Alter nehmen wir Kinder vom 9ten bis zum 15ten Jahre auf. Was wir in Absicht des Alters sagen, gilt nicht nur von Frequentanten, welche unsere Schule besuchen, sondern auch von Pensionären. Von einem jeden Zöglinge, den wir aufnehmen, erwarten wir keine anderen Vorkenntnisse, als die, dass er das Deutsche richtig und fertig lieset.[2])

Sämmtlichen Eleven wird in folgenden Wissenschaften und Sprachen Unterricht gegeben: Religion (wöchentlich vier Stunden) nach Dietrichs Anweisung zur Glückseligkeit, nach der Lehre Jesu; Religionsgeschichte (zwei Stunden) nach Zachariä; in der Universalgeschichte (zwei Stunden) nach Schrökhs Lehrbuch der allgemeinen Weltgeschichte; Kommerzgeographie (zwei Stunden) nach

---

[1]) Nach den „Schulnachrichten" von 1793 und 1801 stand „die ganze Schul- und Erziehungsanstalt unter der Direction eines Collegiums, welches vom Königlichen geheimen Staatsrathe förmlich bestellt und bestätigt worden ist, und gegenwärtig, sowie die Schule selbst, vom Königlichen Hochpreislichen Ober-Schulkollegio unmittelbar abhängt. Dieses Collegium besteht aus 4 Curatoren aus dem Kaufmannsstande und Einem geistlichen Curator".

[2]) Bezüglich der Vorkenntnisse der Pensionäre heisst es in der Schulnachricht von 1785: „In Rücksicht auf das Alter nehmen wir Kinder von 9ten bis zum 14ten Jahre auf, und finden nicht nöthig, über die erforderlichen Vorkenntnisse etwas näher zu bestimmen, denn wir können doch in alle Fälle erwarten, dass der neunjährige Knabe wenigstens deutsch und französisch fertig lieset, auch wol im Schreiben schon etwas Uebung gehabt habe, und mehr verlangen wir nicht. Kömmt aber iemand mit mehreren Vorkenntnissen und etwa im 12ten Jahre zu uns, so können wir versprechen, dass er bei einigen Fähigkeiten in zwei Jahren alles das bei uns lernen kan, was ihm zur Vorbereitung auf seine künftige Bestimmung irgend nothwendig ist."

Fabri Erdbeschreibung; Naturgeschichte (zwei Stunden) nach Büsching; Technologie (eine Stunde) nach Beckmann; Handlungsgeschichte (zwei Stunden) nach Schlözers Versuch einer allgemeinen Geschichte der Handlung und Seefahrt; Waarenkunde (eine Stunde) nach einem eigenen Aufsatze; bei diesem Unterrichte werden den Eleven die Waaren aus dem gesammelten Waarenkabinette vorgelegt und ihnen die Kennzeichen von der guten und schlechten Waare angegeben; kaufmännische Mathematik (zwei Stunden) nach einem Auszuge aus Büschs kaufmännische Mathematik; deutsche Sprache (2 Stunden) nach Adelung; französische Sprache (6 Stunden) nach Anleitung der Grammaire pratique; Chofins Fabeln und Telemaque werden gelesen; im Pensionat wird nur französisch gesprochen; Rechnen (acht Stunden) nach der abgekürzten Reese'schen Methode und dem Keller'schen Entwurfe zur Waaren- und Wechselrechnung; Buchhalten und Führung der ökonomischen Register (vier Stunden) nach Kellers Heften; Schönschreiben (zehn Stunden) nach eigenen Vorschriften; Schriftliche Aufsätze (zwei Stunden) Handlungs- und freundschaftliche Briefe sowohl in deutscher als französischer Sprache.

Durch den Unterricht in diesen verschiedenen Wissenschaften und Sprachen versprechen wir einem jeden Eleven, — vorausgesetzt, dass er nur mittelmässige Fähigkeiten hat — in einer Zeit von zwei Jahren zur Handlung und allen Komtoirgeschäften völlig vorzubereiten. Damit die Anfänger diejenigen, welche schon Kenntnisse haben, in ihren Fortschritten nicht aufhalten, so sind sämmtliche Eleven in zwei Klassen vertheilt, bey welchen geschickte Lehrer angestellt sind, die nach der besseren Lehrmethode und mit dem treuesten Fleiss arbeiten. Um den Fleiss der Lehrlinge zu erhalten, ist ein jeder Lehrer verbunden, bey dem Schluss einer jeden Lehrstunde in das Konduitenbuch das Betragen eines jeden Eleven einzutragen. Den Fleiss unserer Zöglinge noch stärker zu reitzen, erhält derjenige, welcher vier Wochen hindurch das Zeugniss seines anhaltenden Fleisses bekommen, von dem Kuratorium einen gelben Knopf an der in der Klasse aufgestellten Tafel neben seinem Namen. Damit auch Eltern von dem Fleisse [und Betragen ihrer Söhne die zuverlässigsten Nachrichten erhalten, wird den Frequententen am Schlusse einer jeden Woche ein Auszug aus dem Konduitenbuche an ihre Eltern gegeben; den Eltern der Pensionairs wird dieser Auszug alle Vierteljahr zugeschickt. An dem Schlusse eines jeden halben Jahres wird eine öffentliche Schulprüfung angestellt, und der Prüfungstag der hiesigen Kaufmannschaft bekannt gemacht. Um allen Betrug zu vermeiden, der bey den gewöhnlichen Schulprüfungen blendet, stehet es einem jeden von der dann gegenwärtigen Versammlung frei, den Theil aus einer Wissenschaft zu bestimmen, über welchen die Eleven befragt werden sollen.

Ausser obbenannten Wissenschaften und Sprachen, welche in den öffentlichen Lehrstunden vorgetragen werden, können unsere Eleven auch in der englischen und italienischen Sprache Unterricht erhalten, und in der englischen bis zum Briefwechsel gebracht werden, ein Vorzug, den wir unserm Institute durch einen Lehrer verschafft haben, welcher ehedem als Buchhalter auf einem englischen Komtoir gestanden, und die Bücher und den Briefwechsel in dieser Sprache geführet. Wer Zeichnen und Musik lernen will, findet in beyden geschickte Lehrer."

Der Schulnachricht von 1785 zufolge unterrichteten an der Anstalt fünf Lehrer, die Klassenzahl war im Rechnen und Französischen von zwei auf drei vermehrt; unter den Lehrgegenständen finden sich neu aufgeführt: Mechanik, bürgerliche Baukunst, etwas im Allgemeinen von Schiffsbaukunst und Navigation für künftige Bewohner der Seestädte, ausserdem auf Wunsch Reiten und Tanzen; das Kuratorium macht es sich ferner zur Aufgabe, „auch für das Unterkommen derer, die ihre Laufbahn bei uns rühmlich geendigt haben, zu sorgen und die Guten und Fleissigen durch Fürsprache und Empfehlungen bei guten Handlungshäusern anzubringen."

„Wir bemühen uns auch, zur Versorgung der Lehrer, die der Schule treu gedient haben, mitzuwirken; es würde aber äusserst traurig für uns sein, dass wir hiezu keine anderen Mittel, als Empfehlungen und Fürsprache in Händen haben, wenn wir nicht die Versicherung hätten, dass des Freiherrn von Zedlitz Excellenz eine besondere gnädige Rücksicht auf unsere Empfehlungen nehmen, und Sich auch dadurch als einen grossmüthigen Beförderer nützlicher Schulanstalten erweisen wollen." Von Bedeutung ist auch die der Nachricht von 1785 vorausgeschickte „Vorerinnerung", in der es unter Anderem heisst:

„Wir zeigen dem Publikum hierdurch an, dass unsere Schulanstalt nicht nur noch besteht und fortdauert, — eine Anzeige, die in unseren Tagen, welche so manche ephemerische Erziehungsinstitute entstehen und verschwinden sahen, wol nicht ganz überflüssig ist — sondern dass sie auch immer mehr Consistenz gewinnt, und dass ihr gegenwärtiger Flor uns ihre längere Fortdauer mit Zuversicht hoffen lässt.

Man fängt nun an, die Nothwendigkeit guter Bürgerschulen überall einzusehen, und man begreift das nun endlich, was der Herr Abt Resewitz schon im Anfang des vorigen Jahrzehnts sagte, dass der zahlreiche Stand der Menschen, der durch bürgerliche Gewerbe zur Erhaltung des Ganzen geschäftig seyn soll, eine seinem Berufe gemässe eigne Erziehung haben müsse, welche von der Erziehung der übrigen und besonders des gelehrten Standes geschieden wäre, und dass es dem gemeinen Wesen, selbst der Religion und Tugend nachtheilig sey, wenn der erwerbende Theil der Nation entweder gar nicht, oder in gar falscher Richtung für seinen Standpunkt, den er in der Welt hat, erzogen wird. Man begreift es nun endlich, wie unzweckmässig es war, den für die Geschäfte des bürgerlichen Lebens bestimmten Knaben, mit seinem Langen und Muzel unterm Arm, in eine Schule zu senden, wo ihm einige Brokken von einer ausgestorbenen Sprache, die man vormals in Rom sprach, eingebläuet wurden, und wo er nichts lernte, das ihm frommte, oder seiner künftigen Bestimmung gemäss war. Es fällt zu sehr in die Augen, dass ein solcher Unterricht, in welchem das aus dem gesammten Umfange aller menschlichen Kenntnisse ausgesondert ist, was den künftigen erwerbenden Bürger bildet, in seine Geschäfte einschlägt, ihm seine Nahrungswege anweiset, und ihm den Gebrauch und die Verbesserung der bekannten Erwerbmittel zeigt, viel zweckmässiger sey. Es wird daher wol keinem vernünftigen Manne mehr einfallen, seinen Sohn, der Kaufmann oder Landwirth[1] u. s. w. werden soll, durch den unnüzzen und ermüdenden Umweg der lateinischen Schulen, an welchem so selten ein Blümchen für ihn sprosst, zu seiner Bestimmung zu führen, da der gerade Weg nun einmal gebahnt ist.

Wir dürfen ja also wol hoffen, dass unsre Handlungs- und Bürgerschule in — Friedrichs weiten Staaten bis izt die einzige — und, ausser ihrer älteren Schwester in Hamburg, in Deutschland, so viel wir wissen, bis izt die einzige —

---

[1] Die Schulleitung stand auf dem Standpunkte, dass die Kenntnisse, welche sich der künftige Kaufmann in der Jugend erwerben müsse, grösstentheils dieselben seien, die der dereinstige Fabrikant, Künstler und Landwirth aus der Schule ins geschäftliche Leben mitzubringen habe, und dass deshalb auch Jünglinge, die eine der letztgenannten Berufsarten erwählen wollen, mit Nutzen an dem Schulunterricht in der „Handlungsschule" theilnehmen könnten. Vgl. Schulnachricht von 1793, S. 3, 4.

sich bei dieser allmälig verbreiteten Aufklärung der erwerbenden Stände, auch ferner erhalten werde. Ja vielleicht ist der Zeitpunkt nahe, dass man, nachdem die Ausführbarkeit der Resewizischen Vorschläge dargelegt ist, überall mehr auf die Erziehung des bisher so sehr versäumten und doch so nüzlichen Bürgerstandes Rücksicht nimmt, und manche supernumeraire lateinische Schule — es giebt deren viele — besonders die lateinischen Schulen der kleineren und mittleren Landstädte, in viel nützlichere Bürger- und Handwerkerschulen unformt."

Endlich sei noch aus dieser „Nachricht" erwähnt, dass das Kuratorium „mit lebhaftem Vergnügen dem Publikum anzeigt, dass es sogar einen Jüngling jüdischer Nation, von guter Erziehung aus Berlin, in Pension genommen habe und dass dieser Versuch über alle Erwartung glücklich gelungen sei. Dieser junge Jude, von sehr glücklichen Herzens- und Geistesanlagen, wohnt und schläft bey unsern übrigen Pensionären in brüderlicher Eintracht, sicher für aller Nekkerei, und nimmt (den Religionsunterricht allein ausgenommen) an allen Unterrichtsstunden, und an allen Erholungen Theil, ohne Verlezzung seines Gesezes; doch speiset er bei seinen Verwandten. Wir führen diesen Umstand deshalb an, weil er zugleich von der bei uns eingeführten allgemeinen Tolerenz, als auch von der guten Zucht und Ordnung in unserer Pensionsanstalt, ein unverdächtiger Beweis ist."

Im Jahre 1803 feierte die Schule das Fest ihres fünfundzwanzigjährigen Bestehens. Aus diesem Anlass veröffentlichte der damalige Direktor, Ferdinand Kunz, eine „kurze Geschichte der Entstehung und allmäligen Erweiterung der am 1. Juni 1778 errichteten Magdeburgischen Handlungsschule", aus der hervorgeht, dass bis dahin 27 Lehrer an der Schule gearbeitet hatten, dass von denselben 9 gestorben, 8 anderweitig befördert waren und 10 noch damals an der Schule wirkten. Die Gesammtzahl der Schüler, die bis dahin die Schule besucht hatte, war bis in das achte Hundert gestiegen. Wie gross die Zahl der zur Zeit der Jubiläumsfeier die Schule noch besuchenden Schüler war, lässt sich nicht genau feststellen. Aus einer bei dieser Gelegenheit gehaltenen Festrede des Curators der Schule, Consistorialraths Ribbeck, geht hervor, dass sie „nahe an hundert" betragen haben muss.

Der Wunsch, den der Direktor Kunz bei dem Jubiläum aussprach, dass die Schule noch nach Jahrhunderten bestehen möge, sollte sich nicht erfüllen. Sie ging schon in der kurz darauf über Preussen hereingebrochenen Unglückszeit (1806) ein. „Eine im Jahre 1778 entstandene und eine Reihe von Jahren hindurch sehr berühmte und in neuerer Zeit sehr zweckmässig eingerichtete Handlungsschule war aus Mangel an Fonds in den ersten Kriegsjahren des ersten Decennii des Jahrhunderts aufgelöst."[1]

---

[1] Holzapfel, a. a. O. S. 6; Zerrenner, „Kurze Nachricht über das neuorganisirte Schulwesen in Magdeburg", 1820.

Die „Königliche Handlungsschule" zu Berlin ist aus der
im Jahre 1791 begründeten, ebenfalls mit Pension verbundenen
Handelslehranstalt eines gewissen Schulz hervorgegangen, der auch
nach ihrer im Jahre 1802 erfolgten Umwandlung in eine öffentliche
Schule ihr Direktor blieb. Bei dieser Gelegenheit wurde das
Pensionat aufgehoben; doch behielt sich Schulz vor, „seine bisherige
Pensionsanstalt für eine kleine Zahl von Eleven der Handlungs-
schule — privatim — fortzusetzen." Die Reorganisation dieser
Schule ist ein Verdienst des Staatsraths Kunth, der als Mitglied des
General-Fabriken- und Kommerz-Departements, seinen Chef, den
Staatsminister von Struensee, bestimmte, der Schule einen jährlichen
Zuschuss von 1000 Thalern zu gewähren, um sie „einer Fabrikanten-
Schule anzunähern."[1] Kunth trat selbst an die Spitze der Direktion,
der ausser ihm und dem Direktor Schulz noch drei Kaufleute, Fried-
länder, Hotho und Tietzen angehörten. Er hat persönlich oft unter den
Schülern gesessen und den Minister veranlasst, sie wiederholt zu
besuchen. Im Februar 1803 veröffentlichte Kunth eine „Ausführliche Nachricht von dem Zwecke und der inneren Einrichtung der Königlichen Handlungsschule in Berlin",
in dessen ersten Abschnitt es über den Zweck der Anstalt
u. A. heisst:

„Wir müssen zuerst der Besorgniss zu begegnen suchen, als ob die Handlungsschule nur theoretisch-gelehrte Kaufleute und Manufakturisten zu bilden beabsichtige,
und diejenigen praktischen Uebungen versäumen werde, auf welche es gleichwohl
vorzüglich ankömmt, wenn der Jüngling, nach seinem Austritte aus der Schule,
ein mehr als gewöhnlich geschickter, fertiger und arbeitsamer Gehülfe seines
künftigen Lehrherrn seyn soll . . . Zwar könnten wir die Versicherung, dass der
Plan unter den Augen des General-Fabriken-Departements entworfen, und von
seinem erleuchteten Chef gebilligt worden sei, und dass die Anstalt unter der fortgesetzten Aufsicht dieses Departements stehen werde, für hinreichend halten, jeder
Besorgniss dieser Art zu entfernen. Wir bitten indess nichts desto weniger um
eine sorgfältige Prüfung des ganzen Lehrplans. Alsdann wird, wie wir hoffen,
die Ueberzeugung nicht fehlen, dass eben auf jene praktischen Uebungen nicht
weniger Rücksicht genommen worden ist, als auf einen wissenschaftlichen, das
heisst, einen gründlichen und zusammenhängenden Unterricht, den die Bestimmung
des Instituts, als einer höheren Bildungsanstalt, erfordert; und dass man solchen
Lehrgegenständen, deren Kenntniss für den künftigen Kaufmann oder Fabrikanten
nicht unmittelbar nöthig geachtet werden möchte, die aber auch ihm, als Menschen
und Bürger, angenehm und nützlich sein wird, verhältnissmässig nur wenige Stunden
gewidmet hat. Der Zweck der Anstalt ist demnach dieser: jungen Leuten, welche
sich dem Handelsstande, als Kaufleute oder Fabriken-Unternehmer, widmen wollen,
Gelegenheit zu verschaffen, sich die ihnen nöthigen Kenntnisse und Fertigkeiten
vollständiger, gründlicher und in kürzerer Zeit zu erwerben, als dies durch Privat-
fleiss und durch Uebung bei den Geschäften selbst, möglich ist; und insonderheit
den künftigen Fabrikanten unter ihnen die Nothwendigkeit wissenschaftlicher Kenntnisse in der Mechanik, Physik und Chemie anschaulich zu machen, und sie zum
weiteren Studium dieser Wissenschaften vorzubereiten, doch auch nur vorzu-

---

[1] F. und P. Goldschmidt, Das Leben des Staatsraths Kunth, Berlin 1881,
S. 37 ff.

bereiten. Denn weder die Zeit, bei dem grossen Umfange dieser Wissenschaften, noch die vorhandenen Hülfsmittel, verstatten es, hierin etwas Vollendetes zu versprechen. Wer künftig einer Garn- oder Zeugmanufaktur, einer Färberei oder Druckerei, einer Papier- oder Metallwaarenfabrik, einer Töpferei, Zucker- oder Seifensiederei, Branntweinbrennerei, Brauerei, Gerberei u. s. w. vorstehen will, der wird in der Folge der Kenntnisse, welche er in der Handlungsschule erworben hat, mit besonderer Rücksicht auf sein Gewerbe, sich weiter ausbilden müssen. An Mitteln hiezu fehlt es in den preussischen Staaten nicht. Namentlich sind schon jetzt in der Hauptstadt verschiedene Lehranstalten für besondere Gewerbe gestiftet, und von der thätigen Sorgfalt unserer Regierung für den Wohlstand des Landes lässt sich mit Zuversicht erwarten, dass sie nicht nur die bereits vorhandenen Institute dieser Art erhalten, sondern auch die noch fehlenden nach und nach wohlthätig zum Daseyn befördern werde [1] ... Wenn wir übrigens hier von Fabrikanten reden, so wollen wir damit überhaupt einen jeden bezeichnen, der irgend einen rohen Stoff zur Handelswaare verarbeitet, ohne auf die bürgerlichen Verhältnisse, unter welchen dies geschiehet, auf die Hülfsmittel oder andere innere Einrichtungen, Rücksicht zu nehmen. Wir wollen daher die sogenannten Professionisten keineswegs ausschliessen, sondern glauben vielmehr, dass der Unterricht in der Handlungsschule auch diesen sehr nützlich sein werde ...."

Die Dauer des Cursus war auf zwei Jahre mit wöchentlich 29 bis 31 Stunden, die Gesammtzahl der Schüler auf 25, höchstens 28, festgesetzt. Von dem Aufzunehmenden wurde verlangt, dass er eine deutliche Handschrift besitze, die Hauptregeln der Orthographie der deutschen und französischen Sprache kenne, im Rechnen bis zur Regel-de-tri, einschiesslich, geübt sei, einige Vorkenntnisse aus der Geographie und Weltgeschichte besitze, über irgend einen seiner Fassungskraft angemessenen Gegenstand sich verständlich, mündlich und schriftlich, auszudrücken wisse und dass er in der Regel des Religionsunterrichts nicht mehr bedürfe. Die Aufnahmebedingungen waren hienach nicht unerheblich schärfer als in Magdeburg. Das Schulgeld betrug jährlich 60 Thlr., Schulbücher und Schreibmaterialien mussten sich die Schüler selbst beschaffen. Die Eleven sollten — auch hierin unterschied sich die Handlungsschule zu Berlin von der in Magdeburg — „dem Jünglingsalter wenigstens nahe sein und die Vermuthung einer guten Erziehung für sich haben." Der freiwillig Ausscheidende erhielt auf Wunsch ein Zeugniss über Umfang und Werth seiner Kenntnisse und sein sittliches Benehmen. „Ganz vorzüglich ausgezeichneten Subjekten hat der Chef des General-Fabriken-Departements ein Zeugniss der Geschicklichkeit, des Fleisses und einer regelmässigen Aufführung selbst zu ertheilen sich vorbehalten." Die Zahl der Lehrer betrug vier, von denen in-

---

[1] Kunth selbst hatte z. B. Hermbstädt veranlasst, Vorträge für Färber zu halten, wobei er die Freude hatte, dass dieselben zahlreiche Zuhörer fanden und sichtlichen Eindruck machten. Auch über Vorträge für andere Gewerbetreibende und Handwerker haben sich einige Notizen erhalten, da eine besondere königliche Erlaubniss eingeholt wurde, den Sitzungssaal der technischen Deputation dazu einzurichten, damit die Modellsammlung derselben bei den Vorträgen benutzt werden könne. F. u. P. Goldschmidt, a. a. O., S. 34. — May hielt Vorlesungen über die „Grundsätze der Webekunst".

dessen nur einer, der Direktor, hauptamtlich angestellt war, die drei
anderen waren der Professor Fischer von köllnischen Gymnasium,
der Lehrer Marmalle vom Joachimsthalschen Gymnasium und ein
Dr. Tourte, Schüler des Obermedizinalraths Hermbstädt. Der Lehrplan umfasste: 1. Maass-, Gewicht- und Geldkunde, mit praktischen Uebungen in allen Operationen der kaufmännischen Rechenkunst; Erklärung von Facturen und Waarencalculationen; Lehre vom
Wechselgeschäft und den Wechselbriefen. 2. Buchhaltung: Das
Abschreiben des Memorials, Cassabuchs, Journals, Hauptbuchs u. s. w.
bietet zugleich für die kalligraphischen Privatlectionen (s. unten)
den schicklichsten Stoff dar. 3. Geographie. a) Commerzgeographie,
die blos auf Handlung und Industrie Rücksicht nimmt; b) physische
und mathematische Geographie, wozu auch die Kenntniss von der
Schiffahrt, von der physischen Beschaffenheit der Ströme und die
Kenntniss von der natürlichen Beschaffenheit solcher Gegenden
gehört, aus denen dieses oder jenes Produkt der Natur vom Kaufmann bezogen wird. 4. Commerz-Geschichte; Geschichte der
Handlung und Schiffahrt, wobei jede schickliche Gelegenheit benutzt
wird, um den Einfluss wichtiger politischer Begebenheiten auf die
Handlung bemerklich zu machen. 5. Kaufmännische Encyklopädie „nach [Büschens theoretisch-praktischer Darstellung der
Handlung in deren mannigfaltigen Geschäften." 6. Uebungen im
mündlichen und schriftlichen Vortrage; kaufmännischer
Briefstil in deutscher und französischer Sprache mit Beihülfe des
„Berlinischen Briefstellers für junge Kaufleute von Bolte"; soweit es
die Zeit erlaubt, werden den Schülern bisweilen gewählte Stellen
aus klassischen deutschen Werken vorgelesen werden, um dadurch
zugleich auf ihren Geschmack und auf ihr sittliches Gefühl zu
wirken. 7. Moral des Kaufmanns. „Der künftige Kaufmann
muss theils die allgemeinen Pflichten des rechtschaffenen Mannes
kennen und ausüben lernen, theils besonders auch diejenigen, die
ihm in seinem Stande obliegen. Vorzüglich muss denen, die sich
dem Kaufmannsstande widmen, empfohlen werden: Mässigung im
Glücke, Standhaftigkeit im Unglücke, Sparsamkeit, Ordnung, Redlich-
keit, Billigkeit und die Erfüllung ihrer Pflichten als Bürger gegen
Staat. Hier kann der Lehrer nie zu eindringend, und seine Moral
nie zu strenge sein. Die Nothwendigkeit der Consumtionsabgaben,
der Waarenverbote, die Schädlichkeit und das Entehrende des
Defraudirens und Contrebandirens sind Gegenstände, worauf in der
Handlungsschule besonders Rücksicht genommen werden wird."
8. Mathematik des bürgerlichen Lebens nach „Büschens Versuch einer Mathematik zum Nutzen und Vergnügen des bürgerlichen Lebens"; Geometrie, Arithmetik, („dahin gehören namentlich
Wurzelausziehungen, Begriffe von Potenzen und von den arithmetischen und geometrischen Reihen, ganz besonders aber die Lehre

von den Logarithmen. Der englische, französische und holländische Kaufmann ist mit diesem wichtigen Hülfsmittel zur Abkürzung und Erleichterung verwickelter Rechnungen gar nicht unbekannt, und der deutsche Kaufmann muss auch hierin nicht zurückbleiben"), Algebra, (sie „besteht, um es mit einem Worte zu sagen, in der Kunst, die Regeln für jede Art von Rechnungen durch eigene Zeichen, unendlich kürzer, deutlicher und bestimmter, als es durch Worte möglich ist, auszudrücken. Eine solche Kunst ist für keinen, der mit Rechnungen zu thun hat, überflüssig; und es würde von dem grössten Nutzen sein, wenn nicht nur der Kaufmann und Fabrikant, sondern selbst jeder Künstler und Handwerksmann wenigstens so viel von der Buchstabenrechnung erlernt hätte, als erforderlich ist, um eine algebraische Formel verstehen, und eine in sein Fach einschlagende Rechnung nach der Vorschrift, die eine solche Formel enthält, rechnen zu können"), angewandte Mathematik („es ist einleuchtend, dass keine richtige Beurtheilung von Maschinen ohne Kenntniss der gesammten mechanischen Wissenschaften möglich ist. Sehr viele Maschinen sind aber selbst Gegenstände der Fabrikation und des Handels. Fast eben das lässt sich von den optischen Wissenschaften sagen. Auch die optischen Werkzeuge sind nicht unbedeutende Gegenstände des Handels und der Fabrikation und haben überdies schon an sich selbst eine sehr grosse Wichtigkeit. Die astronomischen Wissenschaften haben, ausser ihrem eigenen inneren Interesse, so viel Beziehung auf die Schiffahrt, dergleichen auf physische und mathematische Geographie, dass sie aus dem Lehrplane nicht gänzlich ausgeschlossen werden dürfen.") 9. Physik. 10. Chemie. 11. Technologie, und zwar nicht immer blos mit Rücksicht auf die übliche praktische Verfahrungsweise der Manufakturisten und Handwerker, sondern auch in der Absicht, dass die jungen Leute einsehen lernen, wie man bei diesem und jenem Gewerbe auf einem kürzeren und wohlfeilern Wege zum Ziele gelangen könne. Der Lehrer wird, wenn er zu dem Ende die Werkstätten der Fabrikanten und Handwerker mit den Eleven fleissig besucht, Gelegenheit finden, sie bei Zeiten vor übel verstandener Anhänglichkeit an altes Herkommen und überhaupt vor allem schädlichen, die Fortschritte der Kultur hemmenden Zunftgeiste zu bewahren und ihre Gemüther für wahrhaft heilsame Neuerungen empfänglich zu machen. 12. Waarenkunde. 13. Französische Sprache.

Ausser diesen Gegenständen des öffentlichen Unterrichts wurde noch in ausserordentlichen Privatlektionen gegen besonderes Honorar gelehrt: Schönschreiben, Zeichnen und Englisch.

Der Stundenplan war auf die beiden Jahre in folgender Weise festgesetzt:

Lehrgegenstände	Stunden wöchentlich im	
	ersten Halbjahr	zweiten Halbjahr
1) Mass-, Gewichts- und Geld-kunde, kaufmännische Arith-metik	6	6
2) Commerz-Geographie	4	2
3) Commerz-Geschichte	2	2
4) Kaufmännischer Geschäfts-stil, deutsch und französisch	2	2
5) Geometrie	2	2
6) Geographie	2	2
7) Waarenkunde	2	2
8) Physik	2	2
9) Chemie	2	2
10) Französisch	4	4
11) Aesthetische Uebungen	1	1
12) Kaufmännische Encyklopädie	—	4
Zusammen:	29	31

Lehrgegenstände	Stunden im	
	dritten Halbjahr	vierten Halbjahr
1) Kaufmännische Encyklopädie	4	4
2) Commerz-Geographie	2	2
3) Commerz-Geschichte	2	2
4) Mass-, Gewichts-, Geldkunde, kaufmännische Arithmetik	3	3
5) Buchhalten	3	3
6) Mathematische Arithmetik (Logarithmen)	2	2 Algebra
7) Angewandte Mathematik	2	2 Moral des Kaufmanns
8) Waarenkunde	2	2
9) Technologie	4	2
10) Französisch	4	4
11) Aesthetische Uebungen	1	1
12) Kaufmännischer Briefstyl	2	2
Zusammen:	31	31

Die Schule ging, ebenso wie die Magdeburger, im Unglücksjahre 1806 ein, nach der Ansicht von Kunth zum Theil allerdings auch durch die Schuld des Direktors, „durch seine Eigenheiten, die Misslichkeit seiner äusseren Umstände und weil er den Zweck des Ganzen nicht begriff."

Da der Misserfolg der Berliner Handlungsschule auch darauf zurückgeführt wurde, dass es ihr an einem selbständigen Unterbau fehlte, so gedachte man den einmal ausgesetzten Fonds von 1000 Thlr. zu demselben Zwecke einem Berliner Gymnasium auf eine Reihe von Jahren zu überweisen. An diesem Gymnasium sollte der Unterricht in den unteren Klassen für alle Schüler gemeinsam, in den oberen für die zu den gelehrten und die zu den gewerblichen Berufen bestimmten Schüler getrennt ertheilt werden. Die letzteren sollten Unterricht erhalten in den neueren Sprachen, der reinen und angewandten Mathematik, — bei jener mit besonderer Rücksicht auf das kaufmännische Rechnen, bei dieser mit besonderer Berücksichtigung des geometrischen Zeichnens, — in der Physik, Chemie, Waarenkunde, in der Handels- und Gewerbegeschichte und der damit zu verbindenden Geographie. Dieser besondere Unterricht war auf etwa drei Jahre berechnet, so dass die Schüler bei ihrem Abgang 17 oder 18 Jahre alt geworden sein würden, „noch nicht zu alt, um sich die praktischen Handgriffe anzueignen, die bei den meisten Gewerben in viel kürzerer Zeit, als in den Zunftstatuten vorgeschrieben, zu erlernen seien." Wäre der Sinn einmal geweckt, so hoffte man, dass der Geselle und Meister selbst weiter streben und sich diejenigen Kenntnisse aneignen würde, deren er für seinen Beruf bedürfe. Man glaubte ferner, dass ein solches Gymnasium mit Realklassen von den Söhnen der wohlhabenden Bürger mit Vorliebe besucht werden würde und dass daher ein Theil der durch die Einrichtung der Parallelkurse entstehenden Kosten durch das Schulgeld gedeckt werden könnte. Vorläufig meinte man mit dem Zuschuss von 1000 Thalern „wenigstens fünf Lehrer" besolden zu können.

Dieser Plan stiess auf viele Schwierigkeiten, namentlich auch bei den Gymnasialdirektoren und ihren Lehrern selbst, die ihm keinerlei Sympathien entgegenbrachten. Man versuchte ihn daher bei der Hecker'schen Realschule zu verwirklichen; doch wurden die Verhandlungen durch den Krieg unterbrochen und, wie es scheint, später nicht wieder aufgenommen. [1]

---

[1] Einen eigenartigen Vorschlag „zu Gründung und Beförderung der Manufacturen und Fabriken" machte von Justi in seiner „Policey-Wissenschaft", (Königsberg und Leipzig, 1760) Bd. I, S. 450 ff., indem er die Errichtung eines staatlichen Manufacturhauses als Grund und Stütze des ganzen Manufacturwesens empfahl, das eine Musterlehrwerkstätte für alle Arten von Manufacturen darstellen sollte. „Dieses Manufacturhaus" — zu dessen Anlegung mindestens 100000 Thlr. aus dem Staatsschatze zur Verfügung gestellt werden sollten —

5. Die Anfänge des Bergschulwesens.

Sowohl Semler wie Hecker hatten in den für ihre Schulen ausgearbeiteten Lehrplänen die Bergbaukunde berücksichtigt. Eine wie
grosse Bedeutung insbesondere Hecker diesem Unterrichte beimass,
geht daraus hervor, dass er einen Lehrer nach dem Harz und
Thüringen schickte, um sich an Ort und Stelle mit der Tecknik des
Bergbaus bekannt zu machen. Ausserdem wurde schon im achtzehnten Jahrhundert, noch ehe es zur Errichtung von eigentlichen Bergschulen kam, in den Hauptorten der Bergbaubezirke von Markscheidern
und Bergbeamten, meist in ihren Privatwohnungen, zum Theil aber auch
in den Räumen des Bergamts, jungen Bergzöglingen in einzelnen
Fachgegenständen Unterricht ertheilt, wie es gerade die örtlichen
Verhältnisse erheischten und wie es namentlich das eigene Können
und Vermögen zuliess. Im Allgemeinen beschränkte sich dieser
Unterricht auf Zeichnen, Markscheiden und Bergbaukunde oder auch
nur auf das Grubenberechnungswesen und die Befestigung der elementaren Kenntnisse. Doch fehlte dem Unterrichte fast immer ein
bestimmter Lehrplan und vor Allem die wünschenswerthe Controle.
Da er ausserdem nur nebenher, soweit es das Hauptamt des Lehrers
zuliess, ertheilt werden konnte, so werden die Erfolge in der Regel
nicht sehr gross gewesen sein.[1]) Die Mittel für diesen Unterricht

„muss zuvörderst den Endzweck haben, dass in allen und jeden Arten der Manufacturen darinnen Unterricht gegeben wird. Zu dem Ende muss es nicht allein zu allen
Arten der Manufacturen eingerichtet seyn; sondern es müssen auch geschickte Fremde
in jeder Manufactur verschrieben werden, die weiter nichts thun, als andere unterrichten, um die Geschicklichkeit in den Manufacturen im Lande zu verbreiten. Man
muss nicht allein fähige Knaben aus den Waisenhäusern darinnen lernen lassen,
sondern auch erwachsene Landeseinwohner, die darzu Lust haben, müssen ohnentgeldlich darinnen unterwiesen werden. Zu dem Ende muss alle Verfassung
der Zünfte daraus verbannet seyn. Die Lehrzeit muss an keine Jahre gebunden
sein; sondern wenn jemand in sechs Wochen eine gewisse Manufacturarbeit erlernen
kann, so muss das eben so gültig sein, als wenn er drei und mehr Jahre in der
Lehre gestanden hätte. Der Manufacturier-Inspector muss auf diesen Unterricht
ein unverwendetes Auge haben und alle 14 Tage Prüfungen anstellen, was die
Lehrlinge gelernet haben . . . . Es müssen in dem Manufacturhause alle diejenigen
mechanischen Werke und Anstalten vorhanden sein, die zur Zubereitung verschiedener Arten von Manufacturen erfordert werden, die aber zu kostbar sind,
als dass sie von einem einzelnen Meister und Manufacturier unterhalten werden
könnten. Hierher gehören, nebst vielerley Maschinen, insonderheit ein Seiden-
filatorium, desgleichen grosse Pressen, Walkmühlen und Färbereien. Diejenigen
von diesen Anstalten, so in dem Hause selbst nicht sein können, müssen mit dem
Manufakturhause aufs genaueste verbunden seyn, und von da aus dirigiret werden.
In allen solchen Anstalten muss man die grösste Vollkommenheit zu erreichen
suchen, und vor die Zubereitung der Waaren nichts mehr nehmen, als was die
Unterhaltung solcher Nebenanstalten kostet. Dieses Haus muss nicht den Endzweck
haben, Vortheil davon zu ziehen, sondern die Manufakturen zu unterstützen und
zu befördern." Das Manufakturhaus sollte für alle Arten von Manufakturen und
Fabriken die Aufgaben der heutigen Fachschulen, Lehrwerkstätten, Ein- und Verkaufs-,
Werk- und Credit-Genossenschaften übernehmen. Der Gedanke ist nicht verwirklicht worden.

[1]) „Die Bergschulen im Preussischen Staate", nach amtlichen Quellen
in der Zeitschrift für das Berg-, Hütten- und Salinenwesen, Jahrgang 37, 1889.
Abth. B. S. 1 ff.; Römer, die Preussischen Bergschulen, Breslau 1864; Dr. Schultz,

wurden in den meisten Fällen vom Staate gewährt, doch leisteten auch die Gewerkschaften, sowie die zu allgemeinen Zwecken des Bergbaus bestehenden Kassen (Bergbau-Hülfskassen, Eleven-Kassen u. s. w.). Beiträge, die ersteren namentlich zur Unterstützung der Schüler, denen z. B. vielfach die während der Schulzeit verfahrenen halben Schichten für voll gerechnet wurden.

Die älteste Preussische Bergschule ist die noch jetzt in Eisleben bestehende, deren Beginn sich an der Hand der in den Akten des Königlichen Oberbergamts zu Halle a. S. befindlichen Aufzeichnungen bis auf das Jahr 1798 zurückführen lässt. Während auch schon vorher eine gelegentliche Heranziehung und Anlernung junger Leute zu untergeordneten Beamtenstellen, soweit die Geschäfte des Offizianten bei dem damaligen Königlichen Bergamt zu Eisleben dies gestatteten, stattgefunden hatte, so wurde doch erst im genannten Jahre durch Anstellung eines eigenen „Haushaltsprotokollisten" beim Bergamte für den Unterricht auf bessere Weise Sorge getragen. Zur Besoldung dieses Haushaltsprotokollisten trugen auch die verschiedenen Kupferschieferbauenden Gewerkschaften bei. Der Chef des ehemaligen kurfürstlich-sächsischen Bergamtes zu Eisleben, der spätere Berghauptmann zu Freiberg, Freiesleben, nahm sich gleich bei seinem Dienstantritt im Jahre 1800 der Bergschule warm an und förderte sie wesentlich. Zu einem planmässigen und ununterbrochenen Unterricht kam es aber auch unter ihm noch nicht. In Folge der Kriegswirren musste der Unterricht im Jahre 1813 ganz eingestellt werden.[1])

Die preussischen Bergschulen, Schriften des Vereins für Socialpolitik, Bd. XV, 1879 S. 101 ff. — Auch der Direktion der Bergschule in Eisleben verdankt der Verfasser einige werthvolle Mittheilungen, die oben berücksichtigt sind.

[1]) Dr. Schultz theilt (a. a. O. S. 104) ein interessantes Gutachten mit, das Alexander von Humboldt, als Bergmeister in den fränkischen Fürstenthümern, unterm 13. März 1794 an den Minister von Heinitz erstattete. In diesem „ganz gehorsamsten Promemoria, die Errichtung einer königlichen freien Bergschule zu Steben (in Oberfranken) betreffend", äussert sich Humboldt über den Zweck und die Mittel des von ihm seit November 1793 eingeführten bergmännischen Unterrichts. Als Zweck der Schule bezeichnet er, „das junge Bergvolk in dem Nailaer Reviere zu verständigen und brauchbaren Bergleuten auszubilden." — „Die Zahl der Bergschüler erstreckt sich gegenwärtig bereits auf etliche vierzig." „Kein Knabe, der nicht vorher die Dorfschule besucht hat, wird als Bergschüler aufgenommen. Dagegen steht das Institut jedem Knecht und Lehrhauer offen, und ich sehe mit Freuden Männer von 24 bis 26 Jahren es fleissig besuchen." „Die Bergschule wird Mittwochs und Sonnabends Nachmittag gehalten . . . für die Grösseren von 6 bis 9 Uhr. Die Lernbegierde der Letzteren und der gute Wille des Lehrers ist bisher so gross gewesen, dass ich die Schule schon bis 11 Uhr Nachts habe fortsetzen lassen, ohne irgend ein Missvergnügen zu bemerken." „Die Objekte des Unterrichts sind a) Schön- und Rechtschreiben. Die Vorschriften enthalten in kurzen Aphorismen Alles, was ein gemeiner Bergmann zu wissen braucht, von Gebirgskunde, vom Kompass, dem Vorkommen der Erze, den vaterländischen Gesetzen, Landesbeschreibung; b) bergmännisches Rechnen — Alles in angewandten Zahlen und mit Beispielen aus unserem Revier; c) allgemeine Kenntniss der Erde, besonders Gebirgslehre; d) vaterländische Berggesetze und Observanz; e) Geschichte des vaterländischen Bergbaues. —"

Zweites Kapitel.

Die gewerblichen Unterrichtsanstalten im neunzehnten Jahrhundert.

1. Die Provinzial-Kunstschulen, die Kunstschule und die Unterrichtsanstalt am Kunstgewerbemuseum zu Berlin.

Um den Zusammenhang nicht zu stören, haben bereits im vorigen Kapitel mehrfach Schuleinrichtungen des neunzehnten Jahrhunderts in den Kreis der Besprechung gezogen werden müssen. Dabei fand sich auch Gelegenheit, darauf hinzuweisen, wie durch die Napoleonischen Kriege die Fortentwickelung des Unterrichtswesens in Preussen stark beeinträchtigt wurde. Besonders hart wurden die mit so grossem Eifer, Verständniss und Geschick von Heinitz in's Leben gerufenen Provinzial-Kunstschulen getroffen, deren viel versprechende Anfänge fast völlig vernichtet wurden. Mit ihnen ging eine gute Grundlage verloren, auf der sich ein grosser Theil des gewerblichen Unterrichts in Preussen in zweckmässiger Weise hätte aufbauen und den Zeitumständen entsprechend nach und nach entwickeln und ausgestalten lassen. Nachdem Ruhe und Frieden zurückgekehrt waren, hatte zwar der Kultusminister von Altenstein eine Zeit lang die Absicht, nicht nur das Kunst-, sondern im Zusammenhange damit auch das Handwerkerschulwesen für den ganzen Staat auf der Grundlage der Provinzial-Kunstschulen zu regeln. Er musste indessen davon absehen, da die ihm zur Verfügung stehenden Mittel nicht einmal ausreichten, den eigentlichen Kunstunterricht zweckmässig zu organisiren. In Folge dessen beschränkte er sich darauf, die Ueberreste der Provinzial-Kunstschulen nothdürftig zu subventioniren, während er die Sorge für die chemisch- und mechanisch-technische Ausbildung der Gewerbetreibenden und die Begründung und Unterhaltung der hiefür erforderlichen Unterrichtsanstalten dem hiebei in erster Linie betheiligten Ministerium für Gewerbe und Handel überliess. Das letztere unterzog sich dieser in jenen Zeiten doppelt schwierigen Aufgabe mit grosser Gewissenhaftigkeit, aber ohne an

die bisherigen Organisationen anzuknüpfen, nach einem völlig neuen
Plane, nämlich durch die Errichtung des „Gewerbe-Instituts" und
der „Gewerbeschulen". Ehe wir hierauf näher eingehen, verfolgen
wir noch die weiteren Schicksale der Kunstschulen. Dabei soll dann
auch gleich auf die im Jahre 1868 errichtete Unterrichtsanstalt des
Kunstgewerbemuseums eingegangen werden.

Nachdem die Provinzial-Kunstschule in Königsberg[1]) nach
den Grundsätzen vom 27. Juni 1800 reorganisirt, der Lehrplan durch
die Aufnahme des Unterrichts in Arithmetik, Geometrie, Mechanik,
im architektonischen Zeichnen und Modelliren erweitert, auch eine
zweite Lehrerstelle geschaffen worden war, wurde die Leitung der
Anstalt einem Senat übertragen, dem der Kammerdirektor von Budden-
brock, der Stadtpräsident Gervais, der Kriegs- und Domänenrath
Scheffner, der Provinzial-Bau-Direktor Müller, der Kriegs- und
Domänenrath Deutsch und der Universitätsprofessor Kraus angehörten.
Der Besuch der Anstalt war in den ersten Jahren nach der Reorganisation recht schwach. Es wurde deshalb verordnet, dass kein Geselle
in den Baugewerben und verwandten Handwerken freigesprochen werden
dürfe, der nicht nachweisen könne, dass er die Kunstschule besucht und
am Zeichenunterricht theilgenommen habe. Auch sah sich die
Kammer auf den ausdrücklichen Antrag der Direktion unterm
16. Juni 1801 zu einer Verfügung an den Magistrat veranlasst, wonach man die Handwerker zum Besuch der Kunstschule nöthigen
solle; diese wurden sogar durch Polizeikommissäre zum Schulbesuch angehalten.[2]) Denjenigen, welche die Schule mit Nutzen besucht hatten,
wurden Prämien ertheilt. Am 27. Dezember 1802 wurde ferner bestimmt,
dass jedem das Meisterrecht nachsuchenden Tischlergesellen erlaubt sein
solle, sein Meisterstück nach einer Zeichnung zu fertigen, welche
er sich von der Direktion der Provinzial-Kunstschule erbitten durfte,
„wonächst auf Grund einer den 1. Mai 1803 auf der Kunstschule
gefertigten Zeichnung zu einem modernen Schreibsekretär der Tischler-
geselle Wirgull, ungeachtet vieler Hindernisse von Seiten
des Gewerks, der erste Meister wurde."[3]) Während der Kriegsjahre
hatte die Anstalt schwer zu leiden, die Zuschüsse blieben aus, die
Lehrer mussten auf jedes Honorar verzichten. Erst vom 1. Juli 1810
ab wurden die Gelder wieder regelmässig gezahlt.

Nach Begründung der „Gewerbeschule" zu Königsberg im Jahre
1821 ging der Unterricht in der Mathematik, sowie den Naturwissen-

---

[1]) Vgl. von Czihak, Geschichte der Anstalt in dem Bericht über die Schuljahre 1897—1900, Königsberg 1900 und Busolt, Ueber den Zweck und das Wesen
der Königl. Provinzial-Kunst- und Handwerksschule zu Königsberg i. Pr., Königsberg 1829 (Anonym).

[2]) Busolt a. a. O. S. 21.

[3]) Busolt a. a. O. S. 22.

schaften und ihren Anwendungen auf diese Anstalt über; der Kunstschule verblieb nur die Aufgabe, durch die Pflege des Zeichen- und
Modellirunterrichts den Formensinn der Handwerker und sonstigen
Gewerbetreibenden auszubilden. Die Räume, die die Schule damals im
Nordflügel des Königlichen Schlosses inne hatte, waren trotz verschiedener Erweiterungen durchaus unzulänglich und hatten zum Theil
schlechtes Licht. Nachdem längere Zeit über einen Neubau, in dem zugleich eine „Kunsthalle" untergebracht werden sollte, berathen worden
war, verfügte König Friedrich Wilhelm III. durch Kabinets-Ordre vom
10. März 1838, dass die Summe von 32 000 Thalern „zur Errichtung
eines Gebäudes auf dem sogenannten Jägerhofe in der Königsstrasse
für die Gewerbe- und Kunstschule und zur Aufstellung von Kunst-
gegenständen verwendet werde." Im Jahre 1843 bezog die Kunstschule das neue Gebäude, um es indessen schon im Jahre 1845
wieder zu räumen, da in ihm die neue Kunstakademie untergebracht
werden sollte. Sie siedelte in Folge dessen wieder in die alten
Räume im Schlosse über; nur die Freihandzeichenklasse blieb noch
bis 1857 im „Stadtmuseum". — Zwischen der Kunstakademie und
der Gewerbeschule führte die Kunstschule ein kummervolles Dasein,
das sehr häufig dem völligen Erlöschen nahe war. Diese ungünstigen Verhältnisse machten sich noch mehr bemerkbar, als 1857
die Leitung der Anstalt mit derjenigen der Gewerbeschule in der
Person des Direktors der letzteren vereinigt wurde; die Kunstschule
trat seit dieser Zeit noch mehr in den Hintergrund und wurde
neben der Gewerbeschule kaum noch als selbständige Anstalt genannt.
In den fünfziger und sechsziger Jahren bestanden zwei Freihand-
und zwei Linearzeichenklassen, ausserdem eine Klasse für Maurer
und Zimmerleute, die 1870 zu einer Baugewerksklasse ausgebildet
wurde. Ferner wurde Abendunterricht im Zeichnen nach Gips, zeit-
weise auch Modellir-Unterricht ertheilt. Der Tagesunterricht fand
hauptsächlich Mittwochs und Sonnabends Nachmittags, sowie des
Sonntags statt. Im Jahre 1885 ging die Schule aus dem Ressort
des Kultusministeriums in das des Ministers für Handel und
Gewerbe über, nachdem schon 1883 die frühere Verbindung mit
der Akademie der Künste gelöst worden war. In Folge dessen
traten mehrere Reformen ein. Der Unterricht für die Bauhandwerker, welcher nicht den erwarteten Erfolg gehabt hatte, wurde
eingestellt und zunächst nur im Freihandzeichnen, im Linearzeichnen, im geometrischen Darstellen von Körpern und in den Anfängen des Fachzeichnens unterrichtet, auch eine Fachklasse für
Dekorationsmaler eingerichtet. [1] Den Unterricht für die Bauhand-

---

[1] **Denkschrift** über die Entwickelung der Fortbildungsschulen und der
gewerblichen Fachschulen in Preussen pp., während der Jahre 1883 bis 1890, den
Mitgliedern der ständigen Kommission für das technische Unterrichtswesen vorgelegt im April 1891, S. 54, 55.

werker übernahm später die 1892 errichtete Baugewerkschule. Für
sie wurde 1897 ein neues Gebäude bereit gestellt, in dem auch die
Kunst- und Gewerkschule ein angemessenes Unterkommen fand.
Von diesem Zeitpunkte an hat sich die Anstalt wieder besser entwickelt. An neuen Lehrgegenständen wurden unter Anderem eingeführt Algebra, Fachzeichnen für Mechaniker, Maschinenbauer,
Kunstschlosser, Tischler, Modelliren in Thon und Wachs, Technologie
und Materialienkunde, allgemeine Maschinenlehre, Maschinen-Elemente
und Elektrizitätslehre. Vermehrt wurde die Anzahl der Kurse im Or-
nament- und Gipszeichnen, Linearzeichnen, in der Dekorationsmalerei;
ausserdem trat seit 1899 eine Unterstufe der Tagesklasse, sogenannte
Vorklasse, hinzu, in der alle sich dem Kunstgewerbe zuwendenden
jungen Leute die erforderliche Grundlage im Ornament-, Körper-
und Gipszeichnen, im Linearzeichnen und der darstellenden Geometrie
sowie in der Ornamentlehre erhalten sollten. Daneben wurde in dieser
Klasse ein Ergänzungsunterricht im Deutschen, Rechnen, in der Raum-
und Naturlehre ertheilt.

Der Lehrplan für das Winterhalbjahr 1901/1902 umfasst
folgende Lehrkurse:

1. Abend-Unterricht (Abends von 5—7 und 7—9 Uhr):
   a) Allgemeine wissenschaftliche und zeichnerische
   Fächer: Geometrie, Algebra, Linearzeichnen und Projektionslehre, Schriftzeichnen und Rundschrift, allgemeines Fachzeichnen, darstellende Geometrie mit Schattenkonstruktion und
   Perspektive. b) Mechanisch-technische Fächer: Mechanik,
   Materialienkunde und Technologie, Maschinenelemente, allgemeine Maschinenlehre, Elektrizitätslehre, Fachzeichnen für
   Maschinenbauer, Mechaniker, Uhrmacher. c) Kunstgewerbliche Fächer und Baufächer: Fachzeichnen für Bau-
   und Kunstschlosser, Klempner, Fachzeichnen für Maurer,
   Zimmerer, Steinmetze, Fachzeichnen für Bau- und Möbeltischler, Holzbildhauer, Drechsler, Architektonische Formenlehre, Modelliren für Bildhauer, Modelleure, Stuckateure,
   Goldarbeiter, Graveure, Ornamentzeichnen für Tischler, Bildhauer, Modelleure, Stuckateure, Goldarbeiter, Graveure, Lithographen u. a., Ornamentzeichnen für Maler, Gipszeichnen
   für Tischler, Bildhauer, Modelleure, Goldarbeiter, Graveure,
   Lithographen u. a., Gipszeichnen für Maler, Gipszeichnen
   und Malen, dekorative Malerei.

2. Tagesunterricht (Kunstgewerbliche Fächer und Baufächer) (Vormittags von 8½—12½, Nachmittags 2—5 Uhr).
   a) Unterstufe (Vorbereitung für die Oberstufe und für
   die Baugewerkschule): Körperzeichnen, Naturzeichnen,
   Ornamentzeichnen, Gipszeichnen, Ornamentales Pflanzen-

zeichnen für alle kunstgewerblichen Berufszweige. b. Oberstufe: Ornamentales Pflanzenzeichnen für alle kunstgewerblichen Berufszweige, Naturstudien, dekorative Malerei.

Die Zahl der Schüler betrug

im Winterhalbjahr 1895/96:	89,	darunter	21	Tagesschüler
„ Sommerhalbjahr 96:	60,	„	4	„
„ Winterhalbjahr 96/97:	128,	„	24	„
„ Sommerhalbjahr 97:	60,	„	9	„
„ Winterhalbjahr 97/98:	128,	„	24	„
„ Sommerhalbjahr 98:	51,	„	10	„
„ Winterhalbjahr 98/99:	185,	„	25	„
„ Sommerhalbjahr 99:	53,	„	11	„
„ Winterhalbjahr 99/1900:	222,	„	49	„
„ Sommerhalbjahr 1900:	53,	„	11	„
„ Winterhalbjahr 1900/01:	242,	„	33	„
„ Sommerhalbjahr 1901:	56,	„	15	„

Der Lehrkörper besteht ausser dem Direktor, der zugleich Leiter
der Baugewerkschule ist, aus drei ständigen Lehrern und einer
grösseren Zahl von Hülfslehrern. — Die Schule ist auch unter dem
Handelsministerium eine Staatsanstalt geblieben. —

Die nach den Grundsätzen von 1800 nothwendig gewordene Erweiterung der Provinzial-Kunstschule in Breslau[1] durch Angliederung einer Bau-Abtheilung wurde durch das folgende in den
Schlesischen Intelligenz- und Provinzialblättern abgedruckte „Avertisse-
ment" vom 26. Juli 1800 zur Kenntniss des Publikums gebracht:

Da auf Seiner Majestät allerhöchsten Befehl eine Bauschule hier eingerichtet
worden, wobey der Zweck ist, angehende Architekten für den Unterricht der Bau-
academie vorzubereiten, Handwerker aber, deren Profession in das Baufach einschlägt,
in den dazu gehörigen Kenntnissen auszubilden; so wird dieses hierdurch bekannt
gemacht. Es soll in dieser Schule der Unterricht unentgeltlich in folgender Art
ertheilt werden:

1. In reiner und angewandter Mathematik durch den Lieutenant Wörmann
   v. d. Art. in den Stunden von 7 bis 8 des Abends am Montag, Dienstag,
   Mittwoch und Donnerstag.

2. Im Feldmessen mit dem was dahin gehört und im Planzeichnen durch
   den Cammer-Dessinateur Friedrich in den Morgenstunden von 8 bis 10
   Montag, Dienstag, Donnerstag und Freytag.

3. In der ökonomischen Baukunst durch den Cammer-Conducteur Bode,
   nachmittags von 2 bis 4 Montag, Dienstag, Mittwoch, Donnerstag.

4. In der höheren Baukunst durch den Bau-Inspector Hirth, in den Morgenstunden von 10 bis 12 Montag, Dienstag, Donnerstag und Freytag.
   Der Lehr-Cursus bei einem jeden dieser Vorträge dauert ein Jahr.

5. Das Bossiren in Thon wird durch den Modelleur Mattersberger in den
   Stunden von 9 bis 11 Uhr Montag, Dienstag, Donnerstag und Freitag
   gelehrt werden.

---

[1] Kühn, Die Entwickelung der Königl. Kunst- und Kunstgewerbeschule zu
Breslau von 1791—1891, Breslau 1892.

In Anschung der freyen Handzeichnung wird an die bereits vorhandene Zeichenschule verwiesen.

Diejenigen, welche den Unterricht der Bauschule benutzen wollen, haben sich in den Zimmern derselben im fürstl. Sandstifte bis auf andere Festsetzung, Montags und Donnerstags von 12 bis 1 bey den hierzu abwechselnd zu beauftragenden Lehrern zu melden, vor welchen sie sich ausweisen müssen, dass sie schreiben können. Auch haben sie, wenn sie keinem der Lehrer persönlich bekannt sind, Atteste ihres Verhaltens von ihren Mittelsältesten, wenn es Handwerker sind, sonst aber von ihren seitherigen Lehrern, oder den Gerichtsbarkeiten, unter welchen sie stehen, beyzubrigen.

Die Königliche Krieges- und Domainen-Cammer wird einem ihrer Räthe die besondere Aufsicht über dieses Institut übertragen und demselben werden auf Anzeige der Lehrer über den Ausfall der Prüfung die Einlass Karten ohne welche diese Schule nicht besucht werden kann, ertheilt werden. Den 18. des künftigen Monats (i. e. 18. 8. 1800) wird der Unterricht seinen Anfang nehmen. Von dem ersten gedachten Monats an aber steht es jedem frey, sich an oben benannten Tagen zur Aufnahme zu melden. Wer sich nach dem Anfang des Lehr-Cursus meldet, wird zwar ebenfalls aufgenommen, es bleibt aber seinem privat Fleiss überlassen, das Versäumte nachzuholen."

Unter dem 29. Juli 1800 ist der erste Etat der Bauschule ausgefertigt. Er lautet:

Nachweisung

von den alljährlichen fortlaufenden Ausgaben bey der auf allerhöchsten Königl. Befehl errichteten Bau-Schule zu Breslau.

1.	Dem Lieutenant Woermann vom 2. Art.-Reg. . .	150	Thlr.
2.	Dem Conducteur Bode	120	„
3.	Dem Aufwärter Valentin Herrmann	60	„
4.	an Miethe für zwei Stuben dem Sand-Stifte . .	50	„
5.	an Erleuchtungs-Kosten durch den Winter . .	30	„
6.	zu Unterhaltung der Meubles als Tische, Stühle .	5	„
7.	zur Anschaffung neuer Zeichnungen	25	„
8.	zur Beheitzung zweyer Zimmer mit Steinkohlen durch die Winter-Monathe	60	„
	Zusammen	500	„

Die hier nicht erwähnten Lehrer: der Cammer Dessinateur Friedrich, der Bau-Inspector Hirth und der Modelleur Mattersberger bezogen aus anderen Cassen Gehalt. Der Anfangs unentgeltliche Unterricht fiel sehr bald fort. Nach einer Bekanntmachung vom 4. Juli 1801 waren bei der Ertheilung des Aufnahmescheins 1 Thlr. und für jeden einzelnen Lehrcursus 2 Thlr. jährlich zu entrichten. Nur ganz Unvermögende sollten von diesen Gebühren befreit werden können.

Wie in Königsberg, so ging auch in Breslau der Besuch der Anstalt, trotz ihrer Erweiterung, in dem ersten Jahrzehnt des neunzehnten Jahrhunderts zurück. In einem Revisionsberichte der „Königlichen Wissenschaftlichen Deputation für den öffentlichen Unterricht" vom Jahre 1810 heisst es hierüber:

„Man konnte nun mit Recht erwarten, dass die Anstalt bei dieser Erweiterung
der Zwecke und Vermehrung der Lehrer, zu einem blühenden Zustand gelangen
würde — aber leider! fand — den vorliegenden Actenstücken zu folge — das
Gegentheil statt, und die Zahl der Schüler aller Klassen, steht weit unter der Zahl
der Schüler, welche vormals das einfache Institut besuchten; ein Umstand, der
um so mehr auffallen muss, da mit der Erweiterung der Anstalt, ihrem jetzigen
Zwecke zufolge, die Beschränkung auf blosse Handwerker aufgehoben, und jedermann
der Zutritt gestattet werden musste . . .“ Es folgt sodann eine Aufzählung der
Gründe für diesen Rückgang. Dabei wird hingewiesen auf die Einführung der
Einschreibgebühr von 1 Thlr., die die Lehrlinge nur in den seltensten Fällen bezahlen könnten, die Einführung des Schulgelds, das auch von den Aermsten bei-
getrieben werde; es seien gegenwärtig mehrere junge hoffnungsvolle Handwerker
zurückgewiesen worden, weil sie diese Ausgabe nicht aufbringen konnten. In der
Zeichenschule würden sie zwar zuweilen erlassen, doch sei dies mit Schwierigkeiten verbunden. Ferner „fürchte sich der schlichte Handwerker seine Kinder,
Lehrburschen und Gesellen in eine Anstalt zu schicken, wo sie, seiner Meinung nach,
nur nach höheren Dingen streben lernen und Aufhören, fleissige Handwerker zu
seyn, und vielleicht ist diese Furcht nicht ganz unbegründet. Man sieht daher
die eigentlichen Handwerker unter den Zöglingen abnehmen und andere an ihre
Stelle treten, die theils ihres blossen Vergnügens wegen den Unterricht geniessen,
theils sich den Studien widmen wollen — alle aber nicht zu der Klasse gehören,
um derentwillen man anfänglich die Stiftung der ganzen Anstalt für nothwendig
hielt.“ Weiter hebt der Revisionsbericht Mängel in den Lehrmitteln, der Organisation
und der Leitung hervor. In der Modellirklasse seien Köpfe, Körpertheile, architektonische Glieder für Architekten und Bauhandwerker vorhanden, aber für Eisen-
arbeiter, Gürtler, Rothgiesser, Gelbgiesser, Zinngiesser u. s. w. nicht gesorgt. Für
ein und dasselbe Fach (Bauconstruktion) seien zwei Lehrer angestellt, Hirth und
Hübner, von denen der Eine städtische, der Andere ländliche oder wirthschaftliche
Baukunst lehren solle. Beide arbeiteten sich aber nicht in die Hände, Hübner
scheine im Gegentheil seine Eleven dem Hirthschen Unterricht entzogen und durch
häuslichen Privatunterricht gefördert zu haben. „Dieser augenscheinliche Mangel
an Zusammenhang leitet von selbst auf die Mängel der Organisation der Anstalt
überhaupt oder mit anderen Worten: auf einen Mangel in der praktischen Direktion
derselben. Hier ist erweisslich bei der Gründung der Anstalt selbst ein bedeutender
Missgriff geschehen, indem man die Curatel der Anstalt überhaupt mit der praktischen Direction der Klassen selbst verwechselte und beide zusammen einem
verehrten Mitgliede der Regierung übertrug, das sie bei seinen übrigen Amts-
geschäften als ein Nebengeschäft besorgen solle.“ Es folgen Klagen über das ungenügende „Locale.“ Das Locale der Modellir Klasse ist am schlechtesten und
unzweckmässigsten; es ist zu dunkel und zu klein und gewährt kaum 10—12 Schülern
ordentlichen Platz. An Instrumenten für praktische Geometrie und Feldmessen
fehlt es gänzlich. Was vorhanden ist — ein Messtisch, Messkette u. s. w. — gehören
dem Lehrer eigenthümlich. Ein Astrolabium besitzt die Anstalt wirklich, es ist
aber von dem letzten Lehrer der Mathematik versetzt und so nöthig es auch ist,
doch jetzt nach fünf Jahren noch nicht wieder eingelöst worden.“

„Wir kommen jetzt zu dem zweiten uns gewordenen Auftrage, nehmlich
Vorschläge zu machen, wie diese Anstalt mehr in Flor zu bringen, ihr mehr
Gemeinnützigkeit verschafft werden könne . . . Wir handeln daher 1. von dem
Zweck der Anstalt überhaupt, und der richtigern und schärfern Bestimmung des
Lehrstoffs selbst, 2. von der Hebung der äusseren Umstände, welche jetzt dem
Emporkommen der Schulen im Wege stehen und 3. von der inneren Organisation
der Anstalt, welche durch die vorhergehenden Vorschläge nothwendig wird, von
der Verbindung der verschiedenen Klassen zu einem Ganzen und der praktischen
Direktion derselben. Zu 1 wird ausgeführt, „wie man bei der Erweiterung der-
selben, dem ursprünglichen Zweck, nehmlich dem: geschickte und geschmackvolle

Fabrikanten und Handwerker zu bilden, noch zwei andere hinzugefügt habe, nehmlich 1. Baueleven für die Berliner Academie vorzubereiten, 2. geschickte Feldmesser zu bilden. In den seitdem verflossenen 10 Jahren seien aber unter 600 Schülern nur vier gewesen, welche sich der höheren Baukunst gewidmet hätten und diese „haben grösstentheils andere Bildungswege gesucht, als die Berliner Akademie"; die Feldmesskunst werde jetzt aber nur von 10 Oekonomen gelernt, die dieselbe als Nebenfach neben ihrer ökonomischen Baukunst hörten. Es wird daher vorgeschlagen, die Feldmesskunst und die fünf Säulenordnungen zu streichen, dafür aber Mathematik und praktische Geometrie einzuführen. Zu 2 und 3 wird vorgeschlagen, wieder alle Aufnahmegebühren und Schulgelder zu streichen, wie früher, jedem Lehrer die Aufnahme von Handwerkern und Handwerkslehrlingen zu gestatten, dem Ganzen aber einen Direktor aus dem Lehrercollegium vorzusetzen. Finde dieser Vorschlag keine Billigung, so möge man beide Anstalten nicht vereinigen, einer jeden einen besonderen Direktor geben, einen Regierungsrath aber als Ober-Inspector bestellen.

Wenngleich dieser Revisionsbericht der Gegenstand mehrfacher Erwägungen und Erörterungen wurde, so scheint er doch zu erheblichen Aenderungen in den Anstaltsverhältnissen nicht geführt zu haben. Eine durchgreifende und zweckentsprechende Reform, die die Regierung in Breslau nach dem am 8. April 1829 erfolgten Tode des Direktors Bach plante, indem sie in den Lehrplan der Provinzialkunstschule die Hauptlehrfächer der Gewerbeschulen, namentlich Physik, Chemie, Materialien- und Gewerbskunde einfügen wollte, scheiterte an den Ressortverhältnissen in der Zentralinstanz. Der von der Regierung aufgestellte Anstaltsetat fand nämlich nicht die Zustimmung des Kultusministeriums, das vielmehr in einem bemerkenswerthen Erlasse vom 25. November 1831, aus dem das Missliche des Nebeneinanderbestehens von Provinzial-Kunstschulen und Gewerbeschulen unter zwei verschiedenen Ministerien deutlich hervorging, unter Anderem Folgendes verfügte:

„Das Ministerium hat mit dem Bericht der Königl. Regierung vom 10. Mai d. J. den Entwurf eines Etats für die Verwaltung der dortigen Kunst- und Handwerksschule für die Jahre 1832 und 1833 erhalten, dem die nachgesuchte Bestätigung nicht ertheilt werden kann, da in demselben Besoldungen für Lehrer solcher Unterrichtsgegenstände aufgeführt werden, welche von der Organisation der mit der Königl. Akademie der Künste in Verbindung stehenden Provinzial-Kunstschule ausgeschlossen bleiben müssen, und den, von dem Ministerium des Innern für Handel, Gewerbe und Bauwesen eingerichteten Gewerbeschulen anheimfallen. Letztere bezwecken den, einem Gewerbe oder Handwerk sich widmenden Zöglingen eine vollständige Anleitung zu ihrer Ausbildung, auch durch Unterweisung in den Elementen der, den Gewerben förderlichen Hülfswissenschaften zu ertheilen; die Provinzial-Kunstschulen beabsichtigen nur, durch den, unter der oberen Aufsicht der Akademie der Künste geregelten Unterricht im Zeichnen und Modelliren zu den Uebungen in diesen, den Gewerken wesentlich nothwendigen Fertigkeiten auch ihrerseits Gelegenheit zu geben und dabei die Schüler auf kunstgerechtem Wege zu leiten und zu erhalten. Daher ist der Unterricht in den Provinzial-Kunstschulen wie in der hiesigen, bei der Akademie der Künste bestehenden auf drei Hauptgegenstände beschränkt und begreift: 1. Das freie Handzeichnen nach Ornamenten, 2. das Zeichnen mit Zirkel und Lineal, 3. das Bossiren oder Modelliren nach Gypsornamenten. — Unterricht in den Elementen der mathematischen Wissenschaften wird nur als Ausnahme nach den Umständen gestattet. Mit strenger Berücksichtigung

dieser Grundsätze ist also ein neuer Etat für die Verwaltung der dortigen Kunst-
und Handwerksschule zu entwerfen."

Im demselben Erlasse wurde die Errichtung eines Malerateliers
für Breslau in Aussicht genommen und bestimmt, dass die Ueber-
schüsse der Kunstschule in Höhe von 300 Thalern zur Einrichtung
einer Kupferstecherschule verwandt werden sollten, die „für die
dortige Universität besonders wünschenswerth" sei. „Der in Breslau
anwesende Zeichner und Kupferstecher Weitz eignet sich vollkommen
zum Lehrer in diesem Kunstfach, und ihm kann die Leitung der
Anstalt anvertraut werden. Die Königliche Regierung wird daher
angewiesen, den Weitz als Lehrer bei der Kupferstecherschule anzustellen und ihm aus den für die Anstalt bestimmten Fonds 200
Thaler vom 1. Januar k. Js. an einstweilen als Renumeration, bis
solche als Gehalt fixirt werden kann, zahlen zu lassen. Die übrigen
100 Thaler sind zu Anschaffung von Utensilien, Instrumenten u. s. w.
und mit der Zeit zu Remunerationen für fleissige Schüler zu verwenden."

Auf die nachdrückliche Vorstellung der Regierung, welche auf
den Beschluss der Provinzialstände, die schon früher erfolgte ministerielle Genehmigung zur Einführung des Unterrichts in der
Physik und Chemie, das Bedürfniss nach tüchtigen Gewerbetreibenden, nicht Künstlern, den Wunsch der Bevölkerung nach
einer guten gewerblichen Unterrichtsanstalt hinwies und betonte,
dass die Entwickelung der gewerblichen Schulverhältnisse in Breslau
doch nicht von der richtigen oder nicht richtigen Regelung der Zu-
ständigkeitsverhältnisse der einzelnen Ressorts abhängig gemacht
werden könne, sah das Ministerium von der verlangten Einschränkung
des Lehrplans ab. Durch den Allerhöchsten Landtags-Abschied vom
22. Juni 1834 wurde sogar den Provinzial-Ständen die Zusicherung
ertheilt, dass versucht werden solle, die „Kunst-Bau- und Handwerksschule" noch mehr zu vervollständigen und ihr eine grössere Ausdehnung zu geben, um eine weitere Ausbildung für das „höhere
Gewerbe" zu ermöglichen. In den Etat für 1836 wurden deshalb
600 Thaler zur Miethung weiterer Schullokalitäten eingestellt.

Die nächstfolgenden Jahrzehnte wurden fast ganz mit Verhandlungen über die bessere Unterbringung der Anstalt ausgefüllt.
Erwähnt zu werden verdient ausserdem nur:

1. Der Antrag des Direktors Gebauer vom 5. Juni 1849, „dass
   der Königlichen Kunst-Bau- und Handwerksschule die Rechte
   der Königlichen Provinzial-Gewerbeschulen zu Theil werden
   möchten und zwar: 1. Die Entlassungsprüfungen nach dem
   Reglement vornehmen zu dürfen, 2. die Vergünstigung des
   einjährigen Militärdienstes für die in der Prüfung bestandenen Zöglinge in Anspruch zu nehmen, 3. den in der
   Prüfung bestandenen Schülern den Eintritt in das Königl.

Gewerbe-Institut sichern zu können, 4. den in der Prüfung gut bestandenen Schülern den Anspruch eines Stipendiums behufs ihres Eintritts in das Königl. Gewerbe-Institut zu wahren." In einem Erlasse vom 21. November 1851 theilte darauf der Handelsminister von der Heydt mit, dass er beabsichtigt habe, die Kunst-Bau- und Handwerksschule auf sein Ressort zu übernehmen, „worauf ihr dann die Befugniss zur Abhaltung von Entlassungsprüfungen nach dem — für die Provinzial-Gewerbeschulen erlassenen — Reglement vom 5. Juni 1850 verliehen werden könnte". Das Ministerium der geistlichen Angelegenheiten habe aber die Uebergabe abgelehnt und es müsse also dabei bleiben, dass Bewerber um Aufnahme in das Gewerbe-Institut die Aufnahmeprüfung an der Gewerbeschule in Liegnitz zu machen hätten.

2. Der Jahresbericht aus dem Januar 1855, wonach damals als Lehrer an der Anstalt wirkten: Direktor Gebauer (Physik und Chemie), Professor Höcker (Freihandzeichnen), Wegebaumeister Schulz (Architektur), Dr. Baum (Mathematik und Feldmesskunst), Maechtig (Plastik), Bauführer Habelt (Linearzeichnen), Bauführer Kroh (Maschinenzeichnen und Mühlenbau), Bauführer Promnitz (Baukonstruktion, Anschläge, Planzeichnen). Die Anstalt besuchten Anfang 1855 100 Schüler und 34 Sonntagsschüler.

3. Ein Bericht des Professors Eybel aus Berlin über das Ergebniss seiner vom 8. bis 10. Juli 1864 vorgenommenen Revision der Schule. „Es liegt die dringendste Nothwendigkeit vor", so heisst es dort, „der Kunst-Bau-Handwerks-Schule ein Lokal zu schaffen, in welchem sie die Schüler während der Monate September bis März unterzubringen im Stande ist. Seit 34 Jahren ist dieses dringende Bedürfniss von den Behörden anerkannt. Vor 28 Jahren ist zur Miethung eines Lokals eine unzureichende Summe etatirt worden im Betrage von 600 Thalern. Aus dieser Summe und Ersparnissen hat die Schule 1848 ein königliches frei gewordenes Grundstück mit gegen 15 000 Thalern bezahlen müssen, ohne dass anderweitig die Mittel zur Einrichtung dieses Grundstückes zu Lehrzwecken gewährt wurden. Erst vor 3 Jahren hat der Herr Minister des Unterrichts den Plan zum Umbau des Grundstückes genehmigt und die nöthigen Zuschüsse huldreichst bewilligt, gestattet aber bisher nicht die Inangriffnahme des Baues, da das Staatsbudget nicht die Zustimmung des Hauses der Abgeordneten erhielt. Der traurige Zustand der Schule währt daher noch fort." Es folgen dann die Beschwerden über die noch

immer nicht erfolgte Gleichstellung mit den Gewerbeschulen in Bezug auf die Prüfungsberechtigung.

In der Zeit nach 1866 schwebten wiederum langwierige Verhandlungen über die Reorganisation der Anstalt, wobei der Wunsch, in Breslau sowohl eine höhere Kunstlehranstalt, eine Kunst-Akademie, als auch eine eigentliche Gewerbeschule zu erhalten, von den betheiligten Kreisen lebhaft vertreten wurde. Ihren vorläufigen Abschluss fanden diese Verhandlungen im Jahre 1875, wo die bisherige „Kunst-Bau- und Handwerksschule" in eine „Gewerbeschule" und eine „Kunst- und Kunstgewerbeschule", die beide als selbständige Anstalten neben einander bestehen sollten, aufgelöst wurde. Mit der letzteren wurde im Jahre 1885 auch die 1872 von der Stadt Breslau begründete „Gewerbliche Zeichenschule" vereinigt.

Der Lehrplan der Kunst- und Kunstgewerbeschule umfasst zur Zeit folgende kunstgewerbliche Fachklassen: 1. für figürliche dekorative Malerei, 2. für dekoratives Malen (ornamental und figural), 3. für kunstgewerbliches Modelliren, 4. für figurales Modelliren und für Holzschnitzen, 5. für Musterzeichnen, Kunststicken, Spitzennähen, 6. für Architektur und Kunsttischlerei (mit Lehrwerkstatt). Wer noch nicht die genügende Vorbildung hat, muss zunächst die Elementar- und Vorbereitungsklasse durchmachen. — Ausser diesen kunstgewerblichen Fachklassen giebt es noch „Kunst-Fachklassen" für die angehenden Künstler, „nämlich eine Naturzeichenklasse und Malklasse für Figurenmaler, zugleich Fachklasse für figürliche dekorative Malerei, eine Malklasse für Landschaftsmaler, eine Klasse für Bildhauerei und eine Radirklasse. Selbstverständlich berühren sich, da eine scharfe Scheidung nicht möglich ist, die Lehrpläne der Kunst-Fachklassen und der kunstgewerblichen Fachklassen in vielen Punkten. Der Lehrkörper besteht aus 13 vollbeschäftigten, 5 nicht vollbeschäftigten Lehrern und 3 Lehrerinnen.

Die Zahl der Schüler betrug:

im Sommerhalbjahr 1900:   48 männliche, 63 weibliche
„ Winterhalbjahr 1900/01: 79   „   76   „
„ Sommerhalbjahr 1901:   63   „   68   „
„ Winterhalbjahr 1901/02: 88   .,   83   „

Die Provinzial-Kunstschulen in Halle, Magdeburg, Danzig und Erfurt sind im Laufe des neunzehnten Jahrhunderts eingegangen und durch Handwerker-, Kunstgewerbe- und Baugewerkschulen ersetzt worden, worüber unten noch das Nähere mitgetheilt werden wird. Erhalten geblieben ist indessen noch die Kunstschule zu Berlin, die auch nach ihrer im Jahre 1869 erfolgten Reorganisation wieder zu grösserer Bedeutung gelangt ist.[1] Kurz vor dieser

---

[1] Im Jahre 1832 betrug die Schülerzahl in der Kunstschule zu Berlin 732, zu Königsberg 278, zu Magdeburg 115 und zu Breslau 175. Bericht über die Ausstellung der Akademie der Künste und der damit verbundenen Zeichen-, Kunst- und Gewerkschulen, Vossische Zeitung, 1833, No. 135.

Reorganisation umfasste sie vier Klassen: 1. für Freihandzeichnen, 2. für geometrisches und Maschinenzeichnen, 3. für architektonisches Zeichnen und 4. für Modelliren. Nach der Reorganisation wurden zwei Abtheilungen, eine Tages-Abtheilung für Vollschüler und eine Abend- und Sonntags-Abtheilung für Stundenschüler gebildet. In den Lehrplan beider Abtheilungen wurden Ornamentzeichnen, Projektionslehre, Freihandzeichnen nach Gipsabgüssen, Modelliren und Anatomie aufgenommen; in der Tages-Abtheilung kamen noch ornamentale Farbenstudien hinzu. Im Jahre 1880 erhielt die Kunstschule, deren Tagesklassen bis dahin noch im Akademie-Gebäude, und deren Abendklassen in verschiedenen Schulen der Stadt (Gymnasien, Realschulen u. s. w.) gastweise untergebracht waren, ein eigenes Heim, was eine weitere Verbesserung der Schulverhältnisse zur Folge hatte. Die Tagesklassen konnten vermehrt, die Abendklassen aus den fremden Schulgebäuden zurückgezogen werden. Der Besuch stieg nicht nur im Ganzen, sondern, was noch wichtiger war, die Zahl der Vollschüler hob sich von 5 Prozent der Gesammtschülerzahl auf 15 bis 20 Prozent. Ein weiterer Fortschritt war es, dass die Kunstschule im Jahre 1886 mit der Unterrichtsanstalt des Kunstgewerbemuseums in nähere Verbindung gebracht wurde.

Diese letztere Unterrichtsanstalt, die zu dem im Jahre 1867 von Privaten begründeten „Deutschen Gewerbemuseum" gehörte, das 1879 die Bezeichnung „Kunstgewerbemuseum" erhielt und am 1. April 1885 auf den Staat überging, war am 12. Januar mit folgenden Klassen eröffnet worden:[1] Elementarzeichnen, Ornamentzeichnen, gebundenes Zeichnen und Projektionslehre, Figurenzeichnen, dekoratives Malen, Modelliren, Entwerfen und Ausführen kunstgewerblicher Muster und Modelle aller Art. Hiezu kamen noch einige Vorlesungen, die neben dem eigentlichen Schulbetrieb hergingen. In dieser Anordnung traten jedoch bald mannigfache Aenderungen ein. Noch vor Ablauf des ersten Jahres fiel das dekorative Malen wegen mangelnder Betheiligung aus, während die Ornamentzeichenklasse durch eine besondere Abtheilung für Schülerinnen ergänzt wurde. Später wurden neue Lehrkurse für Bau-Zeichnen, Maschinen-Zeichnen und für Zeichnen und Malen nach Gipsabgüssen eröffnet und der Unterricht für Schülerinnen, neben dem elementaren Ornamentzeichnen, auch auf Blumenmalen und auf das Entwerfen von Flachmustern ausgedehnt. Endlich wurde beim Zeichnen nach Gipsabgüssen sowohl wie beim Modelliren eine Trennung der rein ornamentalen und der figürlichen Arbeiten vorgenommen. Die Schule war von Hause aus in dem bescheidenen Rahmen einer Fortbildungsanstalt angelegt worden. Sie sollte Handwerkern und anderen Gewerbetreibenden Gelegenheit bieten, sich in technischer und künstlerischer

---

[1] Vgl. Jahresberichte der Unterrichtsanstalt von 1886—1901.

Richtung zu vervollkommnen, ohne deshalb ihre Berufsthätigkeit zu
unterbrechen. Der Unterricht fand daher in der Hauptsache in den
Abendstunden der Woche oder Sonntags statt. Bei dieser Einrichtung, wie sehr sie auch den damaligen Verhältnissen entsprechen
mochte, war die Durchführung eines geordneten Lehrgangs und die
Erlangung einer gründlichen Ausbildung kaum möglich, zumal regelmässige Termine für die Aufnahme der Schüler nicht innegehalten
werden konnten und es im Grossen und Ganzen dem Ermessen
jedes Einzelnen überlassen blieb, in welchen Klassen er sich ausbilden lassen wollte. Die Schülerzahl, welche bei Eröffnung der
Anstalt 230 Köpfe betragen hatte, war in den ersten Jahren erheblichen Schwankungen unterworfen; namentlich war der Besuch in
den Sommermonaten regelmässig fast um die Hälfte schwächer, als im
Winter, was bald dahin führte, den Unterricht im dritten Kalender-
quartal überhaupt auszusetzen. Besonders erwähnt zu werden verdient
die starke Zunahme der Schülerinnen, welche sich gleich in den ersten
Jahren bemerklich machte. 1869 wurden wenig mehr als 10 Prozent,
1872 bereits über 17 Prozent aller ausgegebenen Unterrichtskarten
an Schülerinnen vertheilt. Die besonderen Klassen, welche anfänglich
für sie bestimmt gewesen waren, konnten so gesteigerten Anforderungen gegenüber bald nicht mehr genügen und da der Einrichtung einer besonderen Schule für sie finanzielle und räumliche
Schwierigkeiten entgegen standen, so musste der, übrigens von dem
besten Erfolg begleitete Versuch gemacht werden, Schüler und
Schülerinnen gemeinsam zu unterrichten. Vom Jahre 1871 ab
wurden am Schlusse jedes Schuljahrs regelmässige Ausstellungen
von Schülerarbeiten veranstaltet, mit denen Prämiirungen für die
tüchtigsten und fleissigsten Schüler verbunden waren.

Ueber die vorstehend skizzirte erste Entwickelungsperiode der
„Unterrichtsanstalt", die mit dem Jahre 1703 ihren Abschluss fand,
heisst es in dem Jahresbericht von 1886:

„Die erste Periode, von Januar 1868 bis Frühjahr 1873, während welcher
die Anstalt ein gemiethetes Haus im Zentrum der Stadt einnahmen, darf in jeder
Beziehung als eine Zeit der Versuche und Prüfungen bezeichnet werden. Abgesehen von den äusseren und allgemeinen Schwierigkeiten, wie sie von jedem
neuen Beginnen solcher Art unzertrennlich sind, war in diesem besonderem Falle
auch ein innerer Zwiespalt zu überwinden, in welchen das Institut durch einen
zu weit gefassten Grundplan verwickelt wurde. Seinen ursprünglichen Bestimmungen
zufolge sollte das Deutsche Gewerbe-Museum die heimische Industrie nicht nur
nach der künstlerisch-dekorativen, sondern auch nach der technisch wissenschaftlichen Seite hin fördern und unterstützen; Physik, Chemie, Technologie und
Maschinenlehre waren ebensowohl wie Zeichnen und Modelliren als Unterrichtsgegenstände ins Auge gefasst worden; Vorlesungen nach dem Muster der Universitäts-
Collegien sollten den eingentlichen Schulklassen zur Seite stehen; die ohnehin knapp
bemessenen Mittel wurden daher gerade in dem Augenblicke, wo eine Beschränkung
auf das Wichtigste und Nächstliegende am meisten geboten gewesen wäre, der
Gefahr einer Zersplitterung in Bedenken erregender Weise ausgesetzt, indem
eigentlich zwei Unternehmungen gleichzeitig in Angriff genommen wurden, von denen

sich weder die eine noch die andere in ihren Folgen und Erfordernissen klar übersehen liess.

Auch für den künstlerischen Unterricht selbst, soweit er hier in Betracht
kam, fehlte es ebensosehr an Vorbildern und Lehrmitteln wie an Lehrkräften von
hinreichender Erfahrung, und diejenigen Kreise der Bevölkerung, auf deren Theilnahme am meisten gerechnet worden war, die Fabrikanten und die Handwerksmeister, erwiesen den Bestrebungen des Instituts anfänglich wenig Entgegenkommen,
sei es, dass sie den Nutzen unterschätzten, den ihnen die Theilnahme gewähren
konnte, sei es, dass sie die dafür aufzuwendenden Opfer zu hoch anschlugen.

Eine nicht geringe Gefahr endlich erwuchs dem jungen Institute aus den
politischen Verhältnissen. Der plötzlich ausbrechende französische Krieg drohte
nicht nur die Reihen der Schüler zu lichten, sondern schien auch überhaupt die
Quellen verschliessen zu wollen, aus denen das hauptsächlich auf private Opferwilligkeit angewiesene Unternehmen seine Existenzmittel schöpfte.

Es darf als eine besonders günstige Fügung des Geschicks betrachtet werden,
dass das Deutsche Gewerbe-Museum diese kritische Zeit zu überdauern und allen
Hindernissen zum Trotz eine kräftige Lebensfähigkeit zu entwickeln vermocht hat;
wir aber können uns heute nur mit dem Gefühl tiefster Dankbarkeit jener hoch-
herzigen Männer erinnern, welche damals das schwankende Schiff steuerten und
durch ihre unermüdliche Hingebung den Erfolg gesichert haben.

Dem Unterrichtswesen insbesondere widmeten die Vorstandsmitglieder Professor
M. Gropius, Historienmaler A. Ewald und Regierungsrath Professor Reulaux ihre
Thätigkeit."

Mit der im Mai 1873 erfolgten Uebersiedelung der Anstalt in
die Fabrikräume der ehemaligen Porzellan-Manufaktur zwischen der
Leipziger und Königgrätzer-Strasse begann eine neue Periode. Die
Schule trat bei dieser Gelegenheit in wesentlich andere Verhältnisse
und Lebensbedingungen ein. Ihr Lokal hatte sich auf etwa das
Dreifache der früheren Ausdehnung vergrössert, die Klassenzahl
wurde vermehrt, neue Lehrkräfte wurden herangezogen, die Erfahrungen der vergangenen Jahre dazu benutzt, dem gesammten
Lehrgebäude ein festeres Gefüge zu geben. Vor Allem wurden die
Einheit des Studienjahres sichergestellt, regelmässige Aufnahme-
termine bestimmt und ferner durch Ausscheidung des bautechnischen
und des Maschinenzeichnens der künstlerische Charakter der Anstalt
in den Vordergrund gestellt. Endlich wurde durch die Bildung
von besonderen Vorbereitungs- und Fachklassen, welch' letzteren
die Anwendung der erlangten Kunstfertigkeit auf bestimmte Hand-
werksgebiete oblag, vollzogen.

Einen weiteren Fortschritt brachte das Jahr 1880, wo die Schule
in das neue Gebäude des Kunstgewerbemuseums verlegt wurde.
Im Gegensatze zu der früheren Einrichtung, bei welcher wegen
Raummangel für alle Vorbereitungsklassen die Form der ursprünglichen Fortbildungsschule beibehalten werden musste und nur den
Fachklassen eine ausgedehntere Arbeitszeit gewährt werden konnte,
wurden jetzt zwei von einander unabhängige Abtheilungen in der
Unterrichtsanstalt gebildet, von denen die eine für Handwerker bestimmt war, welche am Tage einem Erwerbe nachgehen mussten
und sich nur nebenher künstlerisch vervollkommnen konnten, die

andere für solche Schüler, welche ihre Ausbildung als einziges Ziel verfolgten, also auch ihre volle Arbeitskraft und Zeit auf den Besuch der Schule verwenden wollten. Jene, den grössten Theil der alten Abend- und Sonntagsklassen umfassend, behielt, da sie zunächst auf die allgemeinen Unterrichtsfächer beschränkt blieb, den Namen einer **Vorschule** bei; diese, welche neben den schon bestehenden Tages-Fachklassen noch eine Reihe neuer Tages-Vorbereitungsklassen als Zuwachs erhielt, galt nunmehr als die eigentliche **Kunstgewerbeschule**. Der Lehrplan gestaltete sich jetzt in folgender Weise:

1. **Vorschule:** Ornamentzeichnen, Projektionslehre, architektonisches Zeichnen, Gipszeichnen, Modelliren.
2. **Kunstgewerbeschule:**
    a) **Vorbereitungsklassen.**
        1. Jahreskursus: Ornamentzeichnen, Projektionslehre, Gypszeichnen.
        2. Jahreskursus: Architektonisches Zeichnen, Gypszeichnen, Naturstudien (Blumenmalen), Aktzeichnen, Anatomie und Proportionslehre, Stilgeschichte.
    b) **Fachklassen:** Entwerfen von Möbeln, Geräthen u. s. w. Entwerfen von Flachmustern für Malerei u. s. w., Figuren-Zeichnen und Malen, Modelliren, dekorative Malerei.

Im Jahre 1886 wurden sämmtliche Tages-Vorbereitungsklassen und sechs Abendklassen der Unterrichtsanstalt auf die Kunstschule übertragen und damit die oben erwähnte Verbindung zwischen beiden Instituten hergestellt. Zunächst nur durch unabweisliche räumliche Bedürfnisse veranlasst, gewann diese Verlegung nunmehr eine weitergehende Bedeutung für die ganze Verfassung der beiden Schulen, indem sie dahin führte, deren Ziele und Aufgaben, welche bisher in vielen Punkten zusammengefallen waren, grundsätzlich zu sondern und zu präzisiren. Die Kunstschule konnte nunmehr den gesammten vorbereitenden Unterricht allgemeiner Natur, die Unterrichtsanstalt die praktische Anwendung desselben auf die verschiedenen Industriezweige übernehmen. Seitdem sind beide Anstalten in fortgesetztem Aufschwung begriffen und sie haben, nachdem sie inzwischen auch im Einzelnen noch weiter ausgestaltet sind, gegenwärtig folgende Verfassung.[1]

Die Kunstschule ist zur Unterweisung von Kunsthandwerkern bestimmt und bildet in dieser Beziehung die Vorschule für die Unterrichtsanstalt des Kunstgewerbemuseums.[2] Daraus ist indessen

[1] Vgl. Programm der Königlichen Kunstschule, Berlin 1900 und Programm der Unterrichtsanstalt, Berlin 1901.
[2] Die Kunstschule dient ferner zur Vorbereitung von Schülern für die Kunstakademie und zur Ausbildung von Zeichenlehrern und Zeichenlehrerinnen für die allgemeinen Bildungsanstalten (Gymnasien, Realgymnasien, Realschulen, Volksschulen, Mittelschulen, höhere Mädchenschulen u. s. w.) Diese Aufgaben sind indessen, als nicht hieher gehörig, nicht weiter berücksichtigt.

nicht zu folgen, dass jeder Kunsthandwerker, nachdem er die Kunst-schule besucht hat, noch eine Fachklasse der Unterrichtsanstalt be-suchen müsste. Das können nur wenige, da der Kursus an der Kunstschule allein schon zwei Jahre erfordert. Weitaus die meisten Schüler treten mit dem Abgangszeugniss der Kunstschule in die Praxis ein oder dorthin zurück, wenn sie vorher schon einen Beruf hatten.

Der Unterricht erstreckt sich im Wesentlichen auf: Zeichnen von Ornamenten und Architekturtheilen nach flachen und nach plastischen Vorbildern, Zeichnen von Köpfen und Figuren nach Gipsabgüssen und nach dem lebenden Modell, Zeichnen und Malen nach lebenden Pflanzen, Modelliren von Ornamenten und figürlichen Gegenständen, Projektionslehre, Anatomie, Kunstgeschichte und Methodik des Zeichenunterrichts.

Die Anstalt besteht aus einer Tages- und einer Abendschule, die von einander unabhängig sind. In beiden werden sowohl Schüler wie Schülerinnen aufgenommen. Die Tagesschule ist vornehmlich für solche Schüler bestimmt, die sich mit Ausschluss jeder Neben-beschäftigung ihrer Ausbildung widmen. Der Unterricht findet täglich zwischen acht Uhr Morgens und vier Uhr Nachmittags statt. Die Lehrzeit dauert zwei Jahre und kann nur ausnahmsweise für die, welche eine mehr als gewöhnliche Vorbildung mitbringen oder besonders schnelle Fortschritte machen, abgekürzt werden. Die Abendschule dient denen, die ihre künstlerische Ausbildung nur neben anderweitiger Thätigkeit betreiben können. Der Unterricht wird zwischen fünf und zehn Uhr Nachmittags ertheilt und erstreckt sich für jedes einzelne Lehrfach (oder jede Klasse) auf durch-schnittlich sechs Stunden in der Woche. Die Aufgaben sind immer auf eine mindestens einjährige Lehrzeit berechnet. Von den Tages-schülern, die sich dem Kunstgewerbe widmen wollen, wird der Regel nach erwartet, dass sie ein Handwerk berufsmässig erlernt haben. In jedem Semester werden in allen Klassen der Tages- und Abendschule Prüfungen vorgenommen. Am Ende des Schuljahres findet in der Tagesschule eine allgemeine Schlussprüfung statt, von deren Ausfall das Abgangszeugniss und die Berechtigung zum Eintritt in die Fachklassen des Kunstgewerbemuseums abhängt.

Nach ihrem Berufe sind für die Besucher und Besucherinnen der Tagesschule folgende Gruppen gebildet: 1. die Architektur- und Möbelzeichner, Dekorateure, Tischler, Kunstschlosser u. dgl. 2. Die Bildhauer, Modelleure, Ciseleure, Holzschnitzer u. s. w. 3. Die Maler und Musterzeichner. 4. Die Musterzeichnerinnen. Jede dieser Gruppen hat ihren besonderen Arbeitsplan.

Der Besuch der Schule in den letzten fünf Jahren ergiebt sich aus folgender Tabelle:

	Tagesklassen					Abend-		Zu-	
	Vollschüler				Hospitanten	klassen		sammen	
	Kunstgewerbl. Abth.		Seminar für Zeichenlehrer u. Zeichenlehrerinnen						
	männl.	weibl.	männl.	weibl.	männl.	weibl.	männl.	weibl.	männl.	weibl.
1896/97	109	42	59	55	54	42	192	48	414	187
	151		114		96		240		601	
1897/98	110	36	44	59	71	60	273	60	498	215
	146		103		131		333		713	
1898/99	113	43	41	48	59	58	268	72	481	221
	156		89		117		340		702	
1899/1900	93	28	48	51	55	80	292	69	488	228
	121		99		135		361		716	
1900/01	91	35	56	63	48	75	255	73	450	246
	126		119		123		328		696	
Durchschnitt	103	37	50	55	57	63	256	64	466	219
	140		105		120		320		685	

Die Unterrichtsanstalt des Kunstgewerbemuseums ist jetzt dazu bestimmt, die verschiedenartigen Kräfte auszubilden, die im Kunsthandwerk, in der Kunstindustrie oder in der dekorativen Kunst ihren Wirkungskreis suchen. Die Anstalt besteht aus zwei bis zu einem gewissen Grade von einander unabhängigen Abtheilungen, der Tagesschule und der Abendschule. Die Tagesschule, in der der Schwerpunkt der Anstalt liegt, nimmt nur Schüler auf, die sich für eine besondere Art kunstgewerblicher oder dekorativ künstlerischer Thätigkeit bereits entschieden haben. Jeder von ihnen wird einer bestimmten Fachklasse zugewiesen. Die Fachklassen tragen den Charakter von Ateliers oder Lehrwerkstätten und scheiden sich in drei Gruppen, je nachdem ihre Aufgaben mehr dem Gebiete der Architektur oder der Plastik oder der Malerei zufallen; ihre Zahl steht jedoch nicht ein für allemal fest, sondern wird hauptsächlich durch praktische Bedürfnisse bestimmt. Zur Zeit bestehen Klassen für: 1. Architektonisches Zeichnen, 2. Ornamentales und figürliches Modelliren, 3. Ciseliren, 4. Holzschnitzerei, 5. dekorative Malerei, (ornamentale und figürliche), 6. Schmelzmalerei, 7. Musterzeichnen, 8. Kupferstich und Radierung, 9. Kunst-Stickerei.

Zugelassen wird nur, wer schon eine künstlerische Vorbildung besitzt; zur Vorbereitung dient zum Theil die Abendschule, hauptsächlich aber die Königliche Kunstschule. Ueberdies wird der Regel nach erwartet, dass die Fachschüler auch technisch für ihren speziellen Beruf bis zu einem gewissen Grade vorgebildet sind. Die Lehrzeit der Fachklassen ist durchschnittlich auf drei Jahre festgesetzt.

Der Unterricht in der Abendschule ist mehr allgemeiner und theoretischer Art. Er erstreckt sich vorzugsweise auf die Lehrzweige, welche allen kunstgewerblichen Beschäftigungen Förderung gewähren, wie Ornament- und Architekturzeichnen, Figurenzeichnen, Ornament- und Figurenmodelliren, Projektionslehre, Anatomie und Stilgeschichte.

Im Schuljahr 1900/01 wurde die Anstalt von 343 Schülern und 184 Schülerinnen besucht; davon waren 123 Vollschüler und 73 Vollschülerinnen; von den 343 Schülern waren 82 unter 20 Jahren, 151 zwischen 20 und 25 und 110 über 25 Jahre; 211 hatten die Volksschule, 83 eine Realschule oder ein Realgymnasium, 45 ein Gymnasium und 4 andere Bildungsanstalten besucht; 52 waren Lehrlinge, 188 Gehilfen, 5 Meister; ihrer Berufsart nach waren: 52 Architekten und Bautechniker, 16 Tischler, 3 Holzbildhauer, 75 Bildhauer und Modelleure, 13 Ciseleure, 6 Graveure, 1 Gürtler, 2 Schlosser und Schmiede, 77 Maler, 25 Porzellanmaler, 5 Glasmaler, 3 Kupferstecher, 1 Xylograph, 13 Lithographen, 10 Musterzeichner, 24 Möbelzeichner, 8 verschiedene andere Handwerker, 1 geprüfter Zeichenlehrer, 5 Dilettanten, 3 Schüler ohne bestimmten Beruf.

------

2. Die Gewerbeschule (Technisches Institut, Gewerbeinstitut, Gewerbeakademie) zu Berlin, die Gewerbeschulen in den Provinzen und die technischen Hochschulen. [1]

Am 1. November 1821 wurde in Berlin eine Gewerbeschule — auch „Technisches Institut" genannt — eröffnet, die im Jahre 1827 den Namen „Gewerbe-Institut" erhielt, im Jahre 1866 zur „Gewerbe-Akademie" erhoben wurde und seit

------

[1] F. W. Nottebohm, Chronik der Königl. Gewerbe-Akademie zu Berlin 1871; Chronik der Königlich technischen Hochschule zu Berlin, 1799 bis 1899, Berlin 1899, S. 75ff; Jacobi, Nachrichten über das Gewerbeschulwesen in Preussen und Sachsen, Leipzig, 1842; Rönne, Das Unterrichtswesen des Preussischen Staates, Berlin, 1855, Bd. II, S. 326ff; Das Jubelfest der Königlichen Gewerbe-Akademie, Verhandlungen des Vereins zur Beförderung des Gewerbefleisses, 50. Jahrgang, 1871, S. 320ff; Amtliche Denkschrift über die Reorganisation der Provinzial-Gewerbeschulen, Berlin 1869; Schmoller, Ein Wort über den Reorganisationsplan für die Preussischen Provinzialgewerbeschulen, Hildebrands Jahrbücher, Bd. XV, S. 268ff; Das technische Unterrichtswesen in Preussen. Sammlung amtlicher Aktenstücke des Handelsministeriums, sowie der bezüglichen Berichte und Verhandlungen des Landtags aus 1878/79, Berlin 1879; Denkschrift über die Gewerbeschulen, den Mitgliedern der ständigen Kommission für das technische Unterrichtswesen vorgelegt; Berlin 1881; Delbrück, Festrede zur Feier des 100jährigen Geburtstages von Beuth, Sitzungsberichte des Vereins zur Beförderung des Gewerbefleisses, 1882, S. 22ff; Damm, Die technischen Hochschulen in Preussen, nach amtlichen Quellen, Berlin 1899.

dem Jahre 1879, nach ihrer Vereinigung mit der schon oben erwähnten „Bauakademie" die „technische Hochschule" in Charlottenburg bildet.

Diese Gewerbeschule ist seiner Zeit nach einem Plane des Geheimen
Ober-Finanzraths Beuth[1]) zur mechanisch- und chemisch-technischen
Ausbildung von Gewerbetreibenden vom Handelsministerium begründet
worden, nachdem, wie bereits oben bemerkt, das Kultusministerium aus
Mangel an Mitteln es hatte aufgeben müssen, das gesammte gewerb-
liche und kunstgewerbliche Schulwesen in Preussen auf der früher in
Aussicht genommenen Grundlage der Provinzial-Kunstschulen zu regeln.

Das Technische Institut war eine Handwerksschule mit zunächst nur sehr geringen Lehrzielen. Aufnahmebedingungen waren
ein Alter von 12 bis 16 Jahren, inländische Geburt oder Wohnort
des Vaters im Inlande, eine gute Handschrift, die Fähigkeit, sich in
der deutschen Sprache fehlerfrei auszudrücken, um dem Unterrichte
folgen zu können, Kenntniss des Einmaleins und der sogenannten
vier Spezies. Der Zweck des Instituts sollte sein, wie Beuth in
einer Denkschrift bemerkte, „den Schülern, welche diese Fähigkeiten
haben, die Mittel an die Hand zu geben, die übrigen Kenntnisse
sich zu erwerben, welche man von Rechtswegen von einem tüchtigen
Gewerbetreibenden für den gewöhnlichen Gewerbebetrieb zu fordern
berechtigt ist und dabei als Massstab die Forderungen zu nehmen,
welche der Staat gesetzlich an seine Bauhandwerker stellt."

Das Technische Institut bestand aus zwei Klassen. Die untere
Klasse hatte einen einjährigen Kursus mit folgenden Unterrichts-
gegenständen: Geometrie (Planimetrie und Stereometrie, ohne
Beweise, wöchentlich vier Stunden), Rechnen (die gemeine Arithmetik,
Proportionalrechnungen, Dezimal- und gemeine Brüche, Gebrauch
der gemeinen Logarithmen; wöchentlich vier Stunden), Physik und
Chemie (jedes in einem halbjährigen Lehrgange, erstere in besonderer
Beziehung auf die mechanischen Wissenschaften, wöchentlich vier
Stunden), Zeichnen (täglich vier Stunden, abwechselnd an einem
Tage Linear-, am andern freies Handzeichnen. Beides wird nur so
lange nach in der Ebene entworfenen Mustern getrieben, als er-

---

[1]) Peter, Christian, Wilhelm Beuth wurde als Sohn eines Arztes am
28. Dezember 1781 zu Kleve geboren, studirte seit 1798 in Halle Rechts- und
Kameralwissenschaften und trat 1801 bei der kurmärkischen Kriegs- und Domänen-
kammer in den Staatsdienst; 1806 wurde er Assessor bei der Kammer zu Baireuth,
1809 Regierungsrath in Potsdam, 1810 Geheimer Obersteuerrath im Finanzministerium,
wo er sich an den Berathungen über die Reform des Steuer- und Gewerbewesens
betheiligte. Er verliess diese Stellung 1813, um in die Kavallerie des Lützowschen
Freikorps einzutreten. Nach dem Frieden wurde er Geheimer Ober-Finanzrath in
der damals dem Finanzministerium angehörenden Abtheilung für Handel und Gewerbe; 1818 erhielt er deren Leitung. An der Spitze dieser Verwaltung, welcher
später die Bauverwaltung hinzutrat, blieb er bis zu seinem Ausscheiden aus dem
Dienste im Jahre 1845. Zum Mitgliede des Staatsraths wurde er schon 1821, zum
Wirklichen Geheimen Rath 1844 ernannt. Er starb am 27. September 1853 zu
Berlin.

forderlich ist, um die Hand in dem Gebrauch der Werkzeuge zu
üben und die angemessenste Behandlung des Zeichnens zu lehren.
Es wird sodann je eher je lieber zu dem Zeichnen nach aufgestellten
Körpern, dem Aufnehmen von Maschinen, geometrisch ohne Theorie
der Perspektive, geschritten und auch Schattenkonstruktion nach
Massgabe der Fortschritte gelehrt. Beim Linearzeichnen machen die
Modelle der Holzverbindungen den Anfang, worauf einfachere Werkzeuge folgen. Im freien Handzeichnen wird sehr bald nach Abgüssen
antiker Verzierungen gezeichnet, um die Schüler zu üben, genau
zu sehen und das Gesehene zu Papier zu bringen. Durch die Wahl
der Lehrer, die nicht bloss Zeichenlehrer sind, sondern sich als
ausführende Baumeister und Mechaniker ausgezeichnet haben, ist
dafür gesorgt, dass dem Schüler die Konstruktion und der Gebrauch
dessen, was er zeichnet, vollständig erläutert werde, und dass Schüler,
welche besondere Anlagen für das Zeichnen haben, nicht aufgehalten, sondern schon in der zweiten Klasse über die für die erste
Klasse vorbehaltenen Gegenstände des Zeichenunterrichts belehret
werden).

Diejenigen Schüler, welche das Lehrziel erreicht haben, erhalten
nach Ablauf des Lehrgangs ein Zeugniss der Reife, andere, wenn
sie es verlangten, ein Zeugniss, dass sie die Schule besucht haben,
aber ohne Zeugniss entlassen seien. Schüler, welche das Zeugniss
der Reife erhalten hatten, konnten sich in der Werkstatt oder im
Laboratorium der Anstalt in praktischen Arbeiten für ihr Fach ausbilden. Bei der Aufnahme in die Werkstatt wurde besonders auf
Schüler aus der Provinz Rücksicht genommen und bei ihrer Beschäftigung darauf gesehen, dass sie sich gemeinschaftlich bei der
Anfertigung von Werkzeugen halfen, von denen sie zu Hause Gebrauch
machen konnten und deren Anwendung eine Verbesserung des Ge-
werbebetriebes ihres Wohnorts herbeizuführen geeignet war.[1]

---

[1]) In dem für die Schule erworbenen neuen Hause, das zugleich die Dienst-
räume und gewerblichen Sammlungen der zur Sammlung und Verbreitung von
gewerblichen Kenntnissen bestimmten „Technischen Deputation des Ministeriums
für Handel und Gewerbe" aufnahm, waren ausser den Schulklassen untergebracht:
eine Bibliothek und Sammlung von Zeichnungen und Kupferstichen, eine Modellsammlung, eine Maschinensammlung, eine Produkten- und Fabrikatensammlung,
grosse und kleine Laboratorien, ein physikalischer und chemischer Apparat, die
Modellwerkstatt, die Kupferstecherei, ein Sitzungssaal für die Versammlungen des
Vereins für Gewerbfleiss, und die Wohnung des Aufsehers und Hausdieners. In
der Modellsammlung sollten die einzelnen Hauptzweige der Fabrikation nach
den neuesten und besten Methoden in nach einem bestimmten Massstabe gearbeiteten
und selbst arbeitenden Modellen zur Darstellung kommen, und zwar sollten zunächst
diejenigen Fabrikzweige ins Auge gefasst werden, welche für den Preussischen
Staat am wichtigsten sind: Die Zeug- und Metallfabrikation, und bei der ersteren
zunächst die Wollenfabrikation. Nach zweijährigem Bestehen des Instituts waren
schon angefertigt: Ein vollständiges Tappertsches Spinn-Assortiment für Streichwolle,
eine Hoppensche Spinn- Vorrichtung, Flachsspinnmaschine, verbesserte Tuch-
webstühle, eine Rauhmaschine, verschiedene Scheermaschinen, Tuch-Wasch- und
Walkmaschinen, Appreturmaschinen, Leinen-, Seiden-, Band-Stühle, Modelle von

Die obere Klasse sollte vorzugsweise aus den besten Schülern der unteren Klasse und den Abiturienten der in den Provinzen errichteten, unten noch näher zu besprechenden Provinzialgewerbeschulen gebildet werden. Fehlten solche Schüler, so konnten andere, nach vorgängiger Prüfung, aufgenommen werden. Der Unterricht in dieser Klasse umfasste zwei Halbjahre und erstreckte sich auf folgende Unterrichtsgegenstände: Mathematische Wissenschaften (im ersten Halbjahre: Arithmetik und Algebra bis zu den Gleichungen zweiten Grades einschliesslich, wöchentlich sechs Stunden; Geometrie mit Beweisen, Stereometrie, sechs Stunden; Perspektive ohne Rechnung mit den Vorkenntnissen der Geometrie der zweiten Klasse, verbunden mit dem Zeichenunterricht. Im zweiten Halbjahre: Trigonometrie, zwei Stunden; Statik und Mechanik, praktische Maschinenlehre ohne Beweise, verbunden mit den dahin einschlagenden Theilen der Technologie; auf die Gewerbe angewandte Mechanik, Waarenkunde der dadurch erzeugten Fabrikate, zehn Stunden); Naturwissenschaften (im ersten halben Jahre Wiederholung des physikalischen Unterrichts der unteren Klasse, Naturgeschichte der Produkte, die von Interesse für den Technologen sind und deren Waarenkunde, sechs Stunden wöchentlich; theoretische Chemie, Anwendung auf Gegenstände unseres Bedürfnisses und einzelner Gewerbe, Kosten der verschiedenen Darstellungsarten, Waarenkunde chemischer Fabrikate, sechs Stunden); Zeichnen (das Maschinenzeichnen und das Freihandzeichnen geht hier mit Rücksicht auf den oben erwähnten Unterricht in der Perspektive in erweitertem Umfange fort).

In der oberen Klasse stellte sich sehr bald die Nothwendigkeit heraus, den Unterricht zu erweitern, weshalb vom 1. Oktober 1826 eine dritte Klasse, die „Suprema" eingerichtet wurde. Auch eine erhebliche räumliche Erweiterung erfolgte in den Jahren 1827 bis 1831, da, wie es in einem Immediatberichte vom 13. März 1827 hiess, der Zweck des Instituts, nicht blos theoretisch gebildete, sondern auch praktisch ausgezeichnete Arbeiter in die Provinzen zurückzusenden, dadurch grösstentheils verfehlt worden sei, dass viele Zöglinge aus Mangel an Raum in den Werkstätten nicht zugelassen werden konnten. „Es haben ferner viele ausgezeichnete Werkzeuge für diesen Unterricht nicht benutzt oder so aufgestellt werden können, dass die vielen Gewerbetreibenden, welche jetzt aus allen Theilen der Monarchie die Anstalt besuchen, daraus Nutzen

Dampfmaschinen, Rammen, Krahnen, Feuerspritzen u. s. w. Die Laboratorien sollten zur Anstellung kleinerer und grösserer Versuche und zugleich als Hülfsmittel für den Unterricht dienen. In der Modellwerkstatt sollten die Modelle der neuesten und besten Maschinen nach einem bestimmten Plane angefertigt werden. Sodann aber sollte sie den Schülern der Gewerbeschule, die das Zeugniss der Reife erhalten hatten, Gelegenheit bieten, sich praktisch mit dem Gebrauche der besten Werkzeuge bekannt zu machen. Sie enthielt eine Schmiede, eine Tiegelgiesserei, den Kessel einer Dampfmaschine von zwei Pferdekraft, einen Oelgasapparat und eine Werkstatt für Tischler, Dreher, Feiler.

ziehen konnten. Die bereits angefertigten Modelle umfassen nur einige Hauptzweige der Fabrikation und dennoch sind die vorhandenen Säle so angefüllt, dass, wenn der Zweck erreicht werden soll, die Fabrikanten des Inlandes in dieser Nationalsammlung über das Neueste und Beste zu belehren und überhaupt mit der Anfertigung von Modellen fortzufahren, eine Erweiterung dieses Lokals durchaus nothwendig wird."

Die Schülerzahl des Instituts war von 13 bei der Eröffnung im Jahre 1821 auf 52 im Jahre 1827 gestiegen; 1830 betrug sie 63, 1840: 104, 1850: 135.

Die oben erwähnten Provinzial-Gewerbeschulen, mit dem Lehrplane der zweiten Klasse des Gewerbe-Instituts, waren nach und nach fast in allen Regierungsbezirken der Monarchie begründet worden. Im Jahre 1838 fanden sich solche Anstalten in Königsberg, Gumbinnen, Danzig, Graudenz, Posen, Potsdam, Frankfurt a./O., Stettin, Stralsund, Oppeln, Liegnitz, Naumburg, Erfurt, Münster, Bielefeld, Hagen, Cöln, Elberfeld, Trier und Aachen.[1] Die zur Deckung der laufenden Ausgaben dieser Schulen erforderlichen jährlichen Zuschüsse schwankten zwischen 500 und 1200 Thalern für jede Schule, so dass der gesammte Aufwand für die 20 Schulen sich jährlich auf 10—20000 Thlr. belief. Hiezu kamen noch 7500 Thlr. für 25 Freistellen, die an solche würdige, bedürftige und fähige Zöglinge aus den Provinzen vergeben wurden, die das Gewerbe-Institut besuchen wollten. Die Zahl der Schüler betrug in den einzelnen Schulen 30 bis 40.

Im Jahre 1850 wurden die Verhältnisse des Gewerbe-Instituts und im Zusammenhange damit auch die der Provinzial-Gewerbeschulen neu geregelt. Zweck dieser Regelung war, den bisher im Gewerbe-Institut ertheilten elementaren Unterricht möglichst ganz den Provinzial-Gewerbeschulen zu überweisen, um dadurch eine Erweiterung des Unterrichtsgebietes des Gewerbe-Instituts zu ermöglichen. Im Uebrigen sind die bei dem Organisationsplan massgebend gewesenen Grundsätze in einem Runderlasse vom 5. Juni 1850 niedergelegt, in dem es u. A. heisst:

„Die Aufgaben des Königlichen Gewerbe-Instituts und die der Provinzial-Gewerbeschulen sind in ihrer Grundlage dieselben und nur der Grösse nach verschieden. Jenes soll, wie diese, künftigen Gewerbetreibenden und Bauhandwerkern eine theoretisch-praktische Ausbildung verschaffen; während sich aber das Königliche Gewerbe-Institut, als die höchste technische Lehranstalt des Staates, die Ausbildung von eigentlichen Technikern, die zur Einrichtung und Leitung von Fabrikanlagen befähigt sind, zum Ziele setzen muss, sind die Provinzial-Gewerbeschulen dazu bestimmt, die verschiedenen Handwerker, Maurer- und Zimmermeister, Brunnenmacher, Mühlenbauer, Gerber, Bierbrauer, Destillateure, Färber u. s. w., sowie Werkführer für Fabriken zu unterrichten. Daraus folgt, dass die Anwendung des theoretischen Wissens auf die Gewerbe auch in den Provinzial-Gewerbeschulen vorwalten muss; denn das bloss theoretische Wissen in Mathematik und Natur-

---

[1] Vgl. Jacobi a. a. O., S. 1, 2.

wissenschaften ist für den Praktiker nur von geringem Nutzen, und es kann ihm nicht allein überlassen werden, eine mögliche Anwendung desselben erst selbst zu suchen. Bei der Gründung neuer und der allmählichen Umgestaltung schon bestehender Provinzial-Gewerbeschulen ist also auf die praktischen Unterrichtszweige, die Maschinenlehre, die praktisch-chemischen Uebungen, die Technologie und Bau-Konstruktionslehre ein besonderer Nachdruck zu legen. Soll aber dieser Unterricht fruchtbringend sein, so muss der Lehrer bei den Schülern der oberen Klasse der Provinzial-Gewerbeschule eine gründliche Kenntniss der elementaren Mathematik und der allgemeinen Physik und Chemie, sowie grosse Fertigkeit im Zeichnen, vorfinden. Indem also hier Maass gehalten wird in dem, was gelehrt wird, ist um so mehr auf Gründlichkeit des Wissens und Sicherheit in seiner Anwendung zu sehen. Es kann darum beispielsweise nicht gebilligt und ferner auch nicht geduldet werden, dass einzelne Provinzial-Gewerbeschulen den Vortrag über reine Mathematik weit über die Grenzen hinaus, welche demselben in dem Organisationsplan angewiesen sind, fortführen, und durch den Umfang dessen, was sie hierin lehren, andere Schulen zu überbieten streben. Wenn es dem Lehrer auch möglich sein sollte, in rascher Entwickelung einen gründlichen Vortrag über analytische Geometrie und höheren Kalkul, der sich in einigen Anstalten findet, zu halten, so sind dagegen die Zöglinge doch nicht wohl im Stande, in der kurzen, für ihre Ausbildung bestimmten Zeit sich diese Lehren, zu deren praktischer Anwendung sie gar nicht gelangen, auf eine fruchtbare Weise anzueignen."

Bezüglich der Aufbringung der Unterhaltungskosten sollte künftig an folgenden beiden Grundsätzen festgehalten werden: 1. dass bei allen neu zu gründenden Gewerbeschulen die betreffende Gemeinde, ausser freier Gestellung der nöthigen Lokale, die Hälfte der aus dem Schulgelde oder aus besonderen Einnahmen nicht zu deckenden Ausgaben zu tragen hat, während der Staat die andere Hälfte übernimmt und ausserdem für die erste Einrichtung des Lehrapparates sorgt; 2. dass bestehende Gewerbeschulen aus Städten, welche billige Anforderungen zu ihrer Unterstützung nicht entsprechen, in andere verlegt werden, wo sich das zu ihrem Gedeihen wesentliche Interesse dafür offenbart.

Aus dem Organisationsplane seien noch folgende Bestimmungen besonders hervorgehoben:

A. Die Provinzial-Gewerbeschulen: Jede Provinzial-Gewerbeschule erhält zwei Klassen, eine untere und eine obere. Die untere ist hauptsächlich für den theoretischen Unterricht und die Uebung im Zeichnen bestimmt, die obere für die Anwendung des Erlernten auf die Gewerbe. Der Kursus jeder Klasse ist einjährig. Aufnahmebedingungen sind, dass der Aufzunehmende 1. mindestens 14 Jahre alt sei; 2. nicht bloss Deutsch geläufig lesen, sondern auch durch Lesen eines seinem Gesichtskreise entsprechenden Buches sich unterrichten könne; 3. Deutsch ohne grobe orthographische Fehler zu schreiben verstehe und eine leserliche Handschrift besitze; 4. mit ganzen Zahlen und gewöhnlichen Brüchen geläufig rechnen könne und die Anwendung dieser Rechnungen auf die gewöhnlichen arithmetischen Aufgaben kenne, sowie dass er ebene, geradlinige Figuren und prismatische Körper praktisch auszumessen wisse; 5. Uebung im Zeichnen besitze. — Junge Handwerker, welche keinem anderen als Elementar-Unterricht genossen haben und in eine Provinzial-Gewerbeschule eintreten wollen, können ihre Vorbildung durch den Besuch der mit jeder Provinzial-Gewerbeschule zu verbindenden

Handwerker-Fortbildungsschule vervollständigen. Für andere junge Leute wird der Besuch einer gut eingerichteten höheren Bürger- oder Stadtschule oder eines Gymnasiums bis zur Quarta einschliesslich genügen. Wo sich ein Bedürfniss dazu zeigt, kann mit der Provinzial-Gewerbeschule eine Vorbereitungsklasse verbunden werden; diese ist dann aber nur als eine höhere Elementarschule und nicht als ein Theil der Provinzial-Gewerbeschule zu betrachten und zu behandeln; sie muss ein in sich abgegrenztes Pensum haben, welches das der Provinzial-Gewerbeschule nicht zum Theil anticipirt, so dass sie auch solchen, welche die letztere nicht zu besuchen beabsichtigen, nützlich werden kann; ihre Unterhaltung bleibt lediglich Sache der Kommunen.[1] Unterrichtsgegenstände sind:

a) Reine Mathematik. Aus der Geometrie: die Planimetrie, ebene Trigonometrie, Stereometrie und die Anfangsgründe der beschreibenden Geometrie nebst einer synthetischen Darstellung der Haupteigenschaften der Kegelschnitte. Das Feldmessen ist theoretisch zu erklären und in seinen Hauptoperationen praktisch zu zeigen. Aus der Zahlenlehre: Die gewöhnliche Arithmetik mit vielfachen Uebungen des praktischen Rechnens; die Buchstaben-Rechnung bis zu den Gleichungen zweiten Grades einschliesslich, nebst der arithmetischen und geometrischen Progression. Die Rechnung mit Logarithmen ist sorgfältig einzuüben. Anwendung der Algebra und Trigonometrie zur Lösung planimetrischer und stereometrischer Aufgaben. — b) Physik: Die statischen und mechanischen Gesetze, welche in der Physik der wägbaren Körper vorgetragen zu werden pflegen, ohne eigentlich dahin zu gehören, sind hier zu übergehen, weil die Schüler noch nicht mathematische Kenntnisse genug zu einen hinreichenden Verständnisse derselben besitzen und dieselben doch später vorkommen. Nach der Einleitung in die Physik wird bei den festen Körpern abgehandelt: Dichtigkeit (Bestimmung des spezifischen Gewichts), Dehnbarkeit, Elastizität, Festigkeit, Sprödigkeit, Struktur (Krystallisation); bei den flüssigen: Dichtigkeit, Zusammendrückbarkeit, Gleichgewicht in Gefässen und kommunizirenden Röhren, Druck auf die Wände des Gefässes, Kapillarität, Endosmose; bei den luftförmigen: Elastizität, Dichtigkeit, Barometer, Mariotte'sches Gesetz, Luftpumpe, Mischungsgesetz, Absorbtion durch Flüssigkeiten und feste Körper. Akustik. — c) Chemie: Vorzugsweise anorganische Chemie nebst einem kurzen, ausgewählte Kapitel behandelnden Vortrag über organische. Dagegen ist bei den technischen Prozessen, die dazu Veranlassung geben, auf die letztere gelegentlich tiefer einzugehen. Praktische Uebungen. Schon vor der Spirituslampe und dem Löthrohr können eine Menge Untersuchungen angestellt werden; ein kleines Laboratorium kann die Provinzial-Gewerbeschule aber auch nicht entbehren. Chemische Technologie, als Fortsetzung des chemischen Kursus. Es ist dabei mehr auf gründliche Verfolgung einzelner wichtiger Prozesse, als auf Vollständigkeit zu sehen. — d) Mineralogie. e) Mechanik und Maschinenlehre: Es werden die allgemeinen statischen Gesetze entwickelt und zur Erläuterung der einfachen Maschinen angewandt. Schwerpunktsbestimmung, soweit sie elementar erreichbar. Bewegungsgesetze: Gesetz vom freien Fall, Fall auf der schiefen Ebene, Pendel-Reibung, Steifigkeit der Seite, Widerstand der Luft. Gesetze des Stosses. Die einfachen Maschinentheile, Wasserhebewerke, hydraulische Presse, Wasserräder, Mühlwerke. Die Luft als Motor. Dampfmaschinen. Einiges aus der mechanischen Technologie mit Rücksicht auf die speziellen Verhältnisse der Gegend, in welcher sich die

---

[1] Vgl. übrigens bezüglich der Vorbereitungsklassen auch den Min.-Erlass vom 31. März 1852 (Min.-Bl. f. d. innere Verw. 1852, S. 90).

Provinzial-Gewerbeschule befindet. Der Vortrag muss möglichst anschaulich sein und vorzugsweise Thatsachen aufsuchen; ohne Hülfe von Modellen ist er unmöglich. — f) Bau-Konstruktionslehre: Der Umfang, in welchem sie zu lehren ist, bestimmt sich nach dem Reglement über die Prüfung der Bauhandwerker.[1] Auf Vollständigkeit kann es auch hier nicht ankommen: das Unentbehrliche ist auf eine praktische Weise zu lehren. — g) Zeichnen und Modelliren. Das minutiöse Kopiren von Vorlegeblättern ist einzuschränken und, sobald es thunlich ist, nach Modellen zu zeichnen, dann zu Versuchen von eigenen Entwürfen fortzuschreiten. Das Modelliren folgt zuletzt.

Die Zahl von 36 Unterrichtsstunden wöchentlich ist in keiner Klasse zu überschreiten. Der Jahreskursus beginnt mit dem Anfange des Monats Oktober. Im Uebrigen richten sich die Ferien nach dem Ortsgebrauche, dürfen aber zusammen nicht mehr als zwei Monate betragen. Wo eine Vorbereitungsklasse besteht, ist sie unter die Direktion der Provinzial-Gewerbeschule zu stellen. Der Hauptunterricht darin ist jedoch in der Regel einem tüchtigen Elementarlehrer zu übertragen. An den vollständig eingerichteten Provinzial-Gewerbeschulen werden Entlassungs-Prüfungen nach Massgabe eines besonderen Reglements eingeführt. Der Zweck dieser Prüfungen ist: 1. auszumitteln, ob der Abiturient den Grad der Ausbildung erlangt hat, welcher erforderlich ist, um sich mit Erfolg der gewerblichen Laufbahn widmen zu können; 2. den Schulen und ihren Zöglingen in den Forderungen des Prüfungs-Reglements ein erreichbares würdiges Ziel hinzustellen, nach welchem das gemeinsame Streben gerichtet sein muss; 3. den mit dem Zeugnisse der Reife zu entlassenden Zöglingen die Befugniss zur Aufnahme in das K. Gewerbe-Institut in Berlin, insofern den übrigen Anforderungen Genüge geleistet wird, zu sichern. Die Prüfungen können nur bei solchen Gewerbeschulen stattfinden, denen auf Grund ihrer genügenden Organisation und der Qualifikation ihrer Lehrer von dem Minister für Handel die Berechtigung dazu verliehen worden ist. An jeder vollständig eingerichteten Gewerbeschule werden drei ordentliche Lehrer angestellt, einer für Mathematik, Mechanik und Maschinenlehre und mechanische Technologie, einer für Naturwissenschaften (Physik, Chemie, Mineralogie und chemische Technologie) und einer für Zeichnen, Modelliren und Baukonstruktionslehre. Die Qualifikation als Lehrer an einer Provinzial-Gewerbeschule wird durch eine Prüfung vor einer damit beauftragten Prüfungs-Kommission erworben. Dem Minister für Handel bleibt es vorbehalten, in einzelnen Fällen auf Grund eines von einer wissenschaftlichen Prüfungs-Kommission für Kandidaten des höheren Schulamts erlangten Zeugnisses oder erprobter Lehrertüchtigkeit von einer neuen Prüfung zu dispensiren. Der Direktor einer Provinzial-Gewerbeschule hat in der Regel 16 bis 18 Unterrichtsstunden, die beiden anderen haben jeder 20 bis 24 Stunden wöchentlich zu ertheilen. Alle Anstellungen von ordent-

---

[1] S. o. S. 236.

lichen Lehrern bedürfen der vorherigen Genehmigung des Ministers für Handel; Hülfslehrer können auf bestimmte Zeit von der Regierung angenommen werden, doch ist nachträglich über deren Annahme an das Ministerium zu berichten. Die definitiv angestellten Lehrer treten in die Rechte und Pflichten der Staatsbeamten. Das Gehalt eines definitiv angestellten Lehrers soll mindestens 500 Thlr., das des Direktors 700 Thlr. jährlich betragen. Jeder Provinzial-Gewerbeschule wird zur Leitung ihrer äusseren Angelegenheiten ein Schulvorstand vorgesetzt, welcher aus fünf Mitgliedern besteht. Die Zusammensetzung desselben bestimmt die Regierung; der Direktor der Schule gehört als solcher zu seinen Mitgliedern.

Nach diesen Bestimmungen haben sich die Provinzial-Gewerbe-schulen in den folgenden zwanzig Jahren im Allgemeinen günstig entwickelt. Ende der sechziger Jahre waren in Preussen 27 Pro-vinzial-Gewerbeschulen vorhanden, welche von rund 1200 Schülern besucht wurden; auf eine Schule kamen etwa 45 Schüler. Die Schulen befanden sich in Königsberg, Graudenz, Danzig, Stettin, Stralsund, Frankfurt a. O., Potsdam, Halberstadt, Halle a. S., Erfurt, Brieg, Schweidnitz, Gleiwitz, Liegnitz, Görlitz, Bielefeld, Münster, Iserlohn, Hagen, Bochum, Elberfeld, Crefeld, Cöln, Aachen, Coblenz, Trier, Saarbrücken.

Im Jahre 1870 fand eine abermalige Umgestaltung statt, auf die unten noch zurückgekommen wird.

B. Das Gewerbe-Institut: Aufnahmebedingungen sind: a) Der Bewerber muss wenigstens 17 und darf höchstens 27 Jahre alt sein; nur aussergewöhnliche Umstände können hierbei eine Aus-nahme machen. b) Er muss sich darüber ausweisen, dass er wenigstens e i n Jahr regelmässige praktische Arbeiten als seine Hauptbeschäftigung getrieben habe, es sei denn, dass er Chemiker werden wolle. c. Er hat nachzuweisen, dass er entweder bei einer zu Entlassungsprüfungen berechtigten Provinzial-Gewerbeschule oder Realschule oder bei einem Gymnasium das Zeugniss der Reife er-langt hat. d) Ausländer, welche den Erfordernissen zu a und b entsprechen, werden, so lange es die Räumlichkeiten gestatten, zu-gelassen, wenn sie vor einer dazu bestellten Prüfungs-Kommission im K. Gewerbe-Institut selbst eine genügende Vorbildung nach-weisen. — Die Zöglinge des Gewerbe-Instituts zerfallen in Mechaniker, Chemiker und Bauhandwerker. Der theoretische Unterricht dauert für alle Zöglinge drei Jahre und zerfällt in drei Kurse. Den Mechanikern und Chemikern wird auch Gelegenheit zu praktischen Arbeiten in den Werkstätten und im Laboratorium des Gewerbe-Instituts geboten; den Mechanikern ist gestattet, diese Arbeiten nach Vollendung der letzteren noch ein Jahr lang fortzusetzen. Der theoretische Unterricht ist anfangs gemeinschaftlich für die drei Kategorien der Zöglinge; später tritt eine Trennung nach Fächern ein.

Der gemeinschaftliche Unterricht umfasst folgende Gegenstände:

im I. Kursus: a) Reine Mathematik, und zwar: Stereometrie und sphärische Trigonometrie; beschreibende Geometrie; Algebra, Differential- und Integral-Rechnung; analytische Geometrie, Kurvenlehre; praktisches Rechnen; — b) Physik; — c) Chemie; — d) Linearzeichnen, besonders Konstruktionen der beschreibenden Geometrie. Schatten, Konstruktion und Perspektive; dann Maschinenzeichnen; e) Freihand- und architektonisches Zeichnen;

im II. Kursus: a) Reine und angewandte Mechanik, in analytischer Darstellung; — b) Wiederholungen und Ergänzungen aus Physik und Chemie; — c) Mineralogie; — d) Bau-Materialien-Kunde und Bau-Konstruktionslehre.

Der getrennte Unterricht erstreckt sich auf folgende Gegenstände:

A. Für die Mechaniker:

im II. Kursus: Ausführliche Maschinenlehre: über Maschinen-Baumaterialien; die einfachen Maschinentheile; Maschinen, die bei Bauten vorkommen; Maschinenverbindungen; Vortrag und Uebungen;

im III. Kursus: a) Fortsetzung der Maschinenlehre; Kraftmaschinen, insbesondere Dampfmaschinen; Uebungen im Entwerfen; — b) Ueber Eisenbahnen und eiserne Bau-Konstruktionen; — c) Mechanische Technologie; — d) Arbeiten in der Werkstätte.

B. Für die Chemiker:

im II. Kursus: a) Chemische Technologie; — b) Analytische Chemie; — c) Arbeiten im Laboratorium.

im III. Kursus: a) Arbeiten im Laboratorium; — b) Abriss der Maschinenlehre.

C. Für die Bauhandwerker:

im II. Kursus: a) Freihand- und architektonisches Zeichnen; Entwerfen von Bau-Konstruktionen, namentlich Steinverband und Holzverbindungen; — b) Modelliren in Thon;

im III. Kursus: a) Entwerfen und Veranschlagen von Gebäuden; — b) Steinschnitt, ein Semester; — c) Ueber Feuerungs-Anlagen, ein Semester; — d) Ueber Anlage von Fabrikgebäuden; — Abriss der Maschinenlehre (mit den Chemikern); — f) Modelliren von Bau-Konstruktionen in Gips, Holz oder Stein.

Sämmtliche Vorträge, bei denen das Gegentheil nicht vermerkt ist, werden durch zwei Semester fortgesetzt.

Der Unterricht ist unentgeltlich. Junge Leute, welche sich nicht einem besonderen technischen Fache widmen, sich aber eine allgemeine technische Ausbildung am Gewerbe-Institut erwerben wollen, können mit Genehmigung des Direktors an den Vorträgen des Instituts, soweit es der Raum gestattet, Theil nehmen, ohne an die verschiedenen Kurse gebunden zu sein. Die mechanischen Werkstätten des Institutes haben nicht blos die Aufgabe, die Zöglinge zu unterrichten, sondern auch die Versuche anzustellen, neue Maschinen zu konstruiren und Modelle für allgemeine gewerbliche Zwecke, sowie zum Unterricht am Gewerbe-Institut und an den Provinzial-Gewerbeschulen anzufertigen. Um eine stetige Entwickelung des Gewerbe-Instituts zu sichern, wird ein Studienrath gebildet, welcher die Veränderungen in dessen Organisation berathen und dem Minister für Handel zur Genehmigung vorzulegen hat. Derselbe besteht aus: a) einem höheren Beamten des Ministers für Handel als Vorsitzenden; b) aus dem Direktor des Gewerbe-Instituts, als dessen Stellvertreter; c) aus zwei Lehrern des Gewerbe-Instituts; d) aus zwei anderen Männern der Wissenschaft und Technik.

Bereits zehn Jahre nach Einführung dieses Organisationsplans machte sich beim Gewerbe-Institut das Bedürfniss nach einer abermaligen Umgestaltung geltend. In Folge dessen wurde im Jahre 1860 der Organisationsplan vom 5. Juni 1850 für das Gewerbe-Institut aufgehoben und durch das Regulativ vom 23. August 1860 ersetzt. Dasselbe erweiterte und vertiefte das Unterrichtsgebiet, gewährte Lernfreiheit, beseitigte die Kontrolle über den Besuch des Unterrichts, führte die Honorarzahlung nach Massgabe der belegten Unterrichtsstunden ein und gab überhaupt der Anstalt einen akademischen Charakter. Die natürliche Folge davon war, dass durch die Kabinets-Ordre vom 14. April 1866 die Bezeichnung der Anstalt als „Gewerbe-Institut" durch den Namen „Gewerbe-Akademie" ersetzt wurde. Am 1. November 1871 erhielt letztere ferner ein „Verfassungsstatut", in dem sie förmlich als „technische Hochschule" anerkannt und, den verschiedenen Zweigen der Technik entsprechend, in vier Abtheilungen gegliedert wurde, nämlich in eine Abtheilung für Maschinen- und Ingenieurwesen, eine Abtheilung für Chemie, eine Abtheilung für Hüttenkunde und eine Abtheilung für Schiffbau. Ueber die Aufnahme bestimmte der § 6 des Statuts:

„Die Aufnahme in die Anstalt ist durch den Nachweis einer bestimmten Vorbildung bedingt. Doch kann bei Bewerbern, welche dem Preussischen Staate nicht angehören, in geeigneten Fällen von diesem Nachweis abgesehen werden.

Zur Aufnahme berechtigt das Zeugniss der Reife einer nach dem Organisationsplan vom 21. März 1870 eingerichteten Gewerbeschule, eines Gymnasiums oder einer Realschule. Zöglinge von Provinzial-Gewerbeschulen älterer Einrichtung werden, wenn sie das Zeugniss der Reife besitzen, bis auf Weiteres ebenfalls in die Anstalt aufgenommen."

Durch den hier erwähnten Organisationsplan vom 21. März 1870 waren die Provinzialgewerbeschulen, unter Aufhebung der Bestimmungen von 1850, neu organisirt worden. In dem die Nothwendigkeit und die Ziele dieser Organisation darlegenden, an alle Regierungen gerichteten Ministerial-Erlasse hiess es unter Anderem:[1]

Die im Jahre 1850 erfolgte Reorganisation des Gewerbe-Schulwesens bezweckte die Umgestaltung der bestehenden, sowie die Einrichtung neuer gewerblicher Lehranstalten nach einem einheitlichen, den damaligen Anforderungen entsprechenden Organisations-Plan.

Dieses Ziel ist unter anerkennenswerther Beihülfe der betreffenden Gemeinden in verhältnissmässig kurzer Zeit erreicht worden. Die Leistungen der Provinzial-Gewerbeschulen, ihre Einwirkungen auf die Hebung der vaterländischen Industrie haben überall, auch im Auslande, Anerkennung gefunden.

Inzwischen haben sich mit den grossen Fortschritten, welche während der letzten zwei Dezennien in den mathematischen und in den Naturwissenschaften und in ihrer Anwendung auf die gesammte Technik gemacht worden sind, auch

---

[1] Min.-Bl. f. d. innere Verw. 1870, S. 109.

die Ansprüche an die Ausbildung der Gewerbetreibenden gesteigert; es müssen deshalb, wenn die Gewerbeschulen fernerweit ihre Aufgabe erfüllen sollen, zunächst ihre Zielpunkte weiter hinausgerückt werden.

Aber auch nach einer anderen Richtung hin hat sich eine Umgestaltung als dringendes Bedürfniss herausgestellt. Nach dem bisherigen Lektionsplan sind die Gewerbeschulen in sich abgeschlossene, die Förderung allgemeiner Bildung abweisende reine Fachschulen. Das geringe Mass von Kenntnissen, welche nach den bestehenden Vorschriften für die Aufnahme in die Anstalt erforderlich ist, reicht nicht aus, um die Zöglinge in den Stand zu setzen, den ihnen in derselben massenhaft dargebotenen Lehrstoff in sich aufzunehmen und zu verarbeiten. Die Mehrzahl hat in Folge dessen einzelne Kurse wiederholen müssen, um den Anforderungen des Prüfungs-Reglements zu entsprechen. Viele Abiturienten der Gewerbeschulen stehen ferner, wenn sie auch in ihren mathematischen und naturwissenschaftlichen Kenntnissen die Abiturienten der Gymnasien und Realschulen überragen, bezüglich ihrer allgemeinen Bildung mit einem Elementarschüler auf gleicher Stufe. Diesen Uebelständen ist nur dadurch abzuhelfen, dass einerseits die Aufnahmebedingungen verschärft, andererseits in den Lehrplan diejenigen allgemein wissenschaftlichen Disciplinen eingefügt werden, deren Kenntniss der Gewerbetreibende heutzutage nicht entbehren kann, wenn er seinen Beruf mit Erfolg ausüben und sich eine geachtete Stellung in der bürgerlichen Gesellschaft sichern will. Dabei darf indessen der Gesichtspunkt, dass die Gewerbeschulen Fachschulen bleiben müssen, nicht aus dem Auge verloren werden, und es sind deshalb die eben erwähnten Unterrichtsgegenstände auf Deutsch, Französisch und Englisch, auf Geographie und Geschichte zu beschränken.

Der angehende Gewerbetreibende bedarf vor Allem der Fertigkeit, sich in seiner Muttersprache mündlich und schriftlich korrekt und logisch auszudrücken. Er muss ferner im Stande sein, die Fortschritte anderer Nationen auf dem Gebiete der Technik und der Industrie zu prüfen und in seinem, sowie im allgemeinen Interesse zu verwerthen; zu diesem Zwecke muss er sich die französische und englische Sprache mindestens so weit angeeignet haben, als zum richtigen Verständniss der darin abgefassten technischen Werke erforderlich ist. Die physischen Verhältnisse der Erdoberfläche, ihre Beziehungen zur Wasser-, Pflanzen- und Thierwelt dürfen ihm nicht unbekannt sein. Er bedarf endlich eines Einblicks in die Entwickelungsgeschichte der Völker und Staaten, in ihre Verkehrsverhältnisse und Handelsbeziehungen zu einander.

Nach diesen Gesichtspunkten und unter Berücksichtigung der Vorschläge einer von mir berufenen Kommission, bestehend aus Gewerbeschul-Direktoren, den Direktoren der höchsten technischen Lehranstalten, mehreren Professoren der hiesigen Universität und den betheiligten Räthen des Ministerii für Handel ist der in der Anlage (a)[1] beigefügte Organisationsplan ausgearbeitet worden. Das ebenfalls angeschlossene Reglement für die Entlassungsprüfungen Anlage (b)[2] bestimmt die Zielpunkte, welche den Gewerbeschulen künftig zu stellen sind.

Hiernach erhält die Gewerbeschule drei Klassen, jede mit einjährigem Kursus. Die beiden unteren Klassen umfassen den Unterricht in der Mathematik, Physik, Chemie, im Zeichnen, sowie in den Gegenständen allgemeiner Bildung. Die obere, die Fachklasse, ist hauptsächlich dazu bestimmt, das Erlernte auf die Gewerbe anzuwenden; sie zerfällt mit Rücksicht auf den künftigen Beruf der Zöglinge in vier Hauptabtheilungen, und zwar a) für die Vorbildung der Zöglinge zum Besuch einer höheren technischen Lehranstalt, b) für die Bau-Technik, c) für mechanisch-technische und d) für chemisch-technische Gewerbe. Die Aufnahme in die untere Klasse der Gewerbeschule ist durch den Nachweis derjenigen Kenntnisse bedingt,

---

[1] Min.-Bl. f. d. innere Verw. 1870, S. 112.
[2] Min.-Bl. f. d. innere Ver. 1870, S. 115.

welche von einem Schüler eines Gymnasii oder einer Realschule erster Ordnung für die Versetzung in die Sekunda gefordert werden, resp. durch die Reife für die derselben entsprechende Klasse anderer Lehranstalten. (§ 3 des Planes.)

Das Zeugniss der Reife einer Gewerbeschule berechtigt zum Eintritt in eine höhere technische Lehranstalt; dasselbe mit dem Prädikate „mit Auszeichnung bestanden" berechtigt den Inhaber als Bewerber um Staats- oder andere unter denselben Bedingungen zu verleihende Stipendien und Benefizien aufzutreten.

Auch hat der Kanzler des Norddeutschen Bundes denjenigen Zöglingen der umgestalteten Gewerbeschulen, welche die beiden unteren Klassen der Anstalt absolvirt und nach dem Urtheil des Lehrer-Kollegiums die Reife für die Fachklasse erworben haben, die Vergünstigung der Zulassung zum einjährigen freiwilligen Militärdienst gewährt.

Bei normalmässiger Vertheilung des Unterrichts in den drei Klassen der Schule sind nach § 10 des Organisationsplans sieben Lehrer und ein Hülfslehrer erforderlich und es wird daher die Unterhaltung einer Gewerbeschule künftig erheblich grössere Mittel in Anspruch nehmen als bisher.

Auch sind die den jetzigen Provinzial-Gewerbeschulen überwiesenen Lokalitäten mit wenigen Ausnahmen zur Unterbringung der umgestalteten Schulen weder geeignet, noch ausreichend und es werden daher die betreffenden Gemeinden auf die Errichtung neuer Schulgebäude Bedacht zu nehmen haben. . . . Zur Feststellung des Raumbedürfnisses sind für jede Klasse mindestens 40, also für die dreiklassige Gewerbeschule 120 Schüler anzunehmen.

Sofern mit der Gewerbeschule eine Vorschule verbunden wird, treten noch die für dieselbe erforderlichen Klassenzimmer und Nebenräume hinzu und es stellt sich dann, unter Annahme einer dreiklassigen Vorschule, die Gesammtzahl der Zöglinge auf 240 bis 250 . . .

Es liegt nicht in der Absicht, alle bestehenden Provinzial-Gewerbeschulen nach dem neuen Plane umzugestalten; für das obwaltende Bedürfniss wird eine geringere Anzahl reorganisirter Anstalten genügen. Auch ist mit der Ausführung überhaupt nur allmälich nach Massgabe der verfügbaren Mittel vorzugehen. Die Königl. Regierungen, in deren Bezirk sich Provinzial-Gewerbeschulen befinden, haben daher zuvörderst zu erwägen, ob dieselben, resp. welche von ihnen sich zu der beabsichtigten Umgestaltung eignen. Wünscht die betreffende Gemeinde die Beibehaltung der Schule in ihrer bisherigen Einrichtung, so ist von einer Reorganisation derselben Abstand zu nehmen und es bleibt dann für dieselbe der Organisations-Plan vom 5. Juni 1850 massgebend. Ich bemerke indess, dass von einem noch näher zu bestimmenden Zeitpunkte ab die Abiturienten solcher Schulen zu den höheren gewerblichen Lehranstalten des Landes nicht mehr werden zugelassen werden. Zieht die Gemeinde vor, die Gewerbeschule überhaupt eingehen zu lassen, so würde dem meinerseits kein Bedenken entgegenstehen . . . Für die Errichtung neuer Gewerbeschulen ist künftighin lediglich der beiliegende Organisationsplan massgebend . . .

Aus dem Organisationsplan seien noch folgende Bestimmungen hervorgehoben:

§ 1. Die Gewerbeschulen sind Staats-Anstalten; sie stehen unter der unmittelbaren Aufsicht der Regierungen. Die Lehrer werden vom Staate angestellt.

Die Gemeinden, in deren Bezirk eine Gewerbeschule errichtet wird, hat das Lokal in der für die Abhaltung des Unterrichts erforderlichen Ausstattung zu gewähren, der Staat beschafft dagegen die nöthigen Lehrmittel.

Soweit die eigenen Einnahmen der Schule nicht ausreichen, werden die Kosten der Unterhaltung gemeinschaftlich von dem Staate und der Gemeinde getragen.

Die äusseren Angelegenheiten werden von einem aus fünf Mitgliedern bestehenden Schulvorstand geleitet, dessen Zusammensetzung von der Regierung ausgeht. Der Direktor der Schule gehört als solcher zu seinen Mitgliedern. Die

Geschäftsführung des Schulvorstandes wird durch eine vom Ministerium für Handel, Gewerbe und öffentliche Arbeiten zu genehmigende Instruktion geregelt.

§ 2. Die Gewerbeschule besteht aus drei Klassen, jede mit einjährigem Kursus. Die beiden unteren Klassen sind hauptsächlich für den theoretischen Unterricht bestimmt, die obere, die Fachklasse, für die Anwendung des Erlernten auf die Gewerbe und für die Vorbereitung zum Besuche der höheren gewerblichen Lehranstalten. Die Fachklasse besteht aus vier Abtheilungen und zwar: 1) einer Abtheilung für diejenigen, welche die Schule zu ihrer Vorbereitung für den Eintritt in eine höhere technische Lehranstalt besuchen; 2) einer Abtheilung für Bauhandwerker; 3) einer Abtheilung für mechanisch-technische Gewerbe; 4) einer Abtheilung für chemisch-technische Gewerbe. Der Gemeinde bleibt es überlassen, im Falle des Bedürfnisses Vorbereitungsklassen für die Gewerbeschulen einzurichten. Diese Vorbereitungsklassen sollen ein in sich abgegrenztes Pensum haben und unter der Leitung des Direktors der Gewerbeschule stehen.

§ 3. Zur Aufnahme in die untere Klasse einer Gewerbeschule ist ein Alter von mindestens 14 Jahren und die Reife für die Sekunda eines Gymnasiums oder einer Realschule erster Ordnung, resp. eines anerkannten Progymnasiums oder einer anerkannten höheren Bürgerschule, in welcher das Lateinische obligatorischer Unterrichtsgegenstand ist, oder die Reife für die Prima einer Realschule zweiter Ordnung bei einjähriger Sekunda, oder für die Ober-Sekunda bei zweijähriger Sekunda, oder das Zeugniss der Reife einer höheren Bürgerschule ohne Latein erforderlich. Der Aufzunehmende hat diesen Grad der Reife entweder durch ein ›Zeugniss der genannten Schulen darzuthun oder den Besitz der entsprechenden Kenntnisse durch Ablegung einer Aufnahmeprüfung nachzuweisen.

§ 4. Junge Leute, welche nicht die Absicht haben, den vollständigen Lehrgang an der Gewerbeschule durchzumachen, können ohne vorgängigen Nachweis der im § 3 vorgeschriebenen Vorkenntnisse als Hospitanten zu einzelnen Unterrichtsgegenständen und Uebungen von dem Direktor der Schule zugelassen werden.

§ 7. Die Unterrichtsgegenstände der Gewerbeschule sind folgende: Deutsch, Französisch, Englisch, Geographie, Geschichte, Freihandzeichnen, Reine Mathematik, Physik, Chemie, Chemische Technologie, Mineralogie, Linearzeichnen, Theoretische Mechanik, Feldmessen und Nivelliren, Modelliren, Komptoir-Wissenschaft, Maschinenlehre, Mechanische Technologie, Uebungen im Entwerfen und Berechnen von einfachen Maschinentheilen und Maschinen, Baukonstruktions-Lehre, Veranschlagen, Uebungen im Entwerfen von baulichen Anlagen.[1]

Diese Reform entsprach indessen nicht den gehegten Erwartungen[2]. Schon sehr bald zeigte es sich, dass es unmöglich war, den mit den neuen Gewerbeschulen verfolgten doppelten Zweck zu erreichen, nämlich einmal künftige Polytechniker für das akademische Studium wissenschaftlich vorzubereiten und sodann künftige Praktiker, welche ohne den Besuch eines Polytechnikums direkt aus der Schule in das Leben treten wollten, für das Baufach, das Maschinenfach u. s. w. mit den erforderlichen positiven Kenntnissen auszurüsten. Die gleichzeitige Verfolgung dieser beiden Zwecke an ein und derselben Anstalt könnte keinem von beiden förderlich sein. Die künftigen Polytechniker erhielten zu wenig sprachlich-historische und rein wissenschaftliche Lehrstunden und wurden vorzeitig in technische

---

[1] Im „Organisationsplan" ist bei den einzelnen Unterrichtsgegenständen auch der Lehrstoff angegeben.

[2] Vgl. Ministerial-Erlass vom 1. November 1878, abgedruckt in der Denkschrift, das technische Unterrichtswesen in Preussen betreffend, Berlin 1879, S. 275 ff.

Disziplinen eingeführt, deren Studium besser der Hochschule vorbehalten blieb und die künftigen Praktiker wurden zu lange bei
den allgemeinen Bildungsfächern festgehalten und gewannen nicht
die Zeit zu einer gründlichen Beschäftigung mit dem, was zur
speziellen Vorbereitung für ihren Beruf nöthig war. Auf diesen
letzteren Mangel ist es zurückzuführen, dass die Fachklassen aller
Anstalten Ende Dezember 1877 nur 63 Schüler zählten. Ein weiterer
Mangel der Gewerbeschule nach dem Plane von 1870 bestand darin,
dass sie mit der Sekunda einsetzte und zur Aufnahme in diese
unterste Klasse die Schüler von anderen höheren Lehranstalten beziehen wollte. [1]) Diese Anstalten aber, — Gymnasien, Realschulen
und höhere Bürgerschulen mit und ohne Latein — hatten ganz verschiedene Lehrpläne und lieferten daher Schüler mit Kenntnissen,
die sich weder unter einander deckten, noch mit dem Plane im
Einvernehmen standen, welchen die Gewerbeschule selbst verfolgte.
Soweit der sich meldende Schüler das Zeugniss der Reife für die
Sekunda nicht beibringen konnte, war eine Aufnahmeprüfung zulässig,
bei welcher aber im Interesse der Frequenz der Anstalt nicht sehr streng
verfahren wurde. Dieses theils unzureichend, theils sehr verschieden
vorbereitete Schülermaterial sollte nun in den drei Jahren des
Gewerbeschulkursus gleichmässig durchgebildet werden. Zwar hatte
die Mehrzahl der Städte, in Erkenntniss dieser Mängel, auf eigene
Rechnung Vorklassen in's Leben gerufen. An Orten, wo dies geschehen war, waren auch die Gewerbeschulklassen am meisten besucht und am leistungsfähigsten. Aber die Einrichtung hing doch
immer vom guten Willen der Städte ab; hier existirten mehrere,
dort eine oder gar keine Vorklasse. Und auch, wo dieselben bis
zur Quinta und Sexta herabreichten, trat der weitere Missstand ein,
dass der obere und der untere Theil der Schule, abgesehen von dem
gemeinsamen Direktor, keine organische Einheit bildeten. Jeder Theil
hatte seinen besonderen Etat, seine besonderen nur für ihn verpflichteten Lehrer, seine besondere Aufsicht.

Daher entschloss sich die Staatsregierung mit dem bisher (durch die
Gewerbeschulen) verfolgten System der konzentrirten Ausbildung gänzlich zu brechen und sie theils in allgemeine Unterrichtsanstalten, theils in
selbständige — niedere oder mittlere — gewerbliche Fachschulen umzuwandeln, theils sie eingehen zu lassen. Der Umbildungs- und Auflösungs-
prozess vollzog sich ziemlich rasch und ohne Schwierigkeiten. Schon
im Jahre 1881 waren von den vorhandenen Gewerbeschulen acht
zu neunjährigen Realanstalten und drei zu mittleren Gewerbeschulen
umgewandelt worden; in vier Städten schwebten noch die Verhandlungen und bei den übrigen war die Auflösung beschlossen worden.

Erst jetzt konnten sich die reinen Fachschulen ungehindert und

---

[1]) Denkschrift über die Gewerbeschulen, Berlin 1881, S. 3.

in einer lediglich ihren Zwecken dienenden Form frei entwickeln. Dabei stellte sich bei der Vielgestaltigkeit der Technik und den dadurch bedingten verschiedenartigen Bedürfnissen der einzelnen Gewerbetreibenden sofort die Nothwendigkeit heraus, für einzelne Gewerbezweige besondere Fachschulen zu errichten. So entstanden in kurzer Folge neben einer grossen Zahl von allgemeinen Handwerkerschulen, Spezialschulen für das Baugewerbe, die Textil-Industrie, den Maschinenbau u. s. w., bei deren Begründung naturgemäss nicht nur an die Reste der Gewerbeschulen, sondern auch an die der Provinzial-Kunstschulen und die schon vorhandenen kommunalen und privaten Spezialfachschulen angeknüpft wurde.

Ehe wir zur Besprechung dieser verschiedenen Fachschulgattungen übergehen, soll noch mit wenigen Worten der weiteren Entwickelung der Gewerbe-Akademie, sowie der gegenwärtigen Organisation der technischen Hochschulen gedacht werden.[1]

---

[1] Das Nähere siehe in den schon oben aufgeführten Werken, insbesondere bei Damm, Die technischen Hochschulen in Preussen, in der Chronik der Königlichen technischen Hochschule zu Berlin, 1799—1899 und in der Denkschrift über das technische Unterrichtswesen, Berlin 1879. In letzterer heisst es u. A. über die Vortheile der Vereinigung von Bau- und Gewerbeakademie zu einer technischen Hochschule: „Wichtiger als die äusseren Vortheile sind die Wirkungen auf die innere Organisation der jetzt getrennten Institute, welche aus einer gemeinsamen Verfassung und Verwaltung hervorgehen und welche trotz der räumlichen Entfernung erzielt werden können. Die Bau-Akademie und Gewerbe-Akademie, früher in ihrem Grundcharakter sehr verschieden, die eine eine Baubeamtenschule, die andere eine Bildungsstätte für die leitenden Techniker der sich mehr und mehr entwickelnden Industrie, haben sich im Laufe der Zeit wesentlich genähert. Dieselben Aufnahmebedingungen gelten heute für beide Anstalten; dieselbe Lehrmethode wird an ihnen befolgt; ein grosser Theil der Vorträge und Uebungen wird an beiden von den gleichen Lehrern gehalten. Unter den Fächern, welche an den deutschen Polytechniken durchgängig gelehrt werden, ist an der Bau-Akademie vorzugsweise die Architektur und das Bau-Ingenieurwesen, an der Gewerbe-Akademie das Maschinen-Ingenieurwesen, die Chemie und Hüttenkunde repräsentirt. Aber abgesehen von der Gleichartigkeit der vorbereitenden mathematischen und anderen allgemeinen Wissenschaften sind die Hauptfächer der einen Anstalt auch als Nebenfächer an der anderen vertreten. Unter solchen Verhältnissen ist es wünschenswerth für Studirende und Lehrer, dass dieser Zusammenhang der technischen Studien sich auch durch die Organisation der einheitlichen Hochschule darstelle. Die innere Verbindung und die gleiche Würdigkeit der verschiedenen auf gemeinsamer Grundlage beruhenden Fächer kommt zum Bewusstsein, der Gesichtskreis der Studirenden wird erweitert und damit auf die Studien selbst eine belebende Wirkung geübt. Die Grundbedingung für die gute Verfassung einer technischen Hochschule, sofern dieselbe überhaupt mehr als ein Fach vertritt, ist die Dezentralisation, das selbständige Leben der Abtheilungen in der Weise, wie die Fakultäten einer Universität ihre Angelegenheiten selbständig berathen. Das Abtheilungskollegium, zusammengesetzt aus den Technikern des betreffenden Hauptfachs, hat für die Zweckmässigkeit und Vollständigkeit des Lehrgangs auf seinem Gebiet Sorge zu tragen, auf die Lücken und Mängel aufmerksam zu machen, die Studienpläne zu entwerfen, bei der Zulassung zum Lehramt, bei der Berufung neuer Lehrkräfte durch sachkundige Gutachten und Rathschläge mitzuwirken . . . In dem Masse, in welchem die technischen Wissenschaften sich entwickelten und vertieften, und die Anforderungen an die Vorbildung der Studirenden sich bis zu dem Maturitätszeugniss der höheren Lehranstalten steigerten, haben auch die deutschen Polytechniken das Prinzip der Lehr- und Lernfreiheit bei sich einführen und sich aus Schulen in Hochschulen umgestalten müssen.“

Die Vereinigung der Bau- und Gewerbe-Akademie zu einer technischen Hochschule wurde schon im Jahre 1876 durch die Beschlüsse des Abgeordnetenhauses, denen die Staatsregierung beitrat, entschieden. Dieser Entscheidung gemäss wurden im Laufe jenes und des folgenden Jahres die Vorbereitungen für den Neubau der technischen Hochschule getroffen. Mit Rücksicht auf die lange Bauzeit richtete das Abgeordnetenhaus im Frühjahr 1877 die Aufforderung an die Staatsregierung, „dafür Sorge zu tragen, dass schon jetzt und vor Herstellung eines einheitlichen Gebäudes für die polytechnische Hochschule die zur Zeit getrennten Lehranstalten, Bau-Akademie und Gewerbe-Akademie, in innere Verbindung gebracht und einer kollegialisch-geordneten Leitung unterstellt werden." Dieser Aufforderung wurde durch das „Provisorische Verfassungsstatut" vom 17. März 1879 entsprochen, das unter dem 22. August 1882 durch das definitive, jetzt noch geltende Verfassungsstatut ersetzt wurde. Die wichtigsten Paragraphen dieses Statuts, das mit denjenigen der technischen Hochschulen in Hannover und Aachen[1]) im Wesentlichen übereinstimmt, lauten:

§ 1. Die technische Hochschule zu Berlin hat den Zweck, für den technischen Beruf im Staats- und Gemeindedienst, wie im industriellen Leben die höhere Ausbildung zu gewähren, sowie die Wissenschaften und Künste zu pflegen, welche zu dem technischen Unterrichtsgebiet gehören. Die technische Hochschule ist dem Minister der geistlichen, Unterrichts- und Medizinal-Angelegenheiten unterstellt.[2])

§ 2. An der technischen Hochschule bestehen folgende Abtheilungen:[3]) 1. für Architektur, 2. für Bauingenieurwesen, 3. für Maschineningenieurwesen, 4. für Schiffe und Schiffsmaschinenbau, 5. für Chemie und Hüttenkunde, 6. für Allgemeine Wissenschaften, insbesondere für Mathematik und Naturwissenschaften.

Dem entsprechend erhielten die Lehrkörper der Anstalten Statuten, welche ihnen eine Mitwirkung bei der Leitung und Verwaltung der Hochschule gewährten, aber allerdings im Vergleich mit den seit Jahrhunderten bestehenden und durchgebildeten Verfassungen der Universitäten meist nur die ersten Versuche einer Selbstverwaltung waren. Auch die Bau- und Gewerbeakademie sind diesem allgemeinen Zuge gefolgt. Die letztere erhielt am 1. November 1871, die erstere am 10. November 1875 ein Verfassungsstatut, durch welches neben dem Direktor der Lehrerausschuss resp. Senat und das Lehrerkollegium als Organe der Verwaltung mit gewissen Befugnissen ausgestattet wurden. Diese Anfänge einer Organisation werden nunmehr, nachdem eine längere Erfahrung vorliegt, bei Gelegenheit der Vereinigung der beiden Akademien fester und bestimmter ausgebildet werden müssen."

[1]) Die Verfassungsstatuten für die technischen Hochschulen in Hannover und Aachen stammen vom 27. August 1880.

[2]) Die Aufsichtsbefugnisse über die technischen Hochschulen in Hannover und Aachen werden durch einen Kommissar wahrgenommen, als welcher in Hannover der Ober-Präsident, in Aachen der Regierungs-Präsident bestellt ist.

[3]) Unter Berücksichtigung der Kabinets-Ordre vom 11. Juni 1894. — Der § 2 des Statuts der technischen Hochschule in Hannover lautet: An der technischen Hochschule bestehen folgende Abtheilungen: 1. die Abtheilung für Architektur, 2. die Abtheilung für Bauingenieurwesen, 3. die Abtheilung für mechanisch-technische Wissenschaften (Maschineningenieurwesen), 4. die Abtheilung für chemisch-technische Wissenschaften, 5. die Abtheilung für allgemeine Wissenschaften, insbesondere für Mathematik und Naturwissenschaften. Es bleibt dem zuständigen

Es bleibt dem Minister vorbehalten, sowohl die Anzahl dieser Abtheilungen wie auch die ihnen überwiesenen Disziplinen nach Massgabe des Bedürfnisses zu vermehren.

Neben den Abtheilungen bestehen Werkstätten und Versuchsstationen zur Förderung besonderer technisch-wissenschaftlicher Zwecke.

§ 3. Mit den Vorträgen in den einzelnen Disziplinen sind je nach dem Bedürfniss des Unterrichts praktische Uebungen in den Zeichensälen oder in den Laboratorien, Werkstätten und Versuchsanstalten, sowie Unterweisungen in den Sammlungsräumen und bei Exkursionen verbunden.

§ 6. Der Unterricht wird von Professoren und Dozenten ertheilt. Zur Unterstützung beider werden nach Bedürfniss Assistenten und zur Leitung von Werkstätten und Versuchsstationen, soweit sie nicht den Dozenten selbst übertragen wird, geeignete Techniker bestellt.

Die etatsmässigen Professoren werden vom Könige ernannt.

§ 7. Ausser den Professoren und Dozenten haben die bei einer Abtheilung der technischen Hochschule habilitirten Privatdozenten das Recht, Vorlesungen und Uebungen abzuhalten . . . .

§ 8. Die Organe für die Leitung und Verwaltung der technischen Hochschule sind:

1. für jede Abtheilung das Abtheilungskollegium und der Abtheilungsvorsteher,
2. für die gesammte Hochschule der Senat und der Rektor, sowie bezüglich des in § 28 bezeichneten Geschäftskreises der Verwaltungsbeamte (Syndikus). [1])

§ 9. Jede Abtheilung bildet ein selbständiges Ganzes . . . .

§ 10. Das Abtheilungskollegium hat die allgemeinen Interessen des Unterrichts auf dem betreffenden Gebiete wahrzunehmen und für die Vollständigkeit und Zweckmässigkeit desselben Sorge zu tragen. Es ist dafür verantwortlich, dass jeder Studirende der Abtheilung während der vorgeschriebenen Studienzeit Gelegenheit hat, in den zu seinem Fache gehörigen Disziplinen in geordneter Folge die erforderlichen Vorträge zu hören bezw. Uebungen durchzumachen. Wenn in dieser Hinsicht sich in dem Lehrgang Lücken oder Mängel finden, so hat das Abtheilungskollegium darüber an den Minister durch Vermittelung des Senats rechtzeitig Bericht zu erstatten.

§ 11. Das Abtheilungskollegium hat die Aufgabe, die bei seiner Abtheilung eingeschriebenen Studirenden in wissenschaftlicher Beziehung zu leiten; es macht Vorschläge zu Benefizien und Prämien für dieselben.

Für diejenigen Studirenden, welche sich im ersten und zweiten akademischen Semester befinden, sind, auch wenn sie bei einer Fachabtheilung eingeschrieben sind, die Vorschläge in letzterer, und ist die Leitung in ersterer Beziehung von der Abtheilung für allgemeine Wissenschaften zu übernehmen.

§ 13. Zur Leitung seiner Geschäfte wählt das Abtheilungskollegium aus seinen Mitgliedern einen Vorsteher. Die Amtsperiode desselben ist einjährig und beginnt und endigt in der Regel mit dem 1. Juli . . .

Minister vorbehalten u. s. w. wie bei Berlin. — § 2 des Statuts für A a c h e n lautet: An der technischen Hochschule bestehen folgende Abtheilungen: 1. die Abtheilung für Architektur, 2. die Abtheilung für das Bauingenieurwesen, 3. die Abtheilung für Maschineningenieurwesen, 4. die Abtheilung für Bergbau und Hüttenkunde und für Chemie, 5. die Abtheilung für allgemeine Wissenschaften, insbesondere für Mathematik und Naturwissenschaften. Seit 1898 besteht an der technischen Hochschule in Aachen auch eine besondere A b t h e i l u n g für H a n d e l s w i s s e n s c h a f t e n, die dem Kultus- und Handelsminister gemeinsam unterstellt ist.

[1]) Den Rektoren in Hannover und Aachen ist ein Syndikus nicht beigegeben, weil hier die Königlichen Kommissare die Verwaltung überwachen.

§ 14. Der Abtheilungsvorsteher vermittelt die Beziehungen des Abtheilungskollegiums zum Rektor und Senat. Er hat sich den dem Kollegium in Betreff der Vollständigkeit und Zweckmässigkeit des Unterrichts auferlegten Pflichten ganz besonders zu unterziehen und in der Abtheilung die in dieser Beziehung von ihm bemerkten Lücken und Mängel zur Berathung zu bringen. Er hat den Studiengang sowie die disziplinare Haltung der Studirenden seiner Abtheilung zu überwachen, mit seinem Rathe ihnen zur Seite zu stehen, und ist befugt, denselben persönlich oder durch eines der Abtheilungsmitglieder als unteren Grad der Disziplinarstrafe eine Rüge zu ertheilen, wovon dem Senat Mittheilung zu machen ist.

§ 15. Der Abtheilungsvorsteher beruft das Kollegium nach seinem Ermessen oder auf Antrag zweier Mitglieder zu Sitzungen, in welchen die Geschäfte der Abtheilung verhandelt werden, und in denen er den Vorsitz führt . . .

§ 16. Der Rektor und Senat haben die Aufgabe, die gemeinsamen Angelegenheiten der technischen Hochschule zu leiten und die allgemeine Aufsicht und Disziplin über die Studirenden zu üben.

§ 17. Der Senat besteht aus: 1. dem Rektor, 2. dem Vorgänger des Rektors (Prorektor), 3. den Abtheilungsvorstehern, 4. einer der Zahl der Abtheilungen entsprechenden Anzahl von Senatoren, von denen jedes Abtheilungskollegium je einen aus seiner Mitte auf den Zeitraum von zwei Jahren wählt . . .

§ 18. Der Senat hält auf Einladung und unter Vorsitz des Rektors an zwei bestimmten Tagen des Monats ordentliche und, so oft es sonst die Geschäfte erfordern, ausserordentliche Sitzungen.

§ 20. Der Senat ist die Disziplinarbehörde für sämmtliche Studirende . . .

§ 21. Der Senat erlässt nach Anhörung der betreffenden Abtheilungen und mit Genehmigung des Ministers:

a) die Vorschriften für die Benutzung der zur technischen Hochschule gehörigen Sammlungen und Institute,

b) die Anweisungen für die in den Sammlungen und Instituten sowie beim Unterricht beschäftigten Anstaltsdiener.

Der Senat hat ferner nach Anhörung der betreffenden Abtheilungen dem Minister Vorschläge zu machen über:

1. Die Disziplinarvorschriften für die Studirenden,
2. die Bestimmungen über die Zulassung, die Rechte und Pflichten und die Ausschliessung von Privatdozenten,
3. die Prüfungsordnung für die Diplomprüfungen.

§ 22. Zu den Befugnissen und Obliegenheiten des Senats gehören insbesondere:

1. Die Begutachtung von Abänderungen des Verfassungsstatuts,
2. die Abfassung des Vorlesungsverzeichnisses, des Programms und Gesammtstundenplans unter Zugrundelegung der Stundenpläne der Abtheilungen, sowie die Veränderungen in der Vertheilung der Hör- und Zeichensäle.

   Die Aufstellung neuer, bezw. die Abänderung bestehender Studienpläne, sowie Veränderungen in den den einzelnen Dozenten zugewiesenen Lehrgebieten bedürfen der Zustimmung des Ministers . . .
3. die Anmeldung der im Interesse der technischen Hochschule erforderlich scheinenden, persönlichen und sächlichen Mehrausgaben für das nächste Etatsjahr . . .
4. die Begutachtung der Vorschläge der Abtheilungen in Betreff des Lehrgangs derselben, sowie in Betreff der Berufung neuer Lehrkräfte.
5. die Anzeige über die Beschlüsse der Abtheilungen in Bezug auf die Zulassung u. s. w. von Privatdozenten,
6. die Vorschläge über die Verleihung von Stipendien, unter Berücksichtigung der Vota der Abtheilungen, sofern über jene Verleihung nicht anderweitige Bestimmungen bestehen,

7. die Festsetzung des Beginns und des Schlusses der Weihnachts- und Osterferien . . .

8. die Berichterstattung über die zum Amt des Rektors und der Abtheilungs-vorsteher stattgefundenen Wahlen und die Einholung der Bestätigung derselben, sowie die Anzeige in Betreff der nach § 17 No. 4 gewählten Senatoren . . .

§ 23. Der Rektor beruft den Senat, sowie die Gesammtheit der Abtheilungs-kollegien und führt in den Sitzungen den Vorsitz.

Der Rektor leitet den Geschäftsgang des Senats und sorgt für die pünktliche Erledigung der Geschäfte. Er führt die laufenden Geschäfte der dem Senat über-tragenen Verwaltung, bereitet die Beschlüsse des Senats vor und trägt für die Ausführung derselben Sorge.

Er hat das Recht, die Abtheilungskollegien zu Aeusserungen zu veranlassen, welche für die Beschlüsse des Senats oder für die sonstige ihm obliegende Bericht-erstattung erforderlich sind.

Der Rektor ist befugt und verpflichtet, Beschlüsse des Senats, welche die Befug-nisse desselben überschreiten oder das Interesse der Hochschule verletzen, mit aufschiebender Wirkung zu beanstanden und die Entscheidung des Ministers über ihre Ausführung nachzusuchen.

Der Rektor vertritt den Senat wie die Technische Hochschule nach Aussen . . .

Der Rektor wird in Verhinderungsfällen von dem Prorektor und falls solcher nicht vorhanden oder verhindert ist, von dem an Jahren ältesten, nicht verhinder-ten Mitgliede des Senats vertreten.

§ 26. Der Rektor wird vom König berufen.[1]) Die Amtsperiode des Rektors ist einjährig und beginnt und endet in der Regel mit dem 1. Juli des be-treffenden Jahres.

Der Gesammtheit der Abtheilungskollegien steht die Befugniss zu, alljährlich durch eine stattfindende Wahl eines ihrer Mitglieder für das Rektoramt in Vor-schlag zu bringen . . .

§ 29. Die Aufnahme eines Deutschen als Studirender in die Technische Hoch-schule ist durch die Beibringung des Reifezeugnisses eines deutschen Gymnasiums oder eines preussischen Realgymnasiums (Realschule I. Ordnung), beziehungsweise einer preussischen Oberrealschule bedingt. Ausnahmen hiervon sind nur mit Genehmigung des Ministers zulässig.

Die vorstehende Bestimmung gilt auch für diejenigen, welche von anderen polytechnischen Anstalten auf die technischen Hochschulen übergehen.

Welche ausserpreussischen Lehranstalten den in Absatz 1 bezeichneten preussischen Lehranstalten gleichzustellen sind, bleibt ministerieller Entscheidung vorbehalten.

Personen, welche nicht das deutsche Indigenat besitzen (Ausländer), können als Studirende, jedoch ohne Anspruch auf Zulassung zur Staatsprüfung, imma-trikulirt werden, wenn der Rektor im Einverständnisse mit dem betreffenden Ab-theilungsvorsteher die Ueberzeugung gewinnt, dass dieselben ihrem Alter und Bildungsgrade nach zur Immatrikulation geeignet sind. Im Falle des fehlenden Einverständnisses entscheidet der Senat.[2])

§ 34. Personen, welche nicht die Qualifikation zum Eintritt als Studirende besitzen und nur an einzelnen Vorträgen oder Uebungen theilnehmen wollen,

---

[1]) Die Rektoren der technischen Hochschulen in Hannover und Aachen werden vom Minister ernannt.

[2]) Ausländer sollen in der Regel nur dann als Studirende zugelassen werden, wenn sie das Reifezeugniss an einer der in ihrer Heimath zum Hochschulstudium berechtigenden Lehranstalten erworben haben.

können unter der Voraussetzung, dass das Unterrichtsinteresse darunter nicht leidet, als Hospitanten[1]) zugelassen werden.

Die Zulassung kann von dem Nachweise genügender Vorbildung abhängig gemacht werden . . .

§ 35. Zur Annahme von Unterricht gegen das für Studirende der Technischen Hochschule vorgeschriebene Honorar sind berechtigt: Die Studireuden der Friedrich-Wilhelms-Universität, der Bergakademie, der Lehranstalten der Königlichen Akademie der Künste, der Landwirthschaftlichen Hochschule, sowie solche Techniker, welche die erste Staatsprüfung für das Bau-, Maschinen- oder Bergfach bestanden haben.

§ 36. Sonstigen Personen, welche an einzelnen Vorträgen oder Uebungen theilzunehmen wünschen, ihrer äusseren Lebensstellung nach aber weder als Studirende noch als Hospitanten eintreten können, darf von dem Rektor im Einverständniss mit dem betreffenden Lehrer gestattet werden, dem Unterricht des Letzteren gegen Erlegung des für Hospitanten festgesetzten Honorarbetrages beizuwohnen.

Besuch der technischen Hochschulen in den letzten Jahren.

			Studirende	Hospitanten	Gäste (§ 36 des Verfassungsstatuts)	Summa
1897/98:	Aachen	Winter	309	93	18	420
		Sommer	242	72	—	314
	Berlin	Winter	2292	915	—	3207
		Sommer	2170	748	—	2918
	Hannover	Winter	776	203	92	1071
		Sommer	784	184	29	997
1898/99:	Aachen	Winter	370	105	21	496
		Sommer	303	83	—	386
	Berlin	Winter	2425	1003	—	3428
		Sommer	2337	814	—	3151
	Hannover	Winter	856	223	121	1200
		Sommer	865	191	48	1104
1899/1900:	Aachen	Winter	416	99	24	539
		Sommer	346	80	—	426
	Berlin	Winter	2750	1054	—	3804
		Sommer	2686	872	—	3558
	Hannover	Winter	973	231	104	1308
		Sommer	1004	216	46	1266
1900/01:	Aachen	Winter	488	102	21	611
		Sommer	392	67	—	459
	Berlin	Winter	3157	825	459	4441
		Sommer	3064	769	356	4189
	Hannover	Winter	1082	250	139	1471
		Sommer	1112	261	110	1483

Die Begründung einer neuen technischen Hochschule in Danzig ist beschlossen; die erforderlichen Vorarbeiten für die Eröffnung sind im Gange. Auch in Schlesien sind in den letzten Jahren Be-

---

[1]) Die Hospitanten sollen zum mindesten im Besitz des Berechtigungsscheines zum einjährig-freiwilligen Militärdienst sein.

strebungen auf Errichtung einer technischen Hochschule, und zwar
in Breslau, hervorgetreten; doch ist hierüber eine endgültige Entscheidung noch nicht getroffen worden.

---

3. Die Baugewerkschulen.

Als die Regierung Ende der siebziger Jahre an die Organisation
des Baugewerkschulwesens heranging, fand sie eine Staatsanstalt
dieser Art in Nienburg an der Weser vor, die von der vormals
Hannöverschen Regierung 1853 begründet worden war. Die Schule
zählte 220 Schüler, war dreiklassig und hatte nur Winter-Unterricht.
Ferner waren im Laufe der letzten zehn Jahre zu Eckernförde
in der Provinz Schleswig-Holstein, Höxter im Regierungsbezirk
Minden, Idstein im Regierungsbezirk Wiesbaden und Buxte-
hude im Regierungsbezirk Stade Baugewerkschulen zunächst von
Privaten errichtet und später von den Städten übernommen worden;
die Schule zu Eckernförde war vierklassig, die übrigen dreiklassig.
Eckernförde zählte 180, Höxter 356, Idstein 116 und Buxtehude
220 Schüler. Ausserdem bestanden noch die Provinzial-Kunst- und
Baugewerkschulen in Breslau, Danzig, Königsberg, Erfurt und
Magdeburg für den Unterricht der Bauhandwerker namentlich im
Zeichnen und Modelliren.

Die Regierung wies nun zunächst in einem Runderlasse vom
26. Februar 1877 darauf hin, dass sich allgemein ein Mangel an
Bauhandwerkern, welche das unentbehrliche Mass wissenschaftlich-
technischer Bildung besässen, fühlbar mache. Da die Mehrzahl der
Meister weder geneigt, noch im Stande sei, ihren jugendlichen Gehülfen zu einer anderen, als rein manuellen Ausbildung zu verhelfen, so seien die strebsamen unter den letzteren genöthigt, sich
dasjenige Mass von wissenschaftlichen Kenntnissen und die Fertigkeit im Zeichnen, deren sie bedürfen, auf einer Baugewerkschule
zu erwerben, da auch die Provinzial-Gewerbeschulen ihnen hiezu
nur unvollkommene Gelegenheit böten. Die in Preussen vorhandenen
öffentlichen Schulen der bezeichneten Art reichten zur Befriedigung
des Bedürfnisses nicht aus und die bei den privaten Lehranstalten,
deren eine nicht unerhebliche Zahl noch neben ihnen bestehe, gemachten Wahrnehmungen liessen es nicht als wünschenswerth erscheinen, diesen Zweig des technischen Bildungswesens überwiegend
der Privatspekulation zu überlassen. Die Provinzialbehörden wurden
daher angewiesen, zur Errichtung kommunaler Baugewerkschulen
anzuregen, wobei sie das Augenmerk nicht vorzugsweise auf die
grossen Städte des Bezirks richten sollten, da es dem Vorstand der
Schule an kleinen Orten leichter falle, das ganze Thun und Treiben
der einzelnen Schüler und der Einwohner, bei denen sie Aufnahme
gefunden, zu überwachen und die Schüler weniger durch Zer-

streuungen davon abgehalten würden, der Schule ihre ganze Zeit zu widmen, auch der Lebensunterhalt der Schüler in einer kleinen Stadt billiger als in einer grossen sei. Eine Betheiligung des Staats an den Kosten der Unterhaltung der bestehenden und der neu zu errichtenden Baugewerkschulen wurde in Aussicht gestellt, dafür aber verlangt, dass die Feststellung des Unterrichtsplans und des Etats, sowie die von der Gemeinde vorzunehmende Anstellung und Pensionirung der Lehrer im Einvernehmen mit dem Handels-Ministerium erfolge und dass die jederzeitige Inspektion der Anstalt durch einen Staatskommissar, sowie die Betheiligung eines solchen an den Abgangsprüfungen und der Ertheilung von Abgangszeugnissen vorbehalten bleibe. Für die Organisation künftig entstehender Baugewerkschulen und für die Frage, ob die Einrichtungen einer besehtenden Unterrichtsanstalt dieser Art, wenn von der betreffenden Gemeinde die Theilnahme des Staats an den Kosten der Unterhaltung in Anspruch genommen wird, einer Abänderung zu unterziehen sind, wurden ferner in der Denkschrift von 1878 folgende Gesichtspunkte als massgebend hingestellt:

„Das Ziel, welches in der obersten Klasse erreicht werden soll, darf nicht weiter gesteckt werden, als dass der Schüler bei seinem Abgange die zur selbständigen Ausführung der auf dem platten Lande und in kleineren Städten allgemein vorkommenden Bauten befähigenden Kenntnisse und Fertigkeiten im Zeichnen besitzen soll. Andererseits sind von dem in die unterste Klasse Eintretenden nur die Kenntnisse des aus der obersten Stufe der dreiklassigen Volksschule Abgehenden durch eine Prüfung nachzuweisen. Ob der hieraus sich ergebende, in der Hauptsache allen Baugewerkschulen gemeinsame Unterrichtsstoff zweckmässiger über drei oder über vier Semester zu vertheilen ist, wird sorgfältig zu prüfen sein, vielleicht auch künftig die dreiklassige, wie die vierklassige Schule bestehen können. Für die Bevorzugung der einen oder der anderen Organisation wird möglicher Weise Gewicht darauf zu legen sein, dass erfahrungsgemäss nur wenige Schüler vier Winter nach einander eine Baugewerkschule besuchen, der wichtige Unterricht im Entwerfen aber im letzten Semester ertheilt wird. Da nicht alle zur Aufnahme sich meldenden Schüler das oben bezeichnete Mass von allgemeiner Schulbildung besitzen, so bleibt zu entscheiden, ob den schwächeren an allen Schulen Gelegenheit gegeben werden soll, das Fehlende in einem Vorkursus nachzuholen. Die Vorbereitung für den einjährigfreiwilligen Dienst muss von den Aufgaben der Schule auch fernerhin ausgeschlossen bleiben. — Bei Einrichtung der Gebäude und bei der Ausstattung der Unterrichtsräume mit dem nöthigen Inventar und den Lehrmitteln, sowie bei der Abmessung der Besoldungen der Lehrer wird ganz besonders zu berücksichtigen sein, dass die Schüler dieser Anstalten durch den für viele mit Opfern und Ent-

behrungen verknüpften Besuch derselben und indem sie den sehr
bedeutenden an ihren Fleiss zu stellenden Anforderungen zu entsprechen
bestrebt sind, ein grosses Mass von Energie und ein eifriges Streben
beweisen, welche verdienen, durch die Einrichtungen der Schule,
insbesondere durch Beschränkung der Schülerzahl in jeder Klasse
und Annahme tüchtiger Lehrer gefördert zu werden. — Eine Vermuthung darüber, wie viele Baugewerkschulen erforderlich sein
werden, um dem Bedürfniss nach Unterricht zu genügen, lässt sich
nicht aufstellen, da erfahrungsgemäss bisher mit ihrer Zahl auch die
Menge der Schüler zugenommen hat. Es wird die Aufgabe der
Verwaltung sein, eine angemessene Vertheilung der Schulen über
die Monarchie anzustreben und einer unnöthigen Vermehrung derselben entgegenzuwirken."

Dieser Organisationsplan ist in den folgenden Jahren in der
Hauptsache zur Ausführung gebracht, aber auch in mehreren
wichtigen Punkten ergänzt und abgeändert worden.[1]

Neben der Baugewerkschule in Nienburg und den Baugewerkschulen in Eckernförde, Höxter, Idstein und Buxtehude, welche,
sobald die Gemeinden auf die ihnen gestellten Bedingungen eingegangen waren, staatlich mitverwaltet und mitunterhalten wurden,
entstanden solche Anstalten im Laufe der nächsten Jahre zu Königsberg — durch die Abtrennung der Abtheilung für Bauhandwerker
von der Provinzial-Kunstschule —, Berlin — durch die Uebernahme
der Baugewerkschule des Handwerkervereins auf die Stadt —,
Deutsch-Krone, Breslau, Magdeburg, Posen, Köln — durch den
Ausbau der Abtheilung für Baugewerbetreibende an der dort seit
1880 bestehenden gewerblichen Unterrichtsanstalt —, Görlitz, Kassel,
Frankfurt a/O., Münster, Barmen, Kattowitz, Hildesheim, Stettin,
Erfurt und Aachen, so dass es zur Zeit im Ganzen 22 Baugewerkschulen giebt. Wie diese Uebersicht zeigt, hat man den Anfangs
aufgestellten Grundsatz, diese Schulen möglichst in kleineren Orten
zu errichten, fallen gelassen und auch grössere Städte gewählt,
um Lehrern und Schülern Gelegenheit zu geben, mustergültige Bauwerke aus alter und neuer Zeit kennen zu lernen und zu studiren;[2]
ausserdem war für die Wahl der einzelnen Städte, abgesehen von
deren richtiger Vertheilung über die ganze Monarchie, die mehr oder
minder grosse Bereitwilligkeit derselben, sich an der Aufbringung
der Einrichtungs- und Unterhaltungskosten zu betheiligen, massgebend.

---

[1] Vgl. die Denkschriften von 1881, 1883, 1891 und 1896, sowie die
Verhandlungen der ständigen Kommission für das technische Unterrichtswesen über die Baugewerkschulfrage. Die Verhandlungen von 1896 sind
in Anlage I, S. IIIff abgedruckt.

[2] Zu dem Zwecke sind ausserdem in den einzelnen Anstalts-Etats besondere
Mittel zu wissenschaftlichen Exkursionen vorgesehen.

Während ferner ursprünglich die Absicht bestand, die Schulen als
Kommunalanstalten unter staatlicher Kontrole zu errichten, hat man
sich zur Herbeiführung einer einheitlichen Organisation und Verwaltung
sowie zur Gewinnung und Erhaltung tüchtiger Lehrkräfte genöthigt gesehen, die Baugewerkschulen in Staatsanstalten umzuwandeln
bezw. sie sofort als solche zu begründen. Demnach sind die oben-
genannten Schulen — mit Ausnahme von Berlin, Köln und Magdeburg — jetzt reine Staatsanstalten, an deren Unterhaltung sich aber
die betheiligten Städte durch Natural- und Geldleistungen betheiligen.
Ueber die Verstaatlichung der Schule in Köln schweben zur Zeit
Verhandlungen, während Berlin und Magdeburg es vorgezogen
haben, vorläufig noch den kommunalen Charakter ihrer Schulen zu
erhalten.

Die im Organisationsplan noch offen gelassene Frage, ob es
sich empfehle, die Baugewerkschulen drei- oder vierklassig zu machen,
oder beide Möglichkeiten offen zu lassen, wurde dahin entschieden,
dass durchweg vier Klassen einzurichten seien, da die Direktoren der
Baugewerkschulen, sowie die Baugewerbetreibenden, insbesondere
der Delegirtentag des Verbandes deutscher Baugewerksmeister, der
im Jahre 1879 zur Bearbeitung der Baugewerkschulfrage eine ständige
Kommission niedergesetzt hatte, wiederholt und dringend die Nothwendigkeit betont hatten, dass die Baugewerkschulen, ohne darum
die Ziele derselben zu erweitern und sie etwa den technischen Hochschulen zu nähern, einer vierten Klasse nicht entbehren könnten,
weil ein Kursus von ein und einhalb Jahren nicht ausreiche, um die
Schüler im Entwerfen zu üben. Wenn der Unterricht mit der
unerlässlichen Gründlichkeit ertheilt werden solle, könne im dritten
Semester nur ein Entwurf zu einem oder zwei sehr kleinen Gebäuden einfachster Art durchgearbeitet werden.

Um die Abgangsprüfungen, die zunächst an jeder Anstalt
nach Gegenstand, Form und Dauer verschieden waren, einheitlich
zu gestalten, wurde nach eingehenden Vorberathungen unter dem
6. September 1882 eine „Prüfungsordnung für die vom Staate
unterhaltenen oder subventionirten Baugewerkschulen"
erlassen. Danach sollte an jeder Anstalt zur Abhaltung der Abgangsprüfungen eine besondere Kommission gebildet werden, der
anzugehören hatten: ein Kommissar der Regierung, ein vom Kuratorium der Schule gewähltes Mitglied, der Direktor der Schule, fünf
Lehrer derselben, welche für jede Prüfung von der Bezirksregierung
auf Vorschlag des Direktors zu bestimmen waren und endlich drei
Baugewerksmeister, welche den Baugewerkvereinen der Provinz,
in der die Schule belegen, anzugehören hatten. Die Prüfung sollte
eine schriftliche, unter Klausur, und eine mündliche sein. Zu der
schriftlichen Prüfung wurden 18 Wochentage Zeit gewährt, während
die mündliche Prüfung je nach der Anzahl der zu Prüfenden in

einem oder mehreren Tagen zu beenden war. Die schriftliche Prüfung sollte von dem Lehrerkollegium allein, die mündliche Prüfung von der gesammten Prüfungskommission abgehalten werden. Die schriftliche Prüfung umfasste 1. die Anfertigung eines Entwurfs nach gegebenem Programm mit den nöthigen Grundrissen, Balkenlagen, Ansichten und Durchschnitten, so dass der Bau in allen Theilen aus den Zeichnungen klargelegt wird und die für einen Kostenanschlag nothwendige Massenberechnung aufgestellt werden kann. Dem in Tusche auszuziehenden Entwurfe war ein Erläuterungsbericht in der für Staatsbauten vorgeschriebenen Form beizufügen. 2. sechs Baukonstruktionsaufgaben als Detailzeichnungen zu dem Entwurf. Diese Zeichnungen sollten im Allgemeinen umfassen die Mauerkonstruktionen, Zimmerkonstruktionen, Dacheindeckungen, Treppenkonstruktionen, Thüren und Fenster und Gründungen. 3. darstellende Geometrie. 4. fünf Aufgaben aus der Baukunde, den Eisenkonstruktionen und den Feuerungsanlagen. 5. Formenlehre (Detailzeichnung eines Façadentheils oder eines Theils des inneren Ausbaus). 6. Massenberechnung zum Kostenanschlag des Entwurfs, worauf vorzugsweise Gewicht darauf gelegt wird, dass die Aufstellung der Form und dem Inhalt nach richtig ist. 7. Vier Aufgaben aus der Mathematik (Geometrie, Planimetrie oder Stereometrie; elementare Trigonometrie; Rechenaufgabe; algebraische Gleichung ersten Grades). 8. Theorie der Baukonstruktionen. 9. Deutsche Sprache, wobei der Erläuterungsbericht zum Entwurf zugleich als deutsche Arbeit angesehen und auch als solche besonders zensirt wurde. — Bei der mündlichen Prüfung sollten in der Baumaterialienkunde, Baukonstruktionslehre, Baukunde, Baupolizei und baugeschäftlichen Buchführung, Naturlehre, Mathematik, Statik und Festigkeitslehre geprüft werden.

Diese Prüfungsordnung ist auf Grund der mit ihr gemachten Erfahrungen und im Hinblick auf die inzwischen erfolgte Erweiterung des Lehrplans der Baugewerkschulen in den letzten Jahren umgearbeitet und durch eine neue vom 1. Februar 1902 ersetzt worden, auf welche unten noch zurückzukommen sein wird.

Bei Erlass der Prüfungsordnung vom September 1882 lag es zunächst nicht in der Absicht der gewerblichen Unterrichtsverwaltung, nun auch einen an allen Baugewerkschulen einzuführenden Lehrplan folgen zu lassen. Sie glaubte vielmehr, dass das Prüfungsreglement, sofern für dessen gleichmässige Handhabung an allen Anstalten gesorgt werden würde, vor der Hand ausreiche und abzuwarten bleibe, wie sich der Unterrichtsgang unter der Einwirkung desselben gestalten werde, damit alle Schüler die von dem Prüfungsregulativ vorausgesetzten Kenntnisse und Fertigkeiten sich erwerben. Immer mehr stellte sich indessen die Nothwendigkeit heraus, auch für alle Schulen einen förmlichen Lehrplan vorzuschreiben, nament-

752

lich um den Lehrstoff über die einzelnen Klassen gleichmässig zu vertheilen und den Schülern den Uebertritt von einer Anstalt zur andern zu erleichtern. Es wurde daher nach eingehenden Berathungen mit den Direktoren und sonstigen Sachverständigen im Jahre 1899 der folgende, noch heute gültige Normallehrplan für die Hochbauabtheilung — inzwischen war es nothwendig geworden, an einzelnen Schulen auch noch Tiefbauabtheilungen und an der in Magdeburg eine Steinmetzabtheilung einzurichten — erlassen:

	Wöchentl. Stundenzahl
Vierte Klasse.	
Deutsche Sprache. Aufsätze bautechnischen und geschäftlichen Inhalts, Geschäftsbriefe, Berichte, Eingaben, Verträge und dergleichen, sowie die wichtigsten Bestimmungen des Post-, Telegraphen-, Telephon- und Eisenbahnverkehrs.	2
Rechnen. Schwierigere Aufgaben aus den bürgerlichen Rechnungsarten und aus der Flächen- und Körperberechnung. Aufstellung von Lohnlisten u. dergl. sowie von einfachen Kostenanschlägen.	2
Algebra. Die Grundrechnungsarten mit allgemeinen Zahlen. Proportionen. Potenzen. Quadratwurzeln aus Zahlen. Gleichungen ersten Grades mit einer Unbekannten.	4
Planimetrie. Kurze Wiederholung der Lehre vom Dreieck, Viereck, Vieleck und vom Kreise. Proportionalität und Aehnlichkeit. Verwandlungsaufgaben.	4
Naturlehre. Die allgemeinen Eigenschaften der Körper. Gleichgewicht und Bewegung der festen, flüssigen und luftförmigen Körper. Das Wichtigste aus der Lehre vom Schall, vom Licht und von der Wärme.	2
Darstellende Geometrie. Projektion einfacher Körper. Bestimmung der wahren Grösse von Linien und Ebenen. Projektion des Kreises, der Cylinder und der Kegelflächen. Axonometrie. Dachausmittelungen. Durchdringungen.	6
Baukonstruktionslehre. Steinkonstruktionen: Verbände der Mauern, Pfeiler, Schornsteine, Bögen, Thür- und Fensterecken und der Hohlmauern. Isolierungen. Fussböden in Stein und Estrich. Putz- und Fugarbeiten. Bogen- und Gewölbeformen. Tonnengewölbe. Preussische Kappen. Holzkonstruktionen: Holzverbindungen, Wände, Hänge- und Sprengewerke. Fachwerke, Balkenlagen, Zwischendecken, Fussböden und Decken. Einfache Dächer, stehender Stuhl. Einfache Rinnen. Eindeckung der Dächer mit Steinen.	16
Formenlehre. Formenelemente. Proportionen. Profilirungen. Gesimse und Umrahmungen in Ziegelrohbau, Haustein und Holz.	4
Freihandzeichnen. Zeichnen einfacher Ornamente nach Vorlagen. Zeichnen nach einfachen Modellen.	4
Schreiben. (Nach Bestimmung des Direktors.) Anleitung über Schriftgrösse und Beschreibung der Zeichnungen.	1
Modelliren. (Nach Bestimmung des Direktors.) Mauerverbände. Holzverbindungen.	4
Dritte Klasse.	
Algebra. Wurzeln. Gleichungen des ersten Grades mit einer oder mehreren Unbekannten. Wiederholungen.	3
Stereometrie und Trigonometrie. Lage von Geraden und Ebenen im Raum. Neigungswinkel. Oberflächen und Inhaltsberechnungen von einfachen Körpern. Die trigonometrischen Funktionen. Das rechtwinklige Dreieck. Uebungen an Aufgaben aus der Praxis.	4
Naturlehre. Die wichtigsten Erscheinungen aus dem Gebiete der Chemie mit besonderer Berücksichtigung der Baumaterialienlehre. Der freie Fall. Die einfachen Maschinen. Wiederholungen.	2

	Wöchentl. Stundenzahl

Baustofflehre. Haupt-, Verbindungs- und Nebenstoffe. Vorkommen. Gewinnung. Bearbeitung und Verwendung. Prüfung. | 3 |

Darstellende Geometrie. Wiederholungen. Anwendung der Durchdringungen auf Gewölbe- und Holzkonstruktionen. Schiftungen. Schattenkonstruktionen. | 4 |

Statik. Grundbegriffe. Graphische Darstellung von Kräften. Zusammensetzung und Zerlegung der Kräfte nach zeichnerischem und rechnerischem Verfahren. Statisches Moment. Kräftepaar und Kräftepaarmomente. Hebelgesetze. Gleichgewichtsbedingungen. Stabilität. Schwerpunkt. . Reibung. Kräftepläne einfacher Dachbinder. | 4 |

Baukonstruktionslehre. Steinkonstruktionen: Konstruktion und Ausführungsweise. Ein- und Ausrüstung der einfachen und zusammengesetzten Gewölbe.

Holzkonstruktionen: Dachkonstruktionen aller Art. Baugerüste.

Dachdecker- und Klempnerarbeiten: Eindeckung der Dächer mit Pappe, Holzcement, Glas und Metall. Dachrinnen und Abfallrohre. Die Abdeckungen der Gesimse. | 12 |

Formenlehre. Stützen in Stein mit kurzem Hinweis auf die Säulenordnungen der Renaissance. Stützen in Holz und Eisen. Gliederung einfacher Fassaden in Ziegelrohbau, Haustein und Holz. | 4 |

Freihandzeichnen. Zeichnen einfacher Ornamente und Bautheile nach Modellen. Uebungen im Skizziren. | 4 |

Baukunde. Einführung in das Entwerfen einfacher Gebäude. Die wichtigsten baupolizeilichen Bestimmungen. | 4 |

Modelliren. (Nach Bestimmung des Direktors.) Gewölbe. Gesimse Fach- und Dachverbände. | 4 |

Zweite Klasse.

Naturlehre. Magnetismus und Elektrizität (mit besonderer Berücksichtigung der für den Bautechniker wichtigsten Anwendungen). | 2 |

Darstellende Geometrie. Wiederholungen. Treppenkrümmlinge. Steinschnitt. Einleitung in die perspectivische Zeichnen. | 4 |

Festigkeitslehre. Zug-, Druck- und Schubfestigkeit. Biegungsfestigkeit. Knickfestigkeit. Zusammengesetzte Festigkeit. Querschnittsbestimmungen einfacher Konstruktionstheile in Holz, Stein und Eisen. Uebungen. | 5 |

Baukonstruktionslehre. Treppenbaukonstruktionen: Treppen in Holz und Stein. Grundbau: Untersuchung des Baugrundes. Die Gründungsarbeiten. Spundwände und Fangedämme.

Eisenkonstruktionen: Verbindungen. Konstruktion und Ausbildung der Säulen und Träger.

Tischler- und Schlosserarbeiten: Die Konstruktion der Thüren und Fenster, Fensterläden und Jalousien. Wandverkleidungen. Beschläge und Gitter. | 12 |

Baukunde. Grundrissanordnung, Einrichtung und Ausbau einfacher städtischer Gebäude.

Landwirthschaftliche Baukunde (Scheunen, Remisen, Speicher), Uebungen. | 5 |

Entwerfen. Ausarbeitung von Entwürfen zu einfachen Gebäuden, (Arbeiter- und Beamtenhäuser, kleine freistehende oder angebaute Wohnhäuser, Landschulhäuser, Pfarrhäuser u. dergl.). Der Hauptwerth wird auf die bis in die Einzelheiten gehende Behandlung der Konstruktionen und auf eine dem Wesen des Materials und der Konstruktionen entsprechende Formenausbildung gelegt. Anfertigung von Werkzeichnungen für Einzelheiten des Entwurfs. | 8 |

Veranschlagen. Die Formen des Anschlags. Materialienbedarf. Massenberechnung. Anfertigung der Vor-, Massen- und Kostenberechnung zu einem kleinen Gebäude in der für die Staatsbauverwaltung vorgeschriebenen Form. Uebung nach der älteren Methode. | 2 |

	Wöchentl. Stundenzahl

Formenlehre. Ausbildung von Lauben, Erkern und Balkonen, Dachgauben und Giebeln bei Verwendung von Holz, Backstein und Haustein. — **4**

Feldmessen und Nivelliren. Einrichtung und Gebrauch der wichtigen Instrumente. Aufnahme und Auftragen von Lageplänen, Höhenmessungen. Abstecken von Gebäudeplänen. — **2**

Modelliren. (Nach Bestimmung des Direktors.) Schiftungen. Treppen. Giebel. — **2**

Samariter-Kursus. (12 Stunden im Semester.) Der Bau des menschlichen Körpers. Die körperlichen Verletzungen. Vorsichtsmassregeln. Die Behandlung und Fortschaffung Verunglückter. (Mit Demonstrationen.)

Erste Klasse.

Baustofflehre. Wiederholungen. — **1**

Darstellende Geometrie. Perspektivische Darstellung einfacher Gebäude. — **2**

Statik und Festigkeitslehre. Wiederholungen. Anwendung der Statik und Festigkeitslehre auf die wichtigen im Hochbau vorkommenden Konstruktionen in Holz, Stein und Eisen. — **4**

Baukonstruktionslehre. Abstützungs- und Umbauarbeiten. Eisenkonstruktionen: Treppen. Decken. Dächer. Oberlichte. Erker und Balkone. Wiederholung des gesammten Gebietes der Baukonstruktionslehre. — **6**

Baukunde. Grundrissanordnung, Einrichtung und Ausbau von Mieths-, Geschäfts- und Gasthäusern, kleinen öffentlichen Gebäuden, landwirthschaftlichen und gewerblichen Anlagen.
Das Wichtigste über Ent- und Bewässerungs-, sowie Heizungs- und Beleuchtungs-Einrichtungen. Gewerbliche Feuerungsanlagen.
Landwirthschaftliche Baukunde (Ställe). — **8**

Entwerfen. Entwerfen städtischer Wohn-, Mieths- und Geschäftshäuser, Landhäuser oder einfacher öffentlicher Gebäude (Vergnügungslokale, Gasthaus, Schulhaus, Kreishaus pp.) nach gegebenem Programm. Durcharbeitung bis in die Einzelheiten. Anfertigung von Werkzeichnungen für die wichtigeren Konstruktionen und die architektonischen Einzelheiten des Aeussern und Innern.
Grundrissübungen (Schnellentwürfe) für Gebäude kleinen Umfangs. — **14**

Veranschlagen und Bauführung. Wiederholung. Preise der wichtigsten Materialien und Arbeiten. Uebungen im Veranschlagen. Anfertigung eines Erläuterungsberichts.
Erfordernisse des Projekts und dessen Beilagen. Verdingung der Arbeiten. Abschluss der Verträge. Die Arbeiten auf der Baustelle. Listen und Kontrollen. Berichte. Abnahme der Arbeiten. Aufstellung der Rechnungen. Abrechnungsarbeiten. — **2**

Formen- und Baustillehre. Ausbildung von Innenräumen. Uebungen im Skizziren. Entwickelung der Baustile und Erläuterung ihrer charakteristischen Merkmale an Abbildungen hervorragender Bauwerke. — **4**

Baupolizei- und Gesetzeskunde. Allgemeine baurechtliche und baupolizeiliche Bestimmungen. Die wichtigsten Bestimmungen der Berliner Baupolizeiordnung, sowie der für die Land- und Stadtgemeinden der Provinz. Die für den Bautechniker wichtigen Bestimmungen der Gewerbeordnung, der Arbeiterversicherungsgesetze und der Wechselordnung. — **2**

Geschäftliche Buchführung. Einrichtung und Führung der für ein Baugeschäft wichtigen Bücher. Allgemeine Geschäftskunde. — **1**

Wie schon oben erwähnt, sah sich die gewerbliche Unterrichtsverwaltung bei dem fortgesetzten, namentlich in der Staats- und Kommunalverwaltung hervorgetretenen Mangel an Tiefbautechnikern, für deren besondere Ausbildung auf den Baugewerkschulen bis dahin nicht genügend gesorgt werden konnte, genöthigt, an einzelnen

Anstalten besondere Tiefbauabtheilungen einzurichten, in denen
der Erd- und Strassenbau, der Wasser- und Brückenbau, der Eisenbahnbau und das Meliorationswesen eingehender berücksichtigt werden
und die Schüler diejenigen Kenntnisse erlangen, welche von
den mittleren, bei den Staatsbau-, Provinzial- und städtischen Ver-
waltungen angestellten Technikern gefordert zu werden pflegen.
Die Schüler der Tiefbauabtheilung haben zunächst die vierte und
dritte Klasse der Hochbauabtheilung mit Erfolg zu besuchen und
erhalten erst in den beiden oberen Klassen einen von den Hochbau-
technikern gesonderten Unterricht. Der Lehrplan für diese Abtheilungen, die 1899 in Posen und Münster, 1900 in Kattowitz,
1901 in Frankfurt a. O., Buxtehude, Deutsch-Krone und Breslau
eröffnet wurden, ist in folgender Weise festgesetzt:

	Wöchentl. Stunden
Zweite Klasse.	
Naturlehre. Magnetismus und Elektrizität mit besonderer Rücksicht auf die für den Bautechniker wichtigen Anwendungen.	3
Planzeichnen, Feldmessen und Nivelliren. Allgemeine Regeln der Kartirung, Behandlung der Lagepläne. Handhabung, Prüfung und Berichtigung der für Plan- und Höhenmessungen wichtigsten Geräthe. Aufnahmen, Kartirungen. Eintheilung der Blätter u. s. w. Flächenermittelung, Planimetriren, Auftragen von Polygonzügen. Verkleinerung und Vergrösserung von Planzeichnungen mittels Pantographen. Signaturen. Abstecken von geraden und gekrümmten Linien, Winkelmessungen, Aufnahme und Auftragen von Quer- und Längenprofilen, Nivellements, Fehlervertheilung. Normalhorizont; Einrichtung von Feldbüchern u. s. w. Uebungen.	6
Mathematik. Logarithmen. Logarithmische Funktionen. Das schiefwinklige Dreieck. Quadratische Gleichungen.	4
Darstellende Geometrie. Steinschnitt von Bögen und einfachen Gewölben, Stirnmauern, Nischen, Böschungs- und Flügelmauern. Schablonen, Massenberechnungen. Schiefe Gewölbe. Uebungen.	2
Baukonstruktionslehre. a) Grundbau. Untersuchungen des Baugrundes. Spundwände, Verschalungen, Senkkasten, Brunnen, Pfeiler und Erdbögen. Fangedämme. Wasserbewältigung. Pfahlroste, Betonsowie einiges über Pressluft-Gründungen.	3
b) Eisenkonstruktionen. Einfache und zusammengesetzte Verbindungen. Konstruktion der genieteten Träger; Säulen und andere Stützen.	2
c) Innerer Ausbau von Hochbauten. Die einfachsten Treppen, Thüren, Fenster u. s. w.	2
Festigkeitslehre. Zug-, Druck- und Schubfestigkeit. Biegungsfestigkeit; Trägheits- und Widerstandsmomente, Knickfestigkeit. Zusammengesetzte Festigkeit. Querschnittsberechnungen einfacher Konstruktionstheile in Holz, Stein und Eisen.	4
Erd- und Strassenbau. Grundzüge des Erdbaues. Bodenuntersuchungen. Eigenschaften der Bodenarten. Bildung des Erdkörpers. Längen- und Querprofile. Massenermittelung und Vertheilung. Bodenbeförderung und Einbau. Schutz gegen Beschädigungen und Rutschungen. — Kostenberechnungen.	
Grundzüge des ländlichen Strassenbaues, Geschichte desselben. Strassenfuhrwerke, Bewegungswiderstände. Leistungen der Zugthiere. Allgemeines über Aufsuchen und Abstecken der Linie in ebenem und mässig koupirtem Gelände. Steigungs- und Krümmungsverhältnisse. Oberbau, Entwässerung. Durchlässe u. s. w.	
Pflanzungen, Einfriedigungen, Grenzsteine, Kosten, Beaufsichtigung und Unterhaltung. Uebungen im Entwerfen und Veranschlagen einfacher Fälle.	4

Wasserbau. Kurze Darstellung der allgemeinen Eigenschaften der Binnengewässer, insbesondere der Flussläufe. Messung der Regenmengen, Verdunstung, Versickerung, fliessende Gewässer, Kanäle, Binnenseeen.

Hochwassergebiet, Ebbe- und Flutgebiet.

Aufgaben des Wasserbaues an Flüssen oberhalb des Ebbe- und Flutgebietes. Deichanlagen, Flusshäfen, Darstellung der Flüsse in Lageplänen und Profilzeichnungen. Fluss-Regulirung. Normalprofil. Uferdeckwerke, Einschränkungswerke. Durchstiche.

Faschinen, Sinkstücke, Buhnen, Parallelwerke, Holz- und Steinkonstruktionen zu Ufereinfassungen, Rammarbeiten.

Bodenverbesserung: Ausgewählte Stücke. 7

Brückenbau. Allgemeines über Brücken. Verschiedene Arten; Lage und Richtung, Höhenlage und Breite der Fahrbahn. Hölzerne Brücken. Balkenbrücken mit einfachen und verstärkten Balken. Strassenanschlüsse. Hänge- und Sprengewerkbrücken. Empirische Regeln für einfache Brücken.

Entwurf einer Balkenbrücke. 2

Eisenbahnbau. Kurzer geschichtlicher Ueberblick. Hauptgrundsätze der Linienführung. Steigungen und Krümmungen.

Querprofile des Bahnkörpers, Normalprofil des lichten Raums. Bestimmungen des Vereins deutscher Eisenbahnverwaltungen. — Kreuzungen mit Wegen und Wasserläufen.

Bettung und Entwässerung. Gleis, Schienen, Schwellen.

Bezug und Anlieferung der Baustoffe, Vertheilung am Bahnkörper. Abstecken und Einbau des Gleises. Spurerweiterungen, Ueberhöhungen, Uebergangskurven. 4

Entwerfen von Hochbauten. Einführung. Kleine Nutz- und Wohnhausbauten der Tiefbauverwaltungen. Häuser für Bahnwärter, Bahnmeister, kleine Stationsgebäude mit und ohne Güterschuppen, Schleusen- und Hafenmeisterwohnungen. Nebenanlagen.

Ausarbeitung eines Entwurfs. 4

Samariterdienst. Ausbildung im Anlegen von Nothverbänden u. s. w. wie in der Hochbauabtheilung. 6 Doppelstunden.

Erste Klasse.

Planzeichnen, Feldmessen und Nivelliren. Grundzüge der für den Bau von Eisenbahnen, Kanälen und Strassen nothwendigen Vorarbeiten. Messmethoden, Winkelmessungen im Gelände mit dem Theodolithen, Aufnahmen, Nivelliren und Querschnitt-Aufnahmen.

Auftragen der Messungsergebnisse, Flächenermittelung. Konstruktion der Horizontalkurven, Belehrung über die Benutzung eines Schichten-Höhenplans zum Eintragen von Strassenlinien. 6

Baustofflehre. Wiederholungen des Lehrstoffes aus Klasse III. Ergänzungen, die für den Tiefbau wichtig sind. 2

Statik und Festigkeitslehre. Uebungsaufgaben aus der Praxis zur Anwendung der Regeln der Statik und Festigkeitslehre, rechnerisch und graphisch. 4

Baukonstruktionslehre. Ergänzung des Lehrstoffs aus der II. Klasse. Deckenkonstruktionen. Eiserne Treppen. Schienenfreie Unter- und Ueberführungen, kleine Brücken.

Eiserne Dächer. 4

Maschinenkunde. Einleitung mit Skizziren der wichtigsten Maschinentheile. Dampfkessel mit Dampfmaschinen. Baumaschinen, Pumpen, Pulsometer. — Bagger. — Rammen.

Ausgewählte Kapitel aus dem Gebiete des Eisenbahnmaschinenwesens. Achsen und Räder, Rahmen und Lager, Kuppelungen, Zugund Stossvorrichtungen. Bremsen. — Güter- und Personenwagen. — Lokomotive und Tender. — Wasserstationen. 2

Strassenbau. Strassennetze, Strassenbreiten, Blocktiefen. Längen- und Querprofile städtischer Strassen. Pflasterung. Bürgersteige. Unterhaltung und Reinigung der Strassen.

	Wöchentl. Stunden
Entwässerung. Berücksichtigung der Strassenbahnen und Leitungen für Gas, Elektrizität und Wasser. Uebungen	2
Wasserbau. Flusskanalisirung. Wehre, feste und bewegliche. Das Hauptsächlichste über Schifffahrtskanäle, Kanalschleusen und Flusshäfen. Wasserversorgung und Kanalisation der Städte.	8
Brückenbau. Steinerne Brücken, deren Berechnung. Stein-, Beton- und Monirgewölbe. Widerlager, Pfeiler, Lehrgerüste. — Stirnmauern u. s. w. — Entwässerung, Fahrbahn. Entwerfen einer Brücke in Stein nebst Kostenermittelung. Eiserne Brücken. Belastungen und äussere Beanspruchungen. Brücken aus Blechbalken. Entwerfen einer solchen.	6
Eisenbahnbau. Weichen und Kreuzungen. Unterhaltung der Gleise. Neuere Oberbausysteme. Die technischen Vorarbeiten zu Eisenbahnanlagen; Eintragen einer Linie in ein Messtischblatt. Bahnhöfe im Allgemeinen. Nebenstationen, Zwischenstationen. Eingehende Behandlung einiger ausgewählter Bahnhofsbeispiele. Signalwesen. — Bahnunterhaltung. Veranschlagungen, Uebungen und Wiederholungen.	6
Baupolizei und Gesetzeskunde. Uebersicht über die staatlichen Verwaltungs- und Gerichtsbehörden. Allgemeine baurechtliche und baupolizeiliche Bestimmungen. Das Wichtigste aus den Versicherungsgesetzen und der Wechselordnung.	2
Veranschlagen und Bauführung. Die Arten des Anschlages. Methode der Veranschlagung. Veranschlagung ausgewählter Tiefbauten. Behandlung der Bauvorlagen. Verdingung, Bedingungen, Verträge. Die Bauleitung auf der Baustelle. Führung der Kontrollen und Listen. Berichte. Abrechnungen.	3
Geschäftliche Buchführung. Einrichtung und Führung der Geschäftsbücher.	1
Für die Meliorationstechniker kommen noch Meliorationswesen und Hydraulik hinzu.	

Endlich ist neuerdings an der Baugewerkschule in Magdeburg eine besondere Abtheilung zur Ausbildung von Steinmetzen eingerichtet worden, die erst in der Entwickelung begriffen ist. In dieser Abtheilung weicht der Lehrplan der vierten und dritten Klasse von dem der Hochbauabtheilung nur darin ab, dass der Modellirunterricht sich auf Thonmodelliren erstreckt und obligatorisch ist. In der zweiten und ersten Klasse werden Naturlehre, Baustofflehre, darstellende Geometrie, Statik und Festigkeitslehre, Baukonstruktionslehre, Entwerfen, Veranschlagen und Bauführung, Formen- und Baustillehre, Freihandzeichnen, Modelliren, Baupolizei, Gesetzeskunde und geschäftliche Buchführung unter besonderer Berücksichtigung der für Steinmetze erforderlichen Kenntnisse gelehrt.

Ueber die **Aufnahmebedingungen** für die Baugewerkschulen war in der Denkschrift von 1878 nur gesagt worden, dass die in die unterste Klasse Eintretenden die Kenntnisse des aus der obersten Stufe der dreiklassigen Volksschule Abgehenden besitzen müssen. Diese Bestimmung ist aber bis in die neueste Zeit niemals streng durchgeführt worden, so dass die Baugewerkschulen bei der zum Theil recht mangelnden Vorbildung der Schüler mit einem Unterrichtsstoff belastet werden mussten, der in die Volksschule oder allenfalls noch in die Fortbildungsschule gehört, während die technischen Unterrichtsfächer, deren Lehrstoff mit dem Fortschreiten der Bautechnik naturgemäss angewachsen ist, nicht mit der wünschenswerthen Gründlichkeit betrieben werden konnten. Um diesen Uebelstand zu beseitigen, hat man jetzt zu dem schon in der Denkschrift von 1878 vorgesehenen Auskunftsmittel der Vorklassen gegriffen, in denen im Deutschen, Rechnen, Schreiben, Freihand- und Linearzeichnen, in der Raumlehre, Algebra und Naturlehre unterrichtet wird. Alle Aufnahmesuchenden, die nicht durch Zeugnisse oder in einer Aufnahmeprüfung nachweisen, dass sie die für den Besuch der vierten Baugewerkschulklasse erforderlichen Kenntnisse besitzen, werden zunächst der Vorklasse überwiesen. Solche Vorklassen sind an allen Baugewerkschulen mit Ausnahme in Aachen eingerichtet, wo der Besuch des Tagesunterrichts der dort bestehenden gewerblichen Lehranstalt die Vorklasse ersetzt. Wie nothwendig diese Vorbereitungsklassen sind, geht daraus hervor, dass im Jahre 1900 von 1175 Prüflingen, die sich der Aufnahmeprüfung für die vierte Klasse unterziehen mussten, nur 739 bestanden, während die übrigen den Vorklassen überwiesen werden mussten. 117 Schüler hatten sich freiwillig für die Vorklasse gemeldet, 689 wurden ohne Prüfung in die vierte Klasse aufgenommen.

Ausser dem Nachweis dieser Vorkenntnisse werden zur Aufnahme in die Baugewerkschule die Vollendung des sechzehnten Lebensjahrs und eine praktische Thätigkeit von mindestens zwei Bausommern auf Baustellen oder Werkplätzen verlangt. Die praktische Beschäftigung kann bei den die Prüfung im Tiefbau ablegenden Schülern durch zweijährige Thätigkeit als Gehülfe bei der Katasterverwaltung, im Wasser-, Strassen-, Eisenbahn- und Meliorationsbau und dergleichen, oder durch vierjährige Dienstleistung bei der Artillerie, den Pionieren oder der Eisenbahntruppe ersetzt werden. Diese letztere Bestimmung ist enthalten in § 4 der schon oben erwähnten neuen „Prüfungsordnung für die Preussischen Baugewerkschulen vom 1. Februar 1902", welche unter Berücksichtigung der mit den Prüfungsvorschriften von 1882 gesammelten Erfahrungen und der inzwischen getroffenen organisatorischen Aenderungen aufgestellt ist. Die wichtigsten Bestimmungen dieser neuen Prüfungsordnung sind:[1]

I. Allgemeine Bestimmungen.

§ 2. Zur Abhaltung der Reifeprüfungen wird für jede Baugewerkschule und sofern an ihr mehrere Abtheilungen — Hochbau-, Tiefbau-, Steinmetz-Abtheilung — betrieben werden, für jede derselben ein Prüfungs-Ausschuss gebildet. Er besteht

a) für die Hochbau- und Steinmetzabtheilung aus: 1. einem Regierungskommissar, 2. einem Mitgliede des Kuratoriums, 3. dem Direktor der

---

[1] Abgedruckt im Min.-Bl. der Hand.- und Gew.-Verw. 1902, S. 88.

Schule, 4. den Lehrern, welche die Prüflinge in den Gegenständen der Prüfung unterrichtet haben und 5. zwei Baugewerksmeistern;
  b) für die Tiefbauabtheilung aus 1. bis 4. wie vorstehend, 5. einem Vertreter der Preussischen Staatseisenbahnverwaltung, 6. einem städtischen Beamten der Tiefbauverwaltung, 7. einem Tiefbauunternehmer.

Der Regierungskommissar wird vom Minister für Handel und Gewerbe, das vom Kuratorium zu entsendende Mitglied von diesem und das die Preussische Staatseisenbahnverwaltung vertretende Mitglied von dem Präsidenten der Königlichen Eisenbahn-Direktion ernannt, in deren Bezirk die Baugewerkschule belegen ist. Falls bei a nicht ein hochbautechnisches und bei b nicht ein tiefbautechnisches Mitglied der Regierung, sondern ein Regierungs- und Gewerbeschulrath zum Regierungskommissar ernannt wird, sind die betreffenden Prüfungsausschüsse noch durch ein hochbau- oder ein tiefbautechnisches Mitglied der Regierung zu verstärken, dessen Ernennung dem Regierungs-Präsidenten überlassen bleibt. Die Baugewerksmeister werden von der Handwerkskammer des Bezirks, die Tiefbauunternehmer von der Tiefbau-Berufsgenossenschaft vorgeschlagen und vom Regierungs-Präsidenten auf drei Jahre bestätigt. Wiederwahl ist zulässig. Im Prüfungsausschuss der Hochbauabtheilung muss der eine Meister Maurer-, der andere Zimmermeister, in dem der Steinmetzabtheilung der eine Steinmetz-, der andere Maurermeister sein.

Den Vorsitz bei den Prüfungen führt der Regierungskommissar oder in dessen Verhinderung der Direktor.

Die Abstimmung erfolgt nach einfacher Mehrheit, bei Stimmengleichheit entscheidet die Stimme des Vorsitzenden.

Die Mitglieder des Prüfungsausschusses haben die Pflicht der Amtsverschwiegenheit.

Den an der Prüfung theilnehmenden Baugewerksmeistern bez. den Tiefbauunternehmern werden die baaren Auslagen für Eisenbahn- oder Wagenfahrt ersetzt und Tagegelder von 12 Mark gewährt.

§ 3. Die Prüfungen finden am Schluss jedes Schulhalbjahres statt. Den Beginn der schriftlichen Prüfung bestimmt der Direktor, den der mündlichen der Regierungskommissar.

§ 4. Wer zur Reifeprüfung zugelassen sein will, muss bis zu ihrem Beginn die erste Klasse der Anstalt besucht, mindestens zwei Bausommer praktisch gearbeitet und die Prüfungsgebühr (zur Zeit 10 Mk.) an die Schulkasse bezahlt haben. Die praktische Beschäftigung im Handwerk kann bei den die Prüfung im Tiefbau ablegenden Schülern durch zweijährige Thätigkeit als Gehülfe bei der Katasterverwaltung, im Wasser-, Strassen-, Eisenbahn- und Meliorationsbau und dergleichen, oder durch vierjährige Dienstleistung bei der Artillerie, den Pionieren oder der Eisenbahntruppe ersetzt werden.

Ueber die schriftlich beim Direktor mindestens 4 Wochen vor Beginn der Prüfung zu beantragende Zulassung entscheidet die Lehrerkonferenz.

Dem zurückgewiesenen Schüler ist die Prüfungsgebühr zurückzuzahlen, ebenso einem Schüler, der aus einem triftigen Grunde vor dem Eintritt in die schriftliche Prüfung auf deren Ablegung verzichtet.

Bautechniker, welche die erste Baugewerkschulklasse nicht unmittelbar vor der Meldung zur Prüfung durchgemacht oder überhaupt keine Baugewerkschule besucht haben, dürfen nur mit Genehmigung des Ministers für Handel und Gewerbe zur Prüfung zugelassen werden.

§ 5. Die Prüfung zerfällt in drei Theile:
  1. Die Beurtheilung der Klassenleistung der Prüflinge,
  2. die schriftliche und
  3. die mündliche Prüfung.

Der Umfang des Prüfungsstoffes wird durch den für die einzelnen Abtheilungen der Anstalt vorgeschriebenen Lehrplan bestimmt.

§ 6. Censirt wird mit: sehr gut, gut, genügend, ungenügend.

§ 7. In einer einige Tage vor der mündlichen Prüfung abzuhaltenden Lehrerkonferenz sind die Klassenleistungen in allen Fächern zu censiren und die Censuren für diese in ein dem Prüfungsausschuss vorzulegendes Formular einzutragen. Bei allen Gegenständen, in denen in der ersten Klasse unterrichtet wird, sind nur die

Leistungen in dieser Klasse zu berücksichtigen. In dieser Konferenz sind auch die in das Abgangszeugniss einzutragenden Gesammturtheile über Betragen, Fleiss und Aufmerksamkeit der Prüflinge festzustellen.

§ 8. Für die schriftliche Prüfung, die von dem Lehrerkollegium allein abgehalten wird, stellt der Direktor mit Hülfe der Lehrer so viele Aufgaben zusammen, dass eine angemessene Auswahl und Abwechselung möglich ist. Die Auswahl trifft der Regierungskommissar.

Die schriftliche Prüfung ist als strenge Clausur zu handhaben, in der die Benutzung von Hülfsmitteln untersagt ist; nur bei der Bearbeitung der Aufgaben aus den Eisenkonstruktionen, der Tiefbaukunde (s. § 20), der Mathematik, der Statik und Festigkeitslehre dürfen die Prüflinge von der Schule herzugebende Tabellenwerke benutzen . . . .

§ 9. Die schriftliche Prüfung dauert für die Hochbau- und Steinmetz-Abtheilung 9, für die Tiefbau-Abtheilung 8 Tage, jeder Tag zu 8 Arbeitsstunden gerechnet.

§ 10. . . . . . Unmittelbar vor der mündlichen Prüfung tritt der Ausschuss zu einer Sitzung zusammen, in der die Arbeiten endgültig, wenn erforderlich, durch Mehrheitsbeschluss beurtheilt werden.

§ 11. In dieser Konferenz wird auch festgesetzt, ob und inwieweit Prüflinge von der mündlichen Prüfung zu entbinden sind.

Für die Entscheidung kommen die Censuren für die Klassenleistungen und für die schriftliche Prüfung in Betracht. Schüler können in allen Fächern, in denen sie die Durchschnittsnote „gut" erreichen, von der Prüfung befreit werden; es kann ihnen aber auch dann, wenn sie nur in den Hauptfächern die Note „gut" erhalten haben, nach Ermessen des Prüfungsausschusses die ganze mündliche Prüfung erlassen werden, sofern sie in keinem Fach ein „Ungenügend" erhalten haben. Hauptfächer sind: für die Hochbauabtheilung: Entwerfen, Baukonstruktionslehre, Baukunde (bürgerliche, landwirthschaftliche, Heizung usw.), Statik und Festigkeitslehre, Baustofflehre; für die Steinmetzabtheilung: Entwerfen, Baukonstruktionslehre, darstellende Geometrie, Formenlehre, Statik und Festigkeitslehre, Baustofflehre; für die Tiefbauabtheilung: Tiefbaukunde (Erd-, Strassen-, Wasser-, Brücken- und Eisenbahnbau[1]), Baukonstruktionslehre, Statik und Festigkeitslehre, Baustofflehre.

Hat ein Prüfling der Hochbau- und Steinmetzabtheilung im Entwerfen, oder ein Schüler der Tiefbauabtheilung in der Tiefbaukunde nicht mindestens die Durchschnittsnote „genügend" erhalten, so ist er von der mündlichen Prüfung auszuschliessen und gilt als durchgefallen.

§ 12. Die mündliche Prüfung wird durch die Lehrer vorgenommen. Wünsche der Ausschussmitglieder auf besondere Berücksichtigung einzelner Gebiete sind durch den Vorsitzenden nach Anhörung des Direktors zur Kenntniss des prüfenden Lehrers zu bringen. Dem Vorsitzenden und dem Direktor steht es frei, an den Prüfling unmittelbar Fragen zu richten. Die Reihenfolge der Prüfungsgegenstände (vgl. § 22) und die Zahl der in einer Gruppe zu vereinigenden Prüflinge, die im allgemeinen zehn nicht übersteigen soll, setzt der Vorsitzende fest.

§ 16. Die Gesammtprüfung ist zu censiren mit:
„mit Auszeichnung bestanden", „gut bestanden", „bestanden", „nicht bestanden."

Das Prädikat „bestanden" darf nicht ertheilt werden, wenn der Prüfling
 in der Hochbauabtheilung im Entwerfen, in der Baukonstruktionslehre und in der Baukunde,
 in der Steinmetzabtheilung in dem Entwerfen, der Baukonstruktionslehre und darstellenden Geometrie,
 in der Tiefbauabtheilung in der Tiefbaukunde und Baukonstruktionslehre nicht mindestens die Durchschnittsnote „genügend" erhalten hat, und wenn ein „Ungenügend" in der Statik und Festigkeitslehre nicht durch gute Leistungen in den Hauptfächern ausgeglichen wird. Im Uebrigen kann die Durchschnittscensur „ungenügend" in einzelnen Fächern durch bessere Censuren in anderen Fächern ausgeglichen werden.

---

[1]) Für Schüler, die statt im Eisenbahnbau im Meliorationswesen unterrichtet worden sind, tritt letzteres an Stelle des Eisenbahnbaus.

Das Prädikat „gut bestanden" ist nur zur geben, wenn mindestens in allen Hauptfächern gute und in keinem Nebenfach ungenügende Leistungen vorliegen. Bei dem Prädikat „mit Auszeichnung bestanden" wird vorausgesetzt, dass der Prüfling wenigstens in zwei Hauptfächern die Note „sehr gut" und in allen anderen Fächern die Note „gut" erhalten hat.

§ 17. Der Regierungs-Kommissar ist befugt, die Beschlüsse des Prüfungsausschusses zu beanstanden, wenn 1. die Bestimmungen der Prüfungsordnung verletzt sind oder er 2. das Urtheil des Ausschusses darüber, ob ein Prüfling bestanden hat oder nicht, für unrichtig hält.

II. Besondere Bestimmungen.

§ 20. Die schriftliche Prüfung erstreckt sich auf folgende Gegenstände:
a) in der Hochbauabtheilung auf Entwerfen, Baukonstruktionslehre, Statik und Festigkeitslehre,
b) in der Steinmetzabtheilung auf Entwerfen, Baukonstruktionslehre, darstellende Geometrie, Formenlehre, Statik und Festigkeitslehre,
c) in der Tiefbauabtheilung auf Tiefbaukunde, (Erd-, Strassen-, Wasser-, Brücken- und Eisenbahnbau [1]), Feldmessen, Baukonstruktionslehre, Mathematik, Statik und Festigkeitslehre.

§ 22. Gegenstände der mündlichen Prüfung sind für alle drei Abtheilungen: Baukonstruktionslehre, Statik und Festigkeitslehre. Baustofflehre, Geschäftsführung (umfassend Veranschlagen, Abrechnung, Bauleitung, Buchführung pp.), Baupolizei und Gesetzeskunde;
hinzukommen
für die Hochbauabtheilung: Baukunde (landwirthschaftliche, bürgerliche, Heizung u. s. w.),
für die Steinmetzabtheilung: darstellende Geometrie
für die Tiefbauabtheilung: Mathematik, Feldmessen, und Tiefbaukunde (Erd-, Strassen-, Wasser-, Brücken- und Eisenbahnbau, Maschinenkunde.)

Diejenigen, welche die Reifeprüfung an den Preussischen Baugewerkschulen bestanden haben, geniessen eine Anzahl Berechtigungen im Bereiche der Verwaltung des Ministeriums der öffentlichen Arbeiten, sofern sie sich der mittleren Beamtenkarrière (Bauschreiber, technische Eisenbahnsekretäre, Eisenbahnbetriebsingenieure, Garnisonbauwarte, Bahnmeister, Wasserbauwart u. s. w.) zuwenden. — Ausserdem sind sie von der Ablegung eines Theiles der zur Führung des Meistertitels berechtigenden Meisterprüfung befreit. (Siehe oben S. 598.)

Eine die Organisation der Baugewerkschulen tief berührende Massnahme ist für die nächste Zukunft geplant, und zwar die Einrichtung von besonderen Polierklassen. Es hat sich nämlich gezeigt, dass die Lehrziele der Baugewerkschule über das Bedürfniss solcher Bauhandwerker hinausgehen, die neben tüchtigem praktischen Können zwar Verständniss für Bauzeichnungen haben und mit der Bauführung vertraut sein müssen, einer weitergehenden zeichnerischen Fertigkeit aber ebenso wie der Kenntnisse in der reinen und angewandten Mathematik und wohl auch in der Formenlehre entbehren können. Junge Leute, die für ihr späteres Fortkommen mit diesen geringeren Kenntnissen auszukommen meinten oder deren Vor-

[1]) Für Schüler, die statt im Eisenbahnbau im Meliorationswesen unterrichtet worden sind, tritt letzteres an Stelle des Eisenbahnbaus.

bildung und geistige Fähigkeiten nicht ausreichten, um die Baugewerkschule ganz durchzumachen, haben den Besuch solcher Anstalten zumeist nach zwei Halbjahren aufgegeben, ohne eine auch nur bis zu einem gewissen Grade abgeschlossene baufachliche Ausbildung erlangt zu haben. In Folge des strengeren Verfahrens bei der Aufnahme werden sich ferner voraussichtlich die Fälle noch mehren, wo Aufnahmesuchende wegen ungenügender Vorbildung oder Befähigung vom Besuche der Baugewerkschule ausgeschlossen werden müssen, die aber gleichwohl eine Baufachschule mit niedrigeren Lehrzielen mit Nutzen besuchen könnten. Es ist deshalb ein Bedürfniss für die Errichtung von Schulen vorhanden, an denen Bauhandwerkern Gelegenheit gegeben wird, sich neben einer gewissen zeichnerischen Fertigkeit in der Baukonstruktionslehre, der Baukunde und der Bauführung die Kenntnisse anzueignen, die etwa von einem tüchtigen Polier verlangt werden. Anstalten dieser Art werden auch die Baugewerkschulen von einem Schülermaterial entlasten, das nicht in sie gehört und geeignet ist, ihre Erfolge zu beeinträchtigen. Zwar bestehen solche Anstalten bereits in Angliederung an Handwerker- oder grössere Fortbildungsschulen, doch sind hier die Lehrpläne und Lehrziele nicht nach einheitlichen und festen Grundsätzen durchgebildet. Um nun Erfahrungen über die zweckmässigste Organisation solcher niederen Bauhandwerkerschulen zu sammeln, ist beabsichtigt, im Jahre 1902 zunächst bei zwei staatlichen und einer städtischen Baugewerkschule Polierklassen versuchsweise einzurichten.[1]

Der Besuch der Preussischen Baugewerkschulen in den letzten Jahren ergiebt sich aus folgender

Uebersicht über die Schülerzahl
im

zu	Winter 1891/92	Winter 1892/93	Winter 1893/94	Winter 1894/95	Winter 1895/96	Winter 1896/97	Sommer 1900	Winter 1900/01	Sommer 1901	Winter 1901/02
Berlin . . .	256	270	265	269	266	266	123	263	140	252
Breslau . . .	218	243	266	264	257	265	107	263	115	255
Buxtehude . .	210	214	184	203	233	203	44	142	53	149
Deutsch-Krone .	223	227	212	224	228	225	53	248	73	201
Eckernförde .	197	214	207	208	205	210	88	216	69	234
Höxter . . .	304	299	302	299	306	294	102	292	100	303
Idstein . . .	222	237	257	283	283	288	129	305	168	302
Seite	1630	1704	1693	1750	1778	1751	646	1729	718	1696

---

[1] Vergl. Erläuterung zum Etat der Handels- und Gewerbeverwaltung für das Etatsjahr 1902, S. 46.

	Winter 1890/92	Winter 1892/93	Winter 1893/94	Winter 1894/95	Winter 1895/96	Winter 1896/97	Sommer 1900	Winter 1900/01	Sommer 1901	Winter 1901/02
Uebertrag	1630	1704	1693	1750	1778	1751	646	1729	718	1696
Magdeburg . .	200	201	216	225	221	233	102	257	98	215
Nienburg . .	235	230	240	221	214	246	84	275	92	263
Posen	100	141	178	185	225	238	59	242	63	247
Königsberg . .	—	—	132	153	182	187	69	257	83	245
Görlitz . . .	—	—	—	84	168	176	68	192	64	191
Köln	—	—	—	—	221	212	115	276	130	271
Kassel . . .	—	—	—	—	—	86	76	211	83	213
Frankfurt a/O. .	—	—	—	—	—	—	61	240	80	269
Stettin . . .	—	—	—	—	—	—	27	166	76	204
Kattowitz . .	—	—	—	—	—	—	64	162	56	160
Münster . . .	—	—	—	—	—	—	99	253	111	271
Barmen . . .	—	—	—	—	—	—	—	262	99	286
Hildesheim . .	—	—	—	—	—	—	8	102	34	177
Aachen . . .	—	—	—	—	—	—	—	71	42	135
Erfurt . . .	—	—	—	—	—	—	—	—	—	143
Zusammen:	2165	2276	2459	2618	3009	3129	1478	4695	1829	4986

4. Die Textilfachschulen und die Königliche Technische Zentralstelle für Textilindustrie in Berlin.[1]

Die ersten Spezialfachschulen für die Textilindustrie waren Spinnschulen, die im achtzehnten Jahrhundert und in der ersten Hälfte des neunzehnten zur Verbesserung der Handspinnerei, namentlich des Flachsspinnens, in grosser Zahl errichtet wurden. Besonders warm trat für sie der Staatsrath Kunth[2] ein, der durch sie, sowie durch die Beförderung des Flachsbaus und der Flachskultur das preussische Leinengewerbe dem Auslande gegenüber konkurrenzfähig erhalten wollte. Nachdem die Handspinnerei durch die mechanische Spinnerei verdrängt worden war, gingen diese Schulen nach und nach ein.[3]

[1] Siehe die Denkschriften von 1881, S. 7 ff.; 1883 S. 9 ff; 1891 S. 29 ff. und 1896 S. 32; ferner die Verhandlungen der ständigen Kommission für das technische Unterrichtswesen; die Verhandlungen von 1896 sind abgedruckt in Anlage I, S. XXIII ff.

[2] Friedr. und Paul Goldschmidt, das Leben des Staatsraths Kunth, Berlin 1881, S. 127, 338.

[3] In Westfalen bewilligte der Provinziallandtag 1834 auf vier Jahre jährlich 2000 Thlr. zur Einrichtung von Spinnschulen mit der Massgabe, „dass die Schulen nicht stehend sein dürfen, sondern nach Verlauf eines bestimmten Zeitraums ver-

Die erste öffentliche Webeschule wurde am 1. Januar 1845 zu Elberfeld eröffnet. Die bezügliche Bekanntmachung des „Vorstandes der öffentlichen Webeschule" vom 14. Dezember 1844 lautete:

„Die Webekunst hat in unseren Tagen einen Grad der Ausbildung erreicht, dass für diejenigen, welche eine grössere Weberei mit Erfolg leiten wollen, die handwerksmässige Erlernung dieser Kunst nicht mehr ausreicht. In Lyon bestehen schon seit längeren Jahren öffentliche und Privat-Webeschulen, welche bisher auch von mehreren Söhnen der Fabrikanten hiesiger Gegend, ungeachtet der bedeutenden Kosten besucht worden sind. Aus solchem Bedürfniss entstanden vor mehreren Jahren auch in hiesiger Stadt zwei Privatwebeschulen, welche sich einer nicht unbedeutenden Frequenz zu erfreuen hatten. Die Regierung sowohl, als auch die städtischen Behörden sehen unter solchen Verhältnissen die Notwendigkeit ein, zu grösserer Förderung des Unterrichts in der Webekunst eine öffentliche Webeschule zu errichten, und nach vielfachen Verhandlungen ist diese Angelegenheit so weit gediehen, dass die öffentliche Webeschule hierselbst mit dem 1. Januar 1845 ins Leben treten wird.

Dieselbe ist durch die Munificenz eines Königl. hohen Finanz-Ministeriums und des hiesigen Stadtraths, sowie durch die Privat-Beiträge des Elberfelder Ge-

---

legt werden müssen." 1847 waren in Schlesien 10 Spinnschulen vorhanden; die Ausbildung der Spinnlehrer und Spinnlehrerinnen erfolgte zu Mittelwalde und Waldenburg. — Im Verwaltungsbericht des Handelsministeriums über die Jahre 1849—1851 heisst es bezüglich der Spinnschulen, nachdem vorher die Nothwendigkeit, die Flachsmaschinenspinnereien zu erweitern und zu vermehren betont worden war: „Obgleich mit diesen Bestrebungen der Regierung die gleichzeitige Unterstützung der Handspinnerei nicht in Uebereinstimmung zu sein scheint, weil mit der Ausdehnung der Maschinenspinnerei, wohin das Augenmerk hauptsächlich gerichtet sein muss, nothwendig eine Verminderung des Verbrauchs der Handgarne eintreten muss, so habe ich es doch als nothwendig erkannt, auch jene Unterstützung eintreten zu lassen. Das zur Errichtung neuer oder zur Erweiterung bestehender Maschinen-Spinnereien erforderliche, sehr beträchtliche Kapital kann sich diesem Industriezweige nur langsam zuwenden; die Wirkung dieser Anlagen auf die Garnproduktion wird daher auch erst nach und nach eintreten und das aus Maschinengarn gefertigte Leinen wird zumeist mehr die fremden Märkte suchen, als diejenigen des Zollvereins, weil es auf jenen mit fremdem Leinen konkurriren kann, während fremde Leinen auf diesseitigen Märkten nur eine sehr beschränkte Konkurrenz machen. Schon aus diesen Gründen darf man noch länger jetzt die Handspinnerei fördern, ohne mit den zur Beförderung der Maschinen-Spinnereien zu treffenden Massnahmen in Widerspruch zu treten. Es scheint aber auch deshalb rathsam, die Klasse der Handspinner nicht gänzlich ihrem Schicksal zu überlassen, weil es sich hier um die Ueberwindung eines tief eingewurzelten Vorurtheils handelt, und der Ansicht nicht Raum gegeben werden darf, als unterstütze die Regierung nur die Fabrikanten, welche nothwendig den Erwerb der Handspinner beeinträchtigen werden. Dass die Regierung hier nicht aus eigener Wahl handelt, dass vielmehr die Leinen-Fabrikation ganz unvermeidlich zu Grunde geht, wenn sie nicht, statt auf Handspinnerei, auf Maschinen-Spinnerei, gestützt wird, das wird von den bedrängten Arbeitern um so weniger anerkannt, als selbst jetzt noch in Westfalen ein Theil des Leinenhandel treibenden Kaufleute der Verbreitung des Maschinengarns beharrlich entgegenwirkt. In Berücksichtigung dieser Umstände habe ich durch Unterstützung aus dem gewerblichen Fonds für die Erhaltung der bestehenden und die Errichtung neuer Spinnschulen, wenn sich die Gemeinden dafür werkthätig erweisen, gesorgt, Prämien für gute Spinner bewilligt und verbesserte Geräthschaften vertheilen lassen." — Aber schon in dem Verwaltungsberichte für die Jahre 1852—54 wird über die Spinnschulen „hinweggegangen, da dieselben nicht als Hülfsinstitute anzusehen sind, welche die Berechtigung des Fortbestehens in industriellen Zwecken finden. Sie gehören thatsächlich dem Bereiche der Ortsarmenpflege an und sind auch in dieser Beziehung von zweifelhaftem Nutzen."

werbestandes so reich mit allen erforderlichen Mitteln ausgerüstet, dass sie in ehrenvoller Weise den ausländischen Instituten wird an die Seite treten können. Es sind für die neue Anstalt zwei tüchtige Lehrer, Herr Montarlier und Herr Gombert gewonnen worden. Herr Montarlier ist Lyoner von Geburt und kennt theoretisch und praktisch das ganze Gebiet der Weberei; seine vor einigen Jahren in Elberfeld errichtete Privat-Webeschule erfreut sich bisher des verdienten Zutrauens des Publikums. Herr Gombert ist Zögling des Berliner Gewerbe-Instituts; er hat sich mit Staats-Unterstützung mehrere Jahre in Wien und Lyon aufgehalten, um sich für sein Fach theoretisch und praktisch auszubilden; ein hohes Ministerium hat ihn für die hiesige Anstellung empfohlen. Es dürfen also von Seiten der Lehrer die befriedigendsten Leistungen erwartet werden. Die städtischen Behörden stehen in Unterhandlungen, um für die Anstalt ein geeignetes Lokal bleibend zu erwerben. Das Honorar beträgt für einen vollständigen Kursus 120 Thaler. Die jungen Zöglinge, welche dem Unterricht den vollen Tag widmen können, werden den Kursus im Verlaufe eines Jahres vollenden. Es können aber auch solche Zöglinge eintreten, welche nur einen Theil des Tages den Unterricht benutzen zu können im Stande sind, in welchem Falle dann der Kursus ohne Erhöhung des Honorars verhältnissmässig länger dauert.

Die Anmeldungen geschehen bei den Lehrern der Anstalt im provisorischen Lokale, Brausenwerth No. 1151. Es werden ausser Einheimischen auch fremde Zöglinge aufgenommen."

Vorstehende Bekanntmachung wurde unterm 26. Dezember 1844 auch von der Regierung zu Düsseldorf mit dem Bemerken veröffentlicht, dass die öffentliche Webeschule zu Elberfeld dazu bestimmt sei, „die Weberei nicht allein des Wupperthals, sondern des gesammten Rheinlandes, zunächst unseres Verwaltungsbezirks, weiter zu fördern."

Der Unterricht wurde mit 14 Schülern begonnen, die in kurzer Zeit auf 38 anwuchsen. Im Jahre 1854 waren es 43 und zwar 25 Inländer und 18 Ausländer, wovon 4 aus Sachsen, 2 aus Belgien, 2 aus Holland, 2 aus Frankreich, 1 aus Spanien und 1 aus Russland. Die erste Ausstattung mit Lehrmitteln, die ganz vom Staate bezahlt wurde und 3500 Thaler kostete, wies unter Anderem auf: 5 verschiedene Webstühle für glatte Gewebe, 2 für gemusterte Gewebe in doppeltem und vierfachem Chor, 1 in doppeltem Chor mit Kammabtheilungen, 1 für Damast, 1 für Lampas, 1 für Staille douce, 1 für Tringles, 1 für glatte und 1 für gemusterte Bänder; ferner Wickelmaschine, Spulmaschine, Kammschlagmaschine, Kettenscheerapparat u. s. w. Der erste Etat schloss in Einnahme und Ausgabe mit 3186 Thalern ab, wovon 1890 auf Gehälter, 500 auf Hausmiethe, 80 auf Feuer und Licht, 300 auf Lehrmittel, 300 auf Unterhaltung und Vermehrung des Schulgeräths und 116 auf unvorhergesehene Ausgaben entfielen. Zu diesen Kosten hatten beizutragen der Staat 321 und die Stadt Elberfeld 800 Thaler; 505 Thaler sollten durch freiwillige Beiträge, 1440 durch Schulgeld und 120 durch Vermiethung des Erdgeschosses des Schullokals gedeckt werden. Von 1848 wurde der Staatszuschuss auf 400 Thaler erhöht und ausserdem noch 5 Jahre lang je 200 Thaler zur regelmässigen Anschaffung von Mustern der neuesten französischen Gewebe zur Verfügung gestellt. Der Unterricht beschränkte sich Anfangs auf die Handweberei, die Zerlegung und Nachahmung von Geweben und elementares Zeichnen. Da ein so beschränkter Lehrplan für die Bedürfnisse der Elberfelder Industrie nicht genügte, wurde die Schule 1855 in ein von der Stadt für 7000 Thaler gekauftes Fabrikgebäude verlegt und der Lehrplan durch Vorträge über mechanische Weberei, Stoff- und Farbenlehre, sowie namentlich durch die Einrichtung eines Dessinateur-Kursus — Fabrikmuster-Zeichnerschule — erweitert. In letzterem sollten „Männer ausgebildet werden, welche den Namen als Künstler im Dessiniren verdienen und welche, sei es als Angestellte in einer bestimmten Fabrik, sei es als Gründer eigener Dessinir-Anstalten, die einheimische Fabrikation durch Schöpfung neuer, geschmackvoller und zweckentsprechender Muster aus ihrer jetzigen Abhängigkeit von dem Auslande befreien und die Konkurrenz mit demselben erleichtern sollen." Die Lösung dieser Aufgabe sollte durch einen gründlichen Unterricht im allgemeinen Zeichnen, insbesondere von Blumen, Ornamenten u. s. w. vorbereitet werden, worauf sodann der Unterricht im eigentlichen Zeichnen und Erfinden der Muster durch einen praktisch und theoretisch gebildeten Dessinateur „von ausgezeichneter Leistungsfähigkeit" folgen sollte. Zu dem Zwecke ward die Errichtung eines förmlichen Ateliers an der Schule in Aussicht genommen, in dem brauchbare Muster für die Praxis durch die fortgeschrittenen Schüler der Anstalt angefertigt werden sollten. Für die Vorträge in der mechanischen Weberei wurden ferner einige mechanische Webstühle beschafft, aber nur nebenher benutzt und mit der Hand in Bewegung gesetzt, weil die Beschaffung der ursprünglich in Aussicht genommenen Dampfmaschine und der übrigen für den Unterricht in der mechanischen Weberei nothwendigen Lehrmittel hinterher für zu kostspielig erachtet worden war. So blieb denn der Lehrmittel-Apparat hauptsächlich auf die Handweberei beschränkt. Am 1. April 1861 wurde an der Anstalt noch eine chemische Abtheilung eingerichtet, so dass die Schule, die bei dieser Gelegenheit abermals mit neuen Lehrmitteln ausgestattet wurde, und auch in einem für die Provinzial-Gewerbeschule errichteten Gebäude ein neues Heim erhielt, von da ab aus drei Abtheilungen bestand: 1. der Abtheilung für den eigentlichen Webeunterricht, in der die Schüler das gesammte Gebiet der Fabrikation der Webwaaren theoretisch und praktisch erlernen und zur selbständigen Leitung einer Fabrik oder eines Waarengeschäfts befähigt; 2) der Abtheilung für Dessinateure, in welcher die Schüler zu selbständiger, künstlerischer Erfindung und Herstellung neuer und zweckmässiger Muster für gewebte und gedruckte Stoffe angeleitet und zu guten Patroneuren herangebildet werden sollten, und 3) der chemischen Abtheilung für künftige Färber, Drucker,

Bleicher, Farbwaaren-Fabrikanten und Droguisten. In die Abtheilung
für Dessinateure wurden übrigens auch Angehörige anderer Berufe,
überhaupt alle jungen Leute aufgenommen, denen ein gründlicher,
allseitiger Zeichenunterricht für die Ausübung ihres Gewerbes nothwendig oder nützlich werden konnte, wie Bildhauer, Formenstecher,
Graveure, Lithographen, Zimmer- und Dekorationsmaler u. s. w.

Ende der sechziger Jahre verlor die Anstalt die ihr früher in
so reichem Masse von den städtischen Behörden und den Industriellen
entgegengebrachten Sympathien, weil sie die auf sie gesetzten grossen
Hoffnungen nicht erfüllt hatte. Die Schülerzahl in dem D e s s i n a t e u r -
k u r s u s hatte in den fünf ersten Jahren des Bestehens, von 1856 bis
1860, im Hauptkursus nur in einem Halbjahr 30, und in dem für
die Schüler der Webe-Abtheilung bestimmten Nebenkursus in zwei
Halbjahren 33 und 34 erreicht, war aber in der Regel viel geringer
gewesen und seit 1861 in stetem Rückgang begriffen. Im Jahre
1863 zählte diese Abtheilung nur noch 9 Schüler im Hauptkursus,
worunter 2 Freischüler und 4 Stipendiaten der Handelskammer, und
10 Schüler im Nebenkursus, worunter 3 Freischüler und 4 Stipendiaten. 1864 waren 4 bis 5 Schüler, 1865 1 bis 3 und 1866 nur
noch 1 Schüler im Hauptkursus vorhanden; am Nebenkursus nahmen
immer nur 6 bis 10 Schüler theil. Man führte diesen Rückgang
auf die Aenderung der „allgemeinen Verhältnisse zurück, welche
das früher unzweifelhaft vorhandene Bedürfniss nach einer Fabrik-
musterzeichenschule wesentlich vermindert hätten. Durch die herr-
schende Geschmacksrichtung seien bei der Fabrikation der Webwaaren die zusammengesetzteren, eine künstlerische Befähigung
erfordernden Muster fast ganz verdrängt und durch einfache, leichter
herzustellende Muster ersetzt worden". In Folge dessen sei das
früher sehr einträgliche und gesuchte Gewerbe des Fabrikmuster-
zeichners zu einem unsicheren, wenig lohnenden geworden; der
Musterzeichner habe wenig Aussicht, eine Stelle zu erlangen, welche
ihn für den Kosten- und Zeitaufwand, den seine Ausbildung ver-
ursache, einigermassen entschädige und deshalb schwinde mehr und
mehr die Neigung, sich diesem Berufe zuzuwenden.

Nicht viel besser als mit der Zeichenabtheilung erging es mit der
eigentlichen W e b e r e i a b t h e i l u n g. Nach der Ausgestaltung der
Schule im Jahre 1861 und ihrer Uebersiedelung in das neue Gebäude hob sich zwar die Schülerzahl, die im Jahre 1859 auf zwölf
herabgesunken war, zu Ostern 1861 auf 36 und 1863 auf 38. Sie
ging aber in den folgenden Jahren auf 34, 26, 32, 27, 23, 13 zurück
und betrug im Sommerhalbjahr 1867 nur noch 11. Als Grund
hiefür wurde die mangelhafte Einrichtung und Ausrüstung der Anstalt angesehen. Denn wenn diese auch erst im Jahre 1861 vervollständigt worden war, so genügte sie doch keineswegs den Anforderungen, welche schon damals an eine Webeschule gestellt werden

mussten, da die Lehrmittel, wie schon oben bemerkt, in der Hauptsache auf die Handweberei beschränkt blieben und die mechanische
Weberei zu wenig berücksichtigten. Der durchaus nothwendige
Ausbau der Schule in dieser Richtung wurde für zu kostspielig
gehalten, da zu dem Zwecke ein Neubau, eine Dampfmaschine und
20 mechanische Webstühle erforderlich gewesen wären, auch dauernd die
Mittel hätten zur Verfügung gestellt werden müssen, um den Lehr-
mittelapparat den Fortschritten der Technik entsprechend fortgesetzt
zu ergänzen. Die chemische Abtheilung endlich war von Anfang an schlecht besucht. Sie wurde im Jahre 1861 mit 4 Schülern
im Haupt- und 2 Schülern im Nebenkursus eröffnet; in den Jahren
1864 bis 1866 schwankte die Zahl im ersteren zwischen 9 und 14,
im letzteren zwischen 1 und 9. Im Sommerhalbjahr 1867 hatte der
Hauptkursus 5, der Nebenkursus nur 1 Schüler.

Für diese so spärlich besuchte Anstalt waren im Jahre 1866
an laufenden Unterhaltungskosten, abgesehen von den der Stadt zur
Last fallenden Kosten für die Verzinsung und Amortisation des
Baukapitals und die bauliche Unterhaltung, 8325 Thaler aufzuwenden.
Davon wurden 2268 Thaler durch Schulgeld, 547 Thaler durch den
Erlös aus den den Schülern überlassenen Proben, Stoffen und Ge-
räthschaften gedeckt, während der Rest von etwa 5500 Thalern von
Staat und Stadt je zur Hälfte aufzubringen war.

Unter diesen Umständen beschlossen die städtischen Behörden,
die Anstalt zum 1. April 1868 aufzuheben. Ein Versuch der Regierung, die Schule nach Barmen zu verlegen, schlug fehl. Er wurde
aber im Jahre 1899 mit Erfolg wieder aufgenommen.

Die zweite Preussische Webeschule war die zu Mülheim am
Rhein, welche mit Hülfe freiwilliger Beiträge begründet und am
1. Oktober 1852 eröffnet worden war. Nach dem im Januar 1853
veröffentlichten Prospekt sollten in ihr Werkmeister und Fabrikanten
herangebildet und jungen Leuten, die sich als Verkäufer oder Ein-
käufer dem Manufakturwaarenfache widmen wollten, genaue Kenntnisse
der Fabrikation und dadurch die Fähigkeit richtiger Beurtheilung der
Waaren beigebracht werden. Mit der Anstalt war eine Zeichenschule zur
Ausbildung im freien Hand-, Maschinen- und Patronenzeichnen verbunden. Der Unterricht wurde von einem Lehrer und einem Web-
meister ertheilt und erstreckte sich auf die Herstellung der Gewebe
aus den verschiedenartigsten einfachen und gemischten Stoffen
(Leinen, Baumwolle, Wolle, Seide etc.), auf die zweckmässigste und
einfachste Ausführung der Zeichnungen und Patronen für gemusterte
Gewebe, auf die Behandlung und Färbung der verschiedenen Rohstoffe, die Appretur der fabrizirten Waaren und auf die Kalkulationen nach Musterproben, wodurch der Schüler befähigt werden
sollte, „schon vor der Einrichtung eines zu fabrizirenden Artikels
dessen Rentabilität zu bestimmen und denselben auf die möglichst

vortheilhafte Weise herzustellen". Das Schulgeld betrug für den ganzen Kursus, „welcher bei einigem Fleiss in Zeit eines Jahres beendet werden konnte", 75 Thaler. Die zu analysirenden Muster, sowie die nöthigen Zeichen- und Schreibmaterialien wurden von der Anstalt gegen billige Vergütung geliefert. Der Eintritt konnte jederzeit erfolgen. Wie in Elberfeld, so waren auch in Mülheim die Lehrmittel für den praktischen Unterricht — 17 Stühle nebst den erforderlichen Nebenapparaten — nur für die Handweberei berechnet; die Schüler webten meistens Stoffe zu eigenem Gebrauch, wozu sie selbst das Material lieferten.

Da sich die Anfangs gehegte Hoffnung, die Unterhaltungskosten aus dem Schulgelde decken zu können, trotz des nicht ungünstigen Schulbesuchs — im Jahre 1853 waren schon zwanzig Schüler vorhanden — nicht erfüllte, so wandte sich das Kuratorium am 9. September 1853 an Staat und Stadt mit der Bitte um Unterstützung. Dies gab der Regierung Veranlassung, die Anstalt durch den Direktor des Gewerbe-Instituts, Druckenmüller, besichtigen zu lassen. Aus seinem sehr eingehenden Revisionsbericht geht hervor, dass die Regierung schon damals darüber in Zweifel war, ob Mülheim der richtige Platz für eine Webeschule sei und ob eine solche nicht eher nach Gladbach gehöre, ein Zweifel, der sich in der Folge als berechtigt erwiesen und im Jahre 1901 thatsächlich zur Verlegung der Schule nach M.-Gladbach geführt hat. Im Uebrigen giebt der Bericht auch über die damals übliche Art des Unterrichts interessante Abschlüsse. Es heisst in demselben:

Der Unterricht wird in derselben Form ertheilt, wie in Elberfeld. Jeder Schüler legt sich ein Cursbuch an, in welches zunächst eine ziemlich umfangreiche Einleitung über Rohstoffe, Vorbereitungsarbeiten, die Einrichtung der verschiedenen Stühle, der Jacquardmaschine u. s. w. eingetragen wird. Hierauf folgt ein Bericht über die einzelnen von dem Schüler ausgeführten Dekompositionen unter Beifügung des ausgezählten Musters, nachdem dieselben von dem Lehrer geprüft sind. Später wird auch die Patrone und die Calculation beigefügt. Die von dem Lehrer entworfene Einleitung schreibt ein Schüler aus dem Cursbuch des andern ab; ein Vortrag findet nicht statt und ist auch nicht möglich, so lange die Schüler nicht zu einer bestimmten Zeit in die Anstalt eintreten. Wünschenswerth wäre es, dass den Schülern eine gedruckte Theorie in die Hände gegeben und diese unter Vorzeigung von Proben und Modellmaschinen erläutert würde. Es fehlt zwar nicht an vortrefflichen Arbeiten über diesen Gegenstand; dieselben sind aber für den Zweck einer solchen Schule zu umfangreich. Mit dem Unterricht in der Theorie wechselt die Uebung in der Weberei ab. Diese beschränkt sich nicht auf die in Mülheim gangbaren Stoffe; auf einzelnen Stühlen fand ich Leinen, Baumwollen und wollene Hosenstoffe (Buckskins), die in Mülheim nicht fabrizirt werden. ... Nach meiner Ansicht wird in der Schule geleistet, was unter den gegebenen Umständen möglich ist. Man wird aber nicht dabei stehen bleiben können, wenn die Schule überhaupt Bestand haben soll. Einerseits ist das Unterrichtsmaterial noch zu dürftig und erheischt eine Vermehrung, wie auch das Kuratorium in seiner Eingabe bereits dargelegt hat. Andererseits bedarf der Unterricht selbst einer Ergänzung zur Ausbildung von Patroneuren. Denn wenn in dem gedruckten Prospectus der Schule unter den Unterrichtsgegenständen auch das Patroniren aufgeführt ist, so ist darunter nur das Patroniren nach einem schon vorliegenden und dekomponirten Muster zu verstehen. Diese Uebung führt allerdings zum Verständniss der Fabrikation; sie befähigt auch, ein Muster nachzubilden, ist aber nicht geeignet. Patroneure zu bilden, d. h. solche, welche zu einem blos gezeichneten Muster die Patrone entwerfen können. Fasst man freilich blos das Bedürfniss der Mülheimer Fabrikation ins Auge, so würde eine solche Ausdehnung des Unterrichtsstoffs sich nicht empfehlen, da wenig façonnirte Stoffe dort gefertigt werden. Dasselbe Bedenken richtet sich dann aber gegen den Bestand der ganzen Anstalt. Dieser letztere Punkt ist nach der Revision der Schule mit dem Vorstande näher erörtert worden. Derselbe musste anerkennen, dass die Fabrikation von Mülheim und Umgegend zu gering sei, um der Schule die nöthige Frequenz dauernd zu sichern. An Fabrikanten und Werkmeistern befinden sich daselbst zusammen 36 Personen. Rechnet man die doppelte Zahl, weil auch die bei den Fabrikanten beschäftigten Käufer von Rohmaterial, ihre Verkäufer und Kommissionäre vielleicht die Schule besuchen, so darf man doch auf nicht mehr als vier Schüler jährlich im Durchschnitt aus der dortigen Gegend zählen, wenn auch im ersten Jahre diese Zahl überschritten worden ist. Die Konditioniranstalt von Elberfeld hat im letzten Jahre 400 000 Pfund Seide getrocknet, die von Crefeld 700 000 Pfund, Mülheim verbraucht 40 000 Pfund. Andererseits ist auch die Fabrikation von Mülheim vorläufig noch zu einseitig, um für den Unterricht, der immerhin mehr oder weniger unter ihrem Einflusse bleiben wird, als Anregung zu dienen. In dieser Beziehung hat Elberfeld auch vor Crefeld einen Vorzug, und wenn man die Entstehung von Webeschulen planmässig begünstigen wollte, so könnten nur noch Berlin und Gladbach daneben in Betracht kommen. Handelt es sich aber darum, zu fördern, was in den Gemeinden aus eigenem Trieb entsteht — und ich glaubte dem Vorstand, dem ich meine Bedenken gegen die Lebensfähigkeit der Schule in keiner Weise vorenthielt, doch versichern zu dürfen, dass Eure Excellenz durchaus nicht verkennten, wie viel Förderliches für eine solche Anstalt darin liege, dass sie nicht von der Regierung hervorgerufen, sondern durch das Zusammenwirken wohlgesinnter Männer entstanden sei — so muss doch vor Allem die notwendige Einnahme der Schule dauernd gesichert sein. Nach den von Eurer Excellenz festgestellten Grundsätzen glaubte ich daher dem Vorstande eröffnen zu dürfen, dass eine Unterstützung des Staats für die Schule nicht in Aussicht stehe, wenn sie nicht aufhöre, ein Privatinstitut zu sein und wenn nicht die Gemeinde einen Zuschuss zur Unterhaltung derselben in gleichem Betrage wie der vom Staate beanspruchte, dauernd übernehme . . .

In Folge dieses Revisionsberichts beschlossen die städtischen Behörden, die Anstalt vom 1. Oktober 1854 in eine städtische höhere Webeschule umzuwandeln, die Unterhaltung dauernd zu übernehmen, für sie einen jährlichen Beitrag im Budget auszubringen und das Schullokal mit der nöthigen Einrichtung an Utensilien zu stellen, jedoch nur so lange, als die Anstalt nach dem Ermessen des Gemeinderaths ein örtliches Bedürfniss sei und unter der Bedingung, dass auch der Staat denselben Zuschuss wie die Gemeinde zur Unterhaltung beisteure. Dieser letzteren Bedingung wurde Seitens der Staatsregierung entsprochen und es hat sich seitdem die Schule, deren Lehrpersonal in der Folgezeit noch mehrfach verstärkt und deren Lehrmittel vielfach vermehrt und verbessert, namentlich auch für den praktischen Unterricht in der mechanischen Weberei ergänzt wurden, bis zu ihrer im Jahre 1901 erfolgten Auflösung bezw. Verlegung nach M.-Gladbach gut entwickelt. Der staatliche und städtische Zuschuss war nach und nach auf jährlich 4000 bis

5000 Mark angewachsen, die Frequenz bewegte sich zwischen 50 und 70 Schülern. Letztere stammten allerdings, wie dies nach den oben geschilderten örtlichen Verhältnissen von vornherein zu erwarten war, nur zum geringsten Theil aus Mülheim und Umgegend, vielmehr zum grössten Theile von ausserhalb. Doch war die Anstalt, nachdem die Schule in Elberfeld eingegangen, bis zu der in den achtziger Jahren erfolgten Ausgestaltung der Webeschule in Crefeld die einzige und relativ beste Lehranstalt für Textil-Industrie in Deutschland, in der zahlreiche deutsche Fabrikanten ihre fachliche Ausbildung in einer für die damaligen Verhältnisse im Allgemeinen ausreichenden Weise gefunden haben.

Mit dem eben erwähnten Ausbau der Webeschule in Crefeld begann die Regierung nach der Aufhebung der Gewerbeschulen die planmässige Förderung des Textilschulwesens in ganz Preussen.

Die öffentliche Webeschule in Crefeld wurde am 1. Oktober 1855 eröffnet, nachdem man sich davon überzeugt hatte, dass die bis dahin in dieser Stadt vorhandenen „Privat-Webeschulen‘ den Bedürfnissen nicht mehr genügten, da sie weder über die nöthigen Lehrkräfte noch die geeigneten Lehrmittel verfügten. Die Fabrikanten waren daher genöthigt, ihre Söhne und Werkmeister nach Lyon zu schicken, wenn sie ihnen eine den Ansprüchen der Zeit entsprechende Ausbildung angedeihen lassen wollten. Die Crefelder Schule, welche von Anfang an als eine Seidenwebeschule geplant war, hatte nach einem Berichte des Direktors des Gewerbe-Instituts, Nottebohm, vom Jahre 1857 folgende Organisation:

Die Anstalt bezweckt die Ausbildung der Schüler zu Fabrikanten, Werkmeistern und Musterzeichnern. Das Bestreben ist dahin gerichtet, die Schüler in den wissenschaftlichen Theilen des Unterrichts auf einem gemeinsamen Standpunkt zusammen zu halten, weshalb die Schüler den auf ein Jahr berechneten Kursus zugleich beginnen und dem Unterricht, wie bei anderen Schulanstalten, ein allgemeiner Stundenplan zu Grunde liegt. Es werden ferner Repetitionen und Abgangsprüfungen gehalten, und ausser den Abgangszeugnissen vierteljährlich Censuren an die Schüler vertheilt. Die Webeschule befindet sich in dem Gebäude der Provinzial-Gewerbeschule, das Lehrpersonal besteht aus sechs Personen. Die Zahl der wöchentlichen Unterrichtsstunden beträgt 36. Für den theoretischen Unterrricht in der Weberei, durch den Direktor Beyssel, sind wöchentlich drei Stunden bestimmt. Derselbe umfasst: die Entstehung der Seide und ihre Behandlung vom Cocon bis zur Rohseide, die Ableitung der verschiedenen Gewebe aus den Grundstoffen: Taffet, Köper und Satin, die allgemeinen Grundsätze bei der Fabrikation verschiedener Stoffe, nämlich der beidrechten Stoffe, der Hohlgewebe, der Gaze, der sammetartigen Stoffe aus der Kette und dem Einschlag, der Kidderminster Teppiche, des Piquets, sowie das Brochiren und Lamiren der Gewebe, die Konstruktion der in der Weberei vorkommenden Maschinen und Einrichtungen, nämlich des Harnisches mit rabattirender Schnürung, Vorderkämmen, Hebeschäften, der Kammmaschine, des Kegel- und Zampelstuhls, der Trommel und Jacquard-Maschine, der Kartenschlage- und Karten-Kopir-Maschine u. s. w. Auf den Unterricht in der Physik und Chemie entfallen wöchentlich drei, auf den im Freihandzeichen wöchentlich vier Stunden. Der letztere umfasst Konturzeichnen von Ornamenten, nach Motiven aus dem Thier- und Pflanzenreich komponirt, und Bearbeiten derselben nach verschiedenen Verhältnissen; freies Zeichnen von farbigen Dessins nach Vorbildern und Veränderung der Ornamente in Form, Grösse und Kolorit; Zeichnen von Blumen-Bouquets nach Vorbildern, vergrössert und verkleinert mit Neutraltinte und aufgesetzten Lichtern auf Thonpapier, reliefartig ausgeführt, Zeichnen von natürlichen Blumen nach Vorbildern mit farbiger Ausführung, Zeichnen nach natürlichen Blumenstellungen mit perspektivischer Zeichnung und farbiger Behandlung. Für den praktischen Unterricht in der Weberei sind wöchentlich 20 Stunden angesetzt. Dieser Unterricht erstreckt sich auf folgende Gegenstände: Ursprung und Geschichte der Webekunst und der Seide, Klassifikation der Stoffe in Bezug auf das Material, das äussere Ansehen, die technischen Schwierigkeiten und den Absatz; Erklärung der in der Weberei vorkommenden Masse und Gewichte nebst deren Vergleichung; die Dekomposition vieler Stoffe und zwar in folgender Ordnung: Grundstoffe, kleinfaçonirte Stoffe, gestreifte Stoffe und zwar nach der Kette und dem Einschlage, gemusterte Stoffe, einfache Sammete, kleinfaçonirte Sammete, façonirte Sammete mit einfachem und façonirtem Grunde, façonirte Sammetbänder, einfache Seidenbänder und façonirte Seidenbänder. Dabei werden als Einleitungen zu den betreffenden Dekompositionen die Erklärungen und die ins Einzelne gehenden Einrichtungen, welche bei der Fabrikation derselben vorkommen, allgemein abgehandelt und zwar umfassen diese allgemeinen Einleitungen hauptsächlich die Kemmmaschine, die Jacquardmaschine mit den verschiedenen Einzelheiten in der Einrichtung des Harnisches und die Maschine zur Verfertigung der Karten. Der Unterricht im Anfertigen von Entwürfen umfasst sechs Stunden und verbreitet sich über folgende Stoffe: Gestreifte und karirte Dessins für Kleiderstoffe in verschiedenen Grössen, reichhaltige Dispositionen und geschmackvolle Farbenzusammenstellungen, Anfangs nach Entwürfen des Lehrers zusammengestellt, später nach Angabe selbständig zusammengestellt und verfertigt; eigene Entwürfe von Dessins aus folgenden Gattungen: Kemmmaschinen, Dessins mit Spiegeleffekten in grösseren und kleineren Verhältnissen, façonirte Sammet- und Taffet-Bänder in verschiedenen Grössen und Breiten, Jacquard-Westen in Taffet und Satin-Grund, gemusterte Sammetwesten in mehreren Genres, grosse façonirte Dessins für Kleider. An den praktischen Uebungen in den einzelnen Operationen der Seidenweberei nehmen nicht alle Schüler Theil, weil ein Theil derselben aus praktisch durchgebildeten Webern besteht. Es werden während der zehn wöchentlichen Stunden, welche für das Entwerfen der Muster und das Freihandzeichnen bestimmt sind, abwechselnd einige Schüler unter Anleitung des Lehrers durch eigene Anschauung und, soweit dies als nöthig erachtet wird, durch Selbstübung mit den Operationen des Webens vertraut gemacht.

Aus dem Vorstehenden erhellet, dass die Webeschule zu Crefeld sich eine grössere Aufgabe gestellt hat, als eine gewöhnliche Webeschule, dass ihr Unterrichtsfeld sich bis in das einer Musterzeichnenschule ausdehnt, wenn auch nur mit Rücksicht auf diejenigen Erzeugnisse, welche der Crefelder Gegend eigenthümlich sind.

Die Anstalt besitzt einen glatten Webestuhl mit Kemmmaschine und Geschirr, einen Stoff-Jacquardstuhl nach neuester Einrichtung, einen Stuhl für glatten Sammet, einen Jacquardstuhl für Sammet, einen Sammetbandstuhl, eine Bandmühle und einen Stuhl zum Weben von doppeltem Plüsch; ferner einen Scheerrahmen, sowie die Maschinen und Geräthschaften zur Verfertigung und zweckmässigen Anordnung der Kämme, Harnische und Karten. Die Schule ist ferner ausgestattet mit Werken über Blumen- und Landschaftszeichnen als Vorlegeblätter, mit einigen wissenschaftlichen Werken über Weberei und Färberei; auch versorgen die Kaufleute die Schule mit den zum praktischen Unterrichte und zur Anfertigung von Entwürfen erforderlichen Mustern.

Das Schulgeld beträgt jährlich 40 Thaler; ärmeren Schülern kann ein Theil des Schulgeldes erlassen werden. Die zum Unterricht nöthigen Utensilien werden von den Schülern selbst beschafft, jedoch der allgemeinen Gleichmässigkeit wegen nach Anweisung der betreffenden Lehrer. Die zur Dekomposition der Stoffe nöthigen Muster werden den Schüler unentgeltlich übergeben.

Die Schule wurde am 1. Oktober 1855 mit 22 Schülern eröffnet. Mit dem Beginn des zweiten Kursus am 1. Oktober 1856 traten 32 Schüler in die Anstalt ein, später kam noch einer hinzu, so dass die Zahl der Schüler 33 betrug. Von diesen 33 Schülern verliessen im Laufe des ersten und zweiten Quartals 19 die Anstalt, so dass sie am Schlusse des Kursus nur noch 14 Schüler zählte. Dieses ungünstige Resultat scheint durch folgende Umstände herbeigeführt worden zu sein: Die Schüler der Anstalt bestehen in allen Kursen aus zwei Abtheilungen, nämlich aus gebildeten jungen Leuten von 15 bis 20 Jahren und aus gelernten Webern von 19 bis 26 Jahren. Bei diesen in ihrem Alter, in ihrem Bildungsgrade und in ihrer sonstigen Lebenstellung ganz verschiedenen Schülern, bleibt es allerdings eine kaum, jedenfalls aber schwer zu lösende Aufgabe, die zu einem geregelten Schulunterricht unumgänglich erforderliche Disziplin aufrecht zu erhalten. Ein Theil der Schüler, welche sich der bestehenden Schulordnung nicht fügen zu können glauben, verlässt die Anstalt, andere wieder treten aus, weil sie sich durch die mangelnde Schulordnung in ihrer Ausbildung behindert sehen. Ausserdem giebt es wieder einige Schüler, welche keineswegs den ganzen Kursus durchzumachen beabsichtigen, sondern die Schule nur deshalb besuchen, um bis zu einer etwa sich darbietenden Lehrlingsstelle eine für ihr Gewerbe jedenfalls nützliche Beschäftigung zu haben. Endlich liegt es in der Natur der Sache, dass sich unter den Schülern immer einige finden, deren sich die Anstalt nothwendig entledigen muss. Nur durch eine grössere Strenge bei der Aufnahme dürfte diesem Uebelstande einigermassen abgeholfen werden können. Am 1. Oktober 1857 hat die Anstalt ihren dritten Kursus mit 14 Schülern eröffnet.

Die weitere Entwickelung der Schule in den nächsten Jahren ergiebt sich aus folgender Nachweisung der Schülerzahl, der Gesammtausgaben, der Schulgeldeinnahme und der staatlichen und städtischen Zuschüsse:

Jahr	Schülerzahl	Gesammtausgabe rund	Schulgeldeinnahme rund	Staatlicher und städtischer Zuschuss, je
1855	23	513 Thlr.	200 Thlr.	156 Thlr.
1856	32	2035 „	850 „	514 „
1857	17	2332 „	635 „	582 ..
1858	6	2529 „	425 „	738 „
1859	16	2512 „	190 „	769 „
1860	13	2679 „	420 „	718 „
1861	Die Schülerzahl schwankte zwischen 10 und 20.	2691 „	405 „	757 „
1862		2708 „	300 „	773 „
1863		2425 „	255 „	646 „
1864		2470 „	475 „	654 „
1865		2530 „	665 „	599 „
1870		3019 „	455 „	849 „
1872		3026 „	590 „	778 „
1874		3791 „	600 „	1034 „

Im Jahre 1880 begann die Staatsregierung auf Antrag der Industriellen und der städtischen Behörden von Crefeld eine umfassende Erweiterung und Umgestaltung der Webeschule. Es wurden

zwei grosse Gebäude errichtet, die mehreren hundert Schülern
Platz boten und besondere Abtheilungen für Hand- und mechanische
Weberei, Musterzeichnen, Färberei, Druckerei und Appretur eingerichtet; später kam noch eine Abtheilung für Stickerei hinzu, der
binnen Kurzem noch eine solche für Spinnerei folgen wird. Alle
diese Abtheilungen wurden mit den neuesten und besten Lehrmitteln, Maschinen und Apparaten sehr reichlich ausgestattet, mit zwei
Direktoren und einer grossen Zahl von Lehrkräften besetzt und in
ihren Lehrzielen erheblich erweitert, so dass sie auch weitgehenden
Ansprüchen in Bezug auf die Fachbildung genügen konnten. Ein
ungefähres Bild von dem Umfang der Erweiterung der Anstalt giebt
die Höhe der aufgewandten Kosten: Es wurden nämlich in den
Jahren 1880 bis 1901 allein für Lehrmittel 511 245 Mk. verausgabt,
ungerechnet die nicht unerheblichen Beträge, die alljährlich für die
Ergänzung der Lehrmittel aus dem Anstalts-Etat verwandt wurden.
Der jährliche Zuschuss von Staat und Stadt ist nach und nach auf
über 80 000 Mk. angewachsen, etwa ebenso gross ist der Erlös aus
dem Schulgeld und dem Verkauf der gewebten und gefärbten Stoffe,
der ebenfalls zur Bestreitung der Ausgaben dient. Im Rechnungs-
jahre 1901 war die Gesamtausgabe auf 164 000 Mk. veranschlagt,
für 1902 ist sie auf 169 000 Mk. berechnet.

Ausser in Krefeld wurden noch an folgenden Orten neue
Webeschulen errichtet bezw. die schon vorhandenen vergrössert und
verbessert: Spremberg, Sorau, Aachen, Falkenburg, Rummels-
burg (inzwischen eingegangen), Forst, Sommerfeld, Finster-
walde (inzwischen eingegangen), Nowawes (inzwischen in eine
Webereilehrwerkstätte umgewandelt), Berlin, Einbeck, Kottbus,
Mühlhausen i. Thür., Ronsdorf, Langenbielau, Barmen und
M.-Gladbach, so dass es zur Zeit 15 Fachschulen für Textil-Industrie
giebt; dazu kommen noch die Webereilehranstalten und Webereilehrwerkstätten, auf die unten noch zurückzukommen sein wird.[1]

Im Jahre 1896 nahm die Staatsregierung eine durchgreifende
Organisation der Preussischen Textilfachschulen vor,[2]

---

[1] Die Schule in Einbeck ist im Jahre 1859 durch den Fabrikanten
Schrötter, die in Spremberg im Jahre 1870 durch das Tuchmachergewerk, die
in Berlin 1874 durch die vereinigten Stuhlarbeiter-Innungen, die in Aachen
1883 durch den Webeschulverein für den Regierungsbezirk Aachen, die in Kottbus
in dem gleichen Jahre durch den Fabrikantenverein und das Tuchmachergewerk
und die in Forst 1885 durch den Webelehrer Weiche ins Leben gerufen worden.
Später sind diese Anstalten mit Ausnahme der in Aachen, die Vereinsschule geblieben ist, in Kommunalschulen umgewandelt worden. Die anderen, oben genannten Anstalten wurden von vornherein als kommunale Schulen unter staatlicher
Beihülfe und Mitverwaltung begründet, ohne dass an vorhandene Einrichtungen
angeknüpft werden konnte. Eine im Jahre 1864 vom Gewerbeverein in Grünberg
i. Schl. gegründete Muster-Webe- und Fabrikanten-Schule ist wegen mangelnden
Besuchs im Jahre 1881 eingegangen.
[2] Siehe Denkschrift von 1896, S. 32 ff; Verhandlungen der ständigen
Kommission von 1896, Anl. I, S. XXII ff.

durch die die Lehrziele der einzelnen Schulen klar bestimmt und scharf gegen einander abgegrenzt, sowie die Erreichung dieser Lehrziele Seitens der Schüler durch die Verbesserung der Unterrichtsmittel, die Festsetzung der Dauer der einzelnen Lehrkurse, die Einführung strenger Abgangsprüfungen im Beisein eines Regierungskommissars, die Gewinnung tüchtiger Lehrkräfte und eine regelmässige fachmännische Beaufsichtigung sichergestellt werden sollten.

Was zunächst die Lehrziele betrifft, so ist das Arbeitsfeld aller Webeschulen dahin begrenzt worden, dass sie beim Unterrichte vorzugsweise diejenigen Gewebesorten zu behandeln haben, die am Schulorte selbst und in dessen nächster Umgebung gefertigt werden, ohne dass sie übrigens deshalb gehindert sein sollen, nebenher, soweit es mit ihrer Hauptaufgabe vereinbar und mit den vorhandenen Lehrkräften und Lehrmitteln möglich ist, auch andere Textilstoffe zu berücksichtigen. Ferner wird unterschieden zwischen solchen Schulen, die vorwiegend zur Vorbildung von Werkmeistern und solchen, die auch zur Vorbildung von Fabrikanten und höheren Betriebsbeamten dienen; erstere sollten „Webeschulen", letztere „höheren Webeschulen", heissen, welche Bezeichnungen übrigens im Jahre 1900 in „Fachschulen für Textil-Industrie" und „höhere Fachschulen für Textil-Industrie" abgeändert wurden, um zum Ausdruck zu bringen, dass in den Schulen nicht nur die Weberei, sondern auch die Färberei, Appretur, Wirkerei, Konfektion u. s. w. gelehrt wird.

Aus diesen grundsätzlichen Bestimmungen ergiebt sich folgende Eintheilung der Textilfachschulen:

1. Fachschulen für Textil-Industrie: Für die Wollen-
   und Halbwollen-Industrie: Forst, Sommerfeld, Spremberg, Falkenburg und Mühlhausen; für die Baumwollen-,
   Leinen-, Halbleinen- und Jute-Industrie: Einbeck
   und Langenbielau, für die Band-Industrie: Ronsdorf.
2. Höhere Fachschulen für Textil-Industrie: Für die
   Seiden-Industrie: Crefeld, für die Baumwollen-Industrie: München-Gladbach, für die Leinen-Industrie:
   Sorau, für die Wollen- und Halbwollen-Industrie:
   Aachen, Berlin, Cottbus und für die sogenannten Barmer-
   Artikel (Bänder, Besatzstoffe, Spitzen u. s. w.): Barmen.

Die zu 1 aufgeführten Fachschulen für Textil-Industrie berücksichtigen in der Regel nur die Weberei; Forst, Falkenburg und Langenbielau haben auch Abtheilungen für Färberei, Mühlhausen eine solche für Wirkerei. An die Schule in Forst ist ferner eine Abtheilung für Stopferei und an die in Langenbielau eine Abtheilung für Stickerei und Wäschekonfektion, endlich an die in Falkenburg eine solche für einfache und Kunsthandarbeiten, Wäsche- und Kleiderkonfektion angegliedert.

Von den höheren Fachschulen für Textil-Industrie haben

Aachen: Abtheilungen für Spinnerei, Weberei, Färberei, Appretur und Stopferei.

Barmen: „ „ Weberei, Klöppelei und Spitzen-Fabrikation, Stickerei, Besatzkonfektion, Musterzeichnen. Eine Abtheilung für Färberei ist in der Einrichtung begriffen.

Berlin: „ „ Weberei, Färberei, Wirkerei, Posamentirerei, Kurbelstickerei, Musterzeichnen.

Cottbus: „ „ Weberei, Färberei, Appretur, Stopferei.

Crefeld: „ „ Weberei, Färberei, Appretur, Stickerei und Musterzeichnen. Eine Spinnerei-Abtheilung ist in der Errichtung begriffen.

M.-Gladbach: „ „ Spinnerei, Weberei, Färberei, Appretur.

Sorau: „ „ Weberei, Musterzeichnen, Stickerei, Wäsche-Konfektion. Abtheilungen für Flachskultur, Spinnerei, Seilerei, Färberei und Appretur sind in der Einrichtung begriffen.

Die Lehrpläne der einzelnen Schulen sind den in ihnen zu bearbeitenden Spezialgebieten genau angepasst; ebenso richtet sich danach die Dauer der Kurse. Der Unterricht erstreckt sich auf Materiallehre, Waarenkunde, Bindungslehre, Musterausnehmen, Fachrechnen, Kalkulation, Vorbereitungs-, Spinnerei-, Weberei-, Färberei-, Appretur-Maschinen, Gesetzeskunde, (Physik, Chemie), und andere damit zusammenhängende Lehrgegenstände, sowie auf praktische Arbeiten in den Laboratorien und an den in den Arbeitssälen aufgestellten Maschinen und Apparaten.[1]

Mit Ausnahme von M.-Gladbach und Aachen sind alle Schulen Kommunal-Anstalten. Die Schule zu M.-Gladbach hat eigene Rechtspersönlichkeit, die zu Aachen hat den dortigen Webschulverein als Träger. Die unmittelbare Verwaltung und Beaufsichtigung der Schulen erfolgt durch Kuratorien, denen die Vertreter der betheiligten Behörden und Industriezweige angehören. Die weitere Beaufsichtigung liegt in Bezug auf die Verwaltung dem Regierungs-Präsidenten und in technischer Beziehung dem Direktor der „Technischen Zentralstelle für Textil-Industrie" zu Berlin ob.

Diese letztere Behörde ist aus der im Jahre 1896 begründeten „Lehrmittelanstalt für die Fachschulen der Textil-Industrie" hervorgegangen, die die Aufgabe hatte, die Textilschulen mit den erforderlichen Lehrmitteln, insbesondere mit geeigneten Holz-, Draht-, Papp- und anderen Modellen, mit Wandtafeln, die die Konstruktion und den Gang der verschiedenen Textilmaschinen veranschaulichen,

---

[1] Neue Speziallehrpläne werden gegenwärtig für alle Textilfachschulen ausgearbeitet und demnächst im Ministerialblatt der Handels- und Gewerbe-Verwaltung veröffentlicht. Das Gleiche gilt für die Prüfungsordnungen.

sowie mit Stoffmustern für den Materialien-, Dekompositions- und
Musterzeichenunterricht auszustatten. Mit der Leitung dieser Anstalt
wurde nebenamtlich der Direktor der Berliner Webeschule, dem die
nöthigen Hülfskräfte, theilweise ebenfalls nebenamtlich, beigegeben
wurden, betraut. Bei der Organisation der Textilschulen im Jahre
1896 wurden demselben Direktor die regelmässige fachliche
Beaufsichtigung der Schulen, die Geschäfte des Regierungskommissars
bei den halbjährlich vorzunehmenden Abgangsprüfungen und die
Ueberwachung der Ausbildung der Lehrkräfte übertragen. Als im
Jahre 1898 zur Förderung der Hausindustrie in den Handweberbezirken
Schlesiens die unten noch näher zu besprechenden Stickschulen
gegründet wurden, erhielt er auch die Leitung und Beaufsichtigung dieser
Anstalten und der mit ihnen verbundenen Arbeitsvermittelungsstelle.
Endlich wurde er wiederholt mit der Erstattung von Gutachten für das
Ministerium, der Ausführung von Informationsreisen, der Ausarbeitung
von technischen Instruktionen, von Lehrplänen, Prüfungsordnungen etc.
beauftragt. Die mit diesen Geschäften verbundene Arbeitslast wuchs
schliesslich so an, dass sie nebenamtlich nicht mehr bewältigt werden
konnte. Es wurde daher im Jahre 1901 für ihre Erledigung eine
besondere Behörde, die „Technische Zentralstelle für Textil-Industrie"
geschaffen und dieser auch, einem mehrfach hervorgetretenen Wunsche
von Behörden und Textilindustriellen entsprechend, zur Aufgabe
gemacht, mechanisch- und chemisch-technische Untersuchungen auf
dem Gebiete der Textilindustrie vorzunehmen.

Der Besuch der Textilfachschulen in den letzten Jahren
ergiebt sich aus folgender Uebersicht:

Laufende No.	Sitz der Anstalt	Sommer 1899		Winter 1899/1900		Sommer 1900		Winter 1900/01		Sommer 1901		
		Tages-	Abends- und Sonntags-	Tages-	Abends- und Sonntags-	Tages-	Abends- und Sonntags-	Tages-	Abends- und Sonntags-	Tages-	Abends- und Sonntags-	
		Schüler		Schüler		Schüler		Schüler		Schüler		
A. Höhere Fachschulen für Textilindustrie.												
1.	Aachen	92*	34	100*	72	95*	55	101*	51	67*	42	* Darunt. 44 resp. 44,47, 55 u. 32 Stopferinnen.
2.	Barmen	—	—	—	—	29	164	33	119	52	172	Die Anstalt ist am 1. April 1900 eröffnet.
3.	Berlin	32	136	64	184	47	144	59	165	56	133	
4.	Kottbus	32*	47	30*	54	27*	45	26*	42	33*	39	* Darunter 11 resp. 6, 7, 9 und 12 Stopferinnen.
5.	Krefeld	169*	156	181*	156	175*	148	168*	125	170*	125	* Darunter 24 resp. 24, 30, 24 und 41 Stickerinnen u. insgesammt 12 Musterzeichnerinnen.
6.	M.-Gladbach	—	—	—	—	—	—	—	—	39	42	Die Anstalt ist i. Sommer 1901 eröffnet.
7.	Sorau	31	16	38	22	44	9	42	16	42	12	
	Zusammen	356	389	413	488	417	465	429	518	459	565	
		745		901		882		947		1024		

Laufende No.	Sitz der Anstalt	Sommer 1899		Winter 1899/1900		Sommer 1900		Winter 1900/01		Sommer 1901		
		Tages-	Abends- und Sonntags-	Tages-	Abends- und Sonntags-	Tages-	Abends- und Sonntags-	Tages-	Abends- und Sonntags-	Tages-	Abends- und Sonntags-	
		Schüler		Schüler		Schüler		Schüler		Schüler		
	B. Fachschulen für Textilindustrie.											
1.	Einbeck	11	6	9	6	7	9	7	11	8	10	
2.	Falkenburg i. P.	1	3	33	13	48	10	48	—	46	—	Der Textilfachschule ist eine Mädchen-Abtheilung für weibl. Handarbeiten, Wäsche- und Kleiderkonfektion angegliedert.
3.	Forst i. L.	9	30	9	41	14	34	12	27	28	34	
4.	Mühlhausen i. Th.	13	31	7	26	9	17	15	19	9	20	
5.	Ronsdorf	14	—	17	30	14	26	22	48	24	41	
6.	Langenbielau	—	—	—	—	—	—	19	24	41	14	Die Schule ist im Winter 1900/01 eröffnet und enthält auch eine Abtheilung für Stickerei u. Wäschekonfektion.
7.	Sommerfeld	7	20	2	21	6	20	3	15	7	14	
8.	Spremberg	5	15	4	16	5	14	1	16	3	15	
	Zusammen	60	105	81	153	103	130	127	160	166	148	
	Dazu höhere Fachschulen (wie oben)	165 745		234 901		233 982		287 947		314 1024		
		910		1135		1215		1234		1338		
	Dazu: Mülheim, 1901 eingegangen	36		32		27		10		—		
	Nowawes (1902 in eine Webereilehrwerkstätte umgewandelt)	59		60		54		39		35		
	Zusammen	1005		1227		1296		1283		1373		

Neben diesen höheren Fachschulen und Fachschulen für Textil-Industrie giebt es noch in den Handweberbezirken eine Anzahl Webereilehrwerkstätten. In diesen der Hausindustrie dienenden Anstalten sollen nicht etwa neue Handweber herangebildet werden, sondern die vorhandenen Handweber, soweit sie nicht in der Lage sind, einen lohnenderen Beruf zu ergreifen, so leistungsfähig wie möglich erhalten, und auch befähigt werden, zur mechanischen Weberei überzugehen. Zur Zeit giebt es 10 solcher Anstalten in Hannover, wo die Handweberei noch mehrfach eine Nebenbeschäftigung der ländlichen Bevölkerung bildet (Brinkum, Lamspringe, Melle, Osterkappeln, Schledehausen, Steyerberg, Sünsbeck [bis 1. April 1900 Bissendorf], Vilsen, Wallenhorst und Wustrow), 6 in Schlesien (Dittmannsdorf, Katscher, Lewin, Mittelwalde, Neurode und Schömberg) 2 in Brandenburg (Nowawes und Luckenwalde) und 1 in Westfalen (Bielefeld).[1] In diesen Webereilehrwerkstätten werden jährlich

---

[1] König Friedrich Wilhelm II. bekundete sein Interesse an dem Gedeihen der Bielefelder Leinenindustrie durch ein Geschenk von 50000 Thalern, das er durch Urkunde vom 4. August 1788 der mit Leinwand handelnden Kaufmannschaft zu Bielefeld als einen immerwährenden zinsfreien Vorschuss zur Beförderung der Leinen-Industrie anwies. Dieses Kapital sollte unter Aufsicht der Staatsbehörde

etwa 250—300 Weber hauptsächlich in der praktischen Weberei und daneben in der Bindungslehre und im Musterausnehmen unterrichtet.

Zwischen den „Fachschulen für Textil-Industrie" und den „Webereilehrwerkstätten" in der Mitte stehen die Webelehranstalten zu Bramsche und Eupen, in denen nicht nur Handwerker unterwiesen, sondern auch junge Leute, die schon in mechanischen Webereien thätig sind, weiter ausgebildet werden, ohne dass sie jedoch die volle Befähigung zum Werkmeister erhalten. Im Sommer 1901 betrug die Schülerzahl in Bramsche 18 und Eupen 7.

5. Die Fachschulen für Metallindustrie.

Zugleich mit den Baugewerkschulen und den Textilfachschulen wurde die Organisation der Fachschulen für Metallindustrie in Angriff genommen. Die Lösung dieser Aufgabe bot besondere Schwierigkeiten, da in Deutschland auf diesem Unterrichtsgebiete noch wenig Erfahrungen vorlagen, die entsprechenden Schuleinrichtungen des Auslands, namentlich Frankreichs und Oesterreichs, nicht ohne Weiteres auf Preussen übertragen werden konnten und die Ansichten der betheiligten Industriellen und sonstigen Sachverständigen über die richtige Organisation dieser Schulen ziemlich weit auseinander gingen.

Ende der siebziger Jahre bestand in Preussen nur eine Schule für Maschinenbauer, die städtische „höhere Fachschule für Maschinentechniker" in Einbeck, die im Jahre 1871 begründet, in der Regel von 100 bis 150 Schülern besucht, mit einem Direktor und drei Fachlehrern besetzt, in einigen Räumen des Rathhauses

durch eine Kommission von Bielefelder Kaufleuten verwaltet und nach der Absicht des Königs zur Anlegung von Flachs- und Garnmagazinen, einer Zwirnfabrik, einer Garn- und Zwirnbleiche, zur Erweiterung einer damals angelegten Leinen- und Damastfabrik, einer Seidenfabrik und zur Einführung der Irländischen Bleichmaschinen, als Walk-, Wasch- und Kalander-Maschinen verwandt werden. Es ist auch versucht worden, diese Einrichtungen und Anlagen in's Leben zu rufen, wenn auch nicht in dem erhofften Umfange und mit dem wünschenswerthen Erfolge, so dass ein Theil des Kapitals eingebüsst wurde. Während der Fremdherrschaft wurde der Fonds verborgen gehalten, nach deren Ende aber von Neuem versucht, ihn für die Förderung der Leinen-Industrie nutzbar zu machen, insbesondere durch Unterhaltung von Spinnschulen, Prämien für ausgezeichnete Leistungen, Ausbildung von Technikern und Gewerbetreibenden, Unterstützungen an Weber für Reparaturen an ihren Stühlen u. s. w. Gegenwärtig dient der Fonds dazu, die von der Kommission am 1. April 1894 in's Leben gerufene Stickereischule und die oben erwähnte, am 1. Oktober 1897 eröffnete Webereilehrwerkstätte zu unterhalten. Im Jahre 1900 wurde die Stickschule von etwa 25 Schülerinnen und die Webereilehrwerkstätte von etwa 15 Schülern besucht. Ausserdem dient der Fonds nach wie vor zur Gewährung von Stipendien an begabte junge Leute, welche sich eine technische Bildung auswärts aneignen wollen, um dann ihre Kenntnisse im Interesse der Bielefelder Leinen-Industrie zu verwerthen.

nothdürftig untergebracht und mit Lehrmitteln nur spärlich versehen war. Ausserdem hatten einige Baugewerkschulen, wie Idstein, Eckernförde, Buxtehude besondere, aber sehr schwach besuchte Abtheilungen für Maschinentechniker, und endlich waren an einigen der aus den „reorganisirten Gewerbeschulen" hervorgegangenen realistischen Schulen, nämlich an den Ober-Realschulen zu Gleiwitz und Breslau und den höheren Bürgerschulen (Realschulen) zu Aachen, Barmen und Hagen im Anschlusse an die sechste Klasse besondere Fachklassen für Maschinenbauer, in Gleiwitz auch für Hüttenleute mit zweijährigem Kursus angegliedert.

Die Regierung liess zunächst die an den Baugewerkschulen vorhandenen Abtheilungen für Maschinenbauer eingehen, weil das von den wenigen Schülern einkommende Schulgeld in keinem Verhältniss zu den Ausgaben stand, welche durch die für sie eingerichteten besonderen Kurse verursacht wurden. Sodann ging sie zur Errichtung einer grösseren Zahl von „Werkmeisterschulen" über und fügte diesen später auch noch „Technische Mittelschulen für Maschinenbauer" hinzu. Die „Werkmeisterschulen" hiessen — wie hier gleich bemerkt werden soll — seit 1898 „Maschinenbauschulen" und die „Technischen Mittelschulen": „Höhere Maschinenbauschulen"; doch wurden diese Bezeichnungen auf die Fachschulen für die Bronce-, Kleineisen- und Stahlwaarenindustrie zu Iserlohn und Remscheid, sowie auf die nach dem Vorbilde der letzteren später begründeten Anstalten zu Siegen und Schmalkalden nicht ausgedehnt. Alle Fachschulen für Metallindustrie, mit Ausnahme derjenigen in Köln, über deren Verstaatlichung indessen zur Zeit verhandelt wird, derjenigen in Hannover, die an die dortige Handwerker- und Kunstgewerbeschule angegliedert ist, und derjenigen in Magdeburg, sind Staatsanstalten.

Die Fachschule für Metallindustrie zu Iserlohn wurde am 1. Oktober 1879 eröffnet. Sie hat den Zweck, unter besonderer Berücksichtigung der Iserlohner Bronze- und Messingwaaren-Industrie, tüchtige kunstgewerbliche und gewerbliche Arbeiter und Werkmeister praktisch und theoretisch heranzubilden, und zwar: Modelleure, Ziseleure, Graveure, Galvanoplastiker, Galvaniseure, Former und Metallgiesser, ausserdem Kunstschmiede, Werkzeugschlosser, Drücker und Dreher. Da der praktische Unterrricht in der Lehrwerkstätte ein Ersatz und eine Ergänzung für die Fabrik- und Werkstattlehre sein soll, nimmt sie junge Leute ohne jede praktische Vorbildung auf und bietet solchen, die sich bereits praktisch bethätigt haben, Gelegenheit zur Vervollkommnung in ihrem Berufe. Auch angehende Fabrikanten können sich in ihr diejenigen Kenntnisse und Fähigkeiten aneignen, die sie zur selbständigen Führung eines Betriebes gebrauchen. Aufnahmebedingungen sind die Erreichung des Zieles der Volksschule und ein Alter von mindestens 14 Jahren. Die Schule zerfällt in drei Abtheilungen: 1. für Modelleure, Ziseleure und Graveure; 2. für Kunstschmiede, Werkzeugschlosser, Dreher und Drucker; 3. für Galvanoplastik, Galvanostegie und Metallfärbung für Former und Metallgiesser. Die Dauer des Unterrichtskursus jeder Abtheilung beträgt drei Jahre.

Die Fachschulen für die Kleineisen- und Stahlwaarenindustrie in Remscheid und Siegen sind im Jahre 1882 und 1900 eröffnet worden; die Eröffnung einer dritten, gleichartigen Anstalt zu Schmalkalden steht bevor. In diesen Schulen sollen junge Leute, die aus der Volksschule entlassen sind, praktischen Werkstattsunterricht im Schlosser-, Dreher- und Schmiedehandwerk, sowie in den damit verwandten Bearbeitungsmethoden der Metalle und einen geordneten theoretischen Schulunterricht im Zeichnen, in den Grundlehren der Naturwissenschaften und in den technischen Lehrgebieten erhalten, so dass sie die Stellen von Vorarbeitern, Werkmeistern, Maschinisten, Schmelzmeistern u. s. w. mit Erfolg ausfüllen können. Der Werkstättenunterricht erstreckt sich auf das Schmieden, die Schlosserei, Holzdreherei, Eisendreherei, Tischlerei, Klempnerei, Formerei und Giesserei. Der theoretische Unterricht umfasst Deutsch, Rechnen, Geschäftskunde, Mathematik, Physik, Elektrotechnik, Chemie, Mechanik, Linearzeichnen, darstellende Geometrie, Maschinenzeichnen, Freihandzeichnen, Skizziren, Metallurgie, Technologie, Maschinenlehre, Baukonstruktion und Bauzeichnen. Der Kursus ist zweijährig, doch können Schüler, die sich eine weitergehende theoretische Bildung aneignen wollen, in Remscheid die dort eingerichtete Oberklasse besuchen. Die letztere ist namentlich für solche Schüler bestimmt, welche später in grössere Betriebe, sei es als Inhaber oder Leiter, eintreten und für welche daher eine genauere Kenntniss der Kraft- und Arbeitsmaschinen, sowie der neueren Arbeitsmethoden von besonderem Werthe ist.

Im Gegensatz zu den vorgenannten Schulen, die förmlichen Werkstätten-Unterricht haben und daher keine praktischen Vorkenntnisse voraussetzen, ist der Unterricht in den Maschinenschulen und höheren Maschinenbauschulen nur ein theoretischer. Die in sie eintretenden Schüler müssen daher bereits eine längere praktische Thätigkeit hinter sich haben.

Die älteste Werkmeisterschule ist die „Rheinisch-Westfälische Hüttenschule in Bochum", welche im Jahre 1881 — neben einer sechsklassigen höheren Bürgerschule, — an die Stelle der dortigen Gewerbeschule getreten ist und die im Jahre 1891 nach Duisburg verlegt wurde. Sie hatte eine Abtheilung für Maschinenfach und eine für Hüttenfach; der Kursus umfasste drei und von 1894 ab vier Halbjahre. An weiteren Anstalten zur Ausbildung von Werkmeistern entstanden: 1890 Dortmund, 1892 Magdeburg, 1896 Gleiwitz (aus den oben erwähnten Fachklassen hervorgegangen), 1898 Altona, Görlitz, Elberfeld. Auch in Stettin und Posen war die Errichtung von Maschinenbauschulen zur Ausbildung von Werkmeistern beabsichtigt; doch wurde hiervon mit Rücksicht auf den schwachen Besuch der schon vorhandenen Werkmeisterschulen später abgesehen; statt dessen sind an diesen Orten höhere Maschinenbauschulen zur Ausbildung für mittlere Techniker eingerichtet worden. Aus demselben Grunde wurden die Maschinenbauschulen in Altona und Einbeck, welche letztere im Jahre 1900 auf den Staat übernommen war und ebenfalls eine Werkmeisterschule werden sollte, vom 1. Oktober 1901 in höhere Maschinenbauschulen umgewandelt. Endlich sind noch die städtischen Maschinenbauschulen in Cöln und Hannover zu erwähnen; die erstere ist aus der im Herbst 1879 bei den dortigen gewerblichen Fachschulen eingerichteten „Maschinenbau-Abtheilung" hervorgegangen, die im Jahre 1890 in eine „Technische Mittelschule" und eine „Werkmeisterschule für den Maschinenbau" zerlegt wurde. Die Maschinenbauschule in Hannover ist an die dortige Handwerker- und Kunstgewerbeschule angegliedert.

Machinenbauschulen befinden sich daher zur Zeit in Dortmund, Duisburg, Elberfeld, Gleiwitz, Görlitz, Köln, Magdeburg und Hannover.

Die höheren Maschinenbauschulen, früher „technische Mittelschulen" genannt, sind auf Anregung des „Vereins deutscher Ingenieure" entstanden, der auf seiner im Jahre 1889 zu Karlsruhe abgehaltenen Hauptversammlung folgende Grundsätze für die Einrichtung dieser Anstalten aufstellte:

1. Die technische Mittelschule hat die Aufgabe, Leiter und Beamte technischer Betriebe, sowie Hülfskräfte für Konstruktionsbüreaux auszubilden.

2. Sie ist als selbständige Lehranstalt vom Staate zu errichten und zu leiten. (Im Gegensatz zu der Angliederung von maschinentechnischen Fachklassen an die höheren Bürger- und Oberrealschulen.)

3. Der Unterricht erstreckt sich im Wesentlichen auf das Gebiet der Maschinentechnik.

4. Für die Aufnahme sind nachzuweisen: a) die wissenschaftliche Berechtigung zum einjährig-freiwilligen Militärdienst, b) eine praktische Thätigkeit von zweijähriger Dauer.

5. Die Schulzeit umfasst zwei Jahre in zwei Lehrkursen von einjähriger Dauer; die grundlegenden Hülfswissenschaften, Mathematik u. s. w. sind als Lehrgegenstand im ersten Jahre zu erledigen.

Die erste nach diesen Grundsätzen eingerichtete Mittelschule war diejenige in Dortmund, welche im Jahre 1892 mit der dortigen Werkmeisterschule verbunden wurde. Mit Rücksicht auf die mit dieser Schule dort gemachten günstigen Erfahrungen wurden sodann auch die oben erwähnten maschinentechnischen Fachklassen in **Hagen, Breslau** und **Elberfeld-Barmen** in höhere Maschinenbauschulen umgewandelt, und neue Anstalten dieser Art in **Stettin, Posen, Altona** und **Einbeck** begründet. In dem Entwurf zum Staatshaushalts-Etat für 1902 sind ferner die Mittel zur Umwandlung der letzten noch bestehenden maschinentechnischen Fachklassen zu **Aachen** in eine höhere Maschinenbauschule und zur Errichtung einer höheren Schiff- und Maschinenbauschule in **Kiel** vorgesehen. Zu diesen Staatsanstalten kommt noch die schon oben erwähnte städtische technische Mittelschule in **Cöln**, der — abweichend von den übrigen Anstalten dieser Art —, noch zwei halbjährige Vorklassen für solche Schüler angegliedert sind, die nicht die erforderlichen Vorkenntnisse besitzen.

Um in der Organisation, den Lehr- und Stundenvertheilungsplänen, den Prüfungs- und Schulordnungen der verschiedenen Maschinenbauschulen und höheren Maschinenbauschulen eine grössere Uebereinstimmung herbeizuführen, sind nach eingehenden Vorberathungen[1]), bei denen namentlich darüber, ob die Dauer der Kurse der Maschinenbauschulen auf zwei, drei oder vier Halbjahre zu bemessen und als Aufnahmebedingung für die höheren Maschinenbauschulen an der Einjährig-Freiwilligen-Berechtigung festzuhalten sei, grosse Meinungsverschiedenheiten hervortraten, unterm 19. November 1901 ausführliche Bestimmungen über die „**Organisation der der Handels- und Gewerbeverwaltung unterstehenden Schulen zur Ausbildung von mittleren und niederen Beamten und Arbeitern der Maschinen- und Hüttenindustrie**" erlassen worden.[2]) Dieselben zerfallen in folgende Abschnitte:

---

[1]) Vgl. namentlich die „**Verhandlungen über die Organisation der preussischen Maschinenbauschulen zu Berlin am 6. und 7. Mai 1898**", erschienen bei Mittler & Sohn, Berlin, 1899.

[2]) Min.-Bl. der Hand.- u. Gew.-Verw. von 1901, S. 305 nebst Beilage. Der begleitende Erlass des Handelsministers lautet:

Ich bestimme hiermit, dass die Organisation der meiner Verwaltung unterstehenden Schulen zur Ausbildung von mittleren und niederen Beamten sowie Arbeitern der Maschinen- und Hüttenindustrie nach den in der Anlage enthaltenen Vorschriften mit der Massgabe neu geregelt wird, dass die unter I, II, IV und V aufgeführten Bestimmungen sofort und die unter III zusammengestellten Lehrpläne vom 1. April 1902 ab in Kraft treten.

Ich behalte mir vor, nach einer Frist von einigen Jahren Bericht darüber einzufordern, inwieweit sich die neue Organisation bewährt hat und ob Abänderungen, Ergänzungen oder einheitlichere Gestaltung der Bestimmungen, die dann zum Gegenstand der Berathung in einer Sachverständigen-Konferenz gemacht werden würden, geboten erscheinen.

Die Prüfungen zum Nachweis der für die Aufnahme in die höheren Maschinenbauschulen erforderlichen Kenntnisse (vgl. IVa) sind bis auf Weiteres an folgenden Anstalten abzuhalten:

1. Maschinenbau- und Hüttenschule in Duisburg.
2. Vereinigte Maschinenbauschulen in Elberfeld-Barmen,
3. Vereinigte Maschinenbauschulen in Dortmund,

I. Benennung und Zweck der Anstalten. II. Vorschriften für die Aufnahme von Schülern in die Anstalten. III. Lehrpläne der Anstalten. A. Höhere Maschinenbauschulen. 1. Stundenvertheilungsplan für die höheren Maschinenbauschulen. 2. Lehrstoff für die höheren Maschinenbauschulen. 3. Stundenvertheilungsplan für die mit der höheren Maschinenbauschule in Cöln verbundene Vorschule. 4. Lehrstoff für die mit der höheren Maschinenbauschule in Cöln verbundene Vorschule. B. Maschinenbauschulen. 1. Stundenvertheilungsplan für die vierklassigen Maschinenbauschulen. 2. Lehrstoff für die vierklassigen Maschinenbauschulen. 3. Stundenvertheilungsplan für die dreiklassige Maschinenbauschule in Cöln. 4. Lehrstoff für die dreiklassige Maschinenbauschule in Cöln. C. Hüttenschulen. 1. Stundenvertheilungsplan für die vierklassigen Hüttenschulen. 2. Lehrstoff für die vierklassigen Hüttenschulen. D. Abend- und Sonntagsschulen für Maschinenbauer, Schlosser, Schmiede und Hüttenarbeiter. E. Schulen mit zweisemestrigem Kursus zur Weiterbildung von Arbeitern der Maschinenindustrie. 1. Stundenvertheilungsplan. 2. Lehrstoff und Behandlung des Lehrstoffs. IV. Ordnungen der Prüfungen, welche an den Anstalten abgehalten werden. a) Ordnung der Prüfung zum Nachweis der für die Aufnahme in die höheren Maschinenbauschulen erforderlichen Kenntnisse. b) Ordnung für die Reifeprüfungen. V. Schulgesetze für die höheren Maschinenbauschulen, die Maschinenbauschulen und die Hüttenschulen.

4. Höhere Maschinenbauschule in Hagen i. W.,
5. Höhere Maschinenbauschule in Altona,
6. Höhere Maschinenbauschule in Einbeck,
7. Maschinenbauschule in Görlitz,
8. Höhere Maschinenbauschule in Breslau,
9. Maschinenbau- und Hüttenschule in Gleiwitz,
10. Höhere Maschinenbauschule in Stettin,
11. Höhere Maschinenbauschule in Posen,
12. Vereinigte Maschinenbauschulen in Cöln.

Die Direktionen dieser Schulen haben Abdrücke der Prüfungsordnung in grösserer Zahl herstellen zu lassen und einzelne Exemplare Interessenten auf Ansuchen kostenlos zur Verfügung zu stellen.

Mit Rücksicht auf die noch zu treffenden Vorbereitungen will ich gestatten, dass die Prüfungen in diesem Schulhalbjahr ausnahmsweise im Februar stattfinden, und verlängere demgemäss die Frist zur Anzeige der in Aussicht genommenen Prüfungs-Termine (vgl. IV a 1 § 2) bis zum 1. Januar 1902.

Künftig sind indess die in der Prüfungsordnung bestimmten Termine genau inzuhalten.

Bis zum 1. März (in diesem Schulhalbjahr zum 1. April 1902) und 1. August jeden Jahres ist mir anzuzeigen, wieviel Schüler sich der Prüfung an jeder Anstalt unterzogen haben und wieviel davon die Prüfung bestanden haben.

Da die Neuregelung der Aufnahme-Vorschriften für die höheren Maschinenbauschulen für weitere Kreise von grosser Bedeutung ist, so sind die Bestimmungen in geeigneter Weise durch das Amtsblatt bekannt zu machen, wobei darauf hinzuweisen ist, dass die Prüfungen zum Nachweis der für die Aufnahme in die erwähnten Anstalten erforderlichen Kenntnisse an den vorgenannten Schulen abgehalten werden und die Prüfungsordnung von den Direktionen dieser Schulen kostenlos bezogen werden kann.

Ich ersuche Sie nun, auf Grund dieses Erlasses das Erforderliche zu veranlassen.

Von diesen Bestimmungen seien im Folgenden die wichtigsten mitgetheilt.

I. Benennung und Zweck der Anstalten.
A. Höhere Maschinenbauschulen.

Die höheren Maschinenbauschulen sollen Betriebsbeamte und Konstruktionsbeamte für die Maschinenindustrie und die damit verwandten Industrien heranbilden und künftigen Besitzern und Leitern solcher industrieller Anlagen Gelegenheit zum Erwerbe der erforderlichen technischen Kenntnisse geben.

B. Maschinenbauschulen.
(Mit viersemestrigem und dreisemestrigem Kursus.)

Die Maschinenbauschulen sollen künftige niedere technische Betriebsbeamte für die Maschinenindustrie (Werkmeister, Maschinenmeister und Leiter kleinerer Betriebe) heranbilden und Besitzern kleinerer Betriebe die nöthigen Fachkenntnisse, insbesondere die erforderliche Fertigkeit im Zeichnen vermitteln.

C. Hüttenschulen.

Die Hüttenschulen sind an einzelnen Orten an die Maschinenbauschulen angegliedert und sollen niedere Betriebsbeamte für die Hüttenindustrie heranbilden.

D. Abend- und Sonntagsschulen für Maschinenbauer, Schlosser, Schmiede und Hüttenarbeiter.

Die Abend- und Sonntagsschulen für Maschinenbauer, Schlosser, Schmiede und Hüttenarbeiter sind an die höheren Maschinenbauschulen, Maschinenbauschulen oder Handwerkerschulen angegliedert und sollen Arbeitern der genannten Gewerbe die zu ihrem Berufe erforderlichen fachlichen Kenntnisse und zeichnerischen Fertigkeiten vermitteln.

E. Ausser den vorgenannten Schulen sollen an einzelnen Orten versuchsweise Anstalten mit zweisemestrigem Kursus zur Weiterbildung von tüchtigen Arbeitern der Maschinenindustrie, die sich später zu Vorarbeitern, Monteuren und Werkmeistern entwickeln können, zugelassen werden.

Diese Anstalten sollen in der Regel an die Handwerkerschulen angegliedert werden.

II. Vorschriften für die Aufnahme von Schülern in die Anstalten.

A. Die zur Aufnahme in die unterste Klasse der höheren Maschinenbauschulen erforderlichen Kenntnisse können nachgewiesen werden:
1. durch Vorlegung eines Zeugnisses über den erfolgreichen Besuch der Untersekunda oder einer der Untersekunda entsprechenden Klasse einer höheren Lehranstalt der allgemeinen Unterrichtsverwaltung, den Nachweis genügender Fertigkeit im grundlegenden Zeichnen und den Ausweis einer mindestens zweijährigen praktischen Werkstatts-Thätigkeit.
2. durch Vorlegung des Befähigungszeugnisses zur Aufnahme in die höheren Maschinenbauschulen, welches durch die Ablegung der von dem Minister für Handel und Gewerbe vorgeschriebenen Prüfung erworben werden kann (vgl. IVa), und den Nachweis einer mindestens dreijährigen praktischen Thätigkeit, von der mindestens zwei Jahre der Werkstatts-Thätigkeit gewidmet sein mussten.

Für die höhere Maschinenbauschule in Cöln gilt ausserdem noch die Sonderbestimmung, dass die zur Aufnahme in die unterste Klasse erforderlichen Kenntnisse durch den erfolgreichen Besuch der mit der Anstalt verbundenen Vorschule mit zweisemestrigem Kursus nachgewiesen werden können.

Zur Aufnahme in diese Vorschule ist der Nachweis einer guten Volksschulbildung und einer mindestens zweijährigen praktischen Werkstatts-Thätigkeit beizubringen.

B. Zur Aufnahme in die unterste Klasse der Maschinenbauschulen ist der Nachweis einer guten Volksschulbildung und einer mindestens vierjährigen praktischen Werkstatts-Thätigkeit erforderlich. Ausserdem ist der Besuch einer Fortbildungsschule vor dem Eintritt in die Anstalt erwünscht.

C. Zur Aufnahme in die unterste Klasse der Hüttenschulen ist der Nachweis einer guten Volksschulbildung und einer mindestens vierjährigen praktischen Thätigkeit im Hüttenbetriebe erforderlich. Ausserdem ist der Besuch der Fortbildungsschule vor dem Eintritt in die Anstalt erwünscht.

D. Zur Aufnahme in die Abend- und Sonntagsschulen für Maschinenbauer, Schlosser, Schmiede und Hüttenarbeiter ist der Nachweis einer guten Volksschulbildung und der Ausweis über die Beschäftigung in einem der vorgenannten Gewerbe erforderlich. In der Regel sollen aber nur solche Schüler aufgenommen werden, die nicht mehr fortbildungsschulpflichtig sind, d. h. solche, die entweder bereits aus der Fortbildungsschule entlassen worden sind oder nachgewiesen haben, dass sie die Kenntnisse und Fertigkeiten besitzen, die das Lehrziel der Fortbildungsschule bilden.

E. Für die Aufnahme in die untere Klasse der Anstalten mit zweisemestrigem Kursus zur Weiterbildung von Arbeitern der Maschinenindustrie gelten dieselben Bestimmungen wie für die Aufnahme in die Maschinenbauschulen (unter II B.).

F. Der Eintritt eines Neuaufzunehmenden in eine höhere Klasse der vorgenannten Anstalten kann erfolgen, wenn er den Nachweis über die für die Aufnahme in die betreffende Anstalt vorgeschriebene praktische Thätigkeit erbringt und durch Ablegung einer Prüfung dargethan hat, dass er den Lehrstoff der vorhergehenden Klasse beherrscht.

Von der Ablegung einer solchen Aufnahmeprüfung sind befreit:

1. die Schüler, welche von einer gleichartigen Preussischen Fachschule übertreten und sich zum Eintritt in die gleiche Klasse (Unterrichtsstufe) melden, in der sie in der vorigen Anstalt weitergeführt worden wären, sofern sie dort verblieben wären.

2. die Schüler, welche ein Zeugniss darüber beibringen, dass sie sich den Lehrstoff der untersten Klasse der Maschinenbauschulen oder Hüttenschulen auf einer mit diesen Anstalten verbundenen Abend- und Sonntagsschule angeeignet haben, sofern sie sich zum Eintritt in die dritte Klasse einer vierklassigen Maschinenbau- oder Hüttenschule oder zum Eintritt in die zweite Klasse einer dreiklassigen Maschinenbauschule melden.

G. Die Aufnahmegesuche sind von den Direktionen der Anstalten in der Reihenfolge zu berücksichtigen, in der sie eingehen.

III. Lehrpläne der Anstalten.

A. Höhere Maschinenbauschulen.

1. Stundenvertheilungsplan für die höheren Maschinenbauschulen.

No.	Lehrgegenstände.	Kl. IV.	Kl. III.	Kl. II.	Kl. I.	Summe.
1.	Geschäftskunde	.	.	.	2	2
2.	Mathematik	8	4	4	2	18
3.	Physik	4	2	.	.	6
4.	Chemie	4	.	.	.	4
5.	Mechanik	6	5	4	2	17
6.	Maschinenelemente	4	4	2	1	11
7.	Dampfkessel	.	.	2	2	4
8.	Hebemaschinen	.	.	3 }(8)	3	6
9.	Dampfmaschinen	.	.	3	2 }(12)	5 }(20)
10.	Hydraulische Motoren	.	.	.	3	3
11.	Gasmotoren	.	.	.	2	2
12.	Werkzeugmaschinen	.	4	.	.	4
13.	Allgemeine Technologie	.	}(6)	4	2	6 }(12)
14.	Hüttenkunde	.	2	.	.	2
15.	Elektrotechnik	.	4	3	2	9
16.	Baukonstruktion, Baumechanik und Bauzeichnen	4	3	3	2	12
17.	Veranschlagen	.	.	.	1	1
18.	Darstellende Geometrie	6	4	.	.	10
19.	Maschinenelemente-Skizziren u. Zeichnen	6	6	6	.	18
20.	Dampfkessel-Skizziren und Zeichnen .	.	.	.	4	4
21.	Hebemaschinen-Skizziren und Zeichnen .	.	.	2 }(4)	4 }(12)	6 }(16)
22.	Dampfmaschinen-Skizziren und Zeichnen .	.	.	2	4	6
23.	Werkzeugmaschinen-Skizziren u. Zeichnen	.	4	.	.	4
24.	Uebungen in den Laboratorien	.	.	4	4	8
25.	Rundschrift	(1)	.	.	.	(1)
26.	Samariterunterricht	.	.	1	.	1
	Summe . . .	42+(1)	42	43	42	169+(1)

B. Maschinenbauschulen.

1. Stundenvertheilungsplan für die vierklassigen Maschinenbauschulen.

No.	Lehrgegenstände.	Kl. IV.	Kl. III.	Kl. II.	Kl. I.	Summe.
1.	Deutsch	6	2	}2	}2	}12
2.	Geschäfts- u. gewerbliche Gesetzeskunde	.	.			
3.	Rechnen	6	2	.	.	8
4.	Mathematik	7	6	4	2	19
5.	Physik	4	2	.	.	6
6.	Chemie	.	2	.	.	2
7.	Mechanik	.	5	4	2	11
8.	Elektrotechnik	.	4	3	3	10
9.	Maschinenelemente	.	6	.	.	6
10.	Dampfkessel	.	.	3} (7)	.	3}
11.	Hebemaschinen	.	.	4}	.	4}
12.	Dampfmaschinen	.	.	.	4}	4} (14)
13.	Hydraulische Motoren	.	.	.	2} (7)	2}
14.	Gasmotoren	.	.	.	1}	1
15.	Werkzeugmaschinen	.	.	3}	.	3}
16.	Hüttenkunde	.	.	2} (8)	.	2} (12)
17.	Allgemeine Technologie	.	.	3}	4	7}
18.	Feuerungskunde	Wird in der Dampfkessellehre und in der Hüttenkunde behandelt.				
19.	Baukonstruktion	.	.	2	2	4
20.	Veranschlagen	.	.	.	1	1
21.	Geometrisches Zeichnen, Technisches Freihandzeichnen und Projektionszeichnen	18	3	.	.	21
22.	Maschinenelemente-Skizziren u. Zeichnen	.	10	4	2	16
23.	Dampfkessel-Skizziren und Zeichnen	.	.	.	4}	4}
24.	Hebemaschinen-Skizziren und Zeichnen	.	.	.	5} (13)	5} (13)
25.	Dampfmaschinen-Skizziren und Zeichnen	.	.	.	4}	4}
26.	Werkzeugmaschinen-Skizziren u. Zeichn.	.	.	4	.	4
27.	Rundschrift	1	.	.	.	1
28.	Uebungen in den Laboratorien	.	.	4	4	8
29.	Samariterunterricht	.	.	1	.	1
	Summe	42	42	43	42	169

3. Stundenvertheilungsplan für die dreiklassige Maschinenbauschule in Cöln.

Lehrgegenstände	Vorklasse		Untere Fachklasse		Obere Fachklasse	
	½ Semester = 10 Woch.	½ Semester = 10 Woch.	½ Semester = 10 Woch.	½ Semester = 10 Woch.	½ Semester = 10 Woch.	½ Semester = 10 Woch.
Deutsch	8	8	2	2	—	—
Rechnen	8	8	2	2	.	.
Schreiben	2	2	.	.	.	.
Geometrisches und projektivisches Zeichnen	22	.	6	.	.	.
Technisches Freihand- u. Fachzeichnen	.	22	.	.	.	.
Raumlehre	6	6	.	.	.	.
Physik	.	.	4	4	.	.
Chemie	.	.	4	.	.	.
Elektrotechnik	.	.	.	.	4	4
Mathematik	.	.	8	4	.	.
Seite	46	46	26	12	4	4

Lehrgegenstände	Vorklasse		Untere Fachklasse		Obere Fachklasse	
	½ Semester = 10 Woch.	½ Semester = 10 Woch.	½ Semester = 10 Woch.	½ Semester = 10 Woch.	½ Semester = 10 Woch.	½ Semester = 10 Woch.
Uebertrag	46	46	26	12	4	4
Mechanik und Festigkeitslehre . . .	.	.	.	8	4	4
I. Maschinentheile, Vortrag und Uebungen	.	.	18	18	.	.
II. Werkmaschinen, Vortrag und Uebungen	.	.	.	6	10	.
III. Dampfkessel- und Feuerungsanlagen, Vortrag u. Uebungen	.	.	.	.	16	.
IV. Beschreibend.Maschinenlehre:						
1. Kraftmaschinen, Vortrag und Uebungen	.	.	.	.	.	16
2. Hebemaschinen, Vortrag und Uebungen	.	.	.	.	.	16
Technologie (Hütten- und Materialienkunde)	.	.	.	4	4	.
Buchführung, Veranschlagen . . .	.	.	.	.	4	.
Baukonstruktionslehre	.	.	4	.	.	.
Gesetzeskunde	.	.	.	.	2	2
Uebungen im Laboratorium . . .	.	.	.	.	4	4
Samariterunterricht	.	.	.	.	.	2
Summe	46	46	48	48	48	48

Die Semester sind nur da als in zwei Halbsemester zerlegt zu betrachten, wo der Unterrichtsgegenstand sich innerhalb des Semesters ändert.

C. Hüttenschulen.
1. Stundenvertheilungsplan für die vierklassigen Hüttenschulen.

No.	Lehrgegenstände.	IV.	III.	II.	I*) a)	b)	Summa
1.	Deutsch	6	2	.	.	.	} 12
2.	Geschäftskunde und gewerbliche Gesetzeskunde			} 2	} 2		
3.	Rechnen	6	2	.	.	.	8
4.	Mathematik	7	6	4	2	.	19
5.	Physik	4	2	.	.	.	6
6.	Experimentalchemie	4	4	.	.	.	8
7.	Mechanik	.	4	2	2	.	8
8.	Elektrotechnik	.	2	2	2	.	6
9.	Feuerungskunde	.	4	.	.	.	4
10.	Chemische Technologie . . .	.	.	4	.	.	4
11.	Allgemeine Hüttenkunde . . .	.	2	.	.	.	2
12.	Eisenhüttenkunde	.	.	6	4	.	10
13.	Metallhüttenkunde	.	.	.	4	.	4
14.	Mineralogie	.	2	2	.	.	4
15.	Analytische Chemie	.	.	8	8 |	.	16
16.	Mechanische Technologie . . .	.	.	.		8	8
17.	Maschinenkunde	.	.	4	3	2	9
18.	Betriebsbuchführung	.	.	.	1	.	1
19.	Kalibriren von Walzen . . .	.	.	.	. |	8	8
20.	Technisches Freihandzeichnen .	} 14	} 4	.	.	.	} 18
21.	Geometrisches und Projektionszeichnen .						
22.	Maschinen- u. Fach-Skizziren u. Zeichnen	.	4	4	4	.	12
23.	Rundschrift	1	.	.	.	.	1
24.	Uebungen in dem Laboratorium . . .	.	.	4	4	.	8
25.	Samariterunterricht	.	.	1	.	.	1
	Summa . . .	42	42	42+1	42+8		177

*) Die Klasse I zerfällt in 2 Gruppen; zu Gruppe a) gehören Hüttenleute, Former, Modellschreiner und Angehörige der chemischen Grossgewerbe, zu Gruppe b) Walzer, Walzendreher, Hammerschmiede und Adjustage-Arbeiter.

D. Abend- und Sonntagsschulen für Maschinenbauer, Schlosser, Schmiede und Hüttenarbeiter.

Für diese Anstalten ist weder der Stundenvertheilungsplan noch der Lehrstoff einheitlich festgesetzt. Es ist vielmehr die Aufstellung des Lehrplans für jede Anstalt der betreffenden Direktion überlassen, damit sich die Schulen möglichst den örtlichen Verhältnissen anpassen können. Jedoch soll der Unterricht nach den Grundsätzen ertheilt werden, welche unter III. E. für die Behandlung des Lehrstoffs an den Anstalten mit zweisemestrigen Kursus zur Weiterbildung von Arbeitern der Maschinenindustrie entwickelt sind.

Die mit den Maschinenbauschulen oder Hüttenschulen verbundenen Abend- und Sonntagsschulen sollen den doppelten Zweck verfolgen:

1. Schüler soweit vorzubilden, dass sie die unterste Klasse der Maschinenbauschule oder Hüttenschule überspringen und so die Zeit, während welcher sie zu ihrer Ausbildung der praktischen Thätigkeit entzogen sind, um ein halbes Jahr abkürzen können (vergl. II. F. 2.).

2. Schüler, welche nicht beabsichtigen, eine Tagesschule zu besuchen, durch Zeichnen- und sonstigen Fachunterricht möglichst gut für ihren Beruf auszubilden.

Die mit den höheren Maschinenbauschulen und den Handwerkerschulen verbundenen Abend- und Sonntagsschulen für Arbeiter der Maschinen- und Hüttenindustrie befassen sich lediglich mit der zweiten Aufgabe.

E. Schulen mit zweisemestrigem Kursus zur Weiterbildung von Arbeitern der Maschinenindustrie.

1. Stundenvertheilungsplan.

Lehrgegenstände	1. Hälfte des 1. Semesters	2. Hälfte des 1. Semesters	2. Semester
1. Deutsch	6	6	2
2. Gewerbliche Gesetzeskunde	.	.	2
3. Rechnen:			
a) Bürgerliches Rechnen	3	3	.
b) Buchstaben-	6	2	.
c) Raumlehre	6	2	.
4. Naturlehre	5	3	4
5. Mechanik	.	6	3
6. Festigkeitslehre	.	4	.
7. Maschinenkunde:			
a) Maschinenelemente	.	10	.
b) Dampfkessel	.	.	3
c) Hebemaschinen	.	.	4
d) Dampfmaschinen	.	.	4
e) Hydraulische Motoren	.	.	1 (15)
f) Kraftgasmotoren	.	.	1
g) Werkzeugmaschinen	.	.	2
8. Technologie	.	.	6
9. Vorbereitendes Zeichnen und Skizziren / Projektionszeichnen	22	.	.
10. Maschinenskizziren und Zeichnen:			
a) Maschinenelemente	.	12	4
b) Dampfkessel	.	.	.
c) Hebemaschinen	.	.	10
d) Dampfmaschinen	.	.	
e) Werkzeugmaschinen	.	.	
11. Kalkulation	.	.	1
12. Samariterunterricht	.	.	1
Summe	48	48	48

IV. Ordnungen der Prüfungen, welche an den Anstalten abgehalten werden.

a) Ordnung der Prüfung zum Nachweis der für die Aufnahme in die höheren Maschinenbauschulen erforderlichen Kenntnisse.

1. Allgemeine Bestimmungen.

§ 1. Die Prüfung soll jungen Leuten, die nicht die Reife für die Ober-Sekunda einer höheren Lehranstalt der allgemeinen Unterrichtsverwaltung besitzen, Gelegenheit geben, die zur Aufnahme in die höhere Maschinenbauschule erforderlichen Kenntnisse nachzuweisen.

Wer die Prüfung besteht, erhält ein Prüfungszeugniss (vergl. Ziffer 2 § 6). Inhaber des Prüfungszeugnisses werden bei der Aufnahme in die höhere Maschinenbauschule in gleicher Weise berücksichtigt, wie die jungen Leute, welche die Reife für Obersekunda haben. Die Berücksichtigung geschieht lediglich in der Reihenfolge der Anmeldungen.

§ 2. Die Prüfung wird bis auf Weiteres an den von dem Minister für Handel und Gewerbe bestimmten Preussischen Maschinenbauschulen, und zwar an jeder Anstalt mindestens einmal (in den Monaten Januar oder Juni) abgehalten.[1] Die in Aussicht genommenen Termine sind bis zum 1. November und bis zum 1. April von den Direktionen der betreffenden Anstalten dem Minister für Handel und Gewerbe anzuzeigen. Sie werden von diesem nach Genehmigung durch das Ministerialblatt der Handels- und Gewerbeverwaltung bekannt gegeben.

§ 3. Die Kommission zur Abhaltung der Reifeprüfungen besteht aus dem Direktor der Schule und den prüfenden Lehrern.

§ 4. Zur Prüfung können nur junge Leute zugelassen werden, die mindestens zwei Jahre in einer mechanischen Werkstätte beschäftigt gewesen sind.

Das Gesuch um Zulassung zur Prüfung ist vier Wochen vor Beginn der Prüfung unter Beifügung einer Geburtsurkunde, eines polizeilichen Führungszeugnisses, eines Lebenslaufs und der Zeugnisse über den Schulbesuch und über die praktische Ausbildung dem Direktor einzureichen. In seinem Gesuche hat der Antragsteller anzugeben, ob er sich bereits früher zur Prüfung gemeldet hat. Gegebenenfalls ist anzugeben, an welcher Anstalt er sich gemeldet hat, ob er nicht zur Prüfung zugelassen worden ist — und zwar aus welchen Gründen — oder ob er die Prüfung nicht bestanden hat. Nachweisliche falsche Angaben hierüber ziehen den Ausschluss von der Prüfung nach sich.

Die Prüfungs-Kommission entscheidet über die Zulassung zur Prüfung. Die Zurückweisung kann wegen Nichterfüllung der für die Vorbildung geltenden Vorschriften (Abs. 1), wegen mangelnder sittlicher Reife, wegen wiederholten Nichtbestehens der Prüfung, sowie endlich aus dem Grunde erfolgen, dass ein Gesuch nicht den in den §§ 1 und 6 unter Ziffer 2 für das Bestehen der Prüfung gestellten Forderungen entspricht.

Der Direktor theilt denjenigen, die sich gemeldet haben, bis spätestens acht Tage vor dem Beginn der Prüfung mit, ob ihnen die Ablegung der Prüfung gestattet wird oder ob und aus welchen Gründen sie zurückgewiesen werden.

Vor dem Beginn der schriftlichen Prüfung hat jeder Prüfling eine Prüfungsgebühr von 20 Mk. an die Schulkasse zu entrichten.

§ 5. Die Prüfung zerfällt in einen schriftlichen, einen zeichnerischen und einen mündlichen Theil.

Die schriftliche und die zeichnerische Prüfung findet unter Aufsicht der Lehrer statt. Ueber die Vorgänge bei den unter Klausur abzuhaltenden schriftlichen und zeichnerischen Arbeiten wird ein Protokoll von den vom Direktor dazu bestimmten Lehrern geführt. Das Protokoll muss die Namen der Prüflinge, den Wortlaut der in den einzelnen Fächern zu bearbeitenden Aufgaben (event. unter Beifügung der gegebenen Skizzen) als Anlagen, die Namen der die Aufsicht führenden Lehrer, Vermerke über den Beginn der Arbeitszeit und über jede Unterbrechung derselben und Angaben darüber enthalten, wann die Prüfungsarbeiten von den einzelnen Prüflingen abgegeben worden sind.

§ 6. Für jede der zu bearbeitenden Aufgaben werden von den betreffenden Fachlehrern Vorschläge ausgearbeitet und dem Direktor zur Genehmigung vorgelegt.

Bei den Klausurarbeiten darf nur ein von dem Minister für Handel und Gewerbe genehmigtes Tabellenbuch benutzt werden.

---

[1] Siehe oben S. 783, 784.

Vor Beginn der schriftlichen Prüfung hat der Direktor die Prüflinge vor der Benutzung unerlaubter Hülfsmittel zu warnen und sie auf die Folgen aufmerksam zu machen, welche dieselbe nach sich zieht. Prüflinge, die sich bei der Anfertigung der schriftlichen Prüfungsarbeiten nachweislich unerlaubter Hülfsmittel bedient haben, werden von der weiteren Prüfung ausgeschlossen. Ebenso wird mit denjenigen Schülern verfahren, welche eine Prüfling bei einem derartigen Täuschungsversuche nachweislich unterstützt haben.

In Fällen, wo nur ein Verdacht gegen den Prüfling vorliegt, ist er von dem Direktor aufzufordern, neue Aufgaben zu bearbeiten, die von dem Direktor aus den vorgeschlagenen Aufgaben zu nehmen sind. Weigert er sich, so wird er von der weiteren Prüfung ausgeschlossen.

§ 7. Die schriftlichen Arbeiten müssen spätestens zwei Tage vor dem Termin für die mündliche Prüfung von den prüfenden Lehrern durchgesehen und begutachtet dem Direktor eingereicht werden.

§ 8. Die Zurückweisung von der mündlichen Prüfung kann erfolgen, wenn zwei Arbeiten der schriftlichen und zeichnerischen Prüfung „nicht genügend" ausgefallen sind.

Eine vollständige oder theilweise Befreiung von der mündlichen Prüfung findet nicht statt.

In der Regel sollen nicht mehr als zehn Prüflinge gleichzeitig mündlich geprüft werden.

§ 9. Nach Beendigung der mündlichen Prüfung wird darüber Beschluss gefasst, ob die Prüfung bestanden ist. Das Ergebniss der Prüfung wird gleich nach Schluss der Sitzung den Prüflingen mitgetheilt.

Die von dem Direktor unterzeichneten Zeugnisse sind den Prüflingen binnen einer Woche zuzustellen.

§ 10. Ueber den Gang und die Ergebnisse der mündlichen Prüfung wird ein Protokoll aufgenommen. Dasselbe hat über den Inhalt der gestellten Fragen, sowie darüber, wie lange jeder Prüfling in jedem Prüfungsgegenstande geprüft worden ist und welches Prädikat ihm auf Vorschlag des prüfenden Lehrers von der Kommission ertheilt worden ist, und über die Schlussberathung Auskunft zu geben.

Das Prüfungsprotokoll wird von sämmtlichen Mitgliedern der Kommission unterzeichnet.

§ 11. Eine einmalige Wiederholung der Prüfung ist statthaft.

2. Besondere Bestimmungen.

§ 1. Prüfungsgegenstände.

1. Deutsch.

Die Prüflinge müssen der deutschen Schriftsprache derart mächtig sein, dass sie sich geläufig, ohne wesentliche Verstösse gegen Rechtschreibung und Zeichensetzung, ausdrücken können. Namentlich müssen sie im Stande sein, eine Beschreibung über einen Gegenstand oder einen Vorgang aus dem Gebiete der Technik nach kurzer Besprechung niederzuschreiben.

2. Rechnen.

Grundrechnungsarten mit unbenannten und benannten Zahlen, gewöhnliche und Decimalbrüche, Dreisatz (Regeldetri), Prozent-, Zins- und Rabattrechnung, Vertheilungsrechnen. Die deutschen Maasse, Gewichte und Münzen. Sicherheit im Kopfrechnen.

3. Mathematik.

a) Algebra. Positive und negative Grössen; die vier Grundrechnungsarten mit allgemeinen Zahlen. Ausziehen von Quadratwurzeln, Gleichungen ersten Grades mit einer und mehreren Unbekannten. Proportionen. Potenz-, Wurzel- und Logarithmenrechnung. Gleichungen zweiten Grades mit einer Unbekannten.

b) Planimetrie. Winkelarten, Winkelpaare, Winkel an Parallelen. Kongruentsätze. Gleichseitiges, gleichschenkliges Dreieck, Viereck. (Parallelogramm, Trapez) Flächenberechnung geradliniger regulärer Vielecke. Der Pythagoräische Lehrsatz. Kreislehre (Sehnen- und Winkelsätze, Tangente, Kreisviereck). Aehnlichkeitslehre (Proportionen am Dreieck, Aehnlichkeitssätze, das rechtwinklige Dreieck, Proportionen am Kreise) Kreistheilungen. Die Zahl π. Berechnung des Kreisumfangs und Inhalts, Konstruktionsaufgaben.

c) Trigonometrie. Die trigonometrischen Funktionen und einfache Beziehungen zwischen ihnen. Auflösung des rechtwinkligen und des gleichschenkligen Dreiecks.

d) Stereometrie. Berechnung der Oberfläche und des Inhalts der fünf einfachen Körper.

4. Naturlehre.

a) Physik. Allgemeine Eigenschaften der Körper: Gewicht, spezifisches Gewicht, Kohäsion, Adhäsion und Kapillarität, kommunizirende Gefässe. Luftdruck. Manometer. Bodendruck, Seitendruck und Auftrieb der Flüssigkeiten. Wirkungen und Mass der Wärme: Ausdehnung durch die Wärme, Veränderung des Aggregatzustands. Das Verhalten des Wassers bei der Erwärmung. Gesetze der Dampfbildung. Magnetismus: Gesetze der Anziehung und Abstossung. Erzeugung von künstlichen Magneten. Der Kompass. Reibungselektrizität: Positive, negative Elektrizität. Atmosphärische Elektrizität der Blitzableiter. Berührungselektrizität: Galvanische Elemente. Wirkungen des galvanischen Stromes, die Erzeugung von Elektrizität durch Magnetismus, Wärme und Induktion. Grundzüge der Galvanoplastik. Die elektrische Schelle. Der Telegraph.

b) Chemie. Unterschied zwischen physikalischen und chemischen Vorgängen. Element und chemische Verbindung. Wasserstoff, Sauerstoff, Schwefel, Stickstoff, Phosphor, Kohlenstoff und ihre wichtigsten Verbindungen.

5. Zeichnen.

Geradlinige Flächenmuster, Kreise, Kreistheilung, Vielecke, Anschlusslinien. Ellipse, Parabel, Hyperbel. Rollkurven. Massstäbe. Tuschübungen. Sachgemässes Skizziren und Zeichnen von einfachen Modellen, deren Formen den Maschinenbaukonstruktionen entlehnt sind.

§ 2. Aufgaben für die schriftliche Prüfung.

1. Deutsch.

Eine Beschreibung technischen Inhalts. (Nach kurzer vorheriger Besprechung des Stoffes.)

2. Rechnen.

3 Aufgaben aus den bürgerlichen Rechnungsarten.

3. Mathematik.

5 Aufgaben: 2 Aufgaben aus der Algebra, je eine Aufgabe aus der Planimetrie, Trigonometrie und Stereometrie.

4. Zeichnen.

Anfertigung einer Zeichnung und einer Skizze, gegebenenfalls nach Modellen.

§ 3. Zeit für die schriftliche Prüfung.

Für Nr. 1: 4 Stunden. Für Nr. 2: 3 Stunden. Für Nr. 3: 5 Stunden. Für Nr. 4: 4 Stunden.

§ 4. Prüflinge, welche die Berechtigung zum Einjährig-Freiwilligen Dienst durch Ablegung der Prüfung vor der Prüfungs-Kommission für Einjährig-Freiwillige erworben haben, sind von der schriftlichen Prüfung im Deutschen und im Rechnen zu entbinden, Prüflinge, welche durch selbstgefertigte Zeichnungen und Skizzen unzweifelhaft ihre Fertigkeit im grundlegenden Zeichnen nachweisen, können vom Direktor von der Prüfung im Zeichnen befreit werden.

§ 5. Mündliche Prüfung.

Die mündliche Prüfung erstreckt sich auf folgende Fächer:

1. Rechnen: Kopfrechnen. Aufgaben aus dem oben gekennzeichneten Gebiet.
2. Mathematik: Aufgaben aus der Algebra, Planimetrie, Trigonometrie und Stereometrie, entsprechend den vorgenannten Anforderungen.
3. Naturlehre: Fragen aus dem vorbezeichneten Gebiet in der Physik und Chemie.

3. Ertheilung der Censuren und der Befähigungszeugnisse.

§ 6. Ueber die Ertheilung der Censuren für die gesammte Prüfung gelten folgende Bestimmungen:

Die Gesammt-Censuren für die Leistungen in den einzelnen Fächern werden als Durchschnittsnoten aus den Noten für die Leistungen in der schriftlichen und mündlichen Prüfung gewonnen.

Für die sehr gute Beantwortung oder Bearbeitung einer Aufgabe ist die Nummer 4, für die gute 3, für die fast gute 2, für die genügende 1, und für die nicht genügende 0 zu geben.

Das Prädikat „bestanden" darf nur den Prüflingen ertheilt werden, deren Leistungen in den Prüfungsgegenständen Deutsch und Mathematik mindestens die Censur „fast gut" und in den Fächern Rechnen, Naturlehre und Zeichnen mindestens die Censur „genügend" erhalten haben.

Das Zeugniss, welches über die erfolgreiche Ablegung der Prüfung ausgestellt wird, enthält über den Ausfall der Prüfung nur die Angabe, dass der Prüfling die Prüfung bestanden hat.

Die Noten in den einzelnen Prüfungsgegenständen werden nicht aufgenommen.

Abstufungen in der Art des Bestehens giebt es nicht.

b) Ordnung für die Reifeprüfungen.

1. Allgemeine Bestimmungen.

§ 1. Die Reifeprüfung bildet den Abschluss des Lehrgangs an der Anstalt. Durch sie soll festgestellt werden, ob die Prüflinge die fachliche Ausbildung erlangt haben, welche dem Lehrziele der Schule entspricht.

§ 2. Die Kommission zur Abhaltung der Reifeprüfungen besteht aus
1. einem Vertreter der Staatsregierung, welcher den Vorsitz führt,
2. einem von dem Königlichen Regierungs-Präsidenten bestimmten Mitgliede des Schulkuratoriums,
3. einem Vertreter der Maschinen- oder der Hüttenindustrie des Bezirks, welcher dem Schulkuratorium angehören kann und von diesem auf die Dauer von zwei Jahren zu wählen ist,
4. dem Direktor der Schule, der auch den Vorsitzenden vertritt, wenn dieser verhindert ist,
5. den Lehrern, welche die Prüflinge in den Gegenständen der Prüfung unterrichtet haben. Sie müssen dem Vorsitzenden zwei Wochen vor dem Beginn der Prüfung namhaft gemacht werden.

Die Mitglieder der Prüfungskommission haben die Pflicht der Amtsverschwiegenheit.

§ 3. Zur Reifeprüfung können nur Schüler, welche die erste Klasse der Anstalt mit Erfolg besucht und die erforderliche sittliche Reife haben, zugelassen werden. Das Gesuch um Zulassung zur Prüfung ist vier Wochen vor deren Beginn unter Beifügung eines Lebenslaufs und der Zeugnisse über die praktische Ausbildung dem Direktor einzureichen. Gleichzeitig ist eine Prüfungsgebühr von 10 Mk. an die Schulkasse zu entrichten.

Wenn ein Schüler nach dem einstimmigen Urtheil des Direktors und der Lehrer, die ihn unterrichtet haben, die erforderliche sittliche und wissenschaftliche Reife nicht besitzt, so ist er vom Direktor von der Prüfung zurückzuweisen. Dem Vorsitzenden der Prüfungs-Kommission ist hiervon Anzeige zu erstatten.

Dem zurückgewiesenen Schüler ist die Prüfungsgebühr zurückzuzahlen, ebenso einem Schüler, der aus irgend welchen Gründen vor dem Eintritt in die schriftliche Prüfung auf die Ablegung der Prüfung verzichtet. Rückzahlungen finden aus anderen Gründen nicht statt.

Die Entscheidung der Konferenz und die Lebensläufe der Prüflinge sowie ein alphabetisches Verzeichniss der Prüflinge, welches deren Klassenleistungen enthält, sind vom Direktor zwei Wochen vor dem Beginn der mündlichen Prüfung dem Vorsitzenden der Prüfungs-Kommission zu übersenden.

§ 4. Die Prüfung zerfällt in einen zeichnerischen und schriftlichen und in einen mündlichen Theil. Die zeichnerische und schriftliche Prüfung beginnt spätestens vier Wochen, die mündliche einige Tage vor Schluss des Schuljahres.

In der Regel sollen nicht mehr als zehn Prüflinge gleichzeitig mündlich geprüft werden.

Die zeichnerische und schriftliche Prüfung findet unter Aufsicht der Lehrer statt. Ueber die Vorgänge bei der unter Klausur abzuhaltenden zeichnerischen und schriftlichen Prüfung wird ein Protokoll von den die Aufsicht führenden Lehrern geführt. Das Protokoll muss die Namen der Prüflinge, den Wortlaut der in den einzelnen Fächern zu bearbeitenden Aufgaben (gegebenenfalls unter Beifügung der gegebenen Skizzen), die Namen der Aufsicht führenden Lehrer, Vermerke über den Beginn der Arbeitszeit und über Unterbrechungen derselben und Angaben darüber enthalten, wann die Prüfungsarbeiten von den einzelnen Prüflingen abgegeben worden sind.

Auf jeder schriftlichen und zeichnerischen Arbeit ist der Name des Prüflings, das Datum und die Arbeitszeit zu vermerken.

Von jeder Arbeit ist ausser der Reinschrift auch der Entwurf abzuliefern.

§ 5. Für jede der zu bearbeitenden Aufgaben werden von den betreffenden Fachlehrern drei Vorschläge ausgearbeitet und dem Direktor zur Genehmigung vorgelegt. Aus diesen drei Vorschlägen wählt der Vorsitzende der Prüfungs-Kommission die zu stellende Aufgabe aus. Er sendet die Aufgaben jedes Faches mit dem Vermerk über die getroffene Wahl unter besonderem Verschluss dem Direktor zurück, der erst bei Beginn der zur Lösung bestimmten Zeit den Verschluss zu öffnen und die Aufgabe bekannt zu geben hat.

Bei den Klausurarbeiten dürfen — sofern nicht etwa nach den „Besonderen Bestimmungen" dieser Prüfungsordnung für die Bearbeitung einer Aufgabe ausdrücklich andere Hülfsmittel zugelassen sind — nur die von dem Minister für Handel und Gewerbe genehmigten Tabellenbücher benutzt werden.

Vor Beginn der schriftlichen Prüfung hat der Direktor die Prüflinge vor der Benutzung unerlaubter Hülfsmittel zu warnen und sie auf die Folgen aufmerksam zu machen, welche dieselbe nach sich zieht. Prüflinge, die sich bei der Anfertigung der schriftlichen Prüfungsarbeiten nachweislich unerlaubter Hülfsmittel bedient haben, werden von der Prüfung ausgeschlossen. Ebenso wird mit denjenigen Schülern verfahren, welche einen Prüfling bei einem derartigen Täuschungsversuche nachweislich unterstützt haben. In Fällen, wo nur ein Verdacht gegen den Prüfling vorliegt, sind von demselben neue Aufgaben zu bearbeiten, die von dem Direktor aus den vorgeschlagenen Aufgaben zu nehmen sind. Ebenso kann mit den Prüflingen verfahren werden, die durch Krankheit verhindert waren, die schriftliche Prüfung gleichzeitig mit den Uebrigen mitzumachen.

Die schriftlichen und zeichnerischen Arbeiten müssen spätestens vierzehn Tage vor dem Termin für die mündliche Prüfung von den prüfenden Lehrern durchgesehen und begutachtet dem Direktor eingereicht werden, der sie dem Vorsitzenden der Prüfungs-Kommission übersendet. Dieser ist befugt, die den Prüfungsarbeiten ertheilten Prädikate abzuändern.

§ 6. Zur Kennzeichnung der Leistungen der Prüflinge dienen folgende Noten: Für die „sehr gute" Bearbeitung einer Aufgabe oder Beantwortung einer Frage die Nummer 4, für die „gute" 3, für die „fast gute" 2, für die „genügende" 1 und für die „nicht genügende" 0.

§ 7. Der mündlichen Prüfung geht eine Berathung und Beschlussfassung darüber voraus, ob einzelne der Prüflinge von der mündlichen Prüfung auszuschliessen oder von der Ablegung ganz oder theilweise zu befreien sind.

Der Ausschluss eines Prüflings von der mündlichen Prüfung erfolgt, wenn für die Mehrzahl der Prüfungsgegenstände der schriftlichen und zeichnerischen Prüfung die Durchschnittsleistung aus dem Prüfungsergebnisse und den Klassenleistungen „nicht genügend" ist.

Die Befreiung in Fächern, die Gegenstand der schriftlichen Prüfung waren, kann eintreten, wenn entweder die schriftliche Prüfungsarbeit mit mindestens „fast gut" und die Klassenleistungen mit mindestens „genügend" oder die schriftliche Prüfungsarbeit mit mindestens „genügend" und die Klassenleistungen mit mindestens „fast gut" censirt worden sind.

Die Befreiung in Fächern, die nicht Gegenstand der schriftlichen Prüfung waren, kann eintreten, wenn die Klassenleistungen mit mindestens „fast gut" censirt worden sind.

Bei den Abstimmungen entscheidet die einfache Mehrheit, bei Stimmengleichheit die Stimme des Vorsitzenden.

§ 8. Der Vorsitzende der Prüfungs-Kommission bestimmt nach Anhörung des Direktors für die mündliche Prüfung die Reihenfolge der einzelnen Prüfungsgegenstände und die Prüfungsdauer.

Der Vorsitzende der Prüfungs-Kommission ist befugt, Fragen an die Prüflinge zu richten.

§ 9. Ueber die Ertheilung der Censuren für die gesammte Prüfung gelten folgende Bestimmungen:

Die Gesammt-Censuren für die Leistungen in den einzelnen Fächern werden unter Berücksichtigung der Klassenleistungen und der Leistungen in der schriftlichen und mündlichen Prüfung festgestellt.

Die endgültige Note für das Maschinenskizziren und Maschinenzeichnen wird nach den vorgelegten Skizzen und Zeichnungen von der Prüfungs-Kommission ertheilt.

§ 10. Nach Beendigung der mündlichen Prüfung wird über die Zuerkennung des Reifezeugnisses Beschluss gefasst. Das Ergebniss der Prüfung wird gleich nach Schluss der Sitzung den Prüflingen mitgetheilt. Die von den Mitgliedern der Prüfungs-Kommission unterzeichneten Zeugnisse sind den Prüflingen binnen vier Wochen zuzustellen.

In die Reifezeugnisse werden ausser den Urtheilen über die Leistungen in den Prüfungsgegenständen auch die Urtheile in den Fächern, die nicht Gegenstand der Prüfung waren, aufgenommen.

§ 11. Ueber den Gang und die Ergebnisse der mündlichen Prüfung wird ein Protokoll aufgenommen. Dasselbe hat über die Vorberathung, den Inhalt der gestellten Fragen, über die Prädikate, welche dem Prüfling auf Vorschlag des Fachlehrers von der Kommission ertheilt worden sind, und über die Schlussberathung Auskunft zu geben.

Das Prüfungsprotokoll wird von sämmtlichen Mitgliedern der Kommission unterzeichnet.

Eine einmalige Wiederholung der Prüfung ist statthaft.

§ 12. Wer die Prüfung nicht besteht, erhält auf besonderes Erfordern ein Klassenzeugniss und eine einfache Bescheinigung über den Besuch der Anstalt, die sich über Fleiss, Betragen und Schulbesuch auslässt. Im Klassenzeugniss ist ausdrücklich darauf hinzuweisen, dass der Schüler die Prüfung nicht bestanden hat.

2. Besondere Bestimmungen.

A. Höhere Maschinenbauschulen.

§ 1. Prüfungsgegenstände.

1. **Mathematik. a) Arithmetik:** Verständniss der algebraischen Grundoperationen mit allgemeinen Grössen. Praktische Fertigkeit in Ziffer- und Buchstabenrechnungen. Algebra bis zu den Gleichungen zweiten Grades mit mehreren Unbekannten einschliesslich, insbesondere Uebung im Ansatz und in der Umformung der Gleichungen. Die Reihenlehre bis zum binomischen Lehrsatz für negative und gebrochene Exponenten, Exponential u. s. w. -Reihen in elementarer Begründung. Zinseszins- und Rentenrechnung.

b) **Geometrie:** Genaue Kenntniss der Lehrsätze und Aufgaben der Planimetrie, der Elemente der analytischen Geometrie, der Kegelschnitte und der für die Technik wichtigen Kurven.

c) **Trigonometrie:** Ableitung der wichtigsten Formeln der Goniometrie und der ebenen Trigonometrie. Gewandtheit in der Berechnung der Dreiecke und Vielecke.

d) **Stereometrie:** Kenntniss der Lehrsätze und Aufgaben der Stereometrie, insbesondere Fertigkeit in der Berechnung der einfachen Körper, Prisma, Cylinder, Pyramide, Kegel und Kugel. Allgemeine Methoden zur Berechnung von Körpern. Gewichtsberechnungen.

2. **Mechanik.** Kenntniss der Gesetze der elementaren Statik und Dynamik fester und flüssiger Körper und insbesondere der Gesetze der Festigkeitslehre. Elemente der Wärmemechanik. Uebung in der Anwendung der in der Praxis üblichen Formeln.

3. **Maschinenbaukunde.** Genaue Kenntniss der Maschinenelemente, ihrer Form, ihres Zwecks, Materials und ihrer Herstellung. Fertigkeit im Berechnen der Maschinenelemente.

Kenntniss des Baues und der Berechnung der Hebemaschinen, Dampfkessel und Dampfmaschinen.

Allgemeine Kenntniss der hydraulischen Motoren und Kraftgas-Motoren.

4. **Mechanische Technologie.** Kenntniss der Arbeitsvorgänge in der Formerei, Giesserei, beim Schmieden, Walzen, Ziehen, Pressen. Kenntniss der wichtigsten Werkzeuge und Werkzeugmaschinen für die Bearbeitung der Metalle und des Holzes. Kenntnisse in der Eisenhüttenkunde und in der Materialienkunde.

5. Baukonstruktionslehre. Kenntniss der Verbindungen in Stein, Holz und Eisen, der bei Fabrikgebäuden vorkommenden Gewölbe, Dächer, Treppen und Eisenkonstruktionen unter besonderer Berücksichtigung der Konstruktion der Einzeltheile.

6. Elektrotechnik. Die Grundgesetze der Elektrotechnik. Kenntniss der Dynamomaschinen, Elektromotoren, Transformatoren. Einrichtung und Betrieb elektrischer Beleuchtungs- und Kraftübertragungsanlagen.

§ 2. Aufgaben für die schriftliche und zeichnerische Prüfung.

1. Mathematik. Es werden vier Aufgaben gestellt, je eine aus den Gebieten der Algebra, Trigonometrie, Kurvenlehre und Stereometrie.

2. Mechanik. Drei Aufgaben, je eine aus dem Gebiete der Statik, der Dynamik und der Festigkeitslehre.

3. Maschinenbaukunde. Drei Aufgaben: a) Anfertigung der Werkstattzeichnung eines Maschinenelements in grösserem Massstabe oder in natürlicher Grösse und Ausführung der dazu erforderlichen Festigkeitsrechnungen. Die Zeichnung ist nur in Blei auszuführen, die Materialien sind durch Buntstiftschraffur anzudeuten.

b) Durchführung der Berechnung eines Maschinentheils oder einer Maschine aus dem Gebiete der Hebemaschinen, Dampfkessel und Dampfmaschinen. Der Berechnung sind entweder Handskizzen oder eine massstäbliche Zeichnung in Blei beizufügen.

c) Entwurf einer einfachen Maschine oder einzelner Haupttheile einer Maschine aus dem Gebiete der Dampfkessel, der Hebemaschinen- oder der Dampfmaschinenkunde nach gegebenem Programm. Die Aufgabe ist so zu wählen, dass sie keine besonderen Schwierigkeiten enthält, sich auch nicht auf besondere in der Praxis seltener vorkommende Fälle bezieht. Die Entwurfszeichnungen und die etwa anzufertigenden Zeichnungen von Einzeltheilen sind mit Tusche auszuziehen, mit Materialfarben anzulegen und mit Maassen zu versehen. Dem Entwurf sind die ihm zu Grunde liegenden Berechnungen beizufügen. Da aus der Bearbeitung dieser Aufgabe nur hervorgehen soll, ob der Prüfling sich die Gewandtheit erworben hat, Aufgaben seines Berufs genau aufzufassen und sie in gegebener Zeit mit richtiger Benutzung der ihm in der Praxis zur Verfügung stehenden Hülfsmittel zu lösen, so ist die Benutzung der Lehrhefte und eines sogenannten Fachkalenders bei der Bearbeitung dieser Aufgabe gestattet.

4. Mechanische Technologie. Eine bis zwei Aufgaben aus dem Gebiete der Giesserei, des Schmiedens, des Walzens oder der Werkzeugmaschinenkunde. Der Beschreibung sind Skizzen in verkleinertem Massstabe oder eine Werkzeichnung in natürlicher Grösse in Blei und Buntstift beizufügen.

§ 3. Zeit für die schriftliche Prüfung.

Für No. 1: ein Tag zu 6 Stunden ohne Unterbrechung.
Für No. 2: ein Tag zu 6 Stunden ohne Unterbrechung.
Für No. 3: je ein Tag zu je 8 Stunden ohne Unterbrechung für jede der beiden ersten Aufgaben.
3 bis 4 Tage zu je 8 Stunden für die dritte Aufgabe.
Für No. 4: ein Tag (bei einer Aufgabe 8 Stunden ohne Unterbrechung, bei 2 Aufgaben je 4 Stunden für jede Aufgabe).

§ 4. Mündliche Prüfung.

Die mündliche Prüfung erstreckt sich auf folgende Fächer:

1. Mathematik,
2. Mechanik,
3. Maschinenbaukunde,
4. Mechanische Technologie,
5. Baukonstruktionslehre,
6. Elektrotechnik.

§ 5. Das Zeugniss der Reife mit dem Prädikat „bestanden" darf nur den Prüflingen ertheilt werden, deren Gesammtleistungen in den Prüfungsgegenständen durchschnittlich durch die Censur „genügend" erhalten haben, deren Gesammtleistungen in jedem der Fächer Mathematik, Mechanik, Maschinenbaukunde, Mechanische Technologie und Maschinenzeichnen aber mit mindestens „genügend" beurtheilt worden sind.

Das Zeugniss der Reife mit dem Prädikat „gut bestanden" kann nur denen zuerkannt werden, die in der Maschinenbaukunde, in der mechanischen Technologie, in der Mechanik, in der Mathematik und im Maschinenzeichnen die Gesammtnote „gut" und in der Mehrzahl der übrigen Prüfungsgegenstände „fast gut" erhalten haben.

Das Zeugniss der Reife mit dem Prädikat „mit Auszeichnung bestanden" kann nur denen zuerkannt werden, die in der Maschinenbaukunde und in einem der Fächer Mathematik oder Mechanik die Gesammtnote „sehr gut", in dem andern Fache, in der mechanischen Technologie und im Maschinenzeichnen „gut", in der Mehrzahl der übrigen Fächer „gut", und in keinem Prüfungsgegenstande „nicht genügend" erhalten haben.

B. Maschinenbauschulen.

1. Vierklassige Maschinenbauschulen.

§ 1. Prüfungsgegenstände.

1. **Deutsch.** Kenntniss der Geschäftsaufsätze, des Nothwendigsten aus der einfachen Buchführung, der Wechsellehre und der gewerblichen Gesetzgebung.

2. **Mathematik.** a) Algebra: Verständniss der vier Grundrechnungsarten mit allgemeinen Zahlen. Rechnen mit Buchstabenbrüchen, Potenzen und Wurzeln. Proportionen. Gleichungen 1. Grades mit einer und mit mehreren Unbekannten. Gleichungen 2. Grades mit einer Unbekannten. Uebung im Tabellenrechnen.

b) Planimetrie: Winkelarten, Winkelpaare, Winkel an Parallelen. Kongruentsätze. Gleichschenkliges und gleichseitiges Dreieck. Vierecke (Parallelogramm, Trapez). Flächenberechnungen. Pythagoräischer Lehrsatz. Kreislehre (Sehnen- und Winkelsätze, Tangente, Kreisviereck). Aehnlichkeitslehre (Proportionen am Dreieck, Aehnlichkeitssätze. Proportionen am rechtwinkligen Dreieck und am Kreise). Kreistheilungen. Die Zahl π und die Berechnung des Kreisumfangs und Kreisinhalts.

c) Trigonometrie: Die trigonometrischen Funktionen und einfache Beziehungen zwischen denselben. Auflösung des rechtwinkligen Dreiecks.

d) Stereometrie: Berechnung der Oberfläche und des Inhalts der fünf einfachen Körper. Guldinsche Regel.

3. **Elektrotechnik.** Die Grundgesetze der Elektrotechnik. Dynamomaschinen, Elektromotoren, Transformatoren. Einrichtung und Betrieb der elektrischen Beleuchtungs- und Kraftübertragungsanlagen.

4. **Mechanik.** Gesetze der elementaren Statik und Dynamik fester und flüssiger Körper. Die wichtigsten Gesetze der Festigkeitslehre.

5. **Maschinenkunde.** Zweck, Form, Material und Herstellung der Maschinenelemente.

Bau und Betrieb der Hebemaschinen, Dampfkessel und Dampfmaschinen.

Einrichtung und Wirkungsweise der hydraulischen Motoren und der Kraftgas-Motoren.

6. **Mechanische Technologie.** Arbeitsvorgänge in der Formerei, Giesserei, beim Schmieden, Walzen, Ziehen, Pressen. Die wichtigsten Werkzeuge und Werkzeugmaschinen zur Bearbeitung der Metalle und des Holzes.

Das Wichtigste aus der Eisenhüttenkunde.

§ 2. Aufgaben für die schriftliche und zeichnerische Prüfung.

1. **Deutsch.** Ein Aufsatzthema aus der Geschäftskunde oder aus dem Berufsleben.

2. **Mathematik.** Vier Aufgaben und zwar je eine aus der Algebra, Planimetrie, Trigonometrie und Stereometrie.

3. **Mechanik.** Vier Aufgaben und zwar zwei aus der Statik, eine aus der Dynamik und eine aus der Festigkeitslehre.

4. **Maschinenkunde.** Zwei Aufgaben.

a) Ein Maschinenelement ist ohne Zuhülfenahme eines Modells, einer Zeichnung oder Skizze in natürlicher Grösse in den nöthigen Rissen und Schnitten zu zeichnen und mit den zur Herstellung erforderlichen Massen zu versehen. Die Zeichnung ist nur in Blei auszuführen, die Materialien sind durch Buntstiftschraffur anzudeuten.

Der Zeichnung ist eine kurze Beschreibung des Zwecks, der Form, des Materials und der Herstellung des Maschinenelements beizufügen.

b) Beschreibung und wo angängig auch Berechnung wichtiger Einzeltheile aus dem Gebiete der Hebemaschinen-, Dampfkessel- und Dampfmaschinenkunde unter Beifügung von Freihandskizzen in verkleinertem Massstabe,

oder Anfertigung einer massstäblichen Zeichnung aus den vorstehenden Gebieten. Die Zeichnung ist nur in Blei auszuführen, die Materialien sind mit Buntstift anzudeuten. Die zur Herstellung des gezeichneten Gegenstands erforderlichen Masse sind einzutragen.

5. Technologie. Ein bis zwei Aufgaben aus dem Gebiete der Giesserei, des Schmiedens und Walzens oder der Werkzeugmaschinenkunde. Der Beschreibung sind Skizzen in verkleinertem Massstabe oder eine Werkstattzeichnung in natürlicher Grösse in Blei und Buntstift beizufügen.

§ 3. Zeit für die schriftliche und zeichnerische Prüfung.

Für No. 1: ein halber Tag zu 4 Stunden.

Für No. 2: ein Tag (6 Stunden ohne Unterbrechung).

Für No. 3: ein Tag (6 Stunden ohne Unterbrechung).

Für No. 4: je ein Tag zu je 8 Stunden ohne Unterbrechung für jede Aufgabe.

Für No. 5: ein Tag (bei 2 Aufgaben je 4 Stunden für jede Aufgabe, bei 1 Aufgabe 8 Stunden ohne Unterbrechung).

§ 4. Mündliche Prüfung.

Die mündliche Prüfung erstreckt sich auf folgende Fächer:

1. Deutsch, 2. Mathematik, 3. Elektrotechnik, 4. Mechanik, 5. Maschinenkunde, 6. Mechanische Technologie.

§ 5.

Das Zeugniss der Reife mit dem Prädikat „bestanden" darf nur den Prüflingen ertheilt werden, deren Gesammtleistungen in den Prüfungsgegenständen durchschnittlich die Censur „genügend" erhalten haben, deren Gesammtleistungen in jedem der Fächer Maschinenkunde, Mechanische Technologie und Mechanik aber mit mindestens „genügend" beurtheilt worden sind.

Das Zeugniss der Reife mit dem Prädikat „gut bestanden" kann nur denen zuerkannt werden, die in der Maschinenkunde, in der Technologie, in der Mechanik und im Maschinenzeichnen die Gesammtnote „gut" und in der Mehrzahl der übrigen Prüfungsgegenstände „fast gut" erhalten haben.

Das Zeugniss der Reife mit dem Prädikat „mit Auszeichnung bestanden" kann nur denen zuerkannt werden, die in der Maschinenbaukunde und in der mechanischen Technologie die Gesammtnote „sehr gut", in der Mechanik, Mathematik und im Maschinenzeichnen „gut", in der Mehrzahl der übrigen Fächer „gut", und in keinem Prüfungsgegenstande „nicht genügend" erhalten haben.

2. Dreiklassige Maschinenbauschule in Cöln.

§ 1. Prüfungsgegenstände.

1. Deutsch. Die Fähigkeit, über eine Konstruktion oder einen Arbeitsvorgang einen klaren Bericht anzufertigen.

2. Elektrotechnik. Die Grundgesetze der Elektrotechnik. Dynamomaschinen, Elektromotoren, Transformatoren. Einrichtung und Betrieb der Beleuchtungs- und Kraftübertragungsanlagen.

3. Mechanik. Gesetze der elementaren Statik und Dynamik fester und flüssiger Körper. Die wichtigsten Gesetze der Festigkeitslehre.

4. Maschinenkunde. Zweck, Form, Material und Herstellung der Maschinenelemente. Bau und Betrieb der Hebemaschinen, Dampfkessel und Dampfmaschinen. Einrichtung und Wirkungsweise der hydraulischen Motoren und der Kraftgasmotoren. Die gebräuchlichen Werkzeuge und Werkzeugmaschinen zur Bearbeitung der Metalle und des Holzes.

5. Technologie. Das Wichtigste aus der Eisenhüttenkunde. Die Arbeitsvorgänge in der Formerei, Giesserei, beim Schmieden, Walzen Ziehen, Pressen.

§ 2. Aufgaben für die schriftliche und zeichnerische Prüfung.

1. Deutsch. Der Bericht zu 3b oder zu 4 wird auch als deutsche Arbeit angesehen und als solche besonders censirt.

2. Mechanik. Vier Aufgaben, und zwar zwei aus der Statik, eine aus der Dynamik und eine aus der Festigkeitslehre.

3. Maschinenkunde. Zwei Aufgaben.

a) Ein Maschinenelement ist ohne Zuhülfenahme eines Modells, einer Zeichnung oder Skizze in natürlicher Grösse in den nöthigen Rissen uud Schnitten zu zeichnen und mit den zur Herstellung erforderlichen Massen zu versehen. Die Zeichnung ist nur in Blei auszuführen, die Materialien sind durch die Buntstiftschraffur anzudeuten.

Der Zeichnung ist eine kurze Beschreibung des Zwecks, der Form, des Materials und der Herstellung des Maschinenelements beizufügen.

b) Beschreibung wichtiger Einzeltheile aus dem Gebiete der Hebemaschinen-, Dampfkessel-, Dampfmaschinen- und Werkzeugmaschinenkunde unter Beifügung von Freihandskizzen in verkleinertem Massstabe, oder Anfertigung einer massstäblichen Zeichnung aus den vorstehenden Gebieten. Die Zeichnung ist nur in Blei auszuführen, die Materialien sind mit Buntstift anzudeuten. Die zur Herstellung des gezeichneten Gegenstandes erforderlichen Masse sind einzutragen.

4. Technologie. Ein bis zwei Aufgaben aus dem Gebiete der Giesserei, des Schmiedens und Walzens. Der Beschreibung sind Skizzen in verkleinertem Massstabe beizufügen.

§ 3.   Zeit für die schriftliche und zeichnerische Prüfung.

Für No. 2: ein Tag (6 Stunden ohne Unterbrechung).

Für No. 3: je ein Tag zu je 8 Stunden ohne Unterbrechung für jede Aufgabe.

Für No. 4: ein Tag (bei zwei Aufgaben je 4 Stunden für jede Aufgabe, bei einer Aufgabe 8 Stunden ohne Unterbrechung).

§ 4.   Mündliche Prüfung.

Die mündliche Prüfung erstreckt sich auf folgende Fächer:

1. Elektrotechnik, 2. Mechanik, 3. Maschinenkunde, 4. Technologie.

§ 5.

Das Zeugniss der Reife mit dem Prädikat „bestanden" darf nur den Prüflingen ertheilt werden, deren Gesammtleistungen in den Prüfungsgegenständen durchschnittlich die Censur „genügend" erhalten haben, deren Gesammtleistungen in jedem der Fächer Maschinenkunde, Technologie und Mechanik aber mit mindestens „genügend" beurtheilt worden sind.

Das Zeugniss der Reife mit dem Prädikat „gut bestanden" kann nur denen zuerkannt werden, die in der Maschinenkunde, in der Technologie, in der Mechanik und im Maschinenzeichnen die Gesammtnote „gut" und im Deutschen nicht unter „genügend" erhalten haben.

Das Zeugniss der Reife mit dem Prädikat „mit Auszeichnung bestanden" kann nur denen zuerkannt werden, die in der Maschinenbaukunde und in der Technologie die Gesammtnote „sehr gut", in der Mechanik und im Maschinenzeichnen „gut", im Deutschen „gut", in keinem Prüfungsgegenstande „nicht genügend" erhalten haben.

C. Hüttenschulen.

§ 1.   Prüfungsgegenstände.

1. Deutsch. (Wie bei den vierklassigen Maschinenbauschulen.)

2. Mathematik. (Wie bei den vierklassigen Maschinenbauschulen.)

3. Physik und Elektrotechnik. Allgemeine Eigenschaften der Körper. Kommunizirende Gefässe, Luftdruck, Manometer. Wirkungen und Mass der Wärme. Gesetze der Dampfbildung. Fortpflanzung der Wärme. Entstehung, Stärke und Messung des Lichtes. Spiegel, Linse, Prisma. Die Grundgesetze der Elektrotechnik. Dynamomaschinen, Elektromotoren, Transformatoren. Einrichtung und Betrieb der elektrischen Beleuchtungs- und Kraftübertragungsanlagen.

4. Mechanik und Maschinenkunde. Gesetze der elementaren Statik und Dynamik fester und flüssiger Körper. Die wichtigsten Gesetze der Festigkeitslehre.

Kenntniss der wichtigeren einfachen Maschinentheile, die Einrichtung und Wirkungsweise der Hebemaschinen, der Dampfkessel, Dampfmaschinen und Gaskraftmaschinen.

5. Eisenhüttenkunde. Kenntniss der Erze, Zuschläge und Brennstoffe. Vertrautheit mit den Vorgängen und Verrichtungen zur Erzeugung des Roheisens und des schmiedbaren Eisens.

6. Chemische Technologie und Metallhüttenkunde. Allgemeine Kenntniss der Darstellung von Schwefel, schwefeliger Säure, Schwefelsäure, Salzsäure, Salpeter: säure, Soda, Gewinnung der Nebenerzeugnisse von der Kohlendestillation, Erzeugung von Glas und Cement.

Kenntniss der meist angewandten Verfahren zur Vorbereitung der Erze für die Metallgewinnung, die Vorgänge und Verrichtungen zur Gewinnung von Blei, Silber, Kupfer und Zink.

7. Mechanische Technologie. Kenntniss der Arbeitsvorgänge und Arbeitsverrichtungen zur Formgebung durch Giessen, Schmieden, Walzen und Ziehen.

§ 2. Aufgaben für die schriftliche und zeichnerische Prüfung.

1. Deutsch. (Wie bei den vierklassigen Maschinenbauschulen.)
2. Mathematik. (Wie bei den vierklassigen Maschinenbauschulen.)
3. Mechanik und Maschinenkunde. Entweder vier Aufgaben aus den verschiedenen Theilen der Mechanik oder eine Aufgabe aus der Maschinenkunde, bestehend in der zeichnerischen Darstellung eines Maschinentheils in natürlicher Grösse durch Risse und Schnitte mit den erforderlichen Massen oder zwei Aufgaben aus der Mechanik und eine entsprechend kleinere Aufgabe aus der Maschinenlehre.

4. Eisenhüttenkunde. Eine Aufgabe. Eingehende Darstellung eines Hüttenprozesses nach Theorie und Ausführung, erläutert durch Handskizzen der zu verwendenden Oefen und der sonstigen zur Darstellung erforderlichen Einrichtungen.

5. Chemische Technologie und Metallhüttenkunde. Entweder eine Aufgabe aus einem der beiden Gebiete oder zwei Aufgaben, je eine aus jedem Gebiete, bestehend in der Beschreibung eines Fabrikationszweiges des an organisch-chemischen Grossbetriebes oder eines Metalldarstellungsprozesses mit erläutenden Skizzen.

6. Mechanische Technologie. Eine Aufgabe aus der Giesserei oder aus der Bearbeitung des schmiedbaren Eisens oder zwei Aufgaben, je eine aus jedem Gebiete.

Wird nur eine Aufgabe gestellt, so ist sie für die Hüttenleute und die Former aus dem Gebiete der Giesserei, für die Walzer u. s. w. aus dem Gebiete der Bearbeitung des schmiedbaren Eisens zu wählen. Beschreibungen sind durch Skizzen zu erläutern.

§ 3. Zeit für die schriftliche und zeichnerische Prüfung.

Für No. 1: ein halber Tag zu 4 Stunden.
Für No. 2: ein Tag zu 6 Stunden (ohne Unterbrechung).
Für No. 3: ein Tag zu 6 Stunden (ohne Unterbrechung).
Für No. 4: ein Tag zu 8 Stunden (ohne Unterbrechung).
Für No. 5: ein Tag (bei zwei Aufgaben je 4 Stunden für jede Aufgabe, bei einer Aufgabe 8 Stunden ohne Unterbrechung).
Für No. 6: ein Tag (bei zwei Aufgaben, je 4 Stunden für jede Aufgabe, bei eine Aufgabe 8 Stunden ohne Unterbrechung).

§ 4. Mündliche Prüfung.

Die mündliche Prüfung erstreckt sich auf folgende Fächer:
1. Deutsch, 2. Mathematik, 3. Physik und Elektrotechnik, 4. Mechanik und Maschinenkunde, 5. Eisenhüttenkunde, 6. Chemische Technologie und Metallhüttenkunde, 7. Mechanische Technologie.

§ 5. Das Zeugniss der Reife mit dem Prädikat „bestanden" darf nur den Prüflingen ertheilt werden, deren Gesammtleistungen in den Prüfungsgegenständen durchschnittlich die Censur „genügend" erhalten haben, deren Gesammtleistungen in jedem der Prüfungsfächer: Eisenhüttenkunde, chemische Technologie und Metallhüttenkunde und mechanische Technologie aber mit mindestens „genügend" beurtheilt worden sind.

Das Zeugniss der Reife mit dem Prädikat „gut bestanden" kann nur denen zuerkannt werden, die in den Prüfungsfächern: Eisenhüttenkunde, chemische Technologie und Metallhüttenkunde, mechanische Technologie und Mechanik und Maschinenkunde die Gesammtnote „gut" und in der Mehrzahl der übrigen Prüfungsgegenstände „fast gut" erhalten haben.

Das Zeugniss der Reife mit dem Prädikat „mit Auszeichnung bestanden" kann nur denen zuerkannt werden, die in den Prüfungsfächern: Eisenhüttenkunde und mechanische Technologie die Gesammtnote „sehr gut", in den Prüfungsfächern: chemische Technologie und Metallhüttenkunde, Mechanik und Maschinenkunde und Mathematik „gut", in der Mehrzahl der übrigen Fächer „gut", und in keinem Prüfungsgegenstande „nicht genügend" erhalten haben.

Die Schülerzahl an den Fachschulen für Metallindustrie betrug in den letzten Jahren:

Lfde. No.	Sitz der Anstalt	Nähere Bezeichnung der Anstalt	Schülerzahl im Winterhalbjahr			
			98/99	99/00	00/01	01/02
		I. Staatsanstalten.				
1.	Dortmund	Kgl. vereinigte Maschinenbauschulen. Davon entfallen auf die: Höhere Maschinenbauschule: 122, 116, 110, 118. Maschinenbauschule: 194, 207, 209, 224. Abend- und Sonntagsschule: 165, 190, 211, 244.	481	513	530	586
2.	Elberfeld-Barmen	wie vor. Davon entfallen auf die: Höhere Maschinenbauschule: —, —, 47, 89. Maschinenbauschule: —, —, 39, 69. Abend- u. Sonntagsschule: —, —, 62, 100.	20	32	148	258
3.	Breslau	Kgl. höhere Maschinenbauschule. (Nur Tagesschüler)	80	94	116	145
4.	Hagen i. W.	wie vor. (Nur Tagesschüler)	136	165	184	199
5.	Duisburg	Kgl. Maschinenbau- und Hüttenschule. Davon entfallen auf: Tagesschüler: 129, 153, 169, 191. Abendschüler: 26, 38, 44, 53.	155	191	213	244
6.	Gleiwitz	Kgl. Maschinenbau- und Hüttenschule. Davon entfallen auf: Tagesschüler: —, —, 76, 103. Abendschüler: —, —, 30, 22.	72	83	106	125
7.	Altona	Kgl. höhere Maschinenbauschule. Davon entfallen auf: Tagesschüler: 3, 18, 40, 55. Abendschüler: 12, 24, 24, 37.	15	42	64	92
8.	Görlitz	Kgl. Maschinenbauschule. Davon entfallen auf: Tagesschüler: 13, 52, 101, 84. Abendschüler: 43, 55, 104, 116.	56	107	205	200
9.	Remscheid	Kgl. Fachschule für die Bergische Kleineisen- und Stahlwaaren-Industrie. (Nur Tagesschüler)	73	91	95	76
10.	Iserlohn	Kgl. Fachschule für Metall-(Bronze-)Industrie. Davon entfallen auf: Tagesschüler: —, —, —, 59. Abendschüler: —, —, —, 42.	47	47	58	101

Seite |1135|1365|1719|2026

Lfde. No.	Sitz der Anstalt	Nähere Bezeichnung der Anstalt.	Schülerzahl im Winterhalbjahr			
			98/99	99/00	00 01	01.02
		Uebertrag	1135	1365	1719	2026
11.	Stettin	Kgl. höhere Maschinenbauschule. Davon entfallen auf: Tagesschüler: —, —, 31, 100. Abendschüler: —, —, 31, 106.	—	—	62	206
12.	Posen	Kgl. höhere Maschinenbauschule. (Nur Tagesschüler)	—	—	—	8
13.	Einbeck	wie vor. (Nur Tageschüler)	—	26	37	48
14.	Siegen	Kgl. Fachschule für die Eisen- und Stahl- industrie des Siegener Landes. (Nur Tagesschüler)	—	—	20	42
		II. Vom Staate mitunterhaltene Gemeindeanstalten.				
15.	Cöln	Vereinigte Maschinenbauschulen (Abthei- lung der „städtischen gewerbl. Fach- schulen"). Davon entfallen auf: die höhere Maschinenbauschule: —, —, 136, 136. die Maschinenbauschule: —, —, 62, 69.	205	191	198	205
16.	Magdeburg	Maschinenbauschule. (Nur Tagesschüler)	68	75	83	104
		Zusammen:	1408	1657	2119	2639

Als Spezialfachschule für Metallindustrie ist schliesslich noch
die auf Anregung und mit Unterstützung des „Vereins der Kupferschmiedereien Deutschlands" errichtete Kupferschmiedefachschule in Hannover zu nennen, die eine besondere Abtheilung
der dortigen städtischen Handwerker- und Kunstgewerbeschule bildet
und am 1. Oktober 1893 eröffnet worden ist. In durchschnittlich
44 Stunden wöchentlichem Unterricht werden hier in zwei Jahres-
kursen Werkmeister und Betriebsleiter für Kupferschmiedereien vorgebildet. Zur Aufnahme in den unteren Jahreskursus wird der
Nachweis des erfolgreichen Besuchs einer Volksschule und einer
mindestens dreijährigen Praxis verlangt, sowie ein von der Behörde
des letzten Aufenthaltsorts ausgestelltes Sittenzeugniss. Schüler unter
21 Jahren haben die schriftliche Erlaubniss ihres Vaters oder Vormundes zum Besuch der Anstalt beizubringen. Der Lehrplan erstreckt sich

> im ersten Halbjahr: Auf geometrisches und Maschinen-
> zeichnen, Elemente der Statik, der Dynamik und der Festig-
> keitslehre, darstellende Geometrie, Mathematik (Arithmetik,
> Planimetrie), Experimentalphysik, Freihandzeichnen, Deutsch,
> Rundschrift.

im zweiten Halbjahr: Auf Apparatenzeichnen und Konstruiren, Apparatenbau und Apparatenlehre, Mechanik (Statik), Festigkeitslehre, darstellende Geometrie, Mathematik (Arithmetik, Geometrie, Trigonometrie), mechanische Technologie, Experimentalchemie, Deutsch.

im dritten Halbjahr: Auf Maschinenzeichnen, Apparatenzeichnen, Maschinenlehre, Apparatenlehre, Mechanik, Festigkeitslehre, Mathematik (Stereometrie, Arithmetik), mechanische Technologie, chemische Technologie, Buchführung.

im vierten Halbjahr: Auf Apparatenzeichnen, Apparatenlehre, Mechanik, Elemente der graphischen Statik, Mathematik (Arithmetik, Geometrie), mechanische Technologie, chemische Technologie, Kostenveranschlagen.

Ausserdem wird den Schülern Gelegenheit gegeben, sich Fertigkeiten im Treiben von Kunstformen anzueignen.

---

6. Die Navigationsschulen, die Fachschulen für Seedampfschiffsmaschinisten und die Schifferschulen für Binnenschifffahrt.

Der Einrichtung von Navigationsschulen wandte die Preussische Regierung schon im Anfang des neunzehnten Jahrhunderts ihre besondere Aufmerksamkeit zu. Eine der ersten war die am 19. November 1817 eröffnete Königliche Navigationschule zu Danzig.[1] Der Zweck dieser Anstalt war „die Bildung geschickter und kundiger Seeleute, nämlich Matrosen, Steuermänner und Schiffsführer." Der gesammte Unterricht dauerte zwei Jahre und erstreckte sich auf folgende Lehrgegenstände:

Im ersten Halbjahre: 1. Die Grundlehren der Arithmetik, 2. der ebenen Geometrie, 3. der Stereometrie, 4. der ebenen Trigonometrie, 4. der sphärischen Trigonometrie, 6. der mathematischen Geographie, 7. der Astronomie und 8. Zeichnen.

Im zweiten Halbjahre: 1. Beschreibung und Gebrauch des Loggs, des Halbminutenglases und des Kompasses; 2. Seglung und Curs-Koppelung nach glatter Karte; 3. Seglung und Kopplung nach wachsender oder Mercator-Karte; 4. Seglung nach Mittelbreite; 5. Stromberechnung; 6. Einrichtung und Gebrauch glatter und Mercator-Karten; 7. Beschreibung, Gebrauch und Verification des Hadleyschen Octanten und Sextanten; 8. Bestimmung der Breite durch Observation; 9. Beschreibung und Gebrauch des Azimuth-Kompasses; 10. Berech-

---

[1] Tobiesen, Kurze Nachricht von der in Danzig errichteten Königlichen nautischen Lehranstalt, Danzig, 1818.

nung der Amplitudo und des Azimuths zur Bestimmung der Abweichung des Kompasses; 11. Berechnung der Zeit an Bord; 12. Berechnung der Länge, a) durch Monddistanzen, b) durch den Chronometer; 13. Journalführung; 14. Pflichten des Steuermanns. Im dritten Halbjahre: 1. Weitere Ausführung der Lehre der Arithmetik, der ebenen und körperlichen Geometrie usw.; 2. Grundlehren der Statik, Hydrostatik und Hydraulik; 3. Anwendung dieser Lehren auf das Schiff; 4. von der Wirkung des Windes, Stabilität, Stellung der Segel u. s. w.; 5. Grundsätze des Manövrirens (Seemannschaft), a) vom Untersegelgehen, b) vom Wenden und Halsen, c) vom Ankern, d) von Verhütung des Uebersegelns u. s. w.

Im vierten Halbjahre: 1. Schiffsbaukunst, theoretisch und praktisch; 2. Zeichnen; 3. von den Pflichten und Obliegenheiten des Schiffers (Schifferkunde), a) gegen seine Mannschaft, b) beim Frachtschliessen, c) beim Laden, d) wenn er in See geht, e) gegen Kaper, f) gegen seine Ladung, g) wenn er seine Bestimmung erreicht hat, h) in Betreff der Quarantaine, i) vor der Löschung (See-Protest), k) bei Havarie, l) beim Schiffbruch und Stranden, m) wegen genauer Führung der Schiffsrechnung.

An Lehrpersonal waren vorgesehen ein Direktor zur Leitung des gesammten Unterrichts und zum Vortrag der eigentlichen Navigation (Professor Dr. Tobiesen), ein Lehrer der reinen Mathematik oder des theoretischen Theiles der Navigation, als Einleitung in den nautischen Unterricht, ein Lehrer der Schiffsbaukunde, ein Lehrer für Zeichnen und ein Lehrer der Englischen Sprache, um den Gebrauch des Englischen Lehrbuchs der Navigation: Epitome of Navigation by Norie, welches in Ermangelung eines zweckmässigen deutschen Lehrbuchs vorläufig dem Vortrage zu Grunde gelegt worden, für die Schüler zu erleichtern.

Aufnahmebedingung war, dass der Eintretende bereits mehrere Jahre zur See gefahren habe, eine gute, leserliche Hand schreibe und in dem gewöhnlichen Rechnen geübt sei.

Um für die Anstalt bei dem Handel und Schifffahrt treibenden Publikum grösseres Vertrauen und Interesse zu erwecken und um eine Behörde zu haben, welche durch ihre Einwirkung auf das Publikum im Stande war, örtliche Hindernisse wegzuräumen, den beabsichtigten Zweck zu befördern und auf das Bestehen und den Flor der Anstalt zu wirken, war ein besonderer Senat gebildet, der aus dem jeweiligen Ober-Präsidenten von Westpreussen, dem Direktor der Anstalt und drei Mitgliedern der Kaufmannschaft und Rhederei bestehen sollte. Er sollte „Vater und Pfleger" der Anstalt sein und daher zu ihrer Vervollkommnung und zur Abfassung zweckmässiger Lehrbücher alle zweckdienlichen Mittel anwenden; vor

ihm fanden die Prüfungen statt, er ertheilte die Zeugnisse, die
Steuermanns- und Schiffer-Patente.

Die Schule wurde zunächst in einer zu dem Zwecke aus-
gebauten alten Kirche, der Jakobskirche, in vier Zimmern untergebracht, wovon drei dem Unterricht und eins zur Aufnahme der
Sammlungen und Apparate dienten.

Der Besuch war von Anfang an sehr rege. Schon im ersten
Halbjahr waren 40 Schüler vorhanden, worunter 7 Steuerleute,
14 Matrosen, 9 Jungmänner und 10 Halbmatrosen; dabei war
noch eine Anzahl Schüler wegen Platzmangels zurückgewiesen worden.

Im Laufe der nächsten Jahre wurde die Zahl dieser Schulen
vermehrt. 1855 bestanden ausser der in Danzig noch solche in
Memel, Pillau, Grabow bei Stettin (in Verbindung mit einer
Schiffbauschule, in der Schiffs-Zimmer-Gesellen und Lehrlinge in
den Wintermonaten die zum Schiffsbaumeister erforderliche Aus-
bildung erhielten)[1]) und Stralsund. Die Zahl der Schüler in allen
Anstalten betrug 1851/52: 246, 1852/53: 218, 1853/54: 238,
1860/61: 292, 1861/62: 331, 1862/63: 304. Zu diesen Schulen
traten noch 1865 die Navigationschule zu Barth im Regierungs-
bezirk Stralsund und mit der Vergrösserung des Preussischen
Staates im Jahre 1866 die Schulen zu Timmel und Leer im
Regierungsbezirk Aurich und Papenburg im Regierungsbezirk
Osnabrück; 1870 wurden Schulen in Altona, Apenrade und
Flensburg, 1879 eine in Geestemünde begründet. Die Schule in
Memel wurde am 1. April 1897 wegen ihres schwachen Besuchs aufgehoben.

Die bei dem Schiffergewerbe bestehenden besonderen Verhältnisse, welche es nöthig machen, dass die Seeleute bereits im frühen
Alter in den Schiffsdienst treten und den Schulunterricht unterbrechen, wodurch die theoretische Vorbereitung für die Steuer-
manns- und Schifferprüfung erschwert wird, führten zur Einrichtung
besonderer Navigationsvorschulen. Solche Vorbereitungsschulen bestanden schon 1855 in Memel, Danzig, Grabow bei Stettin, Swinemünde, Stegenitz, Colberg, Stolpmünde, Prerow und Zingst. Sie
wurden 1851/52 von 331 Schülern, 1852/53 von 234 und 1853/54
von 255 Schülern besucht. Zur Zeit ist mit jeder Navigationsschule eine
Navigationsvorschule verbunden, ausserdem befinden sich besondere
Vorschulen in Swinemünde, Stolpmünde (Reg.-Bezirk Stettin), Zingst,
Prerow (Reg.-Bezirk Stralsund), Grünendeich, Grohn (Reg.-Bezirk
Stade) und Emden, Westrhauderfehn (Reg.-Bezirk Aurich).

Für den Unterricht in den Navigationsschulen und Navigations-
vorschulen enthalten die vom Handelsminister unterm 16. De-

---

[1]) Diese 1835 begründete, niemals sehr stark besuchte Schiffbauschule ging
1871 aus Mangel an Schülern ein. Die meisten Schüler zählte 1854 die Schule zu
Stettin, die wenigsten die zu Pillau. Der gesamte Staatszuschuss für alle Schulen
betrug 3400 Thlr. von Reden, Erwerbs- und Verkehrs-Statistik, Darmstadt,
1854, III, S. 2136.

zember 1898 erlassenen Regulative nähere, mit dem 1. April 1899 in Kraft getretenen Bestimmungen, denen Folgendes zu entnehmen ist:

I. Regulativ für die Navigationsschulen:

§ 1. Die Navigationsschulen sollen den Seeleuten Gelegenheit bieten, sich die theoretische Ausbildung zum Seesteuermann und zum Seeschiffer auf grosser Fahrt zu verschaffen und sich auf die Steuermannsprüfung und die Schifferprüfung für grosse Fahrt, sowie auf eine Prüfung in der Schiffs-Dampfmaschinenkunde und in der Gesundheitspflege auf Kauffahrteischiffen vorzubereiten.

Zur Ausbildung von Seesteuerleuten sind die Steuermannsklassen, zur Ausbildung von Schiffern auf grosser Fahrt und zur Vorbereitung auf die Prüfung in der Schiffs-Dampfmaschinenkunde die Schifferklassen bestimmt.

In den letzteren werden genügend Unterrichtete auch zur Vorbereitung auf die Steuermannsprüfung zugelassen. (Vgl. § 5.)

§ 2. Der Unterrichtskursus dauert in den Steuermannsklassen 8 bis 10 Monate, in den Schifferklassen 5 bis 6 Monate . . .

§ 3. Die Zahl der Schüler einer Klasse darf dreissig nicht übersteigen.

§ 4. Die Aufnahme in eine Steuermannsklasse ist von Ablegung einer durch die Navigationslehrer (§ 15) vorzunehmenden Prüfung abhängig, in welcher nachzuweisen sind: 1. Kenntniss der deutschen Sprache bis zur Fähigkeit, sich mündlich und schriftlich verständlich auszudrücken. und eine leserliche Handschrift, 2. Kenntniss der Grundrechnungsarten mit gewöhnlichen Brüchen, Dezimalbrüchen und Buchstaben, Fertigkeit im Rechnen mit Proportionen und Uebung in der Ausziehung von Quadratwurzeln, 3. Kenntniss der einfacheren Sätze über die Gleichheit von Winkeln, sowie über die Kongruenz, Aehnlichkeit und Gleichheit von Dreiecken, Kenntniss der einfacheren Sätze vom Kreise und von den Winkeln im Kreise, Uebung im Lösen leichter Konstruktions- und Rechnungsaufgaben vermittelst der Lehrsätze, 4. Kenntniss der politischen und der nautischen Geographie, soweit sie für einen Schiffsoffizier erforderlich ist, sowie einige Vorbereitung in der mathematischen Geographie.

Diese Aufnahmeprüfung ist vor dem Kuratorium der Navigationsschule (§§ 19, 20) oder vor einem seiner Mitglieder abzuhalten; hiervon darf nur bei Behinderung aller Mitglieder des Kuratoriums abgewichen werden. . .

Wer die Aufnahmeprüfung nicht bestanden hat, kann zu deren Wiederholung erst nach einer nicht unter 3 und nicht über 6 Monate zu bemessenden Frist zugelassen werden. . . .

§ 5. In eine Schifferklasse wird als Schifferschüler nur aufgenommen, wer in Deutschland entweder als Seesteuermann zugelassen ist oder die Steuermannsprüfung bestanden hat, und als Steuermannsschüler nur, wer an einer deutschen öffentlichen Navigationsschule einen Steuermannskursus bereits ganz oder zum grossen Theile durchgemacht hat.

Die Zulassung von Ausnahmen ist dem Minister für Handel und Gewerbe vorbehalten.

§ 6 bestimmt über das Verfahren bei der Aufnahme, § 7 über die Ausschliessung vom Unterrichte, § 8 über das Schulgeld.

§ 9. Jeder Schüler muss folgende Lehrmittel besitzen: 1. das „Lehrbuch der Navigation" von Albrecht und Vierow, 2. die nautischen, astronomischen und logarithmischen Tafeln von Domke, 3. das „nautische Jahrbuch", herausgegeben vom Reichsamt des Innern, 4. die „Grundzüge der Meteorologie" von Mohn, 5. Seekarten nach näherer Vorschrift, 6. die ersten Hefte von dem „Verzeichniss der Leuchtfeuer aller Meere", herausgegeben vom Hydrographischen Amte des Reichs-Marine-Amts, 7. ein Lehr- und Lesebuch der Englischen Sprache nach näherer Vorschrift, 8. die „Anleitung zur Gesundheitspflege an Bord von Kauffahrteischiffen", bearbeitet im Kaiserlichen Gesundheitsamte, 9. ein Reisszeug, 10. ein Parallel-

Lineal, 11. eine Donn-Skale oder einen vom Navigationsschul-Direktor zugelassenen genügenden Ersatz für dieselbe, 12. die nöthigen Arbeitshefte, 13. in der Schiffer-klasse ausserdem die Reichsgesetze über das See-, Handels- und Wechselrecht.

Die erforderlichen näheren Vorschriften über die anzuschaffenden Lehrmittel, insbesondere über die Ausgaben und die Jahrgänge der Bücher, Karten und periodischen Werke, erlässt der Navigationsschul-Direktor.

Die Anschaffung der unter No. 1 und No. 2 genannten Werke kann Schülern, welche ein anderes geeignetes Lehrbuch der Navigation oder andere geeignete Tafeln bereits besitzen, mit Zustimmung des Navigationsschul-Direktors vom Klassen-lehrer erlassen werden.

§ 10. Die Unterrichtszeit wird vom Navigationsschul-Direktor gemeinschaftlich mit den Kuratorien festgesetzt.

Zur Uebung ausserhalb der Unterrichtszeit erhalten die Schüler Aufgaben, deren Bearbeitung von den Lehrern wöchentlich mindestens einmal geprüft wird.

Geeignete Abende, sowie auch einzelne Tagesstunden werden zu nautisch-astronomischen Beobachtungen benutzt. Das Nähere regelt ein sowohl im Klassen-, wie im Beobachtungszimmer auszuhängender Plan.

Die Lehrer haben die Schüler zur Vornahme der Beobachtungen und zur Ausführung der Berechnungen über letztere anzuhalten und diese Berechnungen mindestens alle 14 Tage zu prüfen.

Die Einführung von Beobachtungs-Tagebüchern und Uebersichten über die von den Schülern vorgenommenen Beobachtungen und ausgeführten Berechnungen bleibt der Bestimmung der Navigationsschul-Direktoren überlassen.

§§ 11 und 12 bestimmen den Lehrplan nach Massgabe der Bestimmungen in der Bekanntmachung vom 6. August 1887 (s. o. S. 383 ff.) unter Hinzufügung der Gesundheitspflege auf Kauffahrteischiffen.

§ 13 bestimmt über den Stundenplan, § 14 über die Ferien, §§ 15, 16, 17 über die Pflichten der Lehrer.

§ 18. Als Navigationslehrer wird in der Regel nur angestellt, wer nach zurückgelegtem 20. Lebensjahre mindestens 8 Jahre ausübender Seemann gewesen und als Schiffer auf grosser Fahrt zugelasen worden ist, auch über alle Gegen-stände des Navigationsschul-Unterrichts eine schriftliche Prüfung befriedigend ab-gelegt hat. Ausnahmen bedürfen der Genehmigung des Ministers für Handel und Gewerbe.

Gesuche um Zulassung zum Navigationslehrfache sind von den Bewerbern unter Beifügung einer von ihnen selbst geschriebenen Darstellung des bisherigen Lebenslaufs, der amtlichen Aeusserung eines Kreisphysikus über den Gesundheits-zustand, und von Ausweisen über die bisherige Führung und die Ausübung der seemännischen Berufs, über die Zulassung als Schiffer auf grosser Fahrt und über die Erledigung der Heerespflicht schriftlich an einen der Navigationsschul-Direktoren zu richten. Hält dieser den Bewerber für geeignet, so nimmt er ihn im Bedarfs-falle nach zuvor eingeholter Genehmigung des Ministers für Handel und Gewerbe als Navigationsschul-Aspiranten widerruflich an.

Hat der Aspirant in der ihm überwiesenen Beschäftigung dargethan, dass er die zum Berufe eines Navigationslehrers erforderlichen Eigenschaften besitzt, so wird er auf seinen Antrag von dem Navigationsschul-Direktor zur Lehrerprüfung zugelassen. Seine Prüfungsarbeiten legt der Navigationsschul-Direktor mittelst gutachtlichen Berichts dem Minister für Handel und Gewerbe vor, welcher über die Anstellungsfähigkeit des Aspiranten entscheidet.

Die Navigationslehrerstellen werden regelmässig nur mit den auf diesem Wege als befähigt erkannten Aspiranten besetzt.

Die Navigationslehrer sind Staatsbeamte und haben deren Rechte und Pflichten.

Die Annahme von Hülfslehrern bedarf der Genehmigung des Ministers für Handel und Gewerbe.

§ 19. Der Navigationsschul-Direktor ist alleiniger Kurator der an seinem Amtssitze befindlichen Navigationsschule. Für jede andere Navigationsschule wird von dem Regierungs-Präsidenten ein aus mehreren Mitgliedern bestehendes Kuratorium oder ein Einzel-Kurator bestellt.

Die Kuratorien verwalten die Angelegenheiten der Navigationsschulen und führen die unmittelbare Aufsicht über dieselben und die dabei angestellten Lehrer, vorbehaltlich der den Navigationsschul-Direktoren obliegenden oberen Aufsicht.

Alle Anordnungen, Aufträge, Mittheilungen und Anfragen über Gegenstände ihres Geschäftsbereichs haben sie an den dienstältesten Navigationslehrer der Schule zu richten.

§ 20 handelt von den besonderen Obliegenheiten der Kuratorien (Bekanntmachung der Termine für die Eröffnung der Unterrichtskurse, Schüleraufnahme, Aufrechthaltung der Schulordnung, Ueberwachung des Lehrgangs, Beurlaubung der Navigationslehrer, Annahme von Hülfslehrern, Ueberwachung der Lehrräume nebst Mobiliar und Lehrmitteln, Verwaltung der Schulkasse).

§ 21. Die Navigationsschul-Direktoren führen in den ihnen zugewiesenen Bezirken die obere Aufsicht über das Navigationsschulwesen nach der ihnen ertheilten besonderen Geschäftsanweisung.

II. Regulativ für die Navigations-Vorschulen:

§ 1. Navigations-Vorschulen bestehen

    a) bei den Navigationshauptschulen zu Pillau, Danzig, Grabow a. O., Stralsund, Barth, Flensburg, Apenrade, Altona, Geestemünde, Lehr, Timmel und Papenburg;

    b) als besondere Vorschulen zu Stolpmünde, Swinemünde, Zingst, Prerow, Emden, Grünendeich, Grohn und Westrhauderfehn.

Die Vorschule in Altona hat zwei Parallelklassen, jede andere nur eine Klasse.

§ 2. Die Navigations-Vorschulen sollen jungen Seeleuten Gelegenheit bieten, sich auf den Eintritt in die Steuermannsklasse einer Navigations-Hauptschule und auf die Prüfung dazu, sowie auf die Schifferprüfung für kleine Fahrt vorzubereiten.

§ 3. Der Eintritt in die Vorschulen ist jederzeit gestattet und von Ablegung einer Prüfung nicht abhängig.

§ 4. Regelmässig sollen nicht mehr als 40 Schüler zusammen unterrichtet werden.

§ 5 handelt von der Ausschliessung wegen ansteckender Krankheiten, § 6 vom Schulgeld, § 7 von den Lehrmitteln, § 8 von der Unterrichtszeit und den Hausarbeiten.

§ 9. Der Unterricht erstreckt sich auf die nachbenannten Gegenstände in den dabei angegebenen wöchentlichen Stunden: Deutsche Sprache 6 Stunden, Arithmetik 12 Stunden, Geometrie 8 Stunden, Geographie 4 Stunden und Zeichnen 2 Stunden. Der Navigationsschul-Direktor kann jedoch den Unterricht in deutscher Sprache bis auf 8 Stunden erhöhen und den in Arithmetik dann bis auf zehn herabsetzen.

Ausserdem wird wöchentlich in der Regel in 2 Stunden Unterricht in der ersten Hülfeleistung bei Unglücksfällen (Samariterkursus) ertheilt, wenn die Vorschule von solchen Schülern besucht wird, die sich auf die Prüfung für Schiffer auf kleiner Fahrt vorbereiten. An diesem Unterricht, dessen Dauer von dem Navigationsschul-Direktor gemeinschaftlich mit den Kuratorien bestimmt wird, dürfen sich auch bereits zugelassene Schiffer auf kleiner Fahrt und Küstenfahrt betheiligen.

§ 10 handelt vom Stundenplan und der Schulordnung, § 11 von den Ferien, §§ 12 und 13 von den Pflichten der Lehrer.

§ 14. Das Amt der Kuratorien für die Navigations-Hauptschulen erstreckt sich auch auf die Vorschulen bei letzteren.

Für jede besondere Vorschule wird von dem Regierungs-Präsidenten ein aus mehreren Mitgliedern bestehendes Kuratorium oder ein Einzel-Kurator bestellt.

Die Kuratorien verwalten die Angelegenheiten der Schulen und führen die unmittelbare Aufsicht über dieselben und die bei ihnen thätigen Lehrer, vorbehaltlich der dem Navigationsschul-Direktor obliegenden oberen Aufsicht.

§ 15 handelt von den besonderen Obliegenheiten der Kuratorien (Schüleraufnahme, Berichtigung des Schulgeldes, Ueberwachung der Schulordnung, des Lehrplans, Beurlaubung der Lehrer, Sorge für die Lehrmittel, Verwaltung der Schulkasse).

§ 16. Die Navigationsschul-Direktoren führen in den ihnen zugewiesenen Bezirken die obere Aufsicht über das Navigationsschulwesen einschliesslich der Angelegenheiten der Navigations-Vorschulen nach der ihnen ertheilten besonderen Geschäftsanweisung.

Uebersicht über den Besuch der Navigationsschulen und Navigationsvorschulen.

Navigations-schulen	Besondere Navigations-Vorschulen	Schülerzahl im Jahre 1899/00			Schülerzahl im Jahre 1900/01		
		Vorschüler	Steuermanns-schüler	Schifferschüler	Vorschüler	Steuermanns-schüler	Schifferschüler
Reg.-Bez. Königsberg Pillau	—	11	12	—	2	14	—
„ Danzig Danzig	—	28	10	4	35	8	8
„ Stettin Grabow a. O.	—	29	20	12	18	15	10
„ —	Swinemünde	25	—	—	65	—	—
„ —	Stolpmünde	—	—	—	21	—	—
„ Stralsund Stralsund	—	13	34	1	12	18	7
„ Barth	—	30	22	3	25	22	5
„ —	Zingst	28	—	—	34	—	—
„ —	Prerow	25	—	—	30	—	—
„ Schleswig Altona	—	173	108	37	179	100	40
„ Flensburg	—	30	44	15	31	28	18
„ Apenrade	—	13	14	—	8	12	—
„ Stade Geestemünde	—	34	37	29	56	37	22
„ —	Grünendeich	100	—	—	67	—	—
„ —	Groh	15	—	—	22	—	—
„ Aurich —	Emden	54	—	—	39	—	—
„ Timmel	—	75	31	—	49	31	—
„ Leer	—	7	7	18	4	24	20
„ —	Westrhauderfehn	117	—	—	127	—	—
„ Osnabrück Papenburg	—	23	32	10	4	24	9
	Zusammen	830	371	129	828	333	139

Zur Vorbereitung auf die Prüfung als See-Dampfschiffs-maschinist nach Massgabe des Reichsgesetzes vom 11. Juni 1878 und der dazu ergangenen Ausführungsvorschriften des Reichs[1]) sind in Preussen zwei staatliche Fachschulen, in Flensburg und Stettin,

---

[1]) Siehe oben S. 383 und die Bekanntmachung vom 26. Juli 1891, oben S. 392. Vgl. auch die Denkschriften über das gewerbliche Unterrichtswesen von 1883, S. 7—9 u. von 1891, S. 25.

eingerichtet worden, von denen die erstere im Jahre 1886, die letztere im Jahre 1900 eröffnet worden ist. In ihnen werden Seedampfschiffs-Maschinisten erster bis vierter Klasse, in Stettin vorläufig nur zweiter bis vierter Klasse, vorgebildet. Die Notwendigkeit solcher Schulen ergab sich aus den völlig unzulänglichen Leistungen der sich zu den Prüfungen Meldenden, welche grösstentheils aus dem Stande der Schlossergesellen und Maschinenheizer hervorgehen. Ihnen soll in den Schulen Gelegenheit gegeben werden, sich die zum Bestehen der Prüfung unentbehrliche Vor- und Fachbildung gründlich und im Zusammenhang anzueignen. Der Lehrplan ergiebt sich im Allgemeinen aus den in der Bekanntmachung vom 26. Juli 1891 enthaltenen Ausführungsvorschriften des Reichs. Er umfasst

Für die Maschinisten 4. Klasse: Deutsch (Sprache und technische Aufsätze), Rechnen, Maschinenkunde, Physik und Technologie; zusammen 24 Stunden.

Für die Maschinisten 3. Klasse: Deutsch (Sprache und technische Aufsätze), Rechnen, Maschinenkunde, Physik und Technologie, Elektrotechnik; zusammen 30 Stunden.

Für die Maschinisten 2. Klasse: Maschinenlehre, Zeichnen, Mechanik, Physik, Technologie, Elektrotechnik, bürgerliches und mathematisches Rechnen, Geometrie, Deutsch, Englisch; zusammen wöchentlich 45 Stunden.

Für die Maschinisten 1. Klasse: Deutsch, Englisch, Planimetrie, Stereometrie, Arithmethik, ebene Trigonometrie, Mechanik, Physik, Chemie, Maschinenkunde und Zeichnen; zusammen wöchentlich 45 Stunden.

Ausserdem wird halbjährlich in 8 Doppelstunden Unterricht in der Gesundheitspflege ertheilt.

Die Maschinisten-Schule zu Flensburg war im Jahre 1900 von 46, im Jahre 1901 von 47 Schülern, die Schule in Stettin im Jahre 1901 von 27 Schülern besucht.

Schifferschulen für Binnenschiffahrt[1] befinden sich zur Zeit in Aken, Tangermünde, Parey, Kl. Wittenberg, Lauenburg, Schönebeck, Rogätz, Elster, Gr. Rosenburg, Mühlberg, Ruhrort, Zehdenick a. H., Bredereiche, Havelberg, Alsleben a. S., Fürstenberg a. O., Wettin a. S., Thorn, Gr. Neuendorf, Tschicherzig, Pretzsch, Plaue a. H., Pritzerbe, Fürstenwalde, Polenzig, Lehnin, Coblenz, Linum, Hameln. Diese Schulen, von denen die beiden ersten im Jahre 1888 und die letzte im Jahre 1902 eröffnet sind, wurden 1900 von 317 und 1901 von 325 Schülern besucht. Die durch das Schulgeld nicht gedeckten Kosten werden zu Zweidritteln vom Staate getragen;

---

[1] Siehe auch oben S. 402 ff.

den Rest übernehmen gewöhnlich die Gemeinden, Handelskammern, Schiffervereine u. s. w., die auch für die Unterrichtsräume, deren Heizung, Reinigung und Beleuchtung sorgen.

---

7. Die Handwerker- und Kunstgewerbeschulen, die Zeichenakademie in Hanau und die keramischen Fachschulen.

Von den hieher gehörigen Schulen sind die Provinzial-Kunst- und Kunstgewerbeschulen zu Königsberg und Breslau, die Kunstschule und die Unterrichtsanstalt am Kunstgewerbemuseum zu Berlin schon oben besprochen worden.[1] Die anderen hier in Frage kommenden grösseren Anstalten sind: 1. Die gewerbliche Zeichen- und Kunstgewerbeschule in Cassel; 2. die Kunstgewerbeschule in Frankfurt a. M.; 3. die Kunstgewerbeschule in Düsseldorf; 4. 5. 6. die erste und zweite Handwerkerschule und der Gewerbesaal in Berlin; 7. 8. die gewerbliche Zeichen- und Kunstgewerbeschule und die Gewerbliche Tagesschule in Aachen; 9. die Kunstgewerbe- und Handwerkerschule in Magdeburg; 10. die Handwerker- und Kunstgewerbeschule in Hannover; 11. die Handwerkerschule in Halle a. S.; 12. die Kunstgewerbe- und Handwerkerschule in Cöln; 13. die Handwerker- und Kunstgewerbeschule in Barmen; 14. die Handwerker- und Kunstgewerbeschule in Elberfeld; 15. die Kunstgewerbe- und Handwerkerschule in Charlottenburg; 16. die Handwerker- und Kunstgewerbeschule in Erfurt; 17. die Handwerker- und Kunstgewerbeschule in Altona; 18. die Gewerbeschule in Essen; 19. die Handels- und Gewerbeschule in Danzig; 20. die Gewerbeschule in Elbing; 21. die Handels- und Gewerbeschule in Gnesen; 22. die Fachschule für Kunsttischler und Holzbildhauer in Flensburg; 23. die Zeichenakademie (Fachschule für Edelmetallindustrie) in Hanau; 24. 25. die keramischen Fachschulen in Höhr und Bunzlau; 26. die Zieglerfachschule in Lauban.

Ferner sind noch hieher zu rechnen 27. die Holzschnitzschule in Warmbrunn, die binnen Kurzem eröffnet werden wird und 28. die Schuhmacherfachschule in Wermelskirchen, zu deren Begründung und Unterhaltung die Mittel in den Entwurf zum Staatshaushalts-Etat für 1902 eingestellt sind.

Zu einer gleichmässigen Organisation der Handwerker- und Kunstgewerbeschulen, der Festlegung ihrer Lehrpläne und Lehrziele, der Abgrenzung der Handwerkerschulen gegen die Fortbildungsschulen nach unten und die Kunstgewerbeschulen nach oben ist es bisher in Preussen nicht gekommen, obwohl man schon im

---

[1] Siehe oben S. 709 ff.

Jahre 1879 mit der Absicht umging, die Fortbildungsschulen gleichsam zu Vorschulen für die gewerblichen Zeichen- und Handwerkerschulen und diese wieder zu Vorschulen für die Unterrichtsanstalt
am Kunstgewerbemuseum zu Berlin zu machen. Der Grund hiefür
ist wohl darin zu suchen, dass die Zahl der Handwerker- und Kunstgewerbeschulen zunächst nur gering war, so dass zu einer einheitlichen Organisation kein dringender Anlass vorlag, sodann aber auch
darin, dass man sich bei der grossen Verschiedenartigkeit der in
Betracht kommenden Verhältnisse scheute, durch beengende Vorschriften die freie und natürliche Entwickelung dieser meist lokalen
Bedürfnissen dienenden und anzupassenden gewerblichen Unterrichtsanstalten zu hemmen. Schliesslich wird auch die grosse Schwierigkeit,
zwischen Handwerk und Kunsthandwerk zu unterscheiden und die Lehrpläne der einzelnen Schulgattungen, insbesondere die der entwickelteren
mit Fachklassen versehenen Fortbildungsschulen von denen der
Handwerkerschulen, und wiederum die der entwickelteren Handwerkerschulen von denen der Kunstgewerbeschulen streng von
einander zu trennen, für die bisherige Zurückhaltung der Regierung
auf diesem Gebiete bestimmend gewesen sein. Neuerdings wird
übrigens erwogen, ob jetzt mit einer planmässigen Organisation vorzugehen sein dürfte. Vorläufig sind jedenfalls die Lehrgebiete und
Lehrziele der unter den Bezeichnungen „Fortbildungsschule", „Handwerkerschule", „Gewerbeschule", „Handwerker- und Kunstgewerbeschule" bestehenden Unterrichtsanstalten nicht streng geschieden,
so dass sie sich vielfach berühren, kreuzen und decken.[1]

Bevor wir auf die oben genannten Anstalten näher eingehen, um zu versuchen aus ihren Programmen und Jahresberichten
ein Bild ihrer Organisation und ihres Wirkens zu erhalten, seien
einige allgemeine Bemerkungen vorausgeschickt.

Eine im Jahre 1870 veröffentlichte Denkschrift über die Errichtung gewerblicher Zeichenschulen hatte es als eine beschämende,
aber nicht hinweg zu leugnende Thatsache bezeichnet, dass unsere
Industrie arm sei an geschmackvollen Mustern eigener Erfindung,
dass sie sich meist darauf beschränke, fremde, keineswegs immer
der Schönheit entsprechende Gebilde nachzuahmen. Schmälerung
unseres Absatzes, Abhängigkeit von der ausländischen Produktion
seien die für unseren nationalen Wohlstand bedenklichen Folgen.
Sollen die Erzeugnisse unseres Gewerbfleisses, deren Werth wesentlich durch die Art der äusseren Ausschmückung bestimmt werde,
nicht nach und nach vom Weltmarkt ganz verdrängt werden, so
werde darauf Bedacht genommen werden müssen, der Kunst wieder

---

[1] Gleichmässige Grundsätze sind neuerdings nur für die Anstellung, Besoldung und Pensionirung des Lehr- und Beamtenpersonals festgestellt
worden. Vgl. Ministerial-Erlass vom 1. Februar 1902, Min.-Bl. der Hand.-
und Gew.-Verw. von 1902, S. 75 ff.

Eingang in die Gewerbe zu verschaffen und den Sinn für schöne und geschmackvolle Arbeit in unserer Bevölkerung zu wecken und auszubilden. Nach den in anderen Staaten gemachten Erfahrungen sei in dieser Beziehung das wirksamste Mittel eine sorgfältige Pflege des Zeichenunterrichts. Als die Aufgabe desselben wurde bezeichnet, den Schüler zur Darstellung und Erfindung schöner Formen, und zwar solcher, die in den Gewerben Verwendung finden könnten, nicht aber zum Kopiren einer gegebenen Vorlage oder zum Entwerfen einer getreuen Zeichnung von einem Gipsmodell zu befähigen. Dieses Ziel sollte durch die Errichtung „gewerblicher Zeichenschulen", für welche zugleich ein Unterrichtsplan veröffentlicht wurde, erreicht werden. Sie sollten in ihrem Unterricht auch die Anwendung der Farben berücksichtigen, sich nicht blos auf das Freihandzeichnen beschränken, sondern auch das Modelliren in grosser Ausdehnung und die Anfangsgründe des gebundenen Zeichnens lehren. Sie sollten ferner den Knaben wie den gereiften Mann, selbständige Gewerbetreibende wie Lehrlinge und Fabrikarbeiter aufnehmen; der Kursus war im Zeichnen in zwei Klassen auf 1 und 2 Jahre, im Modelliren auf $1^1/_2$ bis 2 Jahre festgesetzt. Für jenes war ein Abend- und Sonntags-Unterricht von 6, für dieses ein solcher von 8 Stunden wöchentlich in Aussicht genommen.

Die Erfolge dieses Planes sind, einer späteren Denkschrift vom Jahre 1879 zufolge, weit hinter dem Beabsichtigten zurückgeblieben, da in den wenigen Städten, in welchen auf Kosten der Gemeinde und des Staats gewerbliche Zeichenschulen errichtet worden sind, der Zeichen-Unterricht meist auf 4 Stunden wöchentlich beschränkt, dem einzelnen Lehrer eine zu grosse Schülerzahl zugetheilt und die Befähigung der Lehrer vielfach nicht ausreichend war. Man entschloss sich daher, einen anderen Weg einzuschlagen, und zwar den oben schon angedeuteten, nämlich die gewerblichen Zeichenschulen nur in grösseren Städten und in den Mittelpunkten kunstgewerblicher Industrie zu errichten, sie lediglich zur weiteren Ausbildung im Zeichnen schon fortgeschrittener Schüler zu bestimmen und ihnen zugleich die Stellung von Vorschulen für die Unterrichts-Anstalt des Kunstgewerbemuseums in Berlin anzuweisen. Dieser Weg war aber nur dann gangbar, wenn die gewerblichen Zeichenschulen ihre Schüler aus den Handwerker-Fortbildungsschulen besser vorbereitet erhielten, was wieder eine durchgreifende Verbesserung des Zeichenunterrichts sowohl in den Fortbildungs-, als auch in den Volksschulen zur Voraussetzung hatte. Es wurde daher zunächst eine gründliche Reform des Zeichenunterrichts durch Besichtigungen auswärtiger Anstalten, Studien der verschiedensten Methoden, kommissarische Berathungen von Sachverständigen u. s. w. angebahnt, die schliesslich in der Einführung der sogenannten Stuhlmannschen Methode zu einem vorläufigen Abschluss kam. Vorweg

sei bemerkt, dass diese Methode in der Folgezeit viele Gegner
fand, so dass sich die Regierung genöthigt sah, auch andere
Methoden beim gewerblichen Zeichenunterricht, insbesondere in
den Fortbildungsschulen — diejenige von Stillcke, versuchsweise zuzulassen. Gegenwärtig gehen die Ansichten über die
richtige Methode des Zeichenunterrichts mehr denn je auseinander,
so dass es in absehbarer Zeit kaum gelingen dürfte, zwischen
den verschiedenen sich heftig bekämpfenden Gegnern eine Ver-
ständigung herbeizuführen. Mit einer gewissen Berechtigung bemerkt
Stillcke in einem kürzlich erschienenen Aufsatz über den Zeichenunterricht in den gewerblichen Fortbildungsschulen:[1] „Der Kampf,
der auf diesem Felde" — nämlich auf dem Gebiete des Zeichenunterrichts — „wogt, hat es auf den Seiten der sich bekämpfenden
Gegner zu einer gewissen Gereiztheit kommen lassen, die vielfach
jede ernste unvoreingenommene Prüfung hat vergessen lassen. In
blinder Begeisterung für ein einseitiges Prinzip, für eine „Neuheit"
nach der einen oder der anderen Richtung hin hat so mancher den
Satz „Nehmt alles nur in allem" ausser Acht gelassen, und um eine
von ihm verfochtene Meinung zu stützen, wertvolle notwendige
Stützen des Ganzen niederzubrechen versucht, und so ist zur Zeit
der ganze Bau in ein bedenkliches Schwanken geraten. Da steht
auf einer Seite die an sich sehr wohl berechtigte, täglich wachsende
Bewegung für eine künstlerische Erziehung der Jugend, auf der
anderen das altbewährte Ziel der Pädagogik, den ganzen Menschen,
alle seine seelischen Eigenschaften, harmonisch zu bilden; hier
preist man technische Fertigkeiten (Strich- oder Pinselübungen) und
die bei dem Spiel mit Formen sich zufällig ergebenden künstlerischen
Erzeugnisse als das Wahre, dort will man denkendes Durchdringen
der Form, bewusstes Schaffen nach klar erkannten Gesetzen; hier
wieder verwirft man das Ornament ganz und sucht einseitig das
Heil im Darstellen körperlicher Formen, und wären es die seelen-
losesten Holzklötze, lügt sich vor, man zeichne nach dem Leben,
wenn man das Vorbild nur mit Händen greifen, mit Massen festlegen kann, mag man noch so gedanken- und urteilslos nur dem
physischen Auge folgen, dort wieder erblickt man allein im Ornament
das Heil; hier hängt man fest am Alten und weist alle berechtigten
Forderungen der Modernen schroff aus der Schule heraus, dort hat
man ihr weit die Thore aufgerissen und experimentirt und stilisirt
in's Blaue hinein und probirt, ob nicht die Jungen auf der Schulbank den neuen Stil finden helfen oder doch künstlerisch bereichern
möchten; hier hängt man noch an der primitiven Strichmosaik des
Netz- oder Punktzeichnens, dort will man „Lebensformen" und wären

---

[1] Siehe „Zeitschrift für gewerblichen Unterricht", XVI. Jahrgang,
No. 23 (vom 14. März 1902): Welchen Anforderungen hat ein Lehrgang im frei-
händigen Ornamentzeichnen für gewerbliche Fortbildungsschulen zu genügen?"

sie auch die jämmerlichsten Karrikaturen, aus denen man zuvor alles Leben herausgetrieben hat; hier verirrt man sich zu Ornamentzeichnungen nach Diktat oder Kommando, dort will man von Jungen, die kaum Sehen und Strichziehen gelernt haben, Illustrationen zu Erzählungen und Erlebnissen erwarten! So geht es durcheinander und gegeneinander. Und wenn auch jedes, recht gehandhabt und organisch in die Gesammtausbildung eingefügt, sein Gutes hat oder haben mag und mitwirken kann zur allseitigen Bildung der jungen Menschenseele, so ist doch jedes, einseitig verfolgt und übertrieben, verwerflich und dem Ganzen zum Schaden. Aus diesem Wirrsal mag ja endlich eine abgeklärte Gestalt hervorgehen, welche unterrichtlich und erziehlich das Rechte trifft, welche der allgemeinen Seelenbildung ebenso zu dienen vermag als sie den Forderungen des Lebens Rechnung trägt. Zur Zeit ist eine auch nur in ihren Hauptzügen allgemein anerkannte Methode noch nicht vorhanden, wennschon Anzeichen vorliegen, dass eine Hauptströmung sich Bahn bricht und schon zahlreiche kleine Wässerlein in sich aufnimmt. „Beobachtung der Natur", „Künstlerische Erziehung", sind die Losungsworte, und es ist unzweifelhaft, dass beide Grundsätze, richtig verstanden, nicht nur zeitgemäss und daher des Erfolges gewiss sind, sondern auch, wenn sie nicht einseitig Geltung erhalten, durchaus den Grundsätzen einer gesunden Pädagogik entsprechen. Immerhin werden noch Jahre vergehen, ehe der wilde Strudel zur Ruhe kommt, und noch manches unfruchtbare Experiment angestellt werden, ehe der Zeichenunterricht eine allgemeinerer Anerkennung sich erfreuende Regelung erfährt. Hoffen wir, dass er sie dann nicht durch eng gezogene amtliche Vorschriften erhält, die ihn auf Jahre hinaus so festlegen, dass eine Weiterentwickelung unmöglich wird. . . ." Diese letztere Hoffnung ist gewiss berechtigt und sie wird nach den in der gewerblichen Unterrichtsverwaltung herrschenden Anschauungen auch sicher erfüllt werden. —

Mit der durch die Einführung der Stuhlmannschen Methode begonnenen Reform des Zeichenunterrichts in den gewerblichen Unterrichtsanstalten ging die Reorganisation der nach dem ursprünglichen Plane in Breslau, Cassel, Magdeburg, Cottbus, Elberfeld, Cöln und Halle begründeten gewerblichen Zeichenschulen, die nach ihrem Ausbau die Bezeichnung „Gewerbliche Zeichen- und Kunstgewerbeschule", „Handwerkerschule" oder „Handwerker- und Kunstgewerbeschule" erhielten, Hand in Hand. Insbesondere wurde Seitens der Unterrichtsverwaltung die Theilung der überfüllten Klassen für Freihandzeichnen, die Einrichtung eines besonderen Unterrichts im Linearzeichnen und in der darstellenden Geometrie, die Vermehrung der Unterrichtsstunden im Zeichnen und Modelliren, die Einführung eines beschränkten Tagesunterrichts für Dekorationsmaler und die Mädchen-Kurse, sowie die Gewinnung tüchtiger Lehrkräfte angestrebt. Diese Reorganisation machte indessen nur langsame Fortschritte. Am schnellsten, 1882, kam die Erweiterung und Verbesserung der Anstalt zu Cassel zu Stande; die Breslauer und Magdeburger Schulen wurden 1885 und 1887 mit den daselbst bestehenden Provinzial-Kunstschulen vereinigt;[1] die Schule in Kottbus wurde Ende der achtziger Jahre aufgehoben, weil der Stadt die Kosten der Reorganisation zu hoch erschienen und die Anstalten in Halle und Elberfeld wurden erst in den neunziger Jahren zu Handwerker- und Kunstgewerbeschulen ausgestaltet. Die gewerbliche Zeichenschule in Cöln, welche nach und nach jede Bedeutung verloren hatte, ging im Jahre 1895 ein, nachdem sich der Staat bereit erklärt hatte, die von der Stadt im Jahre 1879 errichtete, eine Abtheilung der dortigen gewerblichen Fachschulen bildende, Kunstgewerbe- und Handwerkerschule, mit zu unterhalten. Neben dieser Umwandlung der vorhandenen Zeichenschulen ging die Begründung der oben genannten neuen Handwerker- und Kunstgewerbeschulen einher.

Im Einzelnen ist Folgendes zu bemerken:

1. Die „gewerbliche Zeichen- und Kunstgewerbeschule" zu Cassel ist aus der im Mai 1869 eröffneten „Gewerblichen Zeichenschule" hervorgegangen; sie wurde in den Jahren 1880—82 reorganisirt und erhielt durch Ministerial-Erlass vom 12. Mai 1882 ihre gegenwärtige Benennung. Sie hat die Aufgabe, Zeichner und Zeichnerinnen für die verschiedenen Gebiete des Kunstgewerbes auszubilden. Die Dauer des Schulbesuchs bleibt zwar jedem Schüler überlassen, doch ist der gesammte Unterricht normalmässig auf einen dreijährigen Besuch der Anstalt eingerichtet. Der Eintritt in die Fachklassen erfolgt in der Regel nach einem einjährigen Besuch der Vorklasse. Allgemeine und gemeinschaftliche Unterrichtsfächer für alle Klassen sind: Geometrisches Zeichnen und Projektionslehre, Schattenlehre und Perspektive, Freihandzeichnen, Flächenmalen und Farbstudien, Ornament-Formenlehre, Architekturzeichnen, Stillehre, Figurenzeichnen, Malen nach der Natur, Kunstgeschichte. Die Fachklassen erstrecken sich auf architektonisches und kunstgewerbliches Zeichnen, Thonmodelliren und Holzschnitzen, Wachs-, Metall-, Lederplastik, Dekorationsmalen, Lithographiren u. s. w. Der bei der Schule eingerichtete Abend- und Sonntagsunterricht bezweckt, Lehrlingen und Gewerbegehülfen, die in Geschäften thätig sind, eine theoretische und zeichnerische Ausbildung zu gewähren. Für Kunstgewerbeschüler, welche diesen Unterricht besuchen wollen, ist Gelegenheit gegeben, am Unterricht im geometrischen Zeichnen, in der Projektionslehre, im Freihandzeichnen, Modelliren, Ciseliren, Holzschnitzen, Fachzeichnen für Schlosser, Schreiner und Drechsler theilzunehmen.

Die Schülerzahl betrug im

			Tagesschüler	Abend- und Sonntagsschüler
Jahre	1896/97	Sommer	151	352
		Winter	186	472
„	1897/98	Sommer	145	328
		Winter	204	470
„	1898/99	Sommer	140	306
		Winter	186	458
„	1899/00	Sommer	120	303
		Winter	184	487
„	1900/01	Sommer	138	312
		Winter	188	487

[1] S. o. S. 719.

2. Die „Kunstgewerbeschule" zu Frankfurt a. M. ist im Jahre 1879 von dem 1877 begründeten Mitteldeutschen Kunstgewerbeverein errichtet worden. Sie steht unter der Leitung des Direktors und unter der Aufsicht eines vom Vorstande des Mitteldeutschen Kunstgewerbe-Vereins niedergesetzten Kuratoriums und bezweckt mittelst eines systematisch geordneten Unterrichts kunstgebildete Kräfte für die Bedürfnisse des Kunstgewerbes heranzuziehen. Sie zerfällt in 1. die Vorschule (Zeichen- und Modellirschule) und 2. die Fachschule mit folgenden Fachklassen: a) Möbel- und Gerätheklasse, b) Malklasse, c) Modellirklasse, d) Ciselir-Klassen, e) Holzbildhauer-Klasse.

Aufgabe der Vorschule ist die Vorbereitung für die Fachklassen, sowie die künstlerische Fortbildung solcher jungen Leute, welche als Lehrlinge, Gehülfen u. s. w. im Kunstgewerbe praktisch thätig sind, oder, soweit es der Raum gestattet, auch solcher, welche zugleich andere Lehranstalten besuchen. Sie besteht aus einem Abend- und Sonntagskursus. Aufgabe der Fachklassen ist die Ausbildung für selbständige kunstgewerbliche Leistungen, und zwar von Solchen, welche sich die für zukünftige Handwerksmeister, Fabrikvorstände, Werkführer, Zeichner oder Modelleure erforderliche künstlerische Ausbildung in einem oder dem anderen Zweige des Kunstgewerbes aneignen wollen. Die Möbel- und Gerätheklasse ist bestimmt für Solche, welche sich mit Entwürfen für Mobiliar und Geräthe in Holz, Metall, Thon, Porzellan, Glas, Stein u. s. w. zn befassen haben, also insbesondere für Schreiner, Tapezierer, Schlosser, Töpfer, Eisen-, Bronce- und Zinngiesser. Die Malklasse hat die gesammte malerische Flächenverzierung zum Gegenstand; sie ist daher namentlich für Dekorationsmaler, Lithographen, Glasmaler und Xylographen; Tapeten- und Porzellanmaler finden in dieser Klasse ebenfalls Gelegenheit zu allgemeiner künstlerischer Ausbildung. In der Modellirklasse wird das Modelliren kunstgewerblicher Gegenstände aller Art (ornamentaler und figürlicher) gelehrt; sie ist hienach vorzugsweise bestimmt für Bildhauer und Stuckateure, Modelleure für Guss, Thonwaaren und Porzellan, sowie für Steinmetzen und Marmorarbeiter. Die Ciselirklasse bezweckt die Ausbildung der mit der künstlerischen Metallbearbeitung beschäftigten Berufsarten, insbesondere der Gold- und Silberschmiede, Ciseleure, Graveure, Metallgiesser. Die Holzbildhauer-Klasse dient zur Ausbildung in der gesammten Holzplastik, vorwiegend in ihrer ornamentalen und figürlichen Anwendung auf Möbel- und Bau-Schreinerei. Die Dauer des Unterrichts umfasst in der Regel in der Möbel- und Geräthe-Klasse zwei, in den übrigen Klassen drei Jahre. — In die Fachklasse wird nur aufgenommen, wer mindestens das Ziel der Volksschule erreicht, das 16. Lebensjahr zurückgelegt, die Lehre in einem Kunsthandwerk bestanden hat und aus der Vorschule mit dem Zeugniss der Reife für die Fachschule entlassen worden ist oder durch Vorlage von Zeichnungen oder eine Aufnahmeprüfung neben künstlerischer Begabung diejenigen Kenntnisse und Fertigkeiten darthut, die das Ziel der Vorschule bilden. An solchen Vorkenntnissen werden gefordert I. für die Möbel- und Gerätheklasse: Uebung in der Anwendung von Projektionslehre, Schattenkonstruktion und Perspektive, Fertigkeit im Nachzeichnen eines einfachen Ornaments nach Modell oder Vorlage in verändertem Massstabe; II. für die Mal-Klasse: Fertigkeit im Leimfarben-Malen, sowie im Nachzeichnen ornamentaler oder figürlicher Vorlagen und in charakteristischer Darstellung eines plastischen Ornamentes oder einer leichteren Büste in Kohle oder Kreide; einige Uebung in der Behandlung der Aquarell-Farben; III. für die Modellir-Klasse: Praktische Kenntniss in der Behandlung des Thons und Gipses und Fertigkeit in Nachbildung eines leichteren plastischen Ornaments in verändertem Massstab, ausserdem Zeichnen wie zu I; IV. für die Ciselir-Klasse: Praktische Vorkenntnisse in der Metallbearbeitung, Fertigkeit im Modelliren leichterer Ornamente in Wachs und Thon, Zeichnen wie zu I; V. für die Holzbildhauer-Klasse: praktische Kenntnisse in der Holzschnitzerei, Behandlung der Eisen, Fertigkeit im Modelliren leichterer Ornamente in Thon, Zeichnen wie zu I. Schüler, welche in einzelnen Fächern nicht die nothwendigen Vorkenntnisse besitzen, zum 'Besuch der

Fachklassen aber zugelassen werden, haben nach Anweisung ihrer Lehrer die Lücken ihrer Vorbildung durch Besuch des Abend- oder Sonntagsunterrichts thunlichst auszufüllen.

Die Schule wurde im Jahre 1899 von 286, im Jahre 1900 von 245 Schülern (27 Tages- und 218 Abend- und Sonntagsschülern) besucht.

3. Die „Kunstgewerbeschule" zu Düsseldorf ist am 3. April 1883 eröffnet worden. Sie verdankt ihre Entstehung einer staatlichen Zuwendung von 225 000 Mark, die eine theilweise Entschädigung für den Verlust der bis zum Anfang des neunzehnten Jahrhunderts in Düsseldorf befindlichen Gemälde-Galerie, die jetzt einen Haupttheil der alten Pinakothek in München bildet, bieten und zur Errichtung eines Kunstgewerbemuseums und einer Kunstgewerbeschule dienen sollte. Die Schule soll jungen Gewerbetreibenden, welche eine gute Volksschulbildung besitzen, Gelegenheit bieten, sich solche Kenntnisse und Fähigkeiten anzueignen, welche sie zu der erfolgreichen Ausübung ihres Berufes, besonders in künstlerischer Beziehung befähigen. Sie besteht aus drei Abtheilungen, der Vorschule, der Fachschule und der Abendschule. Die Vor- und Fachschule hat Tagesunterricht und ist für diejenigen bestimmt, welche ihre ganze Zeit dem Unterricht widmen können. Die Abendschule hat den Zweck, Lehrlingen und Gehülfen in ihren freien Stunden neben der praktischen Tagesthätigkeit Gelegenheit zu künstlerischer Ausbildung im eigenen Berufe zu geben. Aufgabe der Vorschule ist die Vorbereitung für die Fachklassen. Der Unterricht umfasst Freihandzeichnen nach Körpern, Flach- und Gipsornamenten, Schattiren, geometrisches Zeichnen einschl. Schattenkonstruktionen, ornamentale Formenlehre, in welcher das Ornament der verschiedenen Stilperioden farbig behandelt wird. Der Unterricht ist für sämmtliche Schüler dieser Abtheilung bestimmt und dauert in der Regel ein Jahr. Aufgabe der Fachschule ist die Ausbildung junger Handwerker für selbständige, kunstgewerbliche Leistungen. Sie zerfällt in folgende Fachklassen: 1. für Architekturzeichnen, für äusseren und inneren Bauschmuck. Der Unterricht erstreckt sich auf Anwendung der Architekturformen, auf das Aufnehmen, Copiren und Entwerfen dekorativer Arbeiten des Bau- und Möbelschreiners, des Bau- und Kunstschlossers u. s. w., auf Herstellung der Werkzeichnungen für die Ausführung. 2. für Dekorationsmaler: Der Unterrricht umfasst das Malen nach plastischen Vorbildern, das Copiren und Entwerfen von Wand- und Deckenmalereien der verschiedensten Stilperioden bei Anwendung aller vorkommenden Malweisen. 3. für figurales Zeichnen und Malen. Der Unterricht umfasst das Zeichnen nach Gipsmodellen (Körpertheile und Figuren), nach der Natur (Kopfmodell, Thier- und Draperie-Studien), das Malen dekorativer Stillleben. 4. für ornamentales und figurales Modelliren in Thon und 5. für ornamentales und figurales Holzschnitzen. Der Unterricht in diesen beiden Klassen erstreckt sich auf das Modelliren und Schnitzen von Ornamenten nnd Figuren, auf das Copiren und Entwerfen plastischer Schmucktheile an Bauten und Möbeln. 6. für Treiben, Ciseliren und Graviren. Eingerichtet für Graveure, Gold- und Silberarbeiter, erstreckt sich der Unterricht in dieser Klasse auf das Modelliren in Wachs, auf das Treiben, Ciseliren und Graviren von Schmuckgegenständen, Geräthen und Gefässen in verschiedenen Metallen. — Ausser an dem eigentlichen Fachunterricht haben die Fachschüler, sofern sie die bezüglichen Fertigkeiten noch nicht besitzen, an dem Ergänzungsunterrichte theilzunehmen, und zwar a) am Gipszeichnen, Blumenzeichnen und Malen, an dem Entwerfen von Flächenschmuck, an den Uebungen in der Perspektive, an den Vorträgen über Stillehre, welche Nachmittags stattfinden; 2. am Aktzeichnen und den Vorträgen über Anatomie, sofern sie dafür vorgebildet sind. Der Unterricht in der Abendschule umfasst ornamentales Gipszeichnen, figurales Gipszeichnen, Aktzeichnen, Fachzeichnen für Architektur, Möbel- und Bauschmuck-Modelliren für Bildhauer und Stuckateure, Wachsmodelliren für Graveure, Gold- und Silberarbeiter, Entwerfen von Flächenschmuck, Anatomie. Aufnahmebedingungen sind für die Vor- und Abendschule: ein Alter von mindestens 14 Jahren, genügende Volks-

schulbildung, die Wahl eines praktischen Berufs; für die Fachschule: Absolvirung der Vorschule oder der Abendschule, oder Nachweis einer ausreichenden Vorbildung durch Prüfungsarbeiten. Erwünscht ist ausserdem, dass die Lehrzeit bei einem Handwerksmeister bestanden ist.

Uebersicht über den Schulbesuch:

	W. 96/97	S. 97	W. 97/98	S. 98	W. 98/99	S. 99	W. 99/00
Vorschule	68	27	56	29	57	32	49
Fachschule	82	38	88	44	106	60	112
Abendschule	117	72	118	66	121	87	113
Zusammen:	267	137	262	139	284	179	274

4. Die „Erste Handwerkerschule" zu Berlin wurde im Oktober 1880 eröffnet. Ueber ihre Entstehungsgeschichte heisst es in der Denkschrift des Handelsministeriums von 1891, dass die von verschiedenen Berliner Vereinen und Innungen an das Ministerium im Jahre 1878 gerichteten Gesuche, ihnen Staatszuschüsse zu gewähren oder die schon bewilligten zu erhöhen, den Anlass gegeben hätten, dem Berliner Magistrat unterm 12. Oktober 1878 den Vorschlag zu machen, Kommissarien zu ernennen, die mit dem Ministerial-Referenten über die Erweiterung des gewerblichen Unterrichts in der Stadt Berlin verhandeln sollten. Dieser Unterricht beschränkte sich damals auf 11 städtische Fortbildungsschulen, 5 sogenannte Fortbildungsanstalten, die Königliche Kunstschule und die Unterrichtsanstalt des Kunstgewerbemuseums. Bei dem Vorschlage des Ministeriums war beabsichtigt, in Berlin eine grössere Anstalt mit Fachunterricht nach dem Muster der Hamburger „Allgemeinen Gewerbeschule" zu errichten. Diese Absicht wurde auch verwirklicht und es gelang ferner, den Direktor der Hamburger Schule, Jessen, für die neue Anstalt in Berlin zu gewinnen.

Die Handwerkerschule hat die Aufgabe, Lehrlingen und Gehilfen des Gewerbestandes vorzugsweise in ihren Freistunden die ihrem Beruf entsprechende zeichnerische, wissenschaftliche und kunstgewerbliche Ausbildung zu geben, welche zu der Praxis der Werkstatt als nothwendige Ergänzung hinzutreten muss. Aufnahme kann jeder dem schulpflichtigen Alter Entwachsene finden, der mindestens das Lehrziel der Gemeindeschule erreicht hat. Die Unterrichtszeit fällt in der Regel auf die Nachmittage und Abende der Wochentage und auf den Sonntag Vormittag. Gegenstände des Unterrichts und der Uebungen sind: Freihandzeichnen, Aquarelliren, Zirkelzeichnen, Projektionszeichnen, darstellende Geometrie, Fachzeichnen, kunstgewerbliche Formenlehre, Modelliren in Thon und Wachs, dekoratives Malen, Rechnen, Mathematik, Physik, Mechanik, Elektrotechnik, Chemie, Waarenkunde für Drogisten, Buchführung, Fachlehre für Typographen. Ausserdem sind an der Anstalt eingerichtet eine Fachschule für Mechaniker mit 40 Stunden wöchentlich und die Tagesklassen für Elektrotechniker, 42—44 Stunden wöchentlich, für Tischler mit 40 Stunden wöchentlich, für Maler mit 30 Stunden wöchentlich und für Modelliren mit 42 Stunden wöchentlich. Die Fachschule für Mechaniker hat den Zweck, die theoretische Ausdehnung der Mechanikergehülfen (Präzisions- und Elektrotechniker) zu fördern. Sie bietet den Schülern Gelegenheit dar, sich die für jeden Werkführer oder Leiter eines mechanischen Geschäfts erforderlichen Kenntnisse in der Mathematik, Physik, Chemie, Mechanik, Instrumentenkunde, Elektrotechnik und Technologie anzueignen, sowie die nöthige Fertigkeit im Fachzeichnen zu erwerben. Gleichzeitig giebt sie eine Grundlage für weitere Studien in den speziellen Richtungen der Präzisionsmechanik und Elektrotechnik. Der Kursus ist einjährig. Die Tagesklasse für Elektrotechnik bezweckt, die theoretische Ausbildung der Elektrotechniker-Gehülfen soweit zu fördern, dass sie fähig werden, als Monteure, Werkführer, Labóratoriums-Gehülfen und dergl. in elektrotechnischen Fabriken und Betrieben mit Erfolg thätig zu sein. Der Unterricht erstreckt sich auf Mathematik, Physik, Chemie, Mechanik, Elektrotechnik, Antriebmaschinen, Zeichnen und Entwerfen, Uebungen im Laboratorium und Exkursionen. Der Kursus ist einjährig. Die Tagesklasse für Tischler bietet Gelegenheit zur Aneignung derjenigen Kenntnisse und der Fertigkeit des Zeichnens, die jeder Gehülfe, Werkmeister, Zeichner oder Leiter eines Tischlereibetriebes haben muss, um eine Zeichnung oder einen Entwurf verstehen und ausführen zu können. Sie vermittelt ferner eine weitergehende Ausbildung im Zeichnen und Entwerfen von Möbeln, Bautischlerarbeiten und Innendekorationen. Die Klasse hat eine Unter- und eine Ober-Abtheilung. Für den Eintritt in die Ober-Abtheilung ist der Nachweis erforderlich, dass das Ziel der Unter-Abtheilung erreicht ist. Die Tagesklasse für Maler bietet Gehülfen während der vier Wintermonate Gelegenheit, sich im Zeichnen und Malen weiter auszubilden, die verschiedenen Arten der Technik kennen zu lernen und sich im Anfertigen von Skizzen und Werkzeichnungen zu üben. Die Tagesklasse für Modelliren bietet während des Winterhalbjahres Holzbildhauern, Modelleuren, Graveuren, Ciseleuren u. a. Gelegenheit, diejenige Geschicklichkeit im Modelliren in Thon und Wachs zu erlangen, die für eine gedeihliche Thätigkeit in der Praxis ihres Berufs erforderlich ist. Das Ornamentmodelliren dient als Grundlage für jede weitere Ausbildung; es wird nach plastischen Vorlagen, Photographien und Zeichnungen geübt; Vorgeschrittene werden zur Anfertigung und Durchführung von Entwürfen für plastische Ornamente, für Gefässe, Geräthe u. dgl. angeleitet. Das Studium von Naturformen und deren Verwendung im Ornament findet dabei Berücksichtigung. Die Technik des Gipsantragens wird gelehrt und geübt. Das figürliche Modelliren erfolgt zuerst nach Gipsmodellen und nach Naturabgüssen; die Vorgeschrittenen üben an jedem Nachmittag Porträt- und Aktmodelliren nach lebendem Modell. Als Endziel der Ausbildung wird erstrebt, den Schüler zu befähigen, dekorative und kunstgewerbliche Entwürfe der Praxis in einheitlicher Vereinigung der Figur und des Ornaments auszuführen.

Uebersicht über den Schulbesuch:

	Sommer	Winter
1896/97:	1659 Schüler	2449 Schüler
97/98:	1856 „	2600 „
98/99:	1880 „	2585 „
99/00:	1923 „	2476 „
00/01:	1988 „	2597 „

Im Etatsjahr 1900 wurden besucht: die Fachschule für Mechaniker im Sommer von 12, im Winter von 8 Schülern, die Tagesklasse für Elektrotechniker im Sommer von 41, im Winter von 42 Schülern, die Tagesklasse für Tischler im Sommer von 35, im Winter von 55 Schülern, die Tagesklasse für Maler (nur im Winter) von 83 Schülern und die Tagesklasse für Modelliren (nur im Winter) von 27 Schülern.

5. Die „Zweite Handwerkerschule" zu Berlin wurde wegen des grossen Andrangs zur Ersten Handwerkerschule begründet und verfolgt dieselben Lehrziele wie diese. Bemerkt zu werden verdient, dass an ihr ausser einer Tagesklasse für Maler, in der neben dem dekorativen Malen auch Holz- und Marmormalen gelehrt wird, eine Tagesklasse für Gürtler, Kunstschmiede und verwandte kunstgewerbliche Fächer mit einer Vorklasse für Anfänger kunstgewerblicher und gewerblicher Berufsarten eingerichtet ist, welche die Aufgabe hat, das Zeichnen und Entwerfen kunstgewerblicher Arbeiten in Bronce und Schmiedeeisen für Beleuchtungskörper, Geräthe, Gitter, Thore und Ausstattungsgegenstände, sowie auch von Erzeugnissen verwandter Fächer des Kunsthandwerks zu üben, und den Zweck verfolgt, jungen kunstgewerbetreibenden Handwerkern Gelegenheit zu geben, sich für ihr Fach die nothwendige zeichnerische Ausbildung

anzueignen, so dass sie befähigt werden, als Vorarbeiter, Werkmeister, Betriebsleiter oder Zeichner eines kunstgewerblichen Etablissements mit Erfolg thätig zu
sein. Der Kursus ist halbjährig, Unterrichtsgegenstände sind: Freihandzeichnen
und Entwerfen von Ornamenten, Aquarelliren (8 Stunden wöchentlich), Architekturzeichnen (4 Stunden wöchentlich), Fachzeichnen und Entwerfen von kunstgewerblichen Gegenständen (19 Stunden wöchentlich), Skizzirübungen (4 Stunden wöchentlich),
darstellende Geometrie (6 Stunden wöchentlich), kunstgewerbliche Formenlehre
(4 Stunden wöchentlich).

Uebersicht über den Schulbesuch:

	Sommer	Winter
1897/98:	741 Schüler	1133 Schüler
98/99:	720 „	2267 „
99/00:	813 „	1328 „
00/01:	983 „	1641 „

Die Tagesklasse für Gürtler besuchten im Sommer 1900: 26, im Winter
1900/01: 41 Schüler, die für Maler im Winter 1900/01: 92 Schüler.

6. Der „Gewerbesaal" zu Berlin wurde begründet, um jungen
Maschinenbauern und den Angehörigen der verwandten Berufsarten, wie
Präzisions- und Elektromechanikern, Kunst- und Bauschlossern die ihrem Beruf
entsprechende zeichnerische und wissenschaftliche Ausbildung zu geben, welche
die Praxis der Werkstatt ergänzen muss. In den Sonntags- und Abenklassen
wird den in praktischer Beschäftigung stehenden Lehrlingen und Gehilfen Gelegenheit gegeben, sich im Fachzeichnen und Entwerfen zu üben, auch findet nach
Bedürfniss Unterricht in der Mechanik, Maschinenlehre und im Fachmodelliren
für Kunstschlosser statt. In den Tagesklassen für Maschinenbauer können
sich Gehilfen, die ein ganzes Jahr ohne andere Beschäftigung auf ihre theoretische
Ausbildung verwenden wollen, die für einen Werkführer, Monteur oder Techniker
nöthigen Kenntnisse aneignen. Unterrichtsgegenstände sind: Mathematik, Physik,
Chemie, technische Mechanik, Maschinenelemente und Maschinenlehre, Materialienkunde und Werkzeuglehre, Elektrotechnik, Vorkurszeichnen, Fachzeichnen für
Maschinenbauer, Mechaniker, Schlosser, Kunstschmiede (Kunstschlosser), Kon-
struktionsschlosser. Die in die Tagesklasse Aufzunehmenden müssen eine drei-
jährige Lehrzeit als Maschinenbauer, Mechaniker oder Schlosser nachweisen, eine
gute Volksschulbildung haben, einige Fertigkeit im Zeichnen besitzen und Gleichungen
(ersten Grades mit einer Unbekannten) lösen können.[1]

---

[1] Gegenwärtig wird von den städtischen Behörden der Ausbau des Gewerbe-
saals zu einer förmlichen Maschinenbauschule erwogen. — Ausser den beiden
Handwerkerschulen, dem Gewerbesaal und den früher schon berücksichtigten Anstalten: Baugewerkschule, höhere Webeschule, Kunstschule, Unterrichtsanstalt des Kunstgewerbemuseums sind in Berlin besonders noch
folgende Fachschulen zu nennen: 1. für Maurer und Zimmerer (276);
2. für Sattler (125); 3. für Maler (260); 4. für Schornsteinfeger (72); 5. für
Barbiere und Friseure (435); 6. für Stell- und Rademacher (64);
7. für Glaser (72); 8. für Schuhmacher (222); 9. für Schmiede (146);
10. für Tapezierer (206); 11. für Korbmacher (19); 12. für Buchbinder (92);
13. für Gärtner (112); 14. für Buchdrucker (710); 15. für Schneider (181);
16. für Photographen (89); 17. für Töpfer (58); 18. für Klempner (164);
19. für Tischler (1593). Die eingeklammerten Zahlen geben die Schülerzahl im
Winter 1900/01, nur bei der Fachschule für Barbiere und Friseure die Schülerzahl
für das ganze Jahr 1900/01 an. Ueber diese Schulen, an deren Unterhaltung,
Verwaltung und Beaufsichtigung sich auch die Innungen betheiligen, sei noch
Folgendes bemerkt: 1. In der Fachschule für Maurer und Zimmerer sollen
Maurer- und Zimmerer-Lehrlinge in denjenigen Fachkenntnissen und Handgriffen
unterrichtet werden, in welchen sie auf der Baustelle oder auf dem Werkplatze
nicht ausreichende Unterweisung finden; sie sollen befähigt werden, geometrische

Uebersicht über den Schulbesuch:

1896/97: 1321 Schüler	1717 Schüler	
97/98: 1508 „	1834 „	
98/99: 1720 „	2176 „	
99/00: 1897 „	2269 „	
00/01: 1998 „	2451 „	

7. 8. Die „Gewerbliche Tagesschule" und die „Gewerbliche Zeichen- und Kunstgewerbeschule" zu Aachen. Der Gewerbeverein in Aachen machte im Jahre 1886 der Stadt den Vorschlag, die städtische gewerbliche Fortbildungsschule, die Zeichenschule des Vereins und eine andere private Anstalt mit einander zu vereinigen und aus ihnen eine Tagesschule für nicht mehr schulpflichtige Knaben des Bürgerstandes mit wissenschaftlichem und Zeichenunterricht, eine Abendschule mit Unterricht im Zeichnen und anderen technischen Fächern und eine auf Zeichnen und Modelliren beschränkte Sonntagsschule zu bilden. Als der Plan dem Handels-ministerium vorgelegt wurde, schlug dieses vor, die neue Anstalt aus einer „Tages-schule" für junge Leute, welche aus der Volksschule entlassen sind, aber noch nicht in eine Lehre eintreten sollen, aus einer „gewerblichen Zeichen- und Kunst-gewerbeschule" und aus einer „gewerblichen Fortbildungsschule" ohne Zeichen-unterricht bestehen zu lassen, welcher Vorschlag von der Stadt Aachen angenommen wurde. Die drei Anstalten sollten denselben Direktor und ein gemeinschaftliches Kuratorium haben. Während die Einrichtungen der gewerblichen Fortbildungs-schule und der Zeichen- und Kunstgewerbeschule sich von denen anderer Anstalten gleichen Namens nicht unterscheiden, war die gewerbliche Tagesschule damals die einzige ihrer Art.[1]) In Bezug auf sie heisst es in der Denkschrift von 1891: „Veranlassung zu ihrer Einrichtung gab die Erfahrung, dass manche Gewerbe-treibende ihre Söhne, wenn sie in Folge besserer Begabung, günstiger häuslicher Verhältnisse und regelmässigen Schulbesuchs die Volksschule durchgemacht haben, ehe sie in das nicht mehr schulpflichtige Alter getreten sind, aus der Volksschule in eine höhere Unterrichtsanstalt treten lassen, damit sie nicht das Pensum des letzten Jahres der Volksschule zu wiederholen brauchen. Für solche Knaben ist indessen eine untere Klasse einer höheren Schule, an welcher Unterricht in fremden Sprachen ertheilt wird, nicht der rechte Platz. Man wird zugeben müssen, dass eine Schule mit zweijährigem Kursus, in der im Deutschen, in der Religion, im

---

Zeichnungen von Bautheilen oder Bauwerken zu verstehen und nach ihnen praktisch zu arbeiten. Die Schule umfasst eine für Maurer und Zimmerer gemeinsame Vorklasse und, für beide Gewerbe getrennt, je drei aufsteigende Klassen mit Parallelabtheilungen, sowie je eine Klasse für eine Werkplatzlehre, welche sämmtlich im Sommer und Winter gleichmässig durchgeführt werden. Der Kursus der Vor-klasse, der drei Fachklassen und der Werkplatzlehre umfasst zusammen 6 Halb-jahre; unterrichtet wird im Sommer und Winter an je 20 Sonntagen von 9 bis 1 Uhr. Die Berliner Tischlerschule soll die Angehörigen des Tischler- und Drechslergewerbes in Zeichnen, Entwerfen, Modelliren, Holzbildhauen, in der Lehre von den Holzverbänden, den Werkzeugen und den Stilarten, auch über die chemische Behandlung der Hölzer unterweisen. Die Schule zerfällt in eine Haupt-abtheilung und eine Anzahl Nebenabtheilungen. In der Hauptabtheilung wird Unterricht in allen Fächern ertheilt; die Nebenabtheilungen enthalten Kurse für Fachzeichnen, für Holzverbindungs- und Formenlehre und andere nach Bedürfniss. — Vgl. im Uebrigen die alljährlich erscheinende „Uebersicht über das Fortbildungsschulwesen und die gewerblichen Unterichtsanstalten der Stadt Berlin" und die jährlichen Berichte der Gewerbe-Deputation des Magistrats zu Berlin über das gewerbliche Unterrichtswesen.

[1]) Neuerdings ist eine solche Abtheilung auch an der Handels- und Gewerbe-schule in Gnesen eingerichtet worden. Vgl. über den Nutzen dieser Schulgattung den Vortrag des Direktors Romberg über „Gewerbliches Bildungswesen" in der 8. Hauptversammlung des „Verbandes deutscher Gewerbe-Vereine" zu Köln am 11. September 1899.

Rechnen und in der Algebra, in der niederen Mathematik mit Ausschluss der Trigonometrie, in der Physik, Chemie und Naturbeschreibung, im Linearzeichnen und geometrischen Darstellen von Körpern, im Freihandzeichnen und Modelliren und mit Rücksicht auf den starken Fremdenverkehr in Aachen im Französischen unterrichtet wird, für nicht mehr schulpflichtige junge Leute, die ein Gewerbe lernen sollen, besser geeignet ist, als die unteren Klassen einer höheren Lehranstalt. Die Kreise, für welche die Schule bestimmt ist, haben sich derselben zugewandt, und die vorhandenen vier Klassen, deren jede höchstens 30 Schüler aufnehmen darf, sind ganz gefüllt."

Die Gewerbliche Tagesschule ist hiernach für junge Leute bestimmt, welche sich den Lehrstoff einer guten Volksschule angeeignet haben und noch nicht in die praktische Thätigkeit eintreten, sich vielmehr für diese zunächst noch schulmässig vorbereiten lassen wollen. Die Schüler werden ausser im Zeichnen und Modelliren vorwiegend in denjenigen Lehrgegenständen unterrichtet, welche für die spätere Berufsthätigkeit grundlegend oder besonders wichtig sind, also in Religion, Deutsch, Französisch, Rechnen Mathematik, Physik, Chemie, beschreibender Naturwissenschaft, im Linearzeichnen und geometrischen Darstellen von Körpern, Freihandzeichnen und Modelliren, wöchentlich 36 Stunden. Die Schule enthält eine Unter- und eine Oberklasse mit den nöthigen Parallelklassen. Der ganze Kursus dauert 2 Jahre.

Der Unterricht in der gewerblichen Zeichen- und Kunstgewerbeschule wird hauptsächlich an den Abenden der Werktage und an den Vormittagen der Sonntage ertheilt; für Dekorationsmaler findet im Winter ein sechsmonatiger Tageskursus statt. Lehrgegenstände sind: Linearzeichnen und geometrische Darstellung von Körpern, Freihandzeichnen, Modelliren, Fachzeichnen für Bauhandwerker, Schlosser, Mechaniker und Maschinenbauer, Möbelschreiner, Gärtner, Maler, Maseriren und Marmoriren für Dekorationsmaler, Holz- und Marmormaler, Stillehre, Maschinenlehre, Baukonstruktionslehre, Baumechanik, Fachrechnen, Mathematik und Rundschrift.

Uebersicht über den Schulbesuch.

Gewerbl. Tagesschule.	Gewerbl. Zeichen- u. Kunstgewerbeschule.			
1897/98: 231 Schüler	1232 Schüler			
1898/99: 228 ,,	1888 ,,	(einschl. der Fortbildungschule).		
1899/00: 231 ,,	1946 ,,	,,	,,	,,
1900/01: 271 ,,	2290 ,,	,,	,,	,,

9. Die „Kunstgewerbe- und Handwerkerschule" zu Magdeburg ist aus der Vereinigung der früheren Gewerblichen Zeichenschule und Provinzial-Kunstschule hervorgegangen und im Herbst 1887 eröffnet worden. Lehrgegenstände sind a) in den Tagesklassen: Körperzeichnen und elementares Freihandzeichnen, Projektionslehre, Schattenlehre und Perspektive, Zeichnen nach plastischen Modellen und Anatomie, Zeichnen und Skizziren nach der Natur, Modelliren, ornamentales Fachzeichnen, dekoratives Malen, Fachzeichnen für Tischler und Kunstschlosser, für Uhrmacher, Bauhandwerker, Flachornamentmalen; b) in den Abend- und Sonntagsklassen: Körperzeichnen, Flachornamentzeichnen, Zeichnen nach plastischen Ornamenten, figürliches Zeichnen nach Gips und lebendem Modell, architektonische und ornamentale Formenlehre, Zirkel- und Projektionszeichnen, darstellende Geometrie, Schattenlehre und Perspektive, Rundschrift, Planimetrie, Algebra, Mechanik, Modelliren, Fachzeichnen für Lithographen, Graveure, Dekorationsmaler, Maurer, Zimmerer, Tischler, Tapezierer, Kunstschlosser, Bauschlosser, Mechaniker, Elektrotechniker, Gärtner, Klempner, Installateure, Stellmacher. — An der Schule sind auch Zeichenklassen für Knaben eingerichtet, die noch eine allgemeine Schule besuchen. (Schülerzeichenklassen.)

824

	Sommer	Winter	
1896/97:	31	46	Tagesschüler
	—	—	Halbtagsschüler
	949	1020	Abend- und Sonntagsschüler
	109	149	Schülerzeichenklassen
1897/98:	27	47	Tagesschüler
	—	29	Halbtagsschüler
	1000	1065	Abend- und Sonntagsschüler
	131	164	Schülerzeichenklassen
1898/99:	27	39	Tagesschüler
	40	56	Halbtagsschüler
	1094	1184	Abend- und Sonntagsschüler
	174	215	Schülerzeichenklassen
1899/00:	34	50	Tagesschüler
	48	99	Halbtagsschüler
	1189	1271	Abend- und Sonntagsschüler
	229	293	Schülerzeichenklassen
1900/01:	31	72	Tagesschüler
	75	110	Halbtagsschüler
	1381	824[1]	Abend- und Sonntagsschüler
	273	288	Schülerzeichenklassen

10. Die „Handwerker- und Kunstgewerbeschule" zu Hannover.[2] In dieser Stadt bestand früher eine städtische „Gewerbeschule" (gewerbliche Fortbildungsschule), zu deren Besuch alle noch nicht 18 Jahre alten Handwerkslehrlinge während dreier Jahre vom Ortsstatut verpflichtet waren, und ausserdem eine von dem Gewerbeverein für Hannover unterhaltene kunstgewerbliche Zeichenschule. Im Jahre 1887 beschlossen die städtischen Behörden, eine Verbesserung des gewerblichen Unterrichts herbeizuführen und zu dem Zwecke nach dem Vorbilde der Berliner Handwerkerschule und der kunstgewerblichen Unterrichts-Anstalten in Cassel und Düsseldorf eine „Handwerker- und Kunstgewerbeschule" zu errichten, der später noch eine Maschinenbauschule und eine Fachschule für Kupferschmiede angegliedert wurde. (Ueber die beiden letzteren Anstalten s. o. S. 782, 802.)

Der Lehrplan unterscheidet A) Tagesunterricht. B) Abend- und Sonntagsunterricht. C) Knaben-Abtheilung.

In den Tagesklassen wird sowohl im Winter, als im Sommer in wöchentlich 44 Stunden unterrichtet. Sie umfassen I. die kunstgewerblichen Abtheilungen für 1. Dekorationsmaler (Lehrgegenstände: Skizziren und Aquarelliren, Zirkelzeichnen, Perspektive, Zierschrift, Ornament-Formenlehre, Kunstgeschichte, dekoratives Malen von Ornamenten, Naturstudien und figürlichen Motiven, Stilisirübungen, Entwerfen, Aktzeichnen, Kunstgeschichte); 2. Bildhauer, Mo-

---

[1] 434 Abend- und Sonntagsschüler mussten von der Aufnahme zurückgewiesen werden, da die Mittel, welche zur Einrichtung einer so grossen Zahl von Klassen nöthig gewesen wären, nicht zur Verfügung standen.

[2] Siehe im „Bericht der Handwerker- und Kunstgewerbeschule", Hannover 1902, S. 7 ff. die „Geschichte der Schule."

delleure, Stukkateure (Freihandzeichnen nach Körpern, Ornamenten, Pflanzen, Figuren, Zirkelzeichnen, darstellende Geometrie, Architekturzeichnen, Ornament-Formenlehre, Kunstgeschichte, Modelliren in Thon, Wachs und Plastilin, Herstellung von Gipsabgüssen, Entwerfen); 3. Tischler (Freihandzeichnen, darstellende Geometrie, Perspektive, Rundschrift, Ornament-Formenlehre, Architekturzeichnen, Fachzeichnen für Möbel- und Bautischler, Entwerfen und Detailliren, Kunstgeschichte, Modelliren, Technologie und Materialienkunde); 4. Kunstschlosser (Freihandzeichnen, Zirkelzeichnen, darstellende Geometrie, Rundschrift, Ornament-Formenlehre, Architekturzeichnen, Fachzeichnen, Entwerfen und Detailliren, Kunstgeschichte, Modelliren, praktisches Arbeiten). Für alle kunstgewerblichen Abtheilungen ist ausserdem noch Unterricht in deutscher Sprache, Rechnen, Buchführung und Wechsellehre eingerichtet. II. Die technischen Abtheilungen 1. für Maschinenbauer (Maschinenbauschule). 2. Kupferschmiede (Kupferschmiedefachschule). 3. für Bauhandwerker (Deutsch, Rechnen, Algebra, Planimetrie, Freihandzeichnen, Zirkelzeichnen, darstellende Geometrie, Rundschrift, Baukonstruktionszeichnen, Architekturzeichnen, Baukonstruktionslehre). Es soll in 2 Semestern das Ziel der 4. Klasse einer Baugewerkschule erreicht werden.

Lehrgegenstände des Abend- und Sonntagsunterrichts sind: Freihandzeichnen nach Wandtafeln, Ornamenten, Pflanzen, Figuren, Zirkelzeichnen, darstellende Geometrie, Fachzeichnen für alle Gewerbe, Modelliren, Zier- und Rundschrift, Deutsch, Rechnen, Buchführung, Physik, Arithmetik, Elektrotechnik.

Lehrgegenstände der Knaben-Abtheilung sind: Freihandzeichnen, Zirkelzeichnen und geometrisches Körperdarstellen.

Uebersicht über den Schulbesuch:

	Tagesschüler	Abend- und Sonntagsschüler
1898/99:	2313	
1899/00:	108	2319
1900/01:	420	2493
1901/02:	370	2565.

11. Die „Handwerkerschule" zu Halle. Die gewerbliche Zeichenschule zu Halle wurde am 4. Januar 1870 eröffnet; sie erhielt zwei Zeichenklassen und eine Modellirklasse. Der Andrang zu dieser Schule war bei ihrer Eröffnung ziemlich gross; es hatten sich 127 Schüler gemeldet; am Schlusse des ersten Schuljahres besuchten jedoch nur noch 54 junge Leute den Unterricht. Etwas mehr Leben kam in den Schulbetrieb erst im Jahre 1877 und zwar dadurch, dass man den Schülern der Fortbildungsschule, die der Verein für Volkswohl in's Leben gerufen hatte, die Theilnahme am Unterricht der gewerblichen Zeichenschule und umgekehrt auch den Schülern dieser Anstalt die Theilnahme am Unterricht der Fortbildungschule ohne Schulgelderhöhung gestattete. Im Anfang der achtziger Jahre wurden sogar beide Schulen verschmolzen, später aber, als die bis dahin vom Stadtbau-Inspektor immer nebenamtlich geleitete Zeichenschule 1884 einen besonderen Direktor erhielt und in Folge dessen auf nahezu 400 Schüler anwuchs, wieder getrennt. Im Jahre 1888 wurde auch eine Tagesklasse für Dekorationsmaler eingerichtet. Die Reorganisation der Schule nach dem Muster der übrigen Handwerker- und Kunstgewerbeschulen erfolgte in den neunziger Jahren.

Uebersicht über den Schulbesuch:

	Sommer	Winter
1896/97:	402	560
1897/98:	435	660
1898/99:	503	682
1899/00:	603	784
1900/01:	677	858

Unter diesen Schülern befanden sich jährlich 50—100 Tagesschüler.

12. Die „Kunstgewerbe- und Handwerkerschule" zu Köln zerfällt in die Kunstgewerbeschule und die Handwerkerschule. Die Kunstgewerbeschule umfasst die Fachabtheilungen 1. für Dekorationsmaler, Musterzeichner u. a. (Deutsch, Rechnen, Profillehre, architektonische und ornamentale Formenlehre, Schattenlehre, Perspektive, Farbenlehre und Farbentechnik, Geometrie und geometrisches Zeichnen, Ornamentzeichnen, dekoratives Malen, Figurenzeichnen, Entwerfen von farbigen Dekorationen, Architekturzeichnen, Geschäftsführung), 2. für Kunsttischler und Dekorateure (Deutsch, Rechnen, Geometrie, Projektionslehre, Schattenlehre, Perspektive, Profillehre, architektonische und ornamentale Formenlehre, spezielle Formenlehre, Farbenlehre, Materialienlehre, Konstruktionslehre, Ornament-, Fach-, Figuren-, Geräthe- und Draperiezeichnen, Modelliren, Holzschnitzen (fakultativ), Architekturzeichnen, Geschäftsführung), 3. für Verzierungsbildhauer und Modelleure (Deutsch, Rechnen, Profillehre, architektonische und ornamentale Formenlehre, Schattenlehre, Perspektive, geometrisches, Ornament-, Fach-, Figuren-, Geräthe-, Draperie-, Architekturzeichnen, Modellieren, Geschäftsführung), 4. Ciseleure und Graveure [Gold-, Silber- und Bronce-Arbeiter] (Deutsch, Rechnen, Profillehre, architektonische und ornamentale Formenlehre, Schattenlehre, Perspektive, geometrisches, Ornament-, Fach-, Figurenzeichnen, Treiben, Ciselieren, Gravieren, Modellieren in Wachs, Geschäftsführung), 5. Kunstschlosser und Stahlgraveure (Deutsch, Rechnen, Profillehre, ornamentale Formenlehre, Schattenlehre, geometrisches, Ornament-, Fach- und Figurenzeichnen, Materialienlehre, Graviren, Treiben, Modelliren in Wachs, Geschäftsführung). Jede dieser Abtheilungen hat drei Klassen und für weitere Ziele eine Oberklasse, jede mit Halbjahrskurs. Bei der Aufnahme werden keine besonderen Anforderungen an die allgemeine Vorbildung gestellt, dagegen muss der Aufzunehmende sein Gewerbe praktisch erlernt, wenigstens aber eine ausreichende Zeit auf seine Ausbildung verwandt haben. Es ist gestattet, den Schulbesuch im Sommer behufs praktischer Weiterbildung zu unterbrechen. Mit der Kunstgewerbeschule ist eine Werkstatt für Thon- und Wachsmodelliren, für kunstgewerbliche Metallarbeiten, insbesondere für Treiben, Ciseliren und Graviren und eine solche für Holzschnitzen verbunden. Die Handwerkerschule ist eine mit der Kunstgewerbeschule verbundene gewerbliche Fortbildungsschule, die vorzugsweise für die Gesellen bestimmt ist, während die Lehrlinge die „Allgemeinen Fortbildungsschulen" besuchen. Die Organisation des ganzen gewerblichen Schulwesens in Köln wird demnächst — nach Einführung des Fortbildungsschulzwangs — eine Umgestaltung erfahren, wodurch auch die Verhältnisse der Kunstgewerbe- und Handwerkerschulen berührt werden dürften.

Uebersicht über den Schulbesuch.

	Tagesschüler	Abend- und Sonntagsschüler
1899	341	
1900	26	420
1901	54	459
1902 W.	52	490.

13. Die „Handwerker- und Kunstgewerbeschule" zu Barmen wurde im Jahre 1896 eröffnet. Sie zerfällt in eine Tages- und eine Abend- und Sonntagsschule. Die Tagesschule bezweckt die Erziehung der Schüler zum selbständigen Arbeiten in ihrem Gewerbe als Zeichner, Werkführer, Techniker u. s. w. Bei einer ausreichenden Befähigung übernimmt die Tagesschule auch die volle künstlerische Ausbildung der Schüler zur selbständigen Bethätigung im Kunsthandwerk und zwar in folgenden Fachabtheilungen: A. für Malerei; 1. der Dekorationsmaler, 2. der Lithographen, 3. der Glasmaler. B. für das technische Zeichnen; 1. der Bau- und Möbeltischler, 2. der Bau- und Kunstschlosser, 3. der Architekturzeichner und Techniker, 4. der Kleinkunst. C. für Modelliren; 1. der Modelleure, 2. der Graveure, 3. der Bildhauer in Stein und Holz. — Die Ausbildung erfordert wenigstens 6 Halbjahrskurse mit je 14 bis

18 wöchentlichen Unterrichtsstunden. Die Bedingungen für die Aufnahme in eine der Fachabtheilungen als Vollschüler sind: 1. eine gute Volksschulbildung, 2. der Nachweis einer genügenden praktischen Vorbildung, 3. der Nachweis einer ausreichenden zeichnerischen Begabung. Die Schüler der Tagesschule können ohne besonderen Entgelt an dem Abend- und Sonntagsunterricht theilnehmen. — Die Abend- und Sonntagsschule ermöglicht den jungen Handwerkern bei gleichzeitiger Ausübung ihres Berufs eine Fortbildung zur Erlangung der erforderlichen zeichnerischen Fertigkeit und der nothwendigsten theoretischen Kenntnisse in verschiedenen Fachabtheilungen (für Maler, Lithographen, Bau- und Möbeltischler, Bauhandwerker und Zeichner, Klempner, Bau- und Kunstschlosser, Maschinenbauer, Maschinenschlosser und Elektrotechniker, Modelleure, Bildhauer, Graveure u. s. w. Die Schule hat zwei aufsteigende Abtheilungen — Jahreskurse — mit je 11—13 Unterrichtsstunden wöchentlich. Bedingung für die Aufnahme in die untere Stufe jeder Fachabtheilung ist die Entlassung aus der Volksschule. Die Aufnahme in die obere Stufe kann nur erfolgen, wenn der Schüler die untere Stufe vollständig erledigt hat oder wenn er den Nachweis der erforderlichen Vorkenntnisse liefert.

Uebersicht über den Schulbesuch.

	Tagesschüler	Abend- und Sonntagsschüler
1899		591	
1900	41	382
1901	40	450
1902 W.	45	460.

14. Die „Handwerker- und Kunstgewerbeschule" zu Elberfeld ist aus der dortigen, am 3. Januar 1870 eröffneten gewerblichen Zeichenschule hervorgegangen. Als die Regierung im Jahre 1886 die Reorganisation dieser letzteren Schule nach dem Muster der Casseler Kunstgewerbeschule anregte, verhielt sich die Stadt zunächst ablehnend, weil Elberfeld nicht der Ort für kunstgewerbliche Thätigkeit sei und weil diejenigen, die eine höhere Ausbildung für kunstgewerbliches Zeichnen suchten, diese sehr leicht in Düsseldorf finden könnten. Erst zehn Jahre später ging man auf die Umwandlung ein, so dass die neue Schule am 7. Oktober 1897 eröffnet werden konnte. Sie hat, wie die übrigen gleichartigen Anstalten, die Aufgabe, den Gehülfen und Lehrlingen des Gewerbestandes im Verein mit der Werkstatt die ihrem Beruf entsprechende zeichnerische, wissenschaftliche und kunstgewerbliche Ausbildung zu geben. Die Tagesschule hat insbesondere die Aufgabe, für die Bedürfnisse der verschiedenen Zweige der Kunstindustrie und des Kunstgewerbes künstlerische Kräfte heranzubilden. Sie besteht aus einer Vorschule mit einjährigem Kursus (Freihandzeichnen, Zirkel- und Projektionszeichnen, Formenlehre, Modelliren) und 4 Fachschulen mit je dreijähriger Dauer, und zwar für a. Dekorationsmaler, b. Lithographen, c. Tischler, Kunstschlosser und Kleinkunst, d. Modelleure und Holzbildhauer mit Werkstätte für Holzschnitzer. Der Halbtags-, Abend- und Sonntagsunterricht bietet Lehrlingen und Gehülfen während ihrer Lehr- und Arbeitszeit Gelegenheit, sich entweder an ein oder zwei halben Tagen in der Woche oder aber des Abends und Sonntags die für ihren Beruf allernothwendigsten Kenntnisse anzueignen, um als Geselle oder Meister bestehen zu können. Bewerber um die Aufnahme in die Vorschule und in die Tagesschule für Modelleure, Holzbildhauer und kunstgewerbliche Zeichner haben nachzuweisen: a. das zurückgelegte 14. Lebensjahr, b. den erfolgreichen Besuch der Volksschule, c. Begabung im Zeichnen. Bewerber um die Aufnahme in die Tagesschule für Dekorationsmaler, Lithographen, Tischler und Kunstschlosser haben nachzuweisen: a. eine mit Erfolg zurückgelegte Lehrzeit, b. in einer Aufnahmeprüfung einen genügenden Grad von Zeichenfertigkeit. Für die Halbtags-, Abend- und Sonntagskurse werden die Aufzunehmenden von dem Direkter unter Berücksichtigung ihrer Vorbildung, ihres Berufs und der ihnen für den Unterricht zu

Gebote stehenden freien Zeit in die geeigneten Unterrichtskurse eingewiesen. Soweit der Platz es zulässt, werden auch Damen aufgenommen.

Uebersicht über den Schulbesuch.

		Tagesschüler	Halbtagsschüler	Abend- und Sonntagsschüler
1897/98	W.	38	—	471
1898/99	S.	17	—	488
	W.	47	49	615
1899/00	S.	22	23	553
	W.	57	90	773
1900/01	S.	48	47	607
	W.	88	92	607.

15. Die „Kunstgewerbe- und Handwerkerschule" zu Charlottenburg, eröffnet 1896, berücksichtigt in ihrem Lehrplan Freihandzeichnen, Aquarelliren, Zirkelzeichnen, Projektionszeichnen, darstellende Geometrie, Fachzeichnen für Maurer, Zimmerer, Dachdecker, Steinhauer, Bautischler, Möbeltischler, Drechsler, Glaser, Bau- und Kunstschlosser, Klempner, Gürtler, Maschinenbauer und Modelltischler, Dreher, Former und Kesselschmiede, Mechaniker, Optiker, Uhrmacher, Elektrotechniker, Wagenbauer, Schmiede, Sattler, Lithographen, Photographen, Xylographen, Graveure, Goldschmiede u. s. w., ausserdem Mathematik (Geometrie und Algebra), Mechanik, Elektrotechnik, Materiallehre für Metallarbeiter, kunstgewerbliche Formenlehre, Fachunterricht für Schmiede, (Belehrung über den Knochen- und Muskelbau des Pferdes im allgemeinen; eingehende Belehrung über den Bau des Pferdefusses mit Hilfe von Zeichnungen und Modellen, Nothwendiges über den Hufbeschlag), für Schriftsetzer und Drucker Modelliren, dekoratives Malen, Schriftzeichnen. An der Schule ist auch Zeichnen für Schulknaben eingerichtet.

Uebersicht über den Schulbesuch.

	Tagesschüler	Abendschüler
1899:	409	
1900:	400	
1901:	475	
1902: W. 30		595.

Die Knabenklassen werden von 150—200 Schülern besucht.

16. Die „Handwerker- und Kunstgewerbeschule" zu Erfurt wurde im Oktober 1898 eröffnet. Sie umfasst drei Unterrichtsabtheilungen: 1. die Kunstgewerbeschule für vollen Tages- und Abendunterricht bis zu 60 wöchentlichen Unterrichtsstunden für jeden Schüler; 2. die Handwerkerschule für Abend- und Sonntagsschüler mit 6 bis 18 Unterrichtsstunden wöchentlich und 3. Zeichenkurse für Schüler allgemeinbildender Lehranstalten mit je 4 Unterrichtsstunden wöchentlich. Lehrgegenstände sind Freihandzeichnen (nach einfachen Ornamentformen, Gypsmodellen, Körpern, Geräthen), Zirkelzeichnen, Projektionszeichnen, darstellende Geometrie, Schattenlehre, Perspektive, Fachzeichnen für Maschinenschlosser, Dreher, Bau- und Maschinenschlosser, Mechaniker, Schmiede, Kunstschlosser, Buchgewerbe, Goldarbeiter, Maurer, Zimmerer, Dachdecker, Tischler, Drechsler, Tapezierer, Klempner, Gärtner u. s. w. Modelliren in Thon, Plastitia, Wachs; Schnitzen, Treiben, Raumlehre, Algebra, Arithmetik.

Uebersicht über den Schulbesuch.

	Tagesschüler	Abend- und Sonntagsschüler
1899	257	
1900	29	397
1901	24	316
1902 W.	30	361.

17. Die „Handwerker- und Kunstgewerbeschule" zu Altona ist erst im Jahre 1901 begründet worden, indem die daselbst seit 1801 bestehende

„Sonntagsschule zur Fortbildung angehender Künstler und Handwerker" in eine solche umgewandelt wurde. Die Reorganisation ist noch nicht völlig abgeschlossen. —

18. Die „Gewerbeschnle" zu Essen ist ebenfalls erst im Sommerhalbjahr 1901 eröffnet worden; auch ihre Organisation ist noch nicht zum Abschluss gelangt. Sie wurde im Sommer 1901 von 11 Tages- und 350 Abendschülern, im Winter 1901/02 von 44 Tages- und 402 Abendschülern besucht.

19. Die „Handels- und Gewerbeschule" zu Danzig ist aus der im Herbst 1892 eröffneten staatlichen Fortbildungs- und Gewerkschule hervorgegangen, die die Stadt Danzig vom 1. April 1901 ab unter ihrer jetzigen Benennung als städtische Anstalt übernommen hat. Diese Anstalt bildet daher die gewerbliche und kaufmännische Fortbildungsschule, die in Danzig auf Grund eines Ortsstatuts obligatorisch ist, und sie ist zugleich zur weiteren Ausbildung der nicht mehr fortbildungsschulpflichtigen jungen Leute, namentlich im Zeichnen, bestimmt. Die im Jahre 1803 errichtete Provinzial-Kunst- und Gewerkschule (s. o. S. 670) wurde 1894 aufgehoben, nachdem der grösste Theil des in ihr ertheilten Unterrichts auf die Fortbildungs- und Gewerkschule übergegangen war. Der Lehrplan erstreckt sich auf Deutsch, Rechnen, Freihand-Zirkel- und Projektionszeichnen, darstellende Geometrie, Dekorations-Malen, Fachzeichnen für die verschiedenen Gewerbe wie Tischler, Schlosser, Klempner, Töpfer, Uhrmacher, Glaser, Gärtner, Schuhmacher, Schneider, Tapezierer, Mechaniker, Schiffbauer, Bauhandwerker u. s. w.

Die Anstalt wurde besucht

im Sommer	1899	von	2234	Schülern	
„ Winter	1899/1900	„	2586	„	, darunter 981 freiwilligen.
„ Sommer	1900	„	2378	„	
„ Winter	1900/1901	„	2634	„	, darunter 994 freiwilligen.

20. Die „Gewerbeschule" zu Elbing ist ebenfalls aus der dortigen staatlichen Fortbildungs- und Gewerkschule hervorgegangen, die die Stadt vom 1. April 1901 ab als städtische Anstalt übernommen hat. Auch sie ist daher wie Danzig die gewerbliche, obligatorische Fortbildungsschule und zugleich Ausbildungsstätte für die weiterstrebende, nicht mehr fortbildungsschulpflichtige gewerbliche Jugend. Der Lehrplan erstreckt sich auf Rechnen und Geometrie, Deutsch, Buchführung, Wechsellehre, Mathematik, Physik, Chemie, Maschinenlehre, Volkswirthschaftslehre, Gesetzeskunde, Freihandzeichnen, Linearzeichnen, darstellende Geometrie, Schattenkonstruktion und Perspektive, Fachunterricht für Bau- und Möbeltischler, Drechsler, Gärtner, Klempner, Schlosser, Wagenbauer, Maurer und Zimmerer, Tapezierer und Dekorateure, Maler, Schuhmacher, Schriftsetzer und Lithographen, Modellierer, Dekorationsmaler. Die Schule war besucht

im Winter	1897/1898	von	1165	Schülern			
„ Sommer	1898	„	1208	„	, darunter 114	freiwilligen,	
„ Winter	1898/1899	„	1242	„	, „	126	„
„ Winter	1901/1902	„	1304	„	, „	134	„

21. Die „Handels- und Gewerbeschule" zu Gnesen wurde Ostern 1901 eröffnet, nachdem schon einige Kurse der Mädchen-Abtheilung und der mit der Anstalt verbundenen Fortbildungsschulen am 15. Januar desselben Jahres ihren Betrieb aufgenommen hatten. Die Anstalt besteht aus folgenden Abtheilungen a. der Handelsschule für Knaben; b. der Gewerbeschule für Knaben; c. der Handelsschule für Mädchen; d. der Gewerbeschule für Mädchen (einschliesslich der Koch- und Haushaltungsschule). Angegliedert sind: e. die obligatorische kaufmännische Fortbildungsschule; f. die obligatorische gewerbliche Fortbildungsschule; g. die freiwilligen Abendkurse.

Handelsschule für Knaben und Mädchen: Zweck der Handelsschule ist, ihre Schüler mit den Aufgaben des Kaufmanns bekannt zu machen und sie mit demjenigen theoretischen Wissen und Können auszustatten, das sie zu einer verständnissvollen Aufnahme des in der Lehre Gebotenen befähigt und ihre Verwendung im kaufmännischen Kontor ermöglicht, so dass sie nach bestandener Lehrzeit — weitere Verarbeitung des im Unterricht Gelernten vorausgesetzt — mit allen Zweigen der kaufmännischen Thätigkeit bekannt, als Gehilfen mit besserem Erfolge thätig sein können. In die Handelsschule werden Schüler und Schülerinnen aufgenommen, welche der allgemeinen Schulpflicht Genüge geleistet haben und sich nach Absolvierung des Schulunterrichts einem kaufmännischen Berufe zu widmen gedenken. Der Schulbesuch ist freiwillig. . Nach erfolgreichem Abschluss des Unterrichts sind Kaufmannslehrlinge und Gehilfen in Gnesen vom Besuche der obligatorischen kaufmännischen Fortbildungsschule befreit. Jeder Schüler ist im allgemeinen zum Besuche von 36 Stunden wöchentlich verpflichtet. Ausserdem kann er an vier fakultativen Sprachstunden theilnehmen. Schwachen Schülern wird diese Theilnahme jedoch versagt; auch kann bei Unfähigkeit ein Ausschluss vom Sprachunterricht seitens des Direktors erfolgen. Der Kursus dauert ein Jahr. Lehrgegenstände sind: 1. Deutsch (Lesen, Aufsatz, Orthographie, Grammatik), 6 St. w.; 2. Geschäftsaufsatz (Handelskorrespondenz und Kontorarbeiten), 3 St. w.; 3. Buchführung, 3 St. w.; 4. Warenkunde, 3 St. w.; 5. kaufmännisches Rechnen; 7 St. w.; 6. Handels- und Wechselkunde, bezw. Wechselrecht, 2 St. w.; 7. Schönschreiben und Rundschrift, 1 St. w.; 8. Stenographie, 1 St. w.; 9. Maschinenschreiben, 1 St. w.; 10. Handelsgeschichte, 2 St. w.; 11. Handelsgeographie, 3 St. w.; 12. Englisch, 4 St. w.; 13. Französisch, 4 St. w. —

Gewerbeschule für Knaben: Zweck der Gewerbeschule ist, ihre Schüler mit den Aufgaben des Handwerks bekannt zu machen und sie mit demjenigen theoretischen Wissen und Können auszustatten, das sie zu einer verständnissvollen Aufnahme des in der Lehre Gebotenen befähigt, so dass sie nach bestandener Lehrzeit — weitere Verarbeitung des im Unterricht Gelernten vorausgesetzt — mit allen Arbeiten ihres Berufs bekannt, als Gehilfen mit besserem Erfolge thätig sein können. In die Gewerbeschule werden Schüler aufgenommen, welche der allgemeinen Schulpflicht Genüge geleistet haben und sich nach Absolvirung des Unterrichts einem gewerblichen Berufe zu widmen gedenken. Der Schulbesuch ist freiwillig. Nach erfolgreichem Abschluss des Unterrichts sind Gewerbelehrlinge und Gehülfen in Gnesen vom Besuche der obligatorischen gewerblichen Fortbildungschule befreit. Jeder Schüler ist im allgemeinen zum Besuche von 38 Stunden wöchentlich verplichtet. Der Kursus dauert ein Jahr. Lehrgegenstände sind: 1. Deutsch (Lesen, Orthographie, Grammatik, Aufsatz) 4 St. w.; 2. Schönschreiben und Rundschrift 1 St. w. im ersten Halbjahr; Geschäftsaufsatz 2 St. w.; Buchführung 1 St. w.; Gesetzeskunde und Volkswirthschaftslehre 1 St. w.; Materialienkunde und Technologie 3 St. w.; Physik 2 St. w.; Chemie 1 St. w. im zweiten Halbjahr; gewerbliches Rechnen 4 St. w.; Arithmetik und Algebra 1 St. w.; Raumlehre 3 St. w.; Zeichnen 15 Std. w.; Formenlehre bez. Stilgeschichte des Kunstgewerbes 1 St. w. — Für später ist noch Modelliren, sowie praktisches Arbeiten in Lehrwerkstätten in Aussicht genommen.

Gewerbeschule für Mädchen: In dieser Abtheilung werden junge Mädchen, welche ihrer allgemeinen Schulpflicht genügt haben, für einen gewerblichen Beruf oder für den Haushalt vorbereitet. Zu dem Zwecke sind folgende Kurse eingerichtet: 1. für einfache Handarbeiten; 2. für Kunsthandarbeiten; 3. für Maschinennähen und Wäscheanfertigung; 4. für Schneidern; 5. für Kochen und Haushaltungskunde; 6. für Waschen und Plätten; 7. für Zeichnen. Die Kurse 1 bis 4 zerfallen in Unter- und Oberstufe und dauern ein Jahr; der Kursus 6 dauert ein halbes Jahr; die Dauer der Ausbildung im Kursus 7 hängt von den Anlagen der Schülerinnen ab; sie beträgt in der Regel 2 Jahre. Die Kurse 1 bis

5 haben 21 Stunden wöchentlich; Kursus 6 hat 8 und Kursus 7 12 bis 18 Stunden wöchentlich.

Der Lehrplan der gewerblichen und kaufmännischen Fortbildungsschulen, — die beide Tagesunterricht haben — deckt sich im wesentlichen mit dem der übrigen Schulen dieser Art (S. Anl. III). Die Abendkurse bieten Angehörigen des Kaufmanns- und Gewerbestandes jeden Alters Gelegenheit zu theoretischen Fachstudien. Sie erstrecken sich auf einfache und doppelte Buchführung nebst Korrespondenz, Schön- und Rundschrift, Stenographie und Maschinenschreiben, Zeichnen, Deutsch, Rechnen u. s. w.

Uebersicht über den Schulbesuch.

	Sommer 1901	Winter 1901/02
Handelsschule für Knaben:	20 Schüler	17 Schüler
„ „ Mädchen:	21 Schülerinnen	19 Schülerinnen
Gewerbeschule für Knaben:	11 Schüler	11 Schüler
„ „ Mädchen:.	54 Schülerinnen	63 Schülerinnen
Gewerbliche Fortbildungsschule:	125 Schüler	182 Schüler
Kaufmännische „	31 „	33 „
Abendkurse:	207 „	157 „

22. Die Fachschule für Kunsttischler und Holzbildhauer zu Flensburg ist von dem durch gute neue Arbeiten, sowie durch Restaurationen älterer Werke z. B. des Brüggemannschen Altars und der Herzoglichen Gebetkammer in Schleswig, des sogenannten Pesels in Meldorf und der Rathsstube in Lübeck, sowie durch Anfertigung von Kopien älterer Möbel für Kunstgewerbemuseen bekannt gewordenen Holzbildhauer Sauermann als Privatschule im Jahre 1890 begründet worden; sie wird staatlich subventionirt und unterliegt auch staatlicher Beaufsichtigung. Die Verwaltung überwacht ein Kuratorium, dem ausser dem Direktor ein Mitglied des Magistrats und der Stadtverordneten und zwei vom Regierungs-Präsidenten zu ernennende Mitglieder angehören. Das Kuratorium hat namentlich die gesammten Ausgaben der Schulen, insbesondere die ordnungsmässige Verwendung der vom Staat und der Stadt Flensburg geleisteten Zuschüsse zu prüfen.

Die Schule stellt sich die Aufgabe, strebsame junge Handwerker durch einen gleichmässig durchgeführten, theoretischen, wie praktischen Unterricht für den Meister- und Werkmeisterberuf vorzubereiten. Der Unterricht erstreckt sich auf Freihandzeichnen, Geometrie, perspektivisches Zeichen, Schattenlehre, Formenlehre, Fachzeichnen, Modelliren, Buchführung und Kalkulation. Ausserdem werden die Schüler mit der Anfertigung von Möbelstücken und Holzschnitzereien in der Werkstatt der Sauermannschen Fabrik beschäftigt.

Die Anstalt wurde im Winter 1901/02 von 25 Schülern besucht, von denen 20 Tischlergesellen und 5 Holzschnitzerlehrlinge kamen.

23. Die Königliche Zeichenakademie in Hanau, Fachschule für Edelmetallindustrie, wurde im Jahre 1772 auf Anregung dortiger Kunstindustrieller, „Kleinodienarbeiter, Goldstecher und Kunstdreher", wie es in dem alten Stiftungsbriefe heisst, zur Hebung der einheimischen Juwelier- und Edelmetall-Industrie begründet. Ein vorbereitender Kursus bildet die Schüler gemeinsam im Freihand- und Körperzeichnen aus; von da ab erfolgt der Unterricht im Zeichnen, Modelliren und Entwerfen je nach der Silber- oder Goldtechnik in gesondertem Lehrgange. Die Goldschmiede, Emailmaler, Ciseleure, Graveure und Silberschmiede finden dann in den mit Esse und Schmelzofen versehenen Werkstätten für Bijouterie, Emailmalerei, Gravier- und Ciselirkunst ihre letzte Ausbildung. Ausserdem ist an der Anstalt eine Abtheilung für Mädchen eingerichtet, in der im Kunststicken, sowie im Musterzeichnen und Malen für kunstgewerbliche Techniken unterrichtet wird.

Die Aufnahme soll in der Regel nicht vor dem 13. Lebensjahre erfolgen; eine Ausnahme kann bei hervorragender Begabung gemacht werden. Lehrlinge der Edelmetallindustrie werden nur dann aufgenommen, wenn sie einen Lehrvertrag vorweisen, nach welchem ihnen der Prinzipal den Besuch der Akademie an wenigstens zweimal 3 Tagesstunden in der Woche während der ganzen Dauer der Lehrzeit zusichert.

An der Anstalt sind folgende Klassen eingerichtet:

A. Für Schüler:

1. Ornamentklasse I. (Ornamentzeichnen nach Vorlagen in den einfachsten Formen); 2. Körperzeichnen (Zeichnen nach Holz- und Gipskörpern); 3. Ornamentklasse II für Ciseleure und Silberschmiede (dekoratives Zeichnen und Malen nach Gips, Ornamenten, Figuren und natürlichen Gegenständen). 4. Geometrisches Zeichnen und Projektionslehre (Zeichen von geometrischen Figuren, Projiciren von Körpern; darstellende Geometrie, Schattenlehre, Perspektive); 5. Ornamentformenlehre (Erklärung und Skizziren der Ornament- und Geräthformen); 6. Gefässzeichen für Ciseleure und Silberschmiede (Fachgemässes Aufnehmen und Entwerfen von Ornamenten und Geräthen); 7. Werkstatt für Ciselirtechnik (Ciseliren von Ornamenten und Figuren in Metall); 8. Modelliren für Ciseleure und Silberschmiede (Modelliren von Ornamenten und Geräthen nach Vorlagen und eigenen Entwürfen); 9. Modelliren von Figuren (Kopiren und Uebertragen der runden Form von Köpfen und Figuren in das Relief; Modelliren selbständig erfundener Figuren in Thon und Wachs); 10. Akt-Klasse (Zeichnen und Modelliren nach lebendem Modell); 11. Anatomie (Zeichnen der Proportionen, Knochen und Muskeln des menschlichen Körpers); 12. Ornamentklasse II für Goldschmiede- und Juveliere (Ornamentzeichnen nach Gipsornamenten, Pflanzen, schwierigen Vorlagen in einfacher Farbentönung); 13. Fachklasse für Zeichnen von Gold- und Juwelenschmuck (Fachgemässes Zeichnen und Entwerfen von Schmucksachen); 14. Modelliren für Goldschmiede (Modelliren von Ornamenten und Schmuck nach Vorlagen und eigenen Entwürfen); 15. Werkstatt für Goldschmiedetechnik (Herstellen von Metallmodellen für Goldschmiedetechnik und von Schmucksachen); 16. Werkstatt für Gravirung; 17. Klasse für Emailmalerei; 18. Kunstgeschichte.

B. Für Schülerinnen:

1. Abtheilung: Ornament-Freihandzeichnen, Ornament-Formenlehre, Musterzeichnen, Körperzeichnen, Zirkelzeichnen und Projektionslehre; 2. Abtheilung: Gipszeichnen, Malen, Anatomie; 3. Abtheilung: Kunststicken, Kunstgeschichte.

Uebersicht über die Schülerzahl.

	Schüler			Schülerinnen		
1897/1898	243			36		
1898/1899	257,	darunter 55	Vollschüler	39,	darunter 14	Vollschülerinnen
1899/1900	269,	„ 60	„	38,	„ 12	„
1900/1901	265,			26,		
1901/1902	298,	„ 62	„	33,	„ 10	„
	278,	„ 60	„	38,	„ 10	„

Die Vollschüler haben durchschnittlich 42 Stunden, die Vollschülerinnen 33 Stunden, die übrigen 11 bezw. 18 Stunden in der Woche.

Von den 278 Schülern im Winter 1901/02 waren: Ciseleure 66, Silberschmiede 11, Graveure 13, Goldschmiede 96, Juveliere 10, Zeichner und Modelleure 30, Maler 2, Lithographen 32, Lehrer 3, Oberrealschüler 3, Bürgerschüler 6, versch. Handwerker 2, Kaufleute für Bijouterie 1, Emailmaler 1; — es waren darunter: Selbständige Meister und Lehrer 3, Gehülfen 43, Lehrlinge 223, Schüler 9.

24. Die keramische Fachschule in Höhr, welche am 1. Oktober 1879 eröffnet wurde, hat die Aufgabe, für die keramische Industrie, insbesondere für diejenige des Westerwaldes, junge Kräfte heranzubilden, die nach beendigtem Studium sowohl mit den chemisch-technischen und physikalischen Vorgängen in der Fabrikation vertraut sind, als auch für alle Werkstatt- und künstlerischen Ar-

beiten genügende Fachkenntnisse und Fertigkeiten besitzen. Die Anstalt will indessen nicht nur eine allgemeine keramische Ausbildung vermitteln, sondern den Schülern auch Gelegenheit geben, sich in einem bestimmten keramischen Fache, sei es als Maler, Modelleur oder Chemiker auszubilden, soweit dies im Rahmen der Schule möglich ist. Die Schule hat Tages- und Abendunterricht. Die Tagesschule bildet die eigentliche Fachschule, sie hat einen zweijährigen „Hauptkursus“ und einen sogenannten „Absolventenkursus“ für solche Schüler, die nach Beendigung des ersten Kursus die Anstalt weiter besuchen wollen. Die Lehrgegenstände des Hauptkursus sind: Zeichnen und Malen (10 St.), Keramisches Malen (2—5 St.), Modelliren (7 St.), Praktisches Modelliren (2—4 St.), Werkstattunterricht (8 St.), Theoretische Chemie (2—3 St.), Praktische Chemie (8—10 St.), Physik (1 St.), Mineralogie (1 St.), Geologie (1 St.), Keramische Technologie (1 St.), Projektionslehre (2 St.), Deutsch und Rechnen (2 St.). Die Zöglinge des Hauptkursus haben in der Regel an allen planmässigen Unterrichtsstunden theilzunehmen. Sie können jedoch an drei bestimmten, im Stundenplan gekennzeichneten Vormittagen, an welchen gleichzeitig in zwei verschiedenen Hauptfächern unterrichtet wird, zwischen Zeichnen (Malen) und Modelliren, oder Zeichnen und Chemie oder Modelliren und Chemie wählen, je nachdem sie sich besonders als Maler, Modelleur oder Chemiker ausbilden. Den Schülern des Absolventenkursus ist für die ganze Unterrichtszeit die Wahl der Lehrfächer freigestellt. Zur Aufnahme in die Tagesschule ist erforderlich 1. der Nachweis des zurückgelegten 14. Lebensjahres, sowie die Einwilligung der Eltern oder des Vormundes. 2. ein Entlassungszeugniss der Volksschule oder ein entsprechendes Zeugniss einer höheren Unterrichtsanstalt. Bei der Aufnahme erhalten bei Platzmangel diejenigen den Vorzug, welche mindestens einjährige praktische Thätigkeit nachweisen. Tagesschüler (Hospitanten ausgenommen) werden nur für den ganzen zweijährigen Kursus angenommen. Der Abendunterricht, welcher für die in den einheimischen keramischen Fabriken tagsüber beschäftigten jungen Leute sowohl, als auch für Gewerbetreibende jeder Art bestimmt ist, beschränkt sich bei 8 Wochenstunden nur auf Zeichnen, Modelliren und gewerbliche Buchführung. In die Abendschule werden in der Regel die Schüler gleichfalls erst nach zurückgelegtem 14. Lebensjahre aufgenommen. Jedoch wird schulpflichtigen Knaben, die sich über ihre Beanlagung für den keramischen Beruf prüfen und für den Eintritt in die Tagesschule der Anstalt vorbereiten wollen, im Einverständniss mit dem zuständigen Schuldirigenten der Eintritt in die Abendschule schon vom 12. Lebensjahre ab gestattet. — Die Schule ist eine Staatsanstalt.

Uebersicht über den Schulbesuch.

	Tagesschüler	Abendschüler
1899	62	
1900	19	41
1901	21	44

25. Die keramische Fachschule zu Bunzlau, ebenfalls eine Staatsanstalt mit denselben Zwecken und Lehrzielen wie die in Höhr, — jedoch selbstverständlich unter Anpassung an die Bedürfnisse der Bunzlauer Industrie — wurde am 1. November 1897 eröffnet.[1]) Auch sie besteht aus zwei von einander unabhängigen Lehrkursen, aus der Tages- und der Abendschule. Erstere ist die eigentliche Fachschule; ihr Kursus ist zweijährig und zerfällt in zwei Abtheilungen; ein „Absolventenkursus“ ist hier nicht eingerichtet, auch haben die Schüler nicht, wie in Höhr, die Wahl zwischen den verschiedenen Hauptfächern (Malen, Modelliren und Chemie). Die Lehrgegenstände sind: Zeichnen und Malen (11 St.), Modelliren (6 St.), Theoretische und praktische Chemie (11 St.), Physik (1 St.), Mineralogie (1 St.), Deutsch (2 St.), Rechnen (2 St.), Werkstattunterricht (14 St.).

---

[1]) Vgl. auch oben S. 671.

834

Die mit der Anstalt verbundene Abendschule beschränkt sich auf den Unterricht im Zeichnen, Modelliren, Deutschen und Rechnen.

Uebersicht über den Schulbesuch.

		Tagesschüler	Abendschüler
1897/98	W.	7	21
1798/99	S.	19	28
	W.	22	20
1899/00	S.	29	25
	W.	31	23
1900/01	S.	32	26
	W.	39	27

26. Die städtische Zieglerschule zu Lauban wurde am 1. Oktober 1894 eröffnet. In ihr sollen Schüler in einem einjährigen Kursus durch praktischen und theoretischen Unterricht in der Herstellung von Ziegelei-Erzeugnissen so ausgebildet werden, dass sie als Aufseher, Brennmeister oder Werkmeister in Ziegelei-Betrieben Anstellung finden oder auch selbständig als Fabrikanten wirken können. Zur Aufnahme befähigt sind Schüler im Alter von mindestens 17 Jahren, welche eine durch ausreichende Zeugnisse oder durch eine Vorprüfung nachgewiesene gute Volksschulbildung besitzen. Erwünscht, jedoch nicht unbedingt nothwendig ist, dass dem Eintritt in die Schule eine Thätigkeit in einer Ziegelei oder Thonfabrik vorangegangen ist. Der Unterricht zerfällt in einen praktischen (Fachunterricht) und theoretischen Theil. Der praktische Unterricht erstreckt sich in mündlichen Unterweisungen und in praktischen Versuchsarbeiten auf: a) Vorkommen, Gewinnung und Eigenschaften der Rohmaterialien; b) die Herstellung von gewöhnlichen Mauer- und Dachziegeln, Klinkern und Platten u. s. w. in kleineren Betrieben ohne Maschinen; c) die Herstellung derselben Gegenstände in grösseren Betrieben mit Kraft- und Betriebs-Maschinen; d) die Herstellung von Thonröhren, Dachziegeln, Platten u. s. w. in grösseren Betrieben; e) die Herstellung von Hohl- und Voll-Verblendsteinen, Formsteinen und Bau-Terracotten; f) die Herstellung von feuerfesten Thonwaaren, Chamottesteinen u. s. w.; g) die Herstellung von Begüssen und Glasuren; h) das Trocknen und Brennen der Ziegelei-Erzeugnisse; i) die verschiedenen Ofensysteme und den Betrieb derselben. — Die praktischen Versuche erstrecken sich auf die Vorbereitung der Materialien, als Mischen, Treten, Walzen, Schneiden des Thones oder Lehmes, das Streichen von Mauerziegeln, Formziegeln, Dachziegeln und Chamottesteinen mit der Hand, auch Nachpressen von Ziegeln; das Pressen durch Maschinen von Voll- und Hohl-Verblendsteinen, Profilsteinen, Röhren, Dachsteinen bezw. Dachfalzsteinen, die Anfertigung von Gipsformen für Handformerei und das Einformen des Thones oder Lehmes in dergleichen Formen zu Formsteinen und Bau-Terracotten, die weitere Behandlung der so gefertigten Gegenstände beim Trocknen und das Brennen derselben im Ofen bei entsprechender Temperatur nach Schmelzkegeln oder anderen Controlmitteln; das Mischen und Mahlen der Glasuren, das Mischen, Mahlen und Auftragen von Begüssen auf die getrockneten, bezw. gebrannten Gegenstände und das Brennen derselben in geeigneten Versuchsöfen; das Modelliren einfacher Ornamente, Zusammensetzen von Ecken und Winkeln aus gezogenen Profilen. — Der theoretische Unterricht beschränkt sich auf das Nothwendigste, auf das zum Verständnisse und zur Erklärung der in die Ziegel-Industrie eintretenden Erscheinungen und Vorgänge Erforderliche. Dieser Unterricht umfasst: Mathematik (Arithmetik, Geometrie), Physik, Chemie, Mineralogie und Geologie, Elektrotechnik, Zeichnen (Fachzeichnen, Architekturzeichnen), Maschinenkunde, Rechnen und Briefstil, einfache und doppelte Buchführung, Gesetzeskunde, Gesundheitspflege, Länder- und Völkerkunde.

Uebersicht über den Schulbesuch.

1894/95: 37; 95/96: 43; 97/98: 60; 98/99: 65; 99/1900: 59. —

27. Die Holzschnitzschule zu Warmbrunn, welche im Laufe des Jahres 1902 eröffnet werden wird, soll dazu dienen, die früher in grossem Umfange im Riesengebirge betriebene Holzschnitzerei wieder zu beleben. In ihr werden die Schüler neben dem erforderlichen theoretischen Unterricht, namentlich im Fachzeichnen, auch praktischen Unterricht in der Schnitzerei, Bildhauerei und Drechslerei erhalten.

28. Die Schuhmacher-Fachschule in Wermelskirchen soll Arbeiter und Werkmeister für die in diesem Orte stark betriebene maschinelle Schuh- und Schäftefabrikation heranbilden. Sofern die erforderlichen Mittel, die Seitens der Stadt schon bewilligt sind und, soweit sie vom Staate zu übernehmen sind, vom Landtage durch den Staatshaushalts-Etat für 1902 erbeten werden, zur Verfügung stehen, wird die Schule voraussichtlich im Jahre 1903 eröffnet werden. —

---

8. Die Sonntagsschulen, die gewerblichen und kaufmännischen Fortbildungsschulen, die Innungsschulen und die Fortbildungskurse für Handwerksmeister (Meisterkurse).

In der ersten Hälfte des neunzehnten Jahrhunderts beschränkte sich die Staatsregierung vorwiegend darauf, die Sonntagsschulen zu fördern und zu verbreiten.[1] Es geschah dies theils durch Instruktionen und Verfügungen einzelner Regierungen, theils auch durch allgemeine Erlasse der Minister. So bestimmte z. B. der § 17 der Instruktion vom 18. November 1829 für die Landschullehrer des Regierungsbezirks Gumbinnen:[2]

Die Sonntagsschulen können in allen Schulörtern, wo sie bisher stattgefunden haben, auch ferner, besonders in den Monaten, wo Witterung und Weg den Besuch der Kirche für ältere kränkliche Personen selbst erschweren, nach genauer Anweisung des Kirchspiel-Schulaufsehers, ausser der Zeit des öffentlichen Gottesdienstes gehalten werden. Die Schullehrer haben sich in selbigen aber nur auf Gesang und vorgeschriebenes Gebet, Vorlesen des Evangeliums und einer vom Pfarrer genehmigten gedruckten Predigt zu beschränken. Angenehm wird es uns sein, wenn die schon konfirmirten Jünglinge von dem Schullehrer in einer Sonntagsstunde noch im Schreiben und Rechnen, und die schon konfirmirten Mädchen von den Frauen der Schullehrer in einer anderen Sonntagsstunde in den unentbehrlichsten weiblichen Handarbeiten geübt werden. Zu diesen Beschäftigungen wären auch die Zeit der Ferien, sowie nach Umständen auch die Abendstunden zu benutzen.

Eine Verfügung der Regierung zu Marienwerder vom 26. Juli 1832 lautete:[3]

Die Provinzial-Stände des vierten Preussischen Landtags haben bei des Königs Majestät darauf angetragen, auf dem Lande Sonntagsschulen in der Art einzuführen, dass die Lehrer gehalten werden, sonntäglich nach Beendigung des

---

[1] Siehe oben S. 604 ff.
[2] Kamptz Annalen, XIII, S. 835.
[3] Kamptz Annalen, XVI, S. 943.

836

Gottesdienstes zwei Stunden hindurch, und zwar für Knaben und Mädchen jeden Sonntag abwechselnd, den Knaben und Mädchen von der Konfirmation ab bis zum zurückgelegten 17. Lebensjahre unentgeltlich Unterricht zu ertheilen, und zwar mit ihnen die gehaltene Predigt und andere Religions-Gegenstände durchzugehen und Uebungen im Lesen, Schreiben und Rechnen anzustellen.

Des Königs Majestät haben in dem Allerh. Landtags-Abschied diesen Antrag zu genehmigen geruht,[1]) und wir fordern Ew. pp. daher auf, in allen Schulen Ihres Inspektions-Kreises auf dem Lande Sonntagsschulen in der vorgeschriebenen Art einrichten zu lassen.

Wie bereits des Königs Majestät angedeutet haben, können Zwangsmassregeln hier nicht zum Ziele führen, vielmehr sollen die H. Geistlichen angewiesen werden, in ihren Gemeinden auf angemessene Art dahin zu wirken, dass dergleichen Sonntagsschulen errichtet, und von den Knaben und Mädchen in dem bezeichneten Alter besucht werden, und demnächst sind die H. Pfarrer und Schullehrer mit weiterer Anweisung über den zu ertheilenden Unterricht und die Gegenstände, die hierbei vorzüglich zu berücksicktigen sind, zu versehen, und darauf hinzuweisen, dass bei der Einrichtung der Sonntagsschulen der doppelte Gesichtspunkt im Auge zu behalten ist, einmal, das während der eigentlichen Schulzeit Versäumte nachzuholen, und zweitens das in der Volksschule Erlernte vor dem Vergessen zu bewahren. Auch kann die Sonntagsschule dazu benutzt werden, die reifere Jugend über mancherlei Gegenstände ihres künftigen Berufes, theils zur Verhütung des Schadens und Unglücks, theils zur Erzielung bürgerlicher Wohlfahrt zu belehren und sie, unter Hervorhebung der Vorzüge der vaterländischen Staatsverfassung, über Landesgesetze und obrigkeitliche Verordnungen, deren Zwecke und Nothwendigkeit, über die Pflichten gegen das Vaterland, dessen Oberhaupt und die Staatsbehörden zweckmässig aufzuklären.

Eine Verfügung der Regierung zu Danzig vom 8. Oktober 1841 an alle evangelischen und katholischen Schul-Inspektoren des Departements bestimmte:

Mit Bezugnahme auf unsere in Betreff der Einrichtung von Sonntagsschulen an Ew. pp. erlassene Verfügungen vom 25. Juni und 6. September 1832, eröffnen wir Ihnen, dass der Staatsminister und Oberpräsident, Herr von Schön, Excellenz, missfällig bemerkt haben, dass im diesseitigen Bezirke das Interesse für die Sonntagsschulen weniger angeregt zu sein scheint, als in den übrigen Regierungsbezirken der Provinz Preussen, indem daselbst diese wichtige Sache in höherem Grade und besonders da Eingang und Fortgang gefunden hat, wo sich die Geistlichen persönlich dafür interessirt haben, und bei Bewilligung von Gratifikationen und Unterstützungen vorzugsweise solche Geistliche und Schullehrer berücksichtigt worden sind, welche auch in dieser Hinsicht mit Eifer und gutem Erfolge den Pflichten ihres Amtes genügt haben.

Indem wir in letzterer Beziehung für die Folge von gleichen Grundsätzen ausgehen werden, weshalb bei Anträgen auf Gratifikationen und Unterstützungen für Geistliche und Lehrer auch ihres Eifers für die Förderung der Sonntagsschulen Erwähnung geschehen muss, fordern wir Ew. pp. hiermit auf, für die allgemeine Einführung und das Fortbestehen der Sonntagsschulen mit Eifer und Liebe gemeinschaftlich mit den hiernach zu instruirenden Ortsgeistlichen Sorge zu tragen.

Sehr eingehend liess sich auch die Regierung zu Frankfurt a. O. in der Verfügung vom 7. Januar 1843 an sämmtliche Superintendenten, Schul-Inspektoren, Landräthe und Magistrate über die Sonntagsschulen aus. In ihr heisst es:

[1]) Kamptz Annalen, Bd. XVI, S. 553.

Die Früchte auch des besseren Schulunterrichts gehen häufig bei der Jugend theilweise darum verloren, weil nach der Entlassung aus der Schule das in derselben Erlernte nicht weiter fortgeübt und aufgefrischt wird. Namentlich gilt dies von den Fertigkeiten des Rechnens und des schriftlichen Ausdrucks, zwischen deren Aneignung in der Schule und dem später davon im praktischen Leben zu machenden Gebrauche oft ein langer Zeitraum liegt, in welchem solche Fertigkeiten wenig, oder gar nicht geübt und in Anwendung gebracht werden. Es ist daher zu wünschen dass für die Fortbildung der aus der Schule entlassenen konfirmirten Jugend nicht blos in Hinsicht auf die erwähnten, sondern auch auf andere für das praktische Leben brauchbare, früher in der Schule erlernte Kenntnisse und Fertigkeiten, sowie in Hinsicht auf ihr moralisch-religiöses Leben möglichst Ausreichendes geschehen möge. In einzelnen Orten und Gegenden unseres Verwaltungsbezirks ist dafür schon manches Erfreuliche gethan worden. In der Stadt Züllichau besteht schon seit vielen Jahren eine, von den dasigen Geistlichen und mehreren Schullehrern der Stadt besorgte Sonntags- und Abendschule für Handwerker-Lehrlinge und Gehülfen; auf dem Lande nimmt in eben dieser Diöces die Zahl der Sonntagsschulen für die aus der Schule entlassene Jugend. Aehnliches ist in der Sorauischen Diöces geschehen und in der Lübbenschen Diöces werden die bei mehreren Schullehrern auf dem Lande stattfindenden Zusammenkünfte der erwachsenen Jugend noch fruchtbarer gemacht durch Mittheilungen lehrreicher kleiner Schriften, zu deren Anschaffung sich eine Anzahl wohlthätiger Personen vereinigt hat. Wir zweifeln nicht, dass Aehnliches in immer steigendem Masse nach und nach an immer mehreren Orten gelingen werde, wenn die Herren Superintendenten und Schulinspektoren, sowie die Herren Geistlichen und Schullehrer es an den rechten und unausgesetzten Bemühungen dazu nicht fehlen lassen. Wir fordern dieselben daher auf, dies eingedenk ihres wichtigen Berufes und des ihnen so nahe liegenden Wunsches, die Früchte früherer jahrelanger Arbeit an der unerwachsenen Jugend sich möglichst gesichert zu sehen mit wahrer Hingebung und im Vertrauen auf den höheren Beistand zu thun und sich in Verfolgung des Zieles durch anfängliche Hindernisse und durch kleine, unscheinbare Anfänge nicht wankend machen zu lassen. Ueber Ort, Zahl und Zeit der Zusammenkünfte, sowie über das Zusammenwirken der Herren Geistlichen und Schullehrer dabei lässt sich im Allgemeinen nichts bestimmen, da hierin Oertlichkeit und Persönlichkeit entscheiden müssen. — In den Städten werden vielleicht solche Zusammenkünfte mit der erwachsenen Jugend das ganze Jahr hindurch fortgesetzt werden können, an einigen Orten auf dem Lande nur während des Winters, in anderen vielleicht auch an den Sonntags-Nachmittagen während des Sommers. In den meisten Fällen werden die Sonntags-Abende dazu eine schickliche Zeit darbieten. Dass solche Zusammenkünfte niemals während der Stunden des öffentlichen Gottesdienstes gehalten werden dürfen, und dass der Jugend dadurch nicht die Zeit zu anständigen und erlaubten Erholungen am Sonntage über die Gebühr verschränkt werden dürfe, darf kaum erinnert werden. . . . Ebenso wenig lässt sich allgemein bestimmen, auf welche Kenntnisse und Fertigkeiten die Bemühungen bei diesem Fortbildungs-Unterrichte gerichtet sein sollen. Im Allgemeinen werden es solche Kenntnisse und Fertigkeiten sein müssen, die den jungen Leuten in Rücksicht auf ihren Stand und künftigen Beruf am nützlichsten und nothwendigsten sind. Nur wird niemals das innere höhere Geistesleben der jungen Leute ganz leer ausgehen dürfen und wird es an Belebung des religiös-sittlichen und kirchlichen Sinnes und der Vaterlandsliebe, sowie an der in diesen Jahren so nothwendigen Einwirkung auf ihr äusseres sittliches Verhalten nicht fehlen dürfen. In Städten werden die Handwerks-Lehrlinge und Gehülfen besonders zu berücksichtigen sein, und wird vielleicht, wenn sich mehrere Klassen derselben bilden lassen, für eine höhere Klasse derselben, denen einige Kenntnisse von den Elementen der Geometrie und der Naturkunde, sowie einige Fertigkeit im Linienzeichnen nützlich sein möchten, der Unterricht hierauf

ausgedehnt werden können. Ueberall aber ist es wünschenswerth, dass eine
bildende Lektüre damit verbunden und es möglich gemacht wird, den jungen
Leuten lehrreiche kleine Schriften mit nach Hause zu geben, um auch hierdurch
mit dazu beizutragen, dass der sich immer mehr auch auf das platte Land ver-
breitenden Lektüre schlechter Romane entgegengewirkt wird. . . .

Diese Bemühungen einzelner Regierungen wurden durch einen
Rund-Erlass des Ministers der geistlichen, Unterrichts-
und Medizinal-Angelegenheiten vom 31. Mai 1844 besonders
anerkannt und den übrigen zur Nachachtung empfohlen. „Die
Erfahrung hat gelehrt", so heisst es dort, „dass, weil die Mehrzahl
der mit der Konfirmation aus den Elementarschulen ausscheidenden
und unmittelbar in das praktische Leben eintretenden jungen Leute
fernerhin aller fortdauernden und an die Bemühungen der Schule
sich anschliessenden geistigen Anregung entbehren und selbst das
in der Schule Erlernte bald wieder vergessen, die Früchte des Volks-
unterrichts bei aller demselben gewidmeten Aufmerksamkeit den
Erwartungen im gewünschten Masse nicht entsprechen. Man hat
längst erkannt, wie nothwendig es sei, solchen aus der Schule Entlassenen und zu deren Besuch nicht mehr verpflichteten jungen
Leuten durch einige wöchentliche Unterrichtsstunden den Besitz
des Erlernten zu sichern, in religiöser und sittlicher Beziehung
fortdauernd auf sie einzuwirken und sie auf angemessene Weise
noch mit Kenntnissen zu bereichern, welche auch für die einfachsten
Lebensverhältnisse sich ihnen als nützlich bewähren würden. Es
sind daher zu diesem Behufe auch hier und da in den Städten
und in manchen Provinzen auch auf dem Lande Sonntagsschulen
für Handwerkslehrlinge oder für solche, die noch des nachfolgenden
Schulunterrichts bedürfen, errichtet worden; indessen ist für den
Zweck im Allgemeinen noch nichts geschehen, was nothwendig erscheint und durch fortgesetzte Bemühungen wohl erreicht werden
kann." Die Regierungen werden sodann aufgefordert, ihr Interesse
der Angelegenheit zuzuwenden, die betheiligten Persönlichkeiten,
Städte, Kreise und Vereine für die Sache anzuregen und über den
Erfolg ihrer Bemühungen zu berichten.

Aus den darauf eingegangenen Berichten ergiebt sich ein
ziemlich deutliches Bild über den damaligen Stand des Sonntagsunterrichts in ganz Preussen. Wir entnehmen ihnen Folgendes:

1. Regierungsbezirk Königsberg: In ihm sind, abgesehen
von einigen unbedeutenden Anfängen, Sonntagsschulen nicht vorhanden. Zu erwähnen sind nur Königsberg, wo sich zwei Fortbildungsschulen befinden, zu dem Zwecke, Jünglingen, besonders
aus dem Handwerkerstande, Gelegenheit, zu geben, sich in ihren
Mussestunden nützlich durch Lesen von lehrreichen Schriften zu
beschäftigen; ferner Gerdauen, wo die Handwerksgesellen und
Lehrlinge in zwei verschiedenen Lokalen jeden Sonntag von
2—6 Uhr in Schreiben, Rechnen, vaterländischer Geschichte, Geo-

graphie, Naturgeschichte, Naturlehre unterrichtet und mit der Städteordnung bekannt gemacht werden; Memel, wo sich zwei Fortbildungsschulen, eine für Handwerkslehrlinge und eine für junge Seefahrer, befinden, und Altenburg, wo alle Donnerstag die Mädchen und Sonnabend die Jünglinge in Religion, Schreiben, Lesen, Rechnen und Zeichnen unterrichtet werden. In letzterer Schule beträgt die Schülerzahl 18, in den übrigen ist sie „unbestimmt". — Als Gründe für diesen wenig günstigen Stand des Sonntagsunterrichts führt die Regierung an, dass diejenigen, welche ihre Kinder, Lehrlinge, Dienstboten in die Fortbildungsschule schicken sollen, aus Mangel an eigener Bildung den Werth fortgesetzter Unterweisung nach vollendeter Schulzeit nicht zu schätzen wüssten; auch habe zweifellos ein grosser Teil dieser Leute mit der Sorge um die Erhaltung des physischen Lebens zu kämpfen, so dass er für höhere Interessen schwer zu gewinnen sei. Ferner fehle es der heranwachsenden Jugend an der Neigung, sich noch dem Unterricht hinzugeben, sie halte den ferneren Besuch einer Schule, wenn auch nicht für entehrend, so doch nicht für schicklich. Auch gebe es ausser den Geistlichen und Lehrern fast keine Personen, die zur Ertheilung des Unterrichts geeignet und bereit wären und endlich mangele es an Mitteln zur Bestreitung der mit der Einrichtung von Fortbildungsschulen verbundenen Kosten für Beleuchtung, Beheizung, Lehrmittel und Entschädigung der Lehrer. Die Regierung erbittet eine jährliche Unterstützung von 1000 Thlrn., wenn sie die Angelegenheit ordentlich in Fluss bringen solle.

2. Regierungsbezirk Gumbinnen: In den ländlichen Orten bestehen viele Sonntagsschulen, welche aber hauptsächlich einen erbaulichen Charakter haben. In sechs Städten sind neuerdings Sonntagsschulen eingerichtet worden, nämlich in Lyck, Marggrabowa, Goldapp, Darkehmen, Stallupönen und Tilsit.

3. Regierungsbezirk Danzig: Es ist nicht gelungen, das Interesse für die Sonntagsschulen zu erwecken und dauernd rege zu erhalten; bei Weitem die Mehrzahl der eröffneten Fortbildungsschulen musste wegen Mangel an Theilnahme geschlossen werden.

4. Regierungsbezirk Marienwerder: In diesem Bezirke haben die Sonntagsschulen, obwohl die Regierung schon durch die oben mitgetheilte Verfügung vom 26. Juli 1832 auf ihre Begründung und Verbreitung hingearbeitet hatte, keine grössere Bedeutung gefunden; mehrfache Versuche, sie einzuführen, haben keinen dauernden Erfolg gehabt. Die Unterschiede in Nationalität und Konfession treten hier erschwerend hinzu.

5. Regierungsbezirk Posen: Seit einer Reihe von Jahren wird von jedem allein stehenden Schullehrer — also auf dem Lande — vokationsmässig regelmässige Abhaltung der Sonntags-

schule und von allen aus der Schule bereits entlassenen Individuen beider Geschlechter der Besuch derselben solange verlangt, als der Lehrer im Einvernehmen mit seinem geistlichen Schul-Inspektor, dem die Entscheidung darüber zusteht, es für nothwendig hält. Der Unterricht, der theils vor, theils nach der Kirche zwei Stunden dauert, erstreckt sich in den meisten Fällen auf Religion, Lesen, Rechnen, Schreiben, Uebungen im schriftlichen Gedankenausdruck und Gesang, auch, wenn der Lehrer Lust und Fähigkeit dazu hat, auf Geschichte, Geographie und Erzählungen aus gemeinnützigen Schriften, auf Obst- und Baumkultur. In den Städten werden viele Lehrer durch kirchliche Nebenämter so sehr in Anspruch genommen, dass der sonntägliche Unterricht für sie eine drückende Last wird; noch häufiger aber wirkt hier dem Gedeihen der Sonntagsschule die Abneigung der Lehrburschen entgegen, die sich ihr nach Möglichkeit zu entziehen suchen, oder, wenn sie dazu gezwungen werden, durch Unlust und Trotz die Lehrer oft entmuthigen und kränken. Die Regierung hat versucht, auch bei diesen Schulen den Schulzwang einzuführen und Schulversäumnissstrafen festzusetzen; nachdem dies vom Ministerium für unzulässig erklärt worden ist, haben schon mehrere Schul-Inspektoren die Auflösung der in ihren Parochien bisher bestandenen Schulen angezeigt.

6. Regierungsbezirk Bromberg: Es bestehen schon seit einer Reihe von Jahren in den meisten Städten des Bezirks Sonntagsschulen, in denen Handwerkslehrlinge, Gesellen und überhaupt junge Leute, die der Elementarschule entwachsen sind, im Schreiben, Rechnen, Zeichnen, in der Anfertigung kleiner Aufsätze u. s. w. unterrichtet werden. Doch haben diese Schulen mit mannigfachen Schwierigkeiten, wie Ueberlastung der Lehrer, Unabkömmlichkeit der auf ihren Broderwerb angewiesenen Schüler, Unmöglichkeit, die Kosten aufzubringen, weite Entfernung der einzelnen Häuser und Ortschaften vom Schullokal u. dgl. zu kämpfen. Es bestehen 155 Sonntagsschulen, die von 3141 jungen Leuten besucht werden.

7. Regierungsbezirk Stettin: In mehreren Gemeinden hat die Anleitung zur Fortbildung der Jünglinge zunächst einen kirchlichen Charakter angenommen, indem sich entweder an die Bibelstunden Belehrungen über biblische Geschichte und nach und nach auch über andere nützliche Kenntnisse anschlossen oder die Bildung kirchlicher Singechöre zu gleichem Zwecke benutzt wurde. In einigen Gemeinden sind mit den Präparanden-Anstalten auch allgemeine Fortbildungs-Anstalten verbunden. Mehrere Schullehrer, vornehmlich in Ortschaften am Strande der Ostsee und an den Ufern der Oder und der mit ihr in Verbindung stehenden Binnengewässer, verbinden mit der Vorbereitung auf den Eintritt in die Schifferschulen auch den allgemeinen Zweck der Fortbildungsschulen. In Stettin sind besonders zwei Vereine für die Fortbildung der jungen Leute thätig,

der „Jünglingsverein", dem durchschnittlich 100 junge Leute, grösstentheils Handwerksgesellen, angehören, und der „Gesellen-Verein", welcher für durchschnittlich 40 Gesellen wirkt. Den letzteren Verein hat die Stadt mit einer Beihilfe von 200 Thalern unterstützt. Der Zweck beider Vereine ist Fortbildung der Theilnehmer durch Unterricht, eigene Thätigkeit, Lektüre u. s. w. Mehrere andere kleinere Vereine wirken in verschiedener Weise, im Wesentlichen aber für denselben Zweck.

8. Regierungsbezirk Köslin: Die Regierung hat eine Aufforderung, Sonntagsschulen zu errichten, erlassen, die hier und da zu Versuchen geführt, im Allgemeinen aber wenig Anklang gefunden hat. Leider ist der Sinn dafür hier zu Lande noch wenig geweckt. Der Pommer, überhaupt nicht leicht beweglich, lässt sich so schnell nicht für etwas Neues gewinnen. Auch setzen sich Erwachsene nicht gern wieder auf die Schulbank. Mehrere Prediger äussern, das Volk sei misstrauisch gegen diese Anordnung, fürchte, es werde bald erhöhtes Schulgeld gefordert und die Sache zum Zwange werden. Ein grosses Hinderniss ist der Mangel an Mitteln zur Beschaffung des erforderlichen Beheizungs- und Beleuchtungsmaterials, nicht minder die geringe Besoldung und bereits hinlängliche Arbeitslast der Schullehrer an den Wochentagen.

9. Regierungsbezirk Stralsund: Es ist nur eine, im Jahre 1844 zu Stralsund begründete Schule vorhanden, in der 120 Schüler in drei Klassen unterrichtet werden. Die unterste Klasse hat Lesen, Schreiben, Rechnen, die mittlere Schreiben, Zeichnen, Rechnen, die obere Zeichnen, Rechnen, Deutsch.

10. Regierungsbezirk Breslau: Es sind zwar an mehreren Orten Versuche gemacht worden, die aus der Schule entlassene Jugend in Sonntagsschulen zu ziehen; diese Versuche haben aber nur an wenigen Orten Bestand gehabt und gute Früchte getragen, „hauptsächlich, weil der in die Willkür der jungen Leute gestellte Besuch zu unregelmässig erfolgte, immer mehr nachliess und zuletzt fast ganz aufhörte, theils aber auch, weil die Besuchenden auf zu verschiedenen Bildungsstufen standen." Mit .besonderem Eifer hat man auf die Fortbildung der jungen Leute hingearbeitet in Breslau, wo seit dem Jahre 1828 364 Lehrlinge jeden Sonntag von 1 bis 3 Uhr durch 6 Lehrer der Elementarschulen mit gutem Erfolge unterrichtet werden und zwar vom Lesen in den untersten Klassen an bis zur Physik und Geometrie in den oberen. Die Lehrer erhalten jährliche Remunerationen aus der Stadt-Kämmerei bis zur Höhe von 100 Thalern. Im Jahre 1844 wurde auch noch für Gesellen eine Fortbildungsanstalt errichtet, weil diese sich scheuten, mit den Lehrlingen gemeinschaftlich die Schule zu besuchen. Diese Anstalt wurde 1845 von 24 Schülern besucht. Weitere

Schulen befinden sich in Brieg, Namslau, Oels, Langwitz, Striegau, Glatz, Wartenberg, Straussberg. Bei den Katholiken ist ein Surrogat für die Fortbildung junger aus den Elementarschulen geschiedener Leute in den sonntäglichen Wiederholungsstunden, welche die Lehrer in Gemässheit des Schulreglements von 1765 § 28 und von 1801 § 40 abzuhalten verpflichtet sind,[1] vorhanden und wird durch solche erspriesslich darauf hingewirkt. Anzuerkennen ist namentlich auch der Eifer, mit welchem die meisten Superintendenten solche Fortbildungsanstalten hervorzurufen bemüht sind und dass auch von Seiten der Lehrer fast überall Bereitwilligkeit gezeigt wird, sich auch an dem einzigen Tage, dem Sonntage, der ihnen bisher zur ungestörten Erholung von ihrem mühevollen Amte belassen worden, unentgeltlich dem Wiederholungsunterrichte zu unterziehen. Zu verdenken ist es ihnen freilich nicht, wenn sie, nachdem sie mehrere Sonntage umsonst auf ihre Schüler gewartet haben, oder von diesen stets nur wenige sich einfinden, mit dem so erfolglosen Wiederholungsunterrichte wieder aufhören.

11. Regierungsbezirk Oppeln: Hier liegen nach dem Berichte der Regierung die Verhältnisse günstig, da die katholischen Schulreglements von 1765 und 1801 schon die sonntäglichen Wiederholungsstunden vorgeschrieben haben und in den Städten bezüglich der Handwerkslehrlinge sogar eine aus der Mittelslade zu erlegende Geldbusse von 3 Thlrn. festgesetzt ist, wenn ein Lehrling katholischen Glaubens freigesprochen wird, ohne dass er durch Zeugnisse der betreffenden Lehrer darthun kann, die Sonntagsschule regelmässig besucht zu haben. Diese Bestimmung ist auch fast bei allen katholischen Schulen des Bezirks seit langer Zeit und bei den Schulen neueren Ursprungs sogleich mit ihrer Entstehung in der Weise zur Anwendung gekommen, dass die bereits aus der Schule entlassenen jungen Leute beiderlei Geschlechts — an vielen Orten jedoch blos die Knaben und Jünglinge — bis zum 16., 18. und selbst 20. Lebensjahre an den Nachmittagen der Sonntage sich im Schulhause versammeln, um vom Schullehrer in der Religion, im Rechnen, Lesen, Schreiben, zuweilen auch in den sogenannten Realien, theils nachhülflichen, theils fortbildenden Unterricht zu erhalten. Mehrere evangelische Schulen sind diesem Beispiele gefolgt, obgleich das katholische Schulreglement für dieselben niemals gesetzliche Geltung erhalten hat. In Folge dessen konnten 1844 im Bezirk 817 Fortbildungsschulen mit 34 621 Schülern meist männlichen Geschlechts gezählt werden. Die geringere Zahl von Fortbildungsschülerinnen wird von der Regierung darauf zurückgeführt, dass die Mädchen der ärmeren Volksklasse sogleich nach der Entlassung aus der Schule in herrschaftliche

[1] Siehe oben S. 606.

Dienste gehen und hier in ihrer Zeit gebunden sind, ferner auf die vielfach verbreitete Meinung, dass das weibliche Geschlecht eines geringeren Grades von geistiger Bildung bedürfe und endlich auch darauf, dass das Zusammensein beider Geschlechter in diesem Alter bedenklich und die Trennung bei dem Vorhandensein nur eines Lehrers, wenn er nicht übermässig beschäftigt und angestrengt werden solle, nicht wohl möglich sei.

12. Regierungsbezirk Liegnitz: Es bestehen 23 Schulen mit etwa 300 Schülern. Der durch das katholische Schulreglement vom 18. Mai 1801 angeordnete Sonntagsunterricht ist in sehr vielen Ortschaften mehr in Folge der geringen Anzahl der Kinder und des drückenden Nothstandes der Lehrer, als aus Nachlässigkeit in Abnahme gekommen.

13. Regierungsbezirk Frankfurt a. O.: Die Regierung hat bereits durch die, oben mitgetheilte, Verfügung vom 7. Januar 1843 die Begründung von Sonntagsschulen angeregt. Mehrere der in Folge dieser Anregung entstandenen Schulen sind aber bald wieder eingegangen, nachdem der Reiz der Neuheit geschwunden war, oder weil es an der nöthigen Beharrlichkeit bei den die Anstalten leitenden Geistlichen und Schullehrern fehlte, oder eine unrichtige Behandlung das Interesse schwächte, oder andere nachtheilige Ursachen einwirkten. Der grössere Theil hat sich jedoch erhalten, so dass im Jahre 1844 in 24 Städten und in 195 Orten des platten Landes Sonntagsschulen bestanden, an denen 101 Geistliche, 216 Schullehrer und 4 andere nicht zum Lehrerstande gehörige Personen 3627 junge Leute unterrichteten; ausserdem bestehen 24 Lese-Institute für die Jugend. Bei der Errichtung und namentlich Erhaltung der Sonntagsschulen ist mit grossen Vorurtheilen und Hindernissen zu kämpfen.

14. Regierungsbezirk Potsdam: In ihm befinden sich 72 Fortbildungsschulen mit etwa 1000 Schülern; die grössten sind Potsdam mit 300 und Brandenburg mit 80 Schülern. Auch wirken 95, zunächst für liturgische Zwecke eingerichtete, aber auch zu anderen nützlichen Beschäftigungen Anlass bietende Gesangvereine, ferner die an 44 Orten bestehenden Dorfbibliotheken und Lesegesellschaften und endlich auch die von Geistlichen gehaltenen Missions- und Bibelstunden, mit denen sich hier und dort Vorträge und Unterhaltungen über geschichtliche, geographische und gemeinnützige Gegenstände verbinden, für die religiöse und allgemeine Bildung und Veredelung des Volks günstig.

15. Stadt Berlin:[1] Im Jahre 1798 erschien eine öffentliche Aufforderung zu Beiträgen „für Herstellung eines nachhelfenden

---

[1] Nach den Mittheilungen von Grumbach, die Entwicklelung des Berlinischen Fortbildungsschulwesens, Berlin 1898, S. 7 ff. — Ein Bericht des Berliner Magistrats auf den Rund-Erlass vom 31. Mai 1844 liegt nicht vor.

Sonntagsunterrichts für Handwerkslehrlinge", die in Berlin rege
Theilnahme fand und bereits im Jahre 1799 zur Errichtung zweier
Sonntagsschulen führte. Alsbald konstituirte sich der „Verein zur
Errichtung und Leitung sonntäglicher Freischulen in Berlin zum
Bester armer in den Elementarkenntnissen versäumter Handwerkslehrlinge", der durch ein Anschreiben die Gewerke zur Zahlung
von Beiträgen aufforderte. Diese bewilligten einen Theil der für
ihre Lehrlinge eingehenden Einschreibegebühren als jährliche Bei-
steuer. Darauf wurden zwei weitere Schulen eingerichtet. Der
Unterricht fand an den Sonntag-Nachmittagen von $3^1/_2$ bis $6^1/_2$ Uhr
statt und erstreckte sich auf Lesen, Schreiben, Rechnen. Die Lehrer
erhielten ein Honorar von jährlich 50 Thalern. Angeregt durch
diese Veranstaltungen erfolgte im Jahre 1800, ebenfalls aus privaten
Mitteln, die Gründung einer Sonntagsschule für bedürftige Bürgers-
töchter und Dienstmädchen. 1815 waren in den bis dahin errichteten fünf Sonntagschulen für Knaben 188 Schüler, unter
denen 49 Anfänger, 85 sehr schwache und 54 geförderte gezählt
wurden. Der Schulbesuch war bei 71 regelmässig, bei 61 mittel-
mässig und bei 56 schlecht. Im Jahre 1821 wurde eine neue,
sechste, Knabenschule aus den ganz Unwissenden gebildet, die
Mädchenschule, welche über 60 Theilnehmerinnen zählte, in zwei
Klassen getheilt und beschlossen, behufs Eröffnung einer siebenten
Lehrlingsschule die Stadt um einen Zuschuss zu bitten, welchem
Gesuche auch entsprochen wurde. Die Schülerzahl stieg in Folge
dessen auf etwa 350. Durch Kabinetsordre vom 9. Juli 1834 erhielt der Verein aus Anlass eines Legats von 200 Thalern, das ihm
vermacht war, Korporationsrechte. 1839 bestanden 11 Schulen
(10 für Knaben, 1 für Mädchen) mit 329 Schülern.

16. Regierungsbezirk Magdeburg: Die Regierung hat die
Einrichtung von Fortbildungsanstalten für die der Schule entwachsene Jugend schon längere Zeit mit besonderem Nachdruck
betrieben und unterm 9. August 1843 durch eine besondere Verfügung den Gegenstand im Allgemeinen angeregt[1] ihn auch seitdem
nach besten Kräften gefördert, wie eine zweite Zirkular-Verfügung
vom 31. Dezember 1844 beweise. Sie kann versichern, dass in
dieser Angelegenheit in ihrem Verwaltungsbezirke jetzt ein erfreulich
frisches Leben herrscht und sie sich der besten Fortschritte dieser
Anstalten erfreuen dürfe, da auch die landräthlichen Behörden und
viele Magistrate dem Gegenstande ihre lebhafte Theilnahme widmeten.
Ende 1844 befanden sich in 312 Orten Fortbildungsanstalten, in
denen 4742 der Schule Entwachsene, grösstentheils Jünglinge, zum
Theil aber auch verheirathete und ältere Männer unterrichtet wurden.
Dabei sind nicht mitgerechnet die Fortbildungsanstalten für die der

---

[1] Siehe Min.-Bl. f. d. innere Verw. 1843, S. 236.

Schule entwachsene weibliche Jugend, deren nicht wenige bestanden, z. B. in einer einzigen Diözes 9, in einer anderen 5 mit 99 Jungfrauen. [1])

17. Regierungsbezirk Erfurt: Es sind über 100 Anstalten vorhanden; es würde jedoch gewagt sein, diesen Fortbildungsschulen, von welchen sehr wenige einen seit Jahren ununterbrochenen Bestand haben und deren Leistungen auch in diesem günstigen Falle, mit Ausnahme der Sonntagsschulen in den Städten, einen in die Augen springenden Erfolg nicht gehabt haben, Dauer und Wirksamkeit zu verbürgen.

18. Regierungsbezirk Merseburg: Es sind 216 Fortbildungsschulen vorhanden; die Regierung glaubt, dass bald mit wenigen Ausnahmen in allen Parochien solche Schulen in's Leben treten werden.

19. Regierungsbezirk Arnsberg: In den Städten bestehen schon seit längerer Zeit Sonntagsschulen für Handwerks-Lehrlinge, Gesellen und überhaupt junge Leute, die der Elementarschule entwachsen sind, in denen im Schreiben, Rechnen, Zeichnen, Anfertigen kleiner Aufsätze unterrichtet wird und die sehr zahlreich besucht sind. Die Kosten werden theils durch Zuschüsse aus Kommunal-Fonds, theils durch ein mässiges Schulgeld aufgebracht. Ferner halten viele Elementarlehrer in den Städten und grösseren Landgemeinden sogenannte Abendschulen, gewöhnlich in den Stunden von 5—7 Uhr, die von solchen besucht werden, die aus der Elementarschule entlassen sind oder alle Stunden der Tagesschule wegen häuslicher Abhaltung nicht regelmässig besuchen können oder auch durch den Besuch der Abendschule sich um so schneller befähigen wollen, aus der Elementarschule entlassen zu werden. In

---

[1]) Interessant ist, was alles in diesen 312 Fortbildungsschulen gelehrt wurde. Die Lektionspläne wiesen auf: Religionsunterricht, Bibelkunde, biblische Geschichte, Bibelerklärung, Bibellesen, Religions-, Reformationsgeschichte, Vorträge zur Erbauung, Choralgesang, liturgischer Gesang, Volkslieder, Schreiben, deutsche Sprache, Aufsätze, besonders für das gewöhnliche Geschäftsleben, Vorlesen klassischer Stellen, Lesen von Jugendschriften, Vorlesen gemeinnütziger Schriften, Rechnen, Flächen- und Körperberechnung, Formenlehre, Mathematik, Naturbeschreibung, Naturlehre, Technologie, Geographie, statistische Geographie, vaterländische Geographie, Geschichte, vaterländische Geschichte, gemeinnützige Kenntnisse, Geographie von Palästina, Preussen vor 1806 und jetzt, über Auswanderungen, Separationen, Dorfsachen, wirthschaftliche Gegenstände, Zeichnen, Wiederbolung der Predigt, neuere Erfindungen, Einführung in das rechte Lesen und Verstehen populärer Schriften, Missionssachen, Missionsgeschichte, Unterredungen über christliche Gegenstände, Besprechung über Zeitungsartikel, Licht, Luft, Elektricität, Dampf, Magnetismus und noch einige spezielle Gegenstände. Es gab Anstalten, die für wöchentlich zwei Stunden 6, ja 7 Lehrfächer angesetzt hatten, ja eine Anstalt auf 2 Stunden wöchentlich folgende 11 Lehrgegenstände: Lesen, Schreiben, schriftliche Aufsätze, Zeichnen, Singen, Mathematik, Menschenkunde, Weltkunde, Missionsangelegenheiten, Erklärung der Bibel, erbauliche Ansprachen. Die Regierung nahm daher auch Veranlassung, auf eine richtige Auswahl und Beschränkung des Lehrstoffs hinzuweisen.

den Berichten der Unterbehörden wird die Nützlichkeit der Sache anerkannt, versprochen, dass man sich die Ausführung angelegen sein lassen wolle, aber auch auf die Schwierigkeiten (Ueberlastung der Lehrer, Unlust der Schüler, Mangel an Mitteln zur Deckung der Kosten u. s. w.) hingewiesen.

20. Regierungsbezirk Münster: Mehrere früher eingerichtete Anstalten haben keinen Bestand gehabt. Die Regierung zweifelt bei den grossen Schwierigkeiten, die der Durchführung des Planes entgegenstehen, an einem nachhaltigen Erfolge, ist übrigens der Ansicht, dass die Fortbildung der Mädchen in gewisser Beziehung nothwendiger ist, als die der Knaben, weil sie nachher in der Familie auf die Erziehung der Kinder einen grossen Einfluss haben, diese auf den Schulunterricht vorbereiten, ihnen Nachhülfe leisten und im Hause zur Erweckung und zur Erhaltung eines guten Geistes viel beitragen können.

21. Regierungsbezirk Minden: Es ist in Folge der gegebenen Anregung der Anfang mit Begründung von Sonntagsschulen gemacht. Auf dem Lande ist die Einrichtung wegen der zerstreuten Lage der Ortschaften schwierig.

22. Regierungsbezirk Coblenz: Es bestehen nur acht Schulen; die Regierung hält jede amtliche Einwirkung in der Sache, die lediglich durch freiwillige Arbeit gefördert werden dürfe, für unangebracht.

23. Regierungsbezirk Trier: Die Regierung hat fortgesetzt auf die Errichtung von Sonntagsschulen hingewirkt, ist dabei auch von dem Bischof unterstützt worden, hat aber wenig Erfolg gehabt. Die Berichte der Landräthe und Schul-Inspektoren stimmen darin überein, dass nur dann ein Aufkommen der Sonntagsschulen zu erhoffen sei, wenn rücksichtlich des Besuchs derselben ein Zwang und eine angemessene Remuneration der Lehrer stattfinden könne.

24. Regierungsbezirk Köln: Der schon oft in's Leben gerufenen und immer wieder aufgegebenen Einrichtung der Sonntagsschulen stehen Schwierigkeiten entgegen, die sich entweder gar nicht oder doch nur sehr schwer und langsam beseitigen lassen. Die Jugend ist froh, dass sie dem Schulzwange entwachsen ist und kommt freiwillig nicht in die Schule; aber selbst wenn die Lust vorhanden wäre, so machen dennoch die Noth des Lebens und die äusseren Verhältnisse gerade denen, welche der Nachhülfe am meisten bedürfen, den Besuch zwar nicht unmöglich, doch sehr schwer. Es halten theils die Ermüdung und Abspannung nach hartem Tagewerke in der Werkstatt, in den Fabriken oder auf dem Acker, theils die Verkehrtheit und das Vorurtheil der Eltern, oder deren Armuth und die angebliche Unmöglichkeit, die Kinder im Hauswesen zu

entbehren, die jungen Leute von der Schule zurück. Dazu kommen in vielen Theilen des Bezirks die Schwierigkeiten, welche die zerstreute Lage der einzelnen Ortschaften und die weiten Wege nach dem Schulorte dem Schulbesuch bieten. Fast in allen Städten wird als unerlässliche Bedingung für das Gedeihen der in Rede stehenden Schulen die Forderung ausgesprochen, dass der Staat entweder durch direkten oder indirekten Zwang die Jugend zum Schulbesuch nöthigen muss.

25. **Regierungsbezirk Aachen:** Die Regierung ist schon seit längerer Zeit bemüht gewesen, Sonntagsschulen zu errichten. In Aachen besteht seit dem Jahre 1835 an der kombinirten höheren Bürger- und Provinzial-Gewerbeschule eine „Freischule", an der Sonntags während 5 Stunden unterrichtet wird, wovon 3 auf das Freihand- und Linear-Zeichnen und 2 auf Rechnen und Geometrie entfallen. Daneben ist 1845 eine „allgemeine Fortbildungsschule" getreten, deren Lehrplan sich auf Rechnen, Lektüre gemeinnütziger Schriften, Aufsatzlehre, Gesang und Erdbeschreibung erstreckt. Ausserdem bestehen noch in mehreren anderen Städten und auch in einzelnen Landgemeinden Sonntags- und Abend-Nachhülfestunden.

26. **Regierungsbezirk Düsseldorf:** Er werden 2904 junge Leute beiderlei Geschlechts in 74 Schulen unterwiesen.

Auf Grund dieser Berichte sah sich der Minister der geistlichen, Unterrichts- und Medizinal-Angelegenheiten veranlasst, unterm 20. April 1846 den Regierungen folgende Weisungen für die weitere Behandlung der Angelegenheit zu ertheilen:[1]

„. . . Wo die gewerblichen und anderen Lebensverhältnisse der Bewohner, namentlich in den Städten, für künftige Handwerker und Gewerbetreibende eine weitere Ausbildung, als sie die Elementarschule gewähren kann, besonders in technischen Fertigkeiten wünschenswerth machen, kann nach den vorliegenden Resultaten auch das Interesse der betheiligten Eltern und Meister für die Einrichtung von Fortbildungsschulen für Lehrlinge und Gesellen als vorhanden angenommen werden, und wird es nur darauf ankommen, fähige und wohlgesinnte Männer zur Leitung und Haltung solcher Schulstunden zu bewegen, wie es auch nicht schwer fallen wird, durch die Betheiligten selbst und durch hülfreiche Mitwirkung der städtischen Behörden diejenigen Mittel zu beschaffen, welche zur Fortführung dieser Anstalten erforderlich sind. Grössere Schwierigkeiten sind dagegen bei Errichtung von Fortbildungsanstalten auf dem Lande und überhaupt für denjenigen Theil der Bevölkerung entgegengetreten, dessen künftige Lebens- und Berufsverhältnisse eine materiell weitergehende Bildung nicht als unbedingt erforderlich erscheinen lassen. Die Erfahrung hat jedoch bewiesen, dass es auch unter diesen Verhältnissen nur des geeigneten Anlasses, sowie einer den wahren Bildungsbedürfnissen der erwachsenen Jugend entsprechenden Gestaltung der

---

[1] Den ganzen Ministerial-Erlass siehe im Ministerial-Blatt für die innere Verw., 1846, S. 56.

diesfälligen Einrichtungen bedarf, um ein nachhaltiges Interesse auch der unteren
Volksklassen für Weiterbildung zu erzeugen und einen wohlthätigen, über die
Schule hinausgehenden Einfluss auf die Jugend derselben möglich zu machen.
Nur da, wo die sogenannten Sonntags- oder Abendschulen ihre Aufgabe einzig
darin setzen, in schulgemässer Weise Nachhülfeunterricht in den
Elementarkenntnissen zu ertheilen, wird es schwer halten, die erforderliche Theilnahme der Jugend und des Volkes überhaupt hervorzurufen. An und für sich
dürfte schon vorausgesetzt werden können, dass bei der jetzt durchgehends
besseren Vorbildung der Schullehrer und bei dem regelmässigeren Schulbesuche,
sofern der Lehrplan der Elementarschulen sich auf das Nothwendigste beschränkt,
und dieses in einer zweck- und naturgemässen Form gelehrt wird, die mit dem
14. Lebensjahre aus der Schule entlassenen Kinder dasjenige Maass von Kenntnissen
und Fertigkeiten sich angeeignet haben, welches für ihren künftigen Lebensberuf
erforderlich ist. Wo dieses noch nicht der Fall sein sollte, wird zwar auf die
Einrichtung eigentlicher Nachhülfeschulen Bedacht zu nehmen sein; die Königlichen
Regierungen werden aber auch durch solche Erscheinungen sich veranlasst sehen
müssen, die Ursachen des mangelhaften Erfolges des Elementarunterrichts in den
Elementarschulen selbst allmälig zu beseitigen. Wenn hiernach bei vorausgesetzer
zweckmässiger Einrichtung der Elementarschulen die Nothwendigkeit eines Nach-
hülfeunterrichts in den Unterrichtsgegenständen der Elementarschule nur als
Ausnahme betrachtet werden kann, so ist doch weder mit dem 14. Lebensjahre
die Bildung der Jugend überhaupt als abgeschlossen anzusehen, noch ist zu verkennen, dass gerade von dieser Zeit an ein erhöhter Einfluss auf deren religiöses
und sittliches Leben in der kirchlichen und bürgerlichen Gemeinschaft dringend
wünschenswerth ist. Um diesen Einfluss zu gewinnen, scheint aber nach den
bisherigen Erfahrungen ein blosser Nachhülfeunterricht in den Elementarkenntnissen
keinen ausreichenden Anknüpfungs- und Mittelpunkt darzubieten, es wird vielmehr
für diesen Zweck darauf ankommen, den betreffenden Einrichtungen nach ihrem
Inhalt und ihrer Form eine weniger streng schulmässige, vielmehr eine dem
Standpunkte der schon erwachsenen Jugend angemessene, freiere Gestaltung zu
geben. Dieser Ansicht entsprechend, haben sich nach den Berichten der Königlichen
Regierungen in einzelnen Orten Jünglingsvereine, Lese- oder Gesangvereine gebildet,
welche wöchentlich ein- oder mehreremale zusammenkommen, um unter Leitung
eines Vorstehers ihre Weiterbildung in einem oder dem anderen Gegenstande
durch Vorträge, Vorlesen und gemeinsame Uebungen zu fördern. In anderen
Orten sind Bibel- und Missionsstunden benutzt worden, um einen Anfangspunkt
für eine auch auf andere Gegenstände sich erstreckende Belehrung zu bilden. Wo
erst solche Anfänge vorhanden sind, wird es nicht schwer fallen, den Kreis
allmälig zu erweitern und in denselben Bibelkenntniss, Naturkunde, vaterländische
Geschichte, volksthümliche Literatur, Gesang und ähnliche, die reifere Jugend
interessirende Gegenstände zu ziehen. Zu gleicher Zeit wird sich aber auch die
Gelegenheit zur Befestigung und Erweiterung der Elementarkenntnisse im Lesen,
Rechnen, Schreiben und in der Anfertigung von Aufsätzen ungesucht mit diesen
Beschäftigungen verbinden lassen.

Es können zwar derartige Vereine und Einrichtungen nicht durch administrative
Anordnungen und Verfügungen an die Behörden in das Leben gerufen werden;
es liegen aber in der gegenwärtigen Zeit und in dem Volke selbst so vielfache
Elemente und Anknüpfungspunkte zu dergleichen Bestrebungen, dass es meistentheils nur der geeigneten persönlichen Anregung und Einwirkung wohlgesinnter
Männer bedarf, um das gewünschte Ziel zu erreichen. In dieser Beziehung werden
die Departements-, namentlich die geistlichen und Schulräthe der Regierungen
durch ihre Kommunikation mit den Landräthen, Ortsbehörden, Pfarrern und Schullehrern vielfache Gelegenheit haben, fördernd auf diese, für die allgemeine Volksbildung so wichtige Angelegenheit einzuwirken und den guten Willen der
Betheiligten zu wecken und richtig zu leiten.

Wenn es sich von selbst versteht, dass für diese Zwecke der Volksbildung kein Zwang irgend einer Art eintreten kann, im Gegentheil die freiwillige Theilnahme des Volkes schon als ein wesentlicher Erfolg dieser Bestrebungen angesehen werden muss, so sehe ich mich doch durch die Berichte mehrerer Regierungen veranlasst, noch ausdrücklich zu bemerken, dass auch für die sogenannten Nachhülfe- und Sonntagsschulen, wo nicht lokale Bestimmungen Anderes anordnen, kein durch Versäumnissstrafen auszuübender Zwang stattfinden kann.

Schliesslich bemerke ich, dass ich unter abschriftlicher Mittheilung dieser Verfügung die Herren General-Superintendenten veranlasst habe, ihre Theilnahme ebenfalls dem beregten Gegenstande, namentlich durch geeignete Einwirkung auf die Superintendenten und Pfarrer zuzuwenden.

Schält man aus diesem Erlasse die Grundgedanken heraus, so ergiebt sich für die damalige Stellung der Preussischen Staatsregierung gegenüber den Fortbildungsanstalten für die aus der Schule entlassene männliche und weibliche Jugend folgender Standpunkt:

1. Es ist Aufgabe der Elementarschulen, den Kindern dasjenige Mass von Kenntnissen und Fertigkeiten beizubringen, das für ihren künftigen Lebensberuf erforderlich ist. Wo dieses noch nicht der Fall ist, können zwar die Sonntagsschulen als Nachhülfeschulen eingerichtet werden, doch darf dies nur ausnahmsweise und nur so lange geschehen, bis es gelungen ist, die Elementarschulen so zu verbessern, dass sie den an sie zu stellenden Ansprüchen genügen.

2. Daher soll in der Regel die Unterweisung in den Sonntags- und Abendschulen nicht schulgemäss sein und sich nicht auf den Unterricht in den Elementarkenntnissen erstrecken, sondern eine freiere, der schon erwachsenen Jugend angemessene Gestaltung annehmen; insbesondere erscheint die Form von Vorträgen, Vorlesungen und gemeinsamen Uebungen für sie geeignet.

3. Es kommt bei den Sonntagsschulen nicht sowohl auf die wissenschaftliche und technische Fortbildung der Jugend, als auf deren seelische Beeinflussung im religiösen, ethischen und patriotischen Sinne an, was die gelegentliche Vermittelung praktischer, auch für den Beruf und das spätere Leben im Allgemeinen nützlicher Fertigkeiten und Kenntnisse im Lesen, Rechnen, Schreiben, in Naturkunde, Geschichte, Literatur u. s. w. nicht ausschliesst.

4. Demnach sind die geeignetsten Stätten für die Fortbildung der Jugend die Jünglings-, Lese-, Gesangvereine, Bibel-, Missionsgesellschaften u. s. w., die geeignetsten Persönlichkeiten für die Unterweisung die Geistlichen, und Lehrer.

5. Mit diesen freien, auf die Bildung von Herz, Geist und Gemüth abzielenden Veranstaltungen ist jeder Zwang un-

vereinbar; es kommt Alles auf die geeignete persönliche
Anregung, Belehrung und Einwirkung, die seel-
sorgerische Beeinflussung und lebendige und thätige
Antheilnahme wohlgesinnter Männer, namentlich der Geistlichen an. Diese Einwirkung genügt aber auch zur Erzielung von Erfolgen, wenn sie nur überall in vollem Umfange geweckt und stets rege erhalten wird. —
Obwohl sich die Provinzial- und Lokalbehörden die Förderung
der Fortbildungsschulen nach diesen Grundsätzen fortgesetzt angelegen
sein liessen, obwohl ferner auch der Handelsminister — die Fortbildungsschulen gehörten damals ressortmässig zum Kultusministerium
— auf ihre Verbreitung und Verbesserung, allerdings mehr nach der
gewerblichen Seite hinwirkte, indem er bei der Organisation der Provinzial-Gewerbeschulen im Jahre 1850 bestimmte,[1] dass mit jeder dieser
Anstalten eine Handwerker-Fortbildungsschule zu verbinden sei, in
welcher Handwerker-Lehrlinge und Gesellen an den Abenden der
Woche und des Sonntags in den für sie besonders wichtigen Lehrgegenständen (Rechnen, Geometrie, Naturlehre und Zeichnen) durch
die Lehrer der Provinzial-Gewerbeschulen unterrichtet werden sollten,
und indem er ferner, soweit seine knappen Mittel reichten, den
Anstalten aus seinen Fonds hie und da Zuschüsse für Lehrmittel überwies, allerdings wiederum nur zur Förderung der technischen Ausbildung der Schüler, so ging doch die Sache des
Fortbildungsschulwesens eher rückwärts als vorwärts. Am Schlusse
des Jahres 1853 gab es in ganz Preussen nur 220 Schulen, wobei
die von Privatvereinen und Privatpersonen unterhaltenen
mitgezählt sind, welche von 18011 Schülern besucht wurden.[2]
Davon entfielen auf den

1. Regierungsbezirk	Königsberg	19	Schulen mit	1119	Schülern
2.	„	Gumbinnen	5	„	„	258	„
3.	„	Danzig	2	„	„	155	„
4.	„	Marienwerder	0	„	„	0	„
5.	„	Posen	6	„	„	332	„
6.	„	Bromberg	1	„	„	150	„
7.	„	Potsdam m. Berlin[3]	13	„	„	1862	„

[1] Siehe oben S. 731, 732.
[2] Siehe Staats-Anzeiger von 1854, No. 253, S. 1913.
[3] In Berlin hatte der Magistrat schon am 21. Dezember 1848 einen „Plan
zur Organisation der städtischen Fortbildungsanstalten", der ihr von
der städtischen Schuldeputation vorgelegt war, genehmigt (Abgedruckt von Grumbach a. a. O. S. 55 ff), in Folge dessen mit dem 1. Januar 1849 drei Fortbildungsanstalten in's Leben traten. Der Unterricht wurde am Sonntag Vormittag von
8—1 Uhr ertheilt. Unterrichtsgegenstände waren: Schönschreiben, freies Handzeichnen, Maschinen-, Situations- und architektonisches Zeichnen, Lesen, deutsche
Sprache, Aufsatzlehre und Schriftenkunde, Rechnen, Geometrie, Naturgeschichte,
Physik, Chemie, Geographie, Geschichte, Moral, Rechts- und Staatskunde, französische und englische Sprache; später kamen auch noch Buchführung, kaufmännische
Korrespondenz, Mechanik, Gewerbe- und Handelskunde, Stereometrie, Astronomie,

8.	Regierungsbezirk	Frankfurt	5	Schulen	mit	415 Schülern
9.	,,	Stettin	4	,,	,,	99 ,,
10.	,,	Stralsund	1	,,	,,	160 ,,
11.	,.	Köslin	3	,,	.,	289 ,,
12.	,,	Breslau	16	,,	,,	2022 ,,
13.	,,	Liegnitz	13	,,	,,	1219 ,,
14.	,,	Oppeln	2	,,	,,	415 ,,
15.	,,	Magdeburg	10	,,	.,	695 ,,
16.	,,	Merseburg	14	,,	,,	733 .,
17.	,,	Erfurt	10	,,	,,	953 ,,
18.	,,	Münster	10	,,	,,	749 ,,
19.	,,	Arnsberg	37	,,	,,	2393 ,,
20.	,,	Minden	4	,,	,,	397 ,,
21.	.,	Aachen	5	,,	,,	499 ,.
22.	..	Koblenz	6	–	–	511 –
23.	–	Köln	8	–	–	635 –
24.	–	Düsseldorf	22	–	–	1814 –
25.	,,	Trier	4	,.	..	137 .,

Zusammen: 220 Schulen mit 18011 Schülern.

Der Handelsminister klagte auch in seinem Verwaltungsberichte für die Jahre 1852/54 namentlich darüber, dass es ihm an den erforderlichen Mitteln fehle, um diese Schulen angemessen zu unterstützen.

Volkswirthschaftslehre, Anthropologie, Grundlehren des Christenthums hinzu! — Diese Gegenstände sollten aber nicht sofort sämmtlich in den Lehrplan jeder Anstalt aufgenommen werden; vielmehr sollte dies der Entwickelung derselben und dem sich kundgebenden Bedürfniss vorbehalten bleiben. Die Schulen sollten ferner nicht klassenmässig organisirt werden, theils weil die Anstalten dadurch einen gewissen schulmässigen, dem Gefühl der Freiheit der Theilnehmer widerstrebenden Charakter erhalten hätten, hauptsächlich aber, weil es kaum möglich erschien, diese verschiedenartig vorgebildeten Zöglinge nach Klassen zu sondern, und ihnen, die so mannigfalte Bildungsbedürfnisse hatten, einen gleichen Bildungsgang vorzuzeichnen. Dagegen sollten die Lehrgegenstände in einzelnen Lektionen oder halbjährigen Lehrkursen vorgetragen werden, welche so geordnet waren, dass jeder Zögling die seinen Bedürfnissen entsprechenden Vorträge nach eigener Wahl unter Beirath des Vorstandes hören konnte. Nur in Bezug auf diejenigen Theilnehmer, welche noch gar keine oder nur ganz geringe Schulkenntnisse besassen, wurde bestimmt, dass sie in den beiden ersten Kursen an dem Unterricht in allen zu denselben gehörigen Gegenständen theilnehmen müssten, und nicht eher andere Kurse belegen dürften, als bis sie die nothwendigen Elementarkenntnisse erworben hätten. Gegen Ende des Jahres 1850 sah man sich genöthigt, diejenigen Lehrlinge, welche eine zu geringe Schulbildung besassen, von den Anstalten auszuschliessen und den oben (S. 843, 844) erwähnten „Sonntagsschulen für Handwerkslehrlinge", die neben den städtischen Fortbildungsanstalten bestehen blieben, zuzuweisen. 1857 wurde sogar durch den Magistrat verordnet, dass nur solche Lehrlinge die Fortbildungsanstalten besuchen dürften, welche sich durch ein Zeugniss ihres Innungsvorstandes oder der Direktion der Sonntagsfreischulen über ihre Befähigung auszuweisen vermochten. Die Kosten der Fortbildungsanstalten wurden von der Kommune bestritten, doch sollte jeder Zögling monatlich 5 Sgr. Schulgeld bezahlen; hiervon waren nur die Handwerkslehrlinge befreit, „da dieselben die Zahlung zu leisten fast immer ausser Stande sind". Ueber die weitere Entwickelung des Berliner Fortbildungsschulwesens siehe das Nähere bei Grumbach a. a. O.

„Die Schulen bestehen", so heisst es dort, „durch die Erhebung von Schulgeld — welche sich, den regelmässigen Besuch fördernd, entschieden als zweckmässig bewährt hat —, durch Beiträge der betreffenden Kommunen, von Vereinen und Privaten. Verschieden wie die Quelle des Unterhalts ist Einrichtung und Lehrplan. Einige beschränken sich auf den Lehrplan im Lesen, Schreiben und Zeichnen, andere erweitern denselben mehr oder weniger. Obgleich es mir sehr erwünscht sein würde, wenn ich diese Schulen durch baare Zuschüsse aus den zu meiner Verfügung stehenden Fonds unterstützen könnte, um dadurch den Anspruch zu begründen, bei ihrer Einrichtung bestimmend einzuwirken, das oft mehr zufällig Entstandene und Gewordene zur Verfolgung eines einheitlichen Planes zu leiten und aus diesen Instituten Vorschulen für die Provinzial-Gewerbeschulen zu machen, so habe ich es mir doch bei den anderweitigen dringenderen Anforderungen an den gewerblichen Fonds zu meinem Bedauern seither versagen müssen, die darauf gerichteten Anträge zu berücksichtigen. Dagegen habe ich, soweit es die Mittel gestatteten, durch Vermehrung und Verbesserung der Lehrmittel, insbesondere durch Gewährung von guten, den Geschmack bildenden Vorlagen zum Zeichnen die Zwecke dieser Schulen zu fördern gesucht und werde das in diesen liegende wichtige Material für die Heranbildung eines tüchtigen Handwerkerstandes nutzbarer zu machen bedacht sein, wenn sich die dazu erforderlichen Geldmittel verfügbar machen lassen."

Da staatliche Mittel für den Zweck zunächst nicht zur Verfügung gestellt wurden oder werden konnten, so blieb der Regierung nichts weiter übrig, als sich auf wohlmeinende Anregungen und Erlasse zu beschränken, durch die die Aufmerksamkeit der Provinzial- und Lokalbehörden, sowie der betheiligten Kreise auf die Nützlichkeit der Fortbildungsschulen hingelenkt, namentlich aber auch die Nothwendigkeit der Verbesserung des Elementarschulwesens betont wurde, damit die Jugend schon aus der Volksschule die für ihr künftiges Leben erforderlichen Kenntnisse mitbringe. Man scheute sich auch nicht, davor zu warnen, „ein Bedürfniss der Fortbildung zu fingiren oder den Wunsch nach derselben künstlich zu erzeugen." Um die nun einmal nicht zu vermeidenden Unterhaltungskosten, insbesondere die Remunerationen der Fortbildungs-Schullehrer aufzubringen, wurde auf das Schulgeld als Einnahmequelle hingewiesen, auch zu erwägen gegeben, ob es nicht zweckmässig sei, die Kommunen und sonstigen Korporationen — wobei man wohl an die Innungen dachte — zwangsweise zur Unterhaltung der Schulen heranzuziehen. Bemerkenswerth ist übrigens, dass sich die Regierung immer mehr genöthigt sah, auch die praktische, gewerbliche Bedeutung der Fortbildungsschulen, neben der früher allein massgebend gewesenen ethischen, zu betonen, und dass sie sich auch nach und nach mit dem Schulzwange zu befreunden begann.[1])

Eine entscheidende Wendung zum Besseren trat erst in Folge des Anschlusses der neuen Provinzen und der durch die Gewerbeordnung vom 21. Juni 1869 geschaffenen Möglichkeit ein, Gesellen und Lehrlinge unter 18 Jahren durch Ortsstatut zum

---

[1]) Vgl. Erlass des Ministers der geistlichen, Unterrichts- und Medizinal-Angelegenheiten vom 18. Dezember 1863. In ihm heisst es u. A.: „Die Angelegenheit der Fortbildungsschulen ist amtlich zuletzt durch die Cirkular-Verfügung vom 20. April 1846 (s. o. S. 847) in Anwendung gebracht worden. In dieser Verfügung hat nach Lage der Verhältnisse davon ausgegangen werden müssen, dass die Veranstaltungen zur Fortbildung der aus der Elementarschule entlassenen Jugend überall nur das Werk freier Entschliessung seien und dass sie ihre Einrichtung und Förderung lediglich durch freie Vereine und durch die Thätigkeit einzelner wohlwollender Personen finden können. Es wurde vorausgesetzt, dass die Sache sich leicht von selbst in allen denjenigen Fällen machen werde, wo gewerbliche und andere Lebensverhältnisse der Bewohner, namentlich in den Städten, eine weitergehende Ausbildung, als sie die Elementarschule gewähren könne, wünschenswerth erscheinen lassen. Diese Voraussetzung hat sich, wie die Erfahrung lehrt, nicht als zutreffend erwiesen. Für andere, besonders ländliche Verhältnisse glaubte man annehmen zu dürfen, dass anderweit gegebene Veranlassungen, wie Jünglings- und Gesang-Vereine, Bibel- und Missionsstunden einen genügenden Anhalt bieten würden, um theils Neigung für allgemeine Weiterbildung zu erwecken, theils diese zu vermitteln. Auch diese Erwartung hat sich nur in sehr geringem Masse erfüllt. Es kommt hinzu, dass sich seit dem Erlass jener Verfügung die thatsächlichen Verhältnisse wesentlich geändert haben und durch die Fortschritte der Gewerbe und des Handels, durch die Vermehrung und Erleichterung der Kommunikationsmittel nicht nur das Bedürfniss der Bildung intensiv gesteigert hat, sondern dass sich auch die Kreise erweitert haben, welche ihrer bedürfen. Zum Belage hierfür verweise ich auf die Verhältnisse in dem Regierungsbezirk Arnsberg, in welchem die Industrie allerdings vorzugsweise vertreten ist. Die dortige Regierung bemerkte in einem Bericht aus dem Jahre 1859 Folgendes: Zählte man im Jahre 1849 nur 12 solcher Fortbildungsschulen, hauptsächlich von Bauhandwerkern besucht, welche in denselben die Vorbereitung zu den Prüfungen suchten, so besitzt der Regierungsbezirk jetzt 69 Handwerker-Fortbildungsschulen mit mehr als 3900 Schülern, nicht allein in den Städten, sondern auch viele auf dem Lande. Es entstehen immer mehr neue; die Ortsbehörden drängen sich dazu; das Bedürfniss derselben wird allgemein auf das Lebhafteste anerkannt, und die Regierung braucht gegenwärtig so wenig dazu anzuregen, dass vielmehr mit der Durchführung dieser heilsamen Einrichtungen so manche Versuche gemacht werden, deren Nachhaltigkeit erheblichen Zweifeln unterliegt.‘‘ Wie auf diese umfassendere Entwickelung im Regierungsbezirk Arnsberg die dort vorherrschende Industriethätigkeit von Einfluss gewesen sein muss, ergiebt sich daraus, dass in sämmtlichen übrigen Regierungsbezirken im Jahre 1856 überhaupt nur 230 Fortbildungsschulen mit etwa 18000 Schülern vorhanden waren. Diese Zahl ist seitdem nicht erheblich gestiegen. Die Einrichtung der Schulen selbst ist eine sehr verschiedene, ihr Lehrplan ist meistentheils abhängig von der Neigung oder Befähigung zufällig vorhandener Lehrkräfte; ihr Bestand ist aber selbst da, wo die Gemeinden die Mittel zu ihrer Unterhaltung hergeben, in keiner Weise auf die Dauer gesichert. . . . Es kann keinem Bedenken unterliegen, Schulen, welche nicht sowohl Fortbildungsschulen, als Nachhülfeschulen sind, d. h. sich lediglich auf Wiederholung und Befestigung des Elementarunterrichts-Stoffes beschränken, als einen Nothbehelf anzusehen, der seine Erklärung und Rechtfertigung nur darin finden kann, dass die Elementarschulen zu überfüllt sind oder dass der Schulbesuch zu unregelmässig ist, oder dass die Unterrichtsertheilung zu fehler- und mangelhaft ist, um die Kinder mit dem 15. Lebensjahre in den vollen und festen Besitz des Unterrichtsmaterials der Elementarschule aus dieser in das Leben und in den Beruf entlassen zu können . .

Besuche der Fortbildungsschulen zu zwingen.[1]) In Nassau und Hannover hatten nämlich die dort „Gewerbeschulen" genannten Fortbildungsschulen Staatszuschüsse im Gesammtbetrage von 34582 Mark erhalten. Diese Zuschüsse wurden von der Preussischen Regierung weiter gezahlt. Jetzt trat der Widerspruch hervor, dass die Pflege dergleichen im öffentlichen Interesse liegenden und für den gewerblichen Fortschritt nothwendigen Veranstaltungen in den älteren Theilen der Monarchie den Gemeinden allein überlassen blieb, während die Gemeinden der neuen Landestheile durch Staatsbeihülfen unterstützt wurden. Dies führte zuletzt dazu, dass in dem Staatshaushalt von 1874 der oben erwähnten Summe zur Berück-

Anders verhält es sich in Ansehung der wirklichen Fortbildungsschulen. Für diese scheint nach den Erfahrungen der letzten Jahrzehnte in Wahrheit ein tiefer gehendes und dauerndes Bedürfniss anerkannt werden zu müssen, welches nicht durch anderweitige Einrichtungen befriedigt werden kann. Es wird an der Zeit sein für die Organisation dieser Fortbildungsschulen festere Prinzipien zu gewinnen zu suchen und lasse ich der Königlichen Regierung deshalb nachstehende Andeutungen zugehen: Als erster Grundsatz wird festzuhalten sein, dass nicht ein Bedürfniss der Fortbildung fingirt oder der Wunsch nach derselben künstlich erzeugt werde. Am entschiedensten wird ein solches für einen grossen Theil der jungen Handwerker und Gewerbetreibenden bezeugt; ein Gleiches wird Seitens einzelner Korporationen und für einzelne Provinzen aber auch hinsichtlich einer rationellen Betreibung des Ackerbaues behauptet. In beiden Fällen werden in den Kreis des Fortbildungsunterrichts jedenfalls speciell technische Disciplinen mit aufzunehmen sein. Es kann aber auch sein, dass an einzelnen Orten, wenigstens für einen Theil der aus der Elementarschule entlassenen Jugend, ein Bedürfniss allgemeiner Weiterbildung in der Art sich geltend macht, dass eine erweiterte Kenntniss der volksthümlichen Literatur, eine grössere Fertigkeit in der schriftlichen Darstellung, sowie im Rechnen, eine ausgebreitetere Bekanntschaft auf den Gebieten der Geschichte, der Erd- und Naturkunde wünschenswerth wird. Je nach diesen Verschiedenheiten werden sich drei Gruppen unterscheiden lassen, nämlich: Fortbildungsschulen der Jugend im Allgemeinen, Handwerker- und gewerbliche Fortbildungsschule. Für die beiden letzteren Kategorien wird unbedingt festzuhalten sein, dass sie nicht speciell technische Fachschulen sind, sondern dass in ihren Unterrichtskreis auch Disziplinen der gehobenen Elementarschule, namentlich soweit sie ethischen und vaterländischen Inhalts sind, gehören .. Für den Besuch der Fortbildungsschulen kann nach den bestehenden gesetzlichen Bestimmungen kein Zwang geltend gemacht werden. Sollte ein solcher für neue Einrichtungen und für das weitere Gedeihen unbedingt erforderlich erscheinen, so würde seine Begründung auf dem Gebiet der Gewerbegesetzgebung zu suchen sein, etwa in der Art, dass aufzunehmende Lehrlinge zum Besuche der Fortbildungsschulen verpflichtet und in den Stand gesetzt werden und dass für die betreffenden Prüfungen der Nachweis über erfolgten Besuch gefordert wird. Ebenso wenig können nach der bestehenden Gesetzgebung Kommunen und sonstige Korporationen zwangsweise zur Errichtung und Unterhaltung von Fortbildungsschulen genöthigt werden. Ob eine solche gesetzliche Nöthigung unter gewissen Voraussetzungen auszusprechen, angemessen erscheint, bleibt der näheren Erwägung der Regierung überlassen; sonst aber ist darzuthun, wie auf anderem Wege, etwa durch zu erhebendes Schulgeld, die Einrichtung und Unterhaltung der Schulen, namentlich auch, was die Remuneration der Lehrer betrifft, zu sichern ist . . .„

[1]) Siehe die „Denkschrift über die Fortbildungschulen in Preussen" vom Jahre 1883, ferner die Denkschrift von 1891, S. 199 ff. und von 1896, S. 57 ff.; 106 ff. — Ueber die Gewerbegesetzgebung s. o. S. 347, 348, 466, 493—499, 525, 527, 528, 548, 552, 565, 566, 573, 578, 589 ff.

sichtigung der Bedürfnisse der alten Provinzen noch 107568 Mark hinzugefügt wurden und so ein Gesammtfonds von 142150 Mark entstand. Dieser Fonds ist im Laufe der Jahre nach und nach erhöht worden, und er beträgt zur Zeit — nach dem Staatshaushalts-Etat für 1902 — 1100000 Mark. Hierzu kommen noch die Mittel, die auf Grund des Gesetzes vom 4. Mai 1886[1]) alljährlich für die Fortbildungsschulen in Westpreussen und Posen besonders bereitgestellt werden, und die zunächst auf 200000 Mark bemessen wurden, jetzt aber auf 400000 Mark angewachsen sind. Endlich sind noch die zur Aus- und Fortbildung der Lehrkräfte für die Fortbildungsschulen bestimmten Mittel zu erwähnen, die erstmalig im Jahre 1886/87 mit 17600 Mark ausgebracht wurden, sich gegenwärtig aber auf 150000 Mark belaufen. Demnach werden jetzt in Preussen alljährlich 1650000 Mark allein aus Staatsmitteln für die Unterhaltung der Fortbildungsschulen aufgewandt.

Die Möglichkeit der Gewährung von Staatszuschüssen hat die Staatsregierung natürlich, wenn auch in vorsichtiger Weise, dazu benützt, um auf die Gestaltung des Fortbildungsschulwesens einigen Einfluss zu gewinnen. Sie ist bestrebt gewesen, die an der Zentralstelle gesammelten Erfahrungen in möglichst ausgedehntem Masse für alle Schulen nutzbar zu machen und die einzelnen Anstalten auf die höchste Stufe ihrer Leistungsfähigkeit zu bringen. Dabei hat sie sich indessen auf die Festlegung allgemeiner Grundsätze beschränkt und sich gehütet, den einzelnen Schulen durch bis in's Einzelne gehende Vorschriften und reglementarische Bestimmungen Fesseln anzulegen, die ihre naturgemässe, den örtlichen Bedürfnissen entsprechende Entwickelung hätten hemmen und das Interesse und den Eifer der Betheiligten lähmen können.

In erster Linie strebte sie die möglichst allgemeine Einführung des Schulzwangs an. Sie bestimmt daher schon im Erlasse vom 17. Juni 1874,[2]) dass die Bewilligung eines Staatszuschusses in der Regel nur für solche Fortbildungsschulen zulässig sei, deren Besuch auf Grund eines nach der Gewerbeordnung vom 21. Juni 1869 erlassenen Ortstatuts obligatorisch ist. Von dieser Bedingung sollte ausnahmsweise nur da abgesehen werden, wo nach Lage der Verhältnisse mit Bestimmtheit zu erwarten war, dass die betreffende Schule auch ohne Schulzwang allgemein besucht sein werde, dass also die Absicht der bezüglichen Bestimmung auch ohne zwingendes Ortstatut zu errichten sei. Die Folge davon war, dass schon am 2. Januar 1882 von den vorhandenen 623 gewerblichen Fortbildungsschulen 335 mit 32558 Schülern obligatorisch waren, während die Zahl der fakultativen nur 288 mit 24526 Schülern betrug. Die weitere Entwickelung ergiebt sich aus der folgenden

---

[1]) S. o. S. 497—499.
[2]) Abgedruckt in der Denkschrift von 1891, S. 228—231.

Nachweisung, in der die Fortbildungsschulen in Westpreussen und Posen besonders aufgeführt sind, weil es sich in diesen Provinzen um Ausnahmeverhältnisse handelt, indem dort die Begründung und Ausgestaltung der Fortbildungsschulen — die hier durchweg obligatorisch sind — dank des Gesetzes vom 4. Mai 1886 und der zu seiner Ausführung bereitgestellten besonderen staatlichen Mittel verhältnissmässig leicht und rasch durchzuführen war. In der Nachweisung sind ferner nicht berücksichtigt die kaufmännischen Fortbildungsschulen, die Innungsschulen und die von freien Vereinigungen (Jünglings-, Gesellen-, Arbeiterbildungs-, Handwerker-Vereinen u. s. w.) unterhaltenen Fortbildungsschulen.

Jahr am 2. Januar	Obligatorische Schulen. Zahl der		Fakultative Schulen. Zahl der		Gesammtzahl der	
	Schulen	Schüler	Schulen	Schüler	Schulen	Schüler
1882	335	32558	288	24526	623	57084
1889	394	45874	319	39420	713	85294
1891	413	47720	309	43969	722	91689
1892	450	51333	298	44133	748	95466
1893	464	55484	298	45757	762	101241
1894	466	54445	291	44921	757	99366
1895	472	56147	289	44270	761	100417
1900	670	82842	231	41230	901	124072
1902	767	100519	198	41787	965	142306

In den Provinzen Westpreussen und Posen waren vorhanden am 2. Januar 1890: 159 obligatorische Schulen mit 11975 Schülern
„ „ „ 1902: 127[1]) „ „ „ 16579 „

In ganz Preussen betrug demnach am 2. Januar 1902 die Gesammtzahl der obligatorischen Fortbildungsschulen in dem oben erläuterten Sinne: 894 mit 117098 Schülern und die der fakultativen: 198 mit 41787 Schülern.

Von besonderer Bedeutung ist es, dass in den letzten Jahren auch die grösseren Städte, wo man bisher theils aus grundsätzlichen Bedenken, theils aus finanziellen Erwägungen mehr der fakultativen als der obligatorischen Fortbildungsschule zuneigte, zur Einführung der Schulpflicht übergegangen sind oder überzugehen beabsichtigen, so Hannover, Altona, Magdeburg, Cassel, Kiel, Frankfurt a. M., Köln, Düsseldorf, Charlottenburg, Breslau, Barmen, Elberfeld u. a.

---

[1]) Der Rückgang der Schulen erklärt sich daraus, dass in Folge des oben (S. 493) erwähnten Erkenntnisses des Kammergerichts vom 27. Dezember 1888, das die Bestrafung von Schulversäumnissen auf Grund von Polizeiverordnungen unmöglich machte, Anfang der neunziger Jahre mehrere Schulen wegen zu schwachen oder unregelmässigen Schulbesuchs eingingen, die bis jetzt noch nicht wieder eröffnet worden sind.

Die grundsätzlichen Bedenken, die noch hie und da gegen die Zwangsschule herrschen, hat der Handelsminister durch folgenden Erlass an die Regierungs-Präsidenten vom 31. August 1899 zu beseitigen versucht:

Vereinzelt findet sich noch die Meinung vertreten, dass bei den gewerblichen Fortbildungsschulen dem freiwilligen Schulbesuch vor dem auf § 120 der Gewerbeordnung beruhenden ortsstatutarischen Schulzwang der Vorzug zu geben sei. Dem gegenüber sehe ich mich veranlasst, zu betonen, dass nach den in allen Landestheilen bisher gemachten Erfahrungen die Fortbildungsschule nur beim Bestehen der ortsstatutarischen Schulpflicht gedeiht und ihre Aufgabe erfüllt.

Von den Gegnern des Fortbildungsschulzwangs wird häufig hervorgehoben, dass durch seine Einführung der Stand der Schule herabgedrückt werde; die freiwilligen Schüler seien willig und lerneifrig, die gezwungen zur Schule kommenden dagegen widerspenstig und träge, hemmten die Fortschritte der besseren Schüler und erschwerten die Aufrechterhaltung der Ordnung in der Schule. — Richtig ist hieran, dass bei Einschulung aller gewerblichen Arbeiter unter 18 Jahren leicht Elemente in die Fortbildungsschule kommen, die sich der Schulzucht nicht ohne weiteres fügen. Dieses Bedenken lässt sich durch zweckmässige Eintheilung der Schüler, insbesondere bei strenger Durchführung des Stufensystems und durch Heranziehung geeigneter Lehrkräfte beheben. Ausserdem aber wird sich diesem Uebelstand der ortsstatutarischen Schulpflicht leicht dadurch begegnen lassen, dass nicht junge Leute der Schule zugeführt werden, die mehrere Jahre hindurch der Schulzucht entwöhnt sind. Das Ortsstatut ist vielmehr zunächst nur für die unterste Jahresklasse in Kraft zu setzen und alljährlich auf einen weiteren Jahrgang auszudehnen. Die Erfahrung lehrt, dass sich alsdann die Fortbildungsschulpflicht bald einlebt und Störungen der Ordnung vorgebeugt wird.

Da bei diesem Verfahren die Schule erst in 3—4 Jahren in ihrem vollen Umfange ausgestaltet wird, so wird damit zugleich dem weiteren Bedenken Rechnung getragen, dass die Fortbildungsschule bei Einführung der Schulpflicht und dem dadurch bedingten Anwachsen der Schülerzahl bezüglich der Schulräume und der Unterhaltungskosten unvermittelt Anforderungen stellt, die sich nach den örtlichen Verhältnissen nicht ohne weiteres erfüllen lassen.

Wenn die Gegner des Fortbildungsschulzwanges die Meinung vertreten, dass die Schulen mit freiwilligem Besuch die besseren Leistungen aufwiesen, so ist diese Behauptung in ihrer Allgemeinheit zweifellos unrichtig; von vereinzelten Ausnahmen abgesehen, trifft nach dem Ergebniss der vorliegenden Revisionen vielmehr das Gegentheil zu. Der unregelmässige und unpünktliche Schulbesuch ist eine ständige Klage bei fast allen Fortbildungsschulen mit freiwilligem Besuch. An einzelnen Orten hat sogar lehrplanmässig eine besondere Beschäftigung für die allmählich eintreffenden Schüler bis zu dem Zeitpunkte vorgesehen werden müssen, wo eine genügende Anzahl versammelt ist, um den eigentlichen Unterricht, der auf diese Weise häufig auf nahezu die Hälfte der planmässigen Zeit verkürzt wird, beginnen zu können. Ein weiterer Uebelstand, der mit dem freiwilligen Schulbesuch verbunden ist, und der ein schweres Hinderniss einer erfolgreichen Lehrthätigkeit bildet, besteht darin, dass im Deutschen und Rechnen die Schüler meistens nicht der Stufe überwiesen werden können, in die sie nach ihren Kenntnissen gehören. Denn entweder weigern sich die Schüler einfach, sich einer Unterstufe zuweisen zu lassen, und bleiben dann lieber der Schule ganz fern, oder sie geben vor, an den Tagen oder zu den Stunden, wo die betreffende Klasse Unterricht hat, nicht abkömmlich zu sein. Die Folge davon ist, dass sogar an Anstalten mit grosser Schülerzahl keine aufsteigenden, sondern nur Parallelklassen gebildet werden, in denen sich dann ein Schülermaterial von verschiedenartigster Schulbildung zusammenfindet.

Im Uebrigen ist auch die Behauptung nicht haltbar, dass eine Fortbildungsschule mit freiwilligem Besuch allen strebsamen jungen Arbeitern ausreichende Gelegenheit biete, sich weiter zu bilden. Denn ein Lehrmeister, der dem Fortbildungsunterricht nicht geneigt ist, wird ungeachtet der ihm nach § 120 der Gewerbe-Ordnung obliegenden Verpflichtung, seinen jugendlichen Arbeitern zum Schulbesuch die erforderliche Zeit zu gewähren, in seinem Eigennutz schon Mittel und Wege finden, sie davon zurückzuhalten. Aber auch wenn man nicht annehmen wollte, dass auf diese ungesetzliche Weise zahlreichen strebsamen jungen Leuten der Besuch der Fortbildungsschule zu ihrem grossen Schaden verschlossen ist, so wird hierbei die wichtige Aufgabe der Fortbildungsschule ausser Acht gelassen, eine Stätte der Bildung und Erziehung für die Gesammtheit der gewerblichen Arbeiter zu sein. Zweifellos sind die meisten jungen Leute, die mit 14 Jahren die Volksschule verlassen, weder nach ihren Kenntnissen, noch nach ihrer Charakterbildung reif für das Leben. Bei der vorhandenen und immer noch zunehmenden Lockerung des Verhältnisses zwischen Arbeitgebern und Arbeitnehmern besteht die Gefahr, dass sie nach ihrer Entlassung aus der Volksschule jeder erziehenden und unterrichtlichen Einwirkung entbehren. Hier erwächst für die Fortbildungsschule die Pflicht, die entstandene Lücke auszufüllen, auf Geist und Charakter der Jugend günstig einzuwirken und sie gegenüber den in mannigfacher Form auf sie eindringenden Verlockungen widerstandsfähig zu machen. Dieser Aufgabe kann sie aber nur dann genügen, wenn ihr nicht nur die Lehrlinge einzelner besser gestellter Gewerbzweige oder einzelner einsichtiger Arbeitgeber, sondern wenn ihr die ganze breite Masse des gewerblichen Nachwuchses zugeführt wird.

Ich ersuche Sie, hiernach überall, wo es angezeigt erscheint, die Einführung der ortsstatutarischen Schulpflicht mit Nachdruck zu betreiben und bei Anträgen auf Unterstützung neu errichteter gewerblicher Fortbildungsschulen oder bei Anträgen auf Erhöhung der bisher gewährten Staatszuschüsse zugleich über das Ergebniss der in der Frage der Schulpflicht mit den zuständigen Kommunalverbänden gepflogenen Verhandlungen zu berichten.

Auch der oben (S. 548) mitgetheilte Erlass vom 4. September 1901, betreffend die Mitwirkung der Innungen und Handwerkskammern an der Sicherung des regelmässigen Besuchs der Fortbildungsschulen, der § 13 der durch Erlass vom 4. Mai 1901 den übrigen Handwerkskammern zur Nachachtung übersandten Vorschriften der Handwerkskammer von Berlin, betreffend die Regelung des Lehrlingswesens (S. 552), sowie die Bestimmung in den Gesellen-Prüfungsordnungen (S. 578), dass dem Gesuche um Zulassung zur Prüfung das Zeugniss der Fortbildungsschule, zu deren Besuch der Lehrling verpflichtet war, beizufügen ist, sollen indirekt auf die Erweiterung des Schülerkreises der Fortbildungsschulen und ihren regelmässigen Besuch hinwirken.

Des Weiteren liess sich die Regierung die Vermehrung der Unterrichtsstunden, deren Verlegung vom Sonntage auf die Wochentage und in die Tageszeit angelegen sein. Der Sonntag Nachmittag soll grundsätzlich vom Unterricht frei bleiben; den Sonntag Vormittag, auch abgesehen von der Zeit des Gottesdienstes, wo er schon jetzt gesetzlich verboten ist, vom rein technischen Unterricht ganz zu befreien und ihn höchstens auf die den inneren Menschen, seine Herzens- und Gemüthsbildung, seine Moral und Charakterbildung beeinflussenden Lehrgegenstände zu beschränken, wird freilich erst dann möglich sein, wenn es gelingt, den bereits in erfreulicher Zunahme begriffenen Wochen-Tagesunterricht noch allgemeiner durchzuführen, damit der jetzt meist auf die Sonntage angewiesene Zeichenunterricht an den Wochentagen ertheilt werden kann.

Eine besonders eingehende Behandlung hat die Frage der Lehrpläne gefunden. Schon dem oben erwähnten Erlasse vom 17. Juni 1874 waren „Grundzüge für die Einrichtung gewerblicher Fortbildungsschulen" beigegeben, die für die staatlich unterstützten Anstalten massgebend sein sollten. Danach hatte jede normal eingerichtete Fortbildungsschule aus zwei Stufen zu bestehen, deren jede sich in mehrere Klassen gliedern konnte. Die Unterstufe hatte die Aufgabe, die allgemeine Bildung des Zöglings im Hinblick auf seinen Beruf zu fördern und sich demnach, mit Ausnahme der Religion, thunlichst auf alle Lehrgegenstände der Oberklassen gehobener Volksschulen zu erstrecken. Die Aufgabe der oberen Stufen war die Erhöhung der Gewerbstüchtigkeit des Zöglings insbesondere. Die Auswahl der Lehrgegenstände für diese Stufe bestimmte sich nach den gewerblichen Verhältnissen des Orts, an welchen sich die Schule befand, so dass bald die Ausbildung für das gewerbliche Leben im weiteren Sinne, bald die Ausbildung für den geschickten Betrieb eines Handwerks im Vordergrunde stand. Im ersteren Falle, also bei den gewerblichen Fortbildungsschulen im weiteren Sinne, sollte der Unterricht auf der Oberstufe neben den oben bezeichneten Lehrgegenständen der Unterstufe namentlich umfassen Physik und Chemie, bürgerliches und kaufmännisches Rechnen, Buchführung und Handelskorrespondenz. Nach Bedarf konnten auch fremde Sprachen als fakultativer Lehrgegenstand in den Lehrplan aufgenommen werden. In den eigentlichen Handwerker-Fortbildungsschulen bildete der Zeichenunterricht den Hauptgegenstand, dem möglichst acht wöchentliche Lehrstunden zu widmen waren. Wo dies ausführbar war und der Unterricht in mindestens zweijährigem Kursus fortgeführt werden konnte, sollte als Ziel des Zeichenunterrichts erstrebt werden: im Freihandzeichnen Sicherheit und Fertigkeit in der Darstellung von Flachornamenten, Blattformen, einfachen Körpern, Gefässen und Geräthen nach der Natur; im Zirkelzeichnen, nach Einübung des Zeichnens einfacher Flächenmuster und wichtiger geometrischer Konstruktionen, Fertigkeit in der Darstellung von einfachen Körpern, Holzverbindungen und Maschinentheilen. Die gleiche Stundenzahl wie dem Zeichenunterrichte sollte den für die gewerblichen Fortbildungsschulen im weiteren Sinne vorgeschriebenen Lehrgegenständen gewidmet, dabei aber neben dem Unterrichte im Rechnen und in den Naturwissenschaften, der Einführung der Zöglinge in die Geschichte und die Volksliteratur besondere Sorgfalt zugewandt werden. Wo es nicht angängig

war, für beide Stufen der gewerblichen Fortbildungsschule besondere
Klassen zu bilden, sollte im Lehrplane vorzugsweise die Aufgabe
der Unterstufe berücksichtigt, dabei aber nach Möglichkeit dafür
gesorgt werden, dass befähigtere oder besser vorgebildete Schüler
zu ihrer Weiterbildung Gelegenheit finden.

Dieser Lehrplan erwies sich sehr bald als unausführbar, da er
für die Ertheilung des Unterrichts eine Stundenzahl voraussetzte,
die fast in keiner Schule erreicht wurde. Bei einer im Jahre 1883
aufgenommenen Statistik zeigte es sich, dass die gewerblichen
Fortbildungsschulen in der Mehrheit der Fälle nur über 4—6 Stunden
wöchentlich für den Schüler der einzelnen Klasse oder Stufe verfügten und dass nur bei einer Minderheit diese Zahl auf 8 Stunden
und darüber stieg. Auch wo in grösseren Städten der Lehrplan
einer Anstalt eine erhebliche Zahl·von Cursen aufwies, welche den
besonderen Anforderungen der verschiedenen gewerblichen Berufsarten Rechnung trug, besuchte doch der einzelne Schüler selten mehr
als 8 Stunden wöchentlich die Anstalt, da er am Tage in der Werkstatt
arbeiten musste und nur einen Theil der Wochenabende und des
Sonntags für seine Weiterbildung verwenden konnte. Daher wurden
die „Grundzüge" von 1874 durch den Erlass vom 14. Januar 1884
aufgehoben und durch folgende Bestimmungen ersetzt:[1]

Bei Annahme einer Unterrichtszeit von wöchentlich 6 Stunden wird sich die
gewerbliche Fortbildungsschule auf die Lehrgegenstände beschränken müssen, welche
nach dem Bedürfniss des Handwerks und des kleineren Gewerbestandes am
nächsten liegen und das sind nach allgemeinem Anerkenntniss das Deutsche, das
Rechnen nebst den Anfängen der Geometrie, und — für die Mehrzahl der
Handwerkslehrlinge — das Zeichnen. Jedem dieser Gegenstände werden in der
Regel zwei Stunden zu widmen sein. Im Deutschen wird zunächst der Unterricht
der Volksschule fortgesetzt, ein deutliches, das Verständniss förderndes Lesen
geübt, das Gelesene wieder vorgetragen, in dem Rechtschreiben, der Interpunktion,
der Grammatik Belehrung ertheilt und auf Verbesserung der Handschrift gehalten.
Da es keinen Erfolg verspricht, die wenigen wöchentlichen Stunden derartig zu
theilen, dass neben dem Deutschen noch die Geschichte, die Geographie, die
Naturlehre als besondere Lehrgegenstände behandelt werden, so muss dafür gesorgt
werden, dass das deutsche Lesebuch eine zweckmässige Auswahl geschichtlicher,
geographischer und naturgeschichtlicher Abschnitte enthält, deren Inhalt bei dem
Lesen durchgenommen, und in mündlicher, theilweise auch in kurzer schriftlicher
Reproduktion angeeignet wird. Der Schüler soll dann weiter zum schriftlichen
Gebrauch der Muttersprache auf dem geschäftlichen Gebiet, in welchem er sich
später zu bewegen hat, also zum Anfertigen von Briefen, Eingaben, kurzen Aufsätzen geschäftlichen Inhalts u. s. w. angeleitet werden. Auch in der einfachen
gewerblichen Buchführung wird er entweder hier oder in Verbindung mit dem
Unterricht im Rechnen Belehrung empfangen müssen.

Auch das Rechnen knüpft zunächst an den Unterricht der Volksschule an,
indem die vier Grundrechnungsarten mit unbenannten und benannten Zahlen, die
gewöhnlichen Brüche und Dezimalbrüche behandelt, die deutschen Masse, Gewichte
und Münzen unter Benutzung von Veranschaulichungsmitteln eingeprägt werden.

---

[1] Der betreffende Erlass kann hier nur im Auszuge wiedergegeben werden;
er ist in der Denkschrift von 1891 (S. 234 ff.) wörtlich abgedruckt.

Im weiteren Fortgang sind die bürgerlichen Rechnungsarten durchzunehmen und bei den Aufgaben aus der Regel de tri, der Zins-, Rabatt-, Gewinn- und Verlustrechnung u. s. w. die Anforderungen des gewerblichen Lebens stets zu berücksichtigen. Das Kopfrechnen ist so zu üben, dass für den Schüler das schriftliche Rechnen erst da einzutreten braucht, wo die Zahlen wegen ihrer Grösse schwer im Gedächtniss haften.

Unentbehrlich für das praktische Bedürfniss vieler Gewerbe ist die Kenntniss der Anfangsgründe der Geometrie. Der Schüler muss hierin, wenn thunlich, soweit geführt werden, dass er den Umfang und Inhalt gradlinig begrenzter ebener Figuren und des Kreises, sowie die Oberfläche und den Inhalt von Körpern mit ebenen Flächen und von der Kugel berechnen kann. Relativ am wenigsten durch die Volksschule vorbereitet ist der Schüler der gewerblichen Fortbildungschule im Zeichnen; gleichwohl werden, wo insgesammt nur 6 Stunden zur Verfügung stehen, diesem wichtigen Fach, wenigstens auf der unteren Stufe, nur 2 Stunden gewidmet werden können, während bei einer Gesammtziffer von wöchentlich 8 Stunden der Zeichenunterricht am zweckmässigsten auf 4 Stunden ausgedehnt wird. Auch bei einer Gesammtziffer von 6 Stunden ist es indess sehr wünschenswerth, dass ältere Schüler, welche in den beiden anderen Lehrfächern hinreichend vorgebildet sind, die Gelegenheit erhalten, 4 Stunden zu zeichnen, und ihre Theilnahme an den übrigen Unterrichtszweigen eventuell beschränkt wird; wie andererseits solche Lehrlinge, für welche, wie die Fleischer, Bäcker u. s. w., das Zeichnen weniger praktischen Werth hat, davon sollten — vielleicht zu Gunsten anderer Disziplinen — dispensirt werden können.

Hiermit sind die Hauptziele skizzirt, welche der gewerblichen Fortbildungschule gesteckt sind, und welche sie, wenn auch in einer, je nach dem Masse der Vorbildung der Schüler und der Tüchtigkeit der Lehrkräfte, mehr oder weniger vollständigen Weise in der vorausgesetzten Unterrichtszeit erreichen kann. Wo diese Zeit noch nicht zu Gebote steht, ist sie nach Möglichkeit anzustreben, oder aber es sind Beschränkungen in den Zielen nicht zu vermeiden. So ist es beispielsweise bei nur 4 Wochenstunden nicht rathsam, neben dem Deutschen und dem Rechnen etwa noch eine Stunde für das Zeichnen zu bestimmen, da hier kein merkbarer Erfolg zu erreichen ist. Dagegen empfiehlt es sich in solchem Falle, den Unterricht auf den unteren Stufen auf Deutsch und Rechnen zu beschränken, und auf der oberen mit denjenigen Schülern, welche in jenen Fächern das Nothwendigste gelernt haben, dem Zeichnen eine ausgedehntere Zeit zu widmen.

Bei der Minderheit von Anstalten, welche, zumal in den grösseren Städten, über eine ausgedehntere Zeit, reichere Mittel und Lehrkräfte verfügen, wird eine vielseitigere Gestaltung des Lehrplanes möglich sein. Je nach seinem besonderen Beruf kann der Schüler hier meist unter einer Reihe von Kursen wählen. Hier werden die mathematischen Disziplinen weiter geführt, Mechanik und Physik hinzugenommen werden können; zu dem Freihandzeichnen und Zirkelzeichnen kann das Modellieren treten, und besonderer Fachzeichenunterricht für die einzelnen Zweige und Gruppen des Handwerks eingeführt werden. Das klare Bewusstsein von der besonderen Aufgabe der gewerblichen Fortbildungschule wird sich aber auch hier darin zeigen, dass die reicheren Kräfte und Mittel mehr zur Vervollkommnung des Unterrichts in den wesentlichen Disziplinen, als zur Heranziehung neuer, dem Gewerbestand ferner liegender Lehrfächer benutzt werden. Wo endlich an den Anstalten sich eine ausreichende Zahl junger Leute findet, die sich dem Handelsstande widmen wollen, werden Kurse in den fremden Sprachen, in Handelsgeographie u. s. w. mit Nutzen einzurichten sein, falls nicht die betreffenden Städte durch besondere Vorrichtungen diesen Schülern Gelegenheit zu ihrer Fortbildung geben.

Allgemeine Regeln über die Eintheilung einer gewerblichen Fortbildungschule nach Stufen oder Klassen lassen sich schwer aufstellen. Die Zahl der aufeinanderfolgenden oder nebeneinander stehenden Abtheilungen hängt von dem Etat und der

Zahl der Lehrkräfte, von der Frequenz der Schule und der Vorbildung ihrer Zöglinge ab. Im Allgemeinen ist es wünschenswerth, dass der Schüler alljährlich in eine höhere Stufe treten kann, also drei aufeinander folgende Stufen vorhanden sind, und dass das Klassensystem hier insofern eine Abänderung erfährt, als der Schüler in jedem einzelnen Lehrgegenstande der höheren Stufe zugewiesen werden kann, wenn er das Ziel der unteren erreicht hat.

Die in diesem Erlasse niedergelegten Grundsätze sind bisher in der Hauptsache massgebend geblieben, und sie sind auch den in der Anlage III abgedruckten, vom Handelsminister unterm 5. Juli 1897 erlassenen „Vorschriften für die Aufstellung von Lehrplänen und das Lehrverfahren im Deutschen und Rechnen an den vom Staate unterstützten gewerblichen Fortbildungsschulen" zu Grunde gelegt worden.

Neben der Ausbreitung und Vermehrung des Unterrichts, seiner Verlegung in die Woche und in die Tagesstunden und der Verbesserung der Lehrpläne war die Regierung bestrebt, tüchtige Fortbildungsschullehrer heranzubilden und für eine regelmässige fachmännische Beaufsichtigung der Schulen zu sorgen. Da der Unterricht in den Fortbildungsschulen in der weitaus grössten Mehrzahl der Fälle durch Volksschullehrer im Nebenamt ertheilt werden muss, so kam es vor allen Dingen darauf an, sie einmal mit der Eigenart des Fortbildungsschulunterrichts bekannt zu machen, damit sie nicht auf ihn die in der Volksschule übliche und gebotene Lehrweise übertragen, sondern sie dem Bildungsgrad und dem praktischen Bedürfnisse der Schüler anpassen, und sie ferner mit denjenigen Kenntnissen und Fertigkeiten auszurüsten, die sie sich in ihrem Beruf als Volksschullehrer anzueignen keine Gelegenheit gehabt haben. Die Unterweisung in der ersteren Richtung, also in der Methodik des Unterrichts, erfolgte in mehreren zwanglosen Besprechungen, die theils in Berlin, theils in verschiedenen Orten der Monarchie stattfanden, wohin die Lehrer zur Besprechung der „Vorschriften" vom 5. Juli 1897 zusammenberufen wurden. Diese Besprechungen sollen auch für die Folge abgehalten werden; vielleicht wird es zweckmässig sein, sie mit den Zeichenkursen für Fortbildungsschullehrer, die alljährlich stattfinden, zu verbinden. Diese Zeichenkurse sind zuerst im Jahre 1886 eingerichtet worden, um die Lehrer mit dem in den Fortbildungsschulen zu treibenden elementaren Freihand- und geometrischen Zeichnen, sowie mit den Anfängen des Fachzeichnens bekannt zu machen. Solche Kurse sind bisher in Berlin, Düsseldorf, Hannover, Elbing, Posen, Wiesbaden, Charlottenburg und Breslau abgehalten worden; die Kurse dauern 6 Wochen und zerfallen in Unter- und Oberstufe; die Lehrer werden daher in der Regel zweimal, einmal zum Unter- und einmal zum Oberkursus einberufen. Von 1886 bis zum Schlusse des Jahres 1901 sind im Ganzen 3038 Lehrer im Zeichnen ausgebildet worden. Neben diesen Kursen finden noch Ausbildungskurse für Lehrer an kaufmännischen Fortbildungschulen in Berlin statt, da auch der Unterricht in diesen Anstalten überwiegend von Volksschullehrern im Nebenamt ertheilt werden muss. In diesen Kursen wird Anleitung zum Unterrichten in der Buchführung, im kaufmännischen Rechnen, in der allgemeinen Handelslehre (Bank- und Börsenwesen, Post- und Eisenbahnverkehr u. s. w.), in der kaufmännischen Korrespondenz und im Handels- und Wechselrecht ertheilt. Ausserdem finden zwanglose Besprechungen über Lehr- und Stoffvertheilungspläne, Lehrmittel, Lehrmethoden u. s. w., sowie Besuche von kaufmännischen Fortbildungsschulen statt. Solcher Kurse, zu denen auch Lehrerinnen einberufen werden, und die ebenfalls in Unter- und Oberkurse, aber nur von vierwöchiger Dauer, zerfallen, haben bisher 7 stattgefunden; an ihnen haben 298 Lehrer und 25 Lehrerinnen theilgenommen. Diese Art der Ausbildung für die nur nebenamtlich wirkenden Lehrkräfte hat sich bisher bewährt, so dass der früher mehrfach erwogene Plan, ein besonderes Seminar für die Ausbildung von Fortbildungsschullehrern zu errichten, wenigstens vorläufig, zurückgestellt werden konnte. Sofern sich Lehrer und Lehrerinnen für den Unterricht an Fortbildungs- und Fachschulen im Hauptamte vorbereiten wollen, werden sie grösseren Anstalten dieser Art auf längere Zeit zur Ausbildung überwiesen.

Zur Beaufsichtigung des Zeichenunterrichts an den Fortbildungsschulen sind in den Provinzen Hannover, Westfalen und Schleswig-Holstein Direktoren und Lehrer grösserer Anstalten nebenamtlich als Revisoren angestellt worden, die die Schulen in den ihnen zugewiesenen Revisionsbezirken regelmässig zu besichtigen und darüber an den allen Revisoren vorgesetzten „Inspektor" des Zeichenunterrichts, als welcher zur Zeit der den Regierungs-Präsidenten in Potsdam und Frankfurt a. O. beigegebene Regierungsschulrath fungirt, zu berichten haben. In Hannover sind 7, in Westfalen und Schleswig-Holstein je 4 Revisoren bestellt, ausserdem sind dem Inspektor eine Anzahl grösserer Schulen unmittelbar zur Revision überwiesen worden. Letzterer giebt seine eigenen und die von den Revisoren erstatteten Berichte mit gutachtlicher Aeusserung an die zuständigen Verwaltungsstellen weiter, die die Beseitigung der vorgefundenen Mängel veranlassen. Diese Organisation ist zunächst nicht weiter ausgedehnt, weil sie sehr schwerfällig und, da die Revisoren ihre Geschäfte nur nebenamtlich wahrnehmen können, nicht immer ausreichend und durchführbar, dabei aber verhältnissmässig recht kostspielig ist.

Statt dessen ist man dazu übergegangen, den einzelnen Regierungen besondere „Regierungs- und Gewerbeschulräthe" als technische Referenten zu überweisen, die neben der Berathung der Regierungspräsidenten in den gewerblichen Schulangelegenheiten die Aufgabe haben, den Unterricht in den Fortbildungs- und Fachschulen ihrer Bezirke regelmässig zu beaufsichtigen. Sollte sich diese Art der Beaufsichtigung wegen der den Regierungs- und Gewerbeschulräthen obliegenden grossen Arbeitslast stellenweise als unzureichend erweisen, so wird man dazu übergehen müssen, ihnen besondere Hülfskräfte, „Gewerbeschul-Inspektoren", beizugeben. Doch sind in dieser Beziehung endgültige Beschlüsse noch nicht gefasst.

Zur Zeit sind 4 Regierungs- und Gewerbeschulräthe vorhanden, nämlich in Potsdam (für die Regierungsbezirke Potsdam und Frankfurt), Breslau (für den Regierungsbezirk Breslau), Düsseldorf (für den Regierungsbezirk Düsseldorf) und Posen (für die Regierungsbezirke Posen und Bromberg); die Mittel für drei weitere, nämlich in Arnsberg (Regierungsbezirk Arnsberg), Cassel (Regierungsbezirke Cassel und Wiesbaden) und Oppeln (Regierungsbezirk Oppeln) sind in den Staatshaushalts-Etat für 1902 eingestellt.

Schliesslich hat es sich die Regierung in den letzten Jahren besonders angelegen sein lassen, für die den gewerblichen Fortbildungsschulen angehörenden Lehrlinge und Gehülfen des Kaufmannsstandes besondere kaufmännische Fortbildungsschulen oder, wo dies mit Rücksicht auf die schwache Schülerzahl nicht angängig war, wenigstens besondere Kaufmannsklassen an den gewerblichen Fortbildungsschulen zu errichten; dabei ist sie zugleich bestrebt gewesen, diesen Unterricht auch der weiblichen kaufmännischen Jugend zugänglich zu machen. Um für die Organisation des kaufmännischen Fortbildungs- und Fachschulwesens in Preussen geeignete Grundlagen zu gewinnen, fanden auf Veranlassung des Handelsministers am 31. Januar und 1. Februar 1898 zwischen den Vertretern der betheiligten Ministerien, des Handels- und Gewerbestandes, der grösseren Städte und kaufmännischen Unterrichtsanstalten eingehende Berathungen statt, deren Inhalt in Anlage II wiedergegeben ist. Das Ergebniss dieser Berathungen lässt sich, soweit es die kaufmännischen Fortbildungsschulen betrifft, kurz dahin zusammenzufassen: Eine erhebliche Vermehrung der kaufmännischen Fortbildungsschulen, deren es damals 184 mit 14 935 Schülern und 591 Schülerinnen gab, ist im Interesse einer gründlichen Ausbildung des Kaufmannsstandes erforderlich. Solche Schulen sind überall zu errichten, wo es die örtlichen Verhältnisse gestatten, insbesondere, wo die nöthige Schülerzahl und geeignete Lehrkräfte vorhanden sind. Ist die Begründung selbständiger kaufmännischer Fortbildungsschulen nicht durchführbar, so sollen thunlichst Kaufmannsklassen an die gewerblichen Fortbildungsschulen angegliedert werden. Gründer und Träger dieser Schulen können sowohl die Kommunen, als auch die Handelskammern und kaufmännischen Vereine sein; ihre Verwaltung ist Kuratorien zu übertragen, in denen alle Betheiligten, also die Handelskammer, die städtischen Behörden und der örtliche Kaufmannsstand vertreten sein müssen und in denen auch der Direktor der Schule Sitz und Stimme hat, da er über den inneren Betrieb der Schule am besten unterrichtet ist und die Wirkung der beabsichtigten Massnahmen auf den Betrieb und die Entwickelung der Schulen am besten übersehen kann. Zu den Befugnissen der Kuratorien ist zu rechnen: Die Feststellung der Lehr- und Stundenpläne, der Schulordnung, die Bestimmungen über die Befreiung vom Schulgeld, die Annahme und Entlassung von Lehrkräften, die Veranstaltung von Prüfungen, die Abnahme der Schulrechnungen und der Entwurf des Schuletats. Dabei wird aber vorausgesetzt, dass die Hauptgrundsätze für die Einrichtung und Verwaltung der Schulen, für die Lehr- und Stundenpläne u. s. w. durch den Handelsminister allgemein festgestellt werden und dass für deren Befolgung im Einzelfalle durch eine staatliche technische Beaufsichtigung Sorge getragen wird. Die Lehr- und Stundenpläne sind, soweit erforderlich, zu vereinfachen und in einer den praktischen Bedürfnissen entsprechenden Weise abzuändern, die Lehrziele auf das erreichbare Mass zu beschränken und die Unterrichtsstunden da, wo dies noch nicht der Fall ist, auf wöchentlich mindestens 6 für jeden Schüler festzusetzen. Die Verlegung des Unterrichts von den Abend- in die Tagesstunden und die Einführung des obligatorischen Schulbesuchs ist zur Erzielung befriedigender Lehrerfolge besonders nothwendig. Zur Ausbildung der Lehrer ist neben Studienreisen, Fachkonferenzen, praktischer Beschäftigung in grösseren Handlungshäusern die Veranstaltung von periodisch abzuhaltenden Kursen nothwendig, in denen die Lehrer mit dem Unterrichtsstoff und den zu befolgenden Lehrmethoden bekannt gemacht werden.

Nach diesen Grundsätzen ist seitdem im Allgemeinen verfahren worden, wenn auch von ihrer förmlichen Festlegung durch Runderlass an die Behörden vorläufig abgesehen ist, um zunächst noch weitere Erfahrungen zu sammeln. Die Vermehrung der selbständigen kaufmännischen Fortbildungsschulen in den letzten Jahren ergiebt sich aus folgender Nachweisung:

Kaufmännische Fortbildungsschulen ausserhalb Westpreussens und Posens waren vorhanden:

am 2. Januar 1891   97 mit 6941 Schülern
„   „   „   1895 134 „ 10600   „
„   „   „   1900 203 „ 18174   „
„   „   „   1902 229 „ 21833   „

Von den am 2. Januar 1902 vorhandenen Schulen waren 131 mit 10285 Schülern obligatorisch und 98 mit 11548 Schülern fakultativ.

In Westpreussen und Posen bestanden am 2. Januar 1902 im Ganzen 15 selbständige kaufmännische Fortbildungsschulen, die in der Hauptsache in den letzten fünf Jahren entstanden, durchweg obligatorisch sind und zusammen 1200 Schüler zählten; dazu kommen noch rund 450 Schüler, die die kaufmännischen Klassen der Handels- und Gewerbeschule zu Danzig besuchen.

Die erste obligatorische kaufmännische Fortbildungsschule für weibliche Angestellte soll in diesem Jahre in Wiesbaden eröffnet werden.

Dass die Innungen, oder wie sie damals hiessen, die Zünfte, sich schon im achtzehnten Jahrhundert nicht nur um die praktische, sondern auch um die theoretische Ausbildung ihrer Zöglinge im Zeichnen selbst kümmerten, geht aus einem Vortrag hervor, den das Mitglied der Akademie der Künste, J. C. Frisch, im Jahre 1786 über „Zeichenschulen" hielt.[1] Freilich scheinen sie damals in ihrem Unterrichte nicht viel Erfolge erzielt zu haben. Wenigstens meinte Frisch, „dass eins der Haupthindernisse in Ansehung des Geschmacks bei einigen Professionen, welchen das Handzeichnen unentbehrlich ist, darin bestanden hat, dass selbige eigene Zeichenschulen hielten, in welchen einer aus dem Gewerke in gewissen Stunden der Feiertage Unterricht im Zeichnen ertheilte; entweder weil man glaubte, Niemand könne die Sache besser lehren als derjenige, auf dessen Gewerbe sie Bezug hat oder auch blos aus Mangel einer besseren Gelegenheit. Dies gab also einigen Gewerken ihre eigenen Zeichenschulen, in welchen die Lehrer beständig (welches übrigens nicht ganz zu tadeln ist) Rücksicht auf die Materialien, in denen sie arbeiten und auf den Mechanismus ihrer Profession nehmen, ohne jedoch jemals, wenn es nicht von ungefähr geschah, eine Idee von edler Simplicität und Einheit in der Mannigfaltigkeit zu haben." Eine grössere Verbreitung scheinen die Innungsschulen indessen erst im letzten Drittel des neunzehnten Jahrhunderts gefunden zu haben. In dem schon oben erwähnten Runderlasse des Ministers der geistlichen, Unterrichts- und Medizinal-Angelegenheiten vom 18. Dezember 1863 wird darauf aufmerksam gemacht, „dass in einzelnen Städten im Regierungsbezirk Gumbinnen Handwerker-Fortbildungsschulen in einem engen und organischen Zusammenhange mit den Handwerker-Innungen beständen, welche Verbindung sich nach dem Urtheil der genannten Regierung bisher als sehr erfolgreich bewiesen habe." Etwa um dieselbe Zeit entstanden in Berlin die Tischler-Innungsschule und die Innungsschule für Weber, Seidenwirker und Raschmacher.[2] Im Jahre 1890 gab es schon 294 Innungsschulen, von denen 145 einen Fachunterricht und 149 auch Elementarunterricht hatten.[3] Die meisten Schulen hatten damals die Barbiere und Friseure, nämlich 67, da-

---

[1] Siehe oben S. 657.
[2] Grumbach, a. a. O. S. 32, 33.
[3] Vgl. die Denkschrift von 1891 S. 216—218.

mals 58 ohne Elementarunterricht, die Maler 29, die Schmiede und
Hufschmiede 24, die Schuhmacher 24, die Bäcker 21, die Schneider 20,
die Tischler und Bauhandwerker je 10, die Maurer 6, die Schlosser
und Fleischer je 5, die Tapezierer und Klempner je 4, die Stellmacher 3,
die Glaser, Sattler, Buchbinder, Töpfer und Gastwirthe je 2, die
Konditoren, Schornsteinfeger, Zahnkünstler, Gärtner, Korbmacher und
Steinsetzer je 1. Eine Vermehrung dieser Schulen hat seitdem
nicht stattgefunden, am 2. Januar 1902 wurden sogar nur 291, also
drei weniger als im Jahre 1890 gezählt.[1])

Der Standpunkt, den das Preussische Handelsministerium diesen
Schulen gegenüber einnimmt, ist in der Denkschrift von 1891 und
in dem oben[2]) abgedruckten Erlasse vom 21. Januar 1901 ausführlich dargelegt. In der Denkschrift heisst es in dieser Beziehung:

Der Anlass zur Errichtung einer Fachschule ist bei den einzelnen Gewerben
nicht immer derselbe. Für die Barbiere und Friseure ist eine gemeinschaftliche
Fachschule der kürzeste, dem einzelnen Meister Zeit und Arbeit ersparende Weg,
um den Lehrling in gewissen Beziehungen auszubilden. In der Fachschule findet
der Lehrling Kunden, die unentgeltlich barbirt und frisirt werden wollen und daher
bereit sind, einem Anfänger Gelegenheit zu geben, sich an ihnen zu üben, ein
einziger Lehrer kann vielen gleichzeitig Anleitung zum Perrückenmachen geben
und ein Arzt oder geschickter Chirurg besseren Unterricht in den Funktionen
eines Heilgehülfen ertheilen, als die meisten Barbiere. Aehnlich verhält es sich
mit dem Hufbeschlag, dessen Theorie geprüfte Rossärzte in den Fachschulen lehren.
In vielen Fällen sind die Innungen zur Errichtung einer Fachschule durch die
Annahme veranlasst worden, dass dies die Voraussetzung für die Gewährung der
im § 100e der Gewerbeordnung[3]) in Aussicht gestellten Rechte sei. Der Handelsminister hat indessen in einem an alle Regierungspräsidenten gerichteten Erlasse
vom 27. Juli 1887 darauf aufmerksam gemacht, dass eine Innung die Voraussetzung des § 100e, soweit die Fürsorge für die Ausbildung der Lehrlinge durch
Unterricht in Betracht kommt, auch ohne eine eigene Schule zu errichten, erfüllen
kann, wenn sie ihre Mitglieder dazu anhält, dass sie die Lehrlinge den Unterricht
in der gewerblichen Fortbildungsschule des Ortes mit grösster Regelmässigkeit und
Pünktlichkeit besuchen lassen, sie, soweit nöthig, mit Schulmaterial versehen, Klagen
über Versäumnisse und Disziplinarverstösse des einzelnen Schülers annehmen, und
das Recht der Schule dem Lehrling gegenüber vertreten, dauernde Widersetzlichkeit
mit Entlassung aus der Lehre ahnden und bei jeder Gelegenheit das Ansehen der
Schule, auch, wenn sie in einzelnen Punkten gegen den Unterricht Bedenken hegen,
zu stärken und mit den Lehrern Beziehungen zu unterhalten suchen. In dieser
Weise, und wenn sie die Lehrlinge zum Besuche des Unterrichts anhalten, können
die Meister auch da, wo eine obligatorische Fortbildungsschule besteht, in der von
der Gewerbeordnung verlangten Weise für den Unterricht der Lehrlinge sorgen.
Manche Innungen, die bei der Errichtung einer eigenen Schule von der Voraussetzung ausgegangen sind, dass sie hierzu genöthigt seien, um der Vortheile des
§ 100e theilhaftig zu werden, zugleich aber die redliche Absicht gehabt haben,
das Beste der Lehrlinge zu befördern, haben neuerdings sich davon überzeugt, dass
es für die Erreichung ihrer guten Absichten das Beste und für die Innung das
Vortheilhafteste ist, den eigenen Unterricht auf dasjenige zu beschränken, was den
Lehrlingen nicht in der Fortbildungsschule gelehrt werden kann, also auf technische Handgriffe, auf Kenntniss der Materialien ihres Gewerbes und ähnliche

---

[1]) Ueber die Innungsschulen in Berlin siehe oben S. 821, Anm. 1.
[2]) Siehe oben S. 525—527; siehe auch S. 495, 496, 530, 531.
[3]) „   „   S. 485, 487.

Dinge. zu denen ein Theil des Zeichenunterrichts gehören kann, auch auf den letzteren aber dann zu verzichten, wenn an der Fortbildungsschule oder an einer in der Stadt befindlichen gewerblichen Zeichenschule (Handwerkerschule, Kunstgewerbeschule) ein besonderer und guter Unterricht im Fachzeichnen für die Angehörigen ihres Gewerbes eingerichtet wird. Es ist klar, dass eine Innung schon deshalb, weil sie von allen Mitgliedern gleich hohe Beiträge zur Deckung ihrer Bedürfnisse erhebt, nur in wenigen Fällen die Kosten der Unterhaltung einer guten Schule aufbringen kann. Ein gutes Schullokal wird nur selten zu miethen sein und in einem städtischen Gebäude der Innung in der Regel nur dann eingeräumt werden, wenn es entbehrlich ist und von keinem Zweige der städtischen Verwaltung beansprucht wird. Wenn die Zahl der Lehrlinge einer Innung nicht sehr gross ist, so können im Deutschen und im Rechnen aufsteigende Klassen nicht gebildet werden. Die Ergebnisse des gleichzeitigen Unterrichts von Schülern, die an Alter und an Vorbildung sehr verschieden sind, müssen aber verhältnissmässig gering sein. Noch mehr muss dies der Fall sein, wenn die Innung aus Sparsamkeitsrücksichten einen wenig befähigten Lehrer annehmen muss, oder gar eines ihrer Mitglieder, ohne die dazu erforderlichen Kenntnisse und ohne Lehrerfahrung, den Unterricht in den Elementarfächern übernehmen will. Zu den anderen Schwierigkeiten kommen dann in der Regel noch solche, die auf dem Gebiete der Schuldisziplin entstehen. Auch der Zeichenunterricht, der in einer Innungschule ertheilt wird, lässt oft zu wünschen übrig. Das ist nicht zu verwundern, wenn die Anstalt die Lehrlinge verschiedener Innungen vereinigt. Ein Stubenmaler wird selten der geeignete Lehrer für Klempner und Schuhmacher sein. Aber selbst wenn alle Schüler einem und demselben Gewerbe angehören, muss es dem tüchtigen Handwerker, auch wenn er in seiner Jugend einen guten Zeichenunterricht erhalten haben sollte, oft sehr schwer fallen, andere gut zu unterrichten. Endlich werden nicht selten einer Innungschule weniger und schlechtere Lehrmittel zur Verfügung stehen als der Fortbildungschule oder einer Handwerkerschule.

Bisweilen ist der Anlass zur Errichtung einer eigenen Innungschule die Unzufriedenheit mit den Leistungen der öffentlichen Schule. Dass dazu oft Anlass vorhanden sein mag, soll nicht geleugnet werden. Bei den Schwierigkeiten aber, die eben geschildert worden sind, dürfte es in den meisten Fällen das Bessere sein, auf die Abstellung der Mängel der öffentlichen Anstalt in geeigneter Weise hinzuwirken. Wenn z. B. an einer obligatorischen Fortbildungschule mehrere hundert Lehrlinge nicht in aufsteigenden Klassen, sondern in Parallelklassen wöchentlich nur zwei Stunden unterrichtet werden, so ist es nur zu erklärlich, dass die Lehrlinge nichts lernen, und die Klagen, dass sie das in der Volksschule Gelernte trotz der Fortbildungschule vergessen, mögen begründet sein. Dass die Beschwerden aber sehr ernst gemeint sind, erscheint wenigstens dann etwas zweifelhaft, wenn Vorschläge, die Schule zu verbessern und die Zahl der Schulstunden zu vermehren, selbst dann zurückgewiesen werden, wenn der Stadt aus ihrer Annahme keine Mehrkosten erwachsen sollen. Auch der Anschauung begegnet man, dass das in der Volksschule Gelernte für das Leben ausreichen müsse und dass nur noch Fachunterricht, besonders Fachzeichnen ein Bedürfniss sei. Nur wer der leider schon vernommenen Ansicht ist, dass Bäcker und Metzger weder zu schreiben, noch zu rechnen brauchten, oder gänzlich übersieht, wie gross die Zahl derer ist, die das Ziel der Volksschule bei Weitem nicht erreicht haben und wie schnell selbst solche, die die Volksschule mit guten Kenntnissen verlassen haben, so viel des Gelernten vergessen, dass sie auch den Rest nicht mehr zu verwenden verstehen, nur der kann bezweifeln, dass die Befestigung und Ergänzung des in der Volksschule Gelernten durch die Fortbildungschule nöthig ist. Die Forderung, dass nur im Fachzeichnen unterrichtet werden solle, wird nur derjenige stellen, der das ungeschickte Kopiren oft veralteter Fachzeichnungen für Fachzeichnen hält und übersieht, dass dieses nur auf der Grundlage einer guten Uebung im Linearzeichnen, in der geometrischen Darstellung von Körpern, ihrer Schnitte und Abwickelungen, sowie nicht ohne eine gewisse Kenntniss von den Anfängen der Planimetrie möglich ist. Es braucht wohl nicht ausdrücklich gesagt zu werden, dass der Weg des Schusters und des Schneiders, um zum Fachzeichnen zu gelangen, nicht derselbe wie der des Maschinenbauers oder Baugewerktreibenden sein muss. Den richtigen Weg für die einzelnen Gewerbszweige zu finden und die nöthigen Lehrmittel zu schaffen, ist die schwierige und dankbare Aufgabe, welche tüchtige Direktoren und Lehrer gewerblicher Unterrichtsanstalten mit der Hülfe und dem Beirathe der besten Meister des einzelnen Handwerks zu lösen haben.

Endlich sind bisweilen auch Innungschulen in der Absicht gegründet worden, leichten Kaufs die Vortheile des § 100e der Gewerbeordnung zu erlangen und sich zugleich von dem unbequemen Zwange der öffentlichen Fortbildungschule zu befreien. Die Statuten der Innungen müssen ja nach § 98a No. 2 sub c der Gewerbeordnung „die Verpflichtung der Meister, ihre Lehrlinge zum Besuche der Fortbildungschule oder der Fachschule anzuhalten", aussprechen. Durch die Errichtung einer Fachschule, deren Besuch sie selbst überwacht, kann daher eine Innung ihre Mitglieder von der lästigen Verpflichtung, vier oder sechs Stunden in der Woche die Lehrlinge in die städtische Fortbildungschule zu schicken, befreien. Deshalb sind Fachschulen mit zwei, ja mit einer Stunde in der Woche keine Seltenheit. Solchen Absichten ist der vorher erwähnte Erlass vom 27. Juli 1887 entgegen getreten, indem er unter Hinweisung darauf, dass die Innungschulen gerade so wie jede andere gewerbliche Unterrichtsanstalt dem Schulaufsichtsrechte der Staatsregierung unterworfen sind, vorschreibt, dass der Lehr- und Stundenplan jeder neu zu eröffnenden Innungschule dem Handelsminister alsbald einzureichen ist, und dass ohne seine Genehmigung die Lehrlinge einer Innung von der auch für sie geltenden Verpflichtung zum Besuche der obligatorischen Fortbildungschule des Ortes nicht befreit werden dürfen.

Neuerdings ist die Preussische Regierung dazu übergegangen, Fortbildungskurse für Handwerksmeister, sogenannte Meisterkurse zu veranstalten. In diesen Kursen, die zunächst versuchsweise in Hannover und Posen für Schuhmacher, Schneider, Schlosser und Tischler abgehalten werden, und im Jahre 1902 auch auf Köln ausgedehnt werden sollen, werden nur selbständige Meister und ältere Gesellen in beschränkter Zahl zugelassen und in 4—6 Wochen im Fachzeichnen, kaufm. Rechnen, Kalkulieren, in der Materialienkunde, Buchführung und Gesetzeskunde unterwiesen, namentlich aber auch mit erprobten Arbeitsmethoden und Techniken, sowie mit den neuesten in kleineren Gewerbebetrieben verwendbaren Kraft- und Arbeitsmaschinen in besonders eingerichteten Muster-Lehrwerkstätten, in denen sie unter Anleitung besonders befähigter Meister praktisch arbeiten, eingehend bekannt gemacht; zugleich lernen sie auf Exkursionen mustergiltige Betriebe verschiedenster Art kennen. Dauernde Ausstellungen von Rohstoffen, Halb- und Ganzfabrikaten, von Antriebs- und Arbeitsmaschinen, die im Betriebe vorgeführt werden, von Werkzeugen und Fachwerken sollen diesen Unterricht ergänzen.[1] Kleinere Ausbildungskurse, die sich lediglich auf theoretischen Unterricht (Buchführung, Kalkulation, Korrespondenz, Zeichnen u. s. w.) erstrecken, werden an vielen Fortbildungs- und Fachschulen abgehalten, neuerdings auch von den Handwerkskammern veranstaltet.

---

[1] Vgl. auch den Antrag Trimborn u. Gen. zu der zweiten Berathung des Etats der Handels- und Gewerbe-Verwaltung für das Etatsjahr 1902, Drucks. No. 54 und Feyerabend, I. Bericht über die Meisterkurse in Hannover, 1802.

Uebersicht über die gewerblichen und kaufmännischen

(Nach dem Stande

Laufende No.	Regierungs-Bezirk	Gesammt-Zahl der Schulen	Gesammt-Zahl der Schüler	Gewerbliche Fortbildungsschulen							
				Zahl der Schulen	Davon		Staatszuschüsse erhalten		Zahl der Schüler		
					mit Schulpflicht	ohne Schulpflicht	von den obligator. Schulen	von den fakultativ. Schulen	in den obligator. Schulen	in den fakultativ. Schulen	Zusammen
1	2	3	4	5	6	7	8	9	10	11	12
1	Königsberg	35	3235	26	26	—	9	—	2561	—	2561
2	Gumbinnen	31	3092	13	13	—	13	—	2169	—	2169
3	Danzig	20	5496	10	10	—	10	—	5000	—	5000
4	Marienwerder	42	4460	35	35	—	35	—	4046	—	4046
5	Potsdam	73	9102	28	18	10	17	5	4512	2751	7263
6	Frankfurt a. O.	55	7516	23	21	2	20	—	5948	92	6040
7	Berlin(Stadt)	54	19741	14	—	14	—	—	—	11528	11528
8	Stettin	38	3158	12	7	5	7	4	574	346	920
9	Cöslin	29	1252	7	5	2	5	—	427	58	485
10	Stralsund	25	1604	13	9	4	9	—	950	319	1269
11	Posen	69	5728	63	63	—	63	—	5187	—	5187
12	Bromberg	24	2910	20	20	—	20	—	2696	—	2696
13	Breslau	75	6526	37	35	2	28	—	3502	1076	4578
14	Liegnitz	51	6194	27	18	9	10	1	3478	1371	4849
15	Oppeln	04	9065	46	45	1	33	—	7673	19	7692
16	Magdeburg	55	8618	18	15	3	14	2	5354	226	5580
17	Merseburg	59	6470	29	23	6	22	3	3181	1752	4933
18	Erfurt	32	4481	19	18	1	16	1	3204	419	3623
19	Schleswig	112	10714	88	52	36	48	12	6570	2871	9441
20	Hannover	30	6255	22	20	2	19	—	4502	120	4622
21	Hildesheim	56	5224	36	34	2	32	1	4134	217	4351
22	Lüneburg	41	3042	33	32	1	31	—	2561	23	2584
23	Stade	22	1773	16	15	1	11	—	1552	23	1575
24	Osnabrück	23	2330	20	19	1	17	—	2003	18	2021
25	Aurich	18	2097	14	13	1	13	—	1835	12	1847
26	Münster	45	3465	44	42	2	38	—	2563	874	3437
27	Minden	27	3795	18	15	3	14	—	2880	128	3008
28	Arnsberg	89	11479	68	61	7	43	2	8229	1443	9672
29	Cassel	54	4755	46	45	1	44	1	3774	300	4074
30	Wiesbaden	113	10539	105	98	7	87	4	7745	1867	9612
31	Coblenz	22	1995	17	15	2	12	1	1171	308	1479
32	Düsseldorf	92	16237	65	28	37	28	20	5188	7976	13164
33	Cöln	39	4545	30	8	22	8	14	627	2448	3075
34	Trier	24	1957	17	13	4	11	—	1205	366	1571
35	Aachen	14	3320	12	2	10	2	4	267	2836	3103
36	Sigmaringen	2	180	2	2	—	2	—	180	—	180
	Zusammen	1684	203250	1093	895	198	791	75	117448	41787	159235

* Schulen von Arbeiter-Vereinen, Arbeiter-Bildungs-Vereinen, Handwerker-
† In der Zahl von 7692 (Spalte 12) mitenthalten.

Fortbildungsschulen, Innungs- und Vereins-Schulen.

vom 2. Januar 1902.)

	Kaufmännische Fortbildungsschulen							Innungsschulen		Vereinsschulen *	
Zahl der Schulen	Davon		Staatszuschüsse erhalten		Zahl der Schüler			Zahl der Schulen	Zahl der Schüler	Zahl der Schulen	Zahl der Schüler
	mit Schulpflicht	ohne Schulpflicht	von den obligator. Schulen	von den fakultativ. Schulen	in den obligator. Schulen	in den fakultativ. Schulen	Zusammen				
13	14	15	16	17	18	19	20	21	22	23	24
1	—	1	—	—	—	38	38	7	546	1	90
10	5	5	4	—	415	252	667	8	256	—	—
1	1	—	1	—	104	—	104	9	392	—	—
7	7	—	7	—	414	—	414	—	—	—	—
9	8	1	5	1	513	105	618	34	879	2	342
14	12	2	3	1	963	72	1035	18	441	—	—
1	—	1	—	—	—	2046	2046	34	5361	5	806
3	1	2	1	—	26	123	149	19	1718	4	371
7	—	7	—	—	—	174	174	15	593	—	—
3	—	3	—	—	—	106	106	9	229	—	—
6	6	—	5	—	541	—	541	—	—	—	—
1	1	—	1	—	145	—	145	2	51	1	18
20	6	14	1	3	208	1135	1343	16	550	2	55
17	7	10	2	—	413	650	1063	6	217	1	65
30	30	—	18	—	1740	—	1740	11	{ 27 †(347)	7	506
13	13	—	11	—	1966	—	1966	22	942	2	130
8	6	2	5	—	440	330	770	20	700	2	67
3	1	2	—	—	139	243	382	10	476	—	—
13	6	7	3	—	488	425	913	11	360	—	—
3	2	1	1	—	115	587	702	2	35	3	896
10	6	4	1	—	469	101	570	7	116	3	187
6	4	2	1	—	225	129	354	1	23	1	81
3	1	2	1	—	79	74	153	3	45	—	—
3	1	2	1	—	19	290	309	—	—	—	—
3	3	—	3	—	231	—	231	1	19	—	—
—	—	—	—	—	—	—	—	—	—	1	28
7	6	1	2	—	692	20	712	2	75	—	—
11	3	8	1	5	227	1046	1273	8	459	2	75
7	5	2	2	—	415	248	663	1	18	—	—
4	—	4	—	—	—	868	868	3	33	1	26
2	1	1	—	1	60	132	192	—	—	3	324
10	3	7	3	2	371	1419	1790	5	180	12	1103
5	—	5	—	3	—	721	721	3	49	1	700
2	1	1	1	—	71	25	96	3	77	2	213
1	—	1	—	—	—	189	189	1	28	—	—
244	146	98	84	16	11489	11548	23037	291	14895	56	6083

Vereinen, Lehrlings-Vereinen, Jünglings-Vereinen, Gesellen-Vereinen und dergl.

9. Die Handelsschulen und Handelshochschulen.

Die Begründung und Ausgestaltung der Handelsschulen hat der Preussische Staat fast im ganzen neunzehnten Jahrhundert in der Hauptsache der privaten Initiative überlassen und sich selbst an den Gründungen nur wenig betheiligt. Der Grund hiefür ist wohl theilweise darin zu suchen, dass er neben dem sich immer mehr ausbreitenden, für den Handels- und Gewerbestand eigens geschaffenen Realanstalten, die für die allgemeine wissenschaftliche, insbesondere mathematische, naturwissenschaftliche und neusprachliche Ausbildung sorgten, besondere Fachschulen für den kaufmännischen Nachwuchs nicht für nöthig hielt. Die mehr mechanisch zu erlernenden Kenntnisse, wie Buchführung, Handelskorrespondenz, Wechselkunde u. s. w. sollte sich der angehende Kaufmann leicht und rasch in der Praxis oder durch Selbststudium und Privatunterricht aneignen können. Diese Auffassung wird auch heute noch vielfach vertreten und sie kam auch bei den oben erwähnten Besprechungen über das kaufmännische Unterrichtswesen im Handelsministerium[1]) zum Ausdruck. Hierzu kommt, dass auch die Ansichten darüber, wie die etwa zu begründenden Fachschulen zu organisiren, wie ihre Lehrpläne zu gestalten, ihre Lehrziele zu bestimmen seien, bis in die neueste Zeit sehr auseinander gehen. Die einen befürworten Vollanstalten, die von unten beginnen und ihren Zöglingen die gesammte für ihre künftige Lebensstellung erforderliche allgemeine und fachliche Bildung, soweit dies überhaupt durch die Schule möglich ist, übermitteln. Diese Idee ist z. B. in Köln verwirklicht worden, da dort das Bedürfniss hervortrat, für diejenigen zahlreichen jungen Leute eine besondere Schule zu schaffen, die von vornherein für die kaufmännische Laufbahn bestimmt sind.[2]) Das von den Gegnern dieser Schulgattung geltend gemachte Bedenken, dass dadurch die Zukunft eines jungen Menschen zu früh festgelegt werde, glaubte man durch den Hinweis beseitigen zu können, dass in den unteren Klassen von einem umfassenden einseitigen Fachunterricht wohl kaum die Rede sein könne und daher ein späterer Uebergang zu einer anderen Schule immer noch offen bleibe. Ferner sei zu berücksichtigen, dass die Knaben bei Weglassung der unteren Klassen mit sehr ungleicher Vorbildung in die Handelsschule einträten, wodurch der gleichmässige Unterricht und die Erzielung guter Lehrerfolge stark beeinträchtigt werde. Endlich sei der Wechsel der Schulen weder

---

[1]) Siehe oben S. 864.

[2]) Von den in den Jahren 1883—1895 mit dem Zeugniss der Reife entlassenen 396 Schülern der Kölner Realschule haben sich 294, also reichlich 74 %, dem Handelsstand gewidmet. Jahresbericht der Handelsschule der Stadt Köln für 1899/1900, S. 3. Siehe auch den Vortrag von Ziehen auf dem dritten Kongress des Deutschen Verbandes für das kaufmännische Unterrichtswesen am 5. bis 7. Oktober 1899, Veröffentlichungen des Verbandes, Bd. XII, S. 111 ff.; Dunker, Plan einer höheren Handelsschule, Berlin, 1900. — Auch die Berliner Handelsschule hat sich allmälich zu einer Vollanstalt entwickelt. S. unten S. 884 ff.

für die jungen Leute selbst noch auch für die Anstalten, in denen
sie in den ersten Jahren Aufnahme fänden, um sie dann ohne ab-
geschlossene Bildung bald wieder zu verlassen, wünschenswerth.
Andere vertreten dagegen die Ansicht, dass die Handelsschule als
Fachlehranstalt nicht zu junge Leute aufnehmen dürfe, sondern die
nothwendige allgemeine Bildung, wie sie etwa die Quarta oder
Unter-Tertia einer höheren Lehranstalt biete, voraussetzen müsse.
Der Fachunterricht habe sich auf zwei oder drei Jahre zu erstrecken
und mit einer alsdann vorzunehmenden Prüfung, die zugleich die
Einjährigen-Freiwilligen-Berechtigung gewähre, abzuschliessen. Ein
darüber hinaus gehender Unterricht wird von dieser Seite nicht für
zweckmässig gehalten, weil sonst die Schüler zu alt würden, um
sich noch in die Stellung eines Lehrlings hinein zu finden und die
mehr mechanischen Kontorarbeiten mit Lust und Liebe zu verrichten.
Wieder andere meinen, dass sich der junge Mann zuerst eine gründliche und völlig abgeschlossene Allgemeinbildung verschaffen und
daher entweder eine gute Volks- oder Mittelschule oder, wenn es
sich um Stellungen handelt, die eine höhere allgemeine Bildung
verlangt, eine Realschule vollständig oder eine Ober-Realschule, ein
Gymnasium oder Realgymnasium bis zur Untersekunda besucht haben
müsse, ehe er sich die Spezialkenntnisse seines Faches aneigne.
Sie befürworten daher Handelsschulen mit der Einjährigen-
Berechtigung als Aufnahmebedingung (höhere Handelsschulen) und
solche, die sich unmittelbar an die Volks- und Mittelschulen
anschliessen, aber nicht die Einjährigen-Bildung, sondern lediglich
die Uebermittelung der dem kleineren Kaufmann nöthigen Kenntnisse anstreben, beide mit ein-, zwei- oder auch dreijährigem Kursus.
Meinungsverschiedenheiten bestehen sodann wieder darüber, ob es
richtiger ist, diese verschiedenen Arten von Handelsschulen und
höheren Handelsschulen als selbständige Anstalten einzurichten, oder
sie allgemeinen Unterrichtsanstalten anzugliedern, ob sie sich ausschliesslich auf die fachliche Ausbildung beschränken oder auch noch
einige allgemein bildende Fächer, die für den Kaufmann besonders
wichtig sind, eventuell welche, in ihren Lehrplänen berücksichtigen sollen.
In neuerer Zeit ist noch die Idee der Handelshochschule hinzu-
gekommen und in einigen Städten auch schon verwirklicht worden.
Diese Schulgattung wird namentlich mit der Nothwendigkeit begründet, dem Grossindustriellen eine weiter- und tiefergehende
fachwissenschaftliche Ausbildung zu geben, als dies zur Zeit
möglich ist und zugleich eine Stätte zu schaffen, an der Handels-
schullehrer vorgebildet und Verwaltungs-, Konsular-, Bankbeamte,
Handelskammersekretäre u. s. w. sich die für die Ausübung
ihres Berufes erforderlichen handelswissenschaftlichen Kenntnisse
erwerben können. Auch wird geltend gemacht, dass es nothwendig sei, die gesellschaftliche Stellung des Handelsstandes zu

heben und ihn zu befähigen, im öffentlichen Leben insbesondere auch in den Parlamenten, den akademisch gebildeten Kreisen als gleich berechtigter und gleich geachteter Stand gegenüberzutreten. Auch hier tauchte wieder die Frage auf, ob die Handelshochschule für sich bestehen solle oder besser an andere Anstalten, wie Universitäten und technische Hochschulen als Abtheilung angegliedert werde. Uebrigens hat die Handelshochschule auch viele Gegner gefunden, die dieses Institut nicht nur für nicht nützlich, sondern geradezu für schädlich halten, weil die jungen Leute zu alt würden, ehe sie zu einer praktischen Thätigkeit gelangten. Schon jetzt seien junge Herren, die bis zur Prima einer neunklassigen Schule gekommen seien, auf den Kontoren nicht mehr recht brauchbar, wie würde es erst werden, wenn sie, nachdem sie „Handelsstudenten" gewesen, eine praktische Thätigkeit entfalten und sich mit mechanischen Arbeiten beschäftigen sollten! Auch auf die Gefahren in sittlicher Beziehung, die das studentische Leben mit sich bringe, wird von dieser Seite mit dem Bemerken hingewiesen, dass es für den Kaufmannsstand besonders nothwendig sei, ihn davor zu bewahren. Weiter wird geltend gemacht, dass eine Handelshochschule überhaupt nicht geeignet sei, einen praktischen Kaufmann auszubilden; dazu gehöre die Praxis, und es liege die Gefahr nahe, dass die jungen Leute das nöthige praktische Verständniss verlören, wenn man ihnen zu viele theoretische Kenntnisse beibringe. Endlich zweifelt man an einem ausreichenden Besuch der Handelshochschulen, da die Zahl derer, die sie besuchen könnten, nur sehr gering sei; es kämen dabei nur die reichen Grosskaufleute und Grossindustriellen, die Handelslehrer und einige Beamtengruppen in Frage, die wohl auch jetzt schon auf den Universitäten und technischen Hochschulen hinreichende Gelegenheit zu ihrer Ausbildung fänden. Nöthigenfalls könnten ja einige Professuren für diesen Zweck geschaffen werden.

Diese Verschiedenheit der Auffassungen über die zweckmässigste Ausbildung des Handelsstandes unter den zunächst Betheiligten lässt es erklärlich, ja berechtigt erscheinen, wenn die Regierung bisher auf diesem Gebiete grosse Vorsicht beobachtet hat und vorläufig nur langsam vorzugehen, jedenfalls aber nicht nach der einen oder anderen Richtung die Initiative zu ergreifen sich entschlossen hat. Doch hat sie keinen Anstand genommen, gründlich durchdachten, praktisch ausführbaren, finanziell gesicherten und von dem Interesse des Handelsstandes und der städtischen Behörden getragenen Versuchen ihre Unterstützung angedeihen zu lassen. Sehen wir uns diese im Laufe des neunzehnten Jahrhunderts gemachten Versuche etwas näher an.[1])

---

[1]) Siehe Zieger, Zur Geschichte der Handelsschulen in der Gewerbeschau, 18. Jahrgang, 1896, S. 18 und die Fortsetzungen; Zimmermann, Handelsschulen,

Der Königlichen Handlungsschule in Berlin, die im Jahre 1802 von Kunth durch Umwandelung einer seit 1791 vorhandenen privaten Handelsschule begründet wurde und bereits 1806 wieder einging, ist schon oben gedacht worden.[1]) Ein im Jahre 1817 von Kunth unternommener Versuch, die Stadt Erfurt zur Errichtung einer „Lehranstalt zur höheren Bildung des Fabrikanten- und Kaufmannsstandes" zu bestimmen, in die Schüler im Alter von 10 bis 12 Jahren mit genügender Elementarbildung eintreten und im Schreiben, Zeichnen, Deutsch, Französisch und einer zweiten neueren Sprache, Rechnen, Mathematik, Physik, Chemie, Natur- und Erdbeschreibung, Geschichte, Handelswissenschaften und kaufmännischer Moral unterrichtet werden sollten, kam nicht zur Ausführung. Statt dessen wurde daselbst im Jahre 1821 von Chr. Noback eine private Handelsschule begründet. Am 3. Mai 1819 wurde in Magdeburg eine städtische „Höhere Gewerbe- und Handlungsschule" eröffnet.[2]) Die Schule bestand aus fünf Klassen mit einer dreiklassigen „Vorbereitungsschule" als Unterbau, in welche sechsjährige Knaben eintreten könnten. Kaufmännischer Unterricht fand sich nur in der zweiten und ersten Klasse, und zwar in Klasse II: Geographie und Produktenkunde (2 St.), Geschichte, besonders in Hinsicht auf Kultur (2 St.), und in Klasse I: Deutsch (4 St.), Französisch (4 St.) und Englisch (3 St.), alle 3 Fächer verbunden mit praktischen Uebungen, in der Geschäfts-Korrespondenz, kaufmännisches Rechnen und Buchhalten (6 St.), Münz-, Mass- und Gewichtskunde (2 St.), Warenkunde (1 St.) Handelsgeographie und Handelsgeschichte (je 2 St.). Es war beabsichtigt, die Schule nach und nach so zu gestalten, dass die vier unteren Klassen die eigentliche Schule bildeten, während die oberen einen in sich abgeschlossenen, zweijährigen praktischen Fachkursus zur Ausbildung „höherer Gewerbetreibenden" darstellten, an welchem auch solche Schüler sollten theinehmen können, die nicht die vier untersten Klassen der Schule besucht, sondern ihre Vorbildung anderweit erworben hatten. 1826 wurde die oberste Klasse in zwei Abtheilungen zerlegt, deren eine die künftigen Kaufleute, die zweite die anderen praktischen Berufen zustrebenden Schüler aufnehmen sollten. Im Jahre 1844 verlor die Anstalt ihren fachlichen Charakter, indem sie in eine Realschule umgewandelt wurde.

Am 12. Juli 1832 wurde die „Handelsakademie" zu Danzig eröffnet. Sie verdankte ihre Entstehung einem Vermächtniss des am 25. Oktober 1814 daselbst verstorbenen Kaufmanns Jacob Kabrun, der in seinem Testamente neben Gemälden, Zeichnungen,

Veröffentlichungen des Verbandes für das Kaufmännische Unterrichtswesen, Bd. VIII, Thl. 1, Braunschweig 1899.

[1]) S. S. 701 ff.
[2]) S. Behrend, Das kaufmännische Unterrichtswesen in Magdeburg, Beilage zu den „Verhandlungen und Mittheilungen der Handelskammer zu Magdeburg", Jahrgang 1901, No. 1; auch Zieger a. a. O.

Kupferstichen und einer Bibliothek einen Fonds von 100 000 Gulden gestiftet hatte, um ein Bildungsinstitut „für die der Handlung und allen damit in Verbindung stehenden Wissenschaften sich widmende Jugend" zu errichten.[1]) Die „uneingeschränkte Administration" dieser Anstalt sollte für immer „denjenigen Kaufleuten überlassen bleiben, welche als Deputirte der zur See handelnden Kaufmannschaft ernannt worden sind." „Anfangs dürfte", so heisst es in dem Testamente, „nur ein wirklich geschickter und fähiger Lehrer der Zeichenkunst, sowie ein Lehrer der Mathematik, der bürgerlichen und Schiffsbaukunst u. s. w. angestellt werden, welche beide zu gleicher Zeit Aufseher des Oelgemälde-Kabinets und der Bibliothek sein könnten, bis dereinst eine Erweiterung nach den vorhandenen Mitteln zur Bestreitung der Kosten stattfinden und mehrere Lehrer in der Navigationskunde, Naturlehre, Geographie, Geschichte, in den bürgerlichen und merkantilischen Rechten und anderen, allen denen, so bei der Handlung und ihren verschiedenen Zweigen beschäftigt sind, nützlichen Wissenschaften angestellt werden können."

Die Schule konnte, dank der Opferwilligkeit der Korporation der Danziger Kaufmannschaft, von Anfang an nach einem grösseren Plane arbeiten. Dem ersten Jahresbericht zufolge waren an der Anstalt 7 Lehrer, theilweise allerdings nebenamtlich, beschäftigt, die in kaufmännischer Buchführung, Waarenkunde, Handelskunde, Geld- und Zahlungskunde, kaufmännischer Schiffahrts- und Rhedereikunde, in der Münz-, Maass- und Gewichtskunde und im kaufmännischen Rechnen, ferner in folgenden „allgemein bildenden Gegenständen mit steter Berücksichtigung des speziellen Zwecks" unterrichteten: Moral, Theorie des Stils und praktische Uebungen, Französisch, Englisch, Polnisch (das 1837 fortfiel), Statistik und Geographie, neue Geschichte und Schönschreiben. Nach einigen Jahren kam noch philosophische Propädeutik, die später wieder fortfiel, hinzu. — Zur Aufnahme in die Akademie war die Vorbildung eines Schülers der

---

[1]) Schon bei seinen Lebzeiten hatte Kabrun die Errichtung einer solchen Anstalt angestrebt, doch ohne Erfolg. In seinem Testamente heisst es in dieser Beziehung: „Ich habe es erfahren, dass, wer bei Unternehmungen für's allgemeine Beste, wobei jede individuelle Rücksicht billig beseitigt werden muss, von dem uneigennützigen Beistande anderer die Erfüllung seiner gutgemeinten Vorschläge erwartet, dass dieser sich verrechnet, — und so sind denn auch in diesem Falle, theils durch den Mangel an Gemeingeist, theils auch durch Konjunkturen diese meine Vorschläge unter die Rubrik unerfüllter Wünsche gesetzt worden. Dessenungeachtet will ich an einem künftigen Erfolge, selbst nach meinem Tode, nicht zweifeln, vielmehr hoffe ich, dass sich die 100000 fl. in Danziger Obligationen angelegt waren und die damals schwebende, in Folge der Napoleonischen Kriege nothwendig gewordene Regulirung des Danziger Schuldenwesens viele Jahre in Anspruch nahm. Am 6. November 1834 erhielt die Akademie Rechtspersönlichkeit.

ersten Klasse einer höheren Bürgerschule erforderlich, „mag dieselbe auf einer öffentlichen Lehranstalt oder durch Privatunterricht erlangt worden sein". Der Aufzunehmende hatte sich auf zwei nach einander folgende Jahre zu einem pünktlichen Besuche der Vorträge und Uebungen seiner Klasse und zu einem angemessenen Verhalten zu verpflichten. Das Honorar betrug für Einheimische 60 Thaler, für Auswärtige 100 Thaler jährlich; ausserdem waren 3 Thaler Aufnahmegebühr und halbjährlich 2 Thaler zur Unterhaltung der Utensilien, Apparate u. s. w. zu bezahlen. Junge Leute, welche sich bereits der Handlung gewidmet hatten, konnten an einzelnen Vorträgen und Uebungen gegen ein Honorar von 3 Thalern monatlich und die Entrichtung des halbjährigen Beitrags und der Aufnahmegebühren Theil nehmen, wenn sie nur 18 Stunden wöchentlich die Anstalt besuchten; bei einer grösseren Stundenzahl hatten sie das volle Honorar zu bezahlen. Für diejenigen, welche den zweijährigen Kursus beendigt hatten, waren Vorträge über Staatswirthschaft und kaufmännische Rechtskunde in Aussicht genommen, sofern sich eine hinreichende Zahl von Zuhörern meldete. Die Schülerzahl betrug in den Etatsjahren 1832/33: 21, 33/34: 33, 34/35: 25, 35/36: 19, 36/37: 20, 37/38: 20, 38/39: 20, 39/40: 26, 40/41: 33, 41/42: 28, 42/43: 29, also im Durchschnitt dieser Jahre 25.

Nach dem für die Akademie erlassenen Statute hatte die Korporation der Kaufmannschaft die zum Bestehen der Schule erforderlichen Zuschüsse, soweit sie nicht durch das Schulgeld und die Einkünfte des Stiftungskapitals gedeckt wurden, jedoch mit dem ausdrücklichen Vorbehalt des beliebigen Widerrufs, übernommen. Die Zuschüsse betrugen 1832: 587, 1833: 333, 1834: 714, 1835: 764, 1836: 624, 1837: 556 und 1838: 500 Thaler. Vom Jahre 1839 ab gingen der Danziger Kaufmannschaft die bis dahin für ihre Kasse erhobenen „Kommerzbeiträge" und „Handelsbesten" in Folge der durch den Hafengeldtarif vom 18. Oktober 1838 erfolgten Regulirung sämmtlicher Hafen-Schiffahrts-Abgaben u. s. w. und damit auch die Mittel zur Unterstützung der Akademie verloren, so dass sich die letztere bald lediglich auf das Schulgeld und die unzureichenden Einkünfte des Kabrun'schen Vermächtnisses beschränkt sah. Um den Schulbesuch zu heben, wurde nunmehr das Schulgeld auch für Ausländer auf 60 Thaler herabgesetzt und die beim Eintritt zu übernehmende Verpflichtung zum Schulbesuch von 2 Jahren auf 1 Jahr beschränkt. Ferner wurde, um Ersparnisse zu machen, die Zahl der Lehrer von 7 auf 5 verringert und auch noch ihr Einkommen gekürzt. In Folge dessen wandten sich der Direktor und die Lehrer unterm 30. Juni 1843 in einer auch von der Regierung unterstützten Eingabe an das Ministerium, in der sie im Interesse des Fortbestehens der Anstalt um einen staatlichen Zuschuss und zugleich um die

Erweiterung der Anstalt durch Angliederung einer dritten Klasse als Vorbereitungsklasse für diejenigen baten, die noch nicht die erforderliche Reife zum Eintritt in die Akademie erlangt hätten. „Junge Leute", so hiess es in der Eingabe, „welche sich dem kaufmännischen Geschäfte widmen wollen, müssen etwa mit dem siebzehnten Jahre oder noch früher in dasselbe als Lehrlinge eintreten, wenn sie nicht mit Unlust die ersten kleineren Dienste verrichten sollen. Fragen wir nun nach dem durchschnittlichen Alter derjenigen, welche die Prima einer höheren Bürgerschule besuchen, so findet sich, wenigstens für unsere Gegenden, circa $17^1/_2$ Jahr, mithin haben sie auf diesen Lehranstalten bereits die Zeit meistentheils überschritten, in welcher es für die Eltern sowohl als für sie selbst wünschenswerth sein muss, in das Geschäftsleben einzutreten; wie sollen sie also noch eine Lehranstalt wie die Handelsakademie besuchen, die ihnen bei jener Altersstufe erst etwa mit dem zwanzigsten Lebensjahre den Eintritt in das Berufsleben gestatten würde. Die natürliche Folge davon ist, dass sie fast immer lange vor absolvirtem Schulkursus, ohne die Handelsakademie zu benutzen, in die Lehre gehen, eine mangelhafte Bildung durch ihr Leben hindurchschleppen und die Zahl ungebildeter Kaufleute vermehren. . . . . Ganz anders würde sich die Sache gestalten, wenn unserer Anstalt eine gleiche Vergünstigung zu Theil würde, wie sie die neu errichtete zu Berlin erhalten hat, so dass überhaupt die Erreichung des vierzehnten Lebensjahres als einzige Bedingung für den Eintritt festgesetzt und in Folge dessen noch eine dritte Klasse errichtet würde. In drei Klassen, welche stufenweise auf einander folgen, jede von etwa 20 Schülern besucht, kann ohne Zweifel bis zum 17. Jahre der Bildungsgrad erreicht werden, der dem angehenden Kaufmann nothwendig ist. . . . Unter den gegenwärtigen Verhältnissen lässt sich für die Dauer kein Fortbestehen der Handelakademie absehen, die schon eingegangen sein würde, wenn nicht der Direktor und die Lehrer durch ein beträchtliches Opfer an ihren Gehältern die Anstalt aufrecht erhalten hätten. . . .[1]

Der Kultus- und Finanzminister lehnten indessen durch Bescheid vom 20. Februar 1844 die Gewährung einer Beihilfe ab, indem sie einmal auf das geringe Interesse hinwiesen, das die Danziger Kaufmannschaft für das Fortbestehen der Anstalt zu erkennen gegeben habe und sodann betonten, dass es auch bei dem geringen Umfange, in welchem die Akademie bisher wirksam gewesen sei, nicht für angemessen erachtet werden könne, ihr ferneres Bestehen durch Opfer aus Staatsfonds zu sichern. Ueberdies sei auch

---

[1] Versuchsweise war schon 1839 für die zweite Klasse eine Unterabtheilung eingerichtet worden, doch schritt der Magistrat auf Antrag der Direktoren der übrigen Lehranstalten, die hierin einen unerlaubten Uebergriff auf ihr Lehrgebiet erblickten, hiegegen ein.

die beabsichtigte Umgestaltung der Schule, insofern sie zum Zwecke habe, über die einer Handels-Lehranstalt zugewiesenen Grenzen hinauszugehen, nicht als auf einem im Interesse der Bildung des vaterländischen Handelsstandes wirklich begründeten Bedürfniss beruhend anzusehen.

Gelegentlich der persönlichen Anwesenheit des Finanzministers in Danzig im Jahre 1844 wurden die Vorstellungen erneuert, und sie führten dann auch zu dem Ergebniss, dass der Handelsakademie durch Kabinets-Ordre vom 4. Oktober 1847 ein jährlicher Unterhaltungszuschuss von 500 Thalern, jedoch mit dem ausdrücklichen Vorbehalte bewilligt wurde, dass auch die Kaufmannschaft einen jährlichen Beitrag in gleicher Höhe regelmässig und unverkürzt leiste und dass das Institut die Anforderungen der Verwaltungsbehörden hinsichtlich seiner Leistungen erfülle. Die Einrichtung der gewünschten Vorschulklasse wurde indessen nicht gestattet.

Durch diese jährliche Beihülfe von zusammen 1000 Thalern wurde es möglich, die Zahl der Lehrer wieder auf 7 zu erhöhen und einige neue Unterrichtsgegenstände, deren Mangel sich schon fühlbar gemacht hatte, wie Chemie, Physik und Mathematik, einzuführen. Da die dritte Klasse abgelehnt worden war, so half man sich zunächst mit der Milderung der Aufnahmebedingungen, indem nicht mehr die Vorbildung eines Primaners, sondern nur noch die eines Sekundaners einer höheren Bürgerschule verlangt wurde. Dennoch erfreute sich die Anstalt keiner besonderen Sympathien bei der Danziger Kaufmannschaft, wie daraus hervorgeht, dass von den im Jahre 1848 vorhandenen 24 Schülern nicht weniger als 14 „von ausserhalb“ waren. Zudem waren von diesen 24 Schülern noch „mehrere theils nach einem halben, theils nach dreiviertel Jahren aus verschiedenen Gründen am ferneren Besuche behindert“. Auch nachdem die Anstalt 1852 noch die Einjährig-Freiwilligen-Berechtigung erhalten hatte, hob sich der Schulbesuch nicht; die Schülerzahl betrug 1852/53: 17, 53/54: 23, 54/55: 24, 55/56: 25, 62/63: 24. Erst als im Jahre 1863 die längst ersehnte Vorklasse, für die die Vorbildung eines Tertianers der Realschule verlangt wurde, genehmigt worden war, trat eine merkliche Besserung der Schülerfrequenz ein. Es besuchten die Schule 1864/65: 61 Schüler (darunter 15 Vorschüler), 68/69: 55 (darunter 15 Vorschüler), 72/73: 133 (44 Vorschüler), 74/75: 170 (54 Vorschüler), 76/77: 194 (67 Vorschüler). Der starke Besuch der Vorklasse nöthigte zu einer Theilung derselben. Auch trat im Publikum wiederholt der Wunsch nach der Einrichtung noch weiterer Unterstufen hervor, um den Eintritt in die Akademie schon in jungen Jahren zu ermöglichen. Da dies nicht angängig war, man aber andererseits möglichst viele Schüler heranziehen wollte, so entschloss man sich, in den Anforderungen an die Vorkenntnisse der Schüler noch weiter zurückzugehen. Von 1878 ab wurden daher zur Aufnahme in die dritte Klasse nur noch die Kenntnisse eines Quartaners und zur Aufnahme in die zweite Klasse diejenigen eines Ober-Tertianers verlangt. Hand in Hand mit diesen Aenderungen ging übrigens auch eine allmälige Umwandlung des Lehrplans, der immer mehr den fachlichen Charakter abstreifte und sich bald fast vollständig mit dem an den oberen Klassen einer höheren Bürgerschule deckte. Dies wurde für die Akademie verhängnissvoll. Denn als die Stadt Danzig 1888 dazu überging, ihr Realgymnasium ebenfalls in eine lateinlose höhere Bürgerschule (Realschule) umzuwandeln, war es klar, dass zwei Schulen dieser Art nicht neben einander würden bestehen, die Akademie aber schon ihres hohen Schulgeldes wegen den Wettbewerb mit der besser fundirten städtischen Anstalt nicht würde aushalten können. Das Vorsteheramt der Kaufmannschaft entschloss sich daher, die Akademie im Jahre 1893 als selbständige Anstalt eingehen zu lassen und an deren Stelle eine mit der ersten Klasse der neuen städtischen Realschule zu verbindende kaufmännische Fachklasse einzurichten. In dieser kaufmännischen Parallelklasse, deren Schüler nur in drei Stunden mit rein kaufmännischen Fächern einen gesonderten Unterricht erhielten, trat aber die fachliche Ausbildung sehr schnell so in den Hintergrund, dass ihr kaum noch eine irgend erhebliche Bedeutung beigemessen werden konnte. Die Folge davon war, dass die Zahl der die kaufmännischen Fächer besuchenden Schüler immer mehr zurückging und dass sich im Schuljahre 1900/1901 kein einziger Schüler mehr in der sogenannten „Handelsklasse" befand.[1]

Die „neue" Handels-Lehranstalt zu Berlin, auf welche sich das Lehrerkollegium der Danziger Handelsakademie in seiner oben erwähnten Eingabe vom 30. Juni 1843 bezog, war am 1. Mai 1843 mit 13 Schülern, 6 Berlinern und 7 Auswärtigen, eröffnet worden, die im Laufe des ersten Halbjahres auf 18 und im zweiten auf 34 anwuchsen. Das für sie unterm 30. April 1843 vom Kultus- und Finanzminister erlassene Regulativ, das allen Ober-Präsidenten mit dem Ersuchen übersandt wurde, davon die Provinzial-Schulkollegien, Regierungen und Handels-Korporationen (Handelskammern) in Kenntniss zu setzen, enthielt in der Hauptsache folgende Bestimmungen:[2]

Nachdem des Königs Majestät mittelst Allerhöchster Ordre vom 19. Januar d. J. die Errichtung einer Handels-Lehranstalt in Berlin durch die Gebrüder Carl und Friedrich Noback[3]) zu genehmigen geruht haben, und durch eine mit diesen Unternehmern unterm 14. Februar d. Js. getroffene Uebereinkunft die

---

[1] 1898/99 waren noch 16, 99/00 noch 8 Schüler vorhanden.
[2] Min.-Bl. f. d. innere Verw., 1843, S. 170.
[3] Es waren dies die Söhne des oben (S. 875) erwähnten Chr. Noback, der 1821 die Handelslehranstalt in Erfurt begründet hatte.

Grundlagen der Anstalt näher festgestellt worden sind, so wird über deren Einrichtung das nachfolgende Regulativ erlassen:

§ 1. (I. Zweck und allgemeine Einrichtung. — Allgemeiner Zweck.) Die Handels-Lehranstalt verfolgt den Zweck, Jünglinge, welche sich für den Stand des Kaufmanns oder Fabrikanten ausbilden wollen, für ihren künftigen Beruf allgemein und speziell vorzubereiten.

§ 2. (Leitung der Anstalt.) Die Leitung und Ueberwachung der Anstalt liegt, unter Aufsicht des Kuratoriums, dem Direktor ob. Derselbe hat dafür zu sorgen, dass Lehrer, wie Zöglinge, ihre Pflichten stets erfüllen, und dass die zur Erreichung des Zweckes erforderlichen Mittel vorhanden sind und benutzt werden.

§ 3. (Berufung der Lehrer.) Die Vorverhandlungen zur Besetzung der Lehrerstellen werden durch den Direktor geführt. Von den Bewerbern um solche Stellen ist über ihre Tüchtigkeit zu dem Geschäfte das Zeugniss der Schul-Aufsichtsbehörde, der Verordnung vom 10. Juni 1834 (Ges.-Samml. S. 135)[1] gemäss, beizubringen, soweit solches nicht schon anderweitig geschehen ist. Das Engagement der Lehrer ist von der schriftlich zu ertheilenden Zustimmung des Kuratoriums abhängig. Hat der Direktor diese erhalten, so wird die Berufung für die anzustellenden Lehrer durch denselben ausgefertigt.

§ 4. (Klassen-Eintheilung.) Der Zweck der Anstalt soll durch einen dreijährigen, in drei Klassen sich abstufenden Lehrkursus erreicht werden.

§ 5. (Sektionen.) Die Zahl der Zöglinge in einer Klasse darf nicht so weit gehen, dass darunter der Unterricht leiden könnte. Steigt sie über 25, so muss in der Regel eine Parallelklasse errichtet werden. Eine grössere Schülerzahl darf in einer Klasse nur mit Genehmigung des Kuratoriums versammelt bleiben.

§ 6. (Pensionat.) Mit der Lehranstalt wird ein Pensionat für solche Zöglinge verbunden, welche Wohnung und Kost bei dem Direktor der Anstalt erhalten.

§ 7. (II. Bedingungen der Aufnahme. — Allgemeine Bedingungen.) Aufnahmefähig sind Jünglinge, welche das vierzehnte Lebensjahr zurückgelegt haben. Sie haben sich über die bis dahin in den Gymnasien, Bürger- und Realschulen gewöhnlich erreichte Schulbildung, über ihr sittliches Betragen, und, sofern sie christlicher Religion sind, über ihre erfolgte Konfirmation oder die noch fortdauernde Theilnahme an dem erforderlichen Religions-Unterrichte auszuweisen.

§ 8. betrifft die Schülerlisten.

§ 9. (Aufnahme in höhere Klassen.) Aufnahme in eine der höheren Klassen ist, ausser dem regelmässigen Vorrücken aus einer niederen in eine höhere Klasse, nur statthaft, wenn die Befähigung dazu in einer vorhergegangenen Prüfung dargethan ist.

§ 10. (Schulgeld.) Das Unterrichtshonorar darf sich für alle Klassen nicht über 120 Thaler jährlich belaufen und wird vierteljährlich pränumerando gezahlt.

§ 11. (Pensionsgeld.) Der Preis für ganze Pension beträgt nicht über 300 Thaler jährlich, mit vierteljähriger Vorausbezahlung, ausschliesslich des Schulgeldes.

§ 12. (III. Unterrichts-Gegenstände. — Stundenplan.) Das Spezielle der Unterrichts-Gegenstände und ihrer Vertheilung auf die einzelnen Klassen, sowie auf die Lehrer, enthält der alljährlich von dem Direktor aufzustellende Stundenplan, wobei nachstehende Bestimmungen leitend sind.

§ 13. (Sprachunterricht.) Da hinsichtlich der deutschen Sprache bei den in die Handels-Lehranstalt eintretenden Jünglingen schon eine gute Grundlage vorausgesetzt werden muss, so kann in der unteren Klasse, nach einem allgemeinen Ueberblicke über Wortbildung und Biegung, zu der ausführlichen Behandlung der Wortarten, der Satzlehre und zu grösseren schriftlichen Uebungen übergegangen werden. In der mittleren und oberen Klasse werden die Zöglinge zugleich in die Kenntniss der deutschen Literatur eingeführt.

---

[1] Siehe oben S. 71.

Eine Hauptaufgabe der Lehranstalt ist die tüchtige Ausbildung der Zöglinge im Französischen und Englischen. Die Einübung der grammatikalischen Regeln wird mit freien Uebersetzungen und mit dem Sprechen verbunden. Ein die Handels-Lehranstalt mit dem Zeugniss der Reife verlassender Zögling soll im Stande sein, einen guten französischen und englischen Brief zu schreiben und in beiden Sprachen sich korrekt auszudrücken.

§ 14. (Allgemeine Wissenschaften.) a) Der arithmetische Unterricht beginnt mit einem praktischen Kursus der reinen Arithmetik, geht zu den eigentlichen kaufmännischen Rechnungen, Münz-, Mass- und Gewichts-Reduktionen, zur Gold- und Silber-Rechnung, zur Zins-Rechnung und zu den Kursen über, und endigt mit den Kontokurrenten, den höheren Kurs-Rechnungen und zusammengesetzten Kalkulationen.

b) Hinsichtlich des mathematischen Unterrichts werden die Zöglinge in der Algebra, etwa bis zu den Gleichungen dritten Grades, den Progressionen, Kettenbrüchen, Irrationalgrössen und Logarithmen geführt. In der Geometrie werden sie zum Verständniss der Lehrsätze und Aufgaben der ersten Bücher des Euklid gebracht, in der oberen Klasse aber auch in den Elementen der Stereometrie und Mechanik unterrichtet.

c) Der Unterricht in der Naturgeschichte kann mit dem in der Waarenkunde in Verbindung gesetzt werden. In der Physik und Chemie findet Unterricht mindestens in den beiden oberen Klassen statt und wird durch Experimente erläutert.

d) In der Geographie beginnt der Unterricht, unter Voraussetzung der Elementarkenntnisse, mit einer allgemeinen Uebersicht dieser Wissenschaft, und geht dann zu spezieller Beschreibung Deutschlands und der übrigen europäischen und aussereuropäischen Länder über, wobei Verkehr und Handel der Völker und deren kommerzielle Beziehungen stets berücksichtigt werden.

e) In der Geschichte ist, nächst den Hauptereignissen der politischen Geschichte, der Gesichtspunkt auf eine möglichst vollständige Kenntniss der Bewegungen des Handels und Verkehrs bei den wichtigsten Völkern zu richten.

§ 15. (Handels-Wissenschaften.) a) Hinsichtlich der allgemeinen Handels-Wissenschaften wird mit einer Darstellung der verschiedenen Arten des Handels begonnen, sodann zur Münz-, Mass- und Gewichtskunde und zur Lehre von den Wechseln und der Fracht- und Schiffahrtskunde übergegangen, und mit dem Unterrichte von den Staatspapieren, den Börsen, Banken, Aktien-Gesellschaften und der Theorie des Handels geschlossen. Gleichzeitig wird, bei sich darbietender Gelegenheit, auf die Grundsätze der Handelsmoral hingeleitet.

b) In der Waarenkunde und der Technologie geht der Unterricht, unter Vorzeigung von Proben und mittelst Besuchs von Werkstätten, durch alle drei Klassen; wo die Anschauung im Grossen nicht thunlich ist, vertreten sie gute Modelle.

c) Wiefern in der oberen Klasse auch die Grundzüge des Handelsrechts und der Staatswirthschaft einen Gegenstand des Unterrichts bilden können, hängt von der Bestimmung des Kuratoriums ab.

d) In Ansehung der Buchführung fängt in der unteren Klasse der Schüler mit geordnetem Aufschreiben einzelner Geschäfts-Vorfälle (einfacher Ein- und Verkäufe) an, sich an eine Sonderung in Klassen zu gewöhnen. Erst nach kurzer Uebung hierin beginnt der Unterricht in den Grundsätzen des einfachen Buchhaltens. Der Zögling arbeitet ein durch mehrere Monate laufendes Geschäft mit mannigfaltigen Abwechselungen unter Anleitung des Lehrers aus, schliesst es ab und erhält Uebung und Ueberblick im einfachen Buchhalten. Die mittlere Klasse führt ihm ein schon ausgedehnteres Geschäft vor, welches er ebenfalls durch alle Bücher ausarbeitet und dann abschliessen muss. Hieran reiht sich das doppelte Buchhalten, nach welcher Methode der Schüler ein kleines Geschäft selbständig durcharbeitet. In der oberen Klasse werden verwickelte Geschäftsvorfälle nach doppelter Methode gebucht und den Schluss des ganzen Unterrichts in diesem Zweige merkantilischer Thätigkeit bildet eine Beleuchtung der zu verschiedenen Zeiten hervorgetretenen neueren Buchhaltungssysteme.

§ 16. (Fertigkeiten.) a) Auf den Unterricht in der Kalligraphie werden zwar nur wenige Stunden verwendet, doch wird auf Ausbildung einer schönen Handschrift überall, und namentlich bei den Reinschriften der Briefe und allen übrigen Kontor-Arbeiten mit Sorgfalt gewacht.

b) Hinsichtlich der Korrespondenz wird mit Anleitung zu den einfachsten Formen kaufmännischer Briefe (Bestellungs- und Avis-Briefe etc.) begonnen; später-hin findet ein Durchgehen aller Formen von Briefen, sowie ein praktisches Ein-üben derselben, und zwar auch in französischer und englischer Sprache statt.

c) Im Zeichnen ist der Gesichtspunkt dahin gerichtet, diejenigen Schüler, welchen Sinn und Lust für diese nützliche Kunst beiwohnt, oder welche deren zu ihrem künftigen Beruf bedürfen, darin zu fördern. Von der Theilnahme an dem Unterricht sind diejenigen zu entbinden, welche etwa für denselben ganz un-empfänglich oder nach der Ansicht ihrer Eltern oder Erzieher seiner nicht be-dürftig sind.

§ 17. (Anzahl der Lehrstunden.) Die Anzahl der Lehrstunden soll nicht über 34 und nicht unter 28 in den einzelnen Klassen betragen.

Ziffer IV betrifft die „innere Einrichtung"; die §§ 18—22 beziehen sich auf die Disciplin, die öffentlichen Prüfungen und Abgangszeugnisse.

§ 23. (Geldbedürfnisse.) Für die Bedürfnisse der Anstalt wird alljährlich ein Etat entworfen, dessen Bedarfssumme in den ersten fünf Jahren theils durch die von des Königs Majestät bewilligten Vorschüsse, theils durch die aufkommenden Unterrichts-Honorare, späterhin aber allein durch letztere gedeckt wird. Die Zahlungen der Lehrer-Gehalte erfolgen monatlich postnumerando. Ueber alle Ein-nahmen und Ausgaben der Anstalt muss vollständig Buch und Rechnung geführt werden.

§ 24. (Verwaltung.) Die Direktion der Anstalt übernimmt Herr Carl Noback, die Führung der Kasse Herr Friedrich Noback. Die beiden Unternehmer vertreten einander gegenseitig in ihren Funktionen, sobald der eine von ihnen verhindert sein sollte, denselben vorzustehen.

§ 25. (V. Beaufsichtigung der Anstalt. — Aufsichtsbehörde.) Die Anstalt steht unter Aufsicht eines vom Staate ernannten Kuratoriums, mit welchem der Direktor sich in fortwährender Mittheilung zu erhalten hat.

§ 26. (Stundenplan und Etat.) Alljährlich vor dem Beginn des Studienjahrs hat der Direktor der Anstalt den Stundenplan und den Besoldungs- und Bedürfniss-Etat dem Kuratorium zur Bestätigung vorzulegen.

§ 27. (Beaufsichtigung hinsichtlich des Personals.) Dem Kuratorium liegt ob, von dem ganzen Zustande der Anstalt und von den Leistungen der Lehrer, sowie insbesondere von der Führung der Schüler sich in fortwährender Kenntniss zu erhalten. Die Annahme der Lehrer (vergl. § 3), ebenso die unfreiwillige Aus-schliessung von Schülern unterliegen seiner Bestätigung.

§ 28. (Beaufsichtigung des Haushalts.) So lange die vom Staate gewährten Vorschüsse nicht erstattet sind, steht der Haushalt der Anstalt unter besonderer Aufsicht des Kuratoriums, welchem vierteljährlich ein Abschluss aus den Kassen-büchern vorzulegen ist. Die Einsicht der letzteren steht ihm jederzeit frei.

§ 29. (Erhaltung des Inventariums.) Da bis zur erfolgten Rückzahlung jener Vorschüsse das Inventarium der Anstalt Königliches Eigenthum bleibt, so hat das Kuratorium dafür zu sorgen, dass ein vollständiges Verzeichniss von demselben aufgenommen und regelmässig fortgeführt, und dass die Gegenstände desselben mit einem Stempel versehen und wohl erhalten werden.

§ 30. (Jahresbericht.) Am Jahresschluss hat der Direktor über das gesammte Personal und die Leistungen der Anstalt einen Jahresbericht an das Kuratorium zu erstatten.

Trotz des grossen Interesses, das die Staatsregiernng dieser neuen Lehranstalt theils durch die Gewährung von Geldmitteln, theils durch die unmittelbare Uebernahme der Beaufsichtigung — dem Kuratorium gehörten je ein Rath des Handels- und des Kultusministeriums und ein Vertreter der Aeltesten der Kaufmannschaft an —, theils endlich durch die sofortige Verleihung der Einjährig-Freiwilligen-Berechtigung entgegenbrachten, erfüllten sich die auf sie gesetzten Hoffnungen nicht.

Die Schülerzahl, die sich Anfangs auf 60—70 belaufen hatte, ging immer mehr zurück und schon im Jahre 1848 musste die Schule wieder aufgehoben werden, da es an den nöthigen Mitteln zur Zahlung der Gehälter fehlte. Als Grund für diesen Misserfolg wurde angeführt, dass die Kaufmannschaft selbst zu wenig Interesse an den Handelslehranstalten nehme, dass die ungleichartige und unzureichende Vorbildung der Schüler einen erfolgreichen Unterricht erschwere, dass die finanzielle Grundlage, auf der das Institut aufgebaut worden, zu unsicher gewesen sei und dass die Unternehmer es an der nöthigen Umsicht und Sorgfalt hätten fehlen lassen.

An die Stelle der eingegangenen Schule trat zunächst als ein reines Privatunternehmen die von Dr. Schweitzer begründete und noch jetzt bestehende, zur Zeit dem Direktor Lach gehörige „Handelsschule zu Berlin". „Unter den ungünstigsten Verhältnissen," so heisst es in der Chronik dieser Anstalt für 1848/49,[1] „war sie, ein reines Privatunternehmen, in's Leben gerufen worden. Die politischen Wirren des vergangenen Jahres, die schon damals sich zeigende und in diesem Jahre in noch weit grösserer Ausdehnung auftretende Cholera wirkten nicht allein auf alle gewerblichen Verhältnisse höchst nachtheilig, sondern hielten auch eine grosse Menge wohlhabender Familien Berlins von ihrem bisherigen Wohnsitze fern und erregten bei den auswärts wohnenden gerechte Bedenken, ihre Söhne in so schwerer Zeit auf eine hiesige Schulanstalt zu senden. Trotzdem ist die Frequenz der Anstalt bis jetzt in stetem Steigen begriffen gewesen, und die Gründer derselben dürfen sich der gerechten Hoffnung hingeben, dass ihr Unternehmen kein verfehltes sein werde, und dass die von ihnen gehegte Ueberzeugung, durch dasselbe einem vielseitig gehegten Bedürfnisse abzuhelfen, nicht auf irrigen Voraussetzungen beruhe." Die Schule sollte übrigens keineswegs „junge Leute zu Commis heranbilden, um ihnen die Lehrzeit zu ersparen, sondern vielmehr ihnen für den später praktisch zu erlernenden Beruf eine geeignete Vorbildung geben, und zwar eine Vorbildung, wie sie unter gleichen Verhältnissen andere Lehranstalten und namentlich die Gymnasien ihnen nicht gewähren können." Es sollten daher die jungen Leute nur

---

[1] S. Lach, Geschichte der Gründung und Entwickelung der Anstalt, Berlin 1898.

theoretisch vorgebidet werden, sich selbst aber in der Praxis weiter fortbilden und emporarbeiten.

Die Schule wurde mit einer Klasse und 15 Schülern Michaelis 1848 eröffnet; Ostern 1849 kam eine zweite Klasse hinzu, deren Schüler jedoch theilweise mit der ersten gemeinsam unterrichtet wurden. Lehrgegenstände waren Rechnen, allgemeine Handelskunde, Buchhalten, Korrespondenz und Kontorarbeiten, Waarenkunde, Handelsgeographie und Statistik, allgemeine Handelsgeschichte, Französisch, Englisch, Deutsch, Physik und chemische Technologie, Schreiben, Zeichnen, zusammen wöchentlich 33 in der zweiten und 34 in der ersten Klasse. Vorausgesetzt wurden bei der Aufnahme die Kenntnisse, welche, mit Ausnahme der alten Sprachen, „etwa ein Quartaner eines Gymnasiums besitzt." Anfang der fünfziger Jahre wurde noch eine dritte Klasse gebildet und eine Anzahl neuer Lehrgegenstände, so Religion, Naturgeschichte, Mathematik, Stenographie eingeführt, denen sich in den sechziger Jahren noch Turnen und Gesang anreihten. Der Unterricht wurde in drei Stufen ertheilt, dem die drei Klassen der Anstalt entsprachen. Der ganze Kursus war auf drei Jahre berechnet; da jedoch halbjährige Versetzungen stattfanden, so konnten bei besonders guter Vorbereitung, guten Anlagen und hervorragendem Fleisse einzelne Schüler ausnahmsweise auch in einem halben Jahre jede der beiden unteren Klassen durchmachen. 1856 erhielten die Abiturienten der Schule das Recht zum einjährig-freiwilligen Militärdienst. Die Prüfungs-Kommission sollte fortan bestehen aus 1. einem Kommissarius des Königlichen Schulkollegii der Provinz Brandenburg; 2. einem Mitgliede der städtischen Schuldeputation, welches von derselben dem Schulkollegium der Provinz Brandenburg zu präsentiren war; 3. einem Mitgliede des Vorstandes, welches dem Kaufmannsstand angehörte; 4. dem Direktor; 5. denjenigen Lehrern der Anstalt, welche in der ersten Klasse Unterricht ertheilten. Die von den Schülern geforderten Leistungen wurden in einem besonderen „Prüfungs-Reglement" festgesetzt,[1] nach dem bereits im September 1856 geprüft wurde.

Eine wesentliche Aenderung in der Organisation der Schule trat dann erst wieder im Winterhalbjahr 1880/81 ein, wo eine Quarta und Quinta eingerichtet wurden, „weil die Vorkenntnisse der Schüler, die sich bisher zum Eintritt in die unterste Klasse der Handelsschule, Untertertia, gemeldet hatten, so verschieden waren, dass ein gedeihlicher Unterricht so ungleichartig vorgebildeter Elemente in einer Klasse nicht zu erwarten war." Im Jahre 1898 kam noch eine Sexta hinzu. Die im Jahre 1885 mit der Schule verbundene Vorschule ging mit dem Schlusse des Schuljahres

---

[1] Siehe bei Lach, a. a. 6. S. 12, 13.

1900/01 wiederum ein. Der Lehrplan der Anstalt gestaltet sich jetzt wie folgt:[1]

Uebersicht des Lehrplans nach Lehrgegenständen und wöchentlichen Stunden.

Lfde. No.	Lehrgegenstände	Handelsschule									
		Ia	Ib	IIa	IIb	IIIa	IIIb	IVa	IVb	V	VI
1	Religion	2	2	2	2	2	2	2	2	2	3
2	Deutsch u. Geschichtserzählungen	3	3	3	3	3	3	4	4	4	5
3	Französisch (Korresp. 1 St.)	5 (4+1)	5 (4+1)	5 (4+1)	5 (4+1)	5 (4+1)	5 (4+1)	6	6	6	6
4	Englisch(Korresp.1St.)	5 (4+1)	5 (4+1)	5 (4+1)	5 (4+1)	4	4	—	—	—	—
5	Geschichte	2	2	2	2	2	2	2	2	—	—
6	Erdkunde	2	2	1	1	2	2	2	2	2	2
7	Mathematik	4	4	4	4	3	3	3	3	—	—
8	Kaufm. Rechnen	2	2	2	2	3	3	3	3	5	5
9	Buchführung	1	1	2	2	2	2	—	—	—	—
10	Kontorarbeiten	—	—	—	—	—	—	1	1	—	—
11	Handels- u. Waarenkunde	2	2	1	1	1	1	—	—	—	—
12	Naturkunde	—	—	—	—	—	—	2	2	2	2
13	Physik bezw. Chemie	2	2	2	2	2	2	—	—	—	—
14	Schreiben	—	—	1	1	1	1	2	2	2	2
15	Zeichnen	—	—	—	—	—	—	2	2	2	—
16	Gesang	1	1	1	1	1	1	1	1	1	1
17	Turnen	3	3	3	3	3	3	3	3	3	3

Wahlfreier Unterricht

		Ia	Ib	IIa	IIb	IIIa	IIIb	IVa	IVb	V	VI
1	Zeichnen	2	2	2	2	2	2	—	—	—	—
2	Stenographie	1	1	1	1	1	1	—	—	—	—

Uebersicht über den Schulbesuch
(ohne Berücksichtigung der Vorklassen).

Winterhalbjahr	Winterhalbjahr
1848/49: 15 Schüler	1874/75: 239 Schüler
1849/50: 41 „	1879/80: 161 „
1854/55: 97 „	1884/85: 224 „
1859/60: 195 „	1889/90: 175 „
1864/65: 214 „	1894/95: 258 „
1869/70: 184 „	1901/02: 406 „

Die Nöllesche Handelsschule zu Osnabrück, auch eine Privatanstalt, ist im Jahre 1838 begründet worden und geniesst seit 1868 ebenfalls die Einjährig-Freiwilligen-Berechtigung. Sie ist in

---

[1] Siehe Programm der Schule für 1902, S. 2.

drei Klassen gegliedert, deren jede einen einjährigen Kursus mit 32 wöchentlichen Stunden umfasst. Unterrichtsgegenstände sind: deutsche, englische, französische, auf Wunsch auch spanische Sprache, Handelswissenschaften, als Kontorkunde, kaufmännisches Rechnen, einfache und doppelte Buchhaltung, Handelskorrespondenz in deutscher, englischer und französischer Sprache, Wechselrecht, Waarenkunde usw., sodann Mathematik, Naturgeschichte, Physik und Chemie, Geographie und Geschichte, Kalligraphie und Stenographie. Die Aufnahme in die unterste Klasse erfolgt auf Grund einer Prüfung in der deutschen Sprache, dem Rechnen und den Anfangsgründen der Raumlehre, sowie in den Elementen der französischen Sprache. Schüler, welche im Besitze eines Reifezeugnisses für die Tertia einer staatlich anerkannten Anstalt sind, werden ohne Prüfung aufgenommen. Zur Aufnahme in die Sekunda ist die Beibringung eines entsprechend höheren Zeugnisses oder das Bestehen einer hiefür angesetzten Prüfung, namentlich in den Sprachen und der Mathematik erforderlich. Für diejenigen Inländer, welche den Berechtigungsschein schon besitzen oder nicht erwerben wollen, ist die Einrichtung getroffen, dass sie abgesehen von den passenden sprachlichen und naturwissenschaftlichen Lektionen, an den kaufmännischen Stunden aller Klassen theilnehmen und sich so durch einen einjährigen Kursus in geeigneter Weise auf ihren Beruf vorbereiten können.

Die Schule ist nach den vom gegenwärtigen Direktor Lindemann veröffentlichten „Geschichtlichen Notizen" seit ihrer Begründung von etwa 5000 Schülern besucht worden; die erste Abgangsprüfung mit der Wirkung der Befähigung zum Einjährigen Dienst fand 1870 statt; bis zum Jahre 1901 haben im Ganzen 622 Schüler dieselbe bestanden. Im Schuljahre 1900/01 wurde die Anstalt von 182 Schülern, darunter 27 Ausländern, die der Mehrzahl nach Holländer waren, besucht; im Schuljahre 1901/02 waren 197 Schüler vorhanden, darunter 163 Deutsche und 34 Ausländer, davon 10 aus Holland nebst Kolonien, 7 aus England, 6 aus Skandinavien, 4 aus Frankreich, 3 aus Belgien, 2 aus Bulgarien und 2 aus Südamerika. Die Zahl der Theilnehmer am kaufmännischen Jahreskurse betrug 20.

Die Errichtung der schon oben erwähnten „städtischen Handelsschule" zu Köln wurde Ostern 1897 begonnen und mit der Einrichtung der sechsten Klasse zum Beginne des Schuljahres 1900/01 vollendet; damit wurde sie zugleich in das Gesammtverzeichniss der militärberechtigten Anstalten aufgenommen. Sie verfolgt in ähnlicher Weise wie die Berliner Handelsschule im Wesentlichen den Lehrplan der lateinlosen Realschulen, unter Berücksichtigung der besonderen Bedürfnisse derjenigen jungen Leute, die sich dem kaufmännischen Berufe widmen wollen. Der Lehrplan ist in folgender Weise festgesetzt:

Uebersicht über die einzelnen Lehrgegenstände und die für jeden derselben
bestimmte Stundenzahl.

	VI.	V.	IV.	III.	II.	I.
Religion	3	2	2	2	2	2
Deutsch und Geschichtserzählungen .	4}5 1}	4}5 1}	5	4	3	3
Französisch	6	6	6	6	6	5
Englisch	—	—	—	5	4	4
Geschichte	—	—	3	2	2	2
Erdkunde	2	2	2	2	2	2
Gesetzeskunde	—	—	—	—	1	1
Rechnen	5	5	, 4	2	2	2
Algebra	—	—	—	2	1	2
Geometrie	—	—	2	2	2	2
Buchführung (wahlfrei)	—	—	—	—	1	2
Naturbeschreibung	2	2	2	2	—	—
Physik und Technologie	—	—	—	—	2	2
Chemie und Warenkunde . . .	—	—	—	—	2	2
Schreiben	2	2	2	1[1]	1[1]	—	6[1]
Stenographie	—	—	—	1	1	—
Freihandzeichnen	—	2	2	1	1	1
Zusammen[2]	25	26	30	31 (32)[1]	32[1] (33)[2]	32[2]
Turnen	3	3	3	3	3	3
Singen	2	2	je ein Chor			

Auf diese Handelsschule ist noch ein einjähriger Fachkursus,
eine Handelsklasse, aufgesetzt, die nach ihrem Programm den
Zweck hat, „jungen Leuten, die sich dem Kaufmannsstande widmen
wollen, eine genügende Vorbildung zu geben und sie so zu befähigen,
aus ihrer Lehrzeit wirklich den Nutzen zu ziehen, den sie davon
erhoffen. Sie soll daher die in der Regel hervortretenden, Lehr-
herren und Lehrlingen gleich empfindlichen Lücken ausfüllen, welche
die gewöhnliche Schulbildung in dieser Beziehung gelassen hat“.
Vorbedingung für die Aufnahme in diese Klasse ist der Besitz des
Zeugnisses der wissenschaftlichen Befähigung zum einjährig-freiwilligen
Militärdienste, möge dasselbe auf einer Schule gymnasialen oder realen
Charakters erworben sein; einer besonderen Aufnahmeprüfung bedarf es nicht. Lehrgegenstände sind: Deutsch (Handelskorrespondenz,
Handelslehre, Volkswirthschaftslehre; wöchentlich 4 Stunden), Französische Sprache und Korrespondenz (w. 5 St.), Englische Sprache
und Korrespondenz (w. 5 St.), Handelsgeographie (w. 2 St.), Handelsgeschichte (w. 2 St.), Waarenkunde (chemische Technologie, w. 2 St.),
kaufmännisches Rechnen (w. 6 St.), Buchführung (w. 2 St.), Physik
und mechanische Technologie (w. 2 St.), kaufmännische Gesetzes-

---

[1] Für Schüler mit schlechter Handschrift.
[2] Einschliesslich des wahlfreien Unterrichts. Vom wahlfreien Unterricht
wird nur auf schriftliches Ersuchen der Eltern befreit.

kunde (w. 1 St.), Stenographie und Schönschreiben (w. 1 St.), Turnen
(w. 2 St.), zusammen 34 Stunden. Die Schüler mit gymnasialer
Vorbildung bilden in Französisch, Englisch, Rechnen, Chemie und
Warenkunde eine besondere Abtheilung (II). In ihr werden dieselben Lehrstoffe behandelt und dieselben Uebungen angestellt. wie
in Abtheilung I, anfangs jedoch mit denjenigen Erweiterungen oder
Beschränkungen, die sich in Folge der anderweiten Vorkenntnisse
als nothwendig erweisen.

Der Schulbesuch betrug
im Schulj. 1899/00 in der Handelsschule 255, in der Handelskl. 16 Schüler
„ „ 1900/01 „ „ „ 327, „ „ „ 28 „
„ „ 1901/02 „ „ „ 414, „ „ „ 30 „

Die Stadt Köln hatte die Absicht, die Handelsklasse durch
Hinzufügung von zwei höheren Stufen, der Unter- und Oberprima,
zu einer dreiklassigen höheren Handelsschule auszubauen, wobei
sie sich der Hoffnung hingab, dass mit der an ihr bestandenen
Abiturientenprüfung dieselben Berechtigungen verknüpft sein würden.
wie mit der der Oberrealschulen. Die leitenden Gesichtspunkte für diese
neue Organisation waren in der Hauptsache folgende:[1] 1. Die Obersekunda schliesst sich organisch an die Mittelklassen an. Sie bleibt, getreu
der Gesammtrichtung der Anstalt, entschieden im Rahmen der auch dem
Kaufmanne nothwendigen Allgemeinbildung speziell der amtlichen
Lehrpläne der Oberrealschule, will aber daneben nach Möglichkeit solchen
Elementen der kaufmännischen Vorbildung Rechnung tragen.
die eine wissenschaftliche Vertiefung und eine erzieherische Hebung
der Schüler zulassen. 2. Der Lehrplan, und noch mehr der spezielle
Unterrichtsbetrieb, sucht auch die Aufnahme von solchen Schülern
zu ermöglichen, welche nicht auf der Handelsschule selbst, sondern
auf einer Real- bezw. einer Oberrealschule oder einem Realgymnasium
vorgebildet sind. Fürs erste können sogar auf einem Gymnasium
vorgebildete junge Leute, die sich dem Kaufmannsstande widmen
wollen, aufgenommen werden. Aus den letzteren wird — wie bisher bei der Handelsklasse — eine besondere Abtheilung im Englischen, im Französischen, in der Chemie und, soweit möglich, auch
im Rechnen gebildet. 3. Um die Tradition der bisherigen „Handelsklasse" zu wahren, streben der Unterrichtsplan und die Stoffvertheilung
der Obersekunda im Interesse derjenigen Schüler, welche der schulmässigen Vorbereitung auf den erwählten Beruf nur ein Jahr
widmen wollen, einen gewissen Abschluss an, und zwar namentlich
in den Lehrgegenständen fachlichen Charakters (Buchführung,
Handelslehre bezw. kaufmännische Gesetzeskunde, Volkswirthschaftslehre, chemische und mechanische Technologie, Stenographie, deutsche
und fremdsprachliche Handelskorrespondenz). Dies geht jedoch

---

[1] Siehe Jahresbericht für das Schuljahr 1900/01, S. 3.

nicht soweit, dass die Aufgabe dieser Klasse im Gesamtorganismus
der Unterrichtsanstalt, besonders in ihrem Verhältniss zur folgenden
Prima, dadurch beeinträchtigt wird. Die Stadt Köln rechnete bei diesem
Plane namentlich darauf, dass die Abiturienten dieser neunstufigen
Handelsmittelschule in erster Linie die dort begründete Handelshochschule besuchen würden. Obwohl sie hienach annahm, dass die voll aus-
gereiften Zöglinge der höheren Handelsschule sich fast ausschliesslich
dem höheren Kaufmanns- oder Fabrikantenstand widmen würden,
so wollte sie dennoch die formelle Gleichstellung mit den Abiturienten
der Oberrealschule nicht missen, weil sie fürchtete, dass sonst „das
Prestige" der Schule empfindlich leiden werde. „Da sie im wesentlich denselben Faden spinnt, wie die Oberrealschule, wenn auch
eine andere Nummer, so wird sie billigerweise auch als dieser
Schulgattung gleichwerthig erachtet werden dürfen."

Die Minister der geistlichen, Unterrichts- und Medizinal-Angelegenheiten sowie für Handel und Gewerbe, denen der nach vorstehenden Grundsätzen aufgestellte Organisations- und Lehrplan zur
Genehmigung vorgelegt wurde, gaben zwar in einem Erlasse vom
2. Dezember 1901 ihrer Ueberzeugung dahin Ausdruck, „dass ein
nach solchem Plane ertheilter Unterricht den Bedürfnissen von
Schülern, die sich für die Berufsthätigkeit im Handel oder in der
Industrie entschieden hätten, erfolgreich dienen würde". Dagegen
erschien es ihnen ausgeschlossen, dass so vorbereitete Schüler den
Anforderungen genügen könnten, die in der Reifeprüfung für Oberrealschulen gestellt werden. Diese Möglichkeit würde auch durch
Abänderungen im Einzelnen, die den vorgelegten Lehrplan dem
Normallehrplan für Oberrealschulen äusserlich näher brächten,
schwerlich herbeigeführt werden; denn der Unterrichtsstoff in dem
wohldurchdachten, einheitlichen Lehrplane sei in allen Fächern so
sehr dem besonderen Zwecke der Handelsfachschule angepasst und
weiche von den in der Oberrealschule zu behandelnden Lehraufgaben
so wesentlich ab, dass die Unterrichts-Verwaltung, um die Schule
hinsichtlich der Reifeprüfung den Oberrealschulen gleichstellen zu
können, auf so tiefgehenden Aenderungen des Lehrplans bestehen
müsste, dass dadurch die Erreichung des von der Schule verfolgten
Zieles in Frage gestellt würde. Uebrigens würde die Wohlthat der
etwaigen Erlangung eines Zeugnisses der Oberrealschulreife voraussichtlich nur wenigen zu gute kommen, da die oberen Klassen einer
Handelsschule doch mit seltenen Ausnahmen nur solche Schüler
besuchen würden, die nach Lage ihrer persönlichen Verhältnisse
sich auf eine leitende und umfassende Stellung in bedeutenden
Handelshäusern oder Fabrikbetrieben vorzubereiten hätten.

Unterm 13. Dezember 1901 wurde der ministerielle Bescheid
durch das Provinzial-Schulkollegium an das Kuratorium der Handelsschule mit einer Verfügung weitergegeben, worin es seinerseits er-

suchte, den in dem aufgestellten Lehrplan eingeschlagenen Weg unbekümmert um Berechtigungen weiter zu verfolgen. Die Stadt Köln würde sich durch ein solches Vorangehen auf neuer Bahn ein grosses Verdienst nicht nur um die Förderung einer höheren Ausbildung des Handelsstandes, sondern auch um die freiere Entwickelung des Schulwesens im ganzen erwerben. Erst durch Schaffung einer „Oberhandelsschule" könnten die Vorlesungen der Kölner Handelshochschule eine ausreichend breite Grundlage gewinnen. Sollte sich wider Erwarten für die in den vorliegenden Plänen vorgezeichnete Einrichtung in den besseren Kreisen von Handel und Industrie noch kein genügendes Verständniss zeigen, so wäre die Umwandlung der drei oberen Klassen in die entsprechenden einer Oberrealschule ohne Opfer zu bewerkstelligen.

Die Stadt Köln ist — wenigstens für das Schuljahr 1902/03 — noch nicht diesem Rathschlage gefolgt, sondern hat beschlossen, vorläufig von einer Aenderung der bestehenden Verhältnisse abzusehen, insbesondere die Handelsklasse in ihrer bisherigen Gestalt beizubehalten. Nach den Ausführungen im Jahresbericht für 1901/02[1]) besteht aber an den massgebensten Stellen nach wie vor die feste Absicht, den Ausbau baldmöglichst durchzuführen. „Es steht zu hoffen", so heisst es dort, „dass für die Oberstufe eine Form gefunden wird, bei der sowohl diejenigen Schüler, welche eine den Charakter und die Lehrziele der bisherigen sechsklassigen Handels-Realschule folgerichtig weiterführende Oberstufe besuchen und sich in erster Linie auf die Handelshochschule, jedenfalls aber auf den höheren Handelsstand vorbereiten wollen, als auch diejenigen ihre Rechnung finden, die bei der Handelsschule mehr Werth auf ihren Charakter als moderne Realschule legen und darum durch den Besuch der Oberklassen sich weitergehende Berechtigungen erwerben wollen."

In derselben nebensächlichen Weise wie in Danzig wird der kaufmännische Fachunterricht an der „Oberreal- und Landwirthschaftsschule zu Flensburg behandelt. Diese letztere Anstalt ist aus der im Jahre 1883 begründeten „Städtischen Handelsschule" hervorgegangen, die aus einer „Vorschule" (Sexta bis Quarta) und der eigentlichen „Fachschule" (Tertia bis Prima) bestand, im Allgemeinen aber nach dem Lehrplane der Realschulen arbeitete. Nur waren in Sekunda 4 und in Prima 7 Stunden wöchentlich für Handelswissenschaften und kaufmännisches Rechnen als obligatorische Lehrgegenstände vorgesehen. Bei der Umwandlung der Anstalt in eine Realschule wurde die Anzahl der — nun wahlfrei gewordenen — Unterrichtsstunden in den kaufmännischen Fächern in der Sekunda auf 4, in der Prima auf 5, im Ganzen also auf 9 herabgesetzt und bei dem Ausbau der Realschule zur Oberrealschule ist die Zahl der

---

[1]) Siehe dort S. 6.

Unterrichtsstunden für Handelsfächer auf je 3 in Obertertia und Obersekunda — welche Klassen der Sekunda und Prima der früheren Realschule entsprechen — also im Ganzen auf 6 zusammengeschrumpft. Zudem sind die Schüler, welche am Unterricht in den Handelswissenschaften theilnehmen, vom Linearzeichnen ausgeschlossen. Zur Zeit betheiligt sich etwa der vierte Theil der Schüler der betreffenden Klassen an dem Unterrichte in den Handelsfächern.

Eingehendere Berücksichtigung als in Danzig und Flensburg findet der handelswissenschaftliche Unterricht an der Realschule zu Altona-Ottensen, wo in den beiden obersten, neben den Realklassen eingerichteten „Handelsklassen" seit Ostern 1900 in deutscher, französischer, englischer und spanischer Handelskorrespondenz, im kaufmännischen Rechnen, in kaufmännischer Algebra, Handelsgeschichte, Handelsgeographie, Gesetzeskunde, in Stenographie und Schreiben unterrichtet wird. Im englischen, französischen und spanischen Unterricht wird ferner besonderes Gewicht auf Gewandtheit im mündlichen Gebrauch dieser Sprachen gelegt. Ueber die Gründe, die für die Einführung dieser Organisation in Altona massgebend gewesen sind, giebt der Jahresbericht für das Schuljahr 1900/01 bemerkenswerthe Aufschlüsse. Es heisst dort: [1]

In Altona ist das kaufmännische Unterrichtswesen nun zunächst dadurch gefördert worden, dass die städtische Verwaltung am 1. Oktober 1898 eine kaufmännische Fortbildungsschule errichtete. Gleichzeitig beschäftigte sich jedoch das Kuratorium der Reallehranstalten, auf Anregung des hiesigen Königlichen Kommerz-Kollegiums, mit der Frage, in welcher Weise die Realschüler, die sich dem Kaufmannsstande widmen wollen, für diesen Beruf mehr, als es bis jetzt geschehen war, vorbereitet werden könnten. Zu diesem Zwecke neben den beiden Realschulen noch eine Handelsschule zu errichten, wie es in Köln und Frankfurt a/M. geschieht, wurde überhaupt nicht in Erwägung gezogen, da hierzu ein Bedürfniss nicht vorhanden war. Ebenso sah man ab von der Errichtung einer besonderen Handelsklasse für solche Schüler, welche die Reifeprüfung in der Realschule bestanden haben, da man mit Recht befürchtete, dass, wie in anderen Städten, so auch in Altona eine derartige Handelsklasse nur von wenigen Schülern besucht werden würde. Dazu kam, dass durch den Besuch einer solchen Handelsklasse der Eintritt in das Geschäftsleben um mindestens ein Jahr hinausgeschoben worden wäre, ohne dass dadurch die Ziele einer sogenannten höheren Handelsschule hätten erreicht werden können. In Altona aber eine höhere Handelsschule mit zwei- bis dreijährigem Kursus für Realschulabiturienten einzurichten, konnte nach den Erfahrungen, die man in Köln, Frankfurt a/M. und Aachen in dieser Beziehung gemacht hat, als empfehlenswerth nicht betrachtet werden, ganz abgesehen davon, dass die Zöglinge einer solchen höheren Handelsschule zu alt werden, ehe sie zu einer praktischen Thätigkeit kommen. —

Um jedoch den nicht unbegründeten Klagen über die mangelhafte Vorbildung der Realschüler für den kaufmännischen Beruf abzuhelfen, entschloss man sich, nicht im Anschluss an die hiesige Realschule, sondern im äusseren Rahmen derselben handelswissenschaftlichen Unterricht zu ertheilen, soweit dies für die hiesigen Verhältnisse nöthig ist. Diesen Weg zu beschreiten, lag um so näher, als die hiesige Realschule auf allen Stufen Parallelklassen hat. Während nun die Parallel-

---

[1] Siehe dort S. 4 und 5.

klassen bis Tertia incl. gleichen Unterricht haben nach Massgabe der neuen allgemeinen Lehrpläne, tritt mit der Sekunda eine Gabelung ein in Realklassen und sogenannte Handelsklassen, d. h. in Realklassen mit handelswissenschaftlichem Unterricht.

Die beiden oberen Realklassen werden namentlich von solchen Schülern besucht, die sich der Industrie und den technischen Fächern widmen wollen und behufs ihrer weiteren Ausbildung eine technische Hochschule zu besuchen gedenken. Diese Schüler müssen sich ein erhebliches Mass von Kenntnissen in der Mathematik und der Naturlehre aneignen, damit sie dem Unterricht auf der technischen Hochschule folgen können und so befähigt werden, die grossen Veränderungen, welche unsere gesamte äussere Kultur durch die gewaltigen Fortschritte in der Naturerkenntniss erfahren hat und noch täglich erfährt, nicht nur zu begreifen, sondern auch in dem späteren Beruf daran mitzuwirken. Ausserdem ist Fertigkeit im Zeichnen für diese Schüler von grosser Bedeutung.

Der Unterricht in den beiden sogenannten Handelsklassen dagegen verfolgt das Ziel, einerseits den Zöglingen eine allgemeine geistige Bildung zu vermitteln, die der Realschulbildung durchaus gleichwertig ist, und andererseits planmässig und in wissenschaftlichem Zusammenhange die Schüler in den Besitz derjenigen Kenntnisse und Fähigkeiten zu setzen, die für den kaufmännischen Beruf erforderlich sind. In letzterer Beziehung sind für die hiesige Anstalt selbstverständlich nur die Forderungen massgebend, die der Grosshandel und der überseeische Verkehr Hamburgs an diejenigen jungen Leute stellt, die sich dem kaufmännischen Beruf widmen wollen. Infolgedessen konnte die Lehrverfassung von Handelsschulen, wie sie in Bayern, im Königreich Sachsen und im Rheingebiet bestehen, für die hiesige Anstalt nicht vorbildlich sein, denn der hamburgische Welthandel stellt andere Anforderungen an den kaufmännischen Nachwuchs als der binnenländische Handel, so bedeutend dieser in einzelnen Fällen auch sein mag.

Wenn ferner in Handelsschulkreisen darüber gestritten wird, wie „die scheinbar widersprechenden Forderungen einer ausreichenden allgemeinen Bildung und einer ausreichenden fachlichen Ausbildung des künftigen Kaufmanns" ausgeglichen werden können, so ist dieser Streit für die hiesige Anstalt gegenstandslos, denn die hohe Stellung, die der hanseatische Kaufmann in wirthschaftlicher und sozialer Beziehung einnimmt, erfordert es unbedingt, dass derselbe mindestens im Besitz einer Allgemeinbildung ist, wie sie in einer Realschule erworben wird. Es kann daher für die Handelsklassen der hiesigen Realschule nur das Pinzip der fachlich gefärbten Allgemeinbildung (Mileu-System) und nicht das Prinzip der Fachbildung (Fach-System) in Anwendung kommen. Mag letzteres System auch in Süddeutschland und im Königreich Sachsen massgebend sein, in Norddeutschland kann eine Handelsschule nur Boden gewinnen, die ihren Zöglingen eine abgerundete allgemeine Bildung vermittelt und dieselben gleichzeitig fachlich soweit vorbereitet, dass ihnen beim Eintritt in das kaufmännische Leben die Wege geebnet sind. Auch von erfahrenen Hamburger Grosskaufleuten ist dringend geraten worden, nicht zu grosses Gewicht auf das eigentliche kaufmännische Fachwissen zu legen und namentlich keine kaufmännischen Theorien in den Unterricht hineinzuziehen, denn beides habe nicht viel Zweck, da kaufmännische Tüchtigkeit sich doch nur im praktischen Berufsleben aneignen liesse. Treffend sagt in dieser Beziehung auch Direktor Ziehen: „Ich halte es für eine Entwickelung, die nicht zur Hebung, sondern vielmehr zur Herabdrückung des Kaufmannsstandes beiträgt, wenn die Vorbildung des Kaufmanns allzusehr besonderen Fachschulen anvertraut, von den Vorbildungsanstalten für andere Berufsarten losgelöst und zu Gunsten der Fachbildung um die allgemein bildenden Elemente verkürzt wird."

Wenn nnn in Altona seit Ostern 1900 zunächst in der Sekunda der hiesigen Realschule ein Parallelcötus mit handelswissenschaftlichem Unterricht eingerichtet ist, so ist die Gabelung in Realklassen und Handelsklassen erst mit der Sekunda eingetreten, um die Schüler nicht zu früh zu einer Berufswahl zu veranlassen,

zumal dieselben in 2 Jahren sich das erforderliche kaufmännische Fachwissen aneignen können. Gleichzeitig sind jedoch in den beiden Tertien je 2 Stunden für
Rechnen und 1 Stunde für Schreiben angesetzt, damit für die Schüler, die später
in die Handelssekunda übergehen, keine Unterbrechung in diesen Unterrichtsgegenständen eintritt. Diese Einrichtung lag um so näher, als es auch für die
Realschüler im späteren Leben nur von Nutzen sein kann, wenn sie Fertigkeit im
Rechnen und eine gute Handschrift besitzen.

Der Bestand in den Handelsklassen am Anfang des Schuljahres 1901/02 betrug 40 Schüler, wovon 17 auf die untere und
13 auf die obere Klasse entfielen.

In Aachen und Frankfurt a. M. sind endlich kaufmännische
Fachklassen als Parallelklassen zur Obersekunda und Prima der dort
bestehenden Realgymnasien eingerichtet worden. Der überaus
schwache Besuch dieser Klassen legt die Vermuthung nahe, dass
diese Organisation nicht die richtige ist, weshalb man auch schon
in Frankfurt a. M. eine andere Einrichtung des Handelsschulwesens
auf breiterer und tieferer Grundlage in Erwägung genommen hat;
die darüber mit den zuständigen Behörden eingeleiteten Verhandlungen sind noch im Gange. Auch in Aachen wird man sich wohl
oder übel zu einer Aenderung des bisher befolgten Systems entschliessen müssen. Dort sind von Ostern 1893 bis dahin 1897 im
ganzen nur 43 Schüler in die Handelsklassen eingetreten; die meisten
von ihnen haben die Schule nach einjährigem Besuche wieder verlassen. 1898/99 fanden sich in allen drei Klassen 9, 99/1900 14
und 1900/01 17 Schüler; die Zahl der Abiturienten betrug
Ostern 1896: 3, 98: 2, 99: 1, 1900: 2, 1901: 4 und 1902: 2.

Die ersten Versuche mit Handelshochschulen werden in
Preussen zur Zeit in Aachen, Köln und Frankfurt a. M. gemacht,
nachdem Leipzig im Jahre 1898 vorangegangen war.[1]) Während die
Handelshochschule in Aachen unter der Bezeichnung „Handelswissenschaftliche Kurse" an die dortige Technische Hochschule
angegliedert ist, sind die Anstalten in Köln und Aachen von vornherein als selbständige Einrichtungen begründet worden; die Handelshochschule in Frankfurt a. M. hat die Bezeichnung „Akademie
für Sozial- und Handelswissenschaften" erhalten, da sie auf
einer Vereinigung zweier ursprünglich getrennter Bestrebungen beruht,
deren eine auf die Schaffung einer Handelshochschule, deren andere
auf die vermehrte Pflege der Sozial- und Verwaltungswissenschaften
gerichtet war. Indem die Akademie sowohl die Pflege der Handelswissenschaften als die der Staats- und Sozialwissenschaften zu ihrer
Aufgabe machte, hoffte sie beiden Bestrebungen in wirksamerer Weise
zu dienen, als wenn jene Wissenschaften getrennte Stätten der Pflege
finden. Sie folgt darin dem Beispiel der Ecole libre des Sciences

---

[1]) Vgl. über die Handelshochschule zu Leipzig die Denkschrift von Raydt,
Leipzig 1898.

Politiques zu Paris und namentlich der London School of Economics and Political Science.

Die handelswissenschaftlichen Kurse an der Technischen Hochschule zu Aachen wurden im Herbst 1898 eröffnet. Für die Aufnahme der Studirenden sollten die Vorschriften des Verfassungsstatuts der technischen Hochschule massgebend sein. Bei der Aufstellung des Lehrplans war davon ausgegangen, dass einmal solche Personen auszubilden seien, die sich in reinen Handelsunternehmungen bethätigen wollen, und sodann solche, die zur Leitung gewerblicher Unternehmungen berufen sind. Der Lehrplan sah deshalb von vorherein eine kaufmännische und eine kaufmännisch-technische Richtung vor, wobei zwischen „gemeinsamen" und für jede Richtung „besonderen" Fächern unterschieden wurde. Gemeinsame Lehrfächer sollten sein: Nationalökonomie, volkswirthschaftliche Uebungen, soziale Gesetzgebung, encyklopädische Chemie (Experimental-Chemie für Architekten, Bau- und Maschinen-Ingenieure), Waarenkunde, Buchhaltung, Bilanzirungskunde und deutsche Korrespondenz, Versicherungs-Mathematik und kaufmännisches Rechnen, Handels- und Zollpolitik, Grundzüge der Finanzwissenschaft, Handelsrecht, Rechts-Encyklopädie nebst Grundzügen des Civil- und Staatsrechts, Gewerberecht, Telegraphie und Fernsprechwesen, Geschichte der Nationalökonomie, Grundzüge des Eisenbahnbetriebes, Kunst und Kunsthandwerk in ihrer Anwendung auf den kaufmännischen Betrieb, fremde Sprachen, Stenographie. Als besondere Lehrfächer für die kaufmännisch-technische Richtung waren vorgesehen: Baukonstruktion, mechanische Technologie, Fabrikanlagen und Arbeitsmaschinen, encyklopädische Maschinenlehre, technische Chemie, Experimental-Physik und Gewerbehygiene. Besondere Lehrfächer der kaufmännischen Richtung waren: Buchhaltung, allgemeine Wirthschaftsgeographie, handelsrechtliche Uebungen. Wechselrecht, Versicherungsrecht, Statistik, Stempelsteuergesetzgebung spezielle Wirthschaftsgeographie, Bank- und Börsenwesen, Konkursrecht, internationale Münz-, Maass- und Gewichtskunde. — Der ganze Lehrstoff war auf zwei Jahre vertheilt. Die Vorträge sollten theils von den an der technischen Hochschule schon vorhandenen, theils von neuen Lehrkräften übernommen werden. Den Absolventen der Kurse wurde im Jahre 1900 das Recht eingeräumt, sich einer Diplomprüfung zu unterziehen. Die Aufsicht über die Kurse erhielt ein Kuratorium, bestehend aus dem Rektor der technischen Hochschule, 3 Dozenten der handelswissenschaftlichen Kurse und 3 Industriellen. Das Kuratorium hat insbesondere den Lehr- und Vorlesungsplan, den Etat und die Vorschläge über die bei den Lehrkursen zu verwendenden Lehrkräfte dem Handels- und Kultusminister, denen die Oberaufsicht über die Einrichtung vorbehalten ist, alljährlich zur Genehmigung einzureichen. Die Ausgaben der

Kurse waren im Etat für 1901 auf 17612 Mark veranschlagt, wovon
entfielen auf Remunerationen der Professoren 14300 M., Remunerationen der Beamten 480 M., Antheile der Dozenten am
Kollegienhonorar ($^1/_4$ nach Abzug von 2 $^0/_0$ für die Beamten) 574 M.,
Amtsbedürfnisse etc. 800 M., Diplomprüfungsgebühren 60 M., Lehrmittel und Sammlungen 950 M., und unvorhergesehene Ausgaben
448 M. An Einnahmen waren eingestellt: Einschreibegebühren 175 M.;
Zuschüsse des Aachener Vereins zur Beförderung der Arbeitsamkeit
10000 M., der Aachener Handelskammer 4000 M. und der Aachener
und Münchener Feuerversicherungsgesellschaft 1000 M., Gebühren
für die Anfertigung von Abgangszeugnissen 12 M., Diplomprüfungsgebühren 60 M. und verschiedene Einnahmen 40 M., zusammen,
wie die Ausgabe, 17612 Mark.

Schon im Jahre 1901 wurde eine Aenderung des Lehrplans
nothwendig. Die gegen ihn aufgetauchten und vom Kuratorium auch als berechtigt anerkannten Bedenken betrafen
hauptsächlich die bisherige Behandlung der rein kaufmännischen
Fächer. „Wollen wir in der That unserer Aufgabe, die Leiter grosser
kaufmännischer Betriebe auszubilden, gerecht werden", so hiess es
in der darüber ausgearbeiteten Denkschrift, „so ist vor allem erforderlich, den kaufmännischen Betrieb in seinen Hauptzügen in
wissenschaftlich-systematischer Weise zu behandeln. Wir lehren
zwar Buchführung, kaufmännisches Rechnen und Korrespondenz.
Das sind ohne Zweifel ausserordentlich wichtige Wissenszweige;
aber dadurch wird doch keine systematische Einsicht in den Zusammenhang des kaufmännischen Betriebs gegeben, wie sie allein für eine
akademische Bildung in Betracht kommen kann. Dabei ist doch
ferner zu bedenken, dass in grösseren Betrieben Buchführung, Korrespondenz u. s. w. untergeordneten Organen zugewiesen sind, während
dem eigentlichen Betriebsleiter ganz andere Aufgaben gestellt werden.
Unserem Programm gemäss sollen wir aber mehr als Buchhalter
und Korrespondenten ausbilden. Das Ziel unserer Hochschulbildung
ist es eben, leitende Persönlichkeiten für kaufmännische Betriebe
auszubilden und deshalb müssen wir auch das Ganze des kaufmännischen Betriebs, nicht nur seine einzelnen Thätigkeiten, erfassen
und darstellen. Wir fassen den kaufmännischen Betrieb als Einheit vom
privatwirthschaftlichen Standpunkt aus in's Auge und müssen
die in ihm entfaltete spezifisch kaufmännische Thätigkeit systematisch
untersuchen. Die wirthschaftlichen Vorgänge, soweit sie im kaufmännischen Betrieb sich abspielen, kommen hier um dieser ihrer
Bedeutung und Beziehung willen zur Darstellung. Die volkswirthschaftlichen Vorlesungen können und dürfen dies nicht geben; denn
es kann nicht Aufgabe der volkswirthschaftlichen Vorlesungen sein,
diese privatwirthschaftlichen Grundsätze um ihrer selbst willen zur
Darstellung zu bringen. Sowohl für die allgemeine Vorlesung über

Nationalökonomie, als auch für die spezielle Vorlesung über Handel und Handelspolitik kommt der Handel nur unter dem Gesichtspunkt seiner volkswirthschaftlichen Bedeutung in Betracht. Seine Stellung in der Volkswirthschaft und zu anderen Erwerbsthätigkeiten wird hier untersucht, um die grossen volkswirthschaftlichen und weltwirthschaftlichen Zusammenhänge zu ergründen und darzustellen. Jene engere Begrenzung des Gesichtspunkts der Privatwirthschaft (d. h. auf den einzelnen Betrieb als Einheit) ist aber in diesen Vorlesungen nicht zu behandeln. Es muss deshalb eine zusammenfassende Encyklopädie der wirthschaftlichen und spezifisch-handelstechnischen Vorgänge gegeben werden, die den privatwirthschaftlichen Standpunkt einnimmt, und damit das kaufmännische Wirken **um seiner selbst willen, im Gegensatz zu seiner volkswirthschaftlichen Bedeutung,** in's Auge fasst; das kann aber nur geschehen durch die Einstellung einer Vorlesung über die **Grundzüge der kaufmännischen Betriebslehre.** Diese allein wird für die so mannigfaltigen und den verschiedensten anderen Wissens- und Wissenschaftszweigen entlehnten Stoffe der anderen Vorlesungen eine gemeinsame Basis abgeben. Nur aus ihr wird die zusammenfassende Orientirung für den Studirenden sich ergeben. Durch sie allein kann er den Ueberblick über die ungezählten Einzelheiten der Spezialgebiete erhalten und ihren Zusammenhang gerade mit seinen Lebens- und Bildungszwecken systematisch-wissenschaftlich erfassen. Es handelt sich also hier um die Einführung eines grundlegend wichtigen, bisher nicht oder doch nicht seiner Wichtigkeit entsprechend behandelten Lehrgegenstandes. Dass es sich dabei um die Schaffung oder doch wenigstens um die Neubelebung einer bisher nicht wissenschaftlich behandelten Disziplin handelt, kann von ihrer Einfügung in den Lehrplan um so weniger abhalten, als es sich ja bei der Einrichtung der handelswissenschaftlichen Kurse überhaupt um eine Neuerung handelt. Freilich ist nicht zu verkennen, dass diese Schwierigkeiten dieses neuen Faches nicht geringe sind.[1]

---

[1] Die Disposition dieser Vorlesung war in etwa folgender Weise gedacht: I. **Allgemeiner Theil. Einleitung.** Die privatwirthschaftliche Seite der wirthschaftlichen Vorgänge im Gegensatze zur volkswirthschaftlichen: Grundbegriff der Rentabilität. — Begriff der kaufmännischen Thätigkeit im besonderen; Zweck der letzteren: Erzielung eines möglichst hohen Unternehmergewinnes. Verfolgung eines Zweckes im kaufmännischen Geschäft d. h. der planmässig geordneten Thätigkeit des Kaufmanns. Begriff der kaufmännischen Spekulation u. s. w. 1. **Errichtung des Geschäfts.** Verschiedene Arten der Unternehmungen je nach dem Inhaber: Einzelperson, Gesellschaft u. s. w., für eigene und fremde Rechnung; Neugründung, Uebernahme, Umwandlung, Kapitalbeschaffung, Voranschlag u. s. w. Auflösung, Uebertragung des Geschäfts; besonderer Hinweis auf die Verkehrssitten, Usancen. 2. **Einrichtung und Führung des Geschäfts:** Aeussere Einrichtung, Geschäftsräume u. s. w.; innere Einrichtung, Organisation, Haupt- und Zweiggeschäfte, Geschäftspersonal, Arbeitstheilung und -vertheilung, Kontorarbeiten; kaufmännisches Rechnen; Kalkulation, Buchführung, Bilanz u. s. w.

Aus dieser Grundauffassung heraus, wonach als Hauptzweck der Kurse angesehen wurde, Praktiker für die Praxis, und zwar leitende und führende Praktiker auszubilden, erschien ferner die bisherige Zweitheilung des Lehrplans in eine allgemein-kaufmännische und eine kaufmännisch-technische Richtung, nicht mehr haltbar. „Zwar ist es für den künftigen Leiter einer Fabrikunternehmung von grossem Werth, einen Einblick in die technischen Wissenschaften zu erhalten. Und auch der Kaufmann, der ein nur auf Vertrieb der Waaren gerichtetes Geschäft leiten soll, wird mit Nutzen sich ein gewisses Mass technischer Kenntnisse erwerben können. Aber in beiden Fällen kann es sich doch nur um ein Verständniss, um einen allgemeinen Einblick in das Wesen der Technik handeln. Denn ein Eindringen in Einzelheiten der technischen Vorgänge, eine selbständige Arbeit auf technischem Gebiet kann der Kaufmann nicht erstreben wollen, und die Voraussetzungen dazu könnten ihm im Lauf der kurzen Frist eines zweijährigen Handelskursus auch gar nicht vermittelt werden. Wie der Leiter eines grösseren Etablissements für dessen kaufmännische Leitung besser gebildete kaufmännische Hilfskräfte in seinen Buchhaltern, Korrespondenten u. s. w. besitzt, so kann er für die eigentlich technischen Arbeiten der geschulten Hilfskräfte der Betriebsingenieure, Konstrukteure u. s. w. nicht entbehren. Er bedarf nur desjenigen Masses von Verständniss für die Technik, dass er deren Arbeit anleiten, aber nicht selbst eventuell leisten kann. Diesen für den Kaufmann nothwendigen Einblick in die technischen Wissenschaften kann der Studierende sich durch die Theilnahme an den entsprechenden Vorlesungen der Technischen Hochschule sehr wohl verschaffen." Daraus wurde dann eine wesentliche Einschränkung des Lehrplans nach der Seite der naturwissenschaftlichen Fächer und der technischen Vorlesungen gefolgert.

Unter Berücksichtigung dieser den Bedürfnissen der Leiter von Grossbetrieben und Grosshandelsgeschäften mehr Rechnung tragenden Erwägungen, wurde der folgende von den zuständigen Ministerien genehmigte Lehrplan eingeführt:

Korrespondenz, Telegraphie, Telephonie u. s. w. 3. Eigentliche Geschäftsthätigkeit: Gewinnung der Kundschaft, Reklame, Unlauterer Wettbewerb u. s. w.; Auskünfte, Geschäftsoperationen, Kauf, Verkauf, Börsen, Lieferungsgeschäfte, Bezug und Versandt, Versicherung, Verzollung; Zahlung, Postanweisung, Check, Wechsel u. s. w. II. Besonderer Theil. Uebersicht über die wichtigsten Arten der Grossbetriebe. 1. Fabrikgeschäfte der Hauptbranchen (mit besonderer Berücksichtigung der Bezugsweise der Rohstoffe und der Absatzweisen der Fabrikate); 2. Reine Handelsgeschäfte: a) Waarengeschäfte mit Bezug auf die wichtigsten Rohstoffe und Fabrikate, Import, Export, auch mit Rücksicht auf die verschiedenen Länder, z. B. das ostasiatische, südamerikanische Geschäfte. b) Bank- und Effektengeschäft; c) Buchhandel; d) Versicherungsgeschäft. 3. Transport- und Speditionsgeschäft (zu Land und zu Wasser).

I. Vorträge allgemein wirthschaftlichen und juristischen Inhalts: 1. Darstellung der wirthschaftlichen Vorgänge im allgemeinen und Entwickelung ihrer ursächlichen Zusammenhänge: a) Volkswirthschaftslehre; b) speziell: volkswirthschaftliche Bedeutung des Handels, der Handelspolitik, des Geld-, Bank- und Börsenwesens. 2. Beschreibung der gegenwärtig bestehenden Volkswirthschaften, ihrer Beziehungen zu einander, Darlegung des ursächlichen Zusammenhangs der wirthschaftlichen Verhältnisse mit Geographie etc.: Statistik, Wirthschaftsgeographie. 3. Geschichte der wirthschaftlichen Kultur unter besonderer Berücksichtigung der neuesten Zeit: Wirthschaftsgeschichte. 4. Die Rechtsgrundlagen des wirthschaftlichen Lebens: a) im allgemeinen: Rechtsencyklopädie, Civilrechtspflege; b) mit spezieller Berücksichtigung des Handels: Handelsrecht und Wechselrecht, Sozialgesetzgebung, Versicherungsrecht; Gewerberecht: 1. Recht der Gewerbeordnung (Gewerbepolizeirecht). 2. Marken- etc. Schutzrecht, Unlauterer Wettbewerb, gewerbliches Steuerrecht. II. Die privatwirthschaftliche Seite der wirthschaftlichen Vorgänge, soweit die kaufmännische Thätigkeit dabei in Betracht kommt: Grundzüge der kaufmännischen Betrieslehre. III. Die technische Seite der wirthschaftlichen Vorgänge, soweit deren Kenntniss für die kaufmännische Bildung nöthig ist: 1. Die Produktion: a) Die Waare: Waarenkunde (Rohstoffe); b) die Waare: mechanische und chemische Technologie (Fabrikation und Fabrikate); 2. Der Verkehr: Die wichtigsten Verkehrsmittel der Gegenwart. IV. Vorlesungen und Uebungen zur Einführung in die kaufmännische Praxis: 1. Kaufmännische Fertigkeiten: Korrespondenz und Kontorarbeiten; Buchhaltung und Bilanzirungskunde; Münz-, Mass- und Gewichtskunde; Stenographie. 2. Kaufmännisches Rechnen; Versicherungsmathematik; 3. Sprachunterricht.

Die Vorlesungen und Uebungen zu I sollen als allgemeine Grundlage der eigentlichen Hochschulbildung allen Studirenden (Praktikern, künftigen Handelskammersekretären, Konsuln, Handelsschullehrern u. s. w.) empfohlen werden; die zu II, III und IV dienen zur Einführung in die speziellen, dem Kaufmann eigenthümlichen Berufskenntnisse und werden nach Neigung und Bedürfniss belegt.

Die Handelshochschule in Köln verdankt ihre Entstehung einer Stiftung des Geheimen Kommerzienraths Dr. von Mevissen daselbst, der schon im Jahre 1879 der Stadt Köln eine Summe von 200 000 Mark überwies, deren Zinsen so lange zum Kapital geschlagen werden sollten, bis sie auf eine Million angewachsen sei. Die Erträgnisse dieses Kapitals sollten für eine in Köln zu errichtende Handelshochschule verwandt werden. Als im Jahre 1894 vom Landesdirektor der Rheinprovinz den rheinischen Städten die Frage

vorgelegt wurde, ob die Errichtung einer Handelshochschule für die
Rheinprovinz für nöthig erachtet werde, eventuell mit welchen
Mitteln und an welchem Orte sie zu errichten sei, sprach sich die
Stadt Köln auf Grund eines Gutachtens der dortigen Handelskammer
für ihre Errichtung aus und erklärte sich auch bereit, an den Kosten
theilzunehmen, falls die Hochschule in Köln errichtet werde und
Staat und Provinz einen Theil der Ausgaben übernehmen wollten.
Der Rheinische Provinzial-Landtag lehnte jedoch seine Mitwirkung
an der Angelegenheit ab und beschloss, ihre weitere Förderung
lediglich den Interessenten zu überlassen. Trotz dieses Misserfolges
liess man in Köln die Sache nicht ruhen. Auf Anregung und unter
Führung der Handelskammer trat ein Ausschuss von hervorragenden Männern der Stadt zusammen, welcher die Einrichtung
von wissenschaftlichen Vorträgen beschloss, um auf diese Weise
den kaufmännischen Kreisen Gelegenheit zu weiterer wissenschaftlicher Ausbildung zu geben und damit zugleich einen Uebergang
zur Errichtung einer Handelshochschule zu schaffen. Als dann im
Jahre 1896 der „Deutsche Verband für das kaufmännische Unterrichtswesen" die Frage der Handelshochschule erneut und nachdrücklich in Anregung brachte,[1] als in Folge dessen Ostern 1898
die Handelshochschule zu Leipzig und im Herbst desselben Jahres
eine gleiche Anstalt in Anlehnung an die technische Hochschule
zu Aachen begründet wurde, begann man auch in Köln die Ver-
wirklichung des der Mevissen'schen Stiftung zu Grunde gelegten
Gedankens wieder aufzunehmen. Nachdem Mevissen das Stiftungs-
kapital durch letztwillige Verfügung um 300 000 Mark erhöht und
dieses mit den Zinsen auf 740 000 Mark angewachsen war, beschloss
die Stadt Köln unterm 12. Juli 1900, zu Ostern 1901 eine Handelshochschule zu errichten und zur Erhöhung der Stiftung von Mevissen
auf eine Million Mark den fehlenden Betrag von rund 260 000 Mark
aus den Ueberschüssen der Stadtkasse zu bewilligen. Sie nahm
ferner das Anerbieten der Kölner Handelskammer an, nach welchem
sich diese bereit erklärte, für ein in Verbindung mit der Handelshochschule zu errichtendes öffentliches Handelsmuseum (Sammlung
von Waarenproben u. s. w.) einen jährlichen Beitrag von 10 000 Mark
zunächst für die 5 Jahre 1901 bis 1905 zur Verfügung zu stellen,
sie genehmigte den für das Etatsjahr 1901 aufgestellten Etat in Ein-

---

[1] Ehrenberg, Handelshochschulen, in den Veröffentlichungen des Deutschen
Verbandes für das kaufmännische Unterrichtswesen, Bd. 3 und 4, Braunschweig 1897;
Stenographischer Bericht über den zweiten Kongress des Deutschen
Verbandes für das kaufmännische Unterrichtswesen am 11. und 12. Juni 1897,
Veröffentlichungen, 1897, Bd. VI; Böhmert, Handelshochschulen, Dresden 1897;
Apt, Die Errichtung einer Handelshochschule in Berlin, Berlin 1900; Zur Frage
der Errichtung einer Handelshochschule in Hannover, Herausgegeben von der
Handelskammer, Hannover 1900.

nahme und Ausgabe mit 92 900 Mark[1]) und bewilligte einen Kredit von 5 000 Mark für die nöthigen Vorbereitungen Die letzteren verliefen so rasch und glatt, dass schon am 23. April 1901 mit den Vorlesungen begonnen werden konnte, die von sieben Dozenten im Hauptamte, zehn Dozenten der Bonner Universität und dreizehn erfahrenen Praktikern (Rechtsanwälten pp.) im Nebenamte übernommen waren.

Nach der vom Handels- und Kultusminister genehmigten „Ordnung der Handelshochschule" ist es der Zweck der Handelshochschule 1. erwachsenen jungen Leuten, welche sich dem kaufmännischen Berufe widmen, eine vertiefte allgemeine und kaufmännische Bildung zu vermitteln, 2. angehenden Handelsschullehrern Gelegenheit zur Erlangung der erforderlichen theoretischen und praktischen Fachbildung zu geben, 3. jüngeren Verwaltungs- und Konsularbeamten, sowie Handelskammersekretären und dergleichen Gelegenheit zur Erwerbung kaufmännischer Fachkenntnisse zu bieten, 4. praktischen Kaufleuten und Angehörigen verwandter Berufe die Möglichkeit zu gewähren, sich in einzelnen Zweigen des kaufmännischen Wissens weiter auszubilden. Als Studirende können immatrikulirt werden: 1. Abiturienten der höheren neunjährigen Lehranstalten und solcher Handelsschulen, deren oberste Klasse der Oberprima der vorgenannten Anstalten entspricht; 2. Kaufleute, welche die Berechtigung zum einjährig-freiwilligen Dienst erworben und die Lehrzeit beendet haben; 3. Ausländer, deren Vorbildung der Immatrikulations-Ausschuss für genügend erachtet. Seminaristisch gebildete Lehrer, welche die zweite Prüfung bestanden haben, werden in das Seminar aufgenommen. Ausser den Studirenden können Hospitanten an allen und Hörer an den öffentlichen Vorlesungen theilnehmen. Die Verwaltung der Schule ist einem Kuratorium übertragen, das aus dem Oberbürgermeister oder dessen Stellvertreter als Vorsitzenden, einem von dem Minister für Handel und Gewerbe im Einvernehmen mit dem Minister der geistlichen, Unterrichts- und Medizinal-Angelegenheiten zu ernennenden Vertreter der Staatsregierung, dem Studiendirektor, drei Stadtverordneten, drei Lehrern der Hochschule und zwei Mitgliedern der Kölner Handelskammer besteht. Der Frau von Mevissen ist in Anerkennung der Verdienste, welche sie und ihr verstorbener Gemahl sich um die Errichtung der Handelshochschule erworben haben, das Recht eingeräumt, einen Vertreter

---

[1]) Von dieser Summe solten entfallen auf: Besoldungen, einschl. Wohnungsgeldzuschuss, 52 719 Mark, Unterrichtsmittel 30 000 Mark, Heizung und Beleuchtung 3500 Mark, Insgemein 6681 Mark. Diesen Ausgaben standen an Einnahmen gegenüber: Zinsen und Pachtgelder aus der Mevissen'schen Stiftung 40 000 Mark, Kollegiengelder u. s. w. 24 900 Mark, Zuschüsse der Stadt 18 000 Mark und der Handelskammer 10 000 Mark.

in das Kuratorium zu entsenden. Der Studiendirektor und die Lehrer werden auf Vorschlag des Kuratoriums und nach Anhörung der Stadtverordneten-Versammlung von dem Oberbürgermeister ernannt; für die Anstellung der an der Hochschule hauptamtlich wirkenden Lehrer ist die Zustimmung des Ministers für Handel und Gewerbe erforderlich. Ueber die Zulassung von Privatdozenten entscheidet das Kuratorium. Die Dauer des Studiums ist auf 4 Semester festgestellt. Der Lehrplan umfasst für alle 4 Semester Handelslehre, Waarenkunde, chemische und mechanische Technologie, kaufmännisches Rechnen, Buchführung, Korrespondenz und Sprachübungen in den fremden Sprachen; ferner für das erste Semester allgemeine Volkswirthschaftslehre, Handelsgeographie der aussereuropäischen Länder, bürgerliches Recht, I. Theil, Kolonialpolitik; für das II. Semester Handelsgeschichte bis 1800, bürgerliches Recht, II. Theil, Tarif- und Transportwesen; für das III. Semester Agrar- und Gewerbepolitik, Handelsgeographie Europas (einschl. Statistik), Handels-, Wechsel- und Seerecht, Gewerbe- und soziale Gesetzgebung; für das IV. Semester Finanzwissenschaft, Handelsgeschichte des 19. Jahrhunderts, internationales Privatrecht, Staats- und Verwaltungsrecht, Bank, Börsen-, Geld- und Kreditwesen. Hierzu kommen in allen Semestern Repetitionen im Anschluss an die Vorlesungen, praktische kaufmännische Arbeiten und für die Theilnehmer an den Seminarübungen pädagogische Vorträge und Besprechungen mit besonderer Berücksichtigung der Handelsschulen, schriftliche Ausarbeitungen, Disputier-Abende, Hospitiren in dem Unterricht der Handelsschule und Lehrproben.

Ueber die bei diesen Vorlesungen und Uebungen einzuschlagende Richtung und zu verfolgenden Ziele heisst es in der Einleitung zu einer Schrift des gegenwärtigen Studiendirektors, Professors Dr. Schumacher, über die Hochschule:[1])

„Leipzig hat das Verdienst, die erste Handels-Hochschule in Deutschland begründet zu haben. Die Leipziger Handelskammer ergriff dazu im Jahre 1896 die Initiative. Es wurde angehenden Kaufleuten unter gewissen Voraussetzungen das Recht eingeräumt, an einer grossen Reihe von Vorlesungen, die in der juristischen und philosophischen Fakultät der Universität gelesen wurden, als Hörer theilzunehmen, und diese Universitätsvorlesungen wurden dadurch ergänzt, dass in den Räumen der bereits seit Jahren bestehenden Handelsschule von den Lehrkräften dieser Anstalt Uebungen in den besonderen kaufmännischen Fertigkeiten abgehalten werden. Aehnlich wie diese Leipziger Handels-Hochschule, die bereits in ihren ersten vier Semestern mehr als 400 Studirende immatrikulirt hat, ist der „Kursus für Handelswissenschaften", der

---

[1]) „Die städtische Handels-Hochschule in Köln", Berlin 1901.

kurz darauf an der Technischen Hochschule in Aachen eingerichtet wurde.

Von diesen verdienstvollen beiden älteren Unternehmungen unterscheidet sich die in Köln in's Leben gerufene Hochschule dadurch, dass sie nicht einer älteren, anderen Zwecken dienenden Lehranstalt angegliedert ist. Frei und selbständig steht sie da. Sie hat es daher, so sehr auch die nahe Bonner Universität mit Rath und thatkräftiger Unterstützung ihr zur Seite steht, nicht so leicht, eine Stellung sich zu erwerben, wie wenn sie an der sicher führenden Hand erfahrener und bewährter älterer Geschwister in's Leben hinausträte. Dafür ist sie aber auch nicht gehindert, den besonderen Zweck einer Handels-Hochschule möglichst klar und scharf herauszuarbeiten. Keine Vorlesungen sollen daher an ihr gelesen werden, die zugleich oder gar überwiegend oder gar ausschliesslich auf den angehenden Techniker oder Juristen oder Lehrer und Gelehrten berechnet sind. Eine jede Vorlesung — mit Ausnahme weniger öffentlicher Vorlesungen, die an ein weiteres Publikum sich wenden — soll ausschliesslich den Bedürfnissen des Kaufmanns angepasst werden. Oft wird daher über das an anderen Hochschulen übliche Mass hinausgegriffen, oft dahinter zurückgeblieben. So sollen die auf Handel und Verkehr sich beziehenden Theile der Volkswirthschaftslehre in einer Ausdehnung hier behandelt werden, wie es an einer deutschen Hochschule bisher noch nicht geschehen ist; so soll ferner beispielsweise das Recht der kaufmännischen Gesellschaften, sowie Seerecht, Gewerberecht, Versicherungsrecht, Patentrecht, Markenschutz u. s. w. besonders eingehend hier gepflegt werden. Umgekehrt bleiben andere Vorlesungen natürlich weit zurück hinter dem, was auf anderen Hochschulen erstrebt werden muss; es soll nur das Verständniss geweckt werden für juristische und technische Fragen, nicht sollen Juristen und Techniker herangebildet werden. Wie man so an der Handelshochschule in Köln bestrebt ist, den ganzen Lehrplan und jede einzelne Vorlesung dem besonderen Zweck der neuen Hochschule, in dem die Berechtigung ihrer gesonderten Existenz allein wurzelt, möglichst anzupassen, so strebt man andererseits nach einer Verbindung von Theorie und Praxis. Erfahrene Richter und Rechtsanwälte haben einen grossen Theil des Rechtsunterrichtes übernommen; ein Eisenbahnfachmann wird über Verkehrswesen, ein Gewerbe-Inspector aus dem Gebiete seiner Erfahrungen, voraussichtlich ein höherer Zollbeamter über die Zolltechnik und möglichst ein Bankbeamter über Bankwesen, sowie ein Versicherungsbeamter über Versicherungswesen Vorträge halten. Dem gleichen Zweck dienen geplante Ausflüge in's rheinisch-westfälische Industriegebiet. Auf diese doppelte Weise soll es vermieden werden, dass der junge Kaufmann einen für's praktische Leben nutzlosen Ballast an Wissen sich erwirbt. Nur ein Wissen soll ihm geboten werden, welches das Können nicht lähmt, sondern das Können noch steigert." [1]

Im ersten Halbjahr betrug die Zahl der immatrikulirten Studenten 68 (davon 16 aus Köln, 51 aus dem übrigen Deutschland, 1 aus Oesterreich), die der Hospitanten 44, der Seminaristen 18 und die der Hörer 629, die Gesammtzahl aller Theilnehmer also 759.

Die „Akademie für Sozial- und Handelswissenschaften" zu Frankfurt am Main steckt, wie schon oben angedeutet, ihre Ziele weiter als die Handelshochschulen in Leipzig, Aachen und Köln. [2] Sie will nicht nur eine Handelshochschule sein für den Kaufmann und Gewerbetreibenden, sie will nicht nur den Gelehrten- und Beamtenkreisen eine ergänzende kaufmännische, volkswirth- schaftliche und staatswirthschaftliche Bildung ermöglichen, sondern namentlich auch das Studium der sozialen Verhältnisse, vor Allem der Arbeiterfragen, in den Bereich ihrer Wirksamkeit

---

[1] Auch auf die Rede Schuhmacher's bei der Eröffnungsfeier am 1. Mai 1901 sei hier hingewiesen. Unter Anderem führte er darin aus: „Deutschland liefert unzweifelhaft von allen Ländern die besten Handelsangestellten und leider auch fast allen Ländern. Das ist ein Vorzug etwas · fraglicher Art. Jedenfalls dürfen wir uns nicht mit ihm begnügen. Jedenfalls müssen wir danach streben, zu freierer selbständiger Entfaltung die Kräfte anzuspornen, den Drang zu wecken, die Fähigkeit heranzubilden, früh die Ziele sich zu stecken, dass später die Kraft nicht versagt, sich herauszuarbeiten aus untergeordneten dienenden Stellungen, wo manche entsagungsvolle deutsche Arbeit noch dazu unseren Konkurrenten zu Gute kommt. Das ist eine Hauptaufgabe unserer Hochschule. Ihre Eigenart liegt nicht darin, das Erklimmen der untersten Stufen kaufmännischer Thätigkeit zu erleichtern. Nie kann eine Hochschule ihren Hauptzweck darin erblicken, die Zeit des Lernens zu verkürzen. Weiter ist ihr Ziel gesteckt. Wie jede andere Hochschule, so will auch die neue Handelshochschule in Köln das ganze Leben ihrer Schüler be- einflussen. Sie will es vor allem verhindern, dass im Leben des Kaufmanns so früh ein todter Punkt erreicht wird, über den hinauszukommen die Kraft der nöthigen Schulung entbehrt. Daher liegt aber auch nicht das Schwergewicht der Handelshochschule in den kaufmännisch technischen Fächern, wie Buchführung und Korrespondenz. Dieses mehr Handwerksmässige im Handel soll zwar nicht ver- nachlässigt werden; es lässt sich jedoch auch anderswo erlernen; es ist bei uns mehr zweckmässiges Beiwerk, als bestimmend für die Eigenart unserer Anstalt. Auch denken wir nicht daran, bisher praktisch erworbene Kenntnisse durch theo- retische vollständig zu ersetzen. Die Handels-Hochschule giebt sich nicht dem Wahn hin, sie könne lehren, wie man Geld verdiene. Wir wissen vielmehr, dass das, was man „geschäftlichen Blick" nennt, sich nicht lehren lässt; und keine Hochschule kann einen .fertigen „Disponenten" erziehen. Wohl aber kann sie denen, die an sich die Fähigkeiten zum Kaufmann haben, dazu verhelfen, diese Fähigkeiten leichter, vollständiger, vielseitiger zu entwickeln und auszunutzen. Nicht fertige Kaufleute kann die Handels-Hochschule allein aus sich hervorgehen lassen, wie auch nicht fertige Verwaltungsbeamte, Richter und Rechtsanwälte die länger fesselnde Universität verlassen. Zum Kaufmann, wie zum Verwaltungsbeamten, zum Richter und zum Rechtsanwalt wird man nur in der Praxis. Aber eine Aus- bildung wird erstrebt, die in der Praxis möglichst leicht und schnell und voll- kommen dazu werden lässt. Das Schwergewicht der Handels-Hochschule liegt da- her in den Fächern, die nicht blosse Fertigkeiten, sondern eine allgemeine Schulung des Geistes bezwecken . . . ."

[2] Siehe die Schrift: Akademie für Sozial- und Handelswissen- schaften zu Frankfurt am Main, Jena 1902, auch Voigt, Die Sozial- und Handelsakademie zu Frankfurt a. M., 1899.

ziehen. Daher öffnet sie ihre Thore besonders auch „Journalisten sowie denjenigen, welche aus freiem Antrieb und ohne amtliche Verpflichtung sich gemeinnütziger oder sozialpolitischer Arbeit theils neben ihrem Berufe widmen, theils zu ihrem ausschliesslichen Berufe machen wollen, und die heute vielfach aus Mangel sachgemässer Information ihre Kräfte brach liegen lassen, oder in unfruchtbaren Unternehmungen zersplittern". Der Kreis derer, die zu den Vorlesungen Zutritt haben, ist daher möglichst weit gezogen. Als Besucher und Hospitanten können, abgesehen von Personen mit akademischer Vorbildung, zugelassen werden: Abiturienten der neunklassigen höheren deutschen Lehranstalten, der bayerischen Industrieschulen, der sächsischen Gewerbe-Akademie zu Chemnitz und solcher höheren deutschen Handelsschulen, deren oberste Klasse der Oberprima der genannten Anstalten entspricht; 2. Kaufleute, Industrielle, Versicherungsbeamte und andere bereits beruflich thätige Personen, welche im Deutschen Reich die Berechtigung zum einjährig-freiwilligen Dienst erworben haben; Personen, die sich noch in der Lehre befinden, sind ausgeschlossen; 3. seminaristisch gebildete Lehrer, welche im Deutschen Reich die zweite Prüfung bestanden haben; 4. Ausländer, deren Vorbildung nach den Bestimmungen des Verwaltungs-Ausschusses für genügend erachtet wird. Ausserdem können zu den Vorlesungen als Hörer auch solche Personen zugelassen werden, welche zwar den obigen Anforderungen nicht genügen, aber hinreichende Vorbildung besitzen, um den Vorlesungen mit Verständniss folgen zu können und zwanzig Jahre alt sind. Hörer haben keinen Anspruch darauf, an Uebungen aktiven Antheil zu nehmen; doch kann der betreffende Dozent ihnen aktive Theilnahme gestatten. Frauen können nicht nur als Hörer, sondern auch als Besucher und Hospitanten zugelassen werden, vorausgesetzt, dass sie eine entsprechende Vorbildung besitzen.

Das Arbeitsgebiet der Akademie umfasst die Sozial- und Handelswissenschaften in ihrem ganzen Umfange. Es gehören dazu: A. 1. die allgemeine Staatslehre, das Verfassungs- und Verwaltungsrecht der einzelnen Staaten, namentlich des Deutschen Reichs und seiner Glieder, sowie das Völkerrecht; 2. die Lehre von der Verwaltung der Selbstverwaltungskörper, insbesondere der Kommunen in allen ihren Zweigen; 3. die Finanzwissenschaft als die Lehre vom öffentlichen — staatlichen und kommunalen — Haushalt; 4. die Volkswirthschaftslehre mit ihren Spezialgebieten der Nationalökonomik des Ackerbaus, der Industrie, des Handels und des Verkehrswesens, einschliesslich des Geld-, Kredit- und Versicherungswesens, sowie der Geschichte der Volkswirthschaft und der volkswirthschaftlichen Theorien; 5. die Soziologie, als die Lehre vom Aufbau und der Entwickelung des Gesellschaftskörpers und die Sozialpolitik als die Summe der daraus sich ergebenden gesetzgeberischen und Verwaltungsmassnahmen; 6. die Statistik als allgemeine Hilfswissenschaft (zum Theil im Anschluss an die einzelnen Gebiete), insbesondere die Bevölkerungsstatistik und allgemeine Bevölkerungslehre. Daran schliessen sich B. die Handelswissenschaften, deren volkswirthschaftliche Grundlagen schon in der Nationalökonomik des Handels (A, 4) gegeben sind. Sie umfassen: 1. die Handelsgeschichte und die Handelsgeographie; 2. das Handelsrecht im weitesten Umfange; 3. die Lehre von der Organisation und dem Betriebe kaufmännischer Geschäfte und von den technischen Verrichtungen des Kaufmanns (Handelsbetriebslehre). C. In ähnlicher Weise wie die reinen Handelswissenschaften ist auch die Lehre von den industriellen Betrieben in der Akademie zu behandeln; sie hat sich zu gliedern in 1. die geographische Verbreitung, Geschichte und augenblickliche Lage der Industrie im Ganzen und einzelner ihrer Zweige; 2. das Gewerberecht, einschliesslich Arbeitergesetzgebung (vgl. A, 5) des In- und Auslandes; 3. die Lehre von der Organisation und dem Betriebe industrieller Unternehmungen, wobei ebenfalls die sozialpolitischen Gebiete der Arbeiterverhältnisse, Arbeitsordnung und Arbeiterwohlfahrtseinrichtungen zu berücksichtigen sind.

Am Schlusse dieses Lehrplans findet sich die Bemerkung: „Mit dieser Uebersicht über das Arbeitsgebiet soll jedoch weder gesagt sein, dass die Akademie dieses ganze Gebiet in allen seinen Spezialfächern mit gleicher Gründlichkeit pflegen solle, noch auch, dass sie alle nicht ausdrücklich genannten Fächer auschliessen müsse; vielmehr wird in beiden Fällen für die Aufnahme der Fächer in den Lehrplan das Bedürfniss und die praktische Anwendbarkeit der betreffenden Kenntnisse massgebend sein. So werden als Hilfswissenschaften auch gewisse technische und technologische Fächer, die theils für den Kaufmann, theils für den Verwaltungsbeamten von Bedeutung sind, in den Lehrplan einzubeziehen sein."

Zur Verwaltung der Akademie, sowie zur Erfüllung ihrer Aufgaben sind geschaffen: 1. der Grosse Rath (Senat), 2. der Verwaltungs-Ausschuss, 3. der Lehrkörper. Der „Grosse Rath" besteht aus einer bestimmten Anzahl von Vertretern der bei der Gründung der Akademie betheiligten Körperschaften und Gesellschaften, nämlich des Magistrats der Stadt Frankfurt, der Stadtverordneten-Versammlung, des Instituts für Gemeinwohl, der Handelskammer und der Polytechnischen Gesellschaft, ferner aus den mit Sitz und Stimme im Grossen Rath angestellten Lehrern der Akademie und einem Delegirten der etwa mit der Akademie zu verbindenden Gesellschaft für Sozial- und Handelswissenschaften. Er hat insbesondere den Verwaltungs-Ausschuss zu wählen, über die Organisation des Lehrkörpers zu beschliessen, sowie die allgemeinen Bestimmungen über die Zulassung zum Besuch der Akademie zu erlassen. Der Verwaltungs-Ausschuss hat die speziellen Verwaltungsgeschäfte nach Massgabe des Haushaltungsplans und der Beschlüsse des Grossen Rathes zu führen; er vertritt die Akademie nach aussen. Die Lehrkräfte sollen in der Regel ständige sein, die entweder ein grösseres Gebiet zu vertreten haben oder für ein Spezialfach Lehrauftrag erhalten; doch ist auch nicht ausgeschlossen, dass hervorragende Vertreter der Wissenschaft für einzelne Lehrkurse bei gegebener Gelegenheit gewonnen werden. Ausser den nach Frankfurt zu berufenden und den dort schon wohnhaften Lehrkräften sollen womöglich auch die Professoren der benachbarten Hochschulen an der Lehrthätigkeit betheiligt werden. Auch wissenschaftlich gebildete und in der Praxis bewährte Verwaltungsbeamte, Kaufleute, Techniker sind als Lehrer an der Akademie in Aussicht genommen.

Wie Aachen und Köln, so verdankt auch Frankfurt die Begründung seiner Akademie der rührigen Agitation des deutschen Verbandes für das kaufmännische Unterrichtswesen, der eigenen Energie und — vor Allem der Opferwilligkeit seiner Bewohner. Denn die Einnahmen bestehen, abgesehen von den Kollegiengeldern, in der Hauptsache aus einem jährlichen Beitrag der Stadt Frankfurt in Höhe von 30000 Mk., einer vom |Institut für Gemeinwohl (Mörten) zugesicherten jährlichen Rente von mindestens derselben Höhe, aus einem jährlichen, zunächst für fünf Jahre bewilligten Beitrag der Handelskammer zu Frankfurt a. M. von 5000 Mk. und aus einem jährlichen Beitrag der Gesellschaft zur Beförderung nützlicher Künste und deren Hülfswissenschaften (Polytechnische Gesellschaft) in gleicher Höhe.

Im ersten Halbjahr 1901/02 waren die Vorlesungen und Uebungen der Akademie von 549 Personen besucht; darunter befanden sich 36 regelmässige Besucher, 425 (darunter 20 Lehrerinnen) Hospitanten und 88 (darunter 33 Frauen) Hörer. —

Handelsschulen für Mädchen befinden sich in Posen (Staatsanstalt),[1] Gnesen (städtische Anstalt),[2] Crefeld (Schule der Handelskammer) und in einigen anderen Städten, wo sie von Frauenbildungsvereinen und Privaten begründet worden sind.

---

10. Die Fachschulen für Hausindustrie.

Korbflechtschulen, Webereilehrwerkstätten, Wanderunterricht für Weber, Stickschulen, Spitzennähschulen, die Handschuhnähschule in Ziegenhals und die Schnitzschule in Warmbrunn.

Am 13. Oktober 1876 wurde die zu Heinsberg im Regierungsbezirk Aachen belegene Korbflechtschule eröffnet, um die in jener

[1] S. S. 912.
[2] S. S. 830.

Gegend schon lange Zeit als Hausindustrie betriebene Korbflechterei zu fördern und namentlich für die Anfertigung und Verbreitung feinerer Korbwaaren zu wirken. Der Unterricht erstreckt sich auf Zeichnen und Flechten und dauert mindestens zwei Jahre; die Schülerzahl schwankt zwischen 30 und 40. Trägerin des Unternehmens ist eine Aktiengesellschaft, die vom Staate, der Provinz und dem Aachener Verein zur Beförderung der Arbeitsamkeit unterstützt wird. Zum Vertrieb der in der Schule und von den Hausgewerbetreibenden gefertigten Waaren hat sich 1897 eine Korbflechter-Genossenschaft gebildet, die einen jährlichen Erlös von 30—40 000 Mk. erzielt. Besonders günstig für die Ausbreitung der Korbflechterei in Heinsberg und Umgegend wirkt der Umstand, dass dort ein grosser Theil des Bodens aus sumpfigen Niederungen besteht, auf denen das milde und von schroffen Temperaturwechseln freie Klima die Kultur der Korbweide sehr begünstigt. Mit Korbweiden wurden bebaut 1855: 9, 1865: 50, 1876: 200, 1888: 333 und 1897: 450 Hektar; die Zahl der Korbflechter betrug 1865: etwa 200, 1877: 600, 1897 über 1000 Personen.[1]

Die später in Preussen begründeten Korbflechtschulen zu Grävenwiesbach, Ruppertshofen, Schurgarst, Sensburg u.s.w. haben keine grössere Bedeutung erlangt und sind theilweise lediglich als Veranstaltungen der Armenpflege anzusehen.

Der Unterstützung der Hausweberei dienen die schon oben[2] erwähnten Webereilehrwerkstätten in Schlesien und Hannover. Mit diesen Anstalten ist ein Wanderunterricht verbunden, d. h. Webelehrer und Webelehrerinnen suchen die Handweber in ihren Wohnungen auf, ertheilen ihnen Rathschläge beim Weben, prüfen die Webstühle und suchen auf ihre Verbesserung hinzuwirken. Bedürftigen Webern werden zur Reparatur ihrer Stühle, sowie zur Anbringung von Verbesserungen, wie Regulatoren, Schnellschützen u. s. w. auch Beihülfen aus Staatsmitteln gewährt, zu welchem Zwecke für Schlesien dreimal je 45 000 Mk. aus dem Dispositionsfonds des Königs bei der Generalstaatskasse zur Verfügung gestellt worden sind. Davon haben bis zum 15. September 1901 im Ganzen 4614 Weber-Familien Unterstützungen erhalten, und zwar 1441 im Kreise Glatz, 1229 im Kreise Neurode, 493 im Kreise Reichenbach, 319 im Kreise Waldenburg, 235 im Kreise Habelschwerdt, 166 im Kreise Schweidnitz, 610 im Kreise Landeshut, 71 im Kreise Lauban und 50 in den Kreisen Hirschberg und Schönau. Diese Massnahmen bezwecken indessen nicht, wie hie und da angenommen wird, die der mechanischen Weberei gegenüber nicht mehr konkurrenzfähige Lohnweberei auf Handstühlen künstlich

---

[1] Vgl. über die Schule besonders die Denkschrift von 1891, S. 47, 48.
[2] Siehe S. 778.

zu erhalten oder gar neu zu beleben. Beabsichtigt ist vielmehr nur, einmal diejenigen Lohnweber, welche wegen ihres Alters, ihrer Schwächlichkeit, ihrer häuslichen oder wirthschaftlichen Verhältnisse oder aus Mangel an Gelegenheit nicht in der Lage sind, einen lohnenderen Erwerb zu ergreifen, insbesondere zur mechanischen Weberei überzugehen, thunlichst über Wasser zu halten; sodann aber soll das Weben für den Hausbedarf, das vielfach noch, namentlich in Hannover, eine wenn auch nicht besonders einträgliche, so doch ganz nützliche Nebenbeschäftigung der ländlichen Bevölkerung bildet,[1] unterstützt werden. Auch für die Handweber auf dem Eichsfelde ist ein Wanderunterricht eingerichtet, der durch einen Lehrer der Textilfachschule in Mühlhausen ertheilt wird.

Damit für die absterbende Handweberei wenigstens theilweise Ersatz geschaffen wird, ist versucht worden, in den Schlesischen Gebirgs- gegenden die Handstickerei als Hausindustrie einzubürgern. Um dies zu erreichen, werden Mädchen und Frauen nicht nur in zu dem Zwecke besonders eingerichteten Stickschulen unentgeltlich ausgebildet, sondern auch durch die an der Technischen Zentralstelle für Textil- Industrie zu Berlin[2] eingerichtete Arbeitsvermittelungsstelle, die mit grösseren Wäschekonfektionsgeschäften in fortgesetzter Verbindung steht, dauernd mit Arbeit versehen. Es bestehen zur Zeit 7 Stickschulen (in Mittelwalde, Habelschwerdt, Reinerz, Lewin, Neu- rode, Wünschelburg und Schömberg), in denen etwa 500 Mädchen jährlich beschäftigt werden.

Im Hirschberger Kreise werden ferner Mädchen im Spitzen- nähen unterwiesen. Die Anleitung dazu giebt eine Lehrerin in Schmiedeberg, die dabei von einigen schon ausgebildeten Näherinnen, die in den verschiedenen Dörfern wohnen, unterstützt wird. Sie beschafft auch die Muster, setzt die einzelnen Stücke zusammen und sorgt für den Vertrieb. Eine grössere Bedeutung hat diese Haus- industrie indessen nicht.

Auf Anregung der Handelskammer in Oppeln ist im Jahre 1901 zu Ziegenhals eine Handschuhnähschule eröffnet worden, in der Handschuhnäherinnen angelernt und weiter gefördert werden sollen, um eine Besserung der oberschlesischen Naht, die an Güte der ausländischen noch nachsteht, herbeizuführen.

Schliesslich ist noch auf die bereits oben erwähnte[3] Schnitz- schule in Warmbrunn hinzuweisen, die im Jahre 1902 eröffnet werden wird und die Aufgabe hat, die früher im Kreise Hirschberg

---

[1] Vgl. auch die Denkschrift von 1896, S. 33 ff. Im Jahre 1895 wurden in Hannover noch 65 399 Handstühle gezählt, von denen 62 630 oder 95,77 % vorwiegend dem Hausbedarf und 2769 oder 4,23 % vorwiegend der Lohnweberei dienten.

[2] Siehe S. 776.

[3] Siehe S. 835.

in grossem Umfange betriebene Holz-Schnitzerei und Bildhauerei
wieder zu beleben. Ihr Lehrplan wird sich auf Zeichnen, Modelliren
und praktisches Arbeiten in Werkstätten erstrecken.

---

11. Die Fortbildungs- und Fachschulen für Mädchen.

Die häuslichen, gesellschaftlichen und wirthschaftlichen Verhältnisse der Gegenwart legen dem Staate die Verpflichtung auf,
sich auch der weiblichen Jugend in verstärktem Masse anzunehmen. Er muss nicht nur für ihre allgemeine Bildung in
ausreichender Weise sorgen, sondern sich namentlich auch ihre spezielle
Erziehung und Ausbildung für Haus und Beruf besonders angelegen sein lassen. Die früher allgemein verbreitete und auch heute
noch vielfach vertretene Ansicht, dass die Erziehung des Mädchens
zur Frau und Mutter und seine Unterweisung in den zur verständigen Führung eines Haushalts erforderlichen Kenntnissen nur
in der Familie zu erfolgen habe, ja gar nicht anders erfolgen könne,
ist in dieser Allgemeinheit zweifellos nicht richtig. Wohl giebt es
noch manche Mutter, die die nöthige Zeit, Lust und Befähigung hat,
sich mit Erfolg dieser schwierigen Aufgabe zu widmen; für die grosse
Mehrzahl von ihnen fehlt es aber mindestens an einer dieser Voraussetzungen, nicht selten an allen dreien. Eine Ergänzung
der im Hause gewonnenen Erziehung und Ausbildung in zweckmässig eingerichteten Haushaltungsschulen, wo die jungen
Mädchen in allen im bürgerlichen Haushalt vorkommenden
Arbeiten unterwiesen und mit den ihnen als Frauen und
Müttern obliegenden Pflichten, insbesondere auch mit Gesundheitspflege und Kindererziehung, planmässig und gründlich bekannt
gemacht werden, ist daher ein unabweisbares Bedürfniss. Nicht
minder nothwendig sind gewerbliche und kaufmännische Fachschulen, in denen die immer zahlreicher werdenden Mädchen, die
aus Noth oder Neigung in's Erwerbsleben zu treten beabsichtigen,
sich für ihren Beruf gehörig vorbereiten können.

Die Preussische Regierung ist sich ihrer Verpflichtung, für
solche Schulen in ausreichendem Masse zu sorgen, wohl bewusst.
Sie hat daher auch schon eine staatliche Anstalt dieser Art, die
„Handels- und Gewerbeschule für Mädchen mit Seminar
für Gewerbeschullehrerinnen in Posen" begründet und beschlossen, eine zweite solche Schule in Rheydt durch Uebernahme
einer dort bestehenden Privatanstalt in's Leben zu rufen; die Mittel
dazu sind in den Entwurf zum Staatshaushalts-Etat für 1902 aufgenommen.

In der 1897 begründeten Königlichen Handels- und Gewerbeschule für Mädchen zu Posen erhalten nicht mehr schulpflichtige Mädchen Gelegenheit, sich für einen gewerblichen oder kaufmännischen Beruf, als technische Lehrerin (Handarbeits-, Industrie-, Koch- und hauswirthschaftliche Lehrerin), als Stütze der Hausfrau oder für den Haushalt auszubilden. Mit der Schule ist ein Pensionat verbunden.

Lehrkurse sind:

1. Einfache Handarbeiten: Stricken, Handnähen, Flicken, Stopfen, einfaches Weisssticken, 5 Monate, 15 Stunden wöchentlich.

2. a) Maschinenähen, b) Wäscheanfertigung: a) Unterweisung in der Einrichtung der Nähmaschinen verschiedener Systeme; Auseinandernehmen, Reinigen, Zusammensetzen der Maschine; Nähübungen am Nähtuche und an einfachen Wäschestücken, 5 Monate, 15 Stunden wöchentlich; b) Schnittzeichnen, Zuschneiden und Anfertigen von schwierigen Wäschegegenständen, Anfertigen von Kinder- und Herrenwäsche, 5 Monate, 15 Stunden wöchentlich.

In diesen Kursus können nur solche Schülerinnen eintreten, die genügende Fertigkeit in den einfachen Handarbeiten (Kursus 1) besitzen.

3. Schneidern: Massnehmen, Schnittzeichnen, Zuschneiden, Anfertigung einfacherer und schwierigerer Kleider, Blusen, Jaquets, Kindergarderobe u. s. w. Arbeiten nach Modeblättern, Kostümzeichnen, 10 Monate, 15 Stunden wöchentlich.

4. Putzmachen: Anfertigung von Rüschen, Schleifen, Jabots, Häubchen, Garniren von Hüten, Auffrischen alten Materials, 5 Monate, 9 Stunden wöchentlich.

5. Kunsthandarbeit: Weisssticken, Durchbruch, Hohlsaum, Applikation, Flachsticken, Nadelmalen, Goldsticken, Spitzennähen und Klöppeln, Maschinesticken, Musterzeichnen, Malen, Unter- und Oberkursus, jeder 10 Monate, 15 Stunden wöchentlich.

In diesen Kursus können nur solche Schülerinnen eintreten, die genügende Fertigkeit in den einfachen Handarbeiten (Kursus 1) besitzen.

6. Plätten und Waschen: Legen, Rollen, Plätten von Haus-, Leib- und Luxuswäsche, Kragen, Manschetten, Oberhemden, Blusen, Kleidern, Gardinen, Spitzen, 5 Monate, 9 Stunden wöchentlich.

7. Haushaltungskunde: Unterweisung in allen in einem guten Hause vorkommenden häuslichen Verrichtungen, wie Zimmerreinigen, Fenster-, Lampen-, Silber-, Blechputzen, Fleckenreinigen, Bürsten, Besen-, Schwämmewaschen u. s. w., theoretisch und praktisch, 5 Monate, 3 Stunden wöchentlich.

8. Kochen: Kochen, Braten, Backen, Einmachen, Garniren der Speisen, Verwendung von Resten, Theorie des Kochens, Berechnung der Speisen auf Nährwerth und Preis im Verhältniss zu einander, Führung eines Wirthschaftsbuchs, Nahrungsmittellehre, Kinder- und Krankenkost, für den Hausbedarf dreimal oder sechsmal wöchentlich 5 Monate, für berufsmässige Ausbildung, sechsmal wöchentlich, 10 Monate.

9. Ausbildung von Stützen der Hausfrau: Abth. a) Handnähen, Flicken, Stopfen, Maschinenähen, Kochen (praktisch und theoretisch), Backen, Einmachen, Haushaltungskunde, Waschen, Plätten, Gesundheitslehre, Kinder- und Krankenpflege. Abth. b) Handnähen, Flicken, Stopfen, Maschinenähen, Schneidern, Putz, Waschen, Plätten, Gesundheitslehre, Kinder- und Krankenpflege, 10 Monate, wöchentlich 30 Stunden. Die Schülerinnen haben sich für Abth. a) oder b) zu entscheiden. Zum Eintritt ist wenigstens Mittelschulbildung, die nöthigenfalls durch eine Aufnahmeprüfung darzuthun ist, und ein Alter von mindestens 17 Jahren erforderlich. Es erleichtert die Ausbildung, wenn diese Schülerinnen im Pensionat wohnen.

10. Zeichnen und Malen: Linear- und Zirkelzeichnen, Zeichnen von geometrischen und Pflanzen-Ornamenten nach Vorlagen und Gipsen, Zeichnen und

Malen nach der Natur, Musterzeichnen, wöchentlich 9 bis 24 Stunden; Aufnahmen
für einen kürzeren Zeitraum als 5 Monate und für weniger als 9 Stunden wöchentlich
finden nicht statt.

11. Handelsfächer:
Unterkursus, Dauer 5 Monate.

1. Deutsch, einschl. kaufmännischer Korrespondenz . . 5 St. wöchentlich
2. Schönschreiben . . . . 2 St. „
3. Einfache Buchführung . . . . 3 St. „
4. Kaufmännisches Rechnen . . . . 4 St. „
5. Grundzüge des Handels- und Wechselrechts, der all-
    gemeinen Handelskunde, Kontorpraxis, Verkehrs-
    wesen u. s. w. . . . . 4 St. „
6/7. Stenographie und Schreibmaschine, je 3 Stunden . . 6 St. „
8. Französische Handelskorrespondenz . . . . 3 St. „
9. Englische Handelskorrespondenz . . . . 3 St. „

                                                     30 St. wöchentlich

Oberkursus (im Anschluss an den Unterkursus), Dauer 5 Monate.

1. Deutsch, einschl. kaufmännische Korrespondenz . . . 3 St. wöchentlich
2. Doppelte Buchführung . . . . 4 St. „
3. Kaufmännisches Rechnen . . . . 4 St. „
4. Handelsgeographie, Waarenkunde . . . . 4 St. „
5. Handelskunde, Handels- und Wechselrecht . . . . . 3 St. „
6/7. Stenographie und Schreibmaschine . . . . 4 St. „
8. Französische Handelskorrespondenz . . . . 4 St. „
9. Englische Handelskorrespondenz . . . . 4 St. „

                                                     30 St. wöchentlich

Wer die Fächer 1—5 belegt, muss auch die Fächer 6/7 mit belegen, dagegen
können die Fächer 6/7, 8, 9 einzeln belegt werden.

Aufnahmebedingungen: 1. ein Alter von mindestens 16 Jahren. 2. Vorbildung einer höheren Töchter- oder Mittelschule. Die Zulassung kann von einer
Aufnahmeprüfung abhängig gemacht werden, die sich auf Deutsch (Grammatik und
Aufsatz), Rechnen, Geographie und Geschichte erstreckt. Im Französischen wird
Beherrschung der Formenlehre, Syntax, Kenntniss der regelmässigen und unregelmässigen Verben, im Englischen Kenntniss der Formenlehre und Syntax
gefordert.

In den Oberkursus werden nur solche Schülerinnen aufgenommen, die den
Lehrstoff des Unterkursus beherrschen.

12. Ausbildung von Handarbeitslehrerinnen, 10 Monate, 30 Stunden
wöchentlich. Für den Lehrplan ist die für die Handarbeitslehrerinnen erlassene
Prüfungsordnung massgebend.

13. Ausbildung von Gewerbeschullehrerinnen, 30 Monate, 30 Stunden
wöchentlich. Zum Eintritt ist ausreichende Schulbildung, genügende technische
Begabung und die Vollendung des 18. Lebensjahres erforderlich.

14. Ausbildung von Koch- und hauswirthschaftlichen Lehrerinnen:
Gründliche Ausbildung in den Lehrgegenständen der Kurse 6, 7, 8 und 9, ferner
Pädagogik, Flicken, Stopfen. Uebungen im Unterrichte. 15 Monate, 30 Stunden
wöchentlich.

Zum Eintritt ist ausreichende Schulbildung und die Vollendung des 18. Lebensjahres erforderlich. Es erleichtert die Ausbildung, wenn diese Schülerinnen im
Pensionat wohnen.

15. Kursus für deutsche Sprache und Literatur. —

Das Lehrpersonal der Schule besteht aus der Vorsteherin, 15 Lehrerinnen
und 1 Handelslehrer, ausserdem einer Anzahl von Hülfslehrern und Hülfslehrerinnen.

Der Schulbesuch betrug im

Winter 1897/98:	127	Schülerinnen,	darunter	6	Pensionärinnen
Sommer 1898:	219	„	„	14	„
Winter 1898/99:	220	„	„	16	„
Sommer 1899:	203	„	„	15	„
Winter 1899/1900:	197	„	„	25	„
Sommer 1900:	179	„	„	13	„
Winter 1900/01:	182	„	„	25	„
Sommer 1901:	195	„	„	24	„
Winter 1901/02:	185	„	„	25	„
Sommer 1902:	216	„	„	24	„

Die Schule in Rheydt wird voraussichtlich im Herbst 1902 vom Staat übernommen und in der Hauptsache wie die Posener Anstalt organisirt werden.

Ob die Preussische Regierung noch mehrere solcher Staatsanstalten errichten wird, steht noch nicht fest. Sollte sie sich aber — was allerdings dringend zu wünschen wäre — dazu entschliessen, so würden doch diese Staatsschulen keinenfalls den Bedarf decken und in der Hauptsache nur dazu bestimmt sein, tüchtige Fortbildungs- und Fachschullehrerinnen heranzubilden. Unmöglich kann der Staat die Sorge für die ganze Mädchen-Fortund Fachbildung allein übernehmen, ebensowenig wie er dies bezüglich der männlichen Jungend thut. Die Hauptsorge dafür wird er vielmehr den Gemeinden überlassen und sich darauf beschränken müssen, ihnen die Errichtung und Unterhaltung der Schulen durch angemessene Beihülfen aus Staatsfonds zu erleichtern. Es ist aber eine bedauerliche Thatsache, dass die Vertretungen der Kommunen noch viel zu wenig von der Ueberzeugung durchdrungen sind, dass sie nicht nur für das Fortkommen der männlichen, sondern auch für das der weiblichen gewerblichen Jugend in ausreichender Weise zu sorgen und für deren Ausbildung finanzielle Opfer zu bringen haben. Von einzelnen Orten abgesehen — als rühmliche Ausnahme sei namentlich auf die Stadt Gnesen hingewiesen (s. o. S. 829, 830) — haben die Gemeinden sich zur Errichtung kommunaler Fortbildungs- und Fachschulen für Mädchen noch nicht entschliessen können, die Sorge dafür vielmehr in der Hauptsache der privaten Spekulation und gemeinnützigen Vereinen, denen sie hie und da geringe Unterstützungen geben, überlassen, obwohl die Erfahrung längst gelehrt hat, dass in der Regel weder die Vereins- und noch viel weniger die Privatschulen trotz ihrer verhältnissmässig hohen Schulgeldsätze, auch nur bescheidenen Anforderungen zu genügen im Stande sind. Zwar haben in den letzten Jahren mehrere Gemeinden an den oberen Klassen der Volksschulen Koch- und Haushaltungskurse eingerichtet. Ob diese Kurse den gehegten Erwartungen entsprechen werden, ist bei ihrer kurzen Dauer, der grossen Zahl und dem jugendlichen Alter ihrer Theilnehmerinnen zweifelhaft; keinenfalls können sie die für die schulentlassene Jugend

dringend nöthigen Haushaltungs-, Fortbildungs- und Fachschulen ersetzen, für die umfassendere Lehrpläne, weitergehende Lehrziele
und ein viel gründlicher durchgebildetes Lehrpersonal als für den
technischen Unterricht an den Volksschulen nöthig sind. Es wäre
daher in hohem Grade bedauerlich, wenn die schon hie und da
aufgetauchte Ansicht weitere Verbreitung fände, dass die Gemeinden
sich durch die Einführung des Koch- und Haushaltungsunterrichts
in den Volksschulen, und vielleicht auch noch durch eine kleine
Verbesserung des Handarbeitsunterrichts ihren viel weitergehenden
Verpflichtungen auf dem Gebiete der Mädchen-Fort- und Fachbildung entziehen könnten.

Leider ist es ja nicht zu leugnen, dass auch die zunächst Betheiligten, die Eltern selbst, noch nicht genügend von der Nothwendigkeit durchdrungen sind, ihren Töchtern eine gute hauswirthschaftliche und fachliche Bildung mit auf den Lebensweg zu
geben. Die ärmeren Mädchen werden in der Regel sogleich nach
dem Verlassen der Schule auf den Erwerb geschickt, um sich
selbständig zu machen und möglichst noch den Unterhalt der Angehörigen bestreiten zu helfen, während die wohlhabenderen, vielleicht nach einem kurzen Aufenthalt in der Pension, wo ihnen
meist nur ein äusserer Schliff beigebracht wird, in die „Gesellschaft"
eingeführt werden, um sich recht bald zu verheirathen. Allenfalls
werden nebenher noch einige Musik- oder Malstunden genommen.
Von einer planmässigen und gediegenen hauswirthschaftlichen und
fachlichen Vorbildung für Haus und Beruf ist nur in seltenen Fällen
die Rede. Die Täuschung, der sich so Viele bewusst oder unbewusst
überlassen, dass die natürlichen Fähigkeiten und Anlagen des
Weibes im Verein mit dem im Hause Erlernten und den später
in der Praxis des Hauses oder Berufes erworbenen Kenntnissen
und Fertigkeiten dazu ausreichen werden, das Leben der Kinder
befriedigend zu gestalten, verleitet die Eltern zu schweren Unter-
lassungssünden, die sich nur zu oft an der Zukunft ihrer Töchter
bitter rächen! —

Eine durchgreifende Besserung auf diesem Gebiete lässt sich
freilich erst erwarten, wenn der Fortbildungsschulzwang für
Mädchen auch in Preussen überall eingeführt sein wird. Ein
im Jahre 1890 von der Reichsregierung gemachter Versuch, den
Schulzwang wenigstens durch Ortsstatut zu ermöglichen, scheiterte an
dem Widerspruch des Reichstags, obwohl der damalige Preussische
Handelsminister, Freiherr von Berlepsch, sehr warm für ihn eintrat.[1]
Erreicht wurde damals nur, dass als „Fortbildungsschulen" im Sinne
des § 120 der Gewerbe-Ordnung auch solche Anstalten angesehen
werden sollten, in welchen Unterricht in weiblichen Hand- und

---

[1] Siehe oben S. 493 ff.

Hausarbeiten ertheilt wird, so dass wenigstens in den Orten, wo solche Schulen bestehen, die Arbeitgeber verpflichtet wurden, ihren Arbeiterinnen auf deren Wunsch die nöthige Zeit zum Besuche derselben zu gewähren. Gelegentlich der Vorberathungen über die Gewerbeordnungsnovelle vom 30. Juni 1900 wurde die Einführung des Fortbildungsschulzwanges für Mädchen durch ein Mitglied der Kommission, welcher der Gesetzentwurf, der eine solche Bestimmung nicht enthielt, überwiesen worden war, erneut angeregt, doch nur mit theilweisem Erfolge, indem blos die Ermöglichung des ortsstatutarischen Schulzwanges für die in kaufmännischen Geschäften Angestellten beschlossen wurde.[1]) Aber selbst in dieser Beschränkung hat die Gesetzesbestimmung noch keine praktische Bedeutung erlangt. Obwohl seitdem fast zwei Jahre verflossen sind, hat sich, soweit bekannt, erst eine einzige Stadt in Preussen, nämlich Wiesbaden, entschlossen, eine kaufmännische Fortbildungsschule für Mädchen mit Zwangsbesuch einzuführen! —

So lässt es sich denn nicht bestreiten, dass Preussen, so grosse Fortschritte es auch im Uebrigen auf dem Gebiete des Fortbildungs- und Fachschulwesens in den letzten Jahren gemacht hat, in der Pflege dieses wichtigen Zweiges des gewerblichen Unterrichtswesens stark zurückgeblieben ist! —[2])

12. Die Bergschulen.[3])

Die ersten eigentlichen Bergschulen entstanden zu Clausthal (1811), Bochum (1816), Essen, Eisleben (1817), Siegen (1818), Saarbrücken (1822), Tarnowitz (1839) und Waldenburg (1848). Der Unterricht in diesen Anstalten bezweckte in erster Linie die Ausbildung von Steigern und Obersteigern, daneben wurde indessen auch auf die Erziehung von Rechnungsbeamten, Schichtmeistern u. s. w. mehr oder weniger Rücksicht genommen. Neben Söhnen von Bergleuten und Unterbeamten besuchten auch Bergwerksbeflissene und Eleven die Schulen. Als Lehrer wirkten Markscheider und Bergbeamte, jedoch unter möglichster Hinzuziehung von Hülfslehrern in den nicht technischen Fächern; vereinzelt waren auch besondere

---

[1]) Siehe oben S. 589 ff.
[2]) Ueber die Zahl der am 1. Juni 1901 in Preussen vorhanden gewesenen öffentlichen und privaten Fortbildungs- und Fachschulen für Mädchen s. Min.-Bl. der Hand. u. Gew.-Verw. 1902, S. 100 u. 101; dazu Aufsatz von Sombart in der Magdeburgischen Zeitung vom 2. März 1902. Vgl. auch Lautz, Fortbildungs- und Fachschulen f. Mädchen, Wiesbaden, 1902.
[3]) Die Literatur s. o. S. 707, Anm. 1. Bei der obigen Darstellung ist im Wesentlichen der auf amtlichen Quellen beruhende Aufsatz in der Zeitschrift für das Berg-, Hütten- und Salinenwesen, Jahrgang 1889, zu Grunde gelegt.

Elementarlehrer angestellt. Ueberall verfügte die Schule über eigene Räume, Anfangs in den Bergamtsgebäuden oder in gemietheten Privathäusern, später in eigenen Bergschulgebäuden. Dem Unterricht lagen sehr verschiedene Lehrpläne mit bald mehr, bald weniger weit gesteckten Lehrzielen zu Grunde, die indessen während der ersten Jahre nicht immer streng innegehalten wurden. So sollten in der unter Französischer Herrschaft begründeten Schule zu Clausthal Chemie, Mathematik, Mineralogie, Theorie der Markscheidekunst, Probirkunst, Rissezeichnen, Gebirgskunde und Rechenkunst gelehrt werden. Nachdem 1814 die Schule unter Hannöverscher Herrschaft neu eröffnet und 1817 als dauernde Einrichtung anerkannt war, wurden 1819 noch Bergbaukunde und Mechanik, 1821 Physik und 1829 Hüttenkunde unter die Lehrfächer aufgenommen. Die Anstalt war daher schon damals weniger „Bergschule", als „Akademie", welche Bezeichnung sie erst 1864 erhielt. Der im Jahre 1843 für die Schule in Eisleben festgestellte Lehrplan umfasste in dem einjährigen Kursus der Unterklasse ausser den elementaren Unterrichtsgegenständen noch Geometrie und Bergbaukunst auf Flötzen, in dem zweijährigen Kursus der Oberklasse neben den allgemeinen Bergschulfächern Löthrohrprobirkunst und Modelliren. Im Lehrplan der Bergschule zu Bochum waren Plan- und Maschinenzeichnen, Markscheidekunst, Arithmetik, Geometrie, Trigonometrie, Rechnungswesen, schriftliche Ausarbeitungen über bergmännische Gegenstände und Uebungen im Geschäftsstil berücksichtigt. Anfang der vierziger Jahre traten Bergbaukunde und Gebirgslehre als besondere Lehrfächer hinzu. In der Bergschule zu Saarbrücken, wo der Unterricht Anfangs täglich stattfand, aber schon 1827 auf zwei Tage in der Woche beschränkt wurde, erstreckte sich der Lehrplan in der Oberklasse auf Markscheidekunst, Mineralogie, Maschinenzeichnen und Grubenrechnungswesen, in der Unterklasse nur auf elementare Gegenstände, einschliesslich der Anfangsgründe der Geometrie.

Wie der gesammte Bergbau, so standen auch die Bergschulen zu jener Zeit vollständig unter der Leitung und Aufsicht des Staates und sie wurden auch in der Hauptsache vom Staate unterhalten. Daneben zog man auch die Bergbau-Hülfskassen zu Beiträgen heran. Die Ausrüstung der Schulen mit Mineralien-, Krystall- und Modell-Sammlungen und anderen kostspieligeren Lehrmitteln erfolgte meistens auf Staatsrechnung.

Der Unterricht war nicht nur unentgeltlich, sondern es wurden die Schüler noch für den Ausfall am Arbeitsverdienst, der ihnen durch den Schulbesuch erwuchs, durch Geld-Untersützungen Seitens der Gewerkschaften und Hülfskassen entschädigt.

Die im Jahre 1851 erfolgte Aenderung der Berggesetzgebung, durch welche die Betriebsleitung den Gewerkschaften übergeben

worden war, trug im Verein mit dem in jene Zeit fallenden Aufschwung des Bergbaubetriebes dazu bei, das Bedürfniss nach tüchtig
vorgebildeten Grubenbeamten und im Zusammenhang damit nach
einer Neuregelung der Bergschulen zu verstärken. In Folge dessen
beauftragte der Minister von der Heydt im Jahre 1851 den Geheimen Bergrath von Carnall im Ministerium, einen Erlass an
die Oberbergämter anzugeben, in welchem dieselben aufgefordert
würden, sich über eine zeitgemässe Einrichtung der Bezirks-Berg-
schulen gutachtlich zu äussern. Carnall legte seine Gedanken in
einer umfassenden Denkschrift nieder, in der er über die Organisation der Bergschulen bis in's Einzelne durchgearbeitete Vorschläge
machte und sich über die Aufnahmebedingungen, den Lehr- und
Stundenplan, die Dauer der Kurse, die Gewinnung der Lehrkräfte,
die Verwaltung und Beaufsichtigung der Anstalten u. s. w. ausführlich verbreitete. Er ging dabei von der Auffassung aus, dass es
einerseits nothwendig sei, „in der Reorganisation des gesammten
Bergschulwesens überall einen gleichen Zweck zu verfolgen und
darum allgemein einen bestimmten Plan aufzustellen und doch auch
andererseits, wenigstens in gewissem Masse, den verschiedenen Verhältnissen und Bedürfnissen in den einzelnen Bezirken, Rechnung
zu tragen."

Als Hauptzweck der Bergschulen bezeichnet er „einen sicheren
Grund zu legen für diejenigen Kenntnisse und Fertigkeiten, deren
ein technischer Grubenbeamter bedarf, namentlich der Obersteiger
und Steiger"; ausserdem sollten sie der Ausbildung derjenigen,
welche sich dem praktischen Maschinenwesen als Maschinenmeister
oder Werkmeister widmen, dienen und endlich sollten in ihnen die
Grubenrechnungsführer etwas Zeichnen, Markscheiden und Bergbaukunde lernen.

In Bezug auf die Vorkenntnisse der Aufzunehmenden sollten
nur sehr mässige Ansprüche gestellt werden. Es ist nicht mehr
zu verlangen, als gewöhnlich die Elementarschulen bieten, und zwar
die Landschulen, aus denen die Mehrzahl der Zöglinge hervorgeht.
Das Höchste, was man fordern kann, ist, dass die Eintretenden
leserlich und richtig schreiben und im Rechnen die vier Spezies und
leichte Regeldetri-Exempel lösen können. „Dass sie ihre eigenen
Gedanken klar und bündig zu Papier zu bringen im Stande sein
sollen, möchte schon mehr sein, als von der Mehrzahl zu erwarten
ist." Für diejenigen, welchen die nöthigen Vorkenntnisse fehlen, sind
Vorbereitungsschulen, Vorschulen einzurichten, in denen der Unterricht in der Regel auf die Elementarfächer und das Zeichnen beschränkt,
mithin der Fachunterricht ausgeschlossen werden muss. Allenfalls
kann man die Anfangsgründe des Markscheidens berücksichtigen,
auch darauf sehen, dass die Anwendungsbeispiele aus der bergtechnischen Praxis gewählt werden.

Neben ausreichender Elementarbildung ist praktische Berg-arbeit eine unerlässliche Aufnahmebedingung. Es muss als Grund-satz festgehalten werden, dass Keiner in einer Bergschule Auf-nahme findet, der nicht schon vorher praktisch gearbeitet hat. „Je weiter ein Zögling darin fortgeschritten ist, und je mehr Arbeiten er mit eigener Hand kennen lernt, um so besser wird dies für den Fachunterricht in der Schule sein, wie denn z. B. die vielen tech-nischen Ausdrücke nicht anders als bei der Arbeit selbst kennen zu lernen sind." Man soll jedoch hierin nicht zu weit gehen, weil sonst die Schüler während der Schulzeit in das militärpflichtige Alter rücken, und weil dann der Unterricht eine Störung erleiden müsste. Allgemein lässt sich die Zeit, welche vor dem Eintritt in die Bergschule mit praktischer Arbeit zuzubringen ist, nicht fest-stellen, weil je nach der verschiedenen Art des Bergbaues das Alter verschieden ist, in dem junge Leute angelegt werden können. Als Regel ist aber anzusehen, dass mindestens zwei Jahre, und zwar nicht etwa über Tage, sondern in der Grube gearbeitet sein müssen. Wo schon jetzt eine längere Arbeitszeit als zwei Jahre oder die Zurücklegung der Militärdienstzeit vor dem Eintritt in die Schule gefordert wird, kann es auch ferner dabei bleiben. Die praktische Arbeitszeit darf auch den Zöglingen des Rechnungsfaches nicht er-lassen werden, da sie eine wesentliche Voraussetzung für den Erfolg des Bergschulunterrichts bildet, doch kann unter besonderen Um-ständen hier eine blos einjährige praktische Beschäftigung genügen. Falls neben dem Besuch einer Vorschule die praktische Hand-arbeit einhergeht, kann letztere auf die zwei Jahre angerechnet werden; für den Eintritt in die Vorschule selbst reicht eine voran-gegangene einjährige Grubenarbeit aus. Schliesslich sollen nur diejenigen zur Bergschule zugelassen werden, welche bei der Grubenarbeit Fleiss, Ausdauer und Anstelligkeit gezeigt und sich auch in jeder anderen Hinsicht zufriedenstellend geführt haben. Wenn die Zahl derjenigen, welche sich zur Aufnahme gemeldet haben und befähigt befunden sind, die Zahl der freien Plätze über-steigt, so haben diejenigen mit längerer Anfahrtszeit den Vorzug.

Die Zahl der Schüler ist bei einer jeden Bergschule nach dem Bedürfniss zu bemessen, wobei jedoch stets zu berücksichtigen bleibt, dass bei aller Sorgfalt in der Aufnahme ein Theil der Schüler hinterher den Erwartungen nicht entspricht, auch Einzelne später den Bezirk für immer verlassen oder sich einem anderen Geschäft zuwenden. Ist die Zahl der Schüler festgestellt, so ergeben sich daraus die nöthigen Schulräume; nur muss hierbei von vorn-herein reichlich gerechnet werden, da das Bedürfniss überall im Wachsen begriffen ist.

Um die Bergschüler in der praktischen Handarbeit nicht aus der Uebung kommen zu lassen, sie vielmehr hierin weiter zu fördern, und um ihnen durch den Lohnverdienst wenigstens einen Theil ihres Lebensunterhalts zu verschaffen, wird die Grubenarbeit während des Schulbesuchs fortgesetzt. Bei der Festsetzung der Unterrichtsstunden ist hierauf Rücksicht zu nehmen. Daher ist der Unterricht da, wo die Schüler täglich Vormittags anfahren, auf die Nachmittage zu legen; sofern dann die für den Schulbesuch verbleibende Zeit zu kurz ist, erscheint es rathsam, namentlich im letzten Theile des Kursus, die Zöglinge wöchentlich nur 5 statt 6 Schichten anfahren zu lassen, um einen Vormittag für das Markscheiden zu gewinnen, womit die Schüler schon der Instrumente wegen nur abwechselnd beschäftigt werden können. Da, wo sechsstündige Frühschichten nicht stattfinden, die Schüler vielmehr nur volle Schichten anfahren, mithin die Schule nicht täglich besucht werden kann, ist der Unterricht an drei ganzen Tagen abzuhalten.

Die Dauer des Kursus ist zweijährig.

Die Schüler erhalten während der Schulzeit Unterstützungen. Dabei ist indessen als Grundsatz anzusehen, dass die Stipendien niemals so hoch sein dürfen, um die Angehörigen der Sorgen für den Schüler ganz zu entheben; am allerwenigsten darf dies gleich beim Eintritt in die Anstalt geschehen. Gerade darin, dass der Vater oder Vormund dem Fortkommen des jungen Menschen ein Opfer zu bringen hat, liegt für ihn ein Antrieb, sich selbst von dem Erfolg zu überzeugen, um davon eine weitere Unterstützung abhängig zu machen. Eine solche Kontrole ist aber nicht nur an sich erwünscht, sondern sie hat auch noch den Vortheil, dass bei ungünstigen Unterrichtserfolgen die Privatunterstützung zurückgezogen und dadurch ein Schüler, welcher zu keinen oder doch nur sehr geringen Hoffnungen berechtigt, bei Zeiten aus der Anstalt auszutreten genöthigt wird. In der Regel sollte einem Schüler bei dem Eintritt in die Anstalt kein Stipendium bewilligt, ein solches vielmehr erst nach Ablauf eines halben Jahres gewährt werden. Für Zöglinge, welche sich während des Schulbesuchs durch besondere Fortschritte und rühmliches Betragen ausgezeichnet haben, sind Reisestipendien vorzusehen, damit sie sich andere Bergbezirke zu ihrer Belehrung ansehen können.

Was die bei der Ertheilung des Unterrichts zu befolgenden Grundsätze, das Lehrverfahren betrifft, so darf mit Rücksicht darauf, dass die Zöglinge keinen anderen als blossen Elementarschulunterricht genossen haben, mithin an ein systematisches Denken nicht gewöhnt sind, der Unterricht kein streng systematischer, sondern nur ein rein praktischer sein, welcher sich der Bildungsstufe der Schüler genau anpasst. Der Lehrer darf nicht erwarten, dass seine Schüler den Unterricht in einem logisch nothwendigen Zusammenhange auffassen, sondern er kann, namentlich in dem eigentlichen Fachunterricht, nur auf das fussen, was sie durch eigene Anschauung praktisch erlernt haben. Hiermit muss er seine Lehren, sie mögen nun rein praktischer oder auch wissenschaftlicher Natur sein, im Zusammenhang bringen, wenn er des Erfolges sicher sein will; er darf sich nicht der Wissenschaft bedienen, um durch sie die praktischen Thatsachen in ein System zu bringen, sondern er soll sie nur dazu benutzen, um bekannte Thatsachen wissenschaftlich zu erklären, und um die Schüler dahin zu führen, dass sie bei der Beobachtung von Thatsachen sich gewöhnen, nach den Ursachen zu forschen. Andererseits muss er aber auch den beim technischen Unterricht nur zu häufigen Fehler vermeiden, die Auffassung einer Masse von Erfahrungssätzen zu einer gedankenlosen Gedächtnisssache zu machen. Die Hauptsache bleibt die stete Bezugnahme auf das, was die Schüler mit eigenen Augen gesehen, mit ihren Händen selbst betrieben haben. Der Unterricht muss ferner repetitorisch sein; jede Lektion muss mit einer Wiederholung der vorangegangenen beginnen, damit sich der Lehrer überzeugen kann, ob er verstanden ist; nicht eher darf er in seinem Vortrage fortschreiten. Der Unterricht soll lieber weniger umfassend, aber um so gründlicher sein. Weiter hat sich der Lehrer vor dem Fehler zu hüten, sich durch einzelne talentvolle Schüler zu einem allzuraschen Vorschreiten, dem die übrigen Schüler nicht folgen können, verleiten zu lassen, und schliesslich muss auch an dem Grundsatz festgehalten werden, dass in allen Unterrichtszweigen der Lehrer immer da mehr in's Einzelne eingeht, wo der Gegenstand für den künftigen Beruf der Schüler ihrer Mehrzahl nach von besonderem Interesse ist.

Als Unterrichtsgegenstände sind in den Lehrplan aufzunehmen:

1. Plan-, Bau- und Maschinenzeichnen: In der Regel fängt man mit dem Planzeichnen an, um die Schüler an eine feste Hand zu gewöhnen; theils zeichnet ihnen der Lehrer vor, theils dienen dazu die bekannten Vorlegeblätter mit topographischen Gegenständen und der Lehmannschen Bergschraffirung, denen grössere und schwierigere Blätter folgen. Mit diesem Unterricht lässt man gern, um nicht durch Einförmigkeit zu ermüden, denjenigen im Linearzeichnen abwechseln. Es folgt das Kopiren von kleineren Maschinentheilen, Bergwerksgeräthschaften und Baugegenständen. Auch das freie Handzeichnen ist zu üben.

2. Schönschreiben.

3. Deutsche Sprache und Stil.

4. Rechnen: Dieser Unterricht wird immer von den vier Spezies ausgehen müssen, worauf die Lehren von den gemeinen und

Dezimalbrüchen, das Rechnen mit komplexen Zahlen, von Verhältnissen und Proportionen, Zins-, Wechsel-, Repartitions- und Vermischungs-Rechnungen, Potenzen und Wurzeln, auch Progressionen folgen, womit man gegen Ende des Kursus bis zu den Anfangsgründen der Buchstabenrechnung gelangen kann.

5. Geometrie: Angefangen wird mit den Euklidschen Elementarsätzen und dann die Planimetrie bis einschliesslich der Lehre vom Kreise durchgenommen, dann folgen die Lehren von der Lage der Ebenen und die Grundlehren der Stereometrie, Berechnung der Körper u. s. w. Die Beispiele sind aus der Anwendung in der Bergtechnik zu wählen.

6. Ebene Trigonometrie.

7. Feldmessen.

8. Markscheiden: Die Schüler müssen wenigstens so weit gebracht werden, dass sie einen kleineren Situationsplan aufnehmen und einen Grubenbau ziehen, zulegen und vollständig auszeichnen lernen; die meisten können jedoch so weit kommen, dass sie eine Durchschlags- oder Schachtangabe selbständig und richtig ausführen können. Das Wichtigste ist hierbei, die Schüler an die grösste Genauigkeit zu gewöhnen, alle von ihnen verrichteten Arbeiten auf das strengste zu prüfen und nicht den geringsten Fehler durchgehen zu lassen, weshalb sie in der Regel ein und dieselbe Arbeit mehrfach wiederholen müssen. Die Schule muss übrigens im Besitze einiger und zwar guter Messapparate sein, denn es ist nicht richtig, den Schülern nur alte und ungenaue Instrumente in die Hand zu geben. Dies darf nur ganz zu Anfang geschehen, wo man mit ihnen blos ihre Handhabung einübt; gut ist es jedoch, ihnen an passenden Beispielen zu zeigen, wie man sich in manchen Fällen der Praxis mit einem einfachen Messinstrumente behelfen kann.

9. Bergbaukunde: Massgebend für den Inhalt und Umfang dieses Unterrichts sind die in den einzelnen Bezirken gestellten besonderen Anforderungen. Der Unterricht erstreckt sich auf Gewinnung der Erd- und Steinmassen (Häuerarbeiten), Gruben-Aushiebe, Grubenbaue, Grubengebäude, wobei grössere Bergwerke des Bezirks als Beispiele in's Auge zu fassen sind, Befestigung der Grubenräume, Aufsuchen der nutzbaren Mineralien, Wasserhaltung, Förderung, Wetterlosung. An passender Stelle wird das Erforderliche aus der Statik, Hydrostatik, Hydraulik und anderen Zweigen der Physik, sowie aus der Chemie eingeflochten.

10. Gebirgslehre: Kenntniss der einfachen Mineralien und Gesteine, der wichtigsten Versteinerungen, die Lehre von den Lagerstätten und Störungen im Allgemeinen und ihr Vorkommen in dem betreffenden Bezirk im besonderen.

Wo die geeigneten Lehrkräfte zur Verfügung stehen, können noch **Chemie**, **Physik**, **Maschinenkunde**, **Baukunde** und **Rechnungskunde** im Lehrplan berücksichtigt werden.

Im Allgemeinen erscheint es rathsam, den Umfang eines jeden Lehrfachs möglichst genau festzustellen und eine Vermehrung des Unterrichts, sei es durch Ausdehnung eines Fachs oder durch Hinzunahme eines neuen Lehrfachs nur dann zu gestatten, wenn man überzeugt sein kann, dass darunter das Wesentlichere nicht leidet. Denn mehr als bei irgend einer anderen Anstalt kommt es hier darauf an, das Nothwendige dem Nützlichen vorzuziehen. Es ist nicht zu bezweifeln, dass in einer jeden Bergschule sich immer Schüler finden werden, bei denen eine besondere Fähigkeit den Mangel an Vorkenntnissen zu ersetzen vermag, und mit denen man darum über die gewöhnlichen Unterrichtsgrenzen unbedenklich hinausgehen könnte; allein es werden dies stets nur Einzelne sein und es wäre ein grosser Fehler, wenn sich dadurch der Lehrer verleiten lassen wollte, in seinem Vortrage weiter zu gehen, als die Mehrzahl der Schüler begreifen kann. Dieser Fehler kommt in anderen Schulen, namentlich in Real- und Gewerbeschulen, welche gern in den Probearbeiten ihrer Zöglinge zu glänzen suchen, leider so häufig vor, dass es nöthig ist, vor einem solchen Missgriffe bei den Bergschulen ernstlich zu warnen.

Was die **Auswahl der Lehrer** betrifft, so ist zu berücksichtigen, dass der eigentliche Fachunterricht, namentlich das Markscheiden, die Bergbaukunde und Gebirgslehre, aber auch Maschinen- und Baukunde, nur von **Bergbeamten** zweckmässig und mit Erfolg ertheilt werden kann. Denn bei dem Unterricht ist stets das praktische Bedürfniss im Auge zu behalten. Dies kennt aber nur derjenige, welcher zugleich durch seine Dienststellung mit der Praxis in ununterbrochener Verbindung bleibt und dem dadurch die Mittel zu Gebote stehen, sich von allen Fortschritten gründliche Kenntniss zu verschaffen. „Wie wollte Jemand die markscheiderische Arbeit eines Zöglings richtig beurtheilen, wenn er mit der betreffenden Oertlichkeit unbekannt wäre? Wer kann jungen Männern die bergtechnischen Kenntnisse, deren ein Steiger bedarf, beibringen, ohne mit Steigern in dienstlicher Verbindung zu stehen, wer dieselben auf bergbauliche Einrichtungen verweisen, wenn er dieselben nicht selbst wiederholt zu sehen Gelegenheit hätte? Selbst in der Gebirgslehre ist es nothwendig, die Schüler auf dasjenige aufmerksam zu machen, was in den benachbarten Revieren neu aufgeschlossen wird, und dies vermag nur der, welchen sein Beruf dahin führt, also entweder der Betriebsbeamte oder der Markscheider. In der Maschinenkunde bringt jeder Tag neue Erfindungen, mit denen nur der Mann vom Fache so bekannt sein kann, dass er sie Anderen mitzutheilen vermag. Ein Lehrer, welchen man für das eine oder andere dieser Fächer besonders anstellen wollte, wird anfänglich wohl noch genau mit demselben vertraut sein; es würden aber wenige Jahre genügen, um ihn, wenn er nicht im praktischen Zusammenhange mit den Gegenständen des Faches erhalten wird, allen Fortschritten in demselben zu entfremden." Für die Elementarfächer und das Zeichnen sind dagegen besondere Lehrer anzustellen, denen nebenher auch noch Verwaltungsgeschäfte, wie Ausgabe der Schreib- und Zeichenmaterialien, Ueberwachung der Sammlungen, Aufsicht über die Geräthschaften der Schule u. s. w. übertragen werden können.

Die Lehrer bilden in ihrer Gesammtheit ein Kollegium, zu dessen Befugnissen die Prüfung der aufzunehmenden Schüler, die Ausstellung der Zeugnisse, die Begutachtung der Anträge auf Unterstützung oder Entlassung von Schülern, die Vorschläge über die anzuschaffenden Lehrmittel u. dgl. gehören.

Die Aufsicht über die Bergschule führt in der Regel der Direktor des Bergamts, an dessen Sitz sich die Schule befindet; zu seinen besonderen Obliegenheiten gehört namentlich die Kontrole über die planmässige Ertheilung des Unterrichts und den regelmässigen Schulbesuch.

Schliesslich folgen noch eingehende Bestimmungen über das jedem Schüler bei seinem Eintritt in die Anstalt einzuhändigende Schulreglement, das zur Aufrechterhaltung der Ordnung bestimmt ist. —

Wir sind auf den Inhalt dieser Denkschrift ausführlicher eingegangen, weil die darin enthaltenen organisatorischen und lehrtechnischen Vorschläge und Gedanken für die Preussischen Bergschulen verwirklicht und in der Hauptsache bis heute massgebend geblieben sind. In den Jahren 1853 bis 1857 wurden die damals schon vorhandenen Bergschulen entsprechend reorganisirt, und die neuen sind von vornherein im Wesentlichen nach Carnall's Plan eingerichtet worden. Nur sind gemäss dem in der Berggesetzgebung später zur Herrschaft gelangten Grundsatz der Selbstverwaltung die Verwaltungs- und Aufsichtsbefugnisse, welche früher die staatlichen Bergbehörden ausübten, zugleich mit der Uebertragung der gesammten Schulkosten an die betreffenden Bergbau-Hülfskassen oder an eigens zu diesem Zwecke zusammengetretene Bergschul-Vereine, besonderen Schulkuratorien zugewiesen. Ihnen liegt namentlich ob: 1. die Feststellung des Unterrichts- und Stundenplans; 2. die Annahme und Entlassung der Lehrer; 3. die Feststellung der Schülerzahl und die Entscheidung über die Aufnahme der Schüler; 4. die Bewilligung und Entziehung der Unterstützungen; 5. die Entscheidung über Entlassung unfleissiger Schüler; 6. die Aufstellung und Vorlegung, später auch die selbständige Festsetzung des Etats; 7. die Genehmigung zur Beschaffung von Lehrmitteln; 8. die Zahlungs-Anweisungen, Prüfung der Rechnungen und Aehnliches.

Das Kuratorium bestand in der ersten Zeit aus dem Bergamts-Direktor als Vorsitzenden, zwei Mitgliedern des betreffenden Bergamtes und zwei oder drei gewählten Vertretern der den Bergbau-Hülfskassen oder dem Bergschul-Verein angehörenden Gewerkschaften. Als durch Gesetz vom 5. Juni 1863 die Bergbau-Hülfskassen den Besitzern der betheiligten Bergwerke zur eigenen Verwaltung überwiesen wurden, trat an die Stelle des Schul-Kuratoriums entweder der Hülfskassen-Vorstand als solcher, oder ein aus diesem und dem Bergschul-Direktor gebildetes neues Kuratorium. Bei den Vereinsschulen wurde nach Auflösung der Bergämter die Bildung des Kuratoriums vertragsmässig neu geregelt, wobei sich der Staat zum Theil als Beitrag leistender Werkbesitzer mehr oder weniger Rechte vorbehielt. Im Allgemeinen sind alle Bergschulen auf diese Weise selbständige Institute geworden. Auch die früher dem Minister vorbehaltene Festsetzung des Etats ist in die Hände der Kuratorien übergegangen. Nur in wenigen Fällen ist der Bergbehörde noch die Bestätigung der neu anzustellenden Lehrer vorbehalten geblieben. Von denjenigen Schulen abgesehen, an deren Unterhaltung der Staat als Werksbesitzer in hervorragendem Masse betheiligt ist, hat die Bergbehörde nur das allgemeine Aufsichtsrecht, das ihr über alle Unterrichtsanstalten zusteht.

Ueber die Begründung und Entwicklung der einzelnen Schulen finden sich nähere Angaben in der schon oben angeführten amtlichen Darstellung über die Bergschulen im Preussischen Staate, auf welche hiermit verwiesen sei.[1]

Zur Zeit giebt es folgende 10 Bergschulen:
im Oberbergamtsbezirk Breslau: Tarnowitz, Waldenburg,
im Oberbergamtsbezirk Halle: Eisleben.
im Oberbergamtsbezirk Clausthal: Clausthal,
im Oberbergamtsbezirk Dortmund: Bochum, Essen,
im Oberbergamtsbezirk Bonn: Saarbrücken, Siegen, Dillenburg, Bardenberg.

Ausserdem bestehen 43 Bergvorschulen, nämlich
im Oberbergamtsbezirk Breslau: Waldenburg, Gottesberg, Reussendorf, Neurode, Schlegel, Petrykowitz, Görlitz;
im Oberbergamtsbezirk Halle: Eisleben, Halle, Senftenberg, Stassfurt;
im Oberbergamtsbezirk Clausthal: Clausthal, Obernkirchen;
im Oberbergamtsbezirk Dortmund: Aplerbeck, Dortmund,

---

[1] Siehe oben S. 915. Anm. 3.

Castrop, Witten, Herne, Bochum, Linden, Sprockhövel, Schalke, Gelsenkirchen, Kupferdreh, Katernberg, Altenessen, Borbeck, Oberhausen, Kamen, Eickel, Buer, Recklinghausen, Bottrop, Meiderich;

im Oberbergamtsbezirk Bonn: Louisenthal (Bergvor- und Steigerschule), Sulzbach (desgl.), Neunkirchen (desgl.), Siegen, Wetzlar, Kohlscheid, Eschweiler-Pumpe, Grube Maria bei Höngen, Grube Nordstern bei Herzogenrath.

Die durchschnittliche Zahl der Lehrer und Schüler an den Bergschulen und Bergvorschulen in den drei letzten Jahren ergiebt sich aus folgender Tabelle:

I. Bergschulen:

Schule zu		Zahl der					
		Lehrer			Schüler		
		1899	1900	1901	1899	1900	1901
Tarnowitz		4	7	8	57	100	103
Waldenburg		4	4	4	24	23	25
Eisleben		6	6	9	49	54	76
Clausthal		8	8	7	26	32	33
Bochum	Markscheiderklasse				6	6	—
	Oberklasse	19	20	21	31	33	41
	Unterklasse				526	597	639
Essen		7	7	8	37	37	37
Saarbrücken	Oberklasse	16	13	11	44	44	47
	Unterklasse				46	47	51
Siegen		6	6	6	39	45	48
Dillenburg		4	6	4	22	24	30
Bardenberg		5	6	5	31	31	33
Zusammen		79	83	83	938	1073	1163

II. Bergvorschulen:

Schule zu	Zahl der					
	Lehrer			Schüler		
	1899	1900	1901	1899	1900	1901
Waldenburg	1	1	1	51	63	55
Gottesberg	1	1	1	21	32	38
Reussendorf	1	1	1	19	4	10
Neurode	1	1	1	5	6	5
Schlegel	1	1	1	6	5	7
Petrykowitz	4	4	3	19	12	18
Seite	9	9	8	121	122	133

Schule zu	Zahl der					
	Lehrer			Schüler		
	1899	1900	1901	1899	1900	1901
Uebertrag	9	9	8	121	122	133
Görlitz	—	—	5	—	—	9
Eisleben	6	6	7	16	20	20
Halle	4	4	5	16	20	20
Senftenberg	6	6	6	9	16	15
Stassfurt	4	4	4	11	13	14
Clausthal	2	2	2	23	24	24
Obernkirchen	—	2	2	—	12	12
Aplerbeck	4	4	3	48	34	25
Dortmund	2	2	2	25	24	24
Castrop	3	3	3	24	23	25
Witten	2	2	2	27	20	21
Herne	3	3	3	31	29	30
Bochum	2	2	2	37	37	38
Linden	3	3	4	23	22	25
Sprockhövel	2	2	2	23	24	27
Schalke	3	3	3	38	35	36
Gelsenkirchen	2	2	2	34	35	35
Kupferndreh	3	4	2	25	25	24
Katernberg	2	2	2	41	43	40
Altenessen	3	3	3	36	33	31
Borbeck	3	3	3	33	34	39
Oberhausen	3	2	2	28	25	23
Kamen	3	3	2	26	14	10
Eickel	3	3	2	34	29	29
Buer	2	2	3	23	19	19
Recklinghausen	3	3	3	27	27	23
Bottrop	3	3	3	42	26	15
Meiderich	3	2	3	21	20	20
Louisenthal	5	4	4	18	22	21
Sulzbach	4	4	4	12	13	12
Neunkirchen	3	4	4	20	25	24
Siegen	1	1	1	14	21	20
Wetzlar	3	3	3	14	12	12
Kohlscheidt	3	2	2	25	21	17
Eschweiler-Pumpe	2	2	2	17	18	18
Grube Maria	3	2	2	12	11	23
Grube Nordstern	—	1	1	—	7	9
Zusammen	111	112	116	974	955	962

Schliesslich ist noch auf die Bergakademien zu Berlin und Clausthal hinzuweisen, von denen die erstere 1860, die letztere 1864 begründet wurde.[1]

----

[1] Siehe Noeggerath, Die K. Bergakademie, Zeitschr. f. d. Berg-, Hütten-

An der Bergakademie zu Berlin belief sich die Zahl der eingeschriebenen Studirenden im Sommerhalbjahr 1900 auf 158 (gegen 142 im Vorjahr) und im Winterhalbjahr 1900/01 auf 212 (193). Unter den Studirenden befanden sich 64 (78), bezw. 75 (82) Bergbaubeflissene, welche sich für den preussischen Staatsdienst ausbildeten.

Die Zahl der Studirenden an der Bergakademie zu Clausthal betrug im Sommerhalbjahr 1900 im Ganzen 229 (236) und im Winterhalbjahr 1900/01 196 (235). Unter den Studirenden befanden sich 24 (29), bezw. 16 (23) Bergbaubeflissene, welche sich für den preussischen Staatsdienst ausbildeten.

Die Abtheilung für Bergbau- und Hüttenkunde an der technischen Hochschule in Aachen wurde schon oben (S. 743) erwähnt. Sie zählte im Winterhalbjahr 1901/02 ausser einer Anzahl Hospitanten 86 Studirende der Bergbau- und 117 der Hüttenkunde.

---

und Salinenwesen, Bd. 12., B. S. 365. Hauchecorne, Berg- und Hüttenmännische Zeitung, 1869, No. 11; die oben, S. 915, Anm. 3 erwähnte Denkschrift v. 1889, S. 36 ff.

Stichworte.

(Die Zahlen weisen auf die Seiten hin.)

Die Fachbildung des

9783412067854.3